# 예기역주 3

## 禮記譯註 3

# 예기역주禮記譯註 3

**초판 1쇄 인쇄 2024년 4월 21일**
**초판 1쇄 발행 2024년 4월 25일**

**지은이 / 정현鄭玄 주注, 진호陳澔 집설集說**
**옮긴이 / 이원택**
**인　쇄 / 북토리**

**펴낸곳 / 도서출판 동과서**
경기 고양시 일산서구 송파로 151번길 24
등록번호 / 1996년 제22 - 405호
D.K.S. Publishing Co.
24, Songpa-ro 151 beon-gil, Ilsanseo-gu,
Goyang-si, Gyeonggi-do, Korea

전화 / (02)333-7533
팩스 / (02)6280-2353

**값 45,000원**

ISBN 978-89-6525-162-0 (94140)
　　　978-89-6525-159-0 (세트)

잘못된 책은 교환해 드립니다.

# 예기역주 3

# 禮記譯註 3

정현鄭玄 주注 / 진호陳澔 집설集說

이원택 옮김

동과서

옮긴이 이원택:

전남대학교 정치외교학과를 졸업하고, 서울대학교 대학원 정치학과에서 박사학위를 받았다. 서울대학교 BK21법학연구단 계약교수, 연세대학교 국학연구원 연구교수를 역임하였고, 현재 동북아역사재단 연구위원으로 재직 중이다. 『다산의 경학세계』(공역), 『시경강의』(공역), 『의례 역주』(공역) 등의 번역서와 「현종조의 복수의리 논쟁과 공사관념」, 「개화기 예치로부터 법치로의 사상적 전환」, 「성호의 정치사상과 유교주의」, 「19세기 울릉도 수토제 운영실태에 관한 연구」 등의 논문이 있다.

# 예기역주 서문

본 『예기역주』는 김용천, 박례경, 이봉규, 이원택, 장동우 다섯 사람이 권근權近(1352~1409)의 『예기천견록禮記淺見錄』을 역주하면서 함께 『예기』에 대한 연구와 역주를 진행하여 이룬 결과이다. 『예기천견록』은 이색李穡(1328~1396)의 유업을 이어받아 권근이 원대元代 학자 진호陳澔의 『예기집설禮記集說』을 바탕으로 이룬 주석서이다. 본 연구팀은 조선시대 내내 『예기집설대전禮記集說大全』이 『예기』의 대표적 주석서로 사용되었던 것을 고려하여, 경문 배치를 『예기집설대전』의 체제에 의거해서 구성하였다. 다만 「대학」과 「중용」은 『예기집설』에 없어 주희朱熹의 『대학장구大學章句』와 『중용장구中庸章句』를 새로 번역하여 넣었다. 그리고 십삼경주소본 『예기정의禮記正義』 가운데 정현鄭玄의 주注를 뽑아서 진호의 집설 앞에 배치하여 함께 완역하였다. 정현의 주는 한대漢代 예학 해석의 집성이라고 할 수 있고, 진호의 집설은 주자학의 입장에서 송대宋代 예설을 수렴한 것이라고 할 수 있다. 따라서 독자는 본 『예기역주』를 통해서 『예기』와 관련한 한대와 송대의 두 대표적 주석을 만나게 될 것이다.

역주에 참여한 다섯 사람의 『예기』에 대한 공동 강독과 역주, 연구는 『예기천견록』의 번역을 시작했던 2001년 이전으로 거슬러 올라간다. 다섯 사람 모두 학위 과정에서부터 삼례三禮와 예제禮制에 대한 연구에 종사해왔다. 김용천은 역사학 전공자로 한대 예학을 중심으로 중국 예제를 연구해왔다. 박례경은 철학 전공자로 『예기』에 대한 경학적 연구로 박사학위를 취득하였고, 중국과 한국의 예제와 예학 일반을 연구해왔다. 이봉규는 철학 전공자로 예설의 철학적 기반과 조선시대 예제에 대하여 연구해왔다. 이원택은 정치학 전공자로 조선 후기 예송을 중심으로 예설과 예제의 정치학적 맥락을 연구해왔다. 장동우는 철학 전공자로 조선 후기 예학의 변화와 조선시대 가례에 대하여 연구해왔다. 『예기』에 대한 공동 연구와 역주는 다섯 사람이 예학 관련 전공자로 성장하는 큰 바탕이 되었다.

다섯 사람은 함께 연구하는 과정에서, 한국연구재단의 지원을 받아 『의례儀禮』를 완역하여 2012년 8책의 『의례역주儀禮譯註』를 출간하였다. 그리고 『주례主禮』에 대한 역주를 김용천과 박례경 박사가 함께 진행하여 매년 『주례역주周禮譯註』가 순차적으로 출간되고 있다. 반면, 가장 먼저 역주를 시작한 『예기역주』는 이렇게 늦게야 독자에게 모습을 보이게 되었다. 늦게나마 출간하게 되어 만감이 교차하지만, 그 원인은 게으른 교열 때문으로 그 당사자의 한 사람으로서 사과드리지 않을 수 없다.

『예기역주』를 완역하는 동안 다섯 사람의 지식이 너무 부족하여 주변의 도움을 받지 않을 수 없었다. 『예기역주』 자체는 외부 지원 없이 다섯 사람의 공동 노력으로 이루어졌지만, 『예기천견록』 역주에 힘껏 지원해준 청명문화재단의 도움이 없었다면 어쩌면 이삭만 피고 결실을 맺지 못했을 것이다. 재단을 설립하신 청명 선생님과 재단에 깊은 감사를 드린다. 김유철 교수와 함께 『이십오사』의 『예악지』를 연구, 정리하고 역주하였던 김선민, 문정희, 방향숙, 최진묵, 홍승현 박사 이하 여러 선생님들로부터 중국 예학과 예제에 대한 무수한 정보들을 배울 수 있었다. 복식과 관련해서는 단국대 최연우 교수의 눈에 보일 듯한 설명이 또한 시야를 넓혀주었다. 장동우 교수의 주도로 올해 사업이 마무리된 『가례대전』 연구팀, 한재훈, 전성건, 김

윤정, 정현정, 박윤미, 차서연, 남경한, 김진우 선생님을 비롯해 여러 동학들의 지적을 통해 교정되었다. 이외에도 우리의 지식을 넓혀준 언급하지 못한 선생님들이 많다. 진심으로 감사드린다.

관혼상제를 비롯한 여러 예제와 세부 의절에 대하여 다양한 이야기가 『예기』에 담겨 있다. 대목마다 인류가 여러 환경에서 삶을 가꾸어갔던 곡절이 퇴적되어 있다. 청명 선생님은 당신을 매장하지 말라고 유언하셨고, 제자들은 그대로 따랐다. 그러나 기억하는 사람들에게 그리워하는 마음은 매장하던 시대의 사람들이 가졌던 것 못지않다. 그리워하는 마음을 어떻게 담아낼 것인가 하는 것은 우리가 빚어내는 방식에 달려 있다. 『예기』는 동아시아에서 인류가 빚어냈던 천고의 문양들로 우리를 안내해준다. 부디 독자가 그 문양을 완색하고 활용할 수 있기를 바란다.

번역은 생각보다 오역이 많다. 저술은 정보가 잘못되어도 맞지 않는 주장이라고 생각하면 되지만, 오역은 독자에게 오해를 야기한다. 그래서 번역은 끝이 나도 마음이 편치 않은 일이다. 여러 사람의 도움이 있었어도, 『예기역주』의 오역은 오로지 각 권을 맡은 역자의 책임이다. 단지 다섯 사람은 지적을 받고 고쳐서 더 나아지게 하리라는 마음을 늘 겸손하게 일관하겠다.

역자를 대표해

2024년 3월 1일

이봉규 삼가 적는다.

차례

## 예기역주 3

예기역주 1

곡례상曲禮上___곡례하曲禮下___단궁상檀弓上___단궁하檀弓下

예기역주 2

왕제王制___월령月令___증자문曾子問___문왕세자文王世子___예운禮運

예기역주 4

악기樂記___잡기상雜記上___잡기하雜記下___상대기喪大記___제법祭法___제의祭義___제통祭統___경해經解___애공문哀公問___중니연거仲尼燕居___공자한거孔子閒居

예기역주 5

방기坊記___중용中庸___표기表記___치의緇衣___분상奔喪___문상問喪___복문服問___간전間傳___삼년문三年問___심의深衣___투호投壺___유행儒行___대학大學___관의冠義___혼의昏義___향음주의鄕飮酒義___사의射義___연의燕義___빙의聘義___상복사제喪服四制

# 일러두기

○ 본 『예기역주』는 진호陳澔의 『예기집설禮記集說』을 완역하고, 정현鄭玄의 주註를 완역하여 부가한 것이다. 체제는 『예기집설』의 경문, 정현의 주, 진호의 집설의 순으로 배치하였다. 아울러 『예기집설』에 없는 『대학大學』과 『중용中庸』 두 편은 주희의 『장구章句』와 정현의 주를 마찬가지 체제로 구성하여 부가하였다.

○ 본 번역의 주대본으로 『예기집설』은 보경문화사에서 1984년 영인한 『예기집설대전禮記集說大全』을, 정현의 주는 북경대학교 출판부에서 2000년 간행한 십삼경주소(정리본) 『예기정의禮記正義』를, 『대학장구』와 『중용장구』는 보경문화사에서 1990년 영인한 『대학大學 · 중용中庸 부언해附諺解』*를 사용하였다. 보조 대본으로 사고전서四庫全書를 이용하였다.

○ 본 번역의 권차卷次는 『예기집설대전』에 따라 30권 49편의 체제로 되어 있다.

○ 본 번역에서는 『예기집설대전』이 구분한 장차章次에 따라 일련번호를 붙였다. 예컨대, 번역문과 본문의 첫머리에 '【교특생 62】'로 되어 있는 것은 『예기집설대전』 「교특생」의 62번째 장이라는 뜻이다.

○ 『집설』에 성씨姓氏만으로 인용된 제유諸儒에 대한 정보를 제공하기 위해 「예기집설대전범례禮記集說大全凡例」를 책머리에 번역하여 실었고, 인용문이 사고전서四庫全書에서 분명하게 확인된 경우에는 괄호 속에 성명을 기입하였다.

○ 번역에서 경전이나 제자서 등을 인용한 경우에는 인용문을 번역하고 괄호 안에 원문을 수록하였다.

○ 각주에 수록된 도상 자료는 송宋 섭숭의聶崇義의 『삼례도三禮圖』, 청淸 『흠정의례의소欽定儀禮義疏』 「예기도禮器圖」, 청淸 황이주黃以周의 『예서통고禮書通考』, 1998년 강소고적출판사江蘇古籍出版社에서 간행한 전현錢玄의 『삼례사전三禮辭典』 등에서 해당 도상을 찾아 수록하였다.

○ 용어의 번역은 가독성을 높이기 위해 가능한 우리말로 번역하고 원문 용어를 병기하는 것을 원칙으로 하였다.

| * 영조의 1758년 서문이 있는 내각장본을 경신년(1860, 1920)에 간행한 판본이다. |
|---|

예기역주 권10

# 예기 제10
## 禮器

정현鄭玄의 『예기목록禮記目錄』에서 말한다. "「예기禮器」라고 제목을 붙인 것은 이 편에서 예가 사람이 그릇을 이루게 해주는 뜻을 기록하고 있기 때문이다. 그러므로 공자는 자공子貢에게 '너는 그릇이다'라고 하였고, 자공이 '어떤 그릇입니까?'라고 묻자, '호련瑚璉이다'라고 하였던 것이다.[1] 이 편은 유향劉向의 『별록別錄』에서는 「제도制度」에 속해 있다." 鄭『目錄』云: "名爲「禮器」者, 以其記禮使人成器之義也. 故孔子謂子貢, '汝, 器也', 曰: '何器也?' 曰: '瑚璉也.' 此於『別錄』屬「制度」."

기器에는 두 가지 뜻이 담겨 있다. 하나는 예를 배우는 자가 덕기德器(덕의 성품)의 훌륭함을 이루는 것으로서 취하는 뜻이다. 다른 하나는 예를 실행하는 자가 용기用器(예를 행할 때 사용하는 기물)의 제도를 분명하게 밝히는 것으로서 취하는 뜻이다. 器有二義. 一是學禮者成德器之美. 一是行禮者明用器之制.

**【예기 1】**

예禮는 도구이다. 그러므로 크게 갖춘다. 크게 갖춘다는 것은 덕을 성대하게 갖춘다는 것이다. 예는 사사롭고 치우친 것을 풀어서 없애주며 아름다운 바탕을 증대시킨다. 자신의 몸에 시행하면 바르게 되고 일에 시행하면 막히지 않고 행해진다. 예란 사람에게 있어 큰 대나무와 작은 대나무가 늘 푸른 껍질을 가진 것과 같고 소나무와 잣나무가 속에 고갱이를 가진 것과 같다. 이 둘은 세상을 살아가는 데 있어 주요한 절목(大端)이다. 그러므로 사계절을 관통해서도 가지와 잎을 변함없이 유지할 수 있는 것이다. 그러므로 군자가 예를 갖추면 밖으로 화합하고 안으로 원망을 사는 일이 없다. 그러므로 사람들은 누구나 그 인仁을 사모하여 그리로 돌아가지 않음이 없고 귀신은 그 덕을 흠향한다.

禮, 器. 是故大備. 大備, 盛德也.① 禮, 釋回, 增美質. 措則正, 施則行.② 其在人也, 如竹箭之有筠也, 如松柏之有心也. 二者居天下之大端矣. 故貫四時而不改柯易葉.③ 故君子有禮, 則外諧而內無怨.④ 故物無不懷仁, 鬼神饗德.⑤

鄭注 ① '예는 도구이다'(禮, 器)라는 말은 예가 사람을 쓸모 있는 그릇이 되도록 해줌을 뜻한다. 가령 보습과 쟁기가 쓸모 있는 기물이 되는 것과 같다. "인정人情을 밭으로 삼아" "예를 익히고 밝혀서 경작한다"[2)]는 말이 그것이다. '크게 갖춘다'(大備)는 것은 경작하는 것으로부터 그것을 먹어서 살지게 되는 것에 이르는 것까지를 가리킨다.[3)] '禮, 器', 言禮使人成器. 如耒耜之爲用也. "人情以爲田", "脩禮以耕之", 此是也. '大備', 自耕至於食之而肥.

② '석釋'은 버린다는 뜻이다. '회回'는 사사롭고 치우친 것을 뜻한다. '질質'은 본성과 같은 뜻이다. '조措'는 둔다는 뜻이다. '釋', 猶去也. '回', 邪辟也. '質', 猶性也. '措', 置也.

③ '전箭'은 조릿대(篠)[4]이다. '단端'은 근본을 뜻한다. 네 가지 사물은 세상에서 기氣의 근본을 가장 잘 갖추고 있어 밖으로는 부드러우면서도 질기고 안으로는 고르면서도 매끄럽지만 이것 때문에 바뀌거나 상처입지 않는 것이다. 사람이 예를 갖게 되면 또한 그러하다. '箭', 篠也. '端', 本也. 四物於天下, 最得氣之本, 或柔刃於外, 或和澤於內. 用此不變傷也. 人之得禮, 亦猶然也.

④ 사람들이 화합하고 복종한다. 人協服也.

⑤ '회懷'는 돌아간다는 뜻이다. '懷', 歸也.

**集說** 예는 몸을 다스리는 도구이기 때문에 크게 갖출 수 있다. 사람의 행실을 이룸이 크게 갖추는 데 이르면 그 덕이 성대해진다. 예가 유용한 것은 사람의 사사롭고 치우친 마음을 풀어 없애주며 그 바탕의 아름다움을 증대시킬 수 있기 때문이다. 예를 몸에 시행하면 어디를 가도 자신이 바르게 되지 않음이 없고, 일에 시행하면 어디를 가도 통용되지 못하는 경우가 없게 된다. 사람의 한 몸에서 말하면, 큰 대나무와 작은 대나무가 푸른 것과 같아 밖으로 문식文飾을 이룰 수 있고, 소나무와 잣나무가 속에 고갱이를 갖고 있는 것과 같아 안으로 바르고 단단할 수 있다. '전箭'은 작은 대나무의 일종이다. '균筠'은 대나무의 푸른 껍질을 뜻한다. '대단大端'은 대절大節(주요한 절목)이라고 말하는 것과 같다. 두 가지는 다른 식물에 비하여 본래부터 이 대절을 지니고 있다. 그러므로 사계절을 관통해서 가지와 잎새가 변함이 없을 수 있다. 군자란 사람은 이 예를 갖추고 있어 밖으로 소원한 사이라도 화합하지 않음이 없고 안으로 친근한 사이라도 원망을 사는 일이 없다. 사람들은 그 어진 데로 돌아가고 귀신은 그 덕을 흠향한다. 以禮爲治身之器, 故能大備. 其成人之行, 至於大備, 則其德盛矣. 禮之爲用, 能消釋人回邪之心, 而增益其材質之美. 措諸身則無往不正, 施諸事則無往不達. 以人之一身言之, 如竹箭之有筠, 足以致飾於外, 如松栢之有心, 足以貞固於內. '箭', 竹之小者也. '筠', 竹之

青皮也. '大端', 猶言大節. 二物比他草, 本有此大節. 故能貫串四時, 而柯葉無所改易也. 君子之人, 惟其有此禮也, 故外人之疎遠者, 無不諧協, 內人之親近者, 無所怨憾. 人歸其仁, 神歆其德也.

**【예기 2】**

선왕께서 예禮를 세울 때, 근본이 있었고 문식文飾이 있었다. 충신忠信이 예의 근본이고 의리義理는 예의 문식이다. 근본이 없으면 예가 세워지지 않고 문식이 없으면 예가 실행되지 않는다.

先王之立禮也, 有本有文. 忠信, 禮之本也, 義理, 禮之文也. 無本不立, 無文不行.

**鄭注** 반드시 안과 밖이 모두 갖추어져야 함을 말한 것이다. 言必外內具也.

**集說** 선왕이 예를 제정하는 것은 넓고도 정치하다. 오직 진실하고 신실한 이라야 그것을 배울 수 있다 그러나 섬세하고 세밀한 사이에도 모두 의미(義)가 있고 이치(理)가 있다. 진실하고 신실함(忠信)이 없다면, 예가 성립할 수 없다. 의리義理에 어두우면 예를 실행할 수 없다. 반드시 안과 밖이 함께 갖추어지고 근본과 말단이 함께 거행되어야만, 문식은 근본을 따라 수식함이 지나치지 않게 되고, 근본은 문식을 통해 실행됨이 절도에 부합하게 된다. 先王制禮, 廣大精微. 惟忠信者能學之. 然而纖悉委曲之間, 皆有義焉, 皆有理焉. 無忠信, 則禮不可立. 昧於義理, 則禮不可行. 必內外兼備, 而本末具擧, 則文因於本, 而飾之也不爲過, 本因於文, 而用之也中其節矣.

**【예기 3】**

예禮는 하늘의 때(天時)에 부합하고, 땅의 이로움(地財)에 맞게 하고, 귀신에 순응하고, 인심에 합당하게 하면서 만물을 다스리는 것이다. 그러므로 하늘의 때에는 생산하는 시기가 있고, 땅의 특성에는 합당한 산물이 있고, 사람이 담당하는 것에는 제각기 잘하는 바가 있고, 사물의 종류마다 적합한 바가 있다. 그러므로 하늘이 생산하지 않고, 땅이 길러주지 않는 것이면, 군자가 예禮를 행하지 않고, 귀신이 흠향하지 않는다. 육지에 살면서 물고기와 자라를 예禮로 삼고, 물가에 살면서 사슴과 돼지를 예로 삼는다면, 군자는 그것을 예를 모르는 것이라고 말한다.

禮也者, 合於天時, 設於地財, 順於鬼神, 合於人心, 理萬物者也.① 是故天時有生也, 地理有宜也, 人官有能也, 物曲有利也.② 故天不生, 地不養, 君子不以爲禮, 鬼神弗饗也.③ 居山以魚鼈爲禮, 居澤以鹿豕爲禮, 君子謂之不知禮.④

**鄭注** ① 귀신은 제사를 드려 섬기는 덕이 있는 대상이다. 鬼神, 所祀事有德也.

② 모두 다름이 있음을 말하는 것이다. 言皆有異.

③ '하늘이 생산하지 않는다'(天不生)는 것은 철에 맞는 산물이 아님을 가리킨다. '땅이 길러주지 않는다'(地不養)는 것은 그 지역에서 생산되는 산물이 아님을 가리킨다. '天不生', 謂非其時物也. '地不養', 謂非此地所生.

④ 그 지역에서 나는 산물에 따르지 않는 것이다. 不順其鄕之所有也.

**集說** '하늘의 때에 부합한다'(合於天時)는 것과 '하늘의 때에는 생산하는 시기가 있다'(時有生也)는 것은 사시에 각각 생산하는 산물이 있어 산물을 취할

때 그 시기에 맞게 함을 가리킨다. '땅의 이로움에 맞게 한다'('設於地財')는 것과 '땅의 특성에는 합당한 산물이 있다'(地理有宜也)는 것은 베풀어놓고 예를 행하는 사물이 모두 지역에서 생산되는 산물임을 가리킨다. '재財'는 이로움(利)[5]을 뜻한다. 그러나 토지에는 각각 적합한 산물이 있기 때문에 그 지역에서 나지 않는 것을 강제로 요구할 수 없다. 이와 같이 하여 저절로 귀신에 순응하고 인심에 합당하게 한 뒤에 만물이 제각기 자기의 이치를 갖게 된다. '사람이 담당하는 것에는 제각기 잘하는 바가 있다'(人官有能)는 것은 제사를 돕고 일을 집행하는 직책에 각각 그 능력에 따라 맡기는 것을 가리킨다. 대개 사람은 각자 잘하는 것과 잘 못하는 것이 있기 때문이다. '사물의 종류마다 적합한 바가 있다'(物曲有利)는 것은 사물의 가지가지마다 쓰임에 적합한 바가 있음을 가리킨다. 가령 누룩은 술과 감주를 빚는 데 적합하고 오동나무와 대나무는 금琴과 생笙등의 악기를 제작하는 데 적합한 것과 같은 부류이다. '하늘이 생산하지 않는다'(天不生)는 것은 철에 맞는 산물이 아님을 가리킨다. '땅이 길러주지 않는다'(地不養)는 것은 육지에 살면서 물고기와 자라를 찾고 물가에 살면서 사슴과 돼지를 찾는 등의 부류이다. '合於天時'·'天時有生也', 謂四時各有所生之物, 取之當合其時. '設於地財'·'地理有宜也', 謂設施行禮之物, 皆地之所產. '財', 利也. 然土地各有所宜之產, 不可强其地之所無. 如此自然順鬼神合人心, 而萬物各得其理也. '人官有能', 謂助祭執事之官, 各因其能而任之. 蓋人各有能有不能也. '物曲有利'者, 謂物之委曲, 各有所利. 如麴糵利於爲酒醴, 桐竹利於爲琴笙之類也. '天不生'謂非時之物. '地不養'如山之魚鱉·澤之鹿豕之類.

**【예기 4】**

그러므로 반드시 나라를 이루고 있는 지역에서 내는 세부稅賦 액수를 가지고 예禮를 행하는 기본 경상비의 기준을 삼는다. 예의 기본 유형은 토지의 규모를 가지고 정한다. 예를 행하는 비용의 규모는 농사의 풍흉 정도에 맞추어 한다. 그러므로 비록 흉년이 들어 조세 수입이 크게 줄어도 일반 백성들이 두려워하지 않으니, 위에서 예제를 운영하는 것에 절도가 있기 때문이다.

故必擧其定國之數, 以爲禮之大經.① 禮之大倫, 以地廣狹.② 禮之薄厚, 與年之上下.③ 是故年雖大殺, 衆不匡懼, 則上之制禮也節矣.④

**鄭注** ① '나라를 이루고 있는 지역의 액수'(定國之數)는 그 지역 산물의 규모를 가리킨다. '定國之數', 謂地物所出多少.

② 공부貢賦의 차이를 가리킨다. 謂貢賦之常差.

③ 한 해 농사의 풍흉 정도에 맞게 하는 것이다. 用年之豐凶也.

④ 재화의 사용에 절도가 있음을 말한다. '쇄殺'는 곡식이 잘 익지 않은 것을 가리킨다. '광匡'은 공恐(두려워하다)의 뜻과 같다. 言用之有節也. '殺', 謂穀不孰也. '匡', 猶恐也.

**集說** '정定'은 성成(이루다)의 뜻과 같다. '수數'는 세부稅賦로 들어오는 액수이다. 「왕제王制」(47)에 "제사에는 전체 예산의 10분의 1을 사용한다"라고 하였다. 예禮는 재화가 없으면 실행되지 않는다. 그러므로 반드시 이 액수를 가지고 예를 행하는 경상비 제도의 기준으로 삼는다. '예의 기본 유형은 토지의 규모를 가지고 정한다'(禮之大倫, 以地之廣狹)는 것은 천자天子 · 제후諸

侯 · 경卿 · 대부大夫가 토지 규모에 차이가 있기 때문에 예의 유형이 다르다. 토지가 넓으면 예는 모두 갖춘 형태가 되고, 토지가 좁으면 예는 줄인 형태가 된다. 예를 행하는 비용의 규모는 농사의 풍흉 정도에 맞추어 차등을 둔다. 「왕제王制」(49)에 "풍년이라고 해서 사치스럽게 지내지 않고 흉년이라고 해서 검소하게 지내지 않는다"라고 한 것은 오로지 제례祭禮를 말한 것이다. 여기서는 여러 예들을 함께 말한 것이다. '대쇄大殺'는 흉년이 들어 조세 수입이 크게 줄어든 것을 가리킨다. '광匡'은 '광恇'과 통하는 글자로 두려워한다는 뜻이다. '일반 백성들이 두려워하지 않는다'(衆不匡懼)는 것은 곤궁하여 떠돌다 계곡에 떨어져 죽을 것을 걱정하는 일이 없음을 가리킨다. 이것은 예제의 운영이 절도가 있고 재화를 지나치게 사용하지 않기 때문에 그렇게 할 수 있는 것이다. '定', 猶成也. '數', 稅賦所入之數也. 「王制」言, "祭用數之仂." 禮非財不行. 故必以此數爲行禮經常之法也. '禮之大倫, 以地之廣狹', 天子 · 諸侯 · 卿 · 大夫, 地有廣狹, 故禮之倫類不同. 地廣者禮備, 地狹者禮降也. 禮之厚薄, 則與年之上下爲等. 「王制」言, "豐年不奢, 凶年不儉", 是專言祭禮. 此兼言諸禮耳. '大殺', 謂年凶而稅斂之入大有減殺也. '匡', 與'恇'通, 恐也. '衆不匡懼', 謂無溝壑之憂也. 此其制禮有節, 財不過用, 故能如此.

**【예기 5】**

예禮는 때(時)가 제일 중요하다. 순順(순서)이 그 다음이고, 체體(사체)가 그 다음이고, 의宜(마땅하게 함)가 그 다음이고, 칭稱(신분에 걸맞게 하는 것)이 그 다음이다. 요堯임금이 순舜임금에게 순임금이 우禹임금에게 왕위를 전해준 것과, 탕湯임금이 걸桀을, 무왕武王이 주紂를 정벌한 것은 때에 따른 것이다. 『시詩』에 "자신의 도를 급히 행하려는 것이 아니요, 선대의 업적을 계승하여 자손의 효를 이루려는 것이다"라고 하였다.

禮, 時爲大. 順次之, 體次之, 宜次之, 稱次之.① 堯授舜, 舜授禹, 湯放桀, 武王伐紂, 時也.② 詩云: "匪革其猶, 聿追來孝."③

**鄭注** ① 성인聖人이 예를 제정할 때 고려하는 선후를 말한다. 言聖人制禮所先後也.

② 천명을 받아 제도를 개정하는 것을 말한다. 言受命改制度.

③ '혁革'은 급히 행하다(急)의 뜻이다. '유猶'는 도道(정책)의 뜻이다. '율聿'은 조술한다(述)는 뜻이다. (인용된 「문왕유성文王有聲」의 구절은) 문왕文王이 도읍을 옮겨 세운 것이 반드시 자신의 도를 급히 시행하려는 것이 아니요, 선조의 사업을 뒤좇아 실천하여 그곳[6]으로 옮겨 살아 효도를 행하는 것임을 말한 것이다. '革', 急也. '猶', 道也. '聿', 述也. 言文王改作者, 非必欲急行己之道, 乃追述先祖之業, 來居此爲孝.

**集說** '때'(時)는 하늘이 하는 바이다. 그러므로 중대한 것이 된다. 요堯·순舜·탕湯·무武의 일이 다른 것은 각자 그때를 따라서 한 것이다. 성왕聖王이 천명을 받아 천하를 얻으면 반드시 한 시대의 예제를 제정하는데, 선대의 제도를 계승하거나 개혁하는 것은 각기 그때의 합당한 바에 따라서 한다. 그러므로 '때가 중대하다'(時爲大)고 한 것이다. 순順·체體·의宜·칭稱 네 가지는 아래 경문에서 풀이하고 있다. 『시詩』에서 인용된 부분은 「대아大雅」의 「문왕유성文王有聲」이다. '혁革'은 급히 행한다는 뜻이다. '유猶'는 '유猷'와 통하는 글자로 계획(謀)의 뜻이다. '율聿'은 오직(惟)의 뜻이다. 문왕文王이 풍읍豐邑을 세운 것은 애당초 자신의 계획을 이루는 것을 급선무로

하고자 함이 아니요, 오직 선대의 사업을 뒤좇아 실행하여 자손들의 효를 이루고 그로써 선대의 업적을 무너뜨리지 않으려는 것일 뿐이다. 지금 전하는 『시詩』에는 "비극기욕匪棘其欲, 율추래효遹追來孝"로 되어 있다. '時'者, 天之所爲. 故爲大. 堯·舜·湯·武之事不同者, 各隨其時耳. 聖王受命得天下, 必定一代之禮制, 或因或革, 各隨時宜. 故云'時爲大'也. 順·體·宜·稱四者, 下文析之. 『詩』, 「大雅」「文王有聲」之篇. '革', 急也. '猶'與'猷'通, 謀也. '聿', 惟也. 言文王之作豐邑, 初非急於成己之謀, 惟欲追先人之事, 而致其方來之孝, 以不墜先業耳. 今『詩』文作"匪棘其欲, 遹追來孝."

**【예기 6】**

천지天地의 제사와 종묘宗廟의 일, 부자父子의 도리, 군신君臣의 의리는 륜倫(서열)이다.

天地之祭, 宗廟之事, 父子之道, 君臣之義, 倫也.

**鄭注** '륜倫'은 순順(순서)의 뜻이다. '倫'之言順也.

**集說** 왕자王者는 아버지로 하늘을 섬기고 어머니로 땅을 섬긴다. 그러므로 천지天地·종묘宗廟·부자父子·군신君臣 네 가지는 곧 자연의 서열이다. 그러므로 '륜倫이다'라고 한 것이다. 륜倫은 문란하게 해서는 안 된다. 그러므로 순順이 시時 다음이다. 王者父事天母事地. 故天地·宗廟·父子·君臣四者, 乃自然之序. 故曰'倫'也. 倫不可紊. 故順次之.

【예기 7】

사직社稷과 산천山川의 일, 귀신의 제사는 체體(사체事體)이다.

社稷·山川之事, 鬼神之祭, 體也.

**鄭注** 하늘과 땅 그리고 사람이 사체事體를 달리하는 것이다. 天·地·人之別體也.

**集說** 사직社稷·산천山川·귀신鬼神의 예禮는 각각 사체의 경중에 따라 예를 더하고 줄이는 것이 된다. 그러므로 "체體가 순順 다음이다"라고 말한 것이다. 社稷·山川·鬼神之禮, 各隨其體之輕重而爲禮之隆殺. 故曰, "體次之."

【예기 8】

상제喪祭의 비용에 빈객이 서로 돕는 것은 의義이다.

喪祭之用, 賓客之交, 義也.

**鄭注** '의義'는 의宜(마땅하게 함)의 뜻이다. 인도人道의 마땅함이다. '義'之言宜也. 人道之宜.

**集說** 의리상 그렇게 하지 않을 수 없고, 반드시 일에 따라 합당하게 해야 하기 때문에 "의宜가 체體 다음이다"라고 한 것이다. 旣於義不得不然, 必須隨事合宜, 故曰, "宜次之."

【예기 9】

새끼 양과 어린 돼지(羔豚)로 제사하면 백관百官이 모두 제사음식을 얻을 수 있다. 태뢰大牢로 제사하는 데 남음이 있게 할 필요는 없다. 이것을 칭稱(걸맞게 함)이라고 한다. 제후는 거북을 보물로 여기고 규벽圭璧을 신표(瑞)로 삼는다. 가家(대부를 가리킴)는 거북을 보물로 삼지 않고 규벽을 보관하지 않고 대문臺門을 세우지 않는다. 이는 신분에 걸맞게 함(稱)이 있음을 말하는 것이다.

羔豚而祭, 百官皆足. 大牢而祭, 不必有餘. 此之謂稱也.① 諸侯以龜爲寶, 以圭爲瑞. 家不寶龜, 不藏圭, 不臺門. 言有稱也.②

**鄭注** ① '족足'은 얻는다는 뜻과 같다. '칭稱'은 희생의 규모에 맞게 조俎(제사음식을 담는 그릇)를 준비하는 것이다. 이것은 제사를 돕는 사람들을 가리키는 것이다. 그런데 '백관百官'(모든 관리)이라고 말한 것은 여럿임을 말한 것이다. '足', 猶得也. '稱', 稱牲之大小而爲俎. 此指謂助祭者耳. 而云'百官', 喻衆也.

② 옛날에는 조개를 재화로 여기고 거북을 보물로 여겼다. 대부大夫 이하 신분은 (보물은 갖지 않고) 재화만 가질 뿐이었다. 『역』에서 "열 종류의 거북"7)이라고 하였다. '서瑞'는 신표를 뜻한다. 제후는 서瑞를 잡고, 삼경三卿과 삼고三孤 이하로는 지摯를 잡는다. 망루가 있는 것을 '대臺'라고 한다. 古者, 貨貝寶龜. 大夫以下有貨耳. 『易』曰: "十朋之龜." '瑞', 信也. 諸侯執瑞, 孤卿以下執摯. 闍者謂之'臺'.

**集說** 제후는 나라를 가지고 있어 점을 쳐서 길흉을 자세히 알아야 하므로 거북을 보물로 삼는다. '가家'는 대부를 가리킨다. 대부는 신분이 낮아 거북을 보물로 보관할 수 없다. 다섯 등급의 제후는 각자 규벽圭璧(신분을 표시하

는 옥)을 가지고 있어 신표로 삼는다. 또한 천자가 내려준 것은 상서가 하늘에서 내려온 것과 같으므로 서瑞(신표)로 삼는다. 대부는 임금의 사자가 되는 경우가 아니면, 잡을 수 없으므로 보관하고 있어서는 안 된다. '대문臺門'은 문의 양쪽에 흙을 쌓아 대臺를 만들고 그 위에 지붕을 올린 것이다. 대부가 그렇게 하지 않는 것은 각각 분수에 맞게 하는 것이다. 그러므로 "칭稱(신분에 걸맞게 하는 것)이 의義 다음이다"라고 말한 것이다. 諸侯有國, 宜知占詳吉凶, 故以龜爲寶也. '家', 謂大夫也. 大夫卑不當寶藏. 五等諸侯, 各有圭璧, 以爲瑞信. 又以天子所賜, 如祥瑞之降於天, 故以爲瑞. 大夫, 非爲君使, 不得執, 故不當藏之. '臺門'者, 門之兩旁, 築土爲臺, 於其上起屋. 大夫不然, 各稱其分守也. 故曰, "稱次之."

**【예기 10】**

예禮에는 많은 것을 신분이 귀한 것으로 삼는 것이 있다. 천자는 사당(廟)이 일곱이고 제후는 다섯이며 대부는 셋이고 사는 하나이다.
禮有以多爲貴者. 天子七廟, 諸侯五, 大夫三, 士一.

**集說** 사당을 하나만 두는 것은 하사下士이다. 적사適士는 사당이 둘이다. 一廟, 下士也. 適士則二廟.

**【예기 11】**

천자의 두豆는 26개이다.
天子之豆二十有六.

集說 이것은 천자가 삭식朔食[8])할 때 갖추는 두豆의 개수이다. 此天子朔食之豆數.

**【예기 12】**

여러 공公들은 두豆가 16개이다.

諸公十有六.

集說 상공上公이다. (제후 사이에) 번갈아 서로 회견할(相朝[9])) 때, 당상堂上에 갖추는 두豆의 개수이다. 上公也. 更相朝時, 堂上之豆數.

**【예기 13】**

제후는 두豆가 12개이다.

諸侯十有二.

集說 후侯, 백伯, 자子, 남男에 모두 통한다. 또한 서로 회견할(相朝) 때 당상堂에 갖추는 두豆의 개수이다. 通侯·伯·子·男也. 亦相朝時, 堂上之豆數.

**【예기 14】**

상대부上大夫는 두豆가 8개이고, 하대부는 두豆가 6개이다.

上大夫八, 下大夫六.

集說 모두 주최국이 사신에게 접대할 때 당상堂上에 갖추는 두豆의 개수이다. 皆謂主國食使臣, 堂上之豆數.

【예기 15】

제후에게는 7명의 개介와 7번의 태뢰太牢를, 대부에게는 5명의 개介와 5번의 태뢰를 하사한다.

諸侯七介七牢, 大夫五介五牢.

集說 '개介'는 부관이다. 상개上介가 한 명 있고 나머지는 중개衆介가 된다. '뢰牢'는 태뢰太牢이다. 제후가 천자를 조현할 때 천자는 태뢰의 예로 제후에게 보답한다. 『주례』에 의하면 공公에게는 9명의 개介와 9번의 태뢰를, 후侯와 백伯에게는 7명과 7번을, 자子와 남男에게는 5명과 5번을 하사한다. 이제 경문에서 '7명과 7번'(七)이라고 말한 것은 중간을 들어서 말한 것이다. '대부에게는 5명의 개介와 5번의 태뢰를 하사한다'(大夫五介五牢)는 것은 제후의 대부가 군주를 위해 사신으로 오면 각각 자기 군주의 신분으로부터 2등급을 낮춘다. 여기 경문에서 '5명의 개와 5번의 태뢰'(五介五牢)라고 한 것은 후侯와 백伯의 경卿을 가리킨다. 이 또한 중간을 들어서 말한 것이다. '介', 副也. 上介一人, 餘爲衆介. '牢', 太牢也. 謂諸侯朝天子時, 天子以太牢之禮賜之. 『周禮』公九介九牢, 侯・伯七, 子・男五. 今言'七', 擧中以言之也. '大夫五介五牢'者, 諸侯之大夫爲君使而來, 各降其君二等. 此'五介五牢', 謂侯伯之卿. 亦擧中言之也.

**【예기 16】**

천자의 자리는 5겹이고, 제후의 자리는 3겹이며, 대부의 자리는 2겹이다.

天子之席五重, 諸侯之席三重, 大夫再重.

集說 천자가 협제祫祭[10]를 지낼 때, 그 자리는 5겹으로 한다. '제후의 자리는 3겹이다'(諸侯席三重)는 것은 제후 사이에 서로 만날 때 손님과 주인이 모두 그렇게 함을 가리킨다. 3겹이면 자리를 4개 놓는 것이고, 2겹이면 자리를 3개 놓는 것이다. 天子祫祭, 其席五重. '諸侯席三重'者, 謂相朝時, 賓主皆然也. 三重則四席, 再重則三席.

**【예기 17】**

천자가 사망하면, 7개월 만에 장례를 거행하는데 항목抗木과 관갈개(茵)를 5겹으로 하고 운삽(翣)을 8개 장식한다. 제후가 사망하면 5개월 만에 장례를 거행하는데 항목과 관갈개를 3겹으로 하고 운삽을 6개 장식한다. 대부는 3개월 만에 장례를 거행하는데 2겹으로 하고 운삽은 4개를 사용한다. 이것은 많은 것을 존귀한 것으로 삼는 것이다.

天子崩, 七月而葬, 五重, 八翣. 諸侯五月而葬, 三重, 六翣. 大夫三月而葬, 再重, 四翣. 此以多爲貴也.

鄭 '두豆의 수'(豆之數)는 천자의 삭식朔食, 제후 사이의 연회, 그리고 대

注 부에게 연회를 베풀 때를 가리킨다. 『의례』「공사대부례公食大夫禮」에 "재부宰夫가 동쪽 방으로부터 두豆 6개를 올려 장醬의 동쪽에 진설한다"고 하였다. 이것은 하대부下大夫에게 연회를 베푸는데 두豆를 6개 사용한다는 것이다. 따라서 그 밖의 경우도 알 수 있다. 「빙례聘禮」에는 "상대부上大夫에게 옹희饔餼[11]를 베푸는데 당堂 위에 두豆 8개를 출입문 서쪽에 진설한다"[12]고 하였다. 따라서 옹희를 베풀 때 당 위에 진설하는 두豆의 수도 이와 같다. 『주례』에 의하면 공公의 두豆는 40개인데, 동쪽과 서쪽의 협실夾室에 각각 12개씩 진설한다. 또 후侯와 백伯의 두豆는 32개인데, 동쪽과 서쪽의 협실에 각각 10개씩 진설한다. 자子와 남男의 두豆는 24개인데 동쪽과 서쪽의 협실에 각각 6개씩 진설한다.[13] '제후에게는 7명의 개介와 7번의 태뢰太牢를 하사한다'(諸侯七介七牢)는 것은 주周나라의 후백侯伯인 경우를 가리킨다. '대부에게는 5명의 개介와 5번의 태뢰太牢를 하사한다'(大夫五介五牢)고 한 것은 후백侯伯의 경卿으로서 사신으로 빙문聘問한 사람을 가리킨다. 『주례』에 의하면, 상공上公에게는 9명의 개介와 9번의 태뢰太牢를, 후侯와 백伯에게는 7명의 개介와 7번의 태뢰太牢를, 자子와 남男에게는 5명의 개介와 5번의 태뢰太牢를 하사한다. 「빙의聘義」(1)에서 "상공上公의 나라는 7명의 개介를 보내고, 후侯 · 백伯의 나라는 5명의 개를 보내고, 자子 · 남男의 나라는 3명의 개를 보낸다"고 말한 것은 사자使者에게 하사하는 것을 가리킨다. '천자가 사망하면, 다섯 겹으로 한다'(天子葬五重)는 것은 항목抗木과 관깔개(茵)를 가리킨다. 매장할 때 항목은 위에 관깔개는 아래에 놓는다. 「사상례」 하편에 기물을 진설하는 대목에서 "항목抗木은 가로로 세 겹 세로로 두 겹을 놓는다. (그 위에) 항석抗席은 세 장을 더한다. (그리고 그 위에) 관깔개를 더한다. 관깔개는 거친 베를 사용한다. 검은색으로 옅게 물들인 것을 사용하는데 한 폭이 되게 한다. 항목抗木은 또한 세로로 2개 가로로 3개를 놓는다"라고 하였다. 이것은 사士가 행하는 예로 한 번 겹치게 하는

것이다. 이것으로 차등을 두어 상공은 4번 겹쳐서 한다. '豆之數', 謂天子朔食, 諸侯相食, 及食大夫. 「公食大夫禮」曰: "宰夫自東房薦豆六, 設于醬東." 此食下大夫而豆六. 則其餘著矣. 「聘禮」"致饔餼於上大夫, 堂上八豆, 設于戶西." 則凡致饔餼, 堂上之豆數亦如此. 『周禮』公之豆四十, 其東西夾各十有二. 侯伯之豆三十有二, 其東西夾各十. 子男之豆二十有四, 其東西夾各六. '諸侯七介七牢'者, 周之侯伯也. '大夫五介五牢'者, 侯伯之卿使聘者也. 『周禮』上公九介九牢, 侯伯七介七牢, 子男五介五牢. 「聘義」所云: "上公七介, 侯伯五介, 子男三介", 乃謂其使者也. '天子葬五重'者, 謂抗[14]木與茵也. 葬者抗木在上, 茵在下. 「士喪禮」下篇陳器曰: "抗木橫三縮二. 加抗席三. 加茵. 用疏布. 緇翦, 有幅. 亦縮二橫三." 此士之禮一重者. 以此差之, 上公四重.

**集說** '다섯 겹으로 한다'(五重)는 것은 항목抗木과 관깔개(茵)[15]를 가리킨다. 관깔개로 관 밑에 깔아놓는데, 옅게 물들인 검은 베를 사용하여 주머니 모양으로 만든다. 거기에 띠풀이며 열매 그리고 향초 등을 그 속에 넣는다. 지금의 요 안에 솜을 넣는 것과 같다. 세로로 2개 가로로 3개 놓는 것이 한 겹이다. 항목은 흙을 떠받치는 것이다. 하관한 뒤에 항목을 바깥 널 위로 설치하는데 또한 가로로 3개 세로로 2개를 설치한다. 그 위에 항석抗席을 3장 놓는다. 이것이 한 겹이다. 그렇게 하기를 5번 하면 5겹이 된다. '삽翣'은 「단궁檀弓」[16]에 설명이 보인다. '五重'者, 謂抗木與茵也. 茵以藉棺, 用淺色緇布夾爲之. 以茅秀及香草著其中. 如今褥子中用絮然. 縮者二橫者三爲一重. 抗木, 所以抗載於土. 下棺之後, 置抗木於椁之上, 亦橫者三縮者二. 上加抗席三. 此爲一重. 如是者五, 則爲五重也. '翣'見「檀弓」.

**【예기 18】**

적은 것을 존귀한 것으로 삼는 경우가 있다. 천자는 개介가 없고,

하늘에 제사를 지낼 때는 한 마리 희생을 사용한다.
有以少爲貴者. 天子無介, 祭天特牲.

**鄭注** '천자는 개가 없다'(天子無介)는 것은 천자는 손님이 되는 예가 없기 때문이다. '天子無介', 無客禮也.

**集說** '개介'는 손님을 돕게 하려는 것이다. 천자는 천하를 가家(집안)로 삼기 때문에 손님이 되는 의리가 없다. 따라서 개介를 두지 않는다. '특特'은 한 마리를 뜻한다. '介', 所以佐賓. 天子以天下爲家, 無爲賓之義. 故無介也. '特', 獨也.

**【예기 19】**

천자가 제후의 나라를 들르면 제후는 한 마리 소를 음식으로 바친다. 제후가 서로 찾아가 만날 때, 손님으로 온 군주가 선물을 바치는 예가 끝나면, 주국主國의 군주가 찾아온 군주에게 술을 올리는데 울창주鬱鬯酒를 사용하고 변두籩豆의 음식은 대접하지 않는다. 대부가 사신으로 가서 빙례聘禮를 행할 때 주국主國에서는 술을 따라주고 포해脯醢의 음식을 함께 준다.
天子適諸侯, 諸侯膳以犢. 諸侯相朝, 灌用鬱鬯, 無籩豆之薦. 大夫聘禮以脯醢.

**鄭注** '관灌'은 바친다는 뜻이다. '灌', 獻也.

**集說** 천자가 하늘에 제사를 올릴 때는 단지 한 마리 소를 사용한다. 천자가 순수巡狩를 나가 제후의 국경을 지날 때, 제후는 천자에게 음식을 바치

는데, 역시 한 마리 소를 사용하는 데 그친다. 천자를 높이 받드는 예는 또한 천자가 하늘을 높이 받드는 예와 같이 하는 것이다. 제후가 서로 만날 때, (손님으로 온 제후 쪽에서) 선물을 바치는 예가 끝나면 주국主國의 제후는 울창주鬱鬯酒를 따라 손님에게 드린다. 변두籩豆의 음식을 드리지 않는 것은 향기로운 덕으로 서로 접대하는 데 주안점이 있고 맛있는 음식에 주안점이 있지 않기 때문이다. 대부가 사신으로 타국에 가서 빙례聘禮를 행하면 주국主國에서는 술을 따라 주고 또 포해脯醢[17]의 음식을 준다. 이것은 적은 것을 존귀하게 여기고 많은 것을 천하게 여김을 보이는 것이다. 天子祭天, 惟用一牛. 若巡守而過諸侯之境, 則諸侯奉膳亦止一牛. 其尊君之禮, 亦如君之尊天也. 諸侯相朝, 享禮畢, 主君酌鬱鬯之酒以獻賓. 不用籩豆之薦者, 以其主於相接以芬芳之德, 不在殽味也. 大夫出使, 行聘禮, 主國禮之酌以酒, 而又有脯醢之薦. 此見少者貴多者賤也.

**【예기 20】**

천자는 음식을 한 번 먹고, 제후는 음식을 두 번 먹고, 대부와 사는 음식을 세 번 먹는다. 자신의 노동력으로 먹고사는 사람들은 정해진 수가 없다.

天子一食, 諸侯再, 大夫士三. 食力無數.

**鄭注** '음식을 한 번 먹는 것'(一食), '음식을 두 번 먹는 것'(再食), '음식을 세 번 먹는 것'(三食) 등은 배가 부르다고 말하는 것(告飽)을 가리킨다. '자신의 노동력으로 먹고사는 사람'(食力)은 공인工人·상인 그리고 농부를 가리킨다. '一食'·'再食'·'三食', 謂告飽也. '食力', 謂工·商·農也.

**集說** '식食'은 음식을 먹는다는 뜻이다. 지위가 존귀한 사람은 덕이 성대하다. 그가 배부른 것은 덕에 있지 맛있는 음식을 먹는 데 있지 않다. 그러므로 한 번 음식을 먹을 때마다 배가 부르다고 말한다. 음식을 시중드는 사람이 권유하면 그때서야 음식을 먹는다. 그러므로 '음식을 한 번 먹는다'(一食)라고 말한 것이다. 제후는 두 번 음식을 들고 배부르다고 말한다. 대부와 사士는 세 번 음식을 들고 배부르다고 말한다. 모두 음식을 권한 뒤에 다시 음식을 먹는다. '식력食力'은 자신의 노동력으로 먹고사는 사람으로, 농부·공인工人·상인 등 서인의 부류이다. 덕이 없으면 벼슬하지 않으며, 벼슬로 받는 녹祿이 없으면 대신해서 농사를 짓는다. 예禮는 서인에게까지 내려가서 적용되지 않기 때문에 자신의 노동력으로 먹고사는 사람들은 음식을 드는 데 정해진 수가 없다. 배가 부르면 곧 스스로 그만두는 것이다.

'食', 餐也. 位尊者德盛. 其飽以德, 不在於食味. 故每一餐, 輒告飽. 須御食者勸侑, 乃又餐. 故云'一食'也. 諸侯則再餐而告飽. 大夫士則三餐而告飽. 皆待勸侑則再食. '食力', 自食其力之人, 農·工·商·賈, 庶人之屬也. 無德不仕, 無祿代耕. 禮不下庶人, 故無食數. 飽卽自止也.

**【예기 21】**

대로大路는 말의 복대(繁)와 멍에끈(纓)에 1개의 취就를 한다. 차로次路는 복대와 멍에끈에 7개의 취就를 한다.

大路繁纓一就. 次路繁纓七就.

**鄭注** '대로는 말의 복대와 멍에끈에 1개의 취를 한다'(大路繁纓一就)는 것은 은殷대 하늘에 제사를 올릴 때 천자가 타던 수레를 가리킨다. 『주례』에 의

하면, 천자의 다섯 수레(五路)에서 옥로玉路의 복대와 멍에끈은 12개의 취就를 하고, 금로金路는 9개의 취를 하고, 상로象路는 7개의 취를 하고, 혁로革路는 5개의 취를 하고, 목로木路는 옅은 검은색 복대와 흰색의 멍에끈을 한다.[18] '大路繁纓一就', 殷祭天之車也. 『周禮』王之五路, 玉路繁纓十有二就, 金路九就, 象路七就, 革路五就, 木路翦繁鵠纓.

**集說** 은殷나라 때에는 질質을 숭상하였다. 하늘에 제사를 드릴 때 천자가 타는 수레는 나무의 재질을 중시하였고 별다른 장식을 가하지 않았는데 그 수레를 '대로大路'라고 불렀다. '번繁'은 말에 매는 복대腹帶이다. '영纓'은 멍에끈으로 말의 가슴 앞쪽에 있다. 실을 염색하여 짜서 모직물(罽)을 만드는데, 다섯 색깔로 한 베를 이룬 것을 '취就'라고 한다. '취'는 이룬다는 뜻이다. 말의 복대와 멍에끈은 모두 이 모직물을 가지고 만든다. 수레가 소박하기 때문에 말 역시 장식이 적다. 대로大路 휘하에 선로先路와 차로次路[19]가 있다. '차로次路'는 은나라 때 세 번째 위치에 있는 수레이다. 비천한 잡역의 용도를 위해 쓰이기 때문에 취就의 수가 많다. 「교특생郊特牲」(2)에 "차로次路는 5개의 취就를 한다"라고 하였다. 이 장에서 아마도 잘못 기록되어 취를 7개 장식한다고 된 듯하다. 殷世尙質. 其祭天所乘之車, 木質而已, 無別雕飾, 謂之'大路'. '繁', 馬腹帶也. '纓', 鞅也, 在馬膺前. 染絲而織以爲罽, 五色一布曰'就'. '就', 猶成也. 繁與纓皆以此罽爲之. 車朴素, 故馬亦少飾也. 大路之下, 有先路・次路. '次路', 殷之第三路也. 供卑雜之用, 故就數多. 「郊特牲」云: "次路五就." 此蓋誤爲七就.

**【예기 22】**

규圭와 장璋은 단독으로 전한다.

圭·璋, 特.

**鄭注** '규와 장은 단독으로 전한다'(圭·璋, 特)는 것은 조회朝會와 상조相朝의 예, 그리고 빙례聘禮에서 신표로 삼는 것으로 폐백은 없다. '圭·璋, 特', 朝聘以爲瑞, 無幣帛也.

**集說** 규圭와 장璋[20]의 모양과 제도는 『주례』 「고공기考工記」에 보인다. 제후가 천자를 조현할 때에는 규圭를 잡고, 왕후王后를 조현할 때에는 장璋을 잡는다. 옥玉 가운데 귀한 것은 다른 물건으로 장식하지 않는다. 따라서 '특特'(단독)이라고 한 것이다. 그것을 단독으로 사용함을 말하는 것이다. 『주례』에 "소행인小行人은 6가지 폐백을 짝짓는 것을 담당한다. 규圭는 말과, 장璋은 호랑이 가죽과 함께한다"[21]라고 하였다. 그러나 호랑이 가죽과 말은 당堂에 오르지 못하고, 오직 규와 장이 홀로 당에 오른다. 이 또한 '특特'(단독)이 의미하는 것이다. 圭璋形制見「考工記」. 諸侯朝王以圭, 朝后則執璋. 玉之貴者不以他物儷之. 故謂之'特'. 言獨用之也. 『周禮』"小行人掌合六幣, 圭以馬, 璋以皮." 然皮與馬皆不升堂. 惟圭璋特升於堂. 亦'特'之義也.

**【예기 23】**

호琥와 황璜은 술잔과 함께 전한다.

琥·璜, 爵.

**鄭注** '호와 황은 술잔과 함께 전한다'(琥·璜, 爵)는 것은 천자가 제후에게 술을 따라 주고, 제후가 서로 술을 따라 줄 때 이 옥을 폐백으로 함께 전한

다. '琥·璜, 爵'者, 天子酬諸侯, 諸侯相酬, 以此玉將幣也.

**集說** '호琥'는 호랑이 모양이고, '황璜'[22]은 반원 모양이다. 이 두 옥은 규圭와 장璋보다 등급이 낮아, 단독으로 전달할 수 없고 반드시 술잔을 사용하는 것을 기다려야 한다. 대개 천자가 제후에게 연회를 베풀 때와 제후가 서로 연회를 베풀 때, 술을 따라주는 절차에 이르면 폐백을 대동하여 전달한다. 술을 따라 줄 때 또한 호琥와 황璜의 옥을 가지고 폐백을 전달하기 때문에 '호琥와 황璜은 술잔과 함께 전한다'라고 말한 것이다. '琥'爲虎之形, '璜'則半環之形也. 此二玉下於圭璋, 不可專達, 必待用爵. 蓋天子享諸侯, 及諸侯自相享, 至酬酒時, 則以幣將送. 酬爵又有琥璜之玉, 以將幣, 故云'琥璜爵'也.

**【예기 24】**

귀신에게 지내는 제사에서는 자리를 한 겹으로 한다.

鬼神之祭, 單席.

**集說** 귀신은 살아 있는 사람과 달라 많은 것과 여러 겹을 빌려서 따뜻하게 하지 않는다. 鬼神異於人, 不假多重以爲溫暖也.

**【예기 25】**

제후가 조회를 할 때, 대부에게는 개별적으로 읍례揖禮를 하고, 사士에게는 한꺼번에 읍례를 한다. 이것은 적은 것을 귀한 것으로 여기는 것이다.

諸侯視朝, 大夫特, 士旅之. 此以少爲貴也.

**鄭注** '대부에게는 개별적으로 읍례를 하고, 사에게는 한꺼번에 읍례를 한다'(大夫特, 士旅之)는 것은 군주가 읍례를 하는 것을 가리킨다. '大夫特, 士旅之', 謂君揖之.

**集說** 군주가 조회를 볼 때 대부에게는 개별적으로 읍례揖禮를 한다는 것은 대부마다 각각 한 번씩 읍례를 한다는 의미다. '려旅'는 여럿을 뜻한다. 사士는 지위가 낮으므로 그 수의 많고 적음을 따지지 않고, 군주는 사士 전체에 대하여 한 번 읍례를 할 뿐이다. 君視朝之時, 於大夫則特揖之, 謂每人一揖也. '旅', 衆也. 士卑, 無問人數多少, 君一揖而已.

**【예기 26】**

큰 것을 존귀한 것으로 여기는 것이 있다. 궁실의 개수, 기물의 규모, 관곽棺槨의 두께, 묘의 크기 등 이런 것은 큰 것을 존귀한 것으로 여긴다. 작은 것을 존귀한 것으로 여기는 것이 있다. 종묘宗廟의 제례祭禮에서 존귀한 사람이 작爵으로 술을 바치고, 미천한 사람이 산散으로 술을 바치며, 존귀한 사람이 치觶로 술을 마시고 미천한 사람이 각角으로 술을 마신다. 오헌五獻의 술동이를 진설할 때 부缶를 문밖에 진설하고 호壺를 문 안쪽에 진설하며, 군주의 술동이는 와무瓦甒로 사용한다. 이런 것들은 작은 것을 존귀한 것으로 여기는 경우이다.

有以大爲貴者. 宮室之量, 器皿之度, 棺椁之厚, 丘封之大, 此以大爲貴也. 有以小爲貴者. 宗廟之祭, 貴者獻以爵, 賤者獻以散, 尊者擧觶, 卑者擧角. 五獻之尊門外缶, 門內壺, 君尊瓦甒. 此以小爲貴也.

**鄭注** 무릇 잔은 규모에 따라 1승升의 잔을 '작爵', 2승을 '고觚', 3승을 '치觶', 4승을 '각角', 5승을 '산散'이라고 한다. '오헌五獻'(5회의 헌)은 자子와 남男의 향례饗禮를 가리킨다. '호壺'는 크기가 1석石이고, '와무瓦甒'는 5말이고, '부缶'의 규모는 모른다. 『역』에 "한 동이의 술과 두 궤簋(그릇)의 음식에다 부缶를 사용한다"23)라고 하였다. 凡觴, 一升曰'爵', 二升曰'觚', 三升曰'觶', 四升曰'角', 五升曰'散'. '五獻', 子·男之饗禮也. '壺'大一石, '瓦甒'五斗, '缶'大小未聞也. 『易』曰: "尊酒簋貳用缶."

**集說** '작爵'은 크기가 1승升이고, '고觚'는 2승, '치觶'는 3승, '각角'은 4승, '산散'은 5승이다. ○ 소疏에서는 말한다. "「특생궤사례特牲饋食禮」에 '주인이 시尸에게 술을 바칠 때 각角잔을 사용한다. 좌식佐食24)이 산散을 씻어서 시尸에게 바친다'고 하였다. 이것은 존귀한 사람이 작은 것을 비천한 사람이 큰 것을 취하는 것이다. 살펴보건대, 천자·제후 그리고 대부가 모두 시尸에게 술을 바칠 때는 작爵을 사용한다. 비천한 사람이 산散으로 술을 바친다는 구절이 없는 것은 예경의 구절이 산일되어 없어져서 갖추지 못한 것이다. 「특생궤사례」에서 '주인이 시尸에게 술을 바칠 때 각角잔을 사용한다'고 한 것은 하대부의 경우를 가리킨다. 「특생궤사례」와 「소뢰궤사례少牢饋食禮」에서 '시尸가 들어와 술잔의 술을 마시는데 치觶를 사용한다'고 한 것은 존귀한 사람이 치觶잔으로 마시는 것이다. 「특생궤사례」에서 '주인은 시尸가 따라주는 술을 받아 마시는데, 각角잔으로 받아 마신다'고 한 것은 미

천한 자가 각角잔을 사용하여 마시는 것을 뜻한다. 이들은 사士의 예이다. 천자와 제후의 제례祭禮는 망실亡失되었다. '오헌五獻'(5회의 헌)은 자子와 남男의 향례饗禮이다. 무릇 제후가 신하에게 연회를 베풀거나 제후가 서로 연회를 베풀 때, 예에 맞추어 행하는 헌獻의 수는 각각 그 작위의 명命수에 따른다. 자와 남은 5명命이므로 오헌은 자와 남의 경우 술동이를 진설하는 법도임을 알 수 있다. '문밖에 부缶를 진설한다'에서 '부缶'는 술동이 이름으로 술을 담아 문밖에 놓아둔다. '호壺' 역시 술동이 이름으로 술을 담아 문안에 놓아둔다. '군주의 술동이'(君尊)는 곧 자子와 남男의 술동이다. 자와 남은 와무瓦甒(질그릇 형태의 술단지)를 가지고 술동이를 삼는다. 문의 안쪽과 밖을 언급하지 않으면, 당堂에 진설하여 놓는 것이다. 군주는 술동이를 향해 있고 그 술을 마시는 것을 마음대로 한다. 그 호壺와 부缶에 있는 술로는 여러 신하들에게 마시게 한다. 작은 술동이는 군주 가까이 있고, 큰 술동이는 문에 있는데, 이것은 작은 것을 존귀한 것으로 여기는 것이다. 호壺는 크기가 1석石(10말)이고, 와무瓦甒는 5말이다. 부缶는 또한 호壺보다 더 크다." '爵', 一升, '觚', 二升, '觶', 三升, '角', 四升, '散', 五升. ○ 疏曰: "「特牲」云: '主人獻尸用角. 佐食洗散以獻尸.' 是尊者小, 卑者大. 按天子諸侯及大夫皆獻尸以爵. 無賤者獻以散之文, 禮文散亡, 不具也. 「特牲」'主人獻尸用角'者, 下大夫也. 「特牲」·「少牢禮」'尸入擧奠觶', 是尊者擧觶. 「特牲」'主人受尸酢, 受角飮'者, 是卑者擧角. 此是士禮耳. 天子諸侯祭禮亡. '五獻', 子·男之享禮也. 凡王享臣及其自相享, 行禮獻數, 各隨其命. 子·男五命, 故知五獻是子男列尊之法. '門外缶'者, '缶', 尊名, 盛酒在門外. '壺', 亦尊也, 盛酒在門內. '君尊', 子·男之尊也. 子·男用瓦甒爲尊. 不云內外, 則陳之在堂. 人君面尊而專惠也. 其壺缶但飮諸臣. 小尊近君, 大尊在門, 是以小爲貴. 壺大一石, 瓦甒五斗. 缶又大於壺."

**【예기 27】**

높은 것을 존귀한 것으로 여기는 경우가 있다. 천자의 당堂은 9척이고, 제후는 7척, 대부는 5척, 사士는 3척이다. 천자와 제후는 대문臺門을 세운다. 이것은 높은 것을 존귀한 것으로 여기는 경우이다.
有以高爲貴者. 天子之堂九尺, 諸侯七尺, 大夫五尺, 士三尺. 天子諸侯臺門. 此以高爲貴也.

**集說** 9척 이하의 수는 모두 당堂 위가 당 아래보다 높은 것을 뜻한다. 『주례』「고공기考工記」에 "당의 높이는 3척尺"[25]이라고 하였는데, 은殷나라 제도이다. 이 경문의 내용은 주周나라 제도이다. '대문臺門'[26]은 앞 장(9)에 나온다. 九尺以下之數, 皆謂堂上高於堂下也. 「考工記」"堂崇三尺", 是殷制. 此周制耳. '臺門'見前章.

**【예기 28】**

낮은 것을 존귀한 것으로 여기는 경우가 있다. 지극히 공경하는 것은 단壇을 쌓지 않고 땅을 쓸고 제사를 드린다. 천자와 제후는 술동이에 금禁을 사용하지 않는다. 대부와 사는 어棜와 금禁을 사용한다. 이것이 낮은 것을 존귀한 것으로 여기는 경우이다.
有以下爲貴者. 至敬不壇, 埽地而祭. 天子諸侯之尊廢禁. 大夫士棜·禁. 此以下爲貴也.

**鄭注** '폐廢'는 제거한다는 뜻과 같다. '갸자'(棜)는 사금斯禁이다. 갸자(棜)라

고 말한 것은 다리가 없어 가자와 비슷하기 때문에 아마도 그렇게 명칭을 붙여 부른 것이다. 대부는 사금斯禁을 사용하고, 사士는 금禁을 사용하는데, 오늘날의 방안方案(앉은뱅이 책상)과 같이 생겼다. 판과 다리를 타원형으로 길게 하였다. 높이가 3촌이다. '廢', 猶去也. '棜', 斯禁也. 謂之棜者, 無足, 有似於棜, 或因名云耳. 大夫用斯禁, 士用禁[27], 如今方案. 隋長局足. 高三寸.

**集說** 흙을 쌓아 단을 만드는데, 교사郊祀에서는 단을 만들지 않는다. 지극히 공경스런 것은 문식하지 않기 때문이다. '금禁'과 '어棜'[28]는 모두 술동이를 올려놓는 받침대로서 나무로 만든다. '금禁'은 길이가 4척, 넓이가 2척 4촌이고 판과 다리를 통하게 하였으며, 높이가 3촌이다. 가운데를 붉은색으로 옻칠하고 청운기靑雲氣와 능소화菱苕華 등을 그려 장식하고, 다리를 새겨 휘장을 걷어 올린 형상으로 만든다. '어棜'는 길이가 4척, 넓이가 2척4촌, 깊이가 5촌으로 다리가 없다. 마찬가지로 청운기와 능소화 등을 그려 장식한다. '어棜'는 들것의 명칭이다. '금禁'이라고 한 것은 그것으로 술에 대한 경계를 삼는 것이다. '천자와 제후의 술동이에 금禁을 사용하지 않는다'(天子諸侯之尊廢禁)는 것은 그 금禁을 제거하고 사용하지 않는다는 것이다. '대부와 사士는 어棜와 금禁을 사용한다'(大夫士棜禁)는 것은 대부는 어棜를 사용하고 사士는 금禁을 사용한다는 것이다. '어棜'는 일명 '사금斯禁'이라고도 부르는데 『의례』 「향음주례鄕飮酒禮」에 보인다. 封土爲壇, 郊祀則不壇. 至敬無文也. '禁'與'棜', 皆承酒樽之器, 木爲之. '禁', 長四尺廣二尺四寸, 通局足, 高三寸. 漆赤中, 畫靑雲氣·菱苕華爲飾, 刻其足爲褰帷之形. '棜', 長四尺廣二尺四寸深五寸, 無足. 亦畫靑雲氣·菱苕華爲飾也. '棜'是轝名. '禁'者因爲酒戒也. '天子諸侯之尊廢禁'者, 廢去其禁而不用也. '大夫士棜禁'者, 謂大夫用棜, 士用禁也. '棜'一名'斯禁', 見「鄕飮酒禮」.

【예기 29】

예에는 문식하는 것을 존귀한 것으로 여기는 경우가 있다. 천자는 곤의衮衣에 용을 새겨 넣고, 제후는 보黼의 문양을 새기고, 대부는 불黻의 문양을 새기고, 사士는 검은 윗옷에 붉은색 치마를 입는다. 천자의 면류관은 붉은색과 녹색으로 술을 만들고 12개의 술을 단다. 제후는 9개, 상대부는 7개, 하대부는 5개, 사는 3개의 술을 단다. 이것은 문식하는 것을 존귀한 것으로 여기는 경우이다.

禮有以文爲貴者. 天子龍衮, 諸侯黼, 大夫黻, 士玄衣纁裳. 天子之冕朱綠藻, 十有二旒. 諸侯九, 上大夫七, 下大夫五, 士三. 此以文爲貴也.

**鄭注** 이것은 제사를 지낼 때 착용하는 면류관과 옷이다. 술(藻)을 붉은색과 녹색으로 하는 것은 하夏와 은殷의 예인 듯하다. 주周나라의 예는 천자의 경우 다섯 가지 색으로 술을 장식한다. 此祭冕服也. 朱綠似夏・殷禮也. 周禮, 天子五采藻.

**集說** '용곤龍衮'은 곤의衮衣[29]에 용을 그려 넣는 것이다. 흰색과 검은색으로 그린 것을 '보黼'라고 하는데 도끼 모양으로 치마에 수를 놓는다. 검은색과 청색으로 그린 것을 '불黻'이라고 하는데 그 문양은 두 기己자가 서로 등을 지고 있는 모양으로, 마찬가지로 치마에 수를 놓는다. '훈纁'은 붉은색이다. '면류관'(冕)은 제복祭服을 입을 때 쓰는 관冠이다. 위는 검고 아래는 붉으며 앞뒤로 술이 있다. 앞쪽이 1촌2분 정도 낮다. 약간 굽힌(俛) 형태이기 때문에 면冕이라고 부른다. 면은 구분이 없고 옷으로 구분한다. 첫째 곤면衮冕, 둘째 별면鷩冕, 셋째 취면毳冕, 넷째 치면絺冕, 다섯째 현면玄冕으로 각기 옷의 차이에 따라 이름을 달리 붙인 것일 뿐이다. 면류관의 제도

는 같지만, 술에 많고 적음의 차이가 있다. '술을 붉은색과 녹색으로 한다'(朱綠藻)는 것은 붉은색과 녹색의 실로 끈을 만들고 이 끈에 옥을 꿰어 면류관에 달아 늘어뜨려서 술을 삼는 것이다. 주周대에는 다섯 가지 색깔을 사용하였는데, 여기서 '붉은색과 녹색으로 한다'라고 말하고 있으니 아마도 그 이전의 제도일 것이다. '12개의 술을 단다'(十有二旒)는 것은 천자의 면류관에 해당한다. 앞뒤로 각각 12개의 술을 달며 술마다 12개의 옥이 꿰어져 있는데 옥의 색깔은 붉은색·흰색·파란색·황색·검은색의 순서로 위에서 아래로 내려오게 하고 한차례 끝나면 다시 붉은색에서부터 시작한다. 곤면은 12개의 술을 달고, 별면은 9개, 취면은 7개, 치면은 5개, 현면은 3개의 술을 단다. 이들 술의 수가 다르기는 하지만, 그들 모두 술에는 12개의 옥을 달고, 끈의 옥은 다섯 가지 색으로 단다. 이것은 모두 주나라 때 시행된 천자의 제도이다. '제후는 9개, 상대부는 7개, 하대부는 5개, 사는 3개의 술을 단다'(諸侯九, 上大夫七, 下大夫五, 士三)는 것은 또한 주대의 제도가 아니다. 주나라에서 시행된 술의 수는 명命(작명)의 수에 따라 정해지는데 그 내용은 『의례』 「면변도冕弁圖」에 자세히 나온다. ○ 소疏에서 말한다. "제후는 9개와 7개 이하의 문양을 수놓지만, 그 속에 보黼의 문양을 수놓는다. 삼고三孤의 치면絺冕 이하에도 그 속에 불黻의 문양을 수놓는다. 그러므로 특별히 보와 불의 문양을 들어서 말한 것이다. 『시詩』 「채숙采菽」에 '검은 곤의에 보黼 문양의 치마로세!'라고 하였으니 이는 보黼만 들어서 말한 것이요, 「종남終南」에 '불黻을 새긴 옷 오색으로 빛나네!'라고 하였으니 이는 불黻만 들어서 말한 것이다." ○ 진씨陳氏는 말한다. "조藻(마름)는 청결하면서도 아름답다. 여러 색깔의 문양이 그와 같기 때문에 '조藻'라고 부른 것이다."30)

'龍袞', 畫龍於袞衣也. 白與黑謂之'黼', 黼如斧形, 刺之於裳. 黑與青謂之'黻', 其狀兩己相背, 亦刺於裳也. '纁', 赤色. '冕', 祭服之冠也. 上玄下纁, 前後有旒. 前低一寸二分. 以其略俛而謂之冕. 冕同而服異. 一袞冕, 二驚冕, 三毳冕, 四絺冕, 五玄冕, 各以服之異而名之耳. 冕之制雖同, 而旒有多少. '朱綠藻'者, 以朱綠二色之絲爲繩也, 以此繩貫玉, 而垂於冕, 以爲旒. 周用五采, 此言'朱綠', 或是前代之制. '十有二旒'者, 天子之冕. 前後各十二旒, 每旒十二玉. 玉之色以朱白蒼黃玄爲次, 自上而下, 徧則又從朱起. 袞冕十二旒, 鷩冕九旒, 毳冕七旒, 絺冕五旒, 玄冕三旒. 此數雖不同, 然皆每旒十二玉, 繅玉五采也. 此皆周時天子之制. '諸侯九, 上大夫七, 下大夫五, 士三', 此亦非周制. 周家旒數, 隨命數, 詳見『儀禮』「冕弁圖」. ○ 疏曰: "諸侯雖九章, 七章以下, 其中有黼也. 孤絺冕而下, 其中有黻. 故特擧黼黻而言耳. 『詩』「采菽」云: '玄袞及黼', 是特言黼, 「終南」云: '黻衣繡裳', 是特言黻也." ○ 陳氏曰: "藻潔而文. 衆采如之, 故曰'藻'."

**【예기 30】**

질박한 것을 존귀한 것으로 여기는 경우가 있다. 지극히 공경하는 것에는 문식함이 없다. 아버지 쪽의 친족에 대해서는 예용禮容을 갖추지 않는다. 대규大圭에는 문양을 새기지 않는다. 대갱大羹에는 소금이나 매실로 간을 하지 않는다. 대로大路는 문식이 없고 부들로 자리를 만든다. 술동이에는 희생으로 쓰는 소의 형상을 새기고 거친 베로 덮개를 삼는다. 표杓는 무늬결이 있는 속이 하얀 나무로 만든다. 이것들은 질박함을 존귀함으로 삼는 경우이다.

有以素爲貴者. 至敬無文. 父黨無容. 大圭不琢. 大羹不和. 大路素而越席. 犧尊, 疏布鼏. 樿杓. 此以素爲貴也.

**鄭注** '대규大圭'는 길이가 3척이다. 위를 비스듬히 깎고 머리를 망치 모양으로 만든다. '탁琢(갈다)'은 '전篆(새기다)'의 오자이다. 「명당위明堂位」(21)에 "대로大路는 은나라의 수레이다"라고 하였다. '멱鼏(술동이를 덮는 덮개보)'은

어떤 본에는 '막幕'으로 되어 있다. '선樿'은 백리목白理木(무늬결이 흰 나무)이다. '大圭', 長三尺. 杼[31]上, 終葵首. '琢', 當爲'篆'字之誤也. 「明堂位」曰: "大路, 殷路也." '鼏', 或作'幕'. '樿', 木白理也.

集說 공경함이 지극한 것은 문식하는 것으로 아름다움을 삼지 않는다. 가령 하늘에 제사를 올릴 때는 검은 양털의 갖옷을 입는데, 이것 또한 질박함을 숭상하는 뜻이다. 굽히고 돌고 절하고 양보하는 등의 예용禮容은 외빈外賓에게 행하는 것이다. 친족의 손님을 만날 때는 질박한 것으로 예를 삼고, 일부러 꾸미지 않는다. '대규大圭'는 천자가 꽂는 것으로 길이는 3척이다. '새기지 않는다'(不琢)는 것은 문양을 새겨 넣는 것을 하지 않는 것이다. '대갱大羹'은 태고 시절의 국이다. 육즙에 소금과 매실 등으로 간하지 않는다. 후대의 왕들이 고례古禮를 존속시키고자 하였기 때문에 진설한 것이다. 이 또한 현주玄酒를 숭상하는 뜻이다. '대로大路'는 은殷대에 하늘에 제사를 지낼 때 천자가 사용하던 수레이다. 질박하여 문식이 없고 자리를 부들로 만들었다. '희생을 새긴 술동이'(犧尊)는 희생으로 쓰는 소의 형상을 새겨 넣은 것을 말한다. 음을 사娑(파닥이다)로 읽는 것은 봉황의 깃이 파닥이는 모습을 문식해놓은 것을 가리킨다. 이 술동이는 거친 베로 덮개를 삼는다. '선樿'은 무늬결이 있는 속이 하얀 나무이다. '표杓'는 물을 손에 부어 씻는 데 사용하는 도구이다. 敬之至者, 不以文爲美. 如祭天而服黑羔裘, 亦是尙質素之意. 折旋揖讓之禮容, 所以施於外賓. 見父之族黨, 自當以質素爲禮, 不爲容也. '大圭', 天子所搢者, 長三尺. '不琢', 不爲鐫刻文理也. '大羹', 太古之羹也. 肉汁無塩梅之和. 後王存古禮故設之. 亦尙玄酒之意. '大路', 殷祭天之車. 朴素無飾, 以蒲越爲席. '犧尊', 刻爲犧牛之形. 讀爲'娑'音者, 謂畫爲鳳羽婆娑然也. 此尊以麤疏之布爲覆鼏. '樿', 白木之有文理者. '杓', 沃盥之具也.

**【예기 31】**

공자孔子께서 "예는 살펴보지 않을 수 없다. 예는 등급에 따라 다르지만, 너무 풍성하게 행하지도 않고, 너무 줄여서 행하지도 않는다"라고 하였는데, 이것을 두고 한 말이다. 대개 알맞게 행하는 것을 말하는 것이다.

孔子曰: "禮不可不省也. 禮不同, 不豐, 不殺", 此之謂也. 蓋言稱也.

**鄭注** '성省'은 살핀다는 뜻이다. '부동不同'은 것은 다름을 말한다. '省', 察也. '不同', 言異也.

**集說** '성省'은 살핀다는 뜻이다. 예의 등급이 같지 않지만, 각 등급마다 응당 그 정도로 해야 하는 원칙이 있다. 너무 풍성하게 하면 넘치고, 너무 줄이면 미치지 못한다. 오직 자신의 등급에 알맞게 하는 것이 바람직하다. '省', 察也. 禮之等雖不同, 而各有當然之則. 豐則踰, 殺則不及. 惟稱之爲善.

**【예기 32】**

예에서 많은 것을 존귀하게 여기는 것은 마음을 밖으로 드러내는 것(外心)을 위주로 하는 것이다. 덕이 발양하여 만물에 두루 미치니, 다스림이 포용하는 바가 크고 사물의 이루어짐 또한 넓다. 이와 같으니 많음을 존귀한 것으로 여기지 않을 수 있겠는가? 그러므로 군자는 마음이 밖으로 드러남을 즐거워하는 것이다.

禮之以多爲貴者, 以其外心者也.① 德發揚, 詡萬物,② 大理物博. 如此, 則得不以多爲貴乎? 故君子樂其發也.③

**鄭注** ① '마음을 밖으로 드러낸다'(外心)는 것은 마음을 외부로 표현하여 그 덕이 겉으로 나타나는 것이다. '外心', 用心於外, 其德在表也.

② '허詡'는 널리 두루 미친다는 뜻이다. '詡', 猶普也, 徧也.

③ '발發'은 드러난다는 뜻이다. 밖으로 드러남이 많은 것을 즐거워하는 것이다. '發', 猶見也. 樂多其外見也.

**集說** 마음을 기울여서 예물을 구비하여 올리는 예를 다하면 마음은 예물에 드러난다. 그러므로 '마음을 밖으로 드러낸다'(外心)고 말한 것이다. 그러나 예물을 구비하는 것을 귀중하게 생각하는 이유는 성인聖人은 대개 천지의 덕이 발양하여 밝게 드러나 만물에 성대하게 두루 미치는 것을 보기 때문이다. 이것은 그 다스림이 포용하는 바가 큰 것이다. 그러므로 사물이 이루어지는 것이 그와 같이 넓은 것이다. 어찌 많은 것을 존귀한 것으로 여기지 않을 수 있겠는가? 이것이 예를 제정하는 군자가 마음을 밖으로 드러내서 예물을 구비하는 정성을 다함을 즐거워하는 이유이다. 用心以致備物之享, 則心在於物. 故曰'外心'. 然所以貴於備物者, 聖人蓋見夫天地之德發揚昭著, 盛大溥徧於萬物. 是其理之所該者大. 故物之所成者博如此. 豈得不以多爲貴乎? 此制禮之君子, 所以樂其用心於外, 以致備物也.

**【예기 33】**

예에서 적은 것을 존귀하게 여기는 것은 마음속으로 나타내는 것(內

心)을 위주로 하는 것이다. 천지의 덕이 만물을 낳음에 그 유행하는 이치가 치밀하고 정미하다. 천하의 사물을 두루 보아도 천지의 덕에 걸맞은 것은 없다. 그와 같으니 적음을 존귀한 것으로 여기지 않을 수 있겠는가? 그러므로 군자는 홀로 있을 때를 삼가고 조심한다.
禮之以少爲貴者, 以其內心也.① 德產之致也精微.② 觀天下之物無可以稱其德者.③ 如此則得不以少爲貴乎? 是故君子愼其獨也.④

**鄭注** ① '마음을 속으로 나타낸다'(內心)는 것은 속으로 마음을 표현하여 그 덕이 마음속에 들어 있는 것이다. '內心', 用心於內, 其德在內.
② '치致'는 치밀하다는 뜻이다. '致', 致密也.
③ 만물은 모두 하늘이 낳는 것이니 어느 것을 바쳐서 하늘의 큰 덕을 일컬을 수 있겠는가? 萬物皆天所生, 孰可奉薦以稱也?
④ 희생의 예물을 적게 하는 것은 정성을 다하는 것이다. 少其牲物, 致誠慤.

**集說** 산재散齊와 치재致齊[32])를 하고, "귀신에게 제사를 드릴 때는 귀신이 거기에 와 있는 듯이 하는 것(祭神如在)"[33]) 등 모두가 '마음속으로 나타낸다'(內心)는 뜻이다. 오직 정성을 다하여 귀신이 감응해서 이르는 것에 주안점이 있다. 그러므로 예물을 구비하는 것으로 공경함을 삼지 않는다. 그렇게 하는 이유는 대개 천지의 덕이 만물을 낳는 방식에 그 유행流行하여 부여된 이치가 치밀하고 정미함을 봄이 있기 때문이다. 곧 『역』 「계사繫辭」에서 "하늘과 땅이 왕성히 호응하여 만물이 변화하고 응취한다"라고 한 것이다. 비록 천하의 모든 사물을 두루 취해서 천지에 제사를 올리더라도 결국 천지의 덕에 걸맞게 해서 그 공로에 보답할 수 없다. 마음으로 정성을 다하고 공경을 다하는 것으로써 섬기는 것이 오히려 극진함이 되는 것만 못하다. 그러므로 예를 행하는 군자는 마음속으로 정성을 다하여 신명과 교감

하는 것에 주안점을 둔다. '홀로 있을 때를 조심한다'(愼獨)는 것이 마음속으로 정성을 다하는 일이다. 散齊致齊, '祭神如在', 皆是'內心'之義. 惟其主於存誠, 以期感格. 故不以備物爲敬. 所以然者, 蓋有見夫天地之德, 所以發生萬彙者, 其流行賦予之理, 密緻而精微. 卽「大傳」所言, "天地絪緼, 萬物化醇"也. 縱使徧取天下所有之物, 以祭天地, 終不能稱其德, 而報其功. 不若事之以誠敬之爲極致. 是以行禮之君子, 主於存誠於內, 以交神明也. '愼獨'者, 存誠之事也.

**【예기 34】**

옛날 성인聖人은 마음속으로 나타낸 공경을 높이 존중하였고, 밖으로 나타낸 예물을 즐거워하였으며, 적은 것을 존귀하게 여겼고, 많은 것을 아름답게 여겼다. 그러므로 선왕先王이 예를 제정할 때는 많아서도 안 되고 적어서도 안 되며 오직 알맞게 하는 것이다. 古之聖人, 內之爲尊, 外之爲樂, 少之爲貴, 多之爲美. 是故先王之制禮也, 不可多也, 不可寡也, 唯其稱也.

**集說** '존尊'(존중함)은 「중용中庸」에서 "덕성을 높인다"(尊德性)라고 할 때의 '높인다'(尊)와 같은 의미로, 공경스럽게 받들어 견지한다는 뜻이다. 마음속에 있는 정성과 공경을 존중하기 때문에 적은 예물로도 존귀함이 될 수 있다. 밖으로 드러낸 예용禮容과 예물을 즐거워하기 때문에 반드시 예물이 많아야 아름다움이 될 수 있다. 예물을 적게 해야 하는 경우에 많이 구비해서는 안 되고, 많이 갖추어야 하는 경우에 적게 구비해서도 안 된다. 때로는 마음속의 공경에 맞추어 행하고 때로는 밖으로 나타낸 예물에 맞추어 행한다. '尊', 如『中庸』"尊德性"之'尊', 恭敬奉持之意也. 尊其在內之誠敬, 故少物亦足

以爲貴. 樂其在外之儀物, 必多物乃可以爲美. 宜少者不可多, 宜多者不可寡. 或稱其內, 或稱其外也.

**【예기 35】**

그러므로 군자가 태뢰大牢로 제사를 올리면 예禮라고 하고, 필사匹士가 태뢰로 제사를 올리면 훔친다(攘)고 한다.

是故君子大牢而祭謂之禮, 匹士大牢而祭謂之攘.

**鄭注** '군자君子'는 대부 이상을 가리킨다. '양攘'은 훔친다는 뜻이다. '君子', 謂大夫以上. '攘', 盜竊也.

**集說** '예禮라고 한다'(謂之禮)는 것은 알맞다는 것이다. '훔친다고 한다'(謂之攘)는 것은 알맞지 않다는 것이다. ○ 소疏에서 말한다. "'필匹'은 짝한다는 뜻이다. 사士는 천하여 단독으로 일을 할 수 없고, 그를 개介(보좌관)로 시켜주면 행한다. 그러므로 '필사匹士'라고 한다. 서인을 필부匹夫라고 부르는 것은 오직 처妻와 짝하기 때문이다." '謂之禮', 稱也. '謂之攘', 不稱也. ○ 疏曰: "'匹', 偶也. 士賤不得特, 使爲介乃行. 故謂之'匹士'. 庶人稱匹夫者, 惟與妻偶耳."

**【예기 36】**

관중管仲은 궤簋에 문양을 새겨 넣었고, 관의 끈(紘)을 붉은색으로 하였으며, 두공에 산 문양을 새겨 놓았고(山節), 동자기둥에 물풀 문양을 그려놓았다(藻梲). 그것에 대하여 군자는 참람하다고 말한다.
管仲鏤簋朱紘, 山節藻梲. 君子以爲濫矣.

**鄭注** '참람하다'(濫)는 것 역시 훔친다는 뜻이다. '루궤鏤簋'는 새겨서 문식한다는 것이다. 대부는 거북을 새길 뿐이고, 제후는 상아로 문식하고, 천자는 옥으로 문식한다. 관을 매는 끈을 붉은색으로 하는 것은 천자의 면류관에 달린 끈이다. 제후는 청색의 끈을 달고, 대부와 사士는 검은색의 끈을 달고 가선을 분홍색으로 한다. 두공을 '절節'[34]이라고 한다. 들보 위의 기둥을 절梲(동자기둥)이라고 한다. 집을 문식할 때 사士는 나무의 뿌리와 꼭대기를 제거하고, 대부는 네모지게 기둥을 깎고, 제후는 깎고 나서 다시 숫돌로 갈고, 천자는 결이 고운 숫돌로 더 간다. 그러나 산과 물풀(藻)의 문양을 그려 넣는 예법은 없다. '濫', 亦盜竊也. '鏤簋', 謂刻而飾之. 大夫刻爲龜耳, 諸侯飾以象, 天子飾以玉. '朱紘', 天子冕之紘也. 諸侯靑組紘, 大夫士當緇組紘纁邊. 栭謂之'節'. 梁上楹謂之'梲'. 宮室之飾, 士首本, 大夫達棱, 諸侯斲而礱之, 天子加密石焉. 無畫山藻之禮也.

**集說** '관중管仲'은 제齊나라 대부이다. '루궤鏤簋'는 궤簋에 조각하고 새기는 문식을 하는 것이다. '굉紘'은 면류관에 달린 끈으로 실을 꼬아 짠 끈으로 만든다. 목 아래로부터 굽혀 올려서 양 곁의 잠(笄[35])에 고정시키고 나머지 부분을 늘어뜨려 갓끈(纓)으로 삼는다. 천자는 붉은색으로 제후는 청색으로 대부와 사士는 검은색으로 한다. '산절山節'은 기둥머리의 두공에 산 문양을 새겨 넣는 것이다. '조藻'는 물풀이다. '조절藻梲'은 들보 위의 동자기둥에 물풀을 그려 넣는 것이다. 이것은 모두 관중이 참람하게 예禮에서 벗어나 행한 일이다. '람濫'은 방자하게 넘친다는 뜻이다. '管仲', 齊大夫. '鏤簋', 簋有雕鏤之飾也. '紘', 冕之繫, 以組爲之. 自頷下屈而上屬於兩旁之笄, 垂餘爲纓.

天子朱, 諸侯靑, 大夫士緇. '山節', 刻山於柱頭之斗栱也. '藻', 水草也. '藻梲', 畫藻於梁上之短柱也. 此皆管仲僭禮之事. '濫', 放溢也.

**【예기 37】**

안평중晏平仲은 조상에게 제사를 드릴 때, 희생으로 쓴 돼지의 어깨(豚肩)가 두豆를 채우지도 못하였다. 그는 옷을 빨아 입고 관을 씻어 쓰고서 조회에 참여하였는데, 군자는 옹색하다고 말한다.

晏平仲祀其先人, 豚肩不揜豆. 澣衣濯冠以朝, 君子以爲隘矣.

**鄭注** '애隘'는 옹색하다는 뜻이다. 제사에 소뢰小牢를 쓰지 않고 규전圭田이 없는 자의 예禮와 같이 하는 것은 예를 충분히 갖추지 않는 것이다. 대부와 사士는 규전이 있으면 제사를 지내고 규전이 없으면 천薦[36]을 지낸다. '옷을 빨아 입고 관을 씻어 쓴다'(澣衣濯冠)는 것은 검소하여 새것을 갖추려고 힘쓰지 않는 것이다. '隘', 猶狹陋也. 祀不以少牢, 與無田者同, 不盈禮也. 大夫士, 有田則祭, 無田則薦. '澣衣濯冠', 儉不務新.

**集說** '안평중晏平仲'은 (관중과) 마찬가지로 제齊나라 대부이다. 대부는 제사에서 소뢰小牢를 쓰고 원래 돈豚(새끼 돼지)을 쓰지 않는다. 주周나라 사람은 희생의 어깨 부분(肩)을 귀하게 여겼다. 어깨 부분은 조俎에 놓고 두豆에 놓지 않는다. 여기서는 매우 작음을 비유한 것으로 돼지의 양 어깨를 합해도 두豆를 채우기에도 부족함을 가리킨다. 따라서 두豆를 빌려서 말한 것이다. 위 장(31)에서 너무 풍성하게 행하지도 너무 줄여서 행하지도 않음을 말하였는데, 이 장에서 관중管仲과 안영晏嬰의 사례를 들어 밝힌 것이다. 관중은 너무 풍성하게 하여 예에 맞지 않은 경우이고, 안영은 너무 줄여서

행하여 예에 맞지 않은 경우이다. '애隘'는 옹색하다는 뜻이다. '晏平仲', 亦齊大夫. 大夫祭用少牢, 不合用豚. 周人貴肩. 肩在俎不在豆. 此但喻其極小, 謂併豚兩肩, 亦不足以掩豆. 故假豆言之耳. 上言不豐不殺, 此擧管晏之事以明之. 管仲豐而不稱, 晏子殺而不稱者也. '隘', 陋也.

**【예기 38】**

그러므로 군자가 예를 행할 때에는 신중하지 않으면 안 되니 대중의 기준이 되기 때문이다. 기준이 흐트러지면 대중이 분란을 일으킨다.
是故君子之行禮也, 不可不愼也, 衆之紀也. 紀散而衆亂.

**鄭注** 두 대부가 모두 예에 맞지 않음을 가리킨다. '기紀'(기준)는 실의 가락 수에 기준이 있음을 가리킨다. 言二大夫皆非也. '紀', 絲縷之數有紀.

**集說** 예禮는 사람의 마음을 어긋나지 않게 예방하고 세태의 변화에 기강을 잡기 위한 것이다. 앞 편에서 나라를 붕괴시키고 집안을 망치며 사람을 잃을 때는 반드시 먼저 예를 버린다고 말하였다. 禮所以防範人心, 綱維世變. 前篇言壞國喪家亡人, 必先去其禮.

**【예기 39】**

공자는 "나는 전쟁을 하면 이기고 제사를 드리면 복을 받는다"라고 하였는데, 대개 그 행하는 도리를 얻었기 때문이다.
孔子曰: "我戰則克[37], 祭則受福", 蓋得其道矣.

**鄭注** '아我'는 내가 예를 아는 사람이라는 뜻이다. '극克'은 이긴다는 뜻이다. '我', 我知禮者也. '克', 勝也.

**集說** 기록한 사람이 공자의 말을 인용하면서 선생께서 이 두 가지를 잘 하는 이유는 대개 그것을 행하는 도리를 얻었기 때문이라고 해석한 것이다. 記者引孔子之言而釋之曰, 夫子所以能此二者, 蓋以得其行之之道也.

**【예기 40】**

군자는 말한다. "제사를 지낼 때, 사적인 복을 빌지 않고, 시기에 앞서 지내는 것으로 흔쾌하게 여기지 않고, 기물이 높고 큰 것으로 즐겁게 여기지 않고, 경사스런 일로 제사하는 것이라 기쁘다고 해서 더 많이 지내지 않고, 희생犧牲은 살지고 큰 것에 이르지 않고, 천薦(희생을 쓰지 않는 간략한 제사)에 제수 품목을 많이 진설하는 것으로 아름다움을 삼지 않는다."

君子曰: "祭祀不祈,① 不麾蚤,② 不樂葆大,③ 不善嘉事,④ 牲不及肥大, 薦不美多品."⑤

**鄭注** ① '기祈'는 바란다는 뜻이다. 제사에서 복을 구하는 일을 하지 않는다. 『시詩』에 "복을 많이 받는 것을 자신에게서 구한다"[38]고 하였으니 복은 자신으로부터 나오는 것이다. '祈', 求也. 祭祀不爲求福也. 『詩』云: "自求多福", 福由己耳.

② '휘麾'는 흔쾌하다는 뜻이다. 제사는 지내는 때가 있다. 미리 앞서서 지내는 것을 흔쾌하게 여기지 않는다. 제齊나라 사람은 흔쾌히 여기는 것을

'휘麾'라고 말한다. '麾'之言快也. 祭有時. 不以先之爲快也. 齊人所善曰'麾'.

③ 기물과 폐백을 가리킨다. '보葆'는 포褒(높다)의 뜻이다. 謂器 · 幣也. '葆'之言褒也.

④ "기쁜 일로 지내는 제사는 부인에게 예를 바치는 것"[39]이 그것이다. 예禮에 따라 선조에게 마땅히 알리고 알현시켜야 하기 때문이지, 기쁘게 여겨서 제사를 드리는 것이 아니다. "嘉事之祭, 致夫人"是也. 禮宜告見於先祖耳, 不善之而祭.

⑤ 예禮의 정신에 작은 것을 올리고 적게 올리는 것을 존귀하게 여기는 경우가 있기 때문이다. 以禮之義有以小少爲貴也.

**集說** '군자는 말한다'(君子曰)라고 한 것은 기록한 이가 자신을 가리켜 한 말이다. 제사에는 일정한 예가 있으므로 사적인 복을 구하는 일은 하지 않는다. 『주례』「춘관春官 · 대축大祝」에 "육기六祈[40]를 담당한다"와 「춘관春官 · 소축小祝」에 "복과 상서를 빈다"는 문장이 있는데 모두 그럴 일이 발생하면 행하는 것이고, 정기적으로 지내는 제사에 속하지 않는다. '휘麾'는 흔쾌하다(快)는 뜻이다. 제사를 드리는 것은 정해진 시기가 있다. 정해진 때보다 앞서 지내는 것으로 흔쾌하게 여기지 않는다. '보葆'는 포褒(높다)의 뜻과 같다. 기물과 폐백의 규모는 각자 정해진 규정이 있어 높고 큰 것으로 즐거움을 삼지 않는다. '경사스런 일'(嘉事)은 관례와 혼례 등을 가리킨다. 전奠을 올리고 아뢰는 것에는 정해진 의식이 있다. 기쁘게 여긴다고 해서 다시 다른 제사를 진설하지 않는다. '희생은 살지고 큰 것에 이르지 않는다'(牲不及肥大)에서 '급及'은 '이른다'(至)는 뜻과 같다. 가령, 교제郊祭에서 희생으로 쓰는 소의 뿔은 누에고치나 알밤만 하고, 종묘宗廟의 제사에서는 뿔이 주먹으로 쥘 만하고, 사직社稷의 제사에서는 뿔이 1척 정도이다. 각 제사마다 합당하게 써야 하는 것이 있어, 모두 살지고 큰 것에 이를 필요는

없다. 천薦(희생을 쓰지 않는 간략한 제사)과 제사의 품목에는 정해진 수가 있으므로 품목이 많은 것을 아름다운 것으로 여기지 않는다. '君子曰', 記者自謂也. 祭有常禮, 不爲祈私福也. 『周禮』「大祝」"掌六祈", 「小祝」有"祈福祥"之文, 皆是有故則行之, 不在常祀之列. '麾', 快也. 祭有常時. 不以先時爲快. 葆猶褒也. 器幣之小大長短, 自有定制, 不以褒大爲可樂也. '嘉事', 冠昏之禮. 奠告有常儀. 不爲善之而更設他祭. '牲不及肥大', '及', 猶至也. 如郊牛之角繭栗, 宗廟角握, 社稷角尺. 各有所宜用, 不必須並及肥大也. 薦·祭之品味有定數, 不以多品爲美也.

**【예기 41】**

공자가 말하였다. "장문중臧文仲이 어떻게 예禮를 알겠는가? 하보불기夏父弗綦가 제사에서 존비를 뒤집어 문란케 하였는데도(逆祀) 장문중은 제지하지 못하였다."

孔子曰: "臧文仲安知禮? 夏父弗綦逆祀, 而弗止也."

**集說** '장문중臧文仲'은 노魯나라 대부 장손진臧孫辰이다. '하보불기夏父弗綦'는 사람의 성과 이름이다. 노魯나라 장공莊公이 죽자, 적자 민공閔公을 후계자로 세웠다. 민공이 죽자, 희공僖公을 세웠다. 희공은 장공의 서자로 민공의 서형庶兄이었다. 희공이 죽자 아들 문공文公이 왕위에 올랐다. 문공 2년 8월에 태묘에서 협제祫祭를 지내는데, 하보불기夏父弗綦가 종백宗伯이 되어 예를 주관하면서, 민공의 신주를 희공의 신주 아래에 옮겨 놓았다. 이것은 신하가 군주 위에 자리하여 존비尊卑의 위계를 뒤집어 어지럽힌 것으로 잘못 중에서도 큰 잘못이었다. 당시 사람들은 장문중을 예를 아는 사람이라고 여겼지만, 공자는 '그가 대부가 되어 역사逆祀(소목의 순서를 어긴 제사)의

잘못을 제지시키지 못하였으니 어떻게 예를 하는 사람이라고 할 수 있겠는가?'라고 말한 것이다. '臧文仲', 魯大夫臧孫辰. '夏父弗綦', 人姓名也. 魯莊公薨, 立適子閔公. 閔公薨, 立僖公. 僖公者, 莊公之庶子, 閔公之庶兄也. 僖公薨, 子文公立. 二年八月祫祭太廟, 夏父弗綦爲宗伯典禮, 移閔公置僖公之下. 是臣居君之上, 逆亂尊卑, 不可之大者. 時人以文仲爲知禮, 孔子'以其爲大夫, 而不能止逆祀之失, 豈得爲知禮乎?'

**【예기 42】**

(공자가 말하였다.) "오奧[41]에 번시燔柴를 행하였다. 오奧는 노부老婦에게 제사하는 것이다. 분盆(밥짓는 그릇)에 밥을 담고, 병甁(항아리)에 술을 담는다."

"燔柴於奧.① 夫奧者, 老婦之祭也. 盛於盆, 尊於甁."②

**鄭注** ① '문중文仲'은 노魯나라 공자公子 구彄의 증손인 장손진臧孫辰이다. 장공과 문공 사이에 대부가 되어 당시에 현인賢人으로 알려졌다. 그러므로 그를 비난한 것이니 예를 바로잡지 못하였기 때문이다. 문공文公 2년 8월 정묘丁卯일에 태묘太廟에서 체제禘祭[42]를 지내는데 희공僖公의 신주를 민공閔公의 신주 위로 옮겨 놓아 역사逆祀(소목의 순서를 어긴 제사)를 처음으로 행하였다. 이것은 하보불기夏父弗綦가 종백宗伯이 되어 행한 일이었다. '오奧'는 '찬爨'의 오자임에 틀림없다. 어떤 본에는 '조竈'로 되어 있다. 『의례』에 의하면 "시尸가 식사를 마치고나서 치찬饎爨과 옹찬饔爨에게 제사한다."[43] 당시 사람들은 불의 신에 제사한다고 여기고 이에 번시燔柴를 행한 것이다. '文仲', 魯公子彄之曾孫臧孫辰也. 莊·文之間, 爲大夫, 於時爲賢. 是以非之, 不正禮也. 文二年八月丁卯, 大事于大廟, 躋僖公, 始逆祀. 是夏父弗綦爲宗伯之爲也. '奧', 當爲'爨'

字之誤也. 或作'竈'. 『禮』"尸卒事而祭饎爨·饔爨"也. 時人以爲祭火神, 乃燔柴.

② '노부老婦'는 취사를 담당하는 관리의 조상을 가리킨다. '분盆'(밥짓는 그릇)과 '병甁'(항아리)은 취사를 위해 쓰는 그릇이다. 이렇게 함은 취사를 맡아 불을 때는 사람의 조상에게 제사하는 것이고, 불의 신에 제사하는 것이 아님을 밝힌 것이다. 번시燔柴를 행한 것은 예에서 어긋난 듯하다. '老婦', 先炊者也. '盆'·'甁', 炊器也. 明此祭先炊, 非祭火神. 燔柴似失之.

**集說** 이 장 또한 장문중이 예에서 어긋난 것을 바로잡지 못한 사례를 말하고 있다. 『주례』에 "실시實柴[44]를 행하여 해·달·별(星辰)에 제사한다"[45]고 하였다. 대화大火[46]의 별자리가 있기 때문에 불의 신에 제사할 때에는 번시燔柴[47]를 행한다. 지금 불기弗綦가 예관禮官이 되어 치찬饎爨[48]과 옹찬饔爨[49]의 신이 불의 신이라고 여기고 드디어 번시燔柴를 행하여 제사한 것이지만 이는 예에서 어긋난 것이다. 예禮에 의하면, 제사에서 시尸가 식사를 마치고나서 치찬과 옹찬의 선조에게 제사한다. 종부宗婦가 치찬의 선조에게 제사하고, 팽인亨人[50]이 옹찬의 선조에게 제사한다. 그 신은 취사를 맡은 관리의 선조이다. 그러므로 노부老婦라고 부른다. 단지 분盆에 밥을 담고, 병甁에 술을 담아놓고 제사하므로 비천한 제사이다. 비록 비천함에도 반드시 제사하는 것은 사람들이 마시고 먹는데 공로가 있기 때문이다. 그러므로 보답하는 것이다. 此亦言臧文仲不能正失禮之事. 『周禮』"以實柴祀日·月·星辰." 有大火之次, 故祭火神則燔柴也. 今弗綦爲禮官, 謂爨神是火神, 遂燔柴祭之, 是失禮矣. 禮祭至尸食竟而祭爨神. 宗婦祭饎爨, 亨者祭饔爨. 其神則先炊也. 故謂之老婦. 惟盛食於盆, 盛酒於甁, 卑賤之祭耳. 雖卑賤而必祭之者, 以其有功於人之飮食. 故報之也.

**【예기 43】**

예禮는 몸과 같다. 몸이 갖추어지지 않으면 군자는 사람이 되지 못하였다고 말한다. 진설하고 시행하는 것이 합당하지 않으면 갖추지 못한 것과 같다. 예에는 큰 것과 작은 것이 있고 드러난 것과 숨겨진 것이 있다. 큰 것에 대하여 줄여서도 옳지 않고 작은 것에 대하여 더하여도 옳지 않다. 드러난 것에 대하여 감추어서도 옳지 않고 숨겨진 것에 대하여 크게 드러내서도 옳지 않다. 그러므로 경례經禮가 삼백 가지요, 곡례曲禮가 삼천 가지나, 그 이르는 곳은 한 가지(一)다. 방으로 들어가는데 문을 거치지 않고 들어가는 사람은 없다.

禮也者, 猶體也.① 體不備, 君子謂之不成人. 設之不當, 猶不備也. 禮有大有小, 有顯有微. 大者不可損, 小者不可益. 顯者不可揜, 微者不可大也. 故經禮三百, 曲禮三千, 其致一也.② 未有入室而不由戶者.③

鄭注 ① 사람의 몸과 같다는 것이다. 若人身體

② '치致'는 이른다는 뜻이다. '일一'은 정성을 뜻한다. '경례經禮'는 『주례』를 가리킨다. 『주례』 전체 6편에서 그 관직인 360개이다. '곡曲'은 구체적인 일이라는 뜻과 같다. 사례事禮(구체적인 예)는 오늘날 행해지는 예를 가리킨다. 예서는 없어진 것이 많아 본래의 수목數目을 알 수 없다. 그 가운데 구체적인 의절이 삼천 가지다. '致'之言至也. '一', 謂誠也. '經禮', 謂『周禮』也. 『周禮』六篇, 其官有三百六十. '曲', 猶事也. 事禮謂今禮也. 禮篇多亡, 本數未聞. 其中事儀三千.

③ '삼백三百'과 '삼천三千'은 모두 정성으로부터 이루어진다. '三百'·'三千', 皆猶誠也.

集說 '체體'는 몸이다. 선왕의 나라를 다스리는 제도가 완벽함은 마치 사람의 몸이 온전하게 갖추어져 있는 것과 같다. 만일 예를 행하는 자가 진설하고 시행하는 것에 부당한 부분이 있게 되면 갖추지 못한 것과 같다. 큰 것은 덜고 작은 것은 더한다거나 드러난 것을 가리고 숨겨져 있는 것을 드러낸다면 이것은 옳지 않다. 예는 공경을 근본으로 삼는다. '일一'은 공경일 뿐이다. 방으로 들어가는데 문을 거치지 않고 들어가는 자는 없다. 어떻게 예를 행하면서 공경함을 지니고 행하지 않을 수 있겠는가? ○ 주자朱子는 말한다. "예의가 삼백 가지라고 함은 곧 『의례』 가운데 사士의 관례, 제후의 관례, 천자의 관례 등의 유형을 말한다. 이것은 큰 절목으로 삼백 가지가 된다. 가령, 첫 번째 관을 씌우고, 두 번째 관을 씌우고, 세 번째 관을 씌우는 등의 절차와, 앉아 있을 때에는 시尸처럼 경건하게 하고 서 있을 때에는 재계하듯이 공경스럽게 서 있는다는 등은 모두 그 속에 있는 작은 절목이다. 여여숙呂與叔[51]은 '경經은 곧 상례常禮로 행하는 것이고, 위緯는 변례變禮로 행하는 것이다'라고 하였는데, 옳지 않은 듯하다. 경經 중에도 자연히 상례도 있고 변례도 있으며, 위緯 가운데에도 역시 상례와 변례가 있다."[52] ○ 조씨趙氏는 말한다. "경례經禮는 관혼상제冠婚喪祭와 조근회동朝覲會同의 예를 가리키고, 곡례曲禮는 나아가고 물러나고, 올라가고 내려오고, 굽히고 올려다보고, 절하고 사양하는 등의 절차를 가리킨다." '體', 人身也. 先王經制大備, 如人體之全具矣. 若行禮者設施, 或有不當, 亦與不備同也. 大者損之, 小者益之, 揜其顯, 著其微, 是不當也. 禮以敬爲本. '一'者敬而已. 未有入室而不由戶者, 豈有行禮而不由敬乎? ○ 朱子曰: "禮儀三百, 便是『儀禮』中士冠·諸侯冠·天子冠禮之類. 此是大節有三百條. 如始加·再加·三加, 又如坐如尸·立如齊之類, 皆是其中小目. 呂與叔云, '經便是常行底, 緯便是變底', 恐不然. 經中自有常有變, 緯中亦自有常有變." ○ 趙氏曰: "經禮, 如冠昏喪祭朝覲會同之類, 曲禮, 如進退升降俯仰揖遜之類."

**【예기 44】**

군자君子는 예에 대하여 심정을 다하고 신중함을 다하는 바가 있다. 마음속의 공경함을 극진히 할 때에도 진실하게 하고, 아름답게 문식할 때에도 진실하게 한다.

君子之於禮也, 有所竭情盡愼. 致其敬而誠若,① 有美而文而誠若.②

**鄭注** ① 적은 것, 작은 것, 낮은 것, 소박한 것을 존귀한 것으로 여김을 가리킨다. '약若'은 순응한다는 뜻이다. 謂以少・小・下・素爲貴也. '若', 順也. ② 많은 것, 큰 것, 높은 것, 문식한 것을 존귀한 것으로 여김을 가리킨다. 謂以多・大・高・文爲貴也.

**集說** '성誠'은 진실하다는 뜻이다. '약若'은 어사語辭이다. 적은 것, 작은 것, 낮은 것, 소박한 것 등을 존귀하게 여김은 마음속의 공경함이 진실하지 않음이 없는 것이요, 많은 것, 큰 것, 높은 것, 문식한 것 등을 존귀하게 여겨 아름답게 문식함은 마음을 밖으로 드러냄이 진실한 것이다. '誠', 實也. '若', 語辭. 謂以少者・小者・下者・素者爲貴, 是內心之敬無不實者, 以多者・大者・高者・文者爲貴, 美而有文, 是外心之實者.

**【예기 45】**

군자는 예에 대하여 그대로 나타내어 행하는 경우(直而行)가 있고, 굽혀서 줄여 행하는 경우(曲而殺)가 있고, 정상의 예로써 똑같이 행하는 경우(經而等)가 있고, 서열에 따라 줄여서 행하는 경우(順而討)가 있고,

위에 있는 것을 베어내어 취해서 아래에 베푸는 경우(摲而播)가 있고, 신분이 낮은 사람을 높여서 신분이 높은 사람의 예를 행하게 하는 경우(推而進)가 있고, 본받아서 문식하는 경우(放而文)가 있고, 본받아서 문식하지만 끝까지 다하지 않는 경우(放而不致)가 있고, 순응하여 취해서 행하는 경우가 있다.(順而摭)

君子之於禮也, 有直而行也,① 有曲而殺也,② 有經而等也,③ 有順而討也,④ 有摲而播也,⑤ 有推而進也,⑥ 有放而文也,⑦ 有放而不致也,⑧ 有順而摭也.⑨

鄭注 ① 처음 죽었을 때 곡을 하며 발을 구르는 것에 일정한 격식을 두지 않는 것 등을 가리킨다. 謂若始死, 哭踊無節也.

② 아버지가 살아 계시면 어머니를 위해 기년복을 하는 것 등을 가리킨다. 謂若父在, 爲母期也.

③ 천자로부터 서인에 이르기까지 부모를 위해서는 삼년복을 하는 것 등을 가리킨다. 謂若天子以下至士庶人, 爲父母三年.

④ '토討'는 제거한다는 뜻과 같다. 천자는 12개로, 공公은 9개로, 후侯와 백伯은 7개로, 자子와 남男은 5개로 제한을 두는 것 등을 가리킨다. '討', 猶去也. 謂若天子以十二, 公以九, 侯伯以七, 子男以五爲節也.

⑤ '참摲'은 베어 없앤다는 뜻으로, 허용된 것을 줄여 없애는 것이다. 가령, 제사에서 (음식을 나누어 줄 때) 귀한 신분이나 천한 신분 모두 얻는 바가 있게 하고 한 사람도 빠짐이 없게 하는 것이다. '摲'之言芟也, 謂芟殺有所與也. 若祭者貴賤皆有所得, 不使虛也.

⑥ 선왕先王의 후손으로 천자의 예를 쓸 수 있는 경우 등을 가리킨다. 謂若王者之後, 得用天子之禮.

⑦ 천자의 의복에는 해와 달로부터 보불黼黻에 이르기까지 문양을 새길 수 있는 것 등을 가리킨다. 謂若天子之服, 服日月以至黼黻.

⑧ 제후는 산과 용 이하로 문양을 옷에 새길 수 있는 것 등을 가리킨다. 謂若諸侯自山龍以下.

⑨ 군주는 수수를 씻은 뜨물로 씻고, 대부는 메기장을 씻은 뜨물로 씻고, 사士는 수수를 씻은 뜨물로 씻는 것 등을 가리킨다. 謂若君沐粱, 大夫沐稷, 士沐粱.

**集說** 부모가 처음 돌아가시면 곡을 하면서 발을 구르는데 일정한 격식이 없다. 이것은 심정을 그대로 나타내어 곧바로 행동하는 것이다. 그러므로 '그대로 나타내어 행한다'(直而行)고 말한 것이다. 아버지가 살아 계시면 어머니를 위해 기년복을 한다. 존귀한 분이 계시면 신분이 낮은 사람은 상복에서 지팡이를 짚지 않는다(不杖). 이것은 굽혀서 줄인 것이다. 그러므로 '굽혀서 줄여 행한다'(曲而殺)고 말한 것이다. 부모의 상을 당하면 신분에 상관없이 모두 삼년복을 한다. 대부와 사는 모두 어조魚俎에 15마리를 쓴다. 이것은 정상적인 예로서 한 등급으로 행하는 것이다. 그러므로 '정상의 예로써 똑같이 행한다'(經而等)라고 말한 것이다. '순이토順而討'는 그 서열에 따라 줄인다는 것이다. 가령 천자로부터 한 등급씩 내려올 때마다 둘씩 줄이는 것이 그것이다. '참이파摲而播'는 위에 있는 것을 베어내어 취해서 아래에 베푸는 것이다. 가령, 제사에 올린 고기가 여러 신하들에게 분배되고 나서, 포胞와 적翟[53] 등 미천한 이들도 그 혜택을 받는 것이 그것이다. '추이진推而進'은 신분이 낮은 사람을 높여서 신분이 높은 사람의 예를 행할 수 있게 하는 것이다. 가령, 하夏와 은殷의 왕손이 천자의 예를 쓸 수 있는 것과, 여수旅酬의 예에서 아랫사람이 윗사람에게 술잔을 건넬 수 있는 것이 그것이다. 면류관과 의복 그리고 깃발에 문양을 넣어 장식하고, 술동이를

새겨 장식하는 것 이것이 '본받아서 문식한다'(放而文)는 것이다. 공公과 후侯 이하의 복식은 그 문식함을 천자보다 줄여서 하고 끝까지 다하지 않는다. 이것이 '본받아서 문식하지만 끝까지 다하지 않는다'(放而不致)는 것이다. '척摭'은 주워서 취한다는 것이다. 비록 존귀한 신분의 예를 취해서 행하지만 그것을 참람하다고 말하지 않는다. 가령 군주가 수수를 씻은 뜨물에 목욕하는데, 사士도 수수를 씻은 뜨물에 목욕을 하는 것과, 또한 군주와 대부 그리고 사士가 하나의 같은 절차를 갖는 것, 이것이 '순응하여 취한다'(順而摭)는 것이다. 군자가 예를 행함에 이 9가지가 있으니 알지 않으면 안 된다. 親始死而哭踊無節. 是直情而徑行也. 故曰'直而行'. 父在則爲母服期. 尊者在則卑者不杖. 是委曲而減殺之也. 故曰'曲而殺'. 父母之喪, 無貴賤皆三年. 大夫士魚俎皆十五. 是經常之禮一等行之也. 故曰'經而等'. '順而討'者, 順其序而討去之. 若自天子而下, 每等降殺以兩, 是也. '摲而播'者, 芟取在上之物, 而播施於下. 如祭俎之肉及群臣, 而胞翟之賤者亦受其惠, 是也. '推而進'者, 推卑者使得行尊者之禮. 如二王之子孫得用王者之禮, 及旅酬之禮, 皆得擧觶於其長, 是也. 冕服旗常之章采, 樽罍之刻畫, 是'放而文'也. 公侯以下之服, 其文采殺於天子, 而不敢極致. 是'放而不致'也. '摭', 猶拾取也. 雖拾取尊者之禮而行之, 不謂之僭逆. 如君沐粱, 士亦沐粱, 又有君大夫士一節者, 是'順而摭'也. 言君子行禮, 有此九者, 不可不知也.

**【예기 46】**

삼대三代의 예禮는 하나이다. 백성들이 그것을 따라 행하였다. 어느 대에는 흰색(素)을 숭상하고 어느 대에는 청색을 숭상하기도 하였으며, 하夏나라에서 제정한 것을 은殷나라에서 계승하기도 하였다.

三代之禮一也. 民共由之. 或素或靑, 夏造殷因.

**鄭注** '하나이다'(一也)라는 말은 모두 진실함(誠)을 추구하였다는 뜻이다. '유由'는 사용한다는 뜻이다. '소素'(누이지 않은 흰색)는 흰색을 숭상하는 것이요, '청색'은 검은색을 숭상하는 것이다. 숭상하는 바가 다르지만 예禮는 서로 계승하고 있음을 말하는 것이다. 공자는 "은殷나라의 예는 하夏나라의 예를 계승하였으니 가감한 것을 알 수 있다. 주周나라의 예는 은殷나라의 예를 계승하였으니 가감한 바를 알 수 있다"라고 말하였다. 흰색과 검은색을 바꾸어서 소素와 청색이라고 말한 것은 진秦나라 두 번째 왕(胡亥) 때, 조고趙高가 난을 일으키고 싶어서 청색을 검은색이라고도 하고 검은색을 황색이라고도 하였는데, 백성들의 말이 그것을 따르다가 지금까지 말이 그대로 남은 것이다. '一也', 俱趍誠也. '由', 用也. '素', 尙白, '靑'尙黑[54]者也. 言所尙雖異, 禮則相因耳. 孔子曰: "殷因於夏禮, 所損益可知也. 周因於殷禮, 所損益可知也." 變白黑言素靑者, 秦二世時, 趙高欲作亂, 或以靑爲黑, 黑爲黃, 民言從之, 至今語猶存也.

**集說** 은殷나라는 흰색을 숭상하였고, 하夏나라는 검은색을 숭상하였다. 소素는 곧 흰색이다. 청색은 검은색에 가깝다. 흰색과 검은색이라고 말하지 않은 것은 문장을 변화시킨 것이다. 이들은 모두 예제禮制의 말단으로 이것을 들어 사례를 보인 것이다. 그 밖의 경우에 대해서는 전대에서 창제한 것을 후대에서 계승하였음을 모두 알 수 있다. ○ 주자朱子는 말한다. "삼강三綱과 오상五常은 예의 대체大體로서 삼대가 서로 계승하여 모두 이어받고 변화시킬 수 없었다. 줄이고 더한 것은 문양과 채색을 가하여 아름답게 장식하는 것(文章)과 세세한 절차를 규정하여 형식을 부여하는 것(制度)에서 조금 더하거나 적게 하는 것에 불과하였다."[55] 殷尙白, 夏尙黑. 素卽白也. 靑近於黑. 不言白黑而言素靑, 變文耳. 此類皆制作之末, 擧此以例. 其餘則前之創

造, 後之因仍, 皆可知矣. ○ 朱子曰: "三綱五常, 禮之大體, 三代相繼, 皆因之而不能變. 其所損益, 不過文章制度小過不及之間而已."

**【예기 47】**

주周나라에서는 시尸를 앉게 한다. 시尸에게 고하고 권하는 일은 일정하게 정해진 사람이 없다. 그 예禮가 은殷나라의 예와 마찬가지다. 그 도리는 하나이다.

周坐尸. 詔侑武方. 其禮亦然. 其道一也.

**鄭注** 이 장 역시 주周나라의 예가 은殷나라의 예禮를 이어받은 것을 말한다. '무武'는 '무無'가 되어야 옳다. 발음이 같아서 발생한 오자이다. '방方'은 일정한 형식(常)과 같은 뜻이다. 시尸에게 절차를 알려주고 시尸에게 음식을 권하는 것에 일정한 형식이 없고 효자가 부모에게 하듯이 한다. 효자가 부모에게 나아가 봉양하는 것에는 일정한 형식이 없다. '조유詔侑'는 더러 소유詔囿로 되어 있기도 하다. 言此亦周所因於殷也. '武', 當爲'無', 聲之誤也. '方', 猶常也. 告尸行節・勸尸飮食無常, 若孝子之爲也. 孝子就養無方. '詔侑'或爲詔囿.

**集說** 위 장에서 하夏나라의 예가 은나라의 예를 계승한 것을 말하였는데 이어서 이 장에서는 삼대三代의 시尸에 대한 예가 다름을 말한 것이다. 주周나라의 예는 시尸가 자리에 나아가면 앉고, 고하는 이가 시尸에게 거동하는 절차를 말해주고, 권하는 이가 시尸에게 음식을 드는 것을 권한다. '고하는 것'(詔)과 '권하는 것'(侑)은 모두 축관祝官이 담당하는 일이다. 축관은 한 사람이 아니다. '무방無方'은 정해진 사람이 없음을 의미한다. 종묘宗廟 안에서 말해줄 수 있는 일이면 모든 축관이 알려줄 수 있다. '역연亦然'은

또한 은殷나라의 예와 같다는 뜻이다. 예가 같은 것은 도道가 같은 것에 근본 한다. 그러므로 '그 도리는 하나이다'(其道一也)라고 말한 것이다. 承上夏造殷因, 而言三代尸禮之異. 周之禮, 尸卽位而坐, 詔者告尸以威儀之節, 侑者勸尸爲飮食之進. '詔'與'侑', 皆祝官之職. 祝不止一人. '無方', 謂無常人也. 宗廟中可告之事, 皆得告之也. '亦然', 亦如殷之禮也. 禮同本於道之同. 故云'其道一也'.

**【예기 48】**

하夏나라의 예禮에서는 시尸를 서 있게 하고 제사를 마친다. 은殷나라의 예禮에서는 일이 없더라도 시尸를 앉게 한다.

夏立尸而卒祭.① 殷坐尸.②

**鄭注** ① 하夏나라의 예에서는 시尸가 일이 있으면 앉는다. 夏禮, 尸有事乃[56]坐.

② 일이 없으면 그대로 앉아 있는다. 無事猶坐.

**集說** 하夏나라의 예禮에서는 시尸가 음식을 먹어야 할 경우 잠시 앉는다. 음식을 먹지 않을 경우는 서서 제사가 끝나기를 기다린다. 은殷나라의 경우 시尸는 일이 없더라도 또한 앉아 있는다. 夏之禮, 尸當飮食則暫坐. 若不飮食則惟立, 以俟祭事之終也. 殷則尸雖無事, 亦坐.

**【예기 49】**

주周나라의 예禮에서는 여섯 시尸에게만 서로 여수旅酬의 예를 행하게 한다. 증자曾子는 말한다. "주나라의 이 예는 갹醵(같이 돈을 내서 술을 마시는 것)과 같다."

周旅酬六尸.① 曾子曰: "周禮其猶醵與."②

鄭注 ① 서로 술을 따라주게 하는 것이다. 후직后稷의 시尸는 술을 따라주는 것을 시작하지만 술잔을 받지는 않는다. 使之相酌也. 后稷之尸, 發爵不受旅.
② 돈을 모아 술을 마시는 것이 '갹醵'이다. 여수旅酬의 예에서 서로 술을 따라주는 것이 그와 비슷하다. 「왕거명당례王居明堂禮」에 "중추仲秋월이 되면 나라에 갹醵을 하도록 명령한다"라고 하였다. 合錢飮酒爲'醵'. 旅酬相酌似之也. 「王居明堂之禮」"仲秋乃命國醵."

集說 주나라에서 협제祫祭를 할 때, 여러 사당의 신주들이 후직后稷의 사당에 모인다. 후직의 시尸는 지위가 높으므로 자손들과 술잔을 주고받지 않는다. 철거된 사당의 신주들은 또한 시尸가 없다. 그러므로 시尸가 오직 여섯이다. 이 여섯 시尸가 자체로 소昭와 목穆이 되어 서열에 따라 여수旅酬의 예를 행한다. 그러므로 증자가 "주나라의 이 예는 세속의 갹醵과 같다"고 말한 것이다. '갹醵'은 돈을 염출하여 함께 술을 마시는 것이다. 돈을 거두는 것이 균등하면 술을 마시는 것 역시 균등하다. 이 여섯 시尸가 여수旅酬의 예를 행하는 것은 갹醵의 방식으로 술 마시는 것이 균평均平한 것과 같다. 周家祫祭之時, 群廟之祖皆聚於后稷廟中. 后稷尸尊, 不與子孫爲酬酢. 毁廟之祖又無尸. 故惟六尸而已. 此六尸自爲昭穆, 次序行旅酬之禮. 故曾子言"周家此禮, 其猶世俗之醵與." '醵', 斂錢共飮酒也. 錢之所斂者均, 則酒之所飮必均. 此六尸之旅酬, 如醵飮之均平也.

【예기 50】

군자는 말한다. "예禮에서 인정人情에 가까운 것은 공경이 지극한 것이 아니다. 교제郊祭에서는 피를, 대향제大饗祭에서는 날고기를, 삼헌三獻을 하는 제사에서는 데친 고기(爓)를, 일헌一獻을 하는 제사에서는 익힌 고기(孰)를 먼저 바친다."

君子曰: "禮之近人情者, 非其至者也.① 郊血, 大饗腥, 三獻爓, 一獻孰."②

鄭注 ① 인정人情에 가까운 것은 격식을 차리지 않고, 먼 것은 격식을 차리는 것이다. 近人情者褻, 而遠之者敬.

② '교郊'는 하늘에 제사하는 것이다. '대향大饗'은 선왕에게 협제祫祭로 제사하는 것이다. '삼헌三獻'은 사직社稷과 오사五祀[57]에 제사하는 것이다. '일헌一獻'은 여러 작은 귀신들에 제사하는 것이다. '섬爓'은 끓는 물에 고기를 넣어 데친 것이다. '피'(血)·'날고기'(腥)·'데친 고기'(爓)·'익힌 고기'(孰) 등은 인정에 가깝고 먼 것에 따라 옛 제도와 현재의 제도를 갖추는 것이다. 존귀한 제사에서 인정과 먼 것을 먼저 앞세우고, 존비의 차등에 따라 인정에 점점 가까운 것으로 내려와, 작은 제사에 이르러서는 익힌 고기만을 쓴다. '郊', 祭天也. '大饗', 祫祭先王也. '三獻', 祭社稷五祀. '一獻', 祭群小祀也. '爓', 沉肉於湯也. '血'·'腥'·'爓'·'孰', 遠近備古今也. 尊者先遠, 差降而下, 至小祀孰而已.

集說 인정人情에 가까운 것은 격식을 갖추지 않는 것이 되고, 인정에서 먼 것은 공경하는 것이 된다. 무릇 예禮를 행하는 일에서 인정이 바라는 것과 서로 가까우면, 예의 지극한 것이 아니다. 그 일은 본래 여러 가지지만 이 장에서 '피'(血)·'날고기'(腥)·'데친 고기'(爓)·'익힌 고기'(孰) 등 4가지를 바치는 제사를 들어서 밝힌 것은 예에서 제사가 가장 중요하기 때문이

다. '교郊'는 하늘에 제사하는 것이다. 교제郊祭와 대향제大饗祭 그리고 삼헌三獻의 제사 등에서는 모두 피, 날고기, 데친 고기, 익힌 고기를 쓴다. 여기서 한 가지씩 이야기 한 것은 먼저 진설하는 음식을 위주로 함에 근거한 것이다. 교제에서는 피를 먼저 진설하고 날고기, 데친 고기, 익힌 고기 등은 뒤에 진설한다. '대향제大饗祭'는 종묘에서 협제祫祭를 지내는 것이다. '성腥'은 날고기로 인정에 조금 가깝다. 교제에서 피를 먼저 올리고 대향제에서는 시尸를 맞이할 때 피와 날고기를 동시에 올리는데, 술을 따라 올린다. 사직社稷과 오사五祀에 제사할 때 모두 삼헌三獻을 한다. 그러므로 그 제사를 '삼헌三獻'이라고 이름을 붙인 것이다. '섬爓'은 끓는 물에 고기를 넣어 데친 것이다. 그 고기의 색깔이 대충 변하여 인정에 좀 더 가깝다. 이 제사에서는 피·날고기 그리고 데친 고기를 일시에 한꺼번에 바친다. 다만 먼저 진설해야 할 것은 앞쪽에 뒤에 진설해야 할 것은 뒤쪽에 진설한다. 『주례』「춘관春官·대종백大宗白」에 의하면, 사직과 오사에 제사하는 처음 강신降神할 때 이미 피를 묻는다. 이에 의거할 때 본 제사에 들어가 데친 고기를 올릴 때에도 또한 피를 올린다. '일헌一獻'은 여러 작은 귀신들에 제사하는 것을 가리킨다. 제사가 비천하므로 술을 따를 때 일헌一獻만 하고 익힌 고기를 사용하며 피와 날고기 그리고 데친 고기 등은 쓰지 않는다. 대개 익힌 고기는 인정人情으로 볼 때 먹는 것 중에서 가장 거리낌이 없고 인정에 가깝다. 제사하는 귀신이 비천하면, 그 의식 또한 가볍게 함이 마땅하다. 近者爲褻, 遠者爲敬. 凡行禮之事, 與人情所欲者相近, 則非禮之極至者. 其事本多端, 此獨擧'血'·'腥'·'爓'·'孰'四者之祭以明之者, 禮莫重於祭故也. '郊', 祭天也. 郊祀與大饗·三獻, 皆有血·腥·爓·孰. 此各言者, 據先設者爲主也. 郊則先設血, 後設腥·爓·孰. '大饗', 祫祭宗廟也. '腥', 生肉也, 去人情稍近. 郊先薦血, 大饗則迎尸時, 血與腥同時薦獻, 酌酒以薦獻也. 祭社稷及五祀, 其禮皆三獻. 故因名其祭爲'三獻'也. '爓', 沉肉於湯也. 其色略變, 去人情漸近矣. 此祭, 血·腥與爓一時同薦. 但當先者設之

在前, 當後者設之居後. 據「宗伯」, 社稷五祀初祭降神時, 已埋血. 據此則正祭薦爓時, 又薦血也. '一獻', 祭群小祀也. 祀卑, 酒惟一獻, 用孰肉, 無血・腥・爓三者. 蓋孰肉是人情所食最爲褻近. 以其神卑則禮宜輕也.

**【예기 51】**

그러므로 군자가 예를 행할 때는 과도하게 생각을 발휘하여 자신의 마음을 실현하는 것이 아니요, 그렇게 함에는 말미암아 시작한 바가 있는 것이다. 그러므로 7명의 개介를 통해 서로 만나는 것이다. 그렇게 하지 않으면 너무 질박한 것이다. 세 번 사양하고 세 번 양보한 뒤에 사당에 이르니, 그렇게 하지 않으면 너무 급박한 것이다.

是故君子之於禮也, 非作而致其情也,① 此有由始也.② 是故七介以相見也. 不然則已慤. 三辭三讓而至, 不然則已蹙.③

**鄭注** ① '작作'은 일어난다는 뜻이다. '경敬'은 자신의 뜻을 직접 나타내는 것이 아니요, 상대에게 낮추는 방법이다. '作', 起也. '敬', 非己情也, 所以下彼.

② 본받는 바가 있다는 것이다. 有所法也.

③ '이已'는 심하다는 뜻과 같다. '각慤'(박실함)과 '축蹙'(급박함)은 질박한 모양이다. 지나치게 질박하면, 사양함이 표현되지 않아 마음이 이를 길이 없다. '已', 猶甚也. '慤'・'蹙', 愿貌. 大愿則辭不見, 情無由至也.

**集說** '작作'은 '지혜를 발휘한다'(作聰明)58)의 '발휘한다'(作)와 같은 뜻으로, 생각을 지나치게 하여 행하는 것이다. 선왕이 예를 제정하는 처음에 하나같이 성경誠敬으로 근본을 삼았으니 곧 천리天理와 인정人情을 다 실현한

것이다. 후세에 그것을 지켜 행하는 것은 지나친 의도를 가지고 다 실현하려는 마음을 일부러 나타내는 것이 아니요, 이것은 옛 시대로부터 유래하여 시작한 것이다. 상공上公의 개介는 9명, 후侯와 백伯은 7명, 자子와 남男은 5명인데, 이 장에서는 그 중간을 들어서 말하였다. 두 군주가 서로 만날 때에는 반드시 보좌하는 사람(介副)이 있어서 손님과 주인의 정을 펼친다. 그렇게 하지 않으면, 지나치게 질박하게 되어 예의 문식이 없게 된다. '이已'는 지나치다는 뜻이다. '세 번 사양하고 세 번 양보한다'(三辭三讓)는 것은 처음에 손님이 대문 밖에 이르러 주인과 손님 측의 빈擯들이 서로 접할 때 세 번 사양하는 예가 있다. 대문으로 들어감에 이르러 주인측 군주가 문마다 한 번 양보하고 빈이 한 번 사양하여 전부 세 번 사양하고 세 번 양보한 뒤에 사당 안에 이른다. 그렇게 하지 않으면 너무 급박하여 예의 용모가 없게 된다. '作', 如'作聰明'之'作', 過意爲之也. 言先王制禮之初, 一以誠敬爲本, 乃天理人情之極致. 後世守而行之, 非過意而故爲極致之情也, 此由始於古也. 上公之介九人, 侯伯七人, 子男五人, 此擧其中而言之. 兩君相見必有介副之人, 以伸賓主之情, 不如此, 則太愿慤而無禮之文矣. '已', 太也. '三辭三讓'者, 賓初至大門外, 交擯之時, 有三辭之禮. 及入大門, 主君每門一讓, 則賓一辭, 凡三辭三讓, 而後至廟中也. 不如此, 則大迫蹙而無禮之容矣.

**【예기 52】**

그러므로 노魯나라에서는 상제上帝에게 제사할 때, 먼저 반궁頖宮에서 제사한다. 진晉나라에서는 황하黃河에 제사할 때 반드시 먼저 호지惡池에 제사한다. 제齊나라에서는 태산泰山에 제사할 때 반드시 먼저 배림配林에 제사한다. 천신에 제사할 때 쓰는 희생은 3개월 동안 우리에 가두어놓고, 제사하기 전에 미리 7일 동안 재계하고(七日戒), 3일 동안 머무르면서 재계하는 것(三日宿)은 삼가고 조심하기를 극진히 하는 것이다.

故魯人將有事於上帝, 必先有事於頖宮.① 晉人將有事於河, 必先有事於惡池.② 齊人將有事於泰山, 必先有事於配林.③ 三月繫, 七日戒, 三日宿, 愼之至也.④

鄭注 ① '상제上帝'는 주周나라에서 교제郊祭 때 제사하는 제帝로 창제영위앙蒼帝靈威仰[59]을 가리킨다. 노魯나라는 주공周公으로 인해 교郊에서 상제上帝에게 제사할 수 있으니 주周나라와 같다. '먼저 반궁頖宮에서 제사한다'(先有事於頖宮)는 것은 후직后稷에게 고하는 것이다. 고하는 것은 장차 하늘에 후직을 배향하고자 하여 먼저 인은仁恩으로 존문存問함을 가리킨다. '반궁頖宮'은 교郊에 있는 학교이다. 『시詩』에서 말하는 반궁頖宮이다. 글자가 더러 '교궁郊宮'으로 되어 있기도 하다. '上帝', 周所郊祀之帝, 謂蒼帝靈威仰也. 魯以周公之故, 得郊祀上帝, 與周同. '先有事於頖宮', 告后稷也. 告之者, 將以配天, 先仁也. '頖宮', 郊之學也. 『詩』所謂頖宮也. 字或爲'郊宮'.

② '악惡'은 '호呼'로 되어야 옳다. 발음 때문에 발생한 오자이다. '호지呼池'와 '구이漚夷'는 지역의 하천을 함께 말한 것이다. '惡', 當爲'呼'. 聲之誤也. '呼池'·'漚[60]夷', 幷州川.

③ '배림配林'은 숲의 이름이다. '配林', 林名.

④ '계繫'는 희생을 우리에 가두어놓는 것이다. '계戒'는 산재散齊를, '숙宿'은 치재致齊를 뜻한다. 장차 제사할 일이 있을 때는 반드시 먼저 공경하고 삼가기를 이와 같이 하고 급박하게 지내지 않는다. '繫', 繫牲於牢也. '戒', 散齊

也, '宿', 致齊也. 將有祭祀之事, 必先敬愼如此, 不敢切也.

**集說** 위 장에서 두 나라의 군주가 서로 만나는 예는 점진적으로 진행한다는 것을 말하였다. 이 장에서는 그것을 이었기 때문에 제사의 예도 역시 점진적으로 낮은 대상에서부터 존귀한 대상으로 나아감을 말하였다. 노魯나라에서는 상제上帝에게 제사할 때 반드시 먼저 반궁頖宮에서 제사를 지낸다. '반궁頖宮'은 제후의 학교이다. 노魯나라에서 교제郊祭를 지낼 때 후직后稷을 배향한다. 따라서 먼저 반궁에서 후직에게 고한 뒤에 교제를 지낸다. '호지虖池'는 해당 지역의 군소 하천을 함께 지칭한 것이다. 황하黃河에 제사할 때 함께 따라서 지낸다. '배림配林'은 숲의 이름으로 태산泰山에 제사할 때 함께 따라서 제사한다. "제우帝牛는 반드시 우리(滌)에 3개월 동안 있어야 한다."[61] '계繫'는 희생을 우리에 가두어놓는 것이다. '7일 동안 재계한다'(七日戒)는 것은 산재散齊를 가리키고, '3일 동안 머무르며 재계한다'(三日宿)는 것은 치재致齊를 가리킨다. 공경하고 조심하기를 이와 같이 하므로 점진적으로 이루는 것으로 행한다. 어떻게 함부로 급박하게 행하겠는가? 此因上章言兩君相見之禮, 漸次而進. 故言祭祀之禮, 亦有漸次由卑以達尊者. 魯人將祭上帝, 必先有事頖宮. '頖宮', 諸侯之學也. 魯郊祀以后稷配. 先於頖宮告后稷, 然後郊也. '虖池', 幷州川之小者. 河之從祀也. '配林', 林名, 泰山之從祀也. '帝牛必在滌三月.' '繫', 繫牲於牢也. '七日戒', 散齊也, '三日宿', 致齊也. 敬愼之至如此, 故以積漸爲之. 何敢迫蹙而行之乎?

**【예기 53】**

그러므로 예禮에는 고하는 것을 보좌하는 사람(擯詔)[62]이 있고, 악樂에는 걷는 것을 돕는 사람(相步)[63]이 있으니, 보좌함이 지극한 것이다.
故禮有擯詔, 樂有相步, 溫之至也.

鄭注 모두 융숭한 예를 보좌하기 위함이다. '빈조擯詔'(고하는 것을 보좌하는 사람)는 손님과 주인에게 고하는 사람이다. '상보相步'(걷는 것을 돕는 사람)는 악공을 돕는 사람이다. '조詔'는 어떤 본에는 '소紹'로 되어 있다. 皆爲溫藉重禮也. '擯詔', 告道賓主者也. '相步', 扶工也. '詔'或爲'紹'.

集說 예용禮容은 급박하게 행해서는 안 된다. 그러므로 손님과 주인이 서로 만날 때는 보좌관이 있어 그를 통해 고하여 알린다. 악공樂工은 앞을 보지 못하므로 다닐 때 반드시 도와주는 이가 있다. 이 두 가지는 모두 보좌함(溫藉)이 지극한 것이다. '온자溫藉'의 뜻은 옥玉에 받침이 있는 것과 같이 한다는 것이다. 이 장에서 '고하는 것을 보좌하는 사람'(擯詔)은 손님과 주인을 보좌함을, '걷는 것을 돕는 사람'(相步)은 악공을 보좌하는 것을 말한다. 禮容不可急遽. 故賓主相見, 有擯相者以詔告之. 樂工無目, 必有扶相其行步者. 此二者, 皆溫藉之至也. '溫藉'之義, 如玉之有承藉然. 言此'擯詔'者是承藉賓主, '相步'者是承藉樂工也.

**【예기 54】**

예는 근본으로 돌아가 옛것을 닦고 그 처음을 잊지 않는 것이다. 그러므로 흉사凶事에 (곡하는 것을) 말해주지 않고, (노인을 봉양하고 현인을 높이는) 조정의 일에 음악으로 즐겁게 해준다.

禮也者, 反本脩古, 不忘其初者也. 故凶事不詔, 朝事以樂.

**鄭注** 두 가지는 근본으로 돌아가는 것이다. 곡을 하고 눈물을 흘리는 것은 자신의 마음속으로부터 나오는 것이지 남으로부터 말미암는 것이 아니다. 조정에서 노인을 봉양하고 현인을 높일 때는 음악으로 즐겁게 해준다. 二者, 反本也. 哭泣由中, 非由人也. 朝廷養賢, 以樂樂之也.

**集說** 본심의 처음은 하늘이 부여해준 것이다. 돌이켜 생각하는 것을 소중히 여겨 예제禮制의 처음을 잊지 않는 것은 성인이 제정한 것이기 때문이다. 닦아서 거행하는 것을 소중히 여겨 두 가지를 실추시키지 않음은 모두 본심의 처음을 갖고 있기 때문이다. 그러므로 '그 처음을 잊지 않는다'(不忘其初)고 말한 것이다. 발을 구르고 곡을 하며 눈물을 흘리는 것은 누가 말해주기를 기다리지 않는다. 저절로 그렇게 되는 본심에서 나오는 것이기 때문이다. 조정에서 노인을 봉양하고 현인을 높이는 일에 반드시 음악을 행하여 즐겁게 해주는 것 역시 본심에서 바라는 바에 따르는 것이다. 이 두 가지는 근본으로 돌아가는 일이다. 本心之初, 天所賦也. 貴於反思, 而不忘禮制之初, 聖所作也. 貴於脩擧, 而不墜二者, 皆有初. 故曰'不忘其初'. 擗踊哭泣, 不待詔告. 以其發於本心之自然也. 朝廷養老尊賢之事, 必作樂以樂之, 亦以愜其本心之願望也. 此二者是反本之事.

【예기 55】

단술(醴酒)을 사용하지만 현주玄酒를 높이고, 할도割刀를 사용하지만 난도鸞刀를 귀하게 여긴다. 왕골자리와 대자리가 안락하지만 볏짚으로 짠 자리(稿鞂)를 진설한다.

醴酒之用, 玄酒之尙, 割刀之用, 鸞刀之貴. 莞簟之安, 而稿鞂之設.

**鄭注** 세 가지는 옛것을 닦는 것이다. 이삭에서 알갱이를 제거한 것을 '갈鞂'(볏짚)이라고 한다. 『서書』「우공禹貢」에 "삼백 리 떨어진 지역에서는 갈복鞂服[64]을 바친다"라고 하였다. 三者脩古. 穗去實曰'鞂'. 「禹貢」"三百里納鞂服."

**集說** 맛있는 단술(醴酒)이 쓰이지만, 그 동이를 현주玄酒(물) 아래에 놓는다. 오늘날의 할도割刀[65]가 사용하기에 편하지만 종묘宗廟 안에서는 할도를 사용하지 않고 옛날의 난도鸞刀를 쓴다. 아래에 왕골자리를 놓고 그 위에 대자리를 놓으면 안락하다고 할 수 있다. 그러나 거친 볏짚으로 짠 자리를 교사郊祀의 자리로 진설한다. 이 3가지는 옛것을 닦는 것(修古)이다. '란鸞'은 방울이다. 칼의 고리에 방울이 달려 있어 난도라고 부른다. 고기를 자를 때에는 그 음악의 절도에 맞게 하기를 바란다. 「교특생郊特牲」(61)에 "방울의 소리가 조화로운 이후에 고기를 자른다"라고 하였다. '완莞'은 가는 부들로 자리를 짜기에 좋다. '담簟'은 대자리다. '고갈稿鞂'은 낟알을 제거한 볏짚이다. '갈鞂'은 『서書』「우공禹貢」의 '갈秸'과 같은 뜻의 글자이다. 醴酒之美用矣, 而列尊在玄酒之下. 今世割刀之利便於用矣, 而宗廟中乃不用割刀而用古之鸞刀. 下莞上簟可謂安矣. 而設槀鞂之麤者爲郊祀之席. 此三者是脩古之事. '鸞', 鈴也. 刀鐶有鈴, 故名鸞刀. 割肉欲中其音節. 「郊特牲」云: "聲和而後斷也." '莞', 蒲之細者, 可爲席. '簟', 竹席也. '稿鞂', 除去穀之稃也. '鞂', 與「禹貢」'秸'字同.

【예기 56】

그러므로 선왕先王이 예禮를 제정할 때에는 반드시 위주로 하는 바가 있다. 그러므로 조술할 수 있고, 배움이 많을 수 있다.

是故先王之制禮也, 必有主也.① 故可述而多學也.②

鄭注 ① '주主'는 근본과 옛것을 가리킨다. '主', 謂本與古也.

② 근본과 옛것으로 추구할 뿐이다. 以本與古求之而已.

集說 '위주로 하는 바가 있다'(有主)는 것은 근본으로 돌아가고 옛것을 닦는 것을 위주로 한다는 뜻이다. 다만 이 두 가지를 가지고 추구하면 조술할 수 있고 배움에 싫증을 내지 않을 수 있다. '有主', 主於反本脩古也. 但以此二者求之, 則可以稱述而學之不厭矣.

【예기 57】

군자君子는 말한다. "마음속으로 절도가 없는 사람은 사물을 보아도 그 득실을 파악하지 못한다. 사물을 살피고자 하는데 예禮에 토대를 두지 않으면 옳고 그름의 실상을 파악하지 못한다. 그러므로 일을 하는 데 예禮에 토대를 두지 않으면, 공경하는 마음을 견지하지 못한다. 말을 하는 데 예禮에 토대를 두지 않으면, 남에게 믿음을 주지 못한다. 그러므로 '예禮는 사물의 극치이다'라고 말한다."

君子曰: "無節於內者, 觀物弗之察矣.① 欲察物而不由禮, 弗之得矣. 故作事不以禮, 弗之敬矣. 出言不以禮, 弗之信矣. 故曰'禮也者, 物之致也'."②

鄭注 ① '절節'은 징험과 같은 의미다. '節', 猶驗也.
② '치致'는 지극, 극치의 뜻이다. '致'之言至也, 極也.

集說 '안에 절도가 없다'(無節於內)는 것은 마음속으로 예禮의 절도節度와 문채文采에 대하여 통달하지 못한 것을 말한다. '사물을 보아도 파악하지 못한다'(觀物弗之察)는 것은 비록 예禮를 행하는 일을 보아도 그 득실을 파악하지 못함을 말한다. 사물을 살피는 데 예禮를 토대로 살피지 않는다면, 어떻게 그 옳고 그름의 실상을 파악할 수 있겠는가? 일을 하는 데 예禮에 토대를 두지 않는다면, 어떻게 공경을 위주로 하는 마음을 견지할 수 있겠는가? 말을 하는 데 예禮에 토대를 두지 않는다면, 어떻게 남이 자신의 말을 믿게 할 수 있겠는가? 그러므로 '예는 사물의 극치다'(禮者, 事物之極致也)라고 말한 것이다. '無節於內', 言胸中不能通達禮之節文也. '觀物弗之察', 言雖見行禮之事, 不能審其得失也. 察物而不由禮以察之, 何以能得其是非之實? 作事而不由禮, 何以能存其主敬之心? 出言而不由禮, 何以能使人之信其言? 故曰'禮者, 事物之極致也'.

【예기 58】

그러므로 옛날에 선왕이 예禮를 제정할 때에는 그 재물을 사용하여 그 뜻을 다 이루었다. 그러므로 제사(大事)를 지내는 것은 반드시 하늘의 때(天時)에 순응하여 지냈다. 춘분날 이른 아침과 추분날 저녁에는 해와 달에게 제사하였고, 높은 곳의 신에게 제사할 때에는 구릉이 있는 곳을 이용하였고, 낮의 곳의 신에게 제사할 때에는 천택川澤(하천과 택지)이 있는 것을 이용하였다. 그러므로 하늘이 때에 따라 비의 혜택을 내려주면 군자는 모두 부지런히 힘쓰고 쉬지 않았다.

是故昔先王之制禮也, 因其財物而致其義焉爾. 故作大事必順天時.① 爲朝夕必放於日月,② 爲高必因丘陵,③ 爲下必因川澤.④ 是故天時雨澤, 君子達亹亹焉.⑤

**鄭注** ① '대사大事'는 제사를 뜻한다. 『춘추좌씨전』에 "경칩에 교사郊祀를 지내고, 창룡성蒼龍星이 나타날 때 기우제(雩)를 지내고, 시들기 시작할 때 상제嘗祭를 지내고, 겨울잠을 자러 들어갈 때 증제烝祭를 지낸다"66)라고 하였다. '大事', 祭祀也. 『春秋傳』曰: "啓蟄而郊, 龍見而雩, 始殺而嘗, 閉蟄而烝."

② 해는 동방에서 나오고, 달은 서방에서 나온다. 日出東方, 月生西方.

③ 동지冬至에 원구(丘圓)에서 하늘에 제사한다. 謂冬至祭天於圓丘之上.

④ 하지夏至에 방택方澤에서 땅에 제사한다. 謂夏至祭地於方澤之中.

⑤ '달達'은 모두의 뜻과 같다. '미미亹亹'는 열심히 노력하는 모양이다. 군자는 사물을 소중히 여기므로 때에 따라 비가 내려 혜택을 미침을 보면 모두 열심히 노력하여 즐거움을 권한다. '達', 猶皆也. '亹亹', 勉勉也. 君子愛物, 見天雨澤, 皆勉勉勸樂.

**集說** '재물財物'은 패옥幣玉 · 희생 · 서직黍稷의 부류이다. 재물이 없으면 예禮를 행할 수 없다. 그러므로 선왕先王이 예禮를 제정할 때 반드시 재물을 이용하여 쓰임을 넓게 한다는 뜻을 다 이룬다. 그러나 재물은 모두 천시天時가 낳는 것이다. 그러므로 제사라는 큰일도 반드시 천시天時에 순응하여 행한다. 가령 "경칩에 교사郊祀를 지내고, 창룡성蒼龍星이 나타날 때 기우제(雩)를 지내고, 시들기 시작할 때 상제嘗祭를 지내고, 겨울잠을 자러 들어갈

때 증제烝祭를 지낸다"[67]라고 함이 모두 그런 것이다. 해는 동방에서 나온다. 그러므로 춘분날 이른 아침에 해에게 제사하는 것은 반드시 동방에서 한다. 달은 서방에서 나온다. 그러므로 추분날 저녁에 달에게 제사하는 것은 반드시 서방에서 한다. 높은 곳의 신에 대한 제사는 반드시 구릉이 있는 것을 따라서 제사하고, 낮은 곳의 신에 대한 제사는 천택川澤(하천과 호수)이 있는 것을 따라서 제사한다. 일설에는 '높은 곳의 신에 대해 제사한다'(爲高)는 것은 원구圜丘[68]에서 제사하는 것이요, '낮은 곳의 신에 대해 제사한다'(爲下)는 것은 방구方丘[69]에서 지내는 것이라고 한다. 제사에는 경중이 있지만 모두 재물을 필요로 한다. 그러므로 하늘이 때에 따라 비의 혜택을 줄 때를 만나면, 군자는 천지가 재물을 생성하는 공로를 알고 있으므로 이와 같이 부지런히 힘쓰고 쉬지 않는다. 그러니 어찌 재물을 가지고 예를 행하여 근본에 보답하는 정성을 다하지 않을 수 있겠는가? '財物', 幣玉・牲牢・黍稷之類. 無財無物, 不可以行禮. 故先王制禮, 必因財物而致其用之之義焉. 然財物皆天時之所生. 故祭祀之大事, 亦必順天時而行之. 如"啓蟄而郊, 龍見而雩, 始殺而嘗, 閉蟄而烝", 皆是也. 大明生於東. 故春朝朝日, 必於東方. 月生於西. 故秋莫夕月, 必於西方. 爲高上之祭, 必因其有丘陵而祭之, 爲在下之祭, 必因其有川澤而祭之. 一說, '爲高', 爲圜丘也, '爲下', 爲方丘也. 祭有輕重, 皆須財物. 故當天時之降雨澤也, 君子知夫天地生成財物之功, 如此乎勉勉而不已也. 則安得不用財物爲禮, 以致其報本之誠乎?

**【예기 59】**

그러므로 옛날 선왕先王은 덕이 있는 이를 받들고 도가 있는 이를 높였으며, 재능이 있는 자를 임용하고 뛰어난 자를 천거하여 배치하였으며, 대중들을 불러 모아 맹세하게 하였다. 그러므로 하늘의 높음을 따라 하늘을 받들었고, 대지의 낮음을 따라 대지를 받들었다. 이름난 산을 따라 제후의 공로를 평가하고 하늘에 제사를 올려 고하였으며, 길토吉土를 따라 교郊에서 천제天帝에게 대향제大饗祭를 지냈다. 제후의 공로를 평가하고 하늘에 제사를 올려 고하자 봉황鳳凰이 내려오고 거북과 용이 이르렀다. 교郊에서 천제天帝에게 대향제大饗祭를 지내자 바람과 비가 절기에 맞았고, 춥고 더운 것이 때에 맞았다. 그러므로 성인聖人이 남쪽을 향하여 서 있는데 천하가 크게 다스려졌다.

是故昔先王尙有德, 尊有道, 任有能, 擧賢而置之, 聚衆而誓之.① 是故因天事天,② 因地事地.③ 因名山升中于天,④ 因吉土以饗帝于郊.⑤ 升中于天而鳳皇降, 龜龍假.⑥ 饗帝于郊, 而風雨節寒暑時.⑦ 是故聖人南面而立, 而天下大治.⑧

鄭注 ① 옛날에 장차 대사大事(제사)가 있을 때 반드시 현자를 선발하고 대중들에게 맹세시키는 것은 일을 중시하기 때문이다. 古者將有大事, 必選賢誓衆, 重事也.

② 하늘은 높으므로 높은 곳을 이용하여 하늘에 제사한다. 天高, 因高者以事也.

③ 대지는 낮으므로 낮은 곳을 이용하여 대지에 제사한다. 地下, 因下者以事也.

④ '명名'은 크다는 뜻과 같다. '승升'은 올린다는 뜻이다. '중中'은 이룬다는 뜻과 같다. 순행을 나서 그 지방의 큰 산에 이르면 번시燔柴의 예를 행하고 하늘에 제사하면서 제후가 공로를 이룬 것을 하늘에 고한다. 『효경설孝經說』에 "태산泰山에 제단을 쌓고 제후의 공적을 살피고 번시燔柴의 예를 행하여 하늘에 제사한다. 양보梁甫[70]에 제터(禪)[71]를 마련하여 대지에 제사하

고 돌에 기록을 새긴다"라고 하였다. '名', 猶大也. '升', 上也. '中', 猶成也. 謂巡守至於方嶽, 燔柴祭天, 告以諸侯之成功也. 『孝經說』曰: "封乎泰山, 考績燔燎. 禪乎梁甫, 刻石紀號也."

⑤ '길토吉土'는 천자가 점을 쳐서 택하여 거주하는 땅이다. '교郊에서 천제天帝에게 대향제大饗祭를 지낸다'(饗帝于郊)는 것은 사시四時의 징조로 사방 교외에서 제사하는 것이다. 오늘날 한漢나라에서도 사시에 오행五行의 기氣를 맞이하는데 그 예가 간략하다. '吉土', 王者所卜而居之土也. '饗帝于郊', 以四時所兆, 祭於四郊者也. 今漢亦四時迎氣, 其禮則簡.

⑥ 공적이 이루어져 크게 평안하고 음양의 기가 조화롭게 되어 상서로운 것들이 나타나게 한다. 功成而太平, 陰陽氣和, 而致象物.

⑦ 오제五帝는 오행을 주관한다. 오행의 기가 조화롭게 되면 여러 징조(庶徵)가 제 순서를 얻는다. 오행에서 목木은 비가 되고, 금金은 맑은 날씨(暘)가 되고, 화火는 따뜻함(燠)이 되고, 수水는 차가운 것(寒)이 되고, 토土는 바람이 된다. 五帝主五行. 五行之氣和, 而庶徵得其序也. 五行木爲雨, 金爲暘, 火爲燠, 水爲寒, 土爲風.

⑧ '남쪽을 향하여 서 있다'(南面立)는 것은 조회를 주관하는 것이다. '南面立'者, 視朝.

**集說** '치置'는 좌우에 둔다고 할 때의 둔다(置)는 뜻과 같다. 자신의 지위에 머무르게 하는 것이다. 제사보다 더 중요한 예禮는 없다. 대사大事(제사)가 있을 때면 도덕이 뛰어난 자와 재능이 있는 자를 반드시 선발하여 그 일을 맡게 하고 또 맹세하게 한다. 『주례』에서 "총재冢宰가 백관의 서계誓戒(맹세)를 관장한다"[72]고 한 것이 그것이다. 하늘의 존귀함을 따라서 하늘을 섬기는 예를 제정하고, 대지의 낮음을 따라서 대지를 섬기는 예를 제정한다. 교郊와 사社의 예가 그것이다. '중中'은 평안하다는 뜻이요 이룬다는

뜻이다. 순행을 가서 사방의 높은 산 아래에 이르면 반드시 이 유명한 큰 산을 이용하여 그 지역의 제후가 국사를 다스려 태평케 하고 공로를 이룬 일을 평가하고 하늘에 고한다. 『서書』 「순전舜典」의 "태산에서 번시燔柴의 예를 행하였다"는 말이 그것이다. '길토吉土'는 천자가 점을 쳐서 택하여 도읍으로 세운 곳이다. 남교南郊(남쪽의 교郊)에서 오행의 신에게 제사하는 데 해마다 정기적으로 지내는 예禮가 있다. 상서로운 것이 연이어 나타나고 아름다운 징조가 호응하는 것은 이치상 그럴 수 있기는 하다. 그러나 후세 봉선封禪에 대한 설이 결국 이것에 토대를 두고 요지부동하게 된 것은 모두 정현鄭玄이 참위설讖緯說을 숭상하였던 것이 발단이 되었다. '置', 如置諸左右之置. 謂使之居其位也. 禮莫重於祭. 當大事之時, 必擇有道德才能者, 執其事又從而誓戒之. 『周禮』冢宰掌百官之誓戒, 是也. 因天之尊而制爲事天之禮, 因地之卑而制爲事地之禮. 郊·社是也. '中', 平也成也. 巡守而至方岳之下, 必因此有名之大山, 升進此方諸侯治功平成之事, 以告於天. 「舜典」"柴岱宗", 卽其禮也. '吉土', 王者所卜而建都之地也. 兆於南郊, 歲有常禮. 其瑞物之臻, 休徵之應, 理或然耳. 而後世封禪之說, 遂根著於此, 牢不可破, 皆鄭氏祖緯說啓之也.

**【예기 60】**

천도天道는 지극한 가르침이다. 성인聖人은 지극한 덕이다. 종묘의 당 위에서 뢰준罍尊은 동쪽 계단에 있는 당堂 위에 진설되고, 희준犧尊은 서쪽 계단이 있는 당 위에 진설된다. 종묘의 당 아래에서는 현고縣鼓가 서쪽에 놓이고 응고應鼓가 동쪽에 놓인다. 군주는 동쪽 계단에 있고 부인은 서쪽 곁방에 있는다. 해(大明)는 동쪽에서 뜨고

달은 서쪽에서 뜬다. 이것은 음과 양의 구분이요, 부부의 자리다. 군주는 서쪽으로 가 희상犧象에서 술을 따르고, 부인은 동쪽으로 가 뢰준罍尊에서 술을 따른다. 예禮가 당 위에서 서로 움직이고, 악樂이 당 아래에서 서로 호응하니 조화로움의 극치다.

天道至教. 聖人至德.① 廟堂之上, 罍尊在阼, 犧尊在西. 廟堂之下, 縣鼓在西, 應鼓在東.② 君在阼, 夫人在房.③ 大明生於東, 月生於西. 此陰陽之分, 夫婦之位也.④ 君西酌犧象, 夫人東酌罍尊.⑤ 禮交動乎上, 樂交應乎下, 和之至也.⑥

鄭注 ① 아래의 일에 대한 강목이다. 目下事也.

② 예악에 사용하는 기물에서 술동이는 서쪽에 위치한다. 소고小鼓를 '응고'(應)라고 부른다. '희犧'는 『주례』에 헌獻으로 되어 있다. 禮樂之器, 尊西也. 小鼓謂之'應'. '犧', 『周禮』作獻.

③ 군주의 술동이는 동쪽에 놓는다. 천자와 제후는 좌우에 곁방을 둔다. 人君尊東也. 天子·諸侯有左右房.

④ '대명大明'은 해이다. '大明', 日也.

⑤ 해가 동쪽에서 떠서 서쪽으로 가고 달이 서쪽에서 떠서 동쪽으로 기우는 것을 본뜬 것이다. 『주례』에 "봄의 사제祠祭와 여름의 약제禴祭에서 강신제(祼)를 할 때 계이鷄彝와 조이鳥彝[73]를 사용하는데 모두 받침(舟)이 있다. 조천朝踐[74]에 두 헌준獻尊을 이용하고, 재헌再獻에 두 상준象尊을 이용하는데 모두 술그릇(罍)이 있으며 여러 신하들이 따르는 것이다"[75]라고 하였다. 象日出東方而西行也, 月出西方而東行也. 『周禮』曰: "春祠夏禴, 祼用雞彝鳥彝, 皆有舟. 其朝踐用兩獻尊, 其再獻用兩象尊, 皆有罍, 諸臣之所酢."

⑥ 서로 호응함에 조화를 이룸을 말한다. 言交乃和.

**集說** 천도天道의 음과 양이 운행하는 것은 지극한 가르침이다. 성인聖人이 예악을 제정한 것은 지극한 덕이다. 더 이상 추가할 것이 없기 때문에 '지극함'(至)으로 말하였다. '뢰준罍尊'은 하夏나라의 술동이다. '희준犧尊'은 주周나라의 술동이다. '현고縣鼓'는 크고 '응고應鼓'는 작다. 예악의 기물을 진설할 때 한결같이 서쪽을 높은 자리로 삼는다. 그러므로 희준과 현고는 모두 서쪽에 놓고, 뢰준과 응고는 모두 동쪽에 놓는다. 천자와 제후는 모두 좌우에 곁방을 갖고 있는데 이 부인은 서쪽 곁방에 있는다. 군주는 동쪽에 있지만 서쪽으로 가 희상犧象에서 술을 따른다. 부인은 서쪽 곁방에 있지만 동쪽으로 가 뢰준에서 술을 따른다. 이것이 '예가 당 위에서 서로 움직인다'(禮交動乎堂上)는 것이다. 현고와 응고가 당 아래에서 서로 호응한다. 이것이 '악樂이 당 아래에서 서로 호응한다'(樂相應於堂下)는 것이다. 뢰준에는 산과 구름의 문양을 그려 넣는다. 희준에는 봉황의 깃을 그려 넣고 상아로 장식하기 때문에 '희상犧象'이라고 부른다. 이 장은 제후가 시제時祭를 지낼 때의 예를 말한 것이다. 天道陰陽之運, 極至之敎也. 聖人禮樂之作, 極至之德也. 無以復加, 故以'至'言. '罍尊', 夏后氏之尊也. '犧尊', 周尊也. '縣鼓'大, '應鼓'小. 設禮樂之器, 一以西爲上. 故犧尊縣鼓皆在西, 而罍尊與應鼓皆在東也. 天子諸侯皆有左右房, 此夫人在西房也. 君在東而西酌犧象. 夫人在西而東酌罍尊. 此'禮交動乎堂上'也. 縣鼓應鼓相應於堂下. 是'樂交應乎下'也. 罍尊畫爲山雲之形. 犧尊畫鳳羽而象骨飾之, 故亦曰'犧象'. 此章言諸侯時祭之禮.

**【예기 61】**

예는 말미암아 나온 바로 되돌아가는 것이다. 악樂은 자신이 이룬 것을 즐거워하는 것이다. 그러므로 선왕은 예를 제정하여 일에 절도를 부여하였고 악樂을 제작하여 뜻을 유도하였다. 그러므로 그 예와 악을 보고 잘 다스려졌는지 아니면 혼란한지를 알 수 있다. 거백옥은 "군자라는 사람은 마음이 통달해 있다"라고 하였다. 그러므로 그 기물을 보고 기술의 정교하고 조잡한 정도를 알고, 그 행동거지를 보고 그 사람의 지혜로운 정도를 안다. 그러므로 이르기를 "군자는 다른 사람과 교류하는 수단에 신중함을 다한다"라고 하였다.

禮也者, 反其所自生.① 樂也者, 樂其所自成.② 是故先王之制禮也以節事,③ 脩樂以道志.④ 故觀其禮樂而治亂可知也.⑤ 蘧伯玉曰: "君子之人達."⑥ 故觀其器而知其工之巧, 觀其發而知其人之知.⑦ 故曰: "君子愼其所以與人者."⑧

鄭注 ① '자自'는 말미암는다는 뜻이다. 예禮를 제정하는 자는 자신이 유래한 바에 근본을 두어 백성의 마음을 얻는다. '自', 由也. 制禮者本己所由, 得民心也.

② 음악의 제작은 백성들이 자신의 공로에 대하여 즐거워하는 바를 따른다. 순舜임금의 백성은 순이 요堯를 이은 것을 즐거워하였다. 그래서 순은 태소大韶를 지었다. 탕왕湯王과 무왕武王의 백성은 그들이 정벌하여 널리 구한 것을 즐거워하였다. 그래서 탕왕과 무왕은 호濩와 무武를 지었다. 作樂者緣民所樂於己之功. 舜之民樂其紹堯. 而作大韶. 湯・武之民樂其濩伐. 而作濩・武.

③ 움직임이 근본으로 되돌아가는 것이다. 動反本也.

④ 그들에게 선을 권장하는 것이다. 勸之善也.

⑤ 국가가 혼란해지면, 예가 무질서해지고 음악이 법도에서 어긋난다. 國亂禮慢而樂淫也.

⑥ 그 예와 악을 살펴보면 잘 다스려졌는지 아니면 혼란한지를 안다. '거백옥蘧伯玉'은 위衛나라 대부大夫로 이름은 원瑗이다. 觀其禮樂, 則知治亂也. '蘧伯玉', 衛大夫也, 名瑗.

⑦ 예악禮樂도 이와 마찬가지다. 禮樂亦猶是也.

⑧ 장차 이것을 통해 관찰하기 때문이다. 將以是觀.

集說 만물은 하늘에 근본 하고 사람은 선조에 근본 한다. 예가 근본에 보답하고 처음으로 돌아가는 것에 중점을 두는 것은 그 말미암아 나온 바를 잊지 않은 것이다. 왕자王者(왕업을 이룬 자)는 사업이 완성되고 정치가 안정된 뒤에 음악을 제작한다. 문덕文德으로 천하를 안정시킨 왕은 문덕의 성취를 음악으로 짓고, 무공武功으로 천하를 안정시킨 왕은 무공의 성취를 음악으로 짓는 것이니 범범하게 제작하는 것이 아니다. '일에 절도를 부여한다'(節事)는 것은 인사人事의 의칙儀則을 세우는 것이다. '뜻을 유도한다'(道志)는 것은 막히고 쌓인 것을 펼치는 것이다. 세상이 다스려지면 예는 질서가 있고 음악은 조화를 이룬다. 세상이 어지러우면 예는 간특하고 음악은 음란해진다. 그러므로 예와 악을 살펴보고 잘 다스려졌는지 아니며 혼란한지를 안다. '거백옥蘧伯玉'은 위衛나라 대부大夫로 이름은 원瑗이다. '군자의 마음은 밝고 통달해 있어 기물을 보면 기술의 정교하고 조잡한 정도를 알고, 사람의 행동거지를 보면 그 사람의 지혜롭고 어리석은 정도를 알아보니, 어찌 예악을 보고 치란治亂의 정도를 간파하지 못하겠는가!'라는 뜻으로 말한 것이다. 예와 악은 다른 사람과 교류하는 수단이다. 군자가 이것에 신중하기를 극진히 하는 이유는 그것이 관련된 바가 중대하기 때문이다. '그러므로 이르기를'(故曰)이란 말은 대개 옛날에 이런 말이 있어 기록한 이가 그것을 일컫은 것이다. 萬物本乎天, 人本乎祖. 禮主於報本反始, 不忘其所由生也. 王者功成治定, 然後作樂. 以文德定天下者, 樂文德之成, 以武功定天下者, 樂武

功之成, 非泛然爲之也. '節事', 爲人事之儀則也. '道志', 宣其湮鬱也. 世治則禮序而樂和. 世亂則禮慝而樂淫. 故觀禮樂而治亂可知也. '蘧伯玉', 衛大夫, 名瑗. 言'君子之心明睿洞達, 觀器用, 則知工之巧拙, 觀人之發動擧措, 則知其人之智愚, 豈有觀禮樂, 而不知治亂乎!' 禮樂者, 與人交接之具. 君子致謹於此, 以其所關者大也. '故曰', 蓋古有是言而記者稱之耳.

**【예기 62】**

태묘太廟 안에서는 공경한 태도를 견지한다. 군주가 직접 희생을 끌고 종묘로 들어가며, 대부 찬贊(보좌관)이 폐백을 들고 따른다. 군주는 직접 희생의 간을 잘라 방에서 그리고 신주에게 고수레(墮祭)하고, 부인은 앙제盎齊를 바친다. 군주는 직접 희생의 몸체를 자르고, 부인은 술을 따라 바친다.

大廟之内敬矣. 君親牽牲, 大夫贊幣而從.① 君親制祭, 夫人薦盎.② 君親割牲, 夫人薦酒.③

**鄭注** ① 희생을 종묘의 뜰로 들여보내는 때이다. 폐백을 가지고 신神에게 고한 뒤에 희생을 잡아야 한다. 納牲於庭時也. 當用幣告神而殺牲.

② '직접 잘라서 제사를 올린다'(親制祭)는 것은 종묘의 제사에서 피와 기름(膋)을 올릴 때를 가리킨다. '자른다'(制)는 것은 간을 잘라 울창주에 씻어서 방에서 제사하여 신주에게 미치는 것이다. '親制祭', 謂朝事進血膋時. 所'制'者, 制肝洗於鬱鬯, 以祭於室及主.

③ '직접 자른다'(親割)는 것은 희생의 익은 고기를 올릴 때를 가리킨다. '親割', 謂進牲孰體時.

**集說** 군주가 종묘의 문을 나와 희생을 맞고 직접 끌고 들어간다. 그러나 반드시 먼저 신에게 고한 뒤에 잡는다. 그러므로 대부 중 보좌하는 사람이 폐백을 들고 군주를 따른다. 군주는 폐백을 써서 신神에게 고한다. 희생을 잡는 것이 끝나면 피와 날고기를 올리는데, 군주가 직접 희생의 간을 잘라 방에서 신에게 제사한다. 이때 군주는 직접 술을 따라 바치지 않고, 오직 부인이 앙제盎齊로 바친다. 앙제盎齊[76]의 내용은 앞 편에 나온다. 익은 고기를 올릴 때에 이르러 군주는 또 직접 희생의 몸체를 자르는데 또한 술은 바치지 않는다. 그러므로 오직 부인이 술을 바친다. 君出廟門, 迎牲親牽以入. 然必先告神而後殺. 故大夫贊佐執幣而從君. 君乃用幣以告神也. 殺牲畢而進血與腥, 則君親割制牲肝, 以祭神於室. 此時君不親獻酒, 惟夫人以盎齊薦獻. 盎齊見前篇. 及薦孰之時, 君又親割牲體, 然亦不獻. 故惟夫人薦酒也.

**【예기 63】**

경卿과 대부大夫는 군주를 따르고, 명부命婦는 부인夫人을 따르는데, 그 공경하는 것이 안팎으로 빈틈이 없고, 그 충후한 것이 거짓 없이 성실하고, 신神이 흠향歆饗하기를 바라는 데 있어 열심히 힘쓰고 쉬지 않는다.

卿大夫從君, 命婦從夫人, 洞洞乎其敬也, 屬屬乎其忠也, 勿勿乎其欲其饗之也.

**鄭注** '물물勿勿'은 열심히 힘쓰는 모양과 같다. '勿勿', 猶勉勉也.

**集說** '동동洞洞'은 공경하는 태도가 안팎으로 틈이 없는 모양이다. '촉촉屬

屬'은 성실하여 거짓이 없는 모양이다. '물물勿勿'은 열심히 힘쓰고 쉬지 않는 모양이다. '절절切切'이라고 말하기도 한다. '명부命婦'는 경卿과 대부大夫의 처이다. '洞洞', 敬之表裏無間也. '屬屬', 誠實無僞也. '勿勿', 勉勉不已也. 一云'切切'也. '命婦', 卿大夫之妻也.

**【예기 64】**

희생을 들여보낼 때에는 종묘의 뜰에서 신神에게 고하고, 피와 털을 바칠 때에는 방에서 고하고, 국과 익은 고기를 바칠 때에는 당에서 고한다. 세 가지 고하는 것에 모두 그 자리를 달리하는 것은 대개 신神을 찾지만 아직 찾지 못하였음을 말하는 것이다.

納牲詔於庭, 血毛詔於室, 羹定詔於堂. 三詔皆不同位, 蓋道求而未之得也.

**鄭注** 고기가 들어 있는 국을 '갱羹'이라고 부른다. '도道'는 말한다는 뜻과 같다. 肉謂之'羹'. '道', 猶言也.

**集說** '조詔'는 고한다는 뜻이다. 희생이 종묘의 뜰에 들어오면 폐백으로 신神에게 고한다. 그러므로 '희생을 들여보낼 때는 종묘의 뜰에서 신에게 고한다'(納牲詔於庭)라고 말한 것이다. 희생을 잡아 피와 털을 취하면 방으로 들어가서 신에게 고한다. 그러므로 '피와 털을 바칠 때에는 방에서 고한다'(血毛詔於室)라고 말한 것이다. '갱羹'은 고기가 들어 있는 국이다. '정定'은 익은 고기다. 고기를 삶아 익게 되면, 먼저 조俎에 고기 국과 익은 고기를 담아서 당堂에서 신에게 고한다. 이것은 익은 고기를 바쳐 시尸가 먹기 전의 일이다. '도道'는 말한다는 뜻이다. 이 세 가지 고하는 것에 각기 그 자

리가 있는 것은 대개 신을 찾지만 아직 찾지 못하였음을 말하는 것이다. '詔', 告也. 牲入在庭, 以幣告神. 故云'納牲詔於庭'. 殺牲取血及毛, 入以告神於室. 故云'血毛詔於室'. '羹', 肉汁也. '定', 熟肉也. 煮之既熟, 將迎尸入室, 乃先以俎盛羹及定, 而告神於堂. 此是薦熟未食之前也. '道', 言也. 此三詔者, 各有其位, 蓋言求神而未得也.

**【예기 65】**

당堂에서 제사 음식을 진설하고, (제사 다음 날에는) 종묘 문 밖에서 팽제祊祭를 지낸다. 그러므로 "저기인가? 여기인가?"라고 말한다.

設祭於堂,① 爲祊乎外.② 故曰: "於彼乎? 於此乎?"③

**鄭注** ① 제사 음식을 당堂에 진설한다는 것은 군주의 예禮인 것이다. 設祭之饌於堂, 人君禮焉.

② '팽祊'은 제사 다음 날 지내는 역제繹祭를 가리킨다. 팽祊이라고 부르는 것은 종묘의 문 옆에서 지내기 때문에 이름을 그렇게 붙인 것이다. 그 제사의 예는 방 안에서 제사 음식을 진설한 뒤에 시尸를 당堂에서 대접한다. 효자가 신을 찾는 것은 한 곳이 아니다. 『주례』에 "하후씨夏后氏의 종묘제도에서 문 옆의 당(門堂) 규모는 정당正堂의 2/3이고, 문당門堂의 실室 규모는 1/3이다"77)라고 하였다. 『시詩』「주송周頌·사의絲衣」에 "당에서 기基로 간다"(自堂徂基)라고 하였다. '祊', 祭明日之繹祭也. 謂之祊者, 於廟門之旁因名焉. 其祭之禮, 既設祭於室而事尸於堂. 孝子求神, 非一處也. 『周禮』曰: "夏后氏世室, 門堂三之二, 室三之一." 『詩』「頌·絲衣」曰: "自堂徂基."

③ 신이 있는 곳을 모르기 때문이다. 不知神之所在也.

**集** '제사 음식을 당堂에 진설한다'는 것은 날고기와 데친 고기(爓)를 올

說 릴 때를 가리킨다. '팽祊'은 제사 다음 날 지내는 역제繹祭[78]이다. 종묘의 문을 팽이라고 하는데, 제사 음식을 종묘 문 밖의 서쪽 곁에 진설하기 때문에 팽이라고 이름을 붙였다. 기록한 이가 옛 말을 인용하여 "저기인가? 여기인가?"라고 하였는데, 이는 신神이 저기에서 흠향歆饗하는지 여기에서 흠향하는지 모른다는 뜻이다. '設祭於堂'者, 謂薦腥爓之時, 設饌在堂也. '祊', 祭之明日繹祭也. 廟門謂之祊, 設祭在廟門外之西旁, 故因名爲祊也. 記者又引古語云, "於彼乎? 於此乎?", 言不知神於彼饗之乎, 於此饗之乎.

**【예기 66】**

일헌一獻을 하는 예는 질박하고, 삼헌三獻을 하는 예는 문식을 한다. 오헌五獻을 하는 예는 현저히 성대하고 자세히 드러나며, 칠헌七獻을 하는 예는 충만하게 신이 머무르는 듯하다.

一獻質,① 三獻文.② 五獻察,③ 七獻神.④

鄭注 ① 여러 작은 제사들을 지내는 것을 가리킨다. 謂祭群小祀也.

② 사직社稷과 오사五祀에 제사하는 것을 가리킨다. 謂祭社稷五祀.

③ '찰察'은 밝다는 뜻이다. 사방의 산과 강에 제사하는 것을 가리킨다. '察', 明也. 謂祭四望山川也.

④ 선조에게 제사하는 것을 가리킨다. 謂祭先公.

集說 '헌獻'은 술을 따라서 바치는 것이다. 여러 작은 제사들을 지낼 때에는 일헌一獻을 한다. 그 예가 질박하고 간략하다. 사직社稷과 오사五祀에 제사할 때에는 삼헌을 한다. 그 신이 조금 존귀하기 때문에 문식을 한다. '오헌五獻'은 사방의 산과 강에 제사하는 예이다. '찰察'은 현저히 성대하고 자

세히 드러나는 모양이다. 선조의 사당에 제사할 때에는 칠헌을 한다. 예禮가 융숭하고 마음이 엄숙하여 충만하게 신이 머무르는 듯하다. '獻', 酌酒以薦也. 祭群小祀則一獻, 其禮質略. 祭社稷五祀三獻, 其神稍尊, 故有文飾. '五獻', 祭四望山川之禮也. '察'者, 顯盛詳著之貌. 祭先公之廟則七獻. 禮重心肅, 洋洋乎其如在之神也.

**【예기 67】**

대향제大饗祭는 왕의 일인가. 세 희생과 생선과 포는 사해와 구주의 진미다. 변두籩豆에 올리는 음식은 사시의 조화로운 기운이 생성한 것이다. 쇠를 들여보내는 것은 화순함을 보이는 것이다. 비단 한 묶음에 벽옥을 부가하는 것은 덕을 존귀하게 여기는 것이다. 거북을 앞쪽에 진열하는 것은 길흉을 알고 있는 것을 앞세우는 것이다. 쇠가 다음에 놓이는 것은 마음(情)을 보기 때문이다. 단사丹砂 · 옻 · 명주실 · 솜 · 조릿대 · 왕대 등은 대중과 함께 쓰는 재화이다. 그 밖의 지역에 있는 나라는 정해진 공물이 없고, 각자 자기 나라에서 나는 것을 가지고 온다. 따라서 먼 지역의 물건을 이르게 한다. 제후로서 빈賓이 되었던 이들이 나가면, 「사하肆夏」로서 전송하는데, 대개 중대한 예이기 때문이다.

大饗, 其王事與.① 三牲 · 魚 · 腊, 四海九州之美味也. 籩豆之薦, 四時之和氣也.② 內金, 示和也.③ 束帛加璧, 尊德也.④ 龜爲前列, 先知也.⑤ 金次之, 見情也.⑥ 丹 · 漆 · 絲 · 纊 · 竹 · 箭, 與衆共財也.⑦ 其餘無常貨, 各以其國之所有. 則致遠物也.⑧ 其出也, 「肆夏」而送之, 蓋重禮也.⑨

鄭注 ① 제사 음식과 공물을 성대하게 하는 것으로 선왕先王에게 협제를 지내는 것을 가리킨다. 盛其饌與貢, 謂祫祭先王.

② 이 음식은 제후들이 바치는 것이다. 此饌諸侯所獻.

③ 이것은 공물로 바친 것이다. 정실庭實[79]로 들여보내면 먼저 진설한다. 쇠(金)는 따르기도 하고 변하기도 하여 성질이 화순하다. 형주荊州와 양주楊州 두 주에서 금金 3품을 공물로 바친다. 此所貢也. 內之庭實, 先設之. 金從革性和. 荊・楊二州貢金三品.

④ 공물 헌상을 치하하는 연회에서 사자가 들고서 군주의 명령을 전달하는 것이다. 군자는 옥玉에다 덕을 비견한다. 貢享所執致命者. 君子於玉比德焉.

⑤ '거북'(龜)은 사태의 본질을 알고 있는 것이다. 뜰의 앞 쪽에 진설한다. 형주荊州에서 큰 거북(大龜)을 공물로 바친다. '龜', 知事情者. 陳於庭在前. 荊州納錫大龜.

⑥ '쇠'(金)는 비추는 물건이다. 쇠는 두 가지 의미를 갖고 있다. 먼저 들여보내고 뒤에 진설한다. '金', 炤物. 金有兩義. 先入後設.

⑦ 백성들이 모두 이 물건을 가지고 있다. 형주荊州에서는 단사丹砂를 공물로 바치고, 연주兗州에서는 옻과 명주실을 공물로 바치고, 예주豫州에서는 솜을 공물로 바치고, 양주楊州에서는 조릿대와 왕대를 공물로 바쳤다. 萬民皆有此物. 荊州貢丹, 兗州貢漆・絲, 豫州貢纊, 楊州貢篠簜.

⑧ '그 밖의 지역'(其餘)은 구주九州 밖에 있는 이복夷服, 진복鎭服, 번복蕃服 등의 나라이다. 『주례』에 의하면 "구주 밖의 지역을 번국蕃國이라고 부른다. 세대에 한 번 만나는데, 각각 그들이 보물로 소중하게 여기는 것을 예물로 가지고 온다."[80] 주周나라 목왕穆王이 견융犬戎을 정벌하고, 흰 이리, 흰 사슴을 얻었는데,[81] 공물로 바친 것과 유사하다. '其餘', 謂九州之外, 夷服・鎭服・蕃服之國. 『周禮』"九州之外, 謂之蕃國. 世一見, 各以其所貴寶爲摯." 周穆

王征犬戎, 得白狼・白鹿, 近之.

⑨ '나간다'(出)는 것은 제후로서 빈賓이 된 사람들을 가리킨다. 예가 끝나고 나가면 음악을 연주하여 절도가 있게 한다. '사하肆夏'는 '해하陔夏'로 되어야 옳다. '出'謂諸侯之賓也. 禮畢而出, 作樂以節之. '肆夏', 當爲'陔夏'.

集說 '대향大饗'은 협제祫祭를 뜻한다. '왕의 일'(王事)이라고 말한 것은 이 장에서 진술해놓은 것이 제후가 행하는 일이 아님을 밝힌 것이다. '세 희생'(三牲)은 소・양・돼지다. '포'(腊)는 짐승의 포를 가리킨다. 『의례』「소뢰궤사례少牢饋食禮」에 "포는 큰 사슴을 쓴다"라고 하였다. 변두籩豆에 올리는 음식은 모두 사시의 조화로운 기운이 생성한 것들이다. '쇠를 들여보낸다'(内金)는 것은 제후가 공물로 바친 쇠를 들여보내는 것이다. '화순함을 보여준다'(示和)는 것은 제후가 친밀히 따름을 보여주는 것이다. 일설에는 쇠의 성질이 따르기도 하고 변하기도 하여 쇠를 다루는 사람에 따라 이루어지기 때문에 '화순함'(和)이라고 말한 것이라고 한다. 군자는 옥玉에다 덕을 비견한다. 제후가 와서 천자를 조견朝見할 때, 비단 한 묶음 위에 벽옥(璧)을 부가하는데 덕을 존귀하게 여기는 것이다. 진설하는 순서는 거북이 홀로 앞에 놓인다. 거북은 길흉을 알고 있기 때문에 앞세우는 것이다. 쇠가 그 다음에 놓인다. 사람의 마음이 똑같이 바라는 바이기 때문에 '마음(情)을 본다'라고 말한 것이다. '세 희생'으로부터 단사・옻 등에 이르는 물건은 모두 제후국에서 공물로 바친 것으로서, 함께 진열해놓고 기물로 쓰는 데 이용하기도 한다. '대중과 더불어 재화를 함께 쓰는 것'(與衆共財)은 세상 사람들이 공통으로 갖는 물건임을 말한 것이다. '그 밖의 지역에서는 공물에 정해진 재화가 없다'(其餘無常貨)는 말은 구주九州 밖의 오랑캐 나라에서 더러 각자 자기 나라에서 나는 것을 가지고 와서 공물로 바치면, 그 공물도 반드시 진열하여 먼 지역의 물건도 이르게 함을 보이는데 다만 정기적인 공물로

삼지 않는다는 것이다. 제후가 제사를 돕는 빈賓이 되어 예가 끝나면 나간다. 이때 잔의 수에 제한을 두지 않고 마신 뒤에 악공樂工이 「해하陔夏」의 악장을 노래하여 전송한다. 진설하고 시행하는 것을 이와 같이 하는 것은 대개 중대한 예禮이기 때문이다. 정현鄭玄의 주註에서 '사肆'를 '해陔'로 읽은 이유는 『주례』에 따르면 종사鍾師가 구하九夏를 관장하는데, 시尸가 나가고 들어올 때에는 「사하肆夏」를 연주하고, 손님이 취해서 나가면 「해하」를 연주한다.[82] 따라서 이 장의 경우는 해하陔夏가 되어야 옳기 때문이다. ○ 유씨劉氏는 말한다. "다음 편에서 '종鍾을 그 다음에 놓으니, 화순함을 뜻하는 것을 공물의 가운데에 함께 진열하는 것이다'라고 하였다. 따라서 여기서 '쇠를 들여보내 화순함을 보여준다'라고 말한 것 역시 그 소리의 조화로움을 취한 것이다. '마음(情)을 본다'(見情也)는 것은 인정이 화순함을 보는 것이다." '大饗', 祫祭也. 言'王事'者, 明此章所陳非諸侯所有之事也. '三牲', 牛・羊・豕也. '腊', 獸也. 「少牢禮」云: "腊用麋." 籩豆所薦品味, 皆四時和氣之生成. '內金', 納侯邦所貢之金也. '示和', 示諸侯之親附也. 一說, 金性或從或革隨人, 故言'和'也. 君子於玉比德. 諸侯來朝, 璧加於束帛之上, 尊德也. 陳列之序, 龜獨在前. 以其知吉凶, 故先之也. 金在其次. 以人情所同欲, 故云'見情也'. 自三牲以下, 至丹・漆等物, 皆侯邦所供貢, 並以之陳列, 或備器用. '與衆共財', 言天下公共所有之物也. '其餘無常貨', 謂九州之外蠻夷之國, 或各以其國所有之物來貢, 亦必陳之, 示其能致遠方之物也, 但不以爲常耳. 諸侯爲助祭之賓, 禮畢而出. 在無算爵之後, 樂工歌陔夏之樂章以送之. 設施如此, 蓋重大之禮也. 註讀'肆'爲'陔'者, 『周禮』鍾師掌九夏, 尸出入奏「肆夏」, 客醉而出, 則奏「陔夏」. 故知此當爲陔也. ○ 劉氏曰: "後篇言, '鍾次之, 以和居參之.' 則此言'內金示和', 亦取其聲之和耳. '見情也'者, 見人情之和也."

【예기 68】

교郊에서 천제에게 제사를 올리는 것은 공경함이 지극한 바이다. 종묘宗廟에서 선조에게 제사하는 것은 인仁이 지극한 바이다. 상례喪禮는 충실함이 지극한 바이다. 수의와 명기를 갖추는 것은 인仁이 지극한 바이다. 빈객이 주인과 만날 때 폐백을 사용하는 것은 의義가 지극한 바이다. 그러므로 군자가 인仁과 의義의 도리를 보고자 할 때 예禮가 그 근본이 된다.

祀帝於郊, 敬之至也.① 宗廟之祭, 仁之至也.② 喪禮, 忠之至也.③ 備服器, 仁之至也.④ 賓客之用幣, 義之至也.⑤ 故君子欲觀仁義之道, 禮其本也.⑥

**鄭注** ① 나아가 제사를 올리고 감히 이르게 하지 못하는 것을 말한다. 言就而祭之, 不敢致也.

② '인仁'은 은혜이다. 부모와 자식 사이에는 은혜를 위주로 삼는다. '仁', 恩也. 父子主恩也.

③ 곡을 하고(哭), 발을 구르고(踊), 어깨를 드러내고(袒), 염습을 하는 것(襲) 등을 가리킨다. 謂哭・踊・袒・襲也.

④ 소렴小斂과 대렴大斂 때 시신에 입히는 의복, 매장할 때 넣는 명기明器를 가리킨다. 謂小斂・大斂之衣服, 葬之明器.

⑤ 와서 부의賻儀하는 것을 가리킨다. 謂來賻賵.

⑥ 예禮를 행함에 마음속으로 절도가 있는지 볼 수 있음을 가리킨다. 言禮有節於內, 可以觀也.

**集說** 하늘에 제사하는 예는 간소하다. 지극한 공경은 문식을 하지 않는다.

그럼으로써 공경함이 지극한 바가 되는 것이다. 인仁의 실질적 내용은 부모를 섬기는 것 그것이다. 돌아간 분을 섬기기를 살아 계신 분을 섬기듯 하는 것이 인仁의 지극함이 된다. 시신에 부속되는 것과 관棺에 부속되는 것들을 반드시 정성스럽고 신실하게 준비하는 것이 충실함이 지극한 바가 되는 것이다.[83] 소렴과 대렴 때 입히는 수의와 장례 때 관에 넣는 명기를 모두 빠짐없이 갖추는 것이 모두 친애하는 정성스런 마음 아닌 것이 없다. 그러므로 또한 '인의 지극함'(仁之至)이라고 말한 것이다. 조朝 · 빙聘 · 연燕 · 향享 등의 예에서는 폐백을 정례적으로 사용한다. 그러므로 폐백을 광주리에 넣어 그 두터운 뜻을 싣는 것은 의義의 지극함이다. 이 인仁과 의義의 도는 모두 예禮를 실행할 때 볼 수 있기 때문에 '예禮가 그 근본이다'(禮其本也)라고 말한 것이다. 祭天之禮簡素. 至敬無文. 所以爲敬之至. 仁之實, 事親是也. 事亡如事存, 所以爲仁之至. 附於身, 附於棺, 皆必誠必信, 所以爲忠之至. 斂之衣服, 葬之器具, 皆全備無缺, 莫非愛親之誠心. 故亦曰'仁之至'. 朝 · 聘 · 燕 · 享, 幣有常用. 故幣帛篚筐, 將其厚意義之至也. 此仁與義之爲道, 皆可於行禮之際觀之, 故曰'禮其本也'.

**【예기 69】**

군자는 말한다. "단맛(甘)이 조미를 받아들이고, 흰색이 채색을 받아들인다. 충실하고 신실한 사람이 예를 배울 수 있다. 충실하고 신실한 사람이 없으면, 예禮는 거짓으로 행해지지 않는다. 그러므로 그 사람을 얻는 것을 귀중하게 여긴다."

君子曰: "甘受和, 白受采. 忠信之人可以學禮. 苟無忠信之人, 則禮不虛道. 是以得其人之爲貴也."

**鄭注** '도道'는 말미암는다, 따른다는 뜻과 같다. '道', 猶由也從也.

**集說** 단맛(甘)은 다섯 가지 맛 가운데 토土에 속한다. 토土는 특정 방위에 전속된 기氣가 없고, 사시四時에 모두 왕성하다. 그러므로 오직 단맛이 여러 맛들의 조미를 받아들일 수 있다. 여러 채색은 모두 흰색을 바탕으로 삼는다. 이른바 "채색하는 일은 흰색으로 바탕을 삼은 뒤에 한다"84)는 것이다. 이 두 가지로 충실하고 신실함(忠信)을 갖춘 뒤에 예禮를 배울 수 있음을 비유한 것이다. '도道'는 다닌다는 뜻이다. 도로는 사람들이 함께 다니는 것이다. 사람이 충실하고 신실함이 없으면 모든 일이 거짓이 된다. 예禮는 거짓으로 실행될 수 없다. 『역』「계사전」에 "그 사람이 아니면, 도는 거짓으로 행해지지 않는다"85)라고 하였다. 甘於五味屬土. 土無專氣, 而四時皆王. 故惟甘味能受諸味之和. 諸采皆以白爲質. 所謂"繪事後素"也. 以此二者, 況忠信乃可學禮. '道', 猶行也. 道路人所共行者. 人無忠信, 則每事虛僞. 禮不可以虛僞行也. 「大傳」曰: "苟非其人, 道不虛行."

**【예기 70】**

공자가 말하였다. "『시詩』 삼백 편을 외우더라도 (예禮를 배우지 않았다면) 일헌一獻의 예도 행할 수 없다. 일헌의 예를 행할 수 있다고 해도, 대향大饗의 예를 행할 수 없다. 대향의 예를 행할 수 있다고 해도, 대려大旅의 예를 행할 수 없다. 대려大旅의 예를 갖추어 안다고 해도, 천제天帝에게 대향제大饗祭를 올리는 것을 행할 수 없다. 경솔히 예를 논의하지 마라."

孔子曰: "誦『詩』三百, 不足以一獻. 一獻之禮, 不足以大饗. 大饗之禮, 不足以大旅. 大旅具矣, 不足以饗帝.① 毋輕議禮."②

**鄭注** ① '『시詩』 삼백편을 외운다'(誦詩三百)는 것은 유창하게 말하는 것은 익혔지만 예는 배우지 않았음을 비유적으로 말한 것이다. '대려大旅'는 오제五帝에 대한 제사이다. '천제에게 대향의 제사를 올린다'(饗帝)는 것은 하늘에 제사하는 것이다. '誦『詩』三百', 喻習多言而不學禮也. '大旅', 祭五帝也. '饗帝', 祭天.

② 『시詩』를 외우는 자가 예禮를 억지로 말해서는 안 되는 것과 같은 경우를 가리킨다. 謂若誦『詩』者, 不可以强言禮.

**集說** 『시詩』을 배우지 않으면 말을 제대로 할 수 없다. 그러나 삼백편의 많은 시를 외워 언변의 장기를 다 발휘한다고 해도, 예를 논의함에 있어서는 대체로 아는 바가 없다면 일헌一獻의 작은 예禮도 행할 수 없다. 설령 일헌一獻의 예를 행할 수 있다고 해도, 대향大饗의 예를 행할 수 없다는 것은 협제祫祭를 가리킨다. 대향大饗의 예를 행할 수 있지만, 대려大旅의 예를 행할 수 없다는 것은 오제五帝에 대한 제사를 가리킨다. 대려大旅의 예를 갖추어 알고 있다고 해도, 천제天帝에게 대향제大饗祭를 올리는 것을 행할 수 없다는 것은 하늘에 제사하는 것을 가리킨다. 예禮를 경솔히 논의할 수 있겠는가? 不學『詩』, 無以言. 然縱使誦三百篇之多, 而盡言語之長, 其於議禮, 猶槪乎未有所聞也, 一獻小禮, 亦不足以行之. 使能一獻, 不能行大饗之禮, 謂祫祭也. 能大饗矣, 不能行大旅之禮, 謂祀五帝也. 能具知大旅之禮矣, 不能行饗帝之禮也, 謂祀天也. 禮其可輕議乎?

**【예기 71】**

자로子路가 계씨의 관리(宰)가 되었다. 계씨가 제사를 지내는데, 동트기 전에 제사를 지냈다. 햇빛이 부족하기 때문에 이어서 횃불로 밝혔다. 비록 억지로 힘쓰는 용모를 하였지만 엄숙하고 공경하는 마음은 이미 피곤하고 해이해졌다. 유사有司가 한 발로 딛고 서 있거나 기대어 있는 등 공경하지 않는 잘못이 컸다.

子路爲季氏宰.① 季氏祭, 逮闇而祭. 日不足, 繼之以燭.② 雖有强力之容, 肅敬之心, 皆倦怠矣.③ 有司跛倚以臨祭, 其爲不敬大矣.④

**鄭注** ① '재宰'는 읍邑을 다스리는 관리다. '宰', 治邑吏也.

② 자로子路가 계씨季氏의 관리로 있기 전의 상황을 가리킨다. 謂舊時也.

③ 오래 되었기 때문이다. 以其久也.

④ 한 발로 딛고 서 있는 것이 '피跛'이고, 다른 것에 기대어 있는 것이 '의倚'이다. 偏任爲'跛', 依物爲'倚'.

**集說** '태逮'는 이른다는 뜻이다. '암闇'은 먼동이 트기 전이다. 한 발로 딛고 서 있는 것이 '피跛'이고, 다른 것에 기대어 있는 것이 '의倚'이다. '逮', 及也. '闇', 昧爽以前也. 偏任爲'跛', 依物爲'倚'.

**【예기 72】**

다른 날 제사를 지낼 때 자로가 참여하였다. 방의 일(室事)은 문에서 서로 이어받았고, 당堂의 일은 계단에서 서로 이어받았다. 해가 뜰 무렵 제사를 시작하여 아침 늦게 물러나왔다. 공자가 듣고, "누가 자로더러 예禮를 모른다고 하였는가?"라고 하였다.

他日, 祭, 子路與. 室事交乎戶, 堂事交乎階. 質明而始行事, 晏朝而退.① 孔子聞之, 曰: "誰謂由也而不知禮乎?"②

鄭注 ① '방의 일'(室事)은 제사를 지낼 때를 가리킨다. '당堂의 일'(堂事)은 빈시儐尸의 예를 행할 때를 가리킨다. '室事', 祭時. '堂事', 儐尸.

② 예禮에 대하여 알고 있는 것이 많다는 것이다. 多其知禮.

集說 '방의 일'(室事)은 방에서 제사를 지낼 때 시尸를 섬기는 일이다. 밖의 사람이 음식을 들고 문에 이르면 방 안에 있는 사람이 문에서 받아 문 앞에 진설한다. 안과 밖이 서로 이어서 접촉하기 때문에 '문에서 서로 이어받았다'(交乎戶)고 한 것이다. 방에서의 제사(正祭)가 끝난 뒤에 당堂에서 빈시儐尸의 예를 행한다. 그러므로 '당堂의 일'(堂事)이라고 한 것이다. 이때 당堂 아래에 있는 사람이 음식을 들고 계단에 이르면 당 위에 있는 사람이 계단으로 가서 받아 든다. 이것이 '계단에서 서로 이어받았다'(交乎階)는 것이다. '질質'은 정正(시작한다)의 뜻이다. 자로子路가 예의 합당한 바를 권하여 번거로운 문식을 줄이고 공경함을 온전하게 하였기 때문에 공자가 칭찬한 것이다. '室事'謂正祭之時, 事尸于室也. 外人將饌至戶, 內人於戶受之, 設於尸前. 內外相交承接, 故云'交乎戶'也. 正祭之後, 儐尸於堂. 故謂之'堂事'. 此時, 在下之人送饌至階, 堂上人卽階而受取. 是'交乎階'也. '質', 正也. 子路權禮之宜, 略煩文而全恭敬, 故孔子善之也.

## 역주

1) 공자는 자공에게 ~ 것이다 : 이 말은 『논어』「公冶長」에 나온다.

2) 인정을 ~ 경작한다 : 이 두 구절은 모두 「禮運」(39, 48)에 나온다.

3) 경작하는 것으로부터 ~ 가리킨다 : 이것은 「禮運」(58)을 단장취의한 것이다.

4) 조릿대 : 화살을 만드는 데 사용하는 대나무의 일종이다.

5) 이로움 : 지리적으로 어떤 산물을 생산하는 데 유리한 또는 적합하다는 뜻이다. 이를테면 어느 땅에는 벼를 심기에 좋고, 어느 땅에는 과일을 심기에 적합하고 한 것 등이다.

6) 그곳 : 문왕이 새로 천도한 곳 즉 豐을 가리킨다. 『詩』「大雅·文王有聲」 참조.

7) 열 종류의 거북 : 『역』「損」괘에 나오는 말이다. 공영달은 소에서 "마융과 정현은 『爾雅』에 근거하여 십붕지귀를 첫째 神龜, 둘째 靈龜, 셋째 攝龜, 넷째 寶龜, 다섯 째 文龜, 여섯째 筮龜, 일곱째 山龜, 여덟째 澤龜, 아홉째 水龜, 열째 火龜라고 하였다"(馬鄭皆案『爾雅』云: 十朋之龜者, 一曰神龜, 二曰靈龜, 三曰攝龜, 四曰寶龜, 五曰文龜, 六曰筮龜, 七曰山龜, 八曰澤龜, 九曰水龜, 十曰火龜)고 하였다.

8) 삭식 : 제왕과 귀족들이 매월 초하루에 평상시보다 더 풍성하게 식사하는 것을 가리킨다. 관련 내용은 「內則」(91)에 보인다.

9) 相朝 : 제후 사이에 회견을 갖는 것을 가리킨다. 보통 천자의 조회에 참여하기 전에 미리 갖는다. 『國語』「魯語上」, '四王一相朝'의 주석 참조.

10) 협제 : 협은 '합한다'(合)는 뜻으로 천자와 제후가 喪을 마치고 先君의 신주를 始祖廟에 함께 모셔놓고 제사를 지내는 것을 말하는데, 뒤에 이를 계승하여 정례적 의례로 삼았다. 時祭를 지낼 때는 여려 묘의 신주를 모두 태조의 묘로 올려서 합사하되 훼철된 묘의 신주는 참여시키지 않는다. 이와는 달리 3년마다 지내는 大祫에서는 훼철된 묘의 신주도 참여시킨다. 관련 내용은 「王制」(58) 참조.

11) 옹희 : 犧牲을 뜻한다. 『의례』「聘禮」의 "君使卿韋弁歸饔餼五牢"에 대하여 정현은 주에서 "희생의 경우, 죽인 희생을 饔餼, 산 희생을 餼라고 한다"(牲殺曰饔, 生曰餼)라고 하였다.

12) 상대부에게 ~ 진설한다 : 「빙례」의 원문은 "君使卿韋弁歸饔餼五牢,……堂上八豆設于戶西……饌于東方亦如之"로 되어 있다.

13) 『주례』에 ~ 진설한다 : 관련 내용은 『주례』「秋官·掌客」에 보인다. "掌客掌四方賓客之牢禮·餼獻飮食之等數與其政治.……凡諸侯之禮……豆四十.……侯伯……豆三十有二.……子男……豆二十有四."

14) 抗 : 정리본에는 '杭'으로 되어 있으나 다른 본과 『의례』에는 '抗'으로 되어 있다.

15) 항목과 관깔개 : 抗은 막는다 또는 떠받친다는 뜻이다. 관 위에 흙을 덮으면 관이 움직일 수 있기 때문에 관을 고정시키고 흙이 닿는 것을 막기 위해 설치하는 일련의 도구들

이 있는데 抗木과 茵은 그 중 하나이다. 그 관련 내용은 『의례』 「旣夕禮」에 보인다. 棺을 壙(무덤 속)에 안치하기 전에 茵을 깔고 관을 놓은 위로 折(관을 가리는 나무판자)을 놓고, 折 위로 항목을 놓고 다시 그 위에 抗席(먼지와 흙이 닿는 것을 막기 위해 부들로 만든 자리)을 놓은 뒤 흙을 덮어 봉분을 만든다. 『三禮辭典』, 401쪽, '抗木' 조항 참조.

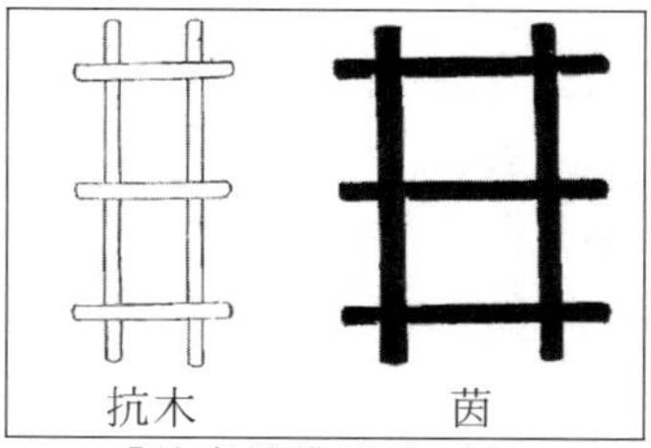

『欽定儀禮義疏』(淸)

16) 「단궁」 : 霎에 대한 내용은 「檀弓上」(13, 60) 그리고 「檀弓下」(63) 등에 나온다.

17) 포해 : 마른 포와 젓갈이다. 여기서는 술을 마실 때 곁들이는 요리를 뜻한다.

18) 『주례』에 의하면 ~ 한다 : 『주례』 「春官 · 巾車」에 관련 내용이 나온다.

19) 선로와 차로 : 국왕은 업무의 성격에 따라 그에 맞는 수레를 사용하는데 5개가 있다. 이를 五路라고 한다. 이 오로를 뒤따르며 업무를 보좌하는 수레들이 있는데, 그것을 貳車라고 한다. 先路와 次路는 貳車의 한 종류이다. 『주례』 「秋官 · 大行人」에 "上公은 貳車가 9乘이고, 諸侯와 諸伯은 7승이며, 諸子는 5승이다"(上公貳車九乘, 諸侯 · 諸伯貳車七乘, 諸子貳車五乘)라고 하였다. 『三禮辭典』, 869쪽, '貳車' 항목 참조.

20) 규 · 장 :

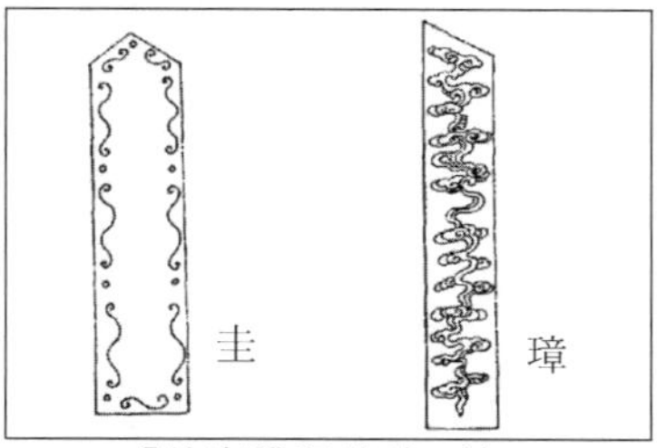

『欽定禮記義疏』(淸)

21) 소행인은 ~ 함께한다 : 관련 인용문은 『주례』 「秋官 · 小行人」에 "小行人掌邦國賓國之禮籍, 以待四方之使者……合六幣, 圭以馬, 璋以皮……"의 형태로 나온다.

22) 호 · 황 :

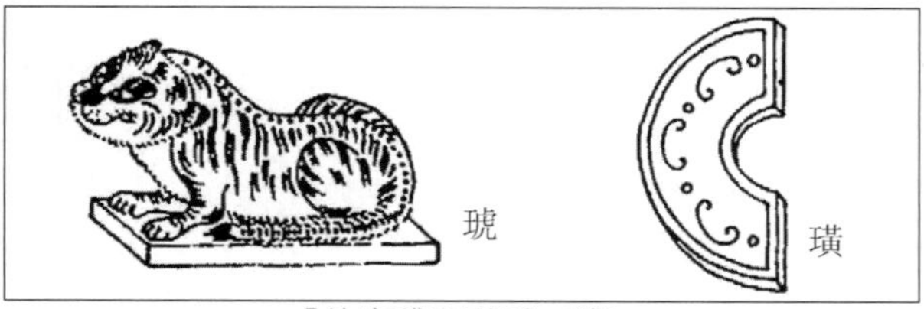

『欽定禮記義疏』(淸)

23) 한 동이의 ~ 사용한다 : 인용문은 『역』 「坎卦」, 六四의 爻辭이다.

24) 좌식 : 尸에게 밥을 먹도록 권하는 사람이다. 『의례』 「士虞禮」 등에 보인다.

25) 당의 높이는 3척 : 『주례』 「考工記 · 匠人」에 "殷나라 사람의 重屋은 堂의 남북으로의

길이가 7尋, 堂의 높이가 三尺이고, 堂과 室이 4개이며, 太室의 지붕을 이중으로 한다"(殷人重屋, 堂脩七尋, 堂崇三尺, 四阿, 重屋)라고 하였다.

26) 대문 : 천자와 제후의 경우 궁궐 문 위에 양쪽으로 흙을 쌓아 臺를 세우고 臺 위에 지붕을 얹는데, 이것을 臺門이라고 한다. 자세한 내용은 「郊特牲」(15)의 "臺門而旅樹"에 대한 疏에 자세하다. 『三禮辭典』, 1011쪽, '臺門' 항목 참조.

27) 禁 : 원래 棜禁으로 되어 있으나 阮元의 校勘記와 李學勤의 교감기에 근거하여 禁으로 고쳤다. 『예기정의』 852쪽 주 1) 참조.

28) '금'과 '어' : 술동이를 올려놓는 받침대이다. 이 받침대에 다리가 있는 것을 禁이라고 하고, 다리가 없는 것을 棜, 棜禁 또는 斯禁이라고 부른다. 『三禮辭典』, 928쪽, '禁' 항목 참조.

『欽定禮記義疏』(淸)

29) 곤의 : 袞服이라고도 한다. 천자와 제후가 입는 예복으로 용의 문양이 수놓아진 옷이다. 자세한 내용은 『주례』 「春官 · 司服」에 보인다. 『三禮辭典』, 191쪽, '六冕服'; 687쪽, '袞冕' 항목 참조.

30) 진씨는 말한다. ~ 것이다." : 衛湜의 『禮記集說』에는 정씨의 말로 인용되어 있다.

31) 杼 : 『예기정의』에는 '抒'로 되어 있으나 교감주에 따라 바로잡는다.

32) 산재와 치재 : 제사를 드리기 전에 미리 7일 동안 재계하는 것을 散齊라고 하고, 散齊 뒤에 다시 3일 동안 재계하는 것을 致齊라고 한다. 散齊 때에는 외출할 수는 있지만 말 타기, 음악을 즐기는 것, 조문하는 것 등을 하지 않는다. 致齊 때에는 室內에 머무르면서 제사를 올리는 대상에 대하여 거처하던 곳, 말씀하던 모습, 즐기던 것, 지향하던 것, 좋아하던 음식 등 생전의 모습을 상기하면서 마음을 경건하게 갖는다. 관련 내용은 「祭義」(2) 등에 보인다.

33) 귀신에게 ~ 하는 것 : 『논어』 「八佾」에 "선조에게 제사를 드릴 때에는 선조의 혼령이 거기에 와 있는 듯이 지내고, 귀신에게 제사를 드릴 때에는 귀신이 거기에 와 있는 듯이 지낸다"(祭如在, 祭神如神在)라고 하였다.

34) 절 : 기둥 위에 덧대는 나무로 斗栱이라고 부른다.

35) 笄 : 관을 고정시키는 비녀(簪)를 뜻한다.

36) 천 : 희생이 없이 지내는 제사의 명칭이다.

37) 克 : 정리본에는 '先'으로 되어 있으나 오기이므로 바로잡는다.

38) 복을 ~ 구한다 : 이 말은 『詩』 「大雅 · 文王」에 나온다.

39) 제사는 ~ 바치는 것 : 疏에 "환공 3년 조, 齊侯가 仲年을 시켜 노나라에 聘問을 왔는데,

중년이 환공의 부인(齊僖公의 딸 文姜을 가리킴)에게 예를 바쳤다. 당시 환공이 문강을 부인으로 맞았는데, 3개월이 되어 종묘에 알현시켰다. 그러므로 仲年이 와서 夫人에게 예를 바친 것이다. 당시에 제사가 없는데도 '기쁜 일로 행하는 제사'라고 한 것은 부인에게 예를 바칠 때 반드시 종묘에 알리기 때문이다. 그러므로 「曾子問」(20)에 卿과 大夫가 처를 맞이하여 3개월이 지나면 종묘에 알현시키는 예가 있다고 한 것이다"(桓三年, 齊侯使仲年來聘, 致夫人. 于時公取文姜, 三月廟見. 故仲年來, 致夫人. 于時無祭而云'嘉事之祭'者, 當致夫人之時, 必告廟也. 故「曾子問」卿大夫取妻三月, 有廟見之禮)라고 하였다.

40) 육기 : 재해에서 벗어나게 해주기를 비는 類·造·禬·禜·攻·說 등 여섯 가지 제사를 통칭하는 말이다. 관련 내용은 『주례』「春官·大祝」에 보인다. 『三禮辭典』, 188쪽, '六祈' 참조.

41) 오 : 오는 방 안의 서남쪽으로 어른이 앉는 자리로 제사 때에는 신주를 모시는 자리이기도 하다. 그러나 정현 등의 주석을 따를 때, 여기서는 부엌의 아궁이, 또는 부뚜막을 의미하는 爨의 誤字로 해석된다. 爨은 뒤에 竈로 쓰였으며, 이것을 담당하는 귀신, 즉 竈王을 함께 의미한다.

42) 체제 : 원문에는 大事로 되어 있는데 8월 즉 여름에 지내는 제사로 禘祭를 가리킨다. 萬斯大의 설에 따르면, 천자는 봄에 礿, 여름에 禘, 가을에 嘗, 겨울에 烝 등 제사를 지내는데, 이 四時의 제사 가운데 여름의 禘祭가 가장 대규모이다. 따라 嘗과 烝을 지낼 때는 有事라고 하고 禘祭를 지낼 때는 大事라고 말한다. 『春秋左傳注疏』 권17, 考證 참조.

43) 시가 ~ 제사한다 : 이 인용문은 『의례』「特牲饋食禮」에 나온다.

44) 실시 : 땔나무에 희생을 올려놓고 태우는 의식을 의미한다. 『주례』「春官·大宗白」 참조.

45) 실시로 ~ 제사한다 : 이 인용문은 『주례』「春官·大宗白」에 나온다.

46) 대화 : 28수 가운데 心宿를 가리킨다.

47) 번시 : 땔나무를 쌓은 다음 그 위에 희생 등을 놓고 태우는 의식을 가리킨다. 『의례』「覲禮」에 "하늘에 제사할 때 燔柴를 행한다"(祭天燔柴)라고 하였다. 『爾雅』「釋天·星名」의 "祭天曰燔柴" 注에 "하늘에 제사지내는 예에서는 땔나무를 쌓아놓고 희생과 단술 옥과 비단을 채운 다음 태워서 기운이 위로 올라가 하늘에 이르게 한다"(祭天之禮, 積柴以實牲醴·玉帛而燔之, 使氣臭上達於天)라고 하였다.

48) 치찬 : 黍稷을 익히기 위해 불을 때는 일을 담당한 사람, 그 장소로서 부뚜막 또는 그곳을 관장하는 신을 가리킨다. 여기서는 신을 말한다. 『의례』「士虞禮」, '饎爨'에 대한 정현의 주 참조.

49) 옹찬 : 고기를 자르고 익히는 일을 담당한 사람, 그 장소로서 부뚜막 또는 그곳을 관장하는 신을 가리킨다. 여기서는 신을 말한다. 『주례』「春官·小宗伯」과 『의례』「特牲饋食禮」의 주 참조.

50) 팽인 : 불을 사용하여 음식을 만드는 일을 담당한 관리이다. 亨은 삶는다는 뜻으로 烹의 古字이다. 따라서 烹人이라고도 부른다. 『주례』「天官·亨人」에 "팽인은 鼎과 鑊 등의

솥을 갖추어 물과 불의 조절을 담당하고, 내외 옹찬의 불 때는 일을 주관하며 음식들을 살핀다"(亨人掌共鼎鑊, 以給水火之齊, 職外內饔之爨亨煮, 辨膳羞之物)라고 하였다.

51) 여여숙 : 이름은 大臨, 開封 藍田 출신으로 北宋代 활동한 관료이자 『춘추』의 禮書에 식견이 깊었던 학자이다. 처음에 張載에게 배웠다. 후에 洛陽에서 二程을 만나 그들이 講論한 말을 『東見錄』에 남겼는데, 낙양이 關中의 동쪽에 있기 때문이었다.

52) 예의가 삼백 가지라고 ~ 있다 : 이 인용문은 『朱子語類』 권87, 「小戴禮·禮器」에 나온다.

53) 포와 적 : 胞는 희생을 잡는 하급 관리를, 翟은 羽舞를 가르치는 하급 樂官을 가리킨다. 관련 내용은 「祭統」(25)에 나온다.

54) 靑尙黑 : 『예기정의』에는 '黑尙靑'으로 되어 있으나 오기이므로 바로잡는다.

55) 삼강과 ~ 불과하였다 : 이 말은 『論語集註』 「爲政」에 나온다.

56) 乃 : 판본에 따라 '則'으로 되어 있기도 하다. 『예기정의』의 교감에 따라 乃로 쓴다. 『禮記正義』, 868쪽, 주 3) 참조.

57) 오사 : 五行의 神, 또는 그 神에 대한 제사를 뜻한다. 『주례』 「春官·大宗白」의 "以血祭祭社稷·五祀·五嶽"에 대한 정현 주에 자세한 설명이 보인다. 『三禮辭典』, 161쪽, '五祀' 참조.

58) 지혜를 발휘한다 : 이 말은 『書』 「蔡仲之命」에서 인용한 것이다.

59) 창제영위앙 : 여섯 天神 중의 하나이다. 공영달에 의하면, 天神은 여섯이 있고, 한 해에 9번 제사를 지낸다. 天神은 여섯이 있고, 한 해에 9번 제사를 지낸다. 昊天上帝는 冬至에, 蒼帝靈威仰은 立春日 東郊에서, 赤帝赤熛怒는 立夏일에 南郊에서, 黃帝含樞紐는 六月 土王日에 南郊에서, 白帝白招拒는 立秋日 西郊에서, 黑帝汁光紀는 立冬日 北郊에서 제사를 지낸다. 천자는 각기 五帝의 精氣를 품수받아 천자노릇을 한다. 따라서 夏正月에 자신이 품수받은 정기의 天神에게 南郊에서 제사한다. 四月 龍星이 나타나고 무지개가 뜰 때 五帝에게 南郊에서 제사한다. 9월 明堂에서 五帝에게 大饗祭를 지낸다. 四時祭에서는 각각 그 방위에 해당하는 人帝를 배향하는데, 봄에는 太昊, 여름에는 炎帝, 季夏(6월)에는 黃帝, 가을에는 少昊, 겨울에는 顓頊을 배향한다. 『禮記注疏』 「曲禮下」, '天子祭天地' 이하에 대한 공영달의 소 참조.

60) 漚 : 衛湜의 『禮記集說』 등에는 '嘔'로 되어 있으나 이학근의 교감에 따라 '漚'로 고친다. 『禮記正義』, 870쪽, 주 2) 참조.

61) 제우는 ~ 한다 : 이 문장은 「郊特牲」(45)에 나온다.

62) 고하는 것을 보좌하는 사람 : 고대에 주인과 손님이 서로 만날 때 수행하여 말을 전달해주는 보조자가 있는데, 주인을 수행하여 보조하는 이를 '擯', 손님을 수행하여 보조하는 이를 '介'라고 한다. 詔는 告와 마찬가지로 알린다는 뜻이다. '擯詔'는 주인이 손님에게 또는 손님이 주인에게 주는 말을 擯과 介가 중간에 전하여 알리는 것으로 여기서는 그것을 맡은 사람을 가리킨다.

63) 걷는 것을 돕는 사람 : 고대에 음악을 연주하는 악공들은 맹인들이어서, 악공이 자리를

이동할 때는 인도해주는 보조자가 있었는데 이를 '相', 또는 '眡瞭'라고 한다. '相步'는 악공이 걷는 것을 돕는다는 뜻으로 여기서는 그 사람을 가리킨다. 『주례』 「春官·樂師」의 '令相'에 대한 주 참조.

64) 갈복 : 『書』 원문에는 '秸服'으로 되어 있다. 秸은 鞂과 같은 의미로 볏짚을 뜻한다. 服은 노역(役), 또는 일(事)을 뜻한다. 즉 볏짚을 田賦로 바치는 것인데, 운송하는 일까지 포함한 것이다. 『尙書正義』와 『書集傳』의 해당 부분 주 참조.

65) 할도 : 물건을 자르는 칼을 뜻한다. 疏에 "割刀는 오늘날의 칼이다. 鸞刀는 옛날의 칼이다. 오늘날의 칼은 곧 날카로워 물건을 자르는 데 사용할 수 있지만, 옛날의 칼은 무디어서 쓰기가 어렵다"(割刀, 今之刀也. 鸞刀, 古刀也. 今刀便利, 可以割物之用, 古刀遲緩, 用之爲難)라고 하였다.

66) 경칩에 ~ 지낸다 : 이 인용문은 『춘추좌씨전』, 桓公 5년 조 傳 조목에 나온다.

67) 경칩에 ~ 지낸다 : 이 인용문은 『춘추좌씨전』, 桓公 5년 조 傳 조목에 나온다.

68) 원구 : 동지 때 하늘의 신에게 제사지내던 제단을 가리킨다. 圜은 圓과 같은 의미로 둥글다는 뜻이다. 하늘은 둥글고 땅은 네모지다(天圓地方)는 관념에서 나온 것으로 제단을 둥글게 만든다.

69) 방구 : 하지 때 땅의 신에게 제사지내던 제단을 가리킨다. 方 즉 '네모지다'는 하늘은 둥글고 땅은 네모지다(天圓地方)는 관념에서 나온 것으로 제단을 네모지게 만든다.

70) 양보 : 공영달의 소에 따르면 태산 옆에 있는 작은 산이라고 한다.

71) 제터 : 보통 墠으로 쓴다. 제사를 지내기 위한 장소인데, 제단을 쌓지 않고 지면을 깨끗하게 소제하여 마련한다.

72) 총재가 ~ 관장한다 : 『주례』 「天官·大宰」에 "五帝에게 제사할 때 太宰는 百官의 誓戒와 具修를 관장한다"(祀五帝, 則掌百官之誓戒與其具脩)라고 하였다. 具修는 孔穎達 疏에서 제사에 쓰이는 물품(具)과 청소하는 것(修)이라고 해석하였다.

73) 계이와 조이 : 六彝의 일종이다. 彝는 제사에서 강신을 할 때 사용하는 술그릇이다. 鷄彝·鳥彝·斝彝·黃彝·虎彝·蜼彝 등이 있다. 『주례』 「春官·小宗伯」과 「春官·司尊彝」에 관련 내용이 보인다. 『三禮辭典』, 202쪽, '六彝' 참조.

74) 조천 : 앞의 「禮運」(11) 진호집설의 '朝踐'에 대한 주 참조.

75) 봄의 ~ 것이다 : 이 말은 『주례』 「春官·司尊彝」에 나온다.

76) 앙제 : 淸濁의 정도에 따라 분류되는 다섯 가지 술(五齊) 중 한 종류로 파의 백색을 띤다. 조금 맑은 술에 속한다. 『주례』 「天官·酒正」의 "다섯 가지 술의 이름을 구분하면, 첫째 泛齊, 둘째 醴齊, 셋째 盎齊, 넷째 緹齊, 다섯째 沈齊라고 한다"(辨五齊之名, 一曰泛齊, 二曰醴齊, 三曰盎齊, 四曰緹齊, 五曰沈齊)에 대한 정현의 주에 "'盎'은 '翁'의 뜻과 같다. 술이 익으면 뿌옇게 파의 흰색을 띤다. 오늘날의 酇白(흰색의 술)과 같은 술이다"('盎'猶'翁'也. 成而翁翁然, 葱白色. 如今酇白矣)라고 하였다.

77) 하후씨의 ~ 1/3이다 : 『주례』 「冬官·匠人」에 보인다.

78) 역제 : 「檀弓下」(83) '繹祭' 주 참조.

79) 정실 : 貢物을 종묘의 뜰에 진설해놓는 것, 또는 그 공물을 의미한다. 『의례』 「覲禮」에 관련 내용이 보인다. 『三禮辭典』, 632쪽, '庭實' 참조.

80) 구주 ~ 온다 : 이 부분은 『주례』 「秋官·大行人」에서 인용한 문장이다. '세대에 한 번'(世一見)이라는 말은 해당 부분 疏에 따르면 왕위가 바뀌어 새로운 왕이 등극하였을 때를 가리킨다.

81) 주나라 ~ 얻었는데 : 관련 내용은 『國語』 「周語」에 보인다.

82) 종사가 ~ 연주한다 : 관련 내용은 『주례』 「春官·鍾師」에 보인다.

83) 시신에 ~ 것이다 : 이 부분은 「檀弓上」(11)의 경문을 줄인 문장이다.

84) 채색하는 ~ 한다 : 이 부분은 『논어』 「八佾」에서 인용한 것이다.

85) 그 사람이 ~ 않는다 : 이 부분은 『역』 「繫辭下」에서 인용한 것이다.

예기역주 권11

# 교특생 제11
## 郊特牲

정현鄭玄의 『예기목록禮記目錄』에서 말한다. "「교특생郊特牲」이라고 제목을 붙인 것은 이 편에서 하늘에 교제를 지낼 때 희생으로 붉은 송아지(騂犢)를 사용하는 뜻을 기록하고 있기 때문이다. 이 편은 유향劉向의 『별록別錄』에서는 「제사祭祀」에 속해 있다." 鄭『目錄』云: "名「郊特牲」者, 以其記郊天用騂犢之義. 此於『別錄』屬「祭祀」."

육씨陸氏(육덕명陸德明)[1])가 말한다. "'교郊'는 하늘에 지내는 제사의 명칭으로, 소 한 마리를 희생으로 사용하므로 특생이라고 한 것이다." ○ 석량왕씨石梁王氏가 말한다. "이 편은 모두 제사의 일을 기록한 것이지만 관례와 혼례 두 단락을 섞어 놓았다." 陸氏曰: "'郊'者, 祭天之名, 用一牛, 故曰特牲." ○ 石梁王氏曰: "此篇皆記祭事而雜昏冠兩段."

**【교특생 1】**

교제郊祭에서는 한 마리 희생을 사용하고 사직제社稷祭에서는 태뢰太牢를 사용한다. 천자가 제후를 방문하면, 제후는 대접하는 음식으로 송아지(犢)를 사용한다. 제후가 천자를 방문하였을 때, 천자가 하사하는 예는 태뢰이다. 이것은 순수함(誠)을 존귀하게 여기는 의리다. 그러므로 천자는 희생이 새끼를 배면 먹지 않고, 상제上帝에게 올리는 제사에서 사용하지 않는다.

郊特牲而社稷大牢. 天子適諸侯, 諸侯膳用犢. 諸侯適天子, 天子賜之禮大牢. 貴誠之義也. 故天子, 牲孕弗食也, 祭帝弗用也.

鄭注 '독犢'(송아지)은 순수하여 아직 암수 사이의 욕정을 지니지 않은 상태이다. 그러므로 작은 것을 존귀하게 여긴다 '잉孕'은 새끼를 밴 것이다. 『역』에 "여인이 임신을 해도 기르지 못한다"[2]고 하였다. '犢'者, 誠慤未有牝牡之情. 是以小爲貴也. '孕', 任子也. 『易』曰: "婦孕不育."

集說 예에는 적은 것을 존귀하게 여기는 도리가 있다. 그러므로 이 두 가지 경우에서 모두 한 마리의 희생(特牲)을 귀하게 여기고 태뢰大牢를 천하게 여겼다. 송아지(犢)는 아직 암수 사이의 욕정을 지니지 않았기 때문에 그 순수함을 귀하게 여긴 것이라고 하였다. ○ 주자朱子는 말한다. "만물은 하늘에 근본을 두고, 인간은 조상에 근본을 둔다. 그러므로 시조를 낳은 선조를 천지의 제사에 배향配享한다. 주周나라의 후직后稷은 강원姜嫄에게서 태어났다. 그 이상은 더 거슬러 올라가지 않는다. 문왕文王과 무왕武王의 공로는 후직으로부터 시작되었다. 그러므로 하늘에 배향할 때는 반드시 후직을 배향한다. 부모를 존엄한 지위로 높이는 데는 하늘에 배향하는 것보다 더한 것이 없다. '문왕을 명당明堂에서 종사宗祀할 때, 상제上帝에 배향한다'고 하였는데, 상제는 곧 하늘이다. 하늘의 신들을 함께 모아서 말할 때, 상제라고 부른다."[3] 주자는 또 말한다. "옛날에 하늘과 대지에 대한 제사는 함께 합쳐서 지내지 않았다. 해와 달, 산과 강 등 모든 신들에 대해서도 함께 합해서 한 시기에 제사하는 예는 없다."[4] 주자는 또 말한다. "오봉五峯

은 북쪽에는 별도의 교郊가 없어 단지 사社에 제사하는 것이 그것이라고 하였는데, 오봉의 설명이 좋다." ○ 이제 살펴보건대, 『서書』 「소고召誥」의 "희생을 써서 교제郊祭을 올렸는데, 소가 두 마리였다"는 구절에 대하여 채침蔡沈[5]은 하늘과 대지에 제사하는 것이라고 설명하였다. 이는 잘못된 설명이다. 소가 두 마리라는 것은 상제에게 바치는 소와 후직后稷에게 바치는 소를 가리킨다. '새로 조성한 수도에서 사제社祭올렸다'는 것은 대지에 제사한 것이다. 그러므로 희생을 태뢰太牢의 규모로 사용한 것이다. 禮有以少爲貴者. 故此二者皆貴特牲而賤大牢也. 犢未有牝牡之情, 故云貴其誠慤. ○ 朱子曰: "萬物本乎天, 人本乎祖. 故以所出之祖配天地. 周之后稷生於姜嫄. 以上更推不去. 文武之功起於后稷. 故配天須以后稷. 嚴父莫大於配天. '宗祀文王於明堂, 以配上帝', 上帝卽天也. 聚天之神而言之, 則謂之上帝." 又曰: "古時, 天地定是不合祭. 日月山川百神, 亦無合共一時祭享之禮." 又曰: "五峯言無北郊, 只祭社便是, 此說却好." ○ 今按, 「召誥」"用牲于郊牛二", 蔡氏以爲祭天地. 非也. 牛二, 帝牛·稷牛也. '社于新邑', 祭地也. 故用大牢.

**【교특생 2】**

대로大路는 말의 복대(繁)와 멍에끈(纓)에 1개의 취就를 하고, 선로先路는 3개의 취就를 하고, 차로次路는 5개의 취就를 한다. 교제郊祭에서는 피(血)를, 대향제大饗祭에서는 날고기(腥)를, 삼헌三獻을 하는 제사에서는 데친 고기(爓)를, 일헌一獻을 하는 제사에서는 익힌 고기(孰)를 먼저 바친다. 지극히 공경하는 제사에서는 맛있는 것을 대접하지 않고 기氣와 냄새를 존귀하게 여긴다.

大路繁纓一就, 先路三就, 次路五就.① 郊血, 大饗腥, 三獻爓, 一

獻孰. 至敬不饗味而貴氣臭也.②

**鄭注** ① 이 부분은 작은 것을 존귀하게 여긴다는 설명을 이어서 적은 것을 존귀하게 여김을 말한 것이다. 「예기禮器」(21)에 차로次路는 7개의 취就를 한다고 되어 있어 이곳과 서로 어긋나는데 글자상의 잘못이다. 此因小說, 以少爲貴者. 「禮器」言次路七就, 與此乖, 字之誤也.

② '피'(血)·'날고기'(腥)·'데친 고기'(爓) 등은 제사에서 기氣를 사용하는 것을 뜻한다. '血'·'腥'·'爓', 祭用氣.

**集說** '냄새'(臭) 또한 기氣다. 나머지는 앞 편[6]에 보인다. '臭', 亦氣也. 餘並見前篇.

**【교특생 3】**

제후가 빈객으로 오면 주인인 제후가 방문한 제후에게 술을 따라 올리는데 울창주鬱鬯酒를 사용한다. 술을 따라 올리는 데 냄새를 쓰는 것이다. 대향大饗(천자가 제후에게 또는 제후가 제후에게 베푸는 큰 규모의 연회)에서도 단수腶脩를 높일 뿐이다.

諸侯爲賓, 灌用鬱鬯. 灌用臭也. 大饗尙腶脩而已矣.

**鄭注** 또한 맛있는 음식을 대접하지 않는 뜻이다. 이 경문의 '대향大饗'은 제후에게 연회를 베푸는 것을 뜻한다. 亦不饗味也. 此'大饗', 饗諸侯也.

**集說** 제후가 천자를 알현하러 오면 천자는 제후에게 빈객의 예로 대접한다. 이것이 빈객이 되는 것이다. 종묘에서 방문한 제후가 삼향三享[7]의 예

를 마치면 천자가 울창주鬱鬯酒를 방문한 제후에게 따라 준다. 제후 사이에 서로 방문할 때에도 또한 그렇게 한다. 기운의 향기를 존귀하게 여기는 뜻을 드러내는 것이다. 『주례』에는 '관祼' 자로 되어 있다.[8] 상공上公의 경우는 천자가 두 번 상공에게 술을 따라 주고 상공이 천자에게 술을 따라 되돌린다. 후侯와 백伯의 경우는 천자가 한 번 후侯와 백伯에게 술을 따라 주고, 후와 백이 천자에게 술을 따라 되돌린다. 자子와 남男의 경우는 천자가 한 번 자子와 남男에게 술을 따라 주고 자와 남은 천자에게 술을 따라 되돌리지 않는다. '관祼'은 종백宗伯을 시켜 규찬圭瓚에 술을 따라 빈객에게 주는 것이다. '작酢'은 손님이 잔에 술을 따라 주인에게 되돌리는 것이다. 이 경문의 '대향大饗'은 주인인 제후가 방문한 제후에게 연회를 베푸는 것이다. 포脯에 생강과 계피를 첨가한 것을 '단수腶脩'[9]라고 한다. 대향大饗을 행할 때 비록 태뢰太牢의 음식을 진설하지만, 반드시 먼저 좌석 앞에 단수를 먼저 진설하고 나서 나머지 음식을 진설한다. 그러므로 '단수를 높인다'(尙腶脩)고 한 것이다. 이것은 맛있는 음식을 즐기지 않는 의리를 밝히는 것이다. 諸侯來朝, 以客禮待之. 是爲賓也. 在廟中行三享畢, 然後天子以鬱鬯之酒灌之. 諸侯相朝, 亦然. 明貴氣臭之義也. 『周禮』作'祼'字. 上公再祼而酢. 侯伯一祼而酢. 子男一祼不酢. '祼', 則使宗伯酌圭瓚而祼之. '酢', 則賓酢主也. 此'大饗', 謂主饗諸侯也. 脯加薑桂曰'腶脩'. 行饗之時, 雖設大牢之饌, 而必先設腶脩於筵前, 然後設餘饌. 故云'尙腶脩'也. 此明不享味之義.

**【교특생 4】**

제후 사이의 대향大饗 예에서 주군은 자리 세 겹을 깔고 되돌리는 잔을 받는다. 삼헌三獻 신분의 개介일 경우 주군은 자리 한 겹을 깔고 되돌리는 잔을 받는다. 이것은 자신의 높은 지위를 낮추어 상대의 낮은 신분에 맞추는 것이다.

大饗, 君三重席而酢焉.① 三獻之介, 君專席而酢焉. 此降尊以就卑也.②

鄭注 ① 제후가 서로 대향의 연회를 베풀 때 헌獻과 작酢의 예를 주인과 빈객이 서로 대등하게 함을 말한다. 言諸侯相饗, 獻酢禮敵也.

② '삼헌三獻'은 경과 대부가 제후를 대신해서 방문한 것이다. 주군主君이 이들에게 대향의 연회를 베풀고 개介를 빈으로 삼는데, 빈은 공경해야 할 지위이기 때문에 주군이 두 겹을 거두고 되돌리는 잔을 받는다. '전專'은 한 겹과 같은 뜻이다. '三獻', 卿大夫來聘. 主君饗燕之, 以介爲賓, 賓爲苟[10]敬, 則徹重席而受酢也. '專', 猶單也.

集說 이 경문의 '대향大饗'은 제후 사이에 서로 방문할 때 주군主君이 빈객에게 연회를 베푸는 예이다. 제후의 자리는 세 겹이다. 이제 양 쪽 군주의 예가 대등하므로 세 겹의 자리를 깔고 빈객이 되돌리는 잔을 받는다. 만약 상대 제후가 경을 파견해서 빙문하였을 경우, 경은 삼헌三獻을 행하는 신분이며 그의 상개上介는 대부이다. 그러므로 '삼헌의 개'(三獻之介)라고 부른다. 대부는 본래 자리를 비록 두 겹을 깔지만, 이제 개가 되어서는 한 등급 낮추고 자리를 한 겹만 깐다. 주군은 본래 자리를 세 겹 깔지만 이제 두 겹을 거두고 한 겹의 자리에 나아가 이 개介가 되돌리는 잔을 받는다. 이것은 국군이라는 자신의 높은 신분을 낮추어 대부의 낮은 신분에 맞추는 것이다. 此'大饗', 是諸侯相朝, 主君饗客之禮. 諸侯之席三重. 今兩君禮敵, 故席三重之席, 而受客之酢爵也. 若諸侯遣卿來聘, 卿禮當三獻, 其上介則是大夫. 故謂之'三獻之介'. 大

夫席雖再重, 今爲介降一等, 止合專席. 君席雖三重, 今徹去兩重, 就單席受此介之酢爵. 是降國君之尊, 以就大夫之卑也.

**【교특생 5】**

향례饗禮와 약제禴祭에는 악樂을 사용하고, 사례食禮와 상제嘗祭에는 악樂을 사용하지 않는데, 음양의 의리다. 무릇 술을 마시는 것으로는 양기를 기른다. 무릇 음식을 먹는 것으로는 음기를 기른다. 그러므로 봄에 체제禘祭를 지내고 가을에 상제嘗祭를 지내는 것, 봄에 고자孤子에게 연회를 베풀고, 가을에 기노耆老에게 음식을 대접하는 것은 그 뜻이 같다. 그러나 사례와 상제에는 악樂을 사용하지 않는다. 술을 마시는 것은 양기를 기르는 것이므로 악樂을 사용한다. 음식을 먹는 것은 음기를 기르는 것이므로 악樂을 사용하지 않는다. 무릇 소리는 양에 속한다.

饗·禴[11])有樂, 而食·嘗無樂, 陰陽之義也. 凡飮, 養陽氣也. 凡食, 養陰氣也. 故春禘而秋嘗, 春饗孤子, 秋食耆老, 其義一也. 而食·嘗無樂.① 飮, 養陽氣也, 故有樂. 食, 養陰氣也, 故無聲. 凡聲, 陽也.

鄭注 ① 취지는 같지만 어떤 경우는 음악을 쓰고 어떤 경우는 음악을 쓰지 않음을 말한 것이다. 이 경문의 '체禘'는 '약禴'의 오자임에 틀림없다. 「왕제」(56)에 "봄 제사를 '약礿'이라 하고, 여름 제사를 '체禘'라고 한다"라고 하였다. 言義同, 而或用樂, 或不用樂也. 此'禘', 當爲'禴'字之誤也. 「王制」曰: "春禴夏禘."

**集說** '향饗'은 봄에 고자孤子에게 연회를 베푸는 것이다. '약禴'은 봄에 종묘에서 제사를 지내는 것이다. '고자孤子'[12]는 국가의 일을 위해 죽은 자의 자손이다. '사食'는 가을에 기노耆老[13]들에게 음식을 대접하는 것이다. '상嘗'은 가을에 종묘에서 제사를 지내는 것이다. 주周나라의 예법은 봄에는 사제祠祭를, 여름에는 약제禴祭를, 가을에는 상제嘗祭를, 그리고 겨울에는 증제烝祭를 지낸다. 봄에 약제禴祭를 지내는 것은 하夏나라와 은殷나라의 예이다. 향饗의 예는 술에 중점이 있고, 사食의 예는 음식에 중점이 있다. 주나라의 제도는 네 계절에 지내는 제사 모두 음악을 쓴다. '饗', 春饗孤子也. '禴', 春祭宗廟也. '孤子', 死事者之子孫. '食', 秋食耆老也. '嘗', 秋祭宗廟也. 周之禮, 春祠夏禴, 秋嘗冬烝. 春禴, 夏殷之禮也. 饗禮主於酒, 食禮主於飯. 周制則四時之祭皆有樂.

**【교특생 6】**

정鼎과 조俎는 홀수이고 변籩과 두豆가 짝수인 것은 음양의 뜻이다. 변籩과 두豆에 놓는 것은 물과 땅에서 나는 산물이다. 사람들이 즐겨 찾는 음식을 함부로 쓰지 않고, 종류가 많게 차리는 것을 귀하게 여김은 귀신과 교접하기 위한 뜻이다.

鼎俎奇而籩豆偶, 陰陽之義也. 籩豆之實, 水土之品也.① 不敢用褻味, 而貴多品, 所以交於旦明之義也.②

**鄭注** ① '물과 땅에서 나는 산물'(水土之品)은 사람들이 늘 먹는 것이 아님을 말한다. '水土之品', 言非人常所食.

② '단旦'은 신神으로 되어야 옳다. 글자를 새기는 과정에서 잘못된 것이다. '旦', 當爲神. 篆字之誤也.

集說 1정鼎에서 9정鼎에 이르기까지 모두 홀수이다. 10정은 배정陪鼎[4)]이 3개이면 정정正鼎(정식 음식을 담은 정)이 또한 7개이다. 12정은 배정이 3개이면 정정이 또한 9개이다. 정정은 정마다 조俎가 하나씩 있다. 그러므로 '정과 조는 홀수이다'(鼎俎奇)라고 한 것이다. 변籩과 두豆가 짝수인 것은 『주례』「장객掌客」과 앞 편에서 거론한 것을 근거로 볼 때 모두 짝수이다. 또한 『의례도儀禮圖』에 자세히 보인다. 自一鼎至九鼎, 皆奇數. 其十鼎者, 陪鼎三則正鼎亦七也. 十二鼎者, 陪鼎三則正鼎亦九也. 正鼎, 鼎別一俎. 故云'鼎俎奇'也. 籩豆偶者, 據『周禮』「掌客」及前篇所擧, 皆是偶數. 又詳見『儀禮圖』.

**【교특생 7】**

빈객이 대문에 들어서면 「사하肆夏」를 연주하는데, 화평하고 편안한 가운데에서도 공경함을 보이는 것이다. 빈객이 되돌린 술잔을 주군이 받아 마시고 나면 음악이 끝난다. 공자孔子가 이 예에 대하여 여러 번 찬미하였다. 주인이 다시 따라준 술잔을 빈객이 받아놓으면 악공樂工이 당堂으로 올라가 노래를 하는데, 이는 주인과 빈객의 덕을 드러내는 것이다. 노래하는 악공은 당堂 위에 있고 생황 등 악단은 당 아래에 있는데, 이는 사람의 소리를 높이기 위함이다. 음악은 양陽으로부터 나오고, 예禮는 음陰으로부터 시작되는 것이다. 음과 양이 조화를 이루면서 만물이 합당한 바를 얻는다.

賓入大門而奏「肆夏」, 示易以敬也.① 卒爵而樂闋. 孔子屢歎之.② 奠酬而工升歌, 發德也.③ 歌者在上, 匏竹在下, 貴人聲也.④ 樂

由陽來者也, 禮由陰作者也. 陰陽和而萬物得.⑤

**鄭注** ① '빈賓'은 조빙朝聘을 온 자이다. '이易'는 화평하게 기뻐함이다. '賓', 朝聘者. '易', 和說也.

② 이 예禮를 찬미한 것이다. 美此禮也.

③ 시詩(가사)의 뜻으로 빈객과 주인의 덕을 드러내 밝히는 것이다. 以詩之義, 發明賓主之德.

④ '포匏'는 생笙(생황)이다. '匏', 笙也.

⑤ '득得'은 각자 자기 자리를 얻은 것이다. '得', 得其所.

**集說** 연례燕禮에서 대문은 침문寢門이고 향례饗禮에서 대문은 묘문廟門이다. 「사하肆夏」는 악장의 이름이다. 9하(九夏)[15]는 『주례』에 보인다. '이이경易以敬'은 화평하고 편안한 가운데에도 엄전하고 공경하는 절도가 있음을 말한다. '주인이 따라준 술을 마시는 것이 끝나면 음악이 그친다'(卒爵而樂闋)는 것은 빈객이 뜰에 이르면 음악이 시작되고, 주인이 따라 준 술(獻爵)을 빈객이 받아 마시고 배례를 하면 음악이 그치고, 주인이 주군主君에게 술을 따라 바치면 음악이 다시 시작되고, 주군이 따라준 술을 마시면 음악이 그치는 것을 말한다. '탄지歎之'는 감탄하며 아름답게 여겼다는 뜻이다. '전수이공奠酬而工'은 주인이 다시 따라준 술잔(酬爵)을 빈객이 받아놓으면 악공이 당으로 올라와 노래를 하는 것을 가리킨다. 주인과 빈객의 덕을 드러내는 것이다. 그러므로 경문에서 '덕을 드러낸다'(發德也)라고 하였다. '포匏'는 대나무로 만든 생황(笙)이다. 음악은 양陽의 도道가 펼쳐짐을 드러내려는 것이요, 예禮는 음陰의 도가 수렴됨을 가지런히 정돈하는 것이다. 한 번 닫히고 한 번 열리면서 모든 일이 합당한 바를 얻는다. 燕禮則大門是寢門, 饗禮則大門是廟門也. 「肆夏」, 樂章名. 九夏見『周禮』. '易以敬', 言和易中有嚴敬之節也. '卒

爵而樂闋', 謂賓至庭而樂作, 賓受獻爵拜而樂止, 及主人獻君樂又作, 君卒爵而樂止也. '歎之', 歎美之也. '奠酬而工'升歌, 謂奠置酬爵之時, 樂工升堂而歌. 所以發揚主賓之德. 故云'發德也'. '匏', 竹笙也. 樂所以發陽道之舒暢, 禮所以肅陰道之收斂. 一闔一闢, 而萬事得宜也.

**【교특생 8】**

진열된(旅) 공물은 일정한 곳이 없다. 따라서 지역에 따른 토산물을 구분하고 거리의 차이에 따른 기한을 조절한다. 거북은 앞줄에 놓으니, 길흉을 미리 알려주기 때문이다. 종鐘을 그 다음에 놓으니, 화순함을 뜻하는 것을 공물의 가운데에 함께 진열하는 것이다. 호랑이와 표범 가죽은 사나운 이들을 복속시킴을 보이는 것이다. 비단 한 속에 더해 놓은 벽옥은 유덕한 이에게 (그 덕에 비견되는 옥을) 바치는 것이다.

旅幣無方. 所以別土地之宜而節遠邇之期也.① 龜爲前列, 先知也. 以鍾次之, 以和居參之也.② 虎豹之皮示服猛也. 束帛加璧, 往德也.

鄭注 ① '려旅'는 여러 곳이라는 뜻이다. '이邇'는 가깝다는 뜻이다. '旅', 衆也. '邇', 近也.

② '종鐘'은 쇠(金)이다. 쇠를 바치는 것은 기구를 만들기 위함인데, '종鐘'은 그 기구 가운데 가장 큰 것이다. 쇠를 정실庭實 가운데에 함께 놓는 것은 "화순함을 보이는 것"[16]이다. '鐘', 金也. 獻金爲作器, '鐘'其大者. 以金參居庭實之間, "示和"也.

集說 '려旅'는 진설한다는 뜻이다. 정실庭實[17]로 진열되는 공물은 한 곳에서 바친 것이 아니므로 '일정한 곳이 없다'(無方)고 하였다. 땅에서 나는 것은 지역에 따라 그 지역에 맞는 산물이 있고, 지리상 거리가 다르므로 바치는 기한이 서로 다르다. 앞 편[18]에서는 "쇠가 그 다음에 놓인다"라고 하였고, 여기서는 "종鍾이 그 다음에 놓인다"라고 하였는데, 이것은 대개 쇠로 기물을 만들 때 종보다 무거운 것이 없으므로 용어를 바꾸어서 말한 것이다. 쇠는 화순함을 보여주며 정실庭實의 중간에 함께 진열된다. 그러므로 '화순함을 뜻하는 것을 공물의 가운데에 함께 진열하는 것이다'(以和居參之也)라고 하였다. 군자는 덕을 옥玉에다 비견한다. '유덕한 이에게 바친다'(往德)는 것은 덕에 비견되는 옥을 유덕한 이에게 가져가 바침을 말한다. '旅', 陳也. 庭實所陳之幣, 非一方所貢, 故曰'無方'. 以土地之産, 各有所宜, 而地里有遠近, 則入貢之期日, 有先後也. 前篇言, "金次之", 此言, "鍾次之", 蓋金之爲器, 莫重於鍾, 故變文言之也. 金示和而參居庭實之間. 故云'以和居參之也'. 君子於玉比德. '往德'者, 言往進此比德之玉於有德之人也.

**【교특생 9】**

마당횃불(庭燎)을 100개 사용하는 것은 제齊나라 환공桓公으로부터 시작되었다.

庭燎之百, 由齊桓公始也.

鄭注 천자가 행하는 것을 참람하게 신분을 위배하여 사용한 것이다. 마당횃불(庭燎)의 규모는 공公이 대개 50개, 후侯·백伯·자子·남男은 모두 30개이다. 僭天子也. 庭燎之差, 公蓋五十, 侯·伯·子·男皆三十.

集說 이 경우 이하는 조빙朝聘 때에 예에 어긋난 일을 말하였다. '마당횃불'(庭燎)은 마당 가운데 횃불을 설치하여 밤중에 조현하러 온 신하에게 밝혀주는 것이다. 『대대례기』에는 천자가 100개의 횃불, 상공上公이 50개의 횃불, 후侯 · 백伯 · 자子 · 남男이 30개의 횃불을 설치한다고 하였다. 지금 제후국이 모두 100개의 횃불을 사용하는 것은 환공桓公으로부터 시작된 것이다. 此以下言朝聘失禮之事. '庭燎'者, 庭中設炬火, 以照來朝之臣夜入者. 『大戴禮』言天子百燎, 上公五十, 侯伯子男三十. 今侯國皆供百燎, 自桓公始之.

**【교특생 10】**

대부가 「사하肆夏」를 연주하게 한 것은 조문자趙文子로부터 시작되었다.

大夫之奏「肆夏」也, 由趙文子始也.

鄭注 제후가 행하는 것을 참람하게 신분을 위배하여 사용한 것이다. '조문자趙文子'는 진晉나라 대부로 이름은 무武이다. 僭諸侯. '趙文子', 晉大夫, 名武.

集說 『의례』 「대사례大射禮」에는 "공公이 당堂으로 올라가 자리에 나간다. 「사하肆夏」를 연주한다"라고 하였다. 「연례燕禮」에는 "빈객이 문으로 들어와 마당에 이르면 「사하」를 연주한다"고 하였다. 이것은 제후의 예禮이다. 이제 대부가 참람하게 신분을 위배하여 사용한 것은 진晉나라 대부 조무趙武로부터 시작되었다. 「大射禮」"公升卽席. 奏「肆夏」." 「燕禮」"賓及庭, 奏「肆夏」." 是諸侯之禮. 今大夫之僭, 自晉大夫趙武始.

【교특생 11】

조근朝覲의 예에서 대부가 사적으로 상대국의 군주와 만나는 것은 예가 아니다. 대부가 규圭를 잡고 사신으로 오는 것은 신의를 보이는 것이요, 사적으로 상대국의 군주와 만나지 않는 것은 자신의 군주를 공경하기 때문이다. 그런데 자신의 예물을 전하며 사적으로 만나는 일을 제후의 조정에서 대부가 어떻게 할 수 있겠는가? 남의 신하로 있는 자는 별도로 교제하는 일이 없으니, 감히 자신의 군주를 배반하여 타국의 군주와 사통하지 않는다.

朝覲, 大夫之私覿, 非禮也. 大夫執圭而使, 所以申信也,① 不敢私覿, 所以致敬也. 而庭實私覿, 何爲乎諸侯之庭?② 爲人臣者無外交, 不敢貳君也.③

**鄭注** ① 자신의 군주가 직접 올 때 그 신하는 상대국의 군주를 사적으로 만나지 못한다. 군주의 명을 받아 (군주를 대신하여) 조빙朝聘하러 왔을 때는 상대국의 군주를 사적으로 만나는 일이 있다. 其君親來, 其臣不敢私見於主國君也. 以君命聘, 則有私見.

② 대부가 군주와 차이를 두지 않음을 비난한 것이다. 非其與君無別.

③ 사적으로 만나는 것, 이것이 별도로 교제하는 것이다. 私覿, 是外交也.

**集說** 조근朝覲의 예에서 군주가 직접 갈 때 대부가 따라가면, 대부는 상대국의 군주와 사적으로 자신의 예물을 가지고 만나서는 안 된다. 그러므로 '예가 아니다'(非禮也)라고 한 것이다. 만일 대부가 군주의 명령을 받아 규圭를 잡고서 단독으로 가는 경우라면, 상대국의 군주와 개별적으로 만나는 예를 행하여 자신의 신의를 표시해야 한다. 그러므로 군주를 따라 조근

의 예를 행할 때 사적으로 상대국의 군주와 만나지 않으니, 이것은 자신의 군주를 공경하기 때문이다. 이제 군주를 따라 왔는데 예물을 전하며 사적으로 상대국의 군주와 만난다면, 대부로서 제후의 조정에서 어떻게 이런 일을 할 수 있겠는가? 대부가 군주와 차이를 두지 않음을 비난한 것이다. 신하는 별도로 교제하는 일이 없으니, 감히 자국의 군주를 배반하여 타국의 군주와 사통하지 않는다. 따라서 군주를 따라 수행하였을 때에는 감히 사적으로 상대국의 군주를 만나지 않는다. 朝覲之禮, 國君親往, 而大夫從, 則大夫不當又以己物而私覿主君. 故曰'非禮也'. 若大夫執其君之命圭而專使, 則當行私覿之禮, 以申己之信. 故從君朝覲, 而不敢私覿, 是敬己之君也. 今從君以來, 而施設庭實, 以爲私覿, 大夫何可爲此於諸侯之庭乎? 譏其與君無別也. 人臣無外交, 不敢貳心於他君. 所以從君而行, 則不敢私覿也.

**【교특생 12】**

대부가 군주에게 향례饗禮로 접대하는 것은 예가 아니다. 대부가 강포하여 군주가 죽이는 것은 의義로써 하는 것이다. 이것은 삼환三桓으로부터 시작되었다.

大夫而饗君, 非禮也.① 大夫强而君殺之, 義也. 由三桓始也.②

**鄭注** ① 대부가 군주에게 향례饗禮로 접대하는 것은 자신의 세력이 강하고 부유하기 때문이다. 其饗君, 由强且富也.

② '삼환三桓'은 노魯나라 환공桓公의 자식이자 장공莊公의 동생들로서 공자公子 경보慶父, 공자公子 아牙, 공자公子 우友 등이다. 경보와 아가 장공의 부인과 내통하여 장공을 위협하였고, 계우季友는 군주의 명으로 아를 독살하

였다. 뒤에 경보는 두 군주를 시해하고 또한 그 자신도 죽었다. '三桓', 魯桓公之子, 莊公之弟, 公子慶父・公子牙・公子友. 慶父與牙, 通於夫人以脅公, 季友以君命鴆牙. 後慶父弑二君, 又死也.

**集說** 대부가 부유하고 강대하여 향례饗禮를 갖추어 군주를 접대하는 것은 신하로서 군주를 초대하는 것이다. 그러므로 '예가 아니다'(非禮)라고 한 것이다. 대부가 강대하고 횡포하며 참람하게 도리를 어기면 반드시 국가를 어지럽힌다. 군주가 그러한 대부를 죽이는 것은 대의大義로서 결단하는 것이다. '삼환三桓'은 노魯나라의 세 가문으로 모두 환공의 후손이다. 앞서서 성계成季가 장공의 명령으로 희숙僖叔을 독살하였고, 뒤에 경보慶父가 자반子般을 해치고, 또 민공閔公까지 살해하자 다시 경보를 죽였다.[19] 그러므로 '삼환三桓으로부터 시작되었다'(由三桓始)고 한 것이다. ○ 소疏에서 말한다. "살펴보건대, 삼환三桓 이전에 제齊나라의 공손무지公孫無知, 위衛나라의 주우州吁, 송宋나라의 장만長萬 등이 모두 세력이 강성하였기 때문에 죽임을 당했다. 여기서 '삼환으로부터 시작되었다'고 한 것은 노魯나라의 경우를 들어 말한 것이다." 大夫富强, 而具饗禮以饗君, 以臣召君. 故曰'非禮'. 大夫强橫僭逆, 必亂國家. 人君殺之, 是斷以大義也. '三桓', 魯之三家, 皆桓公之後也. 先是, 成季以莊公之命, 酖殺僖叔, 後慶父賊子般, 又弑閔公, 於是又殺慶父. 故云'由三桓始'. ○ 疏曰: "按, 三桓之前, 齊公孫無知・衛州吁・宋長萬, 皆以强盛被殺. 此云'由三桓始'者, 據魯而言."

**【교특생 13】**

천자에게는 빈객이 되는 예(客禮)가 없다. 아무도 천자에게 주인이 되지 못하기 때문이다. 군주가 신하의 집에 갔을 때 조계阼階[20]로 오르는 것은 대부가 자신의 실室을 감히 사적으로 차지하지 못하기 때문이다. 근례覲禮에서 천자는 당堂 아래로 내려가 제후를 맞지 않는다. 당 아래로 내려가 제후를 맞는 것은 천자로서 예를 그르친 것이다. 이것은 이왕夷王으로부터 시작되었다.

天子無客禮. 莫敢爲主焉. 君適其臣, 升自阼階, 不敢有其室也.① 覲禮, 天子不下堂而見諸侯.② 下堂而見諸侯, 天子之失禮也. 由夷王以下.③

**鄭注** ① 대부가 향례饗禮로 군주에게 대접하는 것은 예가 아님을 밝힌 것이다. 明饗君非禮也.

② 군신의 관계를 바로잡는 것이다. 正君臣也.

③ '이왕夷王'은 주周나라 강왕康王의 현손玄孫의 아들이다. 이왕은 당시에 세력이 미약하여 제후에게 감히 자신을 높이지 못하였다. '夷王', 周康王之玄孫之子也. 時微弱, 不敢自尊於諸侯.

**集說** 천자에게 빈객이 되는 예禮가 없는 것은 존귀함이 필적할 상대가 없어 아무도 감히 천자에게 주인이 되지 못하기 때문이다. '천자가 신하의 집에 가서 주인이 오르는 계단으로 오른다'(適臣而升自主階)는 것은 주인이 된다는 뜻이다. '대부가 자신의 실室을 감히 사적으로 차지하지 못한다'(不敢有其室)는 것은 신하가 된 이는 자신의 이 실室을 사적으로 차지하여 주인이 되지 못함을 말한다. 하물며 감히 주인이 되어 군주를 빈객으로 접대하겠는가? 『의례』 「근례覲禮」에는 천자가 부의斧依[21]를 등지고 남면하면 찾아온 제후(侯氏)가 옥玉을 들고 들어온다[22]고 하였다. 이는 천자가 당을 내려가서 제후를 만나지 않음을 뜻한다. 오직 봄의 조朝와 여름의 종宗에서 천

자는 자신이 빈객이 되는 예로서 제후를 대접하는데, 이때 천자는 수레를 타고 나아가 제후를 맞이한다.[23] '이왕夷王'은 강왕康王의 현손玄孫의 아들이다. 天子所以無客禮者, 以其尊無對, 莫敢爲主故也. '適臣而升自主階', 是爲主之義. '不敢有其室'者, 言人臣不敢以此室爲私有而主之矣. 況敢爲主而待君爲客乎? 「覲禮」天子負斧依南面, 侯氏執玉入. 是不下堂見諸侯也. 惟春朝夏宗, 以客禮待諸侯, 則天子以車出迎. '夷王', 康王之玄孫之子.

**【교특생 14】**

제후가 음악을 사용할 때 사면에 악기를 매달고(宮縣), 흰 수소(白牡)를 희생으로 써서 제사하고, 옥경玉磬을 연주하고, 양鍚을 장식한 붉은 방패에다 면류관을 쓰고 대무大武를 추게 하며, 대로大路를 타는 등의 행위는 제후가 참람하게 신분을 위배하여 예를 사용하는 것이다. 諸侯之宮縣, 而祭以白牡, 擊玉磬, 朱干設鍚, 冕而舞大武, 乘大路, 諸侯之僭禮也.

**鄭注** 이들은 모두 천자가 행하는 예禮임을 말한 것이다. '궁현宮縣'은 사면에 모두 악기를 매다는 것을 말한다. '간干'은 방패다. '양鍚'은 방패의 뒷면을 거북 등처럼 장식한 것이다. '무武'는 만무萬舞이다. '백모白牡'와 '대로大路'는 은殷나라에서 행한 천자의 예이다. 言此皆天子之禮也. '宮縣', 四面縣也. '干', 盾也. '鍚', 傅其背如龜也. '武', 萬舞也. '白牡'·'大路', 殷天子禮也.

**集說** 천자의 음악은 사면에 모두 악기를 매다는데, 그것을 궁현宮懸이라고 부른다. 제후의 헌현軒懸은 세 면에 매달 뿐이다. '백모白牡'는 은殷대에 제사에서 쓰이는 정식 희생이다. 후대의 제후는 당시 왕의 희생을 사용해

야 한다. 제후는 또한 석경石磬을 쳐서 연주해야 한다. 옥경玉磬은 천자의 악기로, 『서書』에 "옥경을 쳐서 울린다"(鳴球)[24]라고 한 것이 그것이다. 제후도 비록 대무大武[25]를 추게 할 수 있지만, 뒷면에 양鍚을 장식한 붉은색의 방패에다 면류관을 쓰고 추게 할 수는 없다. '간干'은 방패이다. '양鍚'은 방패 뒷면의 장식으로 금을 사용해서 한다. '대로大路'는 은殷나라 때 제사에서 천자가 타는 수레이다. 天子之樂, 四面皆縣, 謂之'宮縣'. 諸侯軒縣, 則三面而已. '白牡', 殷祭之正牲. 後代諸侯當用時王之牲也. 又諸侯當擊石磬. '玉磬', 天子樂器, 『書』言, "鳴球", 是也. 諸侯雖得舞大武, 但不得朱干設鍚, 冕服而舞也. '干', 盾也. '鍚'者, 盾背之飾, 金爲之. '大路', 殷祭天所乘之車也.

**【교특생 15】**

대문臺門을 세우고 문의 길에 병풍을 설치하며(旅樹), 반점反坫을 놓고, 수보繡黼와 단주丹朱로 중의中衣를 장식하는 것 등은 대부로서 참람하게 신분을 위배하여 예를 사용하는 것이다.

臺門而旅樹, 反坫, 繡黼·丹朱中衣, 大夫之僭禮也.

**鄭注** 이것은 제후의 예禮를 말한 것이다. '려旅'는 길이다. 병풍을 '수樹'라고 한다. 병풍은 다니는 길을 가리기 위한 것이다. '관중管仲이 병풍으로 문을 가렸다'(塞)[26]에서 '색塞'은 가린다는 뜻이다. 『예위禮緯』에 "천자는 노문路門 바깥에 병풍을 설치하고 제후는 노문路門 안쪽에 병풍을 설치한다. 대부는 주렴을 사용하며 사士는 휘장을 사용한다"고 하였다. '반점反坫'은 헌수한 술잔을 되돌려놓는 대이다. 술동이의 남쪽에 있다. 두 군주가 만났을 때 주군이 빈에게 헌수를 마치고 술잔을 거기에 되돌려놓는다. '수보繡

黼'와 '단주丹朱'로는 중의中衣의 옷깃(領)과 가선(緣)을 짓는다. '수繡'는 '소綃(생사비단)의 뜻으로 읽어야 한다. '소綃'는 비단의 이름이다. 『시詩』에 "흰옷에 붉은 비단(綃)으로 깃을 하였네"라고 하였고, 또 "흰옷에 붉은 옷깃(襮)을 하였네"27)라고 하였다. '박襮'은 수놓은 옷깃(黼領)이다. 言此皆諸侯之禮也. '旅', 道也. 屛謂之'樹'. 樹所以蔽行道. '管氏樹塞門', '塞', 猶蔽也. 『禮』"天子外屛, 諸侯內屛. 大夫以簾, 士以帷." '反坫', 反爵之坫也. 蓋在尊南. 兩君相見, 主君旣獻於賓反爵焉. '繡黼'·'丹朱'以爲中衣領緣也. '繡', 讀爲'綃'. '綃', 繒名也. 『詩』云: "素衣朱綃", 又云: "素衣朱襮." '襮', 黼領也.

集說 이 경문 내용은 모두 제후의 예禮이다. 양 옆쪽으로 흙을 쌓아 대臺를 만들고 대 위에 지붕을 얽어놓는다. 그러면 문은 그 중앙에 위치하게 되기 때문에 '대문을 세운다'(臺門)고 한 것이다. '려旅'는 길이다. '수樹'는 병풍이다. 지나는 길에 설치하여 안과 밖을 가림으로써 공경함을 나타낸다. "천자는 노문路門 바깥에 병풍을 설치하고 제후는 노문路門 안쪽에 병풍을 설치한다. 대부는 주렴을 사용하며 사士는 휘장을 사용한다."28) 점坫은 양쪽 기둥(楹) 사이에 둔다. 두 군주가 우호하는 만남에서 헌수獻酬할 때, 다 마시고나면 헌수한 잔을 그 대 위에 되돌려놓는다. 그러므로 '잔을 되돌려 놓는 대'(反坫)라고 한 것이다. 구설舊說29)에서 '수繡'를 '소綃'(생사비단)의 뜻으로 해석하였는데, 여기서는 수繡 글자 그대로의 뜻으로 해석하였다. '수보繡黼'는 도끼문양을 수놓은 것이다. '단주丹朱'는 비단을 붉은색으로 물들인 것이다. 수보로는 중의中衣의 옷깃을 짓고 단주로는 중의의 가선을 짓는다. '중의中衣'는 조복朝服(조회 때 입는 관복)과 제복祭服(제사드릴 때 입는 옷)의 안쪽 옷이다. 모양은 심의深衣와 같고 소매만 조금 더 길다. 면복冕服은 비단으로 만든다. 따라서 중의도 흰 비단(綃素)을 쓴다. 피변복皮弁服과 조복朝服에서 현단玄端은 베로 만든다. 따라서 중의도 베를 쓴다. ○ 석량

왕씨石梁王氏는 말한다. "'수繡'는 『시詩』 원문에 따라야 하고 '소綃'로 고쳐서는 안 된다."[30] 此皆諸侯之禮. 兩旁起土爲臺, 臺上架屋. 而門當其中, 故曰'臺門'. '旅', 道也. '樹', 屏也. 立屏, 當所行之路, 以蔽內外爲敬. "天子外屏, 諸侯內屏. 大夫以簾, 士以帷." 坫在兩楹之間. 兩君好會獻酬, 飮畢則反爵於其上. 故曰'反坫'. 舊讀'繡'爲'綃', 今如字. '繡黼'者, 繡刺爲黼文也. '丹朱', 染繒爲赤色也. 繡黼爲中衣之領, 丹朱爲中衣之緣. '中衣'者, 朝服·祭服之裏衣也. 制如深衣, 但袖小長耳. 冕服是絲衣. 則中衣用綃素. 皮弁服朝服玄端是麻衣. 則中衣用布也. ○ 石梁王氏曰: "'繡'當依『詩』文, 不可改爲'綃'."

**【교특생 16】**

그러므로 천자가 미약해지면서 제후가 참람하게 행동하고, 대부가 강대해지면서 제후가 협박을 당하였다. 이에 서로 멋대로 등급을 높여주고, 서로 예물을 가지고 사적으로 만나고, 이익이 되는 것으로 서로 뇌물을 주고받게 되면서 천하의 예가 어지러워졌다. 제후는 천자를 감히 선조로 받들지 못한다. 대부는 제후를 감히 선조로 받들지 못한다. 그런데도 국왕의 사당을 사가私家(대부의 집)에 세우니, 이것은 예가 아니다. 이러한 행위는 삼환三桓으로부터 시작되었다.
故天子微, 諸侯僭, 大夫强, 諸侯脅. 於此相貴以等, 相覿以貨, 相賂以利, 而天下之禮亂矣.① 諸侯不敢祖天子. 大夫不敢祖諸侯. 而公廟之設於私家, 非禮也. 由三桓始也.②

鄭注 ① 신분을 벗어난 참람한 행위가 시작된 바를 말한 것이다. 言僭所由.
② 중손仲孫·숙손叔孫·계손季孫 등은 모두 환공桓公의 묘를 세웠다. 노魯

나라는 주공周公으로 인해 문왕文王의 묘를 세웠는데, 삼환三桓이 그것을 본받아 신분에 맞지 않게 참람한 행위를 한 것이다. 言仲孫·叔孫·季孫氏, 皆立桓公廟. 魯以周公之故, 立文王廟, 三家見而僭焉.

**集說** '상귀이등相貴以等'은 서로 멋대로 등급을 높여주는 것이다. 제후는 천자를 선조로 모시지 못한다. 그러나 『춘추좌씨전』에는 "송宋에서는 제을帝乙을 선조로 모셨고, 정鄭나라에서는 여왕厲王을 선조로 모셨다"[31]라고 하였다. 『춘추좌씨전』 「양공襄公 12년」에는 "오자吳子 수몽壽夢이 죽자 문왕文王의 사당에서 곡을 하였다. 합당한 예이다"라고 하였다. 노나라는 주공으로 인해 문왕文王의 사당을 세웠다. 공公의 아들은 선군先君을 조상으로 받들 수 있지만, 공의 손자는 제후를 조상으로 받들 수 없다. 그러므로 공의 아들로서 대부가 된 이도 자신의 채지采地에 사당을 세울 수 있다. 그러므로 『좌전』에서 "무릇 읍邑에 종묘宗廟와 선군의 신주가 있으면 도都라고 부른다"[32]라고 말한다. 이 경문을 기록한 이는 예禮의 바른 것을 가지고 말하면서 또한 다른 뜻도 함께 포함하였다. 구설舊說에서는 다음과 같이 말한다. 천자의 아들로서 덕이 높아 제후가 된 이는 자신의 선군을 제사할 수 있다. 따라서 노魯나라는 주공周公으로 인해 문왕의 사당을 세웠다. 공의 아들은 선군을 조상으로 받들 수 있지만, 공의 손자는 제후를 조상으로 받들 수 없다. 그러므로 공의 아들로서 대부가 된 이는 자신의 채지采地에 종묘宗廟를 세울 수 있다. 그러므로 "읍邑에 종묘와 선군의 신주가 있다"고 한 것이다. 왕의 아들과 동모제同母弟가 공덕功德이 없어 제후로 봉해지지 못하고 천자의 기내에서 채지를 받아먹고 살았지만, 이들에 대해서도 또한 후손이 자신의 채지에 선조와 선왕의 사당을 세울 수 있다. 그러므로 도종인都宗人과 가종인家宗人이 선조와 선왕의 사당에 대한 제사를 담당한다.[33] '삼환三桓으로부터 시작되었다'(由三桓始)는 것은 노魯나라 중손仲孫·숙손叔

孫·계손季孫 등 세 가문이 환공桓公의 사당을 세운 것을 가리킨다. '相貴以等', 謂擅相尊貴以等列也. 諸侯不敢祖天子. 而『左傳』云: "宋祖帝乙, 鄭祖厲王." 「魯襄十二年」"吳子壽夢卒, 臨於周廟. 禮也." 魯以周公之故, 立文王廟耳. 大夫不敢祖諸侯. 而『左傳』云: "凡邑有宗廟先君之主曰都." 記者以禮之正言之, 而又有他義者. 舊說謂. 天子之子, 以上德爲諸侯者, 得祀其所出. 故魯以周公之故, 立文王廟. 公子得祖先君, 公孫不得祖諸侯. 故公子爲大夫者, 亦得立宗廟於其采地. 故曰, "邑有宗廟先君之主"也. 其王子·母弟, 雖無功德, 不得出封爲諸侯, 而食采畿內者, 亦得立祖王廟於采地. 故都宗人, 家宗人, 掌祭祖王之廟也. '由三桓始', 謂魯之三家立桓公廟也.

**【교특생 17】**

천자는 이전 두 왕조의 후손을 존속케 하는데, 이것은 선현을 받들어 본받는 것과 같다. 선현을 받들어 본받는 것은 2대를 넘지 않는다.
天子存二代之後, 猶尊賢也. 尊賢不過二代.

**鄭注** 2대 이상 지나면, 오래되어 본받기가 어렵다. '이二'가 어떤 본에는 '삼三'으로 되어 있다. 過之, 遠難法也. '二'或爲'三'.

**集說** 소疏에서 말한다. "『고춘추좌씨古春秋左氏』에는 '주周나라가 하夏와 은殷 두 왕조의 후손을 상공上公으로 봉封하였고, 황제黃帝·요堯·순舜 등의 후손을 봉하여 삼각三恪이라고 불렀다'[34]고 한다. '각恪'은 공경한다는 뜻으로 그 선대의 성현을 공경하여 그 후손을 봉封한 것이다." 疏曰: "『古春秋左氏』說, '周家封夏·殷二王之後, 以爲上公, 封黃帝·堯·舜之後, 謂之三恪.' '恪'者, 敬也, 敬其先聖而封其後."

**【교특생 18】**

제후는 의탁해온 제후(寓公)를 신하로 삼지 않는다. 그러므로 옛날에 의탁해온 제후는 세대를 잇지 못하였다.

諸侯不臣寓公. 故古者寓公不繼世.

**鄭注** '우寓'는 의탁한다는 뜻이다. 의탁해온 제후의 아들은 현자가 아니면 세상 사람이 받들지 않는다. '우寓'가 어떤 본에는 '탁託'으로 되어 있다. '寓', 寄也. 寄公之子, 非賢者, 世不足尊也. '寓'或爲'託'.

**集說** 제후가 나라를 잃고 다른 나라에 의탁할 경우 '우공寓公'이라고 부른다. 의탁을 받은 나라에서는 그를 신하로 삼지 못한다. 그 의탁해온 제후가 죽은 뒤에 그 자식을 신하로 삼는다. 그러므로 '의탁해온 제후(寓公)는 세대를 잇지 못한다'(寓公不繼世)고 한 것이다. 諸侯失國而寄寓他國者, 謂之'寓公'. 所寓之國不敢以之爲臣. 此寓公死, 則臣其子矣. 故云'寓公不繼世'.

**【교특생 19】**

군주가 남쪽을 향하는 것은 양陽을 대하는 뜻이다. 신하가 북쪽을 향하는 것은 군주를 대하는 뜻이다.

君之南鄉, 答陽之義也. 臣之北面, 答君也.

**鄭注** '답答'은 대한다는 뜻이다. '答', 對也.

**集說** '답答'은 대한다는 뜻이다. '答', 猶對也.

【교특생 20】

대부의 가신家臣은 머리가 지면에 대고(稽首) 절하지 않는다. 그것은 가신을 높이기 때문이 아니라, 군주를 피하는 것이다.

大夫之臣不稽首. 非尊家臣, 以辟君也.

**鄭注** 국군國君을 피하는 것이다. 辟國君也.

**集說** 제후는 천자에 대하여 머리를 지면에 대고 배례한다.(稽首)[35] 대부 역시 제후에 대하여 머리를 지면에 대고 배례한다. 오직 가신家臣만이 대부에 대하여 머리를 지면에 대고 배례하지 않는데, 가신을 존중해서가 아니라 나라의 진짜 군주를 피하는 것이다. 제후와 대부가 같이 한 나라에 있는 상황에서, 대부가 이미 군주에게 머리를 지면에 대고 배례하였는데 가신이 또 대부에게 머리를 지면에 대고 배례하게 되면 한 나라에 두 군주가 있는 꼴이 된다. 그러므로 '군주를 피하는 것이다'라고 한 것이다. 諸侯於天子稽首. 大夫於諸侯亦稽首. 惟家臣於大夫不稽首者, 非尊重家臣也, 以避國之正君也. 蓋諸侯與大夫, 同在一國, 大夫已稽首於君矣, 家臣若又稽首於大夫, 則似一國而兩君矣. 故云'以辟君'.

【교특생 21】

대부는 군주에게 바칠 것이 있으면 직접 가서 바치지 않고, 군주가 하사하는 것이 있으면 마주 대하고 배례하지 않는다. 군주가 자신에게 답배答拜하게 되기 때문이다.

大夫有獻, 弗親, 君有賜, 不面拜. 爲君之答已也.

**鄭注** '마주 대하고 절하지 않는다'(不面拜)는 것은 밖에서 소신小臣에게 보고하면 소신이 받아가지고 들어오는 것을 뜻한다. 소신小臣은 삼공三公과 삼고三孤 그리고 경卿의 복역復逆[36]을 담당한다. '不面拜'者, 於外告小臣, 小臣受以入也. 小臣掌三公·孤·卿之復逆也.

**集說** '바칠 것이 있으면 직접 가서 바치지 않는다'(有獻弗親)는 것은 다른 사람을 시켜 가서 바치게 하는 것이다. '마주 대하고 배례하지 않는다'(不面拜)는 것은 직접 군주의 얼굴을 마주 대하고 배례하지 않는다는 것이다. 행여 군주에게 답배答拜를 하게 만들까 염려해서이다. '有獻弗親'者, 使人往獻, 不身自往也. '不面拜', 不親見君之面而拜也. 恐煩君答拜故也.

**【교특생 22】**

마을 사람들이 악귀(裼)를 쫓아내는 나례儺禮를 행하면, 공자께서는 조복朝服을 입고 조계阼階에 서서 사당 안의 신들을 안정시켰다.

鄉人裼,① 孔子朝服立于阼, 存室神也.②

**鄭注** ① '상裼'은 강포한 귀신이다. 당시 나례儺禮에서 집안을 뒤져 역귀를 쫓아내고 강포한 귀신을 몰아내던 것을 가리킨다. '상裼'은 어떤 본에는 '헌獻'으로, 어떤 본에는 '나儺'로 되어 있다. '裼', 强鬼也. 謂時儺, 索室敺疫, 逐强鬼也. '裼'或爲'獻'或爲'儺'.

② 신이 사람에게 의지하게 한 것이다. 神依人也.

**集說** 『논어』「향당鄕黨」에 "마을 사람들이 역귀를 쫓는 나례儺禮를 행하면, 공자께서 조복朝服을 입고 조계阼階에 서 계셨다"라고 하였는데, 곧 이 일이다. 구설에 의하면, '상禓'은 강포한 귀신의 이름이다. 마을 사람들이 이 귀신을 몰아낼 때, 공자께서는 이 일이 사당의 신들을 놀라게 할까 염려하여 조복을 입고 사당의 조계阼階에 서서 사당 안의 신들을 안정시켰던 것으로 신들이 자신을 의지해서 안정할 수 있게 한 것이다. 예禮에 따르면 대부는 조복朝服을 입고 제사를 지낸다. 그러므로 공자께서 제복祭服인 조복을 입어 신이 자신에게 의지하게 하였던 것이다. 『論語』"鄕人儺, 朝服而立于阼階", 卽此事也. 舊說'禓'是强鬼之名. 鄕人驅逐此鬼, 孔子恐驚廟室之神, 故衣朝服立于廟之東階, 以存安廟室之神, 使神依己而安也. 禮大夫朝服以祭. 故用祭服以依神.

**【교특생 23】**

공자께서 말씀하였다. "활을 쏠 때 음악을 수반하는데, 어떻게 음악을 듣는 것인가? 어떻게 활을 쏘는 것인가?"

孔子曰: "射之以樂也, 何以聽? 何以射?"

**鄭注** 활을 쏘는 예용禮容과 악樂의 음절音節이 서로 호응하는 바가 많기 때문이다. 多其射容與樂節相應也.

**集說** '어떻게 음악을 듣는 것인가?'(何以聽?)는 활을 쏘는 자가 어떻게 하면 활을 쏘는 예용禮容과 의절儀節을 어기지 않으면서 또 한편으로 악樂의 음절을 잘 맞출 수 있을까 하는 뜻이다. '어떻게 활을 쏘는 것인가?'(何以射?)는 어떻게 하면 음악의 음절을 잘 맞추면서 활 쏘는 예용이 악의 음절과 서로 호응하게 할 수 있을까 하는 뜻이다. 그것의 어려움을 말하면서 찬탄한 것

이다. '何以聽?', 謂射者何以能不失射之容節, 而又能聽樂之音節乎. '何以射?', 謂何以能聽樂之音節, 而使射之容與樂之節相應乎. 言其難而美之也.

**【교특생 24】**

공자께서 말씀하였다. "사士가 자신에게 활쏘기를 시켰는데 감당하지 못할 경우에는 병이 있어 쏘지 못한다고 사양한다. (남아가 태어났을 때) 활을 걸어놓는 의리다."

孔子曰: "士使之射不能則辭以疾. 縣弧之義也."

**鄭注** 남아가 태어나면 대문 왼쪽에 활을 걸어놓아 활을 쏘는 도리가 있지만 아직 감당하지 못함을 보여준다. 여아가 태어나면 수건을 걸어놓는다. 男子生而設弧於門左, 示有射道而未能也. 女子設帨.

**集說** 사士가 된 자는 활쏘기를 익혀야 한다. 육예六藝 가운데 한 가지이기 때문이다. 감히 능력이 없어 쏘지 못한다고 사양하지 않으며, 오직 병이 있어 쏘지 못한다고만 사양할 수 있다. 대개 남아가 태어나면 대문 왼쪽에 활을 걸어놓는데, 이때 이미 활을 쏘는 도리가 있지만 아직 감당하지 못할 뿐이다. 이제 병으로 사양하지만, 쏘지 못하는 점에서는 처음 태어났을 때 활쏘기를 아직 감당하지 못하는 것과 유사하다. 그러므로 '활을 걸어놓는 의리다'(縣弧之義也)라고 한 것이다. 爲士者當習於射. 以六藝之一也. 不敢以不能辭, 惟可以疾辭. 蓋生而設弧於門左, 已有射道, 但未能耳. 今辭以疾, 而未能, 則亦與初生之未能相似. 故云'縣弧之義也'.

**【교특생 25】**

공자께서 말씀하였다. "사흘을 재계하여 하루 제사를 지낼 때 공경하는 마음을 견지한다. 그래도 공경한 마음을 지니지 못할까 걱정한다. 재계한 지 이틀 만에 북을 치니 어째서인가?"

孔子曰: "三日齊, 一日用之. 猶恐不敬. 二日伐鼓, 何居?"

**鄭注** '거居'는 '희姬'로 읽는다. 어조사이다. '어째서인가'(何居)라는 말은 괴이하게 여기는 것이다. '벌伐'은 친다는 뜻이다. 재계하는 자는 음악을 중단하는데 이틀 만에 북을 친다면 이는 하루 재계한 것이다. '居', 讀爲'姬'. 語之助也. '何居', 怪之也. '伐', 猶擊也. 齊者止樂, 而二日擊鼓, 則是成一日齊也.

**集說** 재계하는 자가 음악을 듣지 않는 것은 자신의 생각을 산란케 할까 염려해서이다. 이제 3일의 재계 기간 중 이틀 만에 그만 북을 치니, 그 뜻이 어디에 있는가? 괴이하게 여기는 말이다. 齊者不聽樂, 恐散其志慮也. 今三日之間, 乃二日擊鼓, 其義何所處乎? 怪之之辭.

**【교특생 26】**

공자께서 말씀하였다. "역제繹祭를 고문庫門 안쪽에서 지내고, 팽제祊祭를 동쪽에서 지내고, 조시朝市를 서쪽에서 연 것은 예에서 어긋난 것이다."

孔子曰: "繹之於庫門內, 祊之於東方, 朝市之於西方, 失之矣."①

鄭注 ① 팽제祊祭의 의례는 사당 문 밖의 서쪽 방에서 행해야 하고, 역제繹祭 또한 그 당堂에서 지낸다. 신위神位가 서쪽에 있다. 이 두 제사는 동시에 지내지만 크게 포괄해서 역繹이라고 부른다. 그 제사 의례는 간소하지만 시尸를 받드는 예는 중대하다. 조시朝市(아침에 열리는 시장)는 시장의 동편에서 열려야 한다. 『주례』에 의하면 시장이 열리는 것은 세 시기가 있다. "대시大市는 해가 기울 때 열리는데 백성이 위주가 된다. 조시朝市는 아침에 열리는데 상고商賈(상인)가 위주가 된다. 석시夕市는 저녁에 열리는데 판부판부販夫販婦(행상)가 위주가 된다."[37] 祊之禮宜於廟門外之西室, 繹又於其堂. 神位在西也. 此二者同時, 而大名曰繹. 其祭禮簡, 而事尸禮大. 朝市宜於市之東偏. 『周禮』市有三期. "大市, 日側而市, 百族爲主. 朝市, 朝時而市, 商賈爲主. 夕市, 夕時而市, 販夫販婦爲主."

集說 '역제'(繹)는 제사 다음날 또 제사를 지내는 것이다. 역제[38]는 당堂 위에서 시尸를 모신다. 팽제祊祭[39]는 방 안에서 신령을 청한다. 모두 한 시기에 행하는 일이다. 역제의 의례는 사당 문 밖의 서쪽 방에서 행하는데 이제 고문庫門[40] 안쪽에서 행하였고, 팽제는 사당 문 밖의 서쪽 방에서 행하는데 이제 사당 문 밖의 동쪽에서 행하였다. 조시朝市는 『주례』에서 이른바 "아침에 열리는 시장"으로 시장 안의 동쪽 가까운 곳에 열려야 함에도 이제 시장 안의 서쪽에 열었다. 이 세 가지는 모두 예를 어긴 것이다. 그러므로 '예에 어긋난 것이다'(失之矣)라고 하였다. '繹', 祭之明日又祭也. 繹是堂上接尸. 祊是於室內求神. 皆一時之事. 繹之禮當於廟門外之西堂, 今乃於庫門內, 祊當在廟門外西室, 今乃於廟門外東方. 朝市卽『周禮』所謂"朝時而市"也, 當於市內近東, 今乃於市內西方. 此三事皆違於禮, 故曰'失之矣'.

**【교특생 27】**

사제社祭는 토지신에게 제사하여 음기陰氣를 주관한다. 군주는 북쪽 담장 아래에서 남쪽을 향한다. 음陰을 대하는 뜻이다. 제사하는 날은 십간十干 중 갑甲이 들어간 날을 택한다. 날짜가 처음 시작되는 때를 쓰는 뜻이다.

社, 祭土而主陰氣也. 君南鄕於北墉下. 答陰之義也.① 日用甲. 用日之始也.②

**鄭注** ① 담장을 '용墉'이라고 한다. '북용北墉'은 사社 안에 있는 북쪽 담장이다. 牆謂之'墉'. 北墉, 社內北牆.

② 나라 안의 신 가운데 사社보다 존귀한 것은 없다. 國中之神, 莫貴於社.

**集說** 땅은 음陰을 주관한다. 사社는 곧 음기의 주인이다. 사社의 신주神主는 담장 위에 북쪽을 향하도록 놓는다. 군주는 북쪽 담장 아래로 와서 남쪽을 향해 제사한다. 대개 사社는 지붕을 하지 않는다. 오직 제단을 쌓아 세우고 담장을 두른다. 땅의 도道는 음을 주관하기 때문에 그 신주는 북쪽을 향하고 군주는 남쪽을 향해 그 신주를 대한다. '답答'은 대한다는 뜻이다. '갑甲'은 십간十干 중에 첫째이다. 地秉陰. 則社乃陰氣之主. 社之主設於壇上北面. 而君來北墻下, 南向祭之. 蓋社不屋. 惟立之壇壝, 而環之以墻旣. 地道主陰, 故其主北向, 而君南向對之. '答', 對也. '甲'爲十干之首.

**【교특생 28】**

천자의 태사大社는 반드시 서리와 이슬, 비바람을 맞아 하늘과 땅의 기氣에 통하게 한다. 그러므로 망한 나라의 사社에는 지붕을 씌워 하늘의 양기陽氣를 받지 못하게 한다. 박사薄社는 북쪽에 창을 두어 음陰이 밝게 하였다.

天子大社, 必受霜露風雨, 以達天地之氣也.① 是故喪國之社屋之, 不受天陽也. 薄社北牖, 使陰明也.②

**鄭注** ① '태사大社'는 국왕이 백성을 위해 세운 것이다. '大社', 王爲群姓所立. ② 양陽을 끊고 음陰만 통하게 한 것이다. '박사薄社'는 은殷나라의 사社이다. 은나라는 처음에 박薄을 수도로 삼았다. 絶其陽, 通其陰而已. '薄社', 殷之社. 殷始都薄.

**集說** '박薄'은 『서書』에 '박亳'으로 되어 있다. '박사薄社'는 주周나라에서 보면 망한 나라의 사社이다. 그것을 반드시 보전하는 것에 관해 『백호통의白虎通義』에서는 "천자와 제후는 반드시 경계를 삼는 사社를 두는데, 나라가 존속하고 망하는 도리가 있음을 보이는 것이다"[41]라고 하였다. 위에 지붕을 해놓으면 하늘의 양陽이 들어오지 못한다. 북쪽으로 창문을 내 놓으면 음기만 통할 수 있다. 음의 방향이 밝으면 (양이 차단되어) 사물이 죽는다. '薄', 『書』作'亳'. '薄社', 於周爲喪國之社. 必存之者, 『白虎通』云: "王者諸侯必有誡社, 示有存亡也." 屋其上則天陽不入. 牖於北則陰氣可通. 陰明則物死也.

**【교특생 29】**

사社는 대지의 도를 신명神明시하기 위함이다. 대지는 만물을 실어

주고 하늘은 상象을 보여준다. 대지에서 재화를 취하고 하늘에서 법法을 취한다. 그러므로 하늘을 공경하고 땅을 친애한다. 그러므로 백성들에게 보답하는 예를 아름답고 좋게 여기도록 가르친다. 가家는 중류中霤에서 토지신에 제사하는 것을 주관하고, 국가는 사社에서 토지신에 제사하는 것을 주관하니 이는 토지신이 만물을 싣고 재화를 낳는 근본이 됨을 보이는 것이다.

社, 所以神地之道也. 地載萬物, 天垂象. 取財於地, 取法於天. 是以尊天而親地也. 故教民美報焉. 家主中霤, 而國主社, 示本也.

**鄭注** '중류中霤' 또한 토지신이다. '中霤', 亦土神也.

**集說** 성인聖人은 대지의 도道가 중대함을 알기 때문에 사社를 세워 제사한다. 신명神明으로 받들기 위함이다. '미보美報'는 그 보답하는 예를 아름답고 좋게 여기는 것이다. 상고시대에는 굴을 파서 거주하였기 때문에 중류中霤라는 명칭이 있게 되었다. 중류와 사社는 모두 토지신이다. 경卿과 대부大夫의 가家는 중류中霤에서 토지신에게 제사하는 것을 주관한다. 천자와 제후의 국가는 사社에서 토지신에게 제사하는 것을 주관한다. 이는 모두 대지가 만물을 싣고 재화를 낳는 근본이 됨을 보이려는 것이다. 聖人知地道之大, 故立社以祭. 所以神而明之也. '美報', 美善其報之之禮也. 上古穴居, 故有中霤之名. 中霤與社, 皆土神. 卿大夫之家, 主祭土神於中霤. 天子諸侯之國, 主祭土神於社. 此皆以示其爲載物生財之本也.

【교특생 30】

오직 사社에 제사하는 일을 위해서는 1리里의 사람들이 모두 나온다.

唯爲社事, 單出里.

鄭注 '1리里의 사람들이 모두 나온다'(單出里)는 것은 사社에 제사하는 일을 위해 모두 도비都鄙(경과 대부의 채읍)로 간다는 뜻이다. 25가家가 1리里를 이룬다. '單出里', 皆往祭社於都鄙. 二十五家爲里.

集說 '사사社事'는 사社에 제사하는 일이다. 25가家가 '1리里'가 된다. '단單'은 전부를 뜻한다. 사社에 제사할 때 1리의 사람들이 모두 나와 그 일을 돕는 것을 말한다. 대개 1가구당 1사람씩 나와 돕는다. '社事', 祭社之事也. 二十五家爲'里'. '單', 盡也. 言當祭社之時, 一里之人盡出而供給其事. 蓋每家一人也.

【교특생 31】

오직 사社에 제사지내는 일로 사냥을 하면 도성都城 안의 사람들이 모두 간다.

唯爲社田, 國人畢作.

鄭注 '모두 간다'(畢作)는 것은 있는 사람들은 모두 사냥에 나가 돕는 것이다. 선졸羨卒뿐만 아니라 예비 인력이 모두 동원된다.42) '畢作', 人則盡行. 非徒羨也.

集說 사社에 제사하는 일로 사냥을 하면 도성 안의 사람들이 모두 가서 도우며, 집에 남아 있는 사람이 없다. 爲祭社之事而田獵, 則國中之人皆行, 無留家者.

**【교특생 32】**

오직 사社의 제사에 대하여 구丘와 승乘에서 자성粢盛을 공급한다. 근본에 보답하고(報) 처음 시작한 이를 추념하기(反) 위함이다.

唯社, 丘乘供粢盛. 所以報本反始也.

**鄭注** '구丘'는 16정井이다. 4구 즉 64정을 '전甸'이라고 하며, 또는 '승乘'이라고도 한다. 승乘이라고 부르는 것은 병거(車賦[43])로 장곡長轂[44] 1승乘을 내기 때문이다. '승乘'은 어떤 본에는 '인隣'으로 되어 있다. '丘', 十六井也. 四丘六十四井, 曰'甸', 或謂之'乘'. 乘者, 以於車賦出長轂一乘. '乘'或爲'隣'.

**集說** 사社에 제사할 때에는 반드시 자성粢盛을 갖춘다. 직稷(기장)을 명자明粢라고 하고, 그릇에 담겨 있는 것을 성盛이라고 한다. 이 자성은 구丘와 승乘에서 제공하게 한다. 정전井田 제도에서 9부夫가 1정井이 되고, 4정이 1읍邑을 이룬다. 4읍이 1구丘를 이루고, 4구가 1승乘을 이룬다. '보답한다'(報)는 것은 예로서 보답하는 것이다. '추념한다'(反)는 것은 마음으로 추념하는 것이다. 祭社必有粢盛. 稷曰明粢, 在器曰盛. 此粢盛則使丘乘供之. 井田之制, 九夫爲井, 四井爲邑. 四邑爲丘, 四丘爲乘也. '報'者, 酬之以禮. '反'者, 追之以心.

**【교특생 33】**

계춘季春 달에 불을 꺼내 잡초를 태워 없앤다. 그런 뒤에 수레와 병기를 검열하고(簡) 대오를 헤아려 맞춘다(歷). 군주는 직접 사社에서 대중들에게 계고戒告하여 군사 훈련을 익히게 한다. 왼쪽으로 향하게도 하고 오른쪽으로 향하게도 하며, 앉게도 하고 일어서게도 하여 변동의 절도에 대하여 익힌 바를 살펴본다. 그런 뒤에 (사냥할 짐승들을 몰아 쫓아서) 짐승들이 뛰어다니게 하여 대중들에게 사냥감들을 보이고, 이익(사냥감)에 탐내게 하여 명령을 어기는지 살펴본다. 그렇게 하여 대중들이 그 탐내는 마음을 막아 다스리기를 구하고, 군주는 대중이 획득하는 것을 탐내지 않는다. 그러므로 그렇게 하여 전쟁을 하면 이기고 제사를 지내면 복을 받는다.
季春出火爲焚也.① 然後簡其車賦而歷其卒伍. 而君親誓社, 以習軍旅. 左之右之, 坐之起之, 以觀其習變也.② 而流示之禽, 而鹽諸利, 以觀其不犯命也.③ 求服其志, 不貪其得.④ 故以戰則克, 以祭則受福.

**鄭注** ① 잡초를 태우는 것을 가리킨다. 무릇 불을 꺼내는 것은 화성火星[45])이 출현할 때로 한다. 건진建辰 달[46])에 화성이 비로소 출현한다. 謂焚萊也. 凡出火, 以火出. 建辰之月火始出.

② '간簡'·'력歷'은 헤아려 갖추고 진열해놓는 것이다. '군주가 직접 사社에서 계고戒告한다'(君親誓社)는 것은 리吏와 사士들에게 군사훈련을 익히도록 경계시켜 고하는 것이다. 훈련을 마치고 나서 사냥을 하고 사社에 제사를 지낸다. 사社에 제사하는 것을 말하므로 이것은 중춘仲春에 시행하는 예禮이다. 중춘仲春에는 불을 놓아 사냥을 한다. 사냥은 불을 끄는 데서 끝난다. 그런 뒤에 사냥에서 잡은 것들을 바친다. 계춘季春에 이르러 화성火星이 출현하며 백성들은 불을 사용한다. 이제 경문에서 '계춘季春 달에 불을 꺼내고 사社에서 계고戒告한다'(季春出火, 乃誓社)라고 말한 것은 기록한 자가 잘못 기록한 것이다. '사社'는 어떤 본에는 '성省'으로 되어 있다. '簡'·'歷',

謂算具陳列之也. '君親誓社', 誓吏士以習軍旅. 旣而遂田, 以祭社也. 言祭社, 則此是仲春之禮也. 仲春以火田. 田止弊火. 然後獻禽. 至季春火出, 而民乃用火. 今云'季春出火, 乃誓社', 記者誤也. '社'或爲'省'.

③ '류流'는 행한다는 뜻과 같다. 행한다는 것은 사냥의 예禮를 행하는 것이다. '염豔'은 '염艶'(탐내다)으로 읽는다. 사냥의 예를 행해 잡을 짐승들을 보여주고 탐내게 함으로써 명에 따르는지 아닌지를 살펴보는 것이다. 사냥감이 이익이 된다고 한 것은 무릇 사냥에서 "큰 짐승은 공公에게 바치고 작은 짐승은 자신이 차지하게 하기"(大獸公之, 小禽私之)[47] 때문이다. '流', 猶行也. 行, 行田也. '豔', 讀爲'艶'. 行田示之以禽, 使歆艶之, 觀其用命不也. 謂禽爲利者, 凡田, "大獸公之, 小禽私之."

④ 대오를 어기면서 사냥감을 포획하는 것도 명령을 어기는 것과 같다. 失伍而獲, 猶爲犯命.

**集說** 건진建辰 달(하력夏曆 3월)에 대화大火[48]의 심성心星이 남중한다. 그러므로 불을 꺼내어 잡초를 태워 없앤다. 태운 뒤에는 사냥을 한다. '간簡'은 검열하는 것이다. '부賦'는 병기다. '력歷'은 헤아린다는 뜻이다. 100인이 1졸卒을 이루고, 5인이 오伍를 이룬다. '서사誓社'는 사社에서 대중에게 경계시켜 고하는 것이다. '왼쪽으로 향하게도 하고 오른쪽으로 향하게도 하며, 앉게도 하고 일어서게도 한다'(或左或右, 或坐或作)는 것은 모두 군사훈련의 형식이다. '습변習變'은 변하여 움직이는 절도에 익숙하도록 익히는 것이다. 사냥할 짐승들을 몰아 좇으면 짐승들이 이리저리 어지럽게 뛰어다니고 대중들이 모두 그 사냥감들을 본다. 그러므로 '짐승들이 뛰어다니게 하여 대중들에게 사냥감들을 보인다'(流示之禽)고 한 것이다. '고豔는' 염艶(탐내다)으로 읽는다. '염저리艶諸利'는 이익(사냥감)에 대해 탐내게 한다는 뜻한다. 짐승들이 매우 탐나지만, 죽이고 사로잡고 취하고 취하지 않는 것에 모두 정

해진 법도가 있어 명령을 어기는 자는 반드시 벌을 주어 명령을 어기지 않게 하는 것, 이것이 이익을 탐하는 마음을 막고 다스리게 하는 것이다. 군주도 또한 잡은 짐승들을 취할 때 법도가 있다. 가령 "큰 짐승은 공公에게 바치고, 작은 짐승은 자신의 것으로 차지하게 하여"[49], 법도를 어겨서까지 아랫사람들이 획득한 것을 탐내지 않는다. '그렇게 하여 전쟁을 하면 이긴다'는 것은 백성들을 변하여 움직이는 절도에 익숙하게 훈련시켰기 때문이요, '제사를 지내면 복을 받는다'(祭則受福)는 것은 사냥에서 희생을 잡는 것을 예에 맞게 하였기 때문이다. ○ 소疏에서 말한다. "사社에 제사하는 것은 중춘仲春에 하므로 이 경문의 '불을 꺼내 잡초를 태워 없앤다'는 것도 당연히 중춘仲春 달에 있어야 한다. 기록한 이가 잘못 기록한 것이다." 建辰之月, 大火心星, 昏見南方. 故出火以焚除草萊. 焚後卽蒐田. '簡', 閱視也. '賦', 兵也. '歷', 數之也. 百人爲卒, 五人爲伍. '誓社', 誓衆於社也. '或左或右, 或坐或作', 皆是軍旅之法. '習變', 習熟其變動之節也. 驅逐之際, 禽獸流動紛紜, 衆皆見之. 故云'流示之禽'. '鹽', 讀爲'豔'. '豔諸利', 謂使之歆豔於利也. 禽獸雖甚可欲, 而殺獲取舍, 皆有定制, 犯命者必罰, 不使之犯命者, 是求以遏服其貪利之志. 人君亦取之有制. 如"大獸公之, 小禽私之", 不踰法而貪下之所得也. '以戰則克', 習民於變也, '祭則受福', 獲牲以禮也. ○ 疏曰: "祭社旣在仲春, 此'出火爲焚', 當在仲春之月. 記者誤也."

**【교특생 34】**

천자가 사방으로 순수巡狩를 나가면 이르는 곳에서 먼저 번시燔柴의 예禮를 행한다.

天子適四方, 先柴.

鄭注 이르는 곳에서 반드시 먼저 번시燔柴의 예를 행하니 상제上帝에게 고하는 것이다. 『서書』에 "2월에 동쪽으로 순수巡狩를 나가 태산泰山에 이르러 번시燔柴의 예를 행하였다"고 하였다. 所到必先燔柴, 有事於上帝也. 『書』曰: "歲二月, 東巡守, 至于岱宗, 柴."

集說 『서書』에 "2월에 동쪽으로 순수巡狩를 나가 태산泰山에 이르러 번시燔柴의 예를 행하였다"[50]고 하였다. 『書』曰: "歲二月, 東巡守, 至于岱宗, 柴."

**【교특생 35】**

하늘에 지내는 교제郊祭에서는 길어지는 해가 도래함을 맞이한다.

郊之祭也, 迎長日之至也.

鄭注 『역설易說』에 "하夏·은殷·주周 삼대의 교제郊祭는 모두 하력夏曆 정월을 사용하였다"[51]라고 하였는데, 하력의 정월은 건인建寅 달이다. 이 경문에서 '길어지는 해가 도래함을 맞이한다'(迎長日)고 한 것은 건묘建卯 달에 낮과 밤의 길이가 같아지고, 같아지고 나서 해가 길어지기 때문이다. 『易說』曰: "三王之郊, 一用夏正", 夏正, 建寅之月也. 此言'迎長日'者, 建卯而晝夜分, 分而日長也.

集說 '지至'는 이른다는 뜻과 같다. 동지冬至에 낮이 가장 짧아졌다가 점차 길어진다. 그러므로 '길어지는 해가 도래함을 맞이한다'고 하였다. ○ 주자朱子는 "시조를 하늘(天)에 배향하여 제사드리는 것은 반드시 하나의 양이 처음 생겨나고 만물이 시작되는 동지冬至에 행한다. 종사宗祀[52]는 만물이 성숙하는 9월에 행한다. 부모는 내가 태어난 근본이요, 제帝는 만물의

시조이다. 그러므로 제帝에 배향하며 명당에서 제사드린다"[53]라고 하였다. 이 견해가 옳다. ○ 다음과 같이 질의하였다. "교제郊祭에서는 후직后稷을 하늘에 배향하고, 종사宗祀에서는 문왕文王을 상제上帝에 배향한다. 제帝가 그저 하늘이요, 하늘이 곧 제帝이다. 그런데 도리어 구분하니 왜인가?"[54] 주자가 답하였다. "단壇을 쌓아 제사를 드리기 때문에 하늘이라고 한 것이요, 집 안에서 신기神祇로서 제사드리기 때문에 제帝라고 한 것이다." ○ 이제 살펴보건대, 교사郊祀 부분에 대한 선유先儒의 견해는 일정하지 않다. 시기에 대하여 자월子月와 인월寅月의 의견차이가 있고, 나라에 대하여 주周나라 예와 노魯나라 예 사이의 의견차이가 있다. 또한 교郊와 원구圓丘의 제사를 별개로 여기기도 하며, 또한 하늘에 제사할 때와 후직后稷에게 제사할 때의 교郊가 다르다는 견해가 있다. 이제 이들 모두에 대하여 일일이 변론하지 않고 주희의 설로 정론을 삼았다. '至', 猶到也. 冬至日短極而漸舒. 故云'迎長日之至'. ○ 朱子曰: "以始祖配天, 須在冬至一陽始生萬物之始. 宗祀九月萬物之成. 父者我所自生, 帝者生物之祖. 故推以爲配, 而祀於明堂." 此議方正. ○ 問. "郊祀后稷以配天, 宗祀文王以配上帝. 帝只是天, 天只是帝. 却分祭, 何也?" 朱子曰: "爲壇而祭, 故謂之天. 祭於屋下而以神祇祭之, 故謂之帝." ○ 今按郊祀一節, 先儒之論不一者. 有子月寅月之異, 有周禮魯禮之分. 又以郊與圓丘爲二事, 又有祭天與祈穀爲二郊. 今皆不復詳辨, 而以朱說爲定.

**【교특생 36】**

교제郊祭는 두루 하늘에 보답하는데 해를 주신으로 삼는다. 남쪽 교郊에 제단을 마련하는데, 양의 자리에 나아가는 것이다. 지면을 쓸고 제사를 지내는데, 질박함을 숭상하는 것이다. 제기는 도기陶器(흙으로 빚은 그릇)와 바가지(匏)를 사용하는데, 그것으로 천지의 성품을 상징하는 것이다.

大報天, 而主日也.① 兆於南郊, 就陽位也.② 埽地而祭, 於其質也. 器用陶·匏, 以象天地之性也.③

**鄭注** ① '대大'는 두루의 뜻이다. 천신天神 가운데 해가 존귀하다. '大', 猶徧也. 天之神, 日爲尊.

② '해'(日)는 태양의 정수(精)이다. '日', 太陽之精也.

③ 천하의 사물을 살펴보건대 그 덕에 걸맞을 수 있는 것이 없다. 觀天下之物, 無可以稱其德.

**集說** 교제郊祭는 하늘에 보답하는 중대한 일이지만, 길어지는 해가 도래함을 맞이하는데 중점을 둔다. 「제의祭義」(18)에는 "달을 배향한다"고 하였다. 그러므로 방씨方氏는 "하늘은 존귀하여 인위적 작용이 없기 때문에 그 도로써 제사지낼 수는 있지만, 그 일로써 주인이 되게 할 수는 없다. 그러므로 단지 해를 주신主神이 되게 하는 것이다"[55]라고 한다. 하늘은 양을 주관하고, 해는 모든 양의 으뜸이다. 그러므로 양의 자리에 나아가 교郊의 제단을 마련한다. '도기陶器'와 '바가지'(匏) 또한 그릇 중에서 질박한 것이다. 질박함은 사물 본연의 성품이다. 郊祭者, 報天之大事, 而主於迎長日之至. 「祭義」云: "配以月." 故方氏謂"天之尊無爲, 可祀之以其道, 不可主之以其事. 故以日爲之主焉". 天秉陽, 日者衆陽之宗. 故就陽位而立郊兆. '陶'·'匏', 亦器之質者. 質乃物性之本然也.

【교특생 37】

교에서 제사를 지내기 때문에 교郊라고 한다. 희생은 붉은 소를 쓴다. 붉은색을 숭상하는 것이다. 희생은 송아지를 쓰는데, 순결함을 귀하게 여기는 것이다. 교제에서 신일辛日을 쓰는 것은 왜인가?
於郊, 故謂之郊. 牲用騂. 尙赤也. 用犢, 貴誠也.① 郊之用辛也?

鄭注 ① '붉은색을 숭상한다'(尙赤)는 것은 주周나라이다. '尙赤'者, 周也.

集說 교제郊祭에서 신일辛日을 쓰는 것이 무엇을 뜻하는지 물은 것이다. 問郊之用辛日何謂.

【교특생 38】

주周나라에서 처음 교제郊祭를 지낼 때 그 (신일辛日이 되는) 날이 마침 동지였다.
周之始郊, 日以至.

鄭注 교제를 지내는 그날이 주周나라가 하늘에 교제郊祭를 지내던 달에 동지가 된 것으로, 양기가 새롭게 작용하므로 그것을 따라서 신일辛日을 사용한 것임을 말한다. 그러나 이 설은 잘못된 것이다. 하늘에 교제를 지내는 달에 동지가 되는 경우는 노魯나라의 예이다. 삼대의 교제郊祭는 모두 하력夏曆 정월을 사용하였다. 노魯나라에서는 동지에 원구圜丘에서 하늘에 제사를 드리는 일이 없었다. 그러므로 건자建子 달(하력夏曆 10월)에 하늘에 교제를 지내 미리 (해가 길어지는) 일이 있을 것임을 보였다. 신일辛日을

사용한 것은 무릇 군주가 되면 재계하여 자신을 쇄신해야 하기 때문일 뿐이다. 주나라가 쇠약해지고 예가 무너지자 유자儒者들이 주나라의 예가 노나라에 남아 있음을 보고 노나라의 예를 미루어 주나라의 일을 말하였던 것이다. 言日以周郊天之月而至, 陽氣新用事, 順之而用辛日. 此說非也. 郊天之月而日至, 魯禮也. 三王之郊, 一用夏正. 魯以無冬至祭天於圜丘之事. 是以建子之月郊天, 示先有事也. 用辛日者, 凡爲人君, 當齊戒自新耳. 周衰禮廢, 儒者見周禮盡在魯, 因推魯禮以言周事.

**集說** 주나라가 처음 교제를 지낼 때 마침 동지일이 신일辛日이었기 때문에, 그 이후 동지 후 신일辛日을 교제일로 사용하였음을 말한다. 謂周家始郊祀, 適遇冬至是辛日, 自後用冬至後辛日也.

**【교특생 39】**

교제에 대해 점을 칠 때, 종묘에서 명을 받고 녜묘禰廟에서 거북을 사용해 점을 친다. 선조를 존중하고 선친을 친애하는 의리다.
卜郊, 受命于祖廟, 作龜于禰宮. 尊祖親考之義也.

**鄭注** '명을 받는다'(受命)는 것은 선조에게 알리고 물러나와 점을 치는 것을 말한다. '受命', 謂告之退而卜.

**集說** 종묘에 고하고 일을 행하면, 선조로부터 명을 받은 것과 같다. 이것이 선조를 존중하는 의리다. '작作'은 사용한다는 뜻과 같다. 거북을 사용해 점을 치는데 녜묘禰廟에서 한다. 이것이 선친을 친애하는 의리다. 「곡례하曲禮下」(116)에는 "대향제에는 점을 치지 않는다"라고 하였다. 이미 동지冬至일을 사용하면 날이 정해진 것이다. 여기서는 다만 '교제郊祭에 대해 점을

친다'고 하였으므로 날짜를 점치는 것이 아니다. 아래 글(45)에서 "상제에 대한 제사에 쓰는 희생(帝牛)이 길하지 않으면"이라고 하였으니, 어쩌면 희생의 길흉을 점치는 것이다. 그렇지 않다면 다른 시대의 예禮이다. 告于祖廟而行事, 則如受命于祖. 此尊祖之義. '作', 猶用也. 用龜以卜而于禰宮. 此親考之義. 「曲禮」言, "大饗不問卜." 旣用冬至, 則有定日. 此但云'卜郊', 則非卜日矣. 下文言, "帝牛不吉", 亦或此爲卜牲歟. 不然則異代之禮也.

**【교특생 40】**

점을 치는 날, 왕은 택궁澤宮에 서서 직접 명령에 따르기로 맹세하는 것을 직접 듣는데, 가르침과 간언을 받는 의리다.

卜之日, 王立于澤, 親聽誓命, 受教諫之義也.

**鄭注** '택澤'은 택궁澤宮이다. 유능한 자를 뽑는 곳이다. 점을 친 다음 반드시 택궁에 이르러 제사에 참여할 만한 이들을 뽑고, 이어 예禮로써 맹세하게 한다. 「예기禮器」(59)에 "뛰어난 자를 천거하여 배치하였으며, 대중들을 불러 모아 맹세하게 하였다"라고 하였는데, 바로 이 일을 가리킨다. '澤', 澤宮也. 所以擇賢之宮也. 旣卜, 必到澤宮, 擇可與祭祀者, 因誓勅之以禮也. 「禮器」曰: "擧賢而置之, 聚衆而誓之", 是也.

**集說** '택澤'은 택궁澤宮[56]을 뜻한다. 그 안에서 활을 쏘아 사士를 선발한다. 그것을 따서 택궁이라고 부른다. 또한 그 장소가 수택水澤에 가깝기 때문에 그렇게 이름 지었다. 그날 점치는 일이 끝나면, 담당 관리가 제사의 일로써 일을 맡은 여러 사람들에게 명령에 따르기로 맹세하도록 하며, 군주도 또한 그것을 듣고 받는다. 이것이 '가르침과 간언을 받는다'(受教諫)는

뜻이다. '澤', 澤宮也. 於其中射以擇士. 因謂之澤宮. 又其宮近水澤, 故名也. 其日卜竟, 有司卽以祭事, 誓戒命令衆執事者, 而君亦聽受之. 是'受敎諫'之義也.

**【교특생 41】**

담당관리가 명령하는 일을 아뢰면, 군주는 고문庫門 안에서 백관들에게 계고한다. 종묘 안에서 계고하는 것은 군주의 친족들에게 계고하는 것이다.

獻命, 庫門之內, 戒百官也. 大廟之命, 戒百姓也.

**鄭注** 군주가 택궁澤宮으로부터 돌아오면, 계고戒告하는 예를 행하여 거듭해서 서로 경계하게 한다. '고문庫門'은 치문雉門 밖에 있다. 고문庫門으로 들어오면 종묘 문 밖에 이르게 된다. '태묘大廟'는 종묘宗廟이다. '백관百官'은 공경 이하의 모든 관리를 가리킨다. '백성百姓'은 군주의 친족을 가리킨다. 종묘에 들어와서 행하는 것은 친족을 친애할 것을 계고戒告함이다. 군주는 이 종묘로부터 돌아와 노침路寢(정전正殿)에서 재계한다. '고庫'는 어떤 본에는 '구廐'로 되어 있다. 王自澤宮而還, 以誓命重相申勅也. '庫門'在雉門之外. 入庫門則至廟門外矣. '大廟'者, 祖廟也. '百官', 公卿以下也. '百姓', 王之親也. 入廟, 戒親親也. 王自此還齊路寢之室. '庫'或爲'廐'.

**集說** 유사가 군주에게 백관들에게 명령하는 일을 아뢰면, 국왕은 고문庫門 안에서 백관들을 모아놓고 계고한다. 또한 태묘太廟 안에서 친족이 되는 신하들에게 계고戒告한다. 有司獻王所以命百官之事, 王乃於庫門內, 集百官而戒之. 又於大廟之內, 戒其族姓之臣也.

**【교특생 42】**

제사지내는 날 군주는 피변皮弁(조복朝服)을 입고 제사의 일에 대하여 보고하는 것을 들어 백성들에게 위에서 엄격하게 예를 준수함을 보인다. 상을 당한 사람들은 곡을 하지 않고 감히 흉복을 하지 않으며, 물을 뿌리고 청소하며 길의 흙을 뒤집어놓으며, 육향六鄕의 백성들은 밭두둑 끝에서 횃불을 설치해놓고 길을 밝힌다. 위에서 명령하지 않아도 백성들은 위의 뜻을 따르는 것이다.

祭之日, 王皮弁以聽祭報, 示民嚴上也.① 喪者不哭, 不敢凶服, 氾埽反道, 鄕爲田燭.② 弗命而民聽上.③

**鄭注** ① '보報'는 아뢴다는 뜻이다. 새벽에 일어나 조복朝服을 입고 제사의 일에 대해 아뢰는 것을 기다린다. 이후 제복祭服을 입고 제사를 지낸다. 『주례』에 "제사지내는 날 소종백小宗伯은 제사 음식을 살펴보고 군주에게 제사를 드릴 시간을 아뢰고 군주에게 제사음식이 갖추어졌음을 아뢴다"[57]라고 하였다. '報', 猶白也. 夙興朝服以待白祭事者. 乃後服祭服而行事也. 『周禮』"祭之日, 小宗伯逆粢省鑊, 告時于王, 告備于王"也.

② 교郊의 길에 사는 백성들이 그렇게 함을 말한다. '길의 흙을 뒤집는다'(反道)는 것은 지면을 깎아서 새 흙이 위에 놓이게 하는 것이다. '밭에 불을 밝혀놓는다'(田燭)는 것은 밭두둑의 끝에 불을 밝혀놓는 것이다. 謂郊道之民爲之也. '反道', 剗令新土在上也. '田燭', 田首爲燭也.

③ 군주가 위에서 엄격하게 예를 준수함에 감화를 받아 교화된 것이다. 化王嚴上.

**集說** '제사의 일을 보고한다'(祭報)는 것은 제사지내는 시기의 늦고 빠름과, 희생과 음식 등의 일이 갖추어졌음 등을 보고하여 아뢰는 것이다. '범소氾埽'

는 물을 뿌리고 나서 청소하는 것이다. '길의 흙을 뒤집는다'(反道)는 것은 지면을 뒤집어 새 흙이 위에 놓이게 하는 것이다. '향鄕'은 교郊 안의 육향六鄕을 가리킨다. 육향의 백성들이 각각 밭두둑 끝에 횃불을 설치해놓고 길을 밝히는데 군주가 일찍 제사를 행할까 염려해서이다. '상喪을 당한 사람들은 곡을 하지 않는다'(喪者不哭) 이하의 일들은 모두 위에서 명령하지 않아도 백성들이 자발적으로 따르는 것이다. 대개 해마다 행하여 정기적으로 행해지는 것으로 여기기 때문이다. '祭報', 報白日時早晩及牲事之備具也. '氾埽', 洒水而後埽也. '反道', 剗道路之土, 反之令新者在上也. '鄕', 郊內六鄕也. 六鄕之民, 各於田首, 設燭照路, 恐王行事之早也. '喪者不哭'. 以下諸事, 皆不待上令而民自聽從. 蓋歲以爲常也.

**【교특생 43】**

제사지내는 날 군주는 곤의袞衣를 입어 하늘을 본뜬다(象天).

祭之日, 王被袞以象天.

**鄭注** 옷에 해·달·별 등(의 문양)으로 하늘을 본뜸을 가리킨다. 이것은 노魯나라의 예禮이다. 『주례』에 "천자가 호천昊天 상제上帝에게 제사지낼 때 대구大裘를 입고 면류관을 쓴다. 오제五帝에게 제사를 지낼 때에도 똑같이 한다"라고 하였다. 노魯나라 제후의 복식은 "곤의袞衣에 면류관을 쓰는 것 이하의 복식"이다.[58] 謂有日·月·星·辰之象. 此魯禮也. 『周禮』"王祀昊天上帝, 則服大裘而冕. 祀五帝亦如之." 魯侯之服, "自袞冕而下"也.

**集說** '하늘을 본뜬다'(象天)는 것은 옷에 해·달 그리고 별 등의 문양을 새겨 장식하는 것을 가리킨다. ○ 장락 진씨長樂陳氏(진상도陳祥道[59])는 말한다. "『주례』와 『예기』의 내용을 결부시켜 살펴볼 때, 천자가 하늘에 제사지낼

때 안에는 태구大裘를 입고 겉에 곤룡포(龍衮)를 입는다. 곤룡포는 대구 위에 껴입는 옷이다."[60] '象天', 謂有日 · 月 · 星 · 辰之章也. ○陳氏曰: "合『周官』·『禮記』而考之, 王之祀天, 內服大裘, 外被龍衮. 龍衮所以襲大裘也."

**【교특생 44】**

면류관을 쓰고, 조璪(면류관 술)[61]가 12개의 술로 된 것은 곧 하늘의 수數이다. 소거素車를 타는 것은 그 질박함을 귀하게 여기는 것이다. 깃발에는 12개의 술이 있고, 용의 문양을 하고 해와 달을 그려 넣어 하늘을 본뜬다. 하늘이 상象을 드리우고, 성인聖人은 그것을 법으로 본받는다. 교제郊祭는 천도天道를 밝히려는 것이다.

戴冕, 璪十有二旒, 則天數也.① 乘素車, 貴其質也. 旂十有二旒, 龍章而設日月, 以象天也.② 天垂象, 聖人則之. 郊所以明天道也.③

**鄭注** ① 하늘의 큰 수(大數)는 12를 넘지 않는다. 天之大數不過十二.

② '해와 달을 그려놓는다'(設日月)는 것은 기旂에 그려놓는 것이다. '소거素車'는 은殷나라의 수레이다. 노魯나라 제후는 은殷나라의 예를 사용하였다. '設日月', 畫於旂上. '素車', 殷路也. 魯公之郊, 用殷禮也.

③ '밝힌다'(明)는 것은 법으로 본받아 사람들에게 보여주는 것을 가리킨다. '明', 謂則之以示人也.

**集說** '조璪'는 조藻(바닷말)와 같다. '소거素車'는 은殷나라의 수레이다. 기旂의 술과 면류관의 술은 모두 아래에 법도를 내려주는 뜻을 취한 것이다. 나머지는 앞에서 나온다. '璪', 與藻同. '素車', 殷之木路也. 旂之旒與冕之旒, 皆取垂下之義. 餘見前.

**【교특생 45】**

제우帝牛가 길하지 않으면, 직우稷牛를 사용한다. 제우帝牛는 반드시 우리(滌)에 3개월 동안 있어야 한다. 직우稷牛는 오직 갖추어놓는다. 천신天神을 섬기는 것과 인귀人鬼를 섬기는 것에 차별을 두는 것이다. 만물은 하늘에 근본을 두고 있고 인간은 조상에 근본을 두고 있다. 이것이 선조를 상제에게 배향하는 이유이다. 교제郊祭는 근본에 보답하고 처음 시작한 이를 추념함의 큰 것이다.

帝牛不吉, 以爲稷牛.① 帝牛必在滌三月. 稷牛唯具. 所以別事天神與人鬼也.② 萬物本乎天, 人本乎祖. 此所以配上帝也.③ 郊之祭也, 大報本反始也.

**鄭注** ① 희생을 기를 때는 반드시 두 마리를 기른다. 養牲必養二也.

② '척滌'은 우리 안의 소제된 곳이다. '오직 갖추어놓는다'(唯具)는 것은 상황에 따라 또한 택해서 사용할 수 있는 것이다. '滌', 牢中所搜除處也. '唯具', 遭時又選可用也.

③ 함께 근본이 되기 때문에 배향할 수 있음을 말하는 것이다. 言俱本可以配.

**集說** 교제에서 후직后稷을 하늘에 배향한다. 그러므로 상제上帝에게 제사드리면 제우帝牛라고 하고 후직에게 제사드리면 직우稷牛라고 한다. '척滌'은 우리 안의 깨끗이 소제된 곳이다. 이 두 소는 모두 척 안에 있다. '위爲'는 사용한다(用)는 뜻과 같다. 제사할 시기가 되어 희생을 점친 결과 길하지 않거나 또는 상하고 죽는 등 변고가 생기면 곧바로 직우를 제우로 사용하고 따로 직우를 택한다. 척滌에 3개월 동안 있지 않으면 제우가 될 수 없다. 그러므로 직우로 제우를 대신하는 것이다. 직稷은 인귀人鬼이다. 그 소

는 다만 갖추어 사용하면 충분하다. 그러므로 '직우는 오직 갖추어놓는다'(稷牛唯具)라고 한 것이다. 사람은 시조에 근본을 둔다. 그러므로 시조를 상제에 배향한다. 이것이 '교제郊祭는 근본에 보답하고 처음 시작한 이를 추념함의 큰 것'이다. 郊祀, 后稷以配天. 故祭上帝者謂之帝牛, 祭后稷者謂之稷牛. '滌'者, 牢中淸除之所也. 此二牛皆在滌中. '爲', 猶用也. 若至期, 卜牲不吉, 或有死傷, 卽用稷牛爲帝牛, 而別選稷牛也. 非在滌三月者, 不可爲帝牛. 故以稷牛代之. 稷乃人鬼. 其牛但得具用足矣, 故云'稷牛唯具'. 人本乎祖. 故以祖配帝. 是'郊之祭乃報本反始之大'者.

**【교특생 46】**

천자는 8신神에게 대사大蜡(큰 납향제)를 지낸다. 이기씨伊耆氏가 처음 납향제(蜡)를 지냈다. 사蜡는 찾는다는 뜻이다. 매년 12월 만물이 닫고 감추는 때에 만물을 모아 그 신을 찾아서 제사드린다.

天子大**蜡**八.① 伊耆氏始爲**蜡**.② **蜡**也者索也.③ 歲十二月合, 聚萬物而索饗之也.④

鄭注 ① 제사드리는 대상이 8신神이다. 所祭有八神也.

② '이기씨伊耆氏'는 옛날 천자의 호칭이다. '伊耆氏', 古天子號也.

③ 찾음을 말한다. 謂求索也.

④ '매년 12월'(歲十二月)은 주周나라의 정수로 건해建亥 달이다. '향饗'은 그 신에게 제사드리는 것이다. 만물 가운데 인민에게 공로를 끼친 것이 있으면 신神으로 삼아 제사드려 보답하고 그것을 처음 만든 이를 배향한다. '歲十二月', 周之正數, 謂建亥之月也. '饗'者, 祭其神也. 萬物有功加於民者, 神使爲之也, 祭之以報焉, 造者配之也.

集說 납향제(蜡)에서는 8신에게 제사드린다. 선색先嗇[62]이 첫 번째요, 사색司嗇[63]이 두 번째요, 전준田畯(農)이 세 번째요, 우표철郵表畷이 네 번째요, 묘호貓虎가 다섯 번째요, 제방(坊)이 여섯 번째요, 봇도랑(水庸)이 일곱 번째요, 곤충昆蟲이 여덟 번째 신이다. '이기씨伊耆氏'는 요堯이다. '색索'은 찾는다는 뜻이니 그 신을 찾는 것이다. '합合'은 닫는다는 뜻과 같다. 닫고 감추는 달에 만물은 각자 근본으로 되돌아가 본원으로 회귀한다. 성인聖人이 그 신들 가운데 공로가 있는 신들에게 보답하고 싶어 하였다. 그래서 그 신들을 찾아서 제사를 드린 것이다.蜡祭八神. 先嗇一, 司嗇二, 農三, 郵表畷四, 貓虎五, 坊六, 水庸七, 昆蟲八. 伊耆氏, 堯也. '索', 求, 索其神也. '合', 猶閉也. 閉藏之月, 萬物各已歸根復命. 聖人欲報其神之有功者. 故求索而享祭之也.

**【교특생 47】**

납향제에서는 선색先嗇(神農)을 주신으로 삼으면서 사색司嗇(后稷)에게 제사지낸다. 백종百種(백곡의 신)에게 제사를 지내 농사에 공로가 있는 것에 대하여 보답한다(報嗇).

蜡之祭也, 主先嗇而祭司嗇也.① 祭百種, 以報嗇也.②

鄭注 ① '선색先嗇'은 신농神農의 경우를 가리킨다. '사색司嗇'은 후직后稷이 그것에 해당한다. '先嗇', 若神農者. '司嗇', 后稷是也.

② 농사에서 심고 재배한 공이 있는 바에 대하여 모두 제사지내게 한다. 嗇所樹藝之功, 使盡饗之.

集說 '색嗇'은 수확한다(穡)는 뜻과 같다. '선색先嗇'은 신농神農이다. 주主는 앞 장[64]에서 '해를 주신으로 삼는다'(主日)고 할 때의 주主와 같은 뜻이

다. 8신의 주신이 됨을 말한다. '사색司嗇'은 상고시대 농사를 담당한 관직이다. '백종百種'은 모든 곡물의 종자를 관장하는 신이다. '농사에 공로가 있는 것에 대하여 보답한다'(報嗇)는 것은 백성들에게 심고 재배하는 것을 가르친 공로에 보답하는 것이다. '嗇', 與穡同. '先嗇', 神農也. 主如前章'主日'之主. 言爲八神之主也. '司嗇', 上古后稷之官. '百種', 司百穀之種之神也. '報嗇', 謂報其敎民樹藝之功.

【교특생 48】

전준(農)과 우표철郵表畷 그리고 금수禽獸에 대하여 제사드리니, 인仁을 지극히 함이요 의義를 다하는 것이다.

饗農及郵表畷·禽獸, 仁之至, 義之盡也.

鄭注 '농農'은 전준田畯이다. '우표철郵表畷'은 전준이 정전井田 사이에서 백성들을 독려하는 곳이다. 『시詩』에 "아래 나라 제후들이 백성들을 결속시키는 곳에서 흩어지지 않게 하는 바가 되었다"65)고 하였다. '금수禽獸'는 복불씨服不氏가 가르치고 길들인 맹수들이다. '農', 田畯也. '郵表畷', 謂田畯所以督約百姓於井間之處也. 『詩』云: "爲下國畷郵." '禽獸', 服不氏所敎擾猛獸也.

集說 '농農'은 고대의 전준田畯으로 백성에게 공로가 있는 자이다. '우郵'는 문서를 전달하는 전령들이 머무는 역관驛館이다. 농로가 서로 연결되는 곳을 표출하여 역관을 지어놓고, 전준田畯이 그곳에 머물면서 백성들을 독려하게 하였으므로 '우표철郵表畷'이라고 불렀다. '금수禽獸'는 고양이와 호랑이 종류이다. '農', 古之田畯, 有功於民者. '郵'者, 郵亭之舍也. 標表田畔相連畷處, 造爲郵舍, 田畯居之, 以督耕者, 故謂之'郵表畷'. '禽獸', 貓虎之屬也.

【교특생 49】

옛날 군자는 부리면 반드시 보답하였다. 고양이 신을 맞이한 것은 고양이가 들쥐를 잡아먹기 때문이요, 호랑이 신을 맞이한 것은 멧돼지를 잡아먹기 때문이다. 그 신을 맞이해서 제사지냈다. 제방(坊)과 봇도랑(水庸)에 대하여 제사한 것은 농사 일(事)에 공로가 있기 때문이다.

古之君子, 使之必報之. 迎貓, 爲其食田鼠也, 迎虎, 爲其食田豕也. 迎而祭之也.① 祭坊與水庸, 事也.②

鄭注 ① 그 신을 맞이하는 것이다. 迎其神也.

② '수용水庸'은 봇도랑이다. '水庸', 溝也.

集說 들쥐와 멧돼지는 모두 농사를 해친다. 그러므로 그들을 잡아먹는 동물들은 농사에 공로가 있는 것이 된다. '맞이한다'(迎)는 것은 그 신을 맞이하는 것이다. '방坊'은 제방으로 물을 저장하기도 하고 또한 물의 범람을 막기도 한다. '용庸'은 봇도랑으로 물을 받기도 하고 물을 흘려보내기도 한다. 이들은 모두 농사일에 필요하다. 그러므로 '일이다'(事也)라고 하였다. 미산 소씨眉山蘇氏(소식蘇軾)는 말한다. "고양이를 맞이할 때는 고양이 시동모양을 하고 호랑이를 맞이할 때는 호랑이 시동모양을 하여 배우가 하는 모양과 비슷하다. 그러므로 자공子貢은 '나라 사람 전부가 미친 것 같다'66)고 말하였다."67) 田鼠·田豕, 皆能害稼. 故食之者爲有功. '迎'者, 迎其神也. '坊', 隄也, 以蓄水, 亦以障水. '庸', 溝也, 以受水, 亦以洩水. 皆農事之備. 故曰'事也'. 眉山蘇氏, "以爲迎貓則爲貓之尸, 迎虎則爲虎之尸, 近於倡優所爲. 是以子貢言'一國之人皆若狂'也."

【교특생 50】

납향제의 축사祝辭에서 "땅은 안정된 곳으로 돌아가게 하고, 물은 구덩이로 돌아가게 하고, 곤충昆蟲은 생겨나지 않게 말며, 초목은 뿌리를 늪과 못으로 돌아가게 한다"라고 말한다.

曰: "土反其宅, 水歸其壑, 昆蟲毋作, 草木歸其澤."

鄭注 이것은 납향제 때의 축사祝辭이다. 축사가 같으면 같은 곳에서 제사함을 알 수 있다. '학壑'은 구덩이다. '곤충昆蟲'은 더울 때 살다가 추울 때 죽는 명충螟蟲(마디)과 황충蝗蟲(메뚜기) 따위로 농사에 해가 되는 것들이다. 此蜡祝辭也. 若辭同, 則祭同處可知矣. '壑', 猶坑也. '昆蟲', 暑生寒死, 螟螽之屬, 爲害者也.

集說 이것은 축사祝辭이다. '택宅'은 안정되어 있다는 뜻이다. 땅이 안정되면 무너지는 일이 없고, 물이 구덩이로 돌아가면 범람하는 일이 없다. '곤충昆蟲'은 명충螟蟲(마디)과 황충蝗蟲(메뚜기) 따위로 농사에 해를 끼치는 것들이다. '작作'은 일어난다는 뜻이다. 초목은 제각기 뿌리를 늪과 못으로 돌아가게 하고 농사짓는 전지에서 생겨나지 못하게 한다. 此祝辭也. '宅', 猶安也. 土安則無崩圮, 水歸則無泛溢. '昆蟲', 謂螟蝗之屬, 害稼者. '作', 起也. 草木各歸根于藪澤, 不得生於耕稼之土也.

【교특생 51】

피변皮弁과 소복素服 차림을 하고 제사지낸다. 소복을 입는 것은 생을 마감하는 대상들을 전송하기 때문이다. 갈대葛帶를 두르고 진장

榛杖(개암나무 지팡이)을 짚는 것은 상례喪禮의 줄인 형태이다. 납향제는 인仁을 지극히 함이요, 의義를 다하는 것이다.

皮弁·素服而祭. 素服, 以送終也. 葛帶榛杖, 喪殺也. 蜡之祭, 仁之至, 義之盡也.

**鄭注** '생을 마감하는 대상들을 전송한다'(送終)와 '상례의 줄인 형태이다'(喪殺) 등은 이른바 노물老物[68]에 대해서 제사지내기 때문이다. '소복素服'은 웃옷과 하의가 모두 흰색이다. '送終'·'喪殺', 所謂老物也. '素服', 衣裳皆素.

**集說** 한 해의 일을 도와 이룬 사물들은 이때 이르러 노쇠해진다. 노쇠하면 생을 마치게 된다. 그러므로 피변皮弁과 소복素服 차림에 갈대葛帶를 두르고 진장榛杖(개암나무 지팡이)을 짚고 전송하니 상례喪禮의 줄인 형태이다. 이것이 '의義를 다하는 것'이다. 제사를 지내 그 공로에 보답하는 것은 '인仁을 지극히 함'이다. 『주례』「춘관春官·약장籥章」에 "나라에서 납향제를 지낼 때, 빈송豳頌을 불고 토고土鼓를 치며 노물老物을 위로한다"(國祭蜡, 則龡豳頌擊土鼓, 以息老物)고 하였다. 物之助成歲功者, 至此而老. 老則終矣. 故皮弁素服, 葛帶榛杖, 以送之, 喪禮之殺也. 此爲'義之盡'. 祭報其功, 則'仁之至'也. 『周禮』「籥章」云: "國祭蜡, 則龡豳頌擊土鼓, 以息老物."

**【교특생 52】**

황의黃衣를 입고 황관黃冠을 쓰고 선조와 오사五祀의 신에게 납제臘祭를 지내는데, 농부들을 휴식케 하는 것이다. 향촌의 남자들은 황관을 쓴다. 황관은 향촌의 복식이다.

黃衣·黃冠而祭, 息田夫也.① 野夫黃冠. 黃冠, 草服也.②

鄭注 ① '제사한다'(祭)는 것은 납향제(蜡)를 지내고 선조와 오사五祀의 신에게 납제臘祭를 지내는 것이다. 이때 농민들을 위로하여 휴식케 한다. 『논어論語』에 "황의黃衣에 호구狐裘(여우털 갖옷)를 입는다"69)고 하였다. '祭', 謂旣蜡, 臘先祖·五祀也. 於是勞農以休息之. 『論語』云: "黃衣狐裘."

② 제사를 지내 백성들을 휴식케 함을 말한다. 의복은 그 시기 사물들의 색을 본뜬다. 계추季秋(9월)에 초목은 황색이 되고 낙엽이 진다. 言祭以息民. 服象其時物之色. 季秋而草木黃落.

集說 「월령月令」(217)에 "선조와 오사五祀의 신에게 납제臘祭를 지내고, 농민을 위로하여 휴식을 취하게 한다"고 하였는데, 이 제사가 그것이다. '황관黃冠'(황색 관)은 향촌 백성들의 복식이지만 그 자세한 내용은 모른다. 「月令」"臘先祖五祀, 勞農以休息之", 此祭是也. '黃冠'爲草野之服, 其詳未聞.

【교특생 53】

대라씨大羅氏는 천자를 위해서 조수鳥獸를 관장하는 관리다. 제후가 천자에게 바치는 조수鳥獸의 공물은 대라씨의 일에 속한다. 제후의 사자가 초립草笠(풀로 엮은 삿갓)을 쓰고 왕성에 이르는데, 이는 농부의 복식을 존중하는 것이다.

大羅氏, 天子之掌鳥獸者也. 諸侯貢屬焉. 草笠而至, 尊野服也.

鄭注 제후는 납향제 때 사자使者를 시켜서 초립草笠(풀로 엮은 삿갓)을 쓰고

조수鳥獸를 공물로 바치게 한다. 『시詩』에 "저 왕성의 인사들 부수夫須[70])로 엮은 삿갓과 치포관(緇撮)[71])을 썼다네"라고 하였고 또 "그 새참은 기장밥이네. 그 삿갓 사뿐사뿐하네"[72])라고 하였는데, 모두 농부의 복식을 말한 것이다. 諸侯於蜡, 使使者戴草笠, 貢鳥獸也. 『詩』云: "彼都人士, 臺笠緇撮", 又曰: "其餉[73])伊黍, 其笠伊糾", 皆言野人之服也.

**集說** 제후가 바치는 조수鳥獸의 공물은 대라씨大羅氏가 관장하는 일에 속한다. 제후의 사자가 초립을 쓰는데 이것은 농부의 복식을 존중하는 것이다. 諸侯鳥獸之貢, 屬大羅氏之掌. 其使者戴草笠, 是尊野服.

**【교특생 54】**

라씨羅氏가 사슴과 여자를 보여주면서[74]) 천자의 말로 사자에게 고하여 돌아가 군주에게 고하게 한다. 제후를 경계시켜 이르기를 "사냥을 좋아하고 여색을 좋아하면 자신의 나라를 망하게 한다"라고 한다. 羅氏致鹿與女, 而詔客告也. 以戒諸侯曰: "好田·好女者亡其國."

**鄭注** 제후의 사자에게 고하여 돌아가 이것으로 그 군주에게 고하게 하는 것이다. 경계시키기 위함이다. 詔使者, 使歸以此告其君, 所以戒之.

**集說** '사슴'(鹿)은 사냥에서 잡은 것이다. '여자'(女)는 멸망한 나라에서 포로가 된 이다. '객客'은 공물을 바치러 온 사자이다. 사자가 돌아갈 때, 라씨羅氏는 사슴과 여자를 사자에게 보여주고 천자의 명령으로 고하여 돌아가 자신의 군주에게 고하게 한다. 천자의 말로써 경계시키기를 "사냥을 좋아하고 여색을 좋아하면 반드시 자신의 나라를 망하게 한다"라고 고한다. 구

설舊說[75]이 이와 같다. 그러나 사슴은 매년 잡을 수 있지만 망한 나라의 여자는 항상 있는 것이 아니다. 자세한 내용을 모르겠다. '鹿'者, 田獵所獲. '女'則所俘於亡國者. '客', 貢使也. 使者將返, 羅氏以鹿與女示使者, 以王命詔之, 使歸告其君. 而以王言戒之曰"好田獵, 好女色者, 必亡其國." 舊說如此. 然鹿可歲得, 而亡國之女不恒有. 其詳未聞也.

**【교특생 55】**

(제후를 경계시켜 이르기를) "천자는 오이와 과실(瓜華)을 심을 뿐으로, 거두어들여 오래 저장할 수 없는 작물이다"라고 한다.

"天子樹瓜華, 不斂藏之種也."

**鄭注** '화華'는 과실이다. 또한 천자가 오이와 과실을 심을 뿐이라는 것으로 고하여, 제후에게 이익이 되는 재화를 축재하는 것을 경계시킨 것이다. '華', 果蓏也. 又詔以天子樹瓜蓏而已, 戒諸侯以蓄藏蘊財利也.

**集說** '과화瓜華'는 오이와 과실 종류이다. 천자가 심는 것은 오이와 과실 등으로 한 때 필요한 것을 공급할 뿐이요, 거두어들여 오래 저장할 수 있는 작물이 아니다. 거두어들여 오래 저장할 수 있는 것들은 심지 않는다. 백성과 이익을 다투는 것을 싫어하기 때문이다. 이것 역시 제후의 사자에게 돌아가 자신의 군주에게 고하게 하여 경계시키는 일이다. '瓜華', 瓜與果蓏之屬也. 天子所種者, 瓜華供一時之用而已, 不是收斂久藏之種也. 若可收斂久藏之物, 則不樹之. 惡與民爭利也. 此亦令使者歸告戒其君之事.

**【교특생 56】**

8신神에게 납향제를 지낼 때 사방四方 지역의 풍흉을 기록한다. 사방 지역 가운데 농사가 순조롭게 완수되지 않았으면, 그곳은 8신에게 납향제를 지내지 못하게 하여 백성들에게 재화의 사용을 삼가게 한다. 농사가 순조롭게 완수된 지역에서는 납향제를 지내게 하여 백성들에게 넉넉하게 사용하도록 한다. 납향제를 마치면 거두어들여 쌓아놓고 백성들은 휴식을 취한다. 그러므로 납향제를 마친 뒤로 군자는 일을 일으켜 벌이지 않는다.

八**蜡**以記四方.① 四方年不順成, 八**蜡**不通, 以謹民財也.② 順成之方, 其**蜡**乃通, 以移民也.③ 旣**蜡**而收, 民息已. 故旣**蜡**, 君子不興功.④

**鄭注** ① '사방四方'이라고 한 것은 지역마다 제사가 있기 때문이다. '四方', 方有祭也.

② 그 지역이 흉년이면 납향제(蜡)를 지내지 못한다. 흉년든 지역의 백성들에게 재화를 사용함에 삼가게 하는 것이다. 납향제에는 8신이 있다. 선색先嗇이 첫 번째요, 사색司嗇이 두 번째요, 전준田畯(農)이 세 번째요, 우표철郵表畷에 네 번째요, 묘호貓虎가 다섯 번째요, 제방(坊)이 여섯 번째요, 봇도랑(水庸)이 일곱 번째요, 곤충昆蟲이 여덟 번째 신이다. 其方穀不熟, 則不通於蜡焉. 使民謹於用財. 蜡有八者. 先嗇一也, 司嗇二也, 農三也, 郵表畷四也, 貓虎五也, 坊六也, 水庸七也, 昆蟲八也.

③ '이移'는 부러워한다(羨)는 뜻이다.76) 『시詩』「주송周頌 · 풍년豐年」에 "술을 빚고 단술을 빚어 선조에게 바치네, 그로써 모든 예를 갖추네"라고 하였

으니, 이것이 그 부러워하게 하는 것이겠다. '移'之言羡也. 『詩』「頌 · 豐年」曰: "爲酒爲醴, 烝畀祖妣. 以洽百禮", 此其羡之與.

④ '수收'는 거두어들여 쌓는 것을 가리킨다. 백성을 휴식케 하는 것과 납향제가 서로 다르니, "황의黃衣를 입고 황관黃冠을 쓰고 선조와 오사五祀의 신에게 제사를 지낸다"77)는 것은 납제臘祭임이 틀림없다. '收', 謂收斂積聚也. 息民與蜡異, 則"黃衣黃冠而祭", 爲臘必矣.

**集說** '각 지역을 기록한다'(記四方)는 것은 납향제를 통해 그 지역의 풍흉을 기록하는 것이다. 납향제의 예는 열국들이 모두 행하는데, 만일 그 나라에 흉년이 들었으면, 납향제의 8신神은 다른 지역처럼 제사지내지 못한다. 백성들에게 재화를 사용하는 것에 삼가고 함부로 낭비하지 못하게 하기 위함이다. '이移'는 넉넉하게 허용한다는 뜻이다. 대개 풍년이 들면 백성들의 재화는 조금 넉넉하게 사용할 수 있다. 당정黨正이 백성들에게 술을 마시도록 권유하면, 처음에는 비록 예禮를 따라 마시지만, 배부르고 술이 취하게 되면 또한 흥이 무르익어 유쾌해진 기분에 따라 내키는 대로 즐기게 되니, 공자가 말한 '하루의 은택'이 이것이다. 농민이 한 해 내내 힘들게 노동하다가 이때 이르러 하루 즐기는 시간을 가지니, 이는 위에서 농민을 위로하는 아름다운 뜻이다. 납향제를 마치면 거두어들여 쌓아놓고 백성들은 모두 휴식을 취한다. 그러므로 일을 일으켜 벌이지 않는다. '記四方'者, 因蜡祭而記其豐凶也. 蜡祭之禮, 列國皆行之, 若其國歲凶, 則八蜡之神, 不得與諸方通祭. 所以使民知謹於用財, 不妄費也. '移'者, 寬縱之義. 蓋歲豐, 則民財稍可寬舒用之也. 黨正屬民飮酒, 始雖用禮, 及其飮食醉飽, 則亦縱其酣暢爲樂, 夫子所謂'一日之澤', 是也. 農民終歲勤動, 而於此時得一日之樂, 是上之人勞農之美意也. 旣蜡之後, 收斂積聚, 民皆休息. 故不興起事功也.

**【교특생 57】**

항두恒豆의 절임(菹)은 수초를 쓰는데, 조화로운 기운을 지닌 것이다. 항두의 젓갈은 땅에서 난 것을 쓴다. 가두加豆는 땅에서 난 것을 쓴다. 가두의 젓갈은 물에서 난 것(水物)을 쓴다.

恒豆之菹, 水草之和氣也. 其醢, 陸產之物也. 加豆, 陸產也. 其醢, 水物也.

鄭注 이것은 제후의 경우를 가리킨다. 천자가 행하는 조사朝事[78]의 두豆에는 창포뿌리(昌本), 사슴젓갈(麋臡), 순채절임(茆菹), 노루젓갈(麕臡) 등이 있고, 궤사饋食의 두豆에는 미나리절임(葵菹), 소라젓갈(蠃醢), 돼지 넓적다리고기(豚拍), 생선젓갈(魚醢) 등이 있다. 그 밖의 두豆는 섞어놓는다고 한다.

此謂諸侯也. 天子朝事之豆有昌本・麋臡・茆菹・麕臡, 饋食之豆有葵菹・蠃醢・豚拍・魚醢. 其餘則有雜錯云也.

集說 '항두恒豆'는 매일 정례적으로 올리는 두豆이다. 『주례』 해인醢人이 관장하는 조사朝事의 두豆에 대해 주註에서 "이른 아침 식사 전에 먼저 음식을 올린다"[79]라고 하였다. '저菹'는 초절인 채소(酢菜)이다. '수초水草'는 창포뿌리(昌本)와 순채절임(茆菹) 종류이다. '가두加豆'는 『주례』 주註에 "시尸가 먹고 나면, 왕후가 국왕 다음으로 시尸에게 드리는 추가되는 두豆이다"[80]라고 하였다. 그러나 해인醢人이 관장하는 것은 천자의 예禮이고, 이 경문에서는 제후의 예를 말하였기 때문에 음식물이 이미 다르다. 이 조사朝事의 두豆는 제례祭禮에서 궤사饋食[81] 때 익힌 음식을 올리는 두豆와 함께 항두恒豆가 된다. 그러나 가두加豆는 제사 끝에 시尸에게 술을 따라 올릴 때 쓰는 것이다. '물에서 나는 것'(水物)은 소라젓갈(蠃醢)과 생선젓갈(魚醢)이 그것이다. 채소절임(菹)과 젓갈 모두 두豆에 담는다. '恒豆', 每日常進之豆也.

『周禮』醢人所掌朝事之豆, 註謂, "淸朝未食先進口食"也. '菹', 酢菜也. '水草', 昌本·茆菹之類. '加豆', 『周禮』註謂, "尸旣食, 后亞獻尸所加進之豆." 但醢人所掌, 是天子之禮, 此言諸侯之禮, 物旣不同. 此朝事之豆, 與祭禮饋食薦孰之豆, 俱爲恒豆. 而加豆則祭末酳尸所用也. '水物', 若蠃醢·魚醢是也. 菹·醢皆以豆盛之.

**【교특생 58】**

변籩과 두豆에 올리는 것은 물과 땅의 산물들이다. 함부로 평상시 즐겨 먹는 맛있는 것을 사용하지 않으며 품목이 많은 것을 귀하게 여기니, 신명과 교접하는 도리요, 맛있는 것을 먹는 도리가 아니다. 선왕先王이 신에게 올린 음식들은 먹을 수 있지만 탐해서는 안 된다. (不可耆) (제사 때 사용하는) 곤면卷冕 복식과 수레는 진열할 수 있지만 좋아해서는 안 된다.(不可好) 만무(武)는 씩씩하고 굳센 위용을 보이는 것이니 즐기는 것으로 삼아서는 안 된다. 종묘宗廟는 위엄이 서린 곳으로 편안하게 여겨서는 안 된다. 종묘의 기물은 사용할 수 있지만 자신의 편익을 도모하는데 이용해서는 안 된다. 신명神明과 교류하는 것은 편안하고 즐기는 것의 도리와 같게 할 수 없다.

籩豆之薦, 水土之品也. 不敢用常褻味而貴多品, 所以交於神明之義也, 非食味之道也.① 先王之薦, 可食也而不可耆也. 卷冕路車, 可陳也, 而不可好也. 武壯, 而不可樂也. 宗廟之威而不可安也. 宗廟之器, 可用也, 而不可便其利也. 所以交於神明者, 不可同於所安樂之義也.②

**鄭注** ① 예禮는 차이를 두는 것으로 공경함을 나타냄을 말한 것이다. 言禮以異爲敬.

② '무武'는 만무萬舞이다. '武', 萬舞也.

**集說** '탐해서는 안 된다'(不可耆)는 것은 음식을 먹는 것에 절도가 있어 탐하고 편애해서는 안 됨을 말한 것이다. 구설舊說은 "질박하면서 맛이 없어 입을 즐겁게 할 수 없다"[82]고 하였다. '좋아해서는 안 된다'(不可好)는 것은 존엄한 의복과 기물을 즐기고 좋아하는 데 이용해서는 안 됨을 말한 것이다. '무武'는 만무萬無로 태무大武[83]이다. 이 악무樂舞로써 씩씩하고 굳센 위용을 보여주는 것이므로 평상시 즐기는 것으로 삼아서는 안 된다. 종묘宗廟는 위엄이 서린 곳이므로 처소로 삼아 편안하게 여겨서는 안 된다. 종묘에서 예禮를 행하는 데 쓰는 기물은 이용해서 편익을 도모해서는 안 된다. 신명神明과 교류하는 의리가 이와 같다. '不可耆', 謂食之有節, 不可貪愛. 舊說謂"質而無味, 不能悅口." '不可好', 謂尊嚴之服器, 不可以供玩愛. '武', 萬舞, 大武也. 以示壯勇之容, 不可常爲娛樂. 宗廟, 威嚴之地, 不可寢處以自安. 宗廟行禮之器, 不可利用以爲便. 交神明之義如此.

**【교특생 59】**

술과 단술이 맛있지만, 현주玄酒와 명수明水를 숭상하는 것은 다섯 가지 맛(五味)의 근본을 귀중히 여기는 것이다. 보불黼黻문양과 자수가 아름답지만, 거친 베를 숭상하는 것은 여인들의 일에 시원이 되는 것으로 되돌아가는 것이다. 왕골자리와 대자리가 아름답지만, 부들자리(蒲越)와 볏짚자리(稾秸)를 숭상하는 것은 예禮가 다름을 밝하는 것이다. 대갱大羹은 조미하지 않으니 그 질박함을 귀중하게 여기는 것이다. 대규大圭는 새기지 않으니 그 질박함을 아름답게 여기는 것이다. 단청을 칠하고 문양을 새기는 것이 아름답지만 소거素車를 타는 것은 그 질박함을 존중하는 것이다. 그 질박함을 귀중히 여길 뿐이다. 신명神明과 교류하는 것은 너무 편안하고 너무 허물없는 것(安褻之甚)과 같게 할 수 없다. 이렇게 한 뒤에야 합당한(宜) 것이다.

酒・醴之美, 玄酒・明水之尙, 貴五味之本也. 黼黻・文繡之美, 疏布之尙, 反女功之始也. 莞・簟之安, 而蒲越・稾鞂之尙, 明之也. 大羹不和, 貴其質也. 大圭不琢, 美其質也. 丹漆雕幾之美, 素車之乘, 尊其樸也. 貴其質而已矣. 所以交於神明者, 不可同於所安褻之甚也. 如是而后宜.

**鄭注** 질박함을 숭상하고 근본을 귀중하게 여김에 있어 그 지극함이 이와 같이 함에 이르면 신명神明과 교류하는 올바름을 얻는다. '명수明水'는 사훼司烜가 음감陰鑑[84]으로 달에서 받은 물이다. '포활蒲越'(부들자리)과 '고갈稾鞂'(볏짚자리, 멍석)은 신을 앉게 하는 자리다. '밝힌다'(明之)는 것은 신명神明으로 여기는 것이다. '탁琢'은 전篆자의 잘못임에 틀림없다. '기幾'는 칠기에 장식하는 은악沂鄂[85]이다. 尙質貴本, 其至如是, 乃得交於神明之宜也. '明水', 司烜以陰鑑所取於月之水也. '蒲越'・'稾鞂', 藉神席也. '明之'者, 神明之也. '琢', 當爲篆字之誤也. '幾', 謂漆飾沂鄂也.

**集說** 다섯 가지 맛(五味)이 있기 전 처음에 먼저 물이 있었다. 그래서 물은 다섯 가지 맛의 근본이 된다. 보불黼黻 문양이 있기 전에 먼저 거친 베가 있었다. 그러므로 거친 베는 여인들의 일에서 시원이 된다. 『주례』 사

훼씨司烜氏[86]는 거울로 달에서 명수明水를 받는 것을 담당한다. 대개 그 깨끗함을 취하는 것이다. '밝힌다'(明之)는 것은 그 예禮가 다름을 밝히는 것이다. '조각雕刻'은 새기는 것이다. '기幾'는 칠기 장식의 가선(畿限)이다. '편안히 여기고 허물없는 것이 심하다'(安褻之甚)는 것은 너무 편안히 여기고 너무 허물없이 한다는 말이다. '합당하다'(宜)는 걸맞다는 뜻과 같다. 나머지는 앞에 나온다. 未有五味之初, 先有水. 故水爲五味之本. 未有黼黻, 先有麤布. 故疏布爲女功之始. 『周禮』司烜氏掌以鑒取明水於月. 蓋取其潔也. '明之', 昭其禮之異也. '雕刻', 鏤之也. '幾', 漆飾之畿限也. '安褻之甚', 言甚安甚褻也. '宜', 猶稱也. 餘並見前.

**【교특생 60】**

정鼎과 조俎는 기수이고 변籩과 두豆는 짝수로 음양의 의리다. 황목黃目[87]은 울창주鬱鬯酒를 담는 가장 높은 등급의 술동이다. 황색은 (오방에서) 중앙의 색이다. 눈은 기氣 중에서 청명淸明한 것이다. 안에다 울창주를 따르면 밖으로 청명한 기운이 퍼짐을 말한다.

鼎·俎奇而籩·豆偶, 陰陽之義也.① 黃目, 鬱氣之上尊也. 黃者, 中也. 目者, 氣之淸明者也. 言酌於中而淸明於外也.②

**鄭注** ① 희생은 양陽에 속하고, 여러 음식물은 음陰에 속한다. 牲陽也, 庶物陰也.

② '황목黃目'은 황이黃彝이다. 주周나라에서 귀중하게 여겼던 것으로, 제후의 제사에서는 이 황목이 위가 된다. '黃目', 黃彝也, 周所重, 於諸侯爲上也.

**集說** '황목黃目'은 황이黃彝로 술동이의 한 종류이다. 황금으로 겉면에 아로새겨 눈 문양을 만든다. 그 문양을 따라 황목이라고 명칭을 붙인 것이다.

울창주鬱鬯酒를 저장하므로 향기로운 냄새가 난다. 그러므로 '울창의 향기'(鬱氣)라고 한 것이다. '중中'은 중앙의 색깔이다. '홀수'(奇)와 '짝수'(偶)에 대해서는 앞에서 나왔다. '黃目', 黃彝也, 卣罍之類. 以黃金鏤其外, 以爲目. 因名焉. 用貯鬱鬯之酒, 有芬芳之氣. 故云'鬱氣'. '中', 中央之色也. '奇'·'偶'見前.

**【교특생 61】**

하늘에 제사지낼 때에는 지면을 소제하고 제사를 드린다. 귀중히 여기는 것이 그 질박함에 있을 뿐이다. 식초와 젓갈이 맛있지만, 달인 소금(煎鹽)을 숭상하는 것은 하늘에서 난 것을 귀중히 여기는 뜻이다. 할도割刀가 편리하지만 난도鸞刀를 귀중하게 여기는 것은 그 뜻을 귀중히 여기는 것이다. 방울의 소리가 조화로운 이후에 고기를 자르는 것이다.

祭天, 掃地而祭焉. 於其質而已矣. 醯醢之美, 而煎鹽之尙, 貴天產也. 割刀之用而鸞刀之貴, 貴其義也. 聲和而後斷也.

**集說** 소금은 달여서 정련해야 이루어지므로 '달인 소금'(煎鹽)이라고 하였다. 반드시 난도鸞刀를 사용하는 것은 그 방울의 소리가 조화로움을 얻은 이후에 그 고기를 자르는 뜻을 취한 것이다. '그 뜻을 귀중히 여긴다'(貴其義)는 것은 방울 소리가 조화로움을 귀하게 여기는 뜻이다. 鹽以煎鍊而成, 故曰'煎鹽'. 必用鸞刀者, 取其鸞鈴之聲調和, 而後斷割其肉也. '貴其義', 是貴聲和之義.

**【교특생 62】**

관례冠禮의 의리(冠義)에 의하면, 처음 관을 씌울 때 치포관緇布冠을 씌운다. 태고시대에 관은 흰 베 관이었으며, 재계를 할 때는 검게 물들인 베로 만든 치포관을 썼다. 그 갓끈에 대하여 공자는 "나는 들어본 바가 없다"라고 하였다. 관례를 행하고 폐기해도 된다.

冠義, 始冠之, 緇布之冠也.① 大古冠布, 齊則緇之. 其緌也, 孔子曰: "吾未之聞也."② 冠而敝之可也.③

**鄭注** ① 처음에 관을 세 번 씌울 때, 먼저 치포관緇布冠을 씌운다. 始冠三加, 先加緇布冠也.

② 태고시대에는 장식이 없었다. 당시 사람들이 갓끈을 하는 것을 비판한 것이다. 「잡기雜記」에 "태고시대의 흰 베 관(大白)과 치포관은 갓끈 장식을 하지 않았다"[88]고 하였다. '태백大白'은 곧 태고시대의 흰 베 관으로 지금의 상관喪冠(상에 쓰는 관)이다. '재계를 할 때는 검게 물들인다'(齊則緇之)는 것은 귀신이 어두운 것을 숭상하기 때문이다. 당唐과 우虞 시대[89] 이상을 태고시대라고 한다. 太古無飾. 非時人緌也. 「雜記」曰: "大白緇布之冠不緌." 大白卽太古白布冠, 今喪冠也. '齊則緇之'者, 鬼神尙幽闇也. 唐·虞以上曰太古也.

③ 이것은 태고시대를 귀중하게 여겨서 관으로 사용하는 것일 뿐이다. 삼대三代에 제도를 바꾸어 재계할 때 검게 물들여 썼던 관(齊冠)은 더 이상 사용하지 않았다. 흰 베 관은 질박하므로 상관喪冠으로 사용하였기 때문이다. 此重古而冠之耳. 三代改制, 齊冠不復用也. 以白布冠質, 以爲喪冠也.

**集說** '관의冠義'는 관례冠禮의 의리를 말한다. 관례를 할 때 세 번 관冠을 씌우는데 먼저 치포관을 씌운다. 이것은 태고시대 재계할 때 썼던 관이다.

검게 물들인 베로 만들며, 비녀(笄)를 사용하지 않고 규항(頍)[90]을 사용하여 머리 가장자리를 둘러서 목 가운데서 묶고 이어 비끄러매서 관을 고정시킬 뿐이다. 아래로 늘어뜨리는 갓끈 장식이 있다는 것은 듣지 못하였다. 이 관은 후세에 다시 사용하지 않고, 관례에서 첫 번째 관을 씌울 때 잠시 사용하니, 태고시대를 잊지 않는 것이다. 관례가 끝나면 곧 폐기해도 된다. 「옥조玉藻」(32)에 "치포관에 채색한 갓끈 장식을 한다"고 하였다. 이것은 제후의 경우 지위가 높아 장식을 다하기 때문이다. 그러나 또한 후세에 행한 것일 뿐이다. ○ 석량왕씨石梁王氏는 말한다. "관冠에 관한 단락은 「관의冠義」에 붙여 놓아야 한다." '冠義', 言冠禮之義也. 冠禮三加, 先加緇布冠. 是太古齊時之冠也. 緇布爲之, 不用笄, 用頍以圍髮際, 而結於項中, 因綴之以固冠耳. 不聞有垂下之緌也. 此冠後世不復用, 而初冠暫用之, 不忘古也. 冠禮旣畢, 則敝棄之可矣. 「玉藻」云: "緇布冠繢緌." 是諸侯位尊盡飾故也. 然亦後世之爲耳. ○ 石梁王氏曰: "冠一段當附「冠義」."

**【교특생 63】**

적자適子는 조阼[91]에서 관례를 행하여 대를 이음을 드러낸다. 손님의 자리에서 초례醮禮를 하는 것은 성인이 된 사람에게 예禮를 더하는 뜻이다.(加有成) 세 번 관을 씌움에 있어 뒤에 갈수록 더욱 높은 관을 씌우는 것은 그 뜻을 깨닫게 하는 것이다. 관을 씌우고 나서 자字를 지어 부르는 것은 어릴 때의 이름을 공경하는 취지다.

適子冠於阼, 以著代也.① 醮於客位, 加有成也.② 三加彌尊, 喻其志也.③ 冠而字之, 敬其名也.④

**鄭注** ① 동쪽 서序[92)]의 약간 북쪽은 주인의 자리에 가깝다. 東序少北, 近主位也.

② 관을 씌울 때마다 성인成人의 도리가 있다. 성인이 되면 더욱 높아진다. 손님의 자리(客位)에서 초례醮禮를 하는 것은 높이는 것이다.[93)] 每加而有成人之道也. 成人則益尊. 醮於客位, 尊之也.

③ 처음에 치포관緇布冠을 씌우고, 다음에 피변皮弁을 씌우고, 다음에 작변爵弁을 씌운다. 관이 높아질수록 뜻도 더욱 커진다. 始加緇布冠, 次皮弁, 次爵弁. 冠益尊則志益大也.

④ 성인이 되기 전의 이름으로 부르는 것을 어렵게 여기는 것이다. 重以未成人之時呼之.

**集說** '대를 이음을 드러낸다'(著代)는 것은 주인의 다음이 됨을 드러내는 것이다. 술을 따라 주지만 수작酬酢하는 것이 없는 것을 '초醮'라고 한다. 손님의 자리(客位)는 출입문과 창문 사이 (방의 정중앙)에 있다. '가유성加有成'은 성인이 된 사람에게 예禮를 더하는 것이다. '세 번 관을 씌움'(三加)은 처음에 치포관緇布冠을 씌우고 다음에 피변皮弁을 씌우고, 또 다음에 작변爵弁을 씌우는 것이다. '그 뜻을 깨닫게 한다'(喩其志)는 것은 자신의 생각을 확충하여 존귀한 의복에 걸맞게 해야 함을 알게 하는 것이다. 이 경문의 내용은 적자適子가 행하는 예이다. 서자庶子는 방의 출입문 밖에서 남쪽을 향해서 관례를 행한다. 초례 역시 출입문 밖에서 행한다. 하夏나라와 은殷나라의 예는 초례 때 술을 사용하고 관을 씌울 때마다 한 차례씩 초례를 한다. 주周나라에서는 초례 때 단술(醴)을 사용하였고, 세 번 관을 씌우는 절차를 모두 마친 뒤에 전체로 한 차례 초례를 행한다. '著代', 顯其爲主人之次也. 酌而無酬酢曰'醮'. 客位在戶牖之間. '加有成', 加禮於有成之人也. '三加', 始冠緇布冠, 次加皮弁, 又次加爵弁也. '喩其志'者, 使其知廣充志意, 以稱尊服也. 此適子之禮.

若庶子, 則冠於房戶外南面. 醮亦戶外也. 夏·殷之禮, 醮用酒, 每一加而一醮. 周則用醴, 三加畢, 乃總一醴也.

【교특생 64】

위모委貌는 주周나라의 도道이다. 장보章甫는 은殷나라의 도이다. 무퇴毋追는 하夏나라의 도이다.

委貌, 周道也. 章甫, 殷道也. 毋追, 夏后氏之道也.

**鄭注** 평상시 쓰고 다니는 관이다. 어떤 이는 위모委貌를 현관玄冠이라고 한다. 常所服以行道之冠也. 或謂委貌爲玄冠也.

**集說** '위모委貌'·'장보章甫'·'무퇴毋追' 등은 모두 치포관緇布冠이다. 다만 삼대三代에 명칭을 바꾼 것이 달랐으니, 그 형태 또한 응당 달랐을 것이다. 이것은 모두 선왕이 예를 제정하는 도리다. 그러므로 모두 도道로서 말하였다. '위모委貌'는 곧 현관玄冠[94]이다. 구설舊說에 따르면, '위委'는 안정시킨다는 뜻이다. 용모를 안정시키는 것임을 말한다. '장章'은 드러낸다는 뜻이다. 장부임을 드러내는 것이다. '무毋'는 소리를 내는 말이다. '퇴追'는 몽치(椎)와 같은 뜻이다. 그 형태를 가지고 이름을 붙인 것이다. 이 한 조목은 세 번 관을 씌우는 절차에서 첫 번째 씌우는 관을 논한 것이다. '委貌'·'章甫'·'毋追', 皆緇布冠. 但三代之易名不同, 而其形制亦應異耳. 是皆先王制禮之道. 故皆以道言之. '委貌', 卽玄冠. 舊說, '委', 安也, 言所以安正容貌. '章', 明也. 所以表明丈夫. '毋', 發聲之辭. '追', 猶椎也. 以其形名之. 此一條是論三加始加之冠.

【교특생 65】

주周나라에서는 변弁을 썼고, 은殷나라에서는 후冔를 썼으며, 하夏나라에서는 수收를 썼다.

周弁, 殷冔, 夏收.

鄭注 재계齋戒할 때 쓰고 제사지낼 때 쓴다. 齊所服而祭也.

集說 주周나라의 변弁, 은殷나라의 후冔, 하夏나라의 수收는 각기 그 시대의 천자가 제정하여 관례에서 세 번째 관을 씌울 때의 관으로 삼았던 것이다. 구설舊說[95]에 따르면 '변弁'은 그 명칭이 반槃(쟁반)에서 나왔다. '반槃'은 크다는 뜻이다. '후冔'는 그 명칭이 무幠에서 나왔다. '무幠'는 덮는다는 뜻이다. '수收'는 그 머리를 모으는 것이나, 그 모양에 대한 제도는 모른다. 周之弁·殷之冔·夏之收, 各是時王所制, 以爲三加之冠. 舊說, '弁'名出於槃. '槃', 大也. '冔'名出於幠. '幠', 覆也. '收', 所以收斂其髮也, 形制未聞.

【교특생 66】

피변皮弁과 소적素積[96]은 하夏·은殷·주周 삼대가 함께 사용하였다.

三王共皮弁·素積.

鄭注 선대에 사용한 것을 바꾸지 않은 것이다. 所不易於先代.

集說 '피변皮弁'은 흰 사슴 가죽으로 만든다. 그 옷은 15승升 베로 만든다. 흰색이 관冠의 색깔과 같아 흰 베로 치마를 만드는데, 벽적襞積(주름)이 그

허리 중앙에 있기 때문에 '피변皮弁과 소적素積'이라고 한 것이다. 삼대三代가 모두 이것을 관례冠禮에서 두 번째 관을 씌울 때의 관과 복식으로 삼았다. '皮弁', 以白鹿皮爲之. 其服則十五升之布也. 白與冠同, 以素爲裳, 而辟積其要中, 故云'皮弁·素積'也. 三代皆以此爲再加之冠服.

**【교특생 67】**

대부의 관례冠禮는 없고 혼례婚禮는 있다. 고대에는 50세가 되어 대부의 작위爵位를 받았으니 대부의 관례가 있겠는가? 제후가 되어 관례를 행하는 것은 하夏나라 말기에 만들어진 것이다.

無大夫冠禮, 而有其昏禮. 古者五十而後爵, 何大夫冠禮之有?①
諸侯之有冠禮, 夏之末造也.②

**鄭注** ① 나이 50세가 되어 작위를 받아 대부가 되었음을 말한다. 대부에게 대부의 혼례가 있는 것은 아마도 다시 결혼하는 것이다. 言年五十, 乃爵爲大夫也. 其有昏禮, 或改取也.

② 하夏나라 초기 이전에는 제후가 비록 어려서 즉위하더라도 오히려 사례士禮로서 관례를 행하고, 또한 50세가 되어 제후의 작위를 받았다. 하夏나라가 쇠미하여 말기에 이르자 성인이 되기 전에 자주 찬시簒弑를 당하였다. 이에 다시 즉위하면 제후의 작위를 주어 군신君臣 관계를 바로잡았고, 그러면서 제후諸侯의 관례冠禮가 있게 되었다. 言夏初以上, 諸侯雖有幼而卽位者, 猶以士禮冠之, 亦五十乃爵命也. 至其衰末, 未成人者, 多見簒弑. 乃更卽位, 則爵命之以正君臣, 而有諸侯之冠禮.

**集** 제후와 대부의 관례는 모두 사례士禮와 같이 행한다. 아래 장章에서

**說** "태어나면서부터 귀한 사람은 없다"고 하는 것이다. '하夏나라 말기에 만들어진 것이다'(夏之末造)는 말은 하夏나라의 말세에 행하였던 것일 뿐임을 말한다. 諸侯・大夫之冠, 一如士禮行之. 下章所謂, "無生而貴者"也. '夏之末造', 言夏之末世所爲耳.

**【교특생 68】**

천자의 원자元子는 관례冠禮를 사士의 관례로 한다. 천하에 태어나면서 존귀한 사람은 없다. 세대를 이어 제후를 세우는 것은 선대의 현덕을 본받아 행하였기 때문이다. 관직으로 작위를 부여하는 것은 작위를 받는 사람이 가진 덕의 크기를 따라 높이고 줄인다. 죽은 다음 시호를 부여하는 것은 오늘날의 방식이다. 옛날에는 살아서 작위가 없었으면 죽어서도 시호가 없었다.

天子之元子, 士也. 天下無生而貴者也.① 繼世以立諸侯, 象賢也.② 以官爵人, 德之殺也.③ 死而謚, 今也. 古者生無爵死無謚.④

**鄭注** ① '저군儲君'[97]은 인군 다음이지만 그래도 '사士이다'라고 한 것은 뛰어난 행실과 두드러진 덕이 있어야 존귀한 지위를 얻을 수 있음을 밝힌 것이다. '儲君'副主, 猶云'士也', 明人有賢行著德, 乃得貴也.

② 현자賢者의 자손은 항상 그 선조의 덕행을 잘 본받는다. 賢者子孫, 恒能法其先父德行.

③ 덕이 두터울수록 지위도 더욱 높아짐을 말한 것이다. 言德益厚, 官益尊也.

④ '옛날'(古)은 은殷나라 이전을 가리킨다. 대부大夫 이상은 곧 작위가 있어 죽으면 시호를 갖는다. 주周나라 제도에서는 작위가 작명爵命을 받은 사士

에게도 주어졌다. 그러나 비록 작위를 주더라도 시호는 부여하지 않았다. '오늘날'(今)은 기록할 때이다. 죽은 다음 시호를 부여하는 것은 예禮가 아니다. '古', 謂殷以前也. 大夫以上, 乃謂之爵, 死有諡也. 周制爵及命士. 雖及之, 猶不諡耳. '今', 記時. 死則諡之, 非禮也.

**集說** '원자元子'는 적장자適長子이다. 그의 관례冠禮 역시 사士의 관례로 한다. '태어나면서 존귀한 사람은 없다'(無生而貴)는 것은 덕을 갖추어야 지위를 가짐을 말한 것이다. 제후를 세워 선대를 계승하는 것은 그가 선대를 잘 본받는 뛰어난 행실이 있기 때문이다. 관직으로 작위를 주는 것은 반드시 작위를 받을 자가 지닌 덕의 크기에 따라 높이고 낮춘다. 죽은 뒤 시호를 부여하는 것은 오늘날의 변례變禮이다. 은殷나라 이전에는 대부 이상이라야 작위가 있었고 죽으면 시호를 부여하였다. 주周나라 제도에서는 비록 작위가 작명爵命을 받은 사士에게까지 부여되었지만, 죽은 다음 시호는 부여하지 않았다. '元子', 適長子也. 其冠亦行士之冠禮. '無生而貴', 言有德乃有位也. 立諸侯以繼其先世, 以其能法前人之賢行也. 以官爵人, 必隨其德之大小, 而爲降殺也. 死必有諡, 今日之變禮也. 殷以前, 大夫以上乃爲爵, 死則有諡. 周制雖爵及命士, 死不諡也.

**【교특생 69】**

예가 존귀한 것은 그 의리를 존귀하게 여기는 것이다. 그 의리를 잃고 그 수數만 맞춰 진열하는 것은 축사祝史의 일이다. 그러므로 그 수數만 맞춰 진설할 수 있지만 그 의리는 알기 어렵다. 그 의리를 알아 공경恭敬을 다해 지키는 것은 천자가 천하를 다스리는 근본이다.

禮之所尊, 尊其義也.① 失其義, 陳其數, 祝史之事也. 故其數可陳也, 其義難知也. 知其義而敬守之, 天子之所以治天下也.②

**鄭注** ① 예가 존귀한 것은 예에 의리가 있음을 존귀하게 여기는 것이다. 言禮所以尊, 尊其有義也.

② 정치의 요체는 예의 의리를 실천하는 데에서 완전해짐을 말한 것이다. 言政之要盡於禮之義.

**集說** 선왕先王이 예를 제정한 것에는 모두 정미한 이치가 있으니 이른바 의리(義)이다. 예가 존귀한 이유는 그 의리가 존귀하게 여길 만하기 때문이다. 옥백玉帛과 조두俎豆등 각양의 제도는 제각기 많게 하고 또는 적게 하고 후하게 하고 또는 박하게 하는 수數가 정해져 있다. 진열되는 수는 사람들이 모두 볼 수 있지만, 그 의리의 정미한 내용은 배우지 않으면 잘 알지 못한다. 축사祝史가 어떻게 잘 알 수 있겠는가? 「중용中庸」에 "교郊·사社 제사의 예와 체禘·상嘗 제사의 의리에 대하여 밝으면, 나라를 다스리는 일이 손바닥에서 보는 것과 같다!"고 하였다. 이 장은 앞선 장에서 논한 '관례冠禮의 의리'(冠義)([교특생 62]) 이하 부분을 총결하였다. 先王制禮, 皆有精微之理, 所謂義也. 禮之所以爲尊, 以其義之可尊耳. 玉帛俎豆, 各有多寡厚薄之數. 數之陳列者, 人皆可得而見, 義之精微者, 不學則不能知也. 祝史其能知之乎? 「中庸」曰: "明乎郊社之禮·禘嘗之義, 治國, 其如示諸掌乎!" 此總結前章'冠義'以下.

**【교특생 70】**

하늘과 땅이 결합한 이후에 만물이 흥기한다. 혼례는 만세萬世의 시작이다. 이성異姓에서 배우자를 택하는 것은 혐의를 멀리하는 의리에 의거하고 구별을 두터이 하려는 것이다. 폐백은 반드시 신실하고(誠) 전하는 말은 선하지 않음이 없다. 이는 신부가 될 이에게 정직하고 신실한 행실을 계고戒告하여 다른 사람을 섬기는 도리를 다하기를 진실하게 하고 신부의 덕을 잘 갖추기를 진실하게 하도록 하려는 것이다. 한결같이 남편과 함께 희생을 같은 그릇에 먹고(齊), 평생 바꾸지 않는다. 그러므로 남편이 죽은 뒤 개가하지 않는다.

天地合而后萬物興焉.① 夫昏禮, 萬世之始也. 取於異姓, 所以附遠厚別也.② 幣必誠, 辭無不腆.③ 告之以直信,④ 信事人也, 信婦德也.⑤ 壹與之齊, 終身不改. 故夫死不嫁.⑥

**鄭注** ① 예禮의 의리를 조목으로 제시한 것이다. 目禮之義.

② 동성同姓 가운데 더러 택하기도 하지만 서로 외설猥褻인 경우가 많다. 同姓或取, 多相褻也.

③ '성誠'은 신실하다(信)는 뜻이다. '전腆'은 선하다는 뜻과 같다. '誠', 信也. '腆'猶善也.

④ '직直'은 정직하다는 뜻과 같다. 이 두 가지는 신부에게 정직하고 신실할 것을 가르치려는 것이다. '直', 猶正也. 此二者, 所以教婦正直信也.

⑤ '사事'는 세운다는 뜻과 같다. '事', 猶立也.

⑥ '제齊'는 "희생을 같은 그릇에 먹는 것(共牢而食)은 존비尊卑를 같이하는 것"98)임을 가리킨다. '제齊'는 어떤 본에는 '초醮'로 되어 있다. '齊', 謂"共牢而食, 同尊卑也." '齊'或爲'醮'.

**集說** '부원附遠'에서 '부附'는 의탁한다는 뜻과 같다. 혐의를 멀리하는 의리에 의거하는 것이다. '후별厚別'은 구별을 두는 예를 중시하는 것이다. '폐

백이 신실하고 전하는 말이 선하다'(幣誠辭腆)는 것은 신부가 될 이에게 정직하고 신실한 행실을 계고戒告하여, 다른 사람을 섬기는 도리를 다하기를 진실하게 하고, 신부의 덕을 잘 갖추기를 진실하게 하도록 하려는 것이다. 이 이하 부분은 혼례婚禮의 의리를 말하였다. ○ 정씨鄭氏(정현鄭玄)는 말한다. "'제齊'는 '희생을 같은 그릇에 먹는 것은 존비尊卑를 똑같이 하는 것'임을 가리킨다." ○ 석량왕씨石梁王氏는 말한다. "혼례婚禮에 관한 단락은 「혼의昏義」에 붙여 놓아야 한다." '附遠', '附'猶託也. 託於遠嫌之義也. '厚別', 重其有別之禮也. '幣誠辭腆', 是欲告戒爲婦者以正直誠信之行, 信其能盡事人之道, 信其能有爲婦之德也. 此以下言昏禮之義. ○ 鄭氏曰: "'齊'謂'共牢而食, 同尊卑也'." ○ 石梁王氏曰: "昏一段當附「昏義」."

**【교특생 71】**

남자 쪽에서 친영親迎을 행하여 남자가 여자를 앞장서서 인도하니(先) 강유剛柔의 의리다. 하늘이 땅을 인도하고 군주가 신하를 인도하니, 그 의리가 같다. 예물을 가지고 가서 서로 만나는 것은 공경함을 보여서 구별함을 드러내는 것이다. 남녀 사이에 구별함이 있은 뒤에 부자父子 사이에 서로 친애하고, 그런 뒤에 의리(義)가 생겨난다. 의리가 생겨난 뒤에 예禮가 성립한다. 예가 성립한 뒤에 만물이 안정된다. 구별과 의리가 없는 것은 짐승의 방식이다.
男子親迎, 男先於女, 剛柔之義也. 天先乎地, 君先乎臣, 其義一也.① 執摯以相見, 敬章別也.② 男女有別, 然後父子親, 父子親, 然後義生. 義生然後禮作. 禮作然後萬物安.③ 無別無義, 禽獸

之道也.④

**鄭注** ① '선先'은 앞장서 인도함을 말한다. '先', 謂倡道也.

② 감히 서로 설만하게 하지 않음을 말한다. '예물'(摯)은 전안奠雁례에 전하는 기러기다. 言不敢相褻也. '摯', 所奠鴈也.

③ 인륜 상 구별함이 있으면 기氣의 성질이 순후해진다. 言人倫有別, 則氣性醇也.

④ 숫사슴들이 같은 암사슴을 함께하는 것 같이 무리를 이루어 사는 것을 문란하게 함을 말한다. 言聚麀之亂類也.

**集說** '선先'은 앞장서서 인도함을 말한다. '예물을 가지고 간다'(執摯)는 것은 기러기를 예물로 전하는 것(奠鴈)이다. 공경함을 행함으로써 구별함이 있음을 밝힌다. 그러므로 '공경함을 보여서 구별함을 드러낸다'고 한 것이다. 구별함이 있으면 근본을 같이 하면서 부자父子 사이에 친애한다. 친애하는 것의 많고 적음에 따라 의리(義)가 생겨나고 예禮가 성립한다. 그런 뒤 만물이 각기 제 자리를 얻는다. 금수禽獸는 어미가 있는 줄은 알아도 애비가 있는 줄은 모른다. 구별함이 없기 때문이다. '先', 謂倡道之也. '執摯', 奠鴈也. 行敬以明其有別. 故云敬章別也. 有別則一本而父子親親. 親之殺則義生禮作. 而萬物各得其所矣. 禽獸知有母, 而不知有父. 無別故也.

**【교특생 72】**

신랑이 직접 신부의 수레를 이끌고 수레 손잡이 끈을 신부에게 건네는 것은, 친애하는 것이다. 상대를 친애하는 것은 상대가 자신을 친애하게 하는 것이다. 공경하면서도 친애하는 것이 선왕께서 천하를 얻은 이유이다. 신부 집의 대문을 나와서 신랑의 수레가 신부의 수레 앞에 서는 것은 남자가 여자를 이끌고 여자가 남자를 따르는 것으로 부부의 의리가 이로부터 시작된다. 부인은 남을 따르는 자이다. 어려서는 부형父兄을 따르고, 시집가서는 남편을 따르고 남편이 죽으면 자식을 따른다. 남편(夫)이란 장부丈夫이다. 장부는 재주와 지혜로써 사람들을 거느리는 자이다.

壻親御授綏, 親之也. 親之也者, 親之也.① 敬而親之, 先王之所以得天下也.② 出乎大門而先, 男帥女, 女從男, 夫婦之義, 由此始也.③ 婦人, 從人者也. 幼從父兄, 嫁從夫, 夫死從子.④ 夫也者, 夫也. 夫也者, 以知帥人者也.⑤

鄭注 ① 자신이 친애하는 것이 상대가 자신을 친애하게 하는 것임을 말한다. 言己親之, 所以使之親己.

② '선왕先王'은 태왕太王과 문왕文王 등의 경우이다. '先王', 若太王・文王.

③ '앞에 선다'(先)는 것은 신랑의 수레가 앞에 선다는 것이다. '先'者, 車居前也.

④ '따른다'(從)는 것은 시키고 명령하는 것에 따름을 말한다. '從', 謂順其教令.

⑤ '부夫'라는 말은 장부丈夫를 뜻한다. '부夫'가 어떤 본에는 '부傅'로 되어 있다. '夫'之言丈夫也. '夫'或爲'傅'.

集說 직접 신부의 수레를 끌고 수레 손잡이 끈을 신부에게 건네는 것은 친애하는 의리다. 상대를 친애하면 곧 상대에게 자신을 친애하게 할 수 있다. 그러므로 '상대를 친애하는 것은 상대가 자신을 친애하게 하는 것이다'(親之也者, 親之也)라고 하였다. 태왕이 태강大姜과 더불어 살 곳을 살피고, 문왕이 위수에서 친영親迎을 한 것[99] 등은 모두 공경하면서 친애하는 도리

로 천하를 차지하기에 이른 경우이다. 그러므로 '선왕께서 천하를 얻은 이유이다'(先王之所以得天下也)라고 말한 것이다. '대문大門'은 신부 집의 대문이다. '앞에 선다'(先)는 것은 신랑의 수레가 앞에 선다는 것이다. '여자가 남자를 따른다'(女從男)는 것은 신부의 수레가 뒤따르는 것이다. '부夫'의 뜻은 장부丈夫이다. 장부는 재주와 지혜로 사람들을 거느리는 자이다. 親御婦車, 而授之綏, 是親愛之義也. 親之, 乃可使之親己. 故曰'親之也者, 親之也'. 太王爰及姜女, 文王親迎于渭, 皆是敬而親之之道, 以至於有天下. 故曰'先王之所以得天下也'. '大門', 女家之門也. '先', 壻車在前也. '女從男', 婦車隨之也. '夫'也者, 丈夫也. 丈夫者, 以才智帥人者也.

**【교특생 73】**

현면玄冕복을 입고 재계하는 것은 귀신과 음양의 도리다. 장차 사직 제사의 주관자가 되고 선조의 종묘를 계승하는 이가 되는데 공경하지 않을 수 있겠는가?

玄冕齊戒, 鬼神陰陽也. 將以爲社稷主, 爲先祖後, 而可以不致敬乎?

**鄭注** '현면玄冕'은 제복祭服이다. '음양陰陽'은 부부를 가리킨다. '玄冕', 祭服也. '陰陽', 謂夫婦也.

**集說** 현면玄冕복을 입고 재계를 하는 것은 귀신을 섬기는 도리다. 귀鬼는 음陰의 신령이고, 신神은 양陽의 신령이다. 그러므로 '귀신과 음양의 도리이다'(鬼神陰陽也)라고 한 것이다. 이제 혼례婚禮는 장차 사직社稷의 제사를 주관하고 선조의 종묘를 계승하는 것이다. 사직과 선조에게 공경하는 예로

서 공경하면서 현면玄冕복을 입고 재계하지 않을 수 있겠는가? 服玄冕而致齊戒, 是事鬼神之道. 鬼者陰之靈, 神者陽之靈. 故曰'鬼神陰陽也'. 今昏禮者, 蓋將以主社稷之祭祀, 承先祖之宗廟也. 可不以敬社稷與先祖之禮敬之, 而玄冕齊戒乎?

**【교특생 74】**

희생을 같은 그릇에 먹는 것(共牢而食)은 존비를 같이하는 것이다. 그러므로 부인은 작위가 없고 남편의 작위를 따르며, 자리도 남편의 서열에 따른다. 기물은 도기陶器와 바가지를 사용하니, 고대부터 숭상해온 예가 그렇다. 삼대三代의 선왕이 희생을 같은 그릇에 먹는 제도를 제정하였지만, 기물은 고대에 쓰던 도기와 바가지를 사용하였다. 혼례가 있은 그 다음날 신부는 깨끗이 손을 씻고 음식을 올린다. 시부모가 식사를 마치면, 신부가 나머지를 먹으니, 시부모가 신부에게 은택을 베풀어 주는 것이다. 시부모는 서쪽 계단으로 내려오고 신부는 동쪽 계단으로 내려온다. 장차 가사家事를 주관하는 권한을 주는 것이다. 혼례에는 음악을 사용하지 않는다. 신부가 음陰의 의리를 깊이 생각하여 양陽 때문에 흩뜨려 잃지 않게 하려는 것이다. 음악은 양기陽氣이다. 혼례婚禮에서는 축하하지 않는다. 사람이 서로 계승하는 차례(人之序)이기 때문이다.

共牢而食, 同尊卑也. 故婦人無爵, 從夫之爵, 坐以夫之齒.① 器用陶匏, 尙禮然也.② 三王作牢, 用陶·匏.③ 厥明, 婦盥饋. 舅姑卒食, 婦餕餘, 私之也.④ 舅姑降自西階, 婦降自阼階. 授之室也.⑤

昏禮不用樂. 幽陰之義也. 樂, 陽氣也.⑥ 昏禮不賀. 人之序也.⑦

**鄭注** ① '작爵'은 남편이 대부로 임명되면 아내는 명부가 되는 것을 가리킨다. '爵', 謂夫命爲大夫, 則妻爲命婦.

② 이것은 태고시대의 예에 쓰던 기물이다. 此謂大古之禮器也.

③ 태고시대에는 희생을 같은 그릇에 먹는 예禮가 없었고 삼대三代의 선왕이 제정하였으나 태고시대의 기물을 그대로 사용하였으니 부부의 시작을 중시한 것임을 말한다. 言大古無共牢之禮, 三王之世作之, 而用太古之器, 重夫婦之始也.

④ '사지私之'는 은택을 베풀어 줌을 말한다. '私之', 猶言恩也.

⑤ 가사家事를 주관하는 자가 됨을 밝히는 것이다. 明當爲家事之主也.

⑥ '유幽'는 깊다는 뜻이다. 신부新婦에게 그 뜻을 깊이 생각하게 하고 양陽 때문에 흩뜨려 잃지 않게 하려는 것이다. '幽', 深也. 欲使婦深思其義, 不以陽散之也.

⑦ '서序'는 대代(계승의 차례)의 뜻과 같다. '序', 猶代也.

**集說** '뢰牢'는 (희생을 담은) 조俎이다. '상례연尙禮然'은 예부터 숭상해온 바의 예가 이와 같음을 말한다. 희생을 같은 그릇에 먹는 예는 비록 삼대三代에 제정된 것이지만 조俎 이외의 기물은 모두 고대에 도기陶器와 바가지를 사용하였던 것과 같이하니 부부의 시작을 중시하는 것이다. '그 다음날'(厥明)은 혼례가 있는 다음날이다. '분궤'(盥饋)는 손을 깨끗이 씻고 음식을 올리는 것이다. '인지서人之序'는 서로 대를 이어받는 차례를 말한다. '牢', 俎也. '尙禮然', 謂古來所尙之禮如此. 共牢之禮, 雖三王所作, 而俎之外, 器用皆如古者之用陶匏, 重夫婦之始也. '厥明', 昏禮之明日也. '盥饋', 盥潔而饋食也. '人之序', 謂相承代之次序也.

**【교특생 75】**

유우씨有虞氏(순舜임금)의 제례에서는 날것의 기운을 사용하는 것을 높이 여겼다.(尙用氣) 피(血)와 날고기(腥)와 데친 고기(爓)를 제사에 사용하였다. 날것의 기운을 사용한 것이다.

有虞氏之祭也, 尙用氣. 血·腥·爓祭. 用氣也.

**鄭注** '상尙'은 먼저 올리는 것을 가리킨다. '섬爓'은 더로 '접膤'(날고기)으로 되어 있다. '尙', 謂先薦之. '爓'或爲'膤'.

**集說** '상용기尙用氣'는 날것의 기운을 쓰는 것으로 높이는 바를 삼는 것이다. 처음에 피로써 방에서 신을 부르고, 다음에 당堂에서 날고기를 올리고, 데친 고기(爓)를 날고기 다음에 역시 당에서 올린다. 이 모두 익히지 않은 것이다. 그러므로 '날것의 기운을 사용한다'(用氣)고 한 것이다. 이 이하에서 「교특생郊特牲」 끝까지는 모두 제례祭禮에 대하여 말하였다. '尙用氣', 以用氣爲尙也. 初以血詔神於室, 次薦腥肉於堂, 爓次腥, 亦薦於堂. 皆未熟. 故云'用氣'. 此以下至篇末, 皆言祭禮.

**【교특생 76】**

은殷나라 사람들은 소리를 숭상하였다. 희생의 냄새와 맛이 이루어지기 전에 그 소리를 널리 퍼뜨렸다. 세 곡을 연주하는 것이 끝난 뒤에 종묘의 문 밖으로 나아가 희생을 맞이하였다. 음악의 소리로 부르는 것은 곧 천지 사이에서 귀신에게 알려 고하는 것이다.

殷人尙聲. 臭味未成, 滌蕩其聲. 樂三闋, 然後出迎牲. 聲音之號, 所以詔告於天地之間也.

鄭注 '척탕滌蕩'은 울려 움직인다는 뜻과 같다. '滌蕩', 猶搖動也.

集說 희생은 잡기 전에는 냄새와 맛이 없다. 그러므로 '희생의 냄새와 맛이 이루어지기 전이다'(臭味未成)고 한 것이다. '척탕滌蕩'은 널리 퍼뜨린다는 뜻이다. 귀신은 하늘과 땅 사이에 음양이 합해졌다 흩어지는 것과 이치를 같이하지만, 소리의 감응은 밝은 세계나 어두운 세계나 간극이 없다. 그러므로 은殷나라 사람들이 제사할 때 반드시 음악을 세곡 연주하여 마친 뒤에 나가서 희생을 종묘 문 밖에서 맞는다. 이것은 이 음악의 소리로 천지 사이에서 불러 알려서 귀신이 듣고 와서 이르고 와서 흠향하기를 바라는 것이다. 은殷나라 사람들은 먼저 양에서 구하였다. 무릇 소리는 양陽이다. 牲未殺, 則未有臭味. 故云'臭味未成'. '滌蕩', 宣播之意. 鬼神在天地間, 與陰陽合散, 同一理, 而聲音之感, 無間顯幽. 故殷人之祭, 必先作樂三終, 然後出而迎牲於廟門之外. 此是欲以此樂之聲音, 號呼而詔告於兩間, 庶幾其聞之而來格來享也. 殷人先求諸陽. 凡聲, 陽也.

**【교특생 77】**

주周나라 사람들은 향기를 숭상하였다. 강신降神의 예(灌)에서 울창주의 향기를 사용하였는데, 울금의 즙을 창주에 섞어 더욱 향기롭게 하여, 그 향기가 연천淵泉에 이르렀다. 강신례에서 규장圭璋을 술잔의 자루로 사용하였으니 옥玉의 향기를 쓴 것이다. 강신례를 마친 뒤에 나아가 희생을 맞이하였으니, 향기를 음에게 먼저 드린 것이다. 周人尙臭. 灌用鬯臭, 鬱合鬯, 臭陰達於淵泉. 灌以圭璋, 用玉氣也. 旣灌然後迎牲, 致陰氣也.

**鄭注** '강신降神의 예'(灌)는 규찬圭瓚으로 울창주를 따라 처음에 신에게 바치는 것을 말한다. 마치고 나서 희생을 맞이하여 뜰에서 잡는다. 이것은 천자天子와 제후諸侯의 예이다. '灌', 謂以圭瓚酌鬯, 始獻神也, 已乃迎牲於庭殺之. 天子・諸侯之禮也.

**集說** 주周나라 사람들은 향기를 숭상하였는데, 제사를 지낼 때 반드시 먼저 음陰에서 구하였다. 그러므로 희생을 잡기 전에 먼저 울창주를 따라서 땅에 부어 신神을 불렀는데, 울창이 향기가 있기 때문이었다. 그러므로 '강신降神의 예에서 울창의 향기를 사용하였다'(灌用鬯臭)고 한 것이다. 또한 울금鬱金 향초의 즙을 찧어내어 창주와 섞어서 향기가 더욱 진하게 하였다. 그러므로 '울금의 즙을 창주에 섞었다'(鬱合鬯)라고 한 것이다. 그렇게 향기로서 음陰에 구하여 그 향기가 연천淵泉[100]에 이르렀던 것이다. 강신의 예는 규장圭璋으로 찬瓚(술잔)의 자루를 삼는다. 옥玉의 향기를 쓰는 것이니, 또한 향기를 숭상하는 것이다. 강신례를 행한 뒤에 희생을 맞는 것은 먼저 음陰에게 향기를 바쳐 신을 부르는 것이다. 그러므로 '향기를 음에게 먼저 드린다'(致陰氣也)고 한 것이다. ○ 석량왕씨石梁王氏는 말한다. "네 취臭자는 본래 모두 그 글자에서 구절이 끊어진다. 그러나 자세히 구분하면, 울창주로 강신례를 하는 곳에서는 이 향기는 음의 향기다. 쑥을 태워 위로 향기가 이른다는 대목에서 향기는 양의 향기다. 이 또한 의미가 있어 우선 『경전석문經典釋文』의 구두[101]를 따랐다." 周人尙氣臭, 而祭必先求諸陰. 故牲之未殺, 先酌鬯酒, 灌地以求神, 以鬯之有芳氣也. 故曰'灌用鬯臭'. 又搗鬱金香草之汁, 和合

鬯酒, 使香氣滋甚. 故云'鬱合鬯'也. 以臭而求諸陰, 其臭下達於淵泉矣. 灌之禮, 以圭璋爲瓚之柄. 用玉之氣, 亦是尙臭也. 灌後乃迎牲, 是欲先致氣於陰以求神. 故云'致陰氣也'. ○ 石梁王氏曰: "四臭字, 本皆句絶. 然細別之, 鬯灌之地, 此臭之陰者也. 蕭焫上達, 此臭之陽者也. 亦有義, 姑從『釋文』."

**【교특생 78】**

향쑥을 발기름에 발라 메기장(黍)·찰기장(稷)과 섞어 태워, 그 향기가 담장과 방 사이에 퍼진다. 그러므로 축이 먼저 술을 따라 놓는 것을 행하고 나서(旣奠) 그 뒤에 쑥을 메기장, 찰기장과 섞어 태운다. 무릇 제사에서, 이 과정을 신중하게 한다.

蕭合黍·稷, 臭陽達於墻屋. 故旣奠然後焫蕭合羶·薌.① 凡祭愼諸此.

鄭注 ① '전奠'은 익힌 음식을 올릴 때를 가리킨다. 『의례』「특생궤사례特牲饋食禮」에 "축이 술을 따라 형鉶(국그릇) 남쪽에 놓는다"고 하였는데 바로 이것이다. '소蕭'는 향쑥이다. 발기름을 발라 메기장(黍)과 찰기장(稷)에 섞어 태운다. 『시詩』에 "향쑥을 가져다 기름에 발라 제사드리네"102)라고 하였다. '전羶'은 '형馨'으로 되어야 옳다. 발음상의 잘못 쓰인 글자이다. '전奠'은 어떤 본에는 '천薦'으로 되어 있다. '奠', 謂薦孰時也. 「特牲饋食」所云: "祝酌奠于鉶南"103), 是也. '蕭', 薌蒿也. 染以脂, 合黍·稷燒之. 『詩』云: "取蕭祭脂." '羶', 當爲'馨'. 聲之誤也. '奠'或爲'薦'.

集說 '소蕭'는 향쑥이다. 이 쑥과 희생의 발기름을 메기장(黍), 찰기장(稷)과 섞어 태워 그 향기가 옆으로 담장과 지붕 사이에 퍼지게 한다. 이것이

향기로 양陽에게 구하는 것이다. 이것은 주周나라 사람들이 후에 양陽에게 구하는 예禮이다. '축이 먼저 술을 따라 놓는 것을 행한 다음'(旣奠)은 익힌 음식을 올릴 때를 가리킨다. 대개 당堂 위에서 시尸를 모시는 예를 마치면, 시尸를 방으로 인도하고 익힌 음식을 올리는데, 이때 축祝이 먼저 술을 따라 국그릇(鉶羹) 남쪽에 놓는다. 시尸는 아직 방으로 들어오지 않은 상태로 쑥을 기름에 발라 찰기장·메기장과 섞어 태우는 것은 바로 이때이다. '형馨'·'향香[104]'은 바로 메기장(黍)과 찰기장(稷)이다. '술을 따라 놓은 다음'(旣奠) 이하 부분은 위 문장의 '쑥을 태운다'(焫蕭)고 할 때 다시 태우는 것이 아님을 밝힌 것이다. 이것은 천자와 제후의 예이며, 사대부의 예가 아니다.

'蕭', 香蒿也. 取此蒿及牲之脂膋, 合黍·稷而燒之, 使其氣旁達於墻屋之間, 是以臭而求諸陽也. 此是周人後求諸陽之禮. '旣奠'謂薦孰之時. 蓋堂上事尸禮畢, 延尸於戶內, 而薦之孰, 祝先酌酒, 奠於鉶羹之南. 而尸猶未入, 蕭脂黍稷之燒, 正此時也. '馨''香'卽黍·稷也. '旣奠'以下, 是明上文'焫蕭'之時, 非再焫也. 此是天子·諸侯之禮, 非大夫士禮也.

**【교특생 79】**

혼기魂氣는 하늘로 돌아가고 형백形魄은 땅으로 돌아간다. 그러므로 제사를 지내는 것은 음양陰陽에서 찾는 의리다. 은殷나라 사람들은 먼저 양에서 찾았고, 주周나라 사람들은 먼저 음에서 찾았다. 축祝이 방 안에서 신에게 고하고(詔祝於室), 시尸를 당 위로 인도하여 앉게 하고(坐尸於堂), 뜰에서 희생을 쓰고(用牲於庭), 머리를 방 안에서 올린다.(升首於室) 정제正祭를 지낼 때 축관은 축사로 신주神主 앞에서 고하고, 신령을 찾아 축관이 팽祊에서 제사드린다. 신이 계신 곳을 모르니 저기 방 안에 계신가? 여기 당에 계신가? 또는 사람에게서 멀리 떨어져 계신가? 팽祊에서 제사드리니, 바라건대 사람과 멀리 떨어진 곳에서 찾을 수 있을까?

魂氣歸于天, 形魄歸于地. 故祭, 求諸陰陽之義也. 殷人先求諸陽, 周人先求諸陰.① 詔祝於室, 坐尸於堂,② 用牲於庭,③ 升首於室.④ 直祭祝于主,⑤ 索祭祝于祊.⑥ 不知神之所在, 於彼乎? 於此乎?⑦ 或諸遠人乎? 祭于祊, 尙曰求諸遠者與?

鄭注 ① 이것이 먼저 하고 나중에 함이 서로 다른 이유이다. 此其所以先後異也.

② 조사朝事(조천朝踐의 의절)를 행할 때를 가리킨다. 조사朝事에서 시尸를 문의 서쪽으로 인도하여 남쪽을 향해 앉게 하고, 신주의 자리를 동쪽을 향하게 편다. 희생의 발기름을 가져다 화로의 숯불에 태우고 간을 울창주에 씻어 태운 다음, 들어가 방에서 신神에게 고하고 또 나와서 신주神主에게 타제墮祭[105])를 행한다. 주인이 직접 희생의 간을 잘라 고수레(墮祭)하니 이른바 제제制祭[106])이다. 이때 시尸에게 변籩과 두豆로 올리고, 익힌 음식을 올릴 때에 이르러, 다시 신주를 방 안의 아랫목(奥)으로 모신다. 시尸는 와서 자리에 오르는데 북쪽으로부터 올라 신주의 북쪽에 앉는다. 謂朝事時也. 朝事延尸于戶西, 南面, 布主席東面. 取牲膟膋, 燎于爐炭, 洗肝于鬱鬯而燔之, 入以詔神於室, 又出以墮于主. 主人親制其肝, 所謂制祭也. 時尸薦以籩・豆, 至薦孰, 乃更延主于室之奧. 尸來升席, 自北方, 坐于主北焉.

③ 희생을 잡을 때를 말한다. 謂殺之時.

④ 제제制祭를 마친 뒤에 희생의 머리를 북쪽 담 아래 올려놓는다. 머리를 높이고 기氣를 숭상하는 것이다. 制祭之後, 升牲首於北墉下. 尊首尙[107])氣也.

⑤ 익힌 음식을 올릴 때를 말한다. 「특생궤사례特牲饋食禮」와 「소뢰궤사례少牢饋食禮」에서 하는 것과 같이 한다. '직直'은 정식(正)이라는 뜻이다. 제사에서 익힌 음식을 정식으로 여긴다. 따라서 피와 날고기 종류를 올리는 것에서는 공경하는 마음을 다할 뿐이다. 謂薦孰時也. 如「特牲」·「少牢饋食」之爲也. '直', 正也. 祭以孰爲正. 則血腥之屬, 盡敬心耳.

⑥ '색索'은 신을 찾는다는 뜻이다. 종묘의 문을 '팽祊'이라고 한다. 팽祊으로 역제繹祭의 명칭으로 삼는다. '索', 求神也. 廟門曰'祊'. 謂之祊者, 以於繹祭名也.

⑦ 방 안에 있는가 당堂에 있는가 하는 것이다. 室與, 堂與.

⑧ '상尙'은 바란다는 뜻이다. '尙', 庶幾也.

**集說** '조詔'는 고한다는 뜻이다. '축이 방 안에서 신에게 고한다'(詔祝於室)는 것은, 천자와 제후의 예에서 조사朝事를 행할 때 축祝이 희생의 발기름을 가져다 화로의 숯불에 태우고 들어가 방에서 신에게 고하는 것을 말한다. '시尸를 당 위로 인도하여 앉게 한다'(坐尸於堂)는 것은 강신례를 마친 뒤에 시尸가 문의 서쪽에서 남쪽을 향해 앉아 있는 것이다. '뜰에서 희생을 쓴다'(用牲於庭)는 것은 희생을 잡는 것을 말한다. '머리를 방 안에서 올린다'(升首於室)는 것은 희생의 머리를 올리는 것이다. '직제直祭'는 정제正祭이다. 제사는 익힌 음식을 올리는 것을 정식(正)으로 삼는다. 정제를 지낼 때 축관은 축사로 신주 앞에서 고하는데, "황조皇祖 백모보伯某甫에게 세사歲事를 올립니다"[108]라고 하는 것 등이 그것이다. '색索'은 찾는다는 뜻이다. 신령을 찾아 제사드리는데, 축관이 팽祊에서 제사드린다. '팽祊'에는 두 가지 뜻이 있다. 첫째, 정제正祭 때 종묘에 제물을 진설하고 종묘의 문 안에서 신을 찾아 제사하는 것이다. 『시詩』에 "축이 팽에서 제사드리네"[109]라고 하였는데, 이것은 제사지내는 날에 행한다. 둘째, 제사지낸 다음 날 지내는 역제繹祭로, 종묘의 문 밖에서 지낸다. '저기인가? 여기인가?'(於彼於此)는 신神이 저

방 안에 계신가, 이 당堂에 계신가 하는 것이다. '또는 사람에게서 멀리 떨어져 계신가?(或諸遠人)는 또는 사람에게서 멀리 떨어져 종묘에 계시지 않는 것인가 하는 말이다.' '상尙'은 바란다는 뜻이다. '팽祊에서 제사드리니, 바라건대 사람과 멀리 떨어진 곳에서 찾을 수 있을까?'라는 말이다. '詔', 告也. '詔祝於室', 謂天子·諸侯之祭, 朝事之時, 祝取牲之膟膋, 燎於爐炭, 而入告神於室也. '坐尸於堂'者, 灌鬯之後, 尸坐戶西南面也. '用牲於庭', 謂殺牲也. '升首於室', 升牲之首也. '直祭', 正祭也. 祭以薦孰爲正. 正祭之時, 祝官以祝辭告於神主, 如云, "薦歲事于皇祖伯某甫", 是也. '索', 求也. 求索其神靈而祭之, 則祝官行祭于祊也. '祊'有二. 一是正祭時, 設祭于廟, 又求神於廟門之內而祭之. 『詩』云: "祝祭于祊", 此則與祭同日. 一是明日繹祭, 祭於廟門之外也. '於彼? 於此?', 言神在於彼室乎, 在於此堂乎. '或諸遠人?'者, 或遠離於人, 而不在廟乎. '尙', 庶幾也. '祭于祊, 庶幾可求之於遠處乎?'

**【교특생 80】**

팽祊은 멀다(倞)는 뜻이다. 근肵은 공경한다는 뜻이다. 부富는 복福의 뜻이다. 수首는 바르다(直)는 뜻이다. 상相은 음식을 들라고 권유한다는 뜻이다. 하嘏는 장구하고 광대하다는 뜻이다. 시尸는 진설한다(陳)는 뜻이다. 털과 피는 속이 내실하고 외양이 온전한 희생임을 고하는 것이다. 속이 내실하고 외양이 온전한 희생임을 고하는 것은 순수함을 귀하게 여기는(貴純) 도리다.

祊之爲言倞也.① 肵之爲言敬也.② 富也者福也.③ 首也者, 直也.④ 相, 饗之也.⑤ 嘏, 長也, 大也.⑥ 尸, 陳也.⑦ 毛·血, 告幽全之物也.⑧ 告幽全之物者, 貴純之道也.⑨

**鄭注** ① '량倞'은 찾는다는 뜻과 같다. '량倞'은 어떤 본에는 '량諒'으로 되어 있다. '倞', 猶索也. '倞'或爲'諒'.

② 시尸를 위해서 기조肵俎를 두는데 이것은 그에 대한 설명이다. 爲尸有肵俎, 此訓也.

③ 군주의 경우 하사嘏辭[110]에 '부富' 자가 들어 있다. 이것은 그 의미를 풀이한 것이다. 어떤 이는 "복福이란 갖춘다는 뜻이다"라고 한다. 人君嘏辭有'富'. 此訓之也. 或曰: "福也者, 備也."

④ 머리를 올려 제사하는 이유를 설명한 것이다. '직直'은 어떤 본에는 '특犆'으로 되어 있다. 訓所以升首祭也. '直'或爲'犆'也.

⑤ '상相'은 권고함을 말한다. 시尸에게 권고하는 것은 이 음식을 흠향하게 하려는 것이다. 『의례』「특생궤사례特牲饋食禮」에 "주인이 시尸에게 배례를 하고 앉기를 권유한다. 시尸는 답배를 하고 형鉶(국그릇) 남쪽에 축이 놓아두었던 잔(觶)을 든다. 축祝 신神에게 흠향하라고 권한다"라고 하였다. '相', 謂詔侑也. 詔侑尸者, 欲使饗此饌也. 「特牲饋食禮」曰: "主人拜妥尸. 尸答拜, 執奠. 祝饗."

⑥ 주인이 제사의 복을 받는 것을 '하嘏'라고 한다. 이것은 그 설명이다. 主人受祭福曰'嘏'. 此訓也.

⑦ '시尸'는 더러 '주主'(주관한다)로 풀이되어 있다. 이 시尸는 신神의 형상으로 주관한다는 뜻으로 풀이해야 옳다. '진陳'(진설하다)이라고 풀이한 것은 잘못이다. '尸', 或詁爲'主'. 此尸神象, 當從主訓之. 言'陳'非也.

⑧ '유幽'(속)는 피(血)를 가리킨다. '幽', 謂血也.

⑨ '순純'은 희생의 몸체 속과 외양이 모두 좋은 것을 말한다. '純', 謂中外皆善.

**集說** '량倞'은 멀다는 뜻이다. 위 '사람과 멀리 떨어진 곳에서 찾는다'는 문장을 이어서 말한 것이다. 시尸에게 기조肵俎[111]가 있으니, 이것은 주인이 시尸에게 공경함을 보이는 조俎이다. 군주의 경우 하사嘏辭에 '부富'(많다)

자가 있는 것은 복福을 말한다. 희생의 몸에서 머리가 앞에 있다. 희생의 머리를 올려 제사하는 것은 신주神主와 더불어 서로 바름을 취한 것이다. '상相'은 권유한다는 뜻이다. 시尸에게 권유하는 것은 그가 이 음식을 받아 먹기를 바라는 것이다. 시尸는 축祝에게 시켜 주인에게 하사嘏辭를 주게 한다. '하嘏'에는 장구하고 광대하다는 뜻이 있다. '시尸'는 신神의 형상으로 '주관한다'는 뜻이 되어야 하는데, 이제 경문에서 '진설한다'는 뜻으로 풀이한 것은 경문을 기록한 이의 잘못이다. 희생을 잡을 때 먼저 털과 피로 신에게 고하는 것은 피는 몸 안에 있기 때문에 그 속의 내실함(幽)을 고하는 것이요, 털은 몸 밖에 있기 때문에 그 외양의 온전함(全)을 고하는 것이다. '순수함을 귀하게 여긴다'(貴純)는 것은 외양과 속이 모두 좋은 것을 귀하게 여기는 것이다. '傍', 遠也. 承上文'求諸遠'者而言. 尸有肵俎, 是主人敬尸之俎也. 人君嘏辭有'富', 以福言也. 牲體首在前. 升首而祭, 取其與神坐相直也. '相', 詔侑也. 所以詔侑於尸, 欲其享此饌也. 尸使祝致嘏辭于主人. '嘏'有長久廣大之義也. '尸', 神象, 當爲'主'之義, 今以訓'陳', 記者誤耳. 殺牲之時, 先以毛及血告神者, 血在內, 是告其幽, 毛在外, 是告其全也. '貴純'者, 貴其表裏皆善也.

**【교특생 81】**

피를 제사하는 것은 기氣가 왕성함을 나타내는 것이다. 폐肺와 간肝과 심장(心)을 고수레(墮祭)하는 것은 기가 머무는 주요한 곳을 귀하게 여기는 것이다. 메기장(黍)과 찰기장(稷)을 고수레하면서 폐肺를 추가하고(祭黍稷加肺), 오제五齊를 제사하면서 명수明水를 추가하는(祭齊加明水) 것은 음陰에 보답하는 것이다. 발기름(膟膋)을 가져다 화톳

불을 피우고 태우며 희생의 머리를 올려 제사하는 것은 양陽에 보답하는 것이다. 명수明水와 세제涗齊는 깨끗함을 귀중히 여기는 것이다. 무릇 맑게 하는(涗) 것은 깨끗하게 만드는 것이다. 명수明水라고 부르는 것은 주인이 깨끗하고 정결하게 하여 이 물이 이루어졌기 때문이다.

血祭, 盛氣也. 祭肺·肝·心, 貴氣主也.① 祭黍·稷加肺, 祭齊加明水, 報陰也.② 取膟膋燔燎升首, 報陽也.③ 明水涗齊, 貴新也.④ 凡涗, 新之也.⑤ 其謂之明水也, 由主人之絜著此水也.

鄭注 ① '기주氣主'는 기가 머무는 곳이다. 주周나라에서는 폐肺를 고수레하였고, 은殷나라에서는 간肝을 고수레하였고, 하夏나라에서는 심장을 고수레하였다. '氣主', 氣之所舍也. 周祭肺, 殷祭肝, 夏祭心.

② '메기장(黍)과 찰기장(稷)을 제사지내면서 폐肺를 추가한다'(祭黍稷加肺)는 것은 훼제綏祭를 가리킨다. '명수明水'는 사훼司烜가 달에서 받은 물이다. '제齊'는 오제五齊를 가리킨다. 오제에 명수明水를 추가하므로 3주酒에 현주玄酒를 추가한다. '祭黍·稷加肺', 謂綏祭也. '明水', 司烜所取於月之水也. '齊', 五齊也. 五齊加明水, 則三酒加玄酒也.

③ '발기름'(膟膋)은 창자 사이에 낀 기름이다. 향쑥과 함께 섞어서 태웠는데, 또한 메기장과 찰기장도 넣는다. '膟膋', 腸間脂也. 與蕭合燒之, 亦有黍稷也.

④ '세涗'는 맑다는 뜻과 같다. 오제五齊는 탁하므로 걸러서 맑게 한 술을 '세제涗齊'라고 한다. 명수明水를 취한 것과 함께 모두 깨끗함을 귀중히 여기는 것이다. 『주례』에 "망씨㡛氏가 세수涗水에 실을 담가놓는다"112)고 하였다. '세제涗齊'는 더러 '범제汎齊'로 기록된 경우도 있다. '涗', 猶清也. 五齊濁, 泲之使清, 謂之'涗齊'. 及取明水, 皆貴新也. 『周禮』"㡛氏以涗水漚絲." '涗齊'或爲'汎齊'.

⑤ '깨끗이 한다'(新之)는 것은 공경함이다. '新之'者, 敬也.

⑥ '저著'는 이룬다는 뜻과 같다. 주인이 깨끗하게 하여 이 물이 이루어지면, 가지고 쓸 수 있음을 말한다. '著', 猶成也. 言主人齊絜, 此水乃成, 可得也.

**集說** 피를 지니고 기氣를 지니고 있으면 곧 살아 있는 존재다. 피는 기로 인해 활력을 갖는다. 죽으면 기氣가 소진하고 피 역시 마른다. 그러므로 피를 제사하는 것은 그 기氣의 왕성함을 나타내는 것이다. 폐肺와 간肝 그리고 심장은 모두 기氣가 머무는 곳이다. 그러므로 '기氣가 머무는 주요한 곳'(氣主)이라고 하였다. 주周나라에서는 폐肺를, 은殷나라에서는 간肝을, 하夏나라에서는 심장을 고수레(墮祭)하였다. '메기장(黍)과 찰기장(稷)을 제사지내면서 폐肺를 추가한다'(祭黍稷加肺)는 것은 시尸가 고수레(墮祭)를 행할 때 메기장(黍)과 찰기장(稷)에 폐肺를 함께 고수레하는 것을 가리킨다. '오제五齊를 제사하면서 명수明水를 추가한다'(祭齊加明水)는 것은 시尸가 정제正祭를 행할 때 오제五齊의 술동이를 진설하면서 또 명수明水의 동이를 추가하여 진설하는 것이다. 선조의 형백形魄은 땅으로 돌아가니 음陰에 속한다. 폐肺는 오행五行 가운데 금金에 속하고, 금金과 수水는 음이다. 그러므로 폐를 추가하고 명수를 추가하는 것이다. 이것은 음陰에 속하는 제물로 음의 신령에게 보답하는 것이다. '발기름'(膟膋)은 창자 사이에 낀 기름이다. 먼저 화로에 화톳불을 피워놓고 익힌 음식을 올릴 때에 이르러 향쑥과 메기장·찰기장에 섞어 태운다. 메기장과 찰기장은 양陽에 속한다. 희생의 머리 역시 양陽의 종류이다. 혼기魂氣는 하늘로 돌아가니 양이다. 이것은 양에 속하는 것으로 양의 신령에게 보답하는 것이다. '명수明水'는 음감陰鑑으로 달에서 받은 물이다. '세涚'는 맑다는 뜻과 같다. 오제五齊113)를 걸러서 맑게 한다. 그러므로 '세제涚齊'(걸러서 맑게 한 술)라고 말한 것이다. 명수明水와 세제涚齊를 진설하는 것은 그 깨끗함을 귀중히 여기는 것이다. '범세凡涚'는 깨끗하게

만든다는 뜻으로 오직 세제涚齊에 중점을 두고 말하였기 때문에, 아래 문장에서 또 명수明水의 뜻을 풀이하였다. '결저絜著'는 깨끗하고 밝게 드러난다는 뜻이다. 달로부터 받은 것이기 때문에 '밝다'(明)고 하였다. 『주례』에 의하면 오제五齊는 첫째 범제泛齊, 둘째 예제醴齊, 셋째 앙제盎齊, 넷째 체제緹齊, 다섯째 침제沈齊 등이다. 有血有氣, 乃爲生物. 血由氣以滋. 死則氣盡而血亦枯矣. 故血祭者, 所以表其氣之盛也. 肺・肝・心, 皆氣之所舍. 故云'氣主'. 周祭肺, 殷祭肝, 夏祭心也. '祭黍稷加肺'者, 謂尸隋祭之時, 以黍・稷兼肺而祭也. '祭齊加明水', 謂尸正祭之時, 陳列五齊之尊, 又加明水之尊也. 祖考形魄, 歸地屬陰. 而肺於五行屬金, 金・水, 陰也. 故加肺加明水. 是以陰物而報陰靈也. '膟膋', 腸間脂也. 先燔燎于爐, 至薦孰, 則合蕭與黍・稷燒之. 黍稷, 陽也. 牲首亦陽體. 魂氣歸天爲陽. 此以陽物報陽靈也. '明水', 陰鑑所取月中之水. 涚猶清也. 泲漉五齊, 而使之清. 故云'涚齊'. 所以設明水及涚齊者, 貴其新潔也. '凡涚', 新之也, 專主涚齊而言, 故下文又釋明水之義. '絜著', 潔淨而明著也. 自月而生, 故謂之'明'. 『周禮』五齊, 一泛齊, 二醴齊, 三盎齊, 四緹齊, 五沈齊.

**【교특생 82】**

군주가 머리가 지면에 닿도록 하여 두 번 절하고 어깨를 드러내고 직접 희생을 자르는 것은 공경함이 지극한 것이다. 공경함이 지극한 것은 순종함이다. 배례하는 것은 순종하는 것이다. 머리가 지면에 닿도록 하는 것은 매우 순종하는 것이요, 어깨를 드러내는 것은 순종함을 다하는 것이다. 제사에서 효손孝孫과 효자孝子라고 부르는 것은 제사의 의리로서 부르는 것이다. 증손曾孫 아무개라고 부르는 것은 나라(國)가 있거나 가家가 있는 것이다. 제사에서 주인이 시尸에게 권유할(相) 때, 주인은 정성과 공경을 드리고 자신의 좋고 아름다운 것을 다하며, 서로 더불어 사양하는 예禮는 없다.

君再拜稽首, 肉袒親割, 敬之至也. 敬之至也, 服也. 拜, 服也. 稽首, 服之甚也, 肉袒, 服之盡也.① 祭稱孝孫·孝子, 以其義稱也.② 稱曾孫某, 謂國·家也.③ 祭祀之相, 主人自致其敬, 盡其嘉, 而無與讓也.④

**鄭注** ① '할割'은 희생의 몸체를 부위별로 자른다는 것이다. '割', 解牲體.

② 조부와 선친에게 제사함을 말한다. 謂事祖·禰.

③ 제후가 오묘五廟에 제사할 때 증조曾祖 이상의 선조에게 자신을 증손曾孫이라고 부를 뿐임을 말한다. 謂諸侯事五廟也. 於曾祖以上, 稱曾孫而已.

④ '상相'은 시尸에게 권유함을 말한다. '가嘉'는 좋고 아름답다(善)는 뜻이다. '相', 謂詔侑尸也. '嘉', 善也.

**集說** '복服'은 부모에게 순종함을 뜻한다. '배례를 함은 순종하는 것이다'(拜, 服也)는 두 번 배례하는 것이 순종하는 것을 나타냄을 말한다. '머리를 바닥에 닿도록 한다'(稽首)는 것은 매우 순종하는 것이요, '어깨를 드러낸다'(肉袒)는 것은 순종을 다하는 것이다. 이는 순종하는 정성이 마음에 있는데 이제 다시 어깨를 드러내어 희생을 자르니 마음으로나 행동으로나 모두 순종하는 것이 된다. 그러므로 '순종을 다한다'(服之盡)라고 한 것이다. 제사는 효도에 중점이 있다. 사士의 제사에서 효손孝孫·효자孝子라고 부르는 것은 제사의 의리로써 호칭한 것이다. 제후에게는 나라(國)가 있고, 경卿과 대부大夫에게는 가家가 있어, 조부와 선친에게만 제사할 뿐이 아니다. 증조曾祖 이상의 선조에게 제사할 때 단지 자신을 증손曾孫이라고만 부른다. 그러므로 경문에서 "증손曾孫 아무개라고 부르는 것은 나라(國)가 있거나 가家가

있는 것이다"라고 하였다. 대개 대부大夫에게는 3묘廟가 있어 증조曾祖에게 제사지낸다. 상사上士는 2묘廟를 모시므로 조부와 선친에게 제사한다. 중사中士와 하사下士는 1묘廟만 있으므로 조부와 선친을 함께 모신다. '상相'은 시尸에게 권유하는 것이다. 권유하는 말에서 시尸에게 사양하는 것으로 말하지 않는다. 왜냐하면 주인이 시尸를 공경하여 스스로 그 정성과 공경을 드리고 그 좋고 아름다운 것을 다하니 상대와 더불어 사양하는 예禮가 없다. '服'者, 服順於親也. '拜, 服也', 謂再拜是服順也. '稽首'爲服順之甚, '肉袒'爲服順之盡.. 言服順之誠在內, 今又肉袒, 則內外皆服矣. 故云'服之盡'. 祭主於孝. 士之祭稱孝孫·孝子, 是以祭之義爲稱也. 諸侯有國, 卿大夫有家, 不但祭祖與禰而已. 其祭自曾祖以上, 惟稱曾孫. 故云: "稱曾孫某, 謂國·家也." 蓋大夫三廟, 得事曾祖也. 上士二廟, 事祖禰. 中·下士一廟, 祖禰共之. '相', 詔侑於尸也. 相者, 不告尸以讓. 蓋是主人敬尸, 自致其誠敬, 盡其嘉善, 無所與讓也.

**【교특생 83】**

날고기 덩어리(腥), 쪼개어 다룬 날고기(肆), 데친 고기(爓), 익힌 고기(腍) 등을 제사하니, 신이 흠향하는 바를 어찌 알겠는가, 주인이 자신의 공경하는 마음을 다할 뿐이다. 가斝를 올리고 각角을 올리는 것은 주인에게 고하여 시尸를 편안케 하는 것이다. 옛날(古)에 시尸는 제사에서 일이 없으면 서 있었고, 일이 있은 뒤에 앉았다. 시尸는 신의 형상(神象)이다. 축사(祝)는 명령을 전달하는 것이다.
腥·肆·爓·腍祭, 豈知神之所饗也, 主人自盡其敬而已矣.① 擧斝·角, 詔妥尸. 古者尸無事則立, 有事而后坐也. 尸, 神象也.

祝, 將命也.②

鄭注 ① 쪼개어 다룬 날고기를 '적肆'이라고 한다. '임腍'은 익힌 고기다. '섬爓'은 더러 접腍으로 기록되어 있다. 治肉曰'肆'. '腍', 孰也. '爓'或爲腍.

② '타妥'는 편안히 앉는다는 뜻이다. 시尸가 처음 방으로 들어오면, 가斝와 각角을 올린다. 제사가 시작되려 할 때, 축祝이 주인에게 절할 것을 고하고 시尸를 편안케 하고 자리에 앉게 한다. 시尸는 가장 높은 자리로 나아가는데 혹 이때 불안해하므로 배례를 하여 편안케 한다. 천자는 가斝를 올리고 제후는 각角을 올린다. '옛날'(古)은 하夏나라 때를 가리킨다. '妥', 安坐也. 尸始入, 擧奠斝若奠角. 將祭之, 祝則詔主人拜, 妥尸, 使之坐. 尸卽至尊之坐, 或時不自安, 則以拜安之也. 天子奠斝, 諸侯奠角. '古', 謂夏時也.

集說 제사의 예에서 날고기 덩어리를 올리기도 하고 쪼개어 다룬 날고기를 올리기도 하고 끓는 물에 데친 고기를 올리기도 하고 삶아 익힌 고기를 올리기도 하는데, 신령이 어디에서 흠향하는지 어찌 알겠는가? 주인은 자신의 공경하는 마음을 다할 뿐이다. '가斝'와 '각角'은 술잔의 명칭이다. '조詔'는 고한다는 뜻이다. '타妥'는 편안하다는 뜻이다. 시尸가 처음에 자리로 나아가고 가斝와 각角을 올릴 때, 축祝이 주인에게 시尸에게 절하라고 고하여 시尸가 시동의 자리에 편안히 앉게 한다. 앞 편에서 "하夏나라의 예禮에서는 시尸를 서 있게 하고 제사를 마친다"114)라고 하였다. 이 장에서 "옛날"(古)이라고 한 것은 하夏나라 때를 가리킨다. 하나라의 예에서는 시尸가 일이 없으면 서 있다가 음식을 드는 일이 있을 때 이르러 앉을 수 있다. 시尸는 제사지내는 대상을 형상화한 것이다. 그러므로 '신의 형상'(神象)이라고 한 것이다. 축祝을 하는 사람은 먼저 주인의 말로 신神에게 고하고, 뒤에 신神의 말로 주인에게 하사嘏辭를 준다. 그러므로 '명령을 전달하는

것'(將命)이라고 하였다. 祭之爲禮, 或進腥體, 或薦解剔, 或進湯沈, 或薦煮孰, 豈知神果何所享乎? 主人不過盡其敬心而已耳. '斝'與'角', 皆爵名. '詔', 告也. '妥', 安也. 尸始卽席擧斝角之時, 祝告主人拜尸, 以妥安其坐. 前篇言, "夏立尸而卒祭." 此言"古"者, 蓋指夏時也. 夏之禮, 尸無事則立, 有飮食之事, 然後得坐也. 尸所以象所祭者, 故曰'神象'. 爲祝者, 先以主人之辭告神, 後以神之辭嘏主人. 故曰'將命'.

**【교특생 84】**

예제醴齊를 걸러서 따를 때 띠풀을 사용하는데, 먼저 명작明酌을 예제에 섞은 후 거른다.

縮酌用茅, 明酌也.

**鄭注** 명작明酌을 섞어 예제醴齊를 거르는 것을 가리킨다. 『주례』에 "예제醴齊는 걸러서 따른다"115)고 하였다. 오제五齊 가운데 예제醴齊는 매우 탁하므로 명작明酌을 섞어 띠풀(茅)로 받쳐서 찌꺼기를 걸러낸다. 명작明酌은 사주事酒에서 위의 (맑은) 부분이다. (그래서) 명明(맑다)이라고 이름 붙인 것이다. 사주事酒는 오늘날의 역주醳酒로 막 완성된 술이다. 『춘추좌씨전』에 "너희의 공물인 띠풀을 보내오지 않아 국왕의 제사에 제공되지 않으니 술을 거를 방도가 없다"116)라고 하였다. '작酌'은 따른다는 뜻과 같다. 술이 걸러지면 따라서 술동이에 채운다. 『의례』「혼례昏禮」에 "현주玄酒를 따라 세 번 술동이에 붓는다"라고 하였다. 무릇 술을 따르는 것이면 (잔에 따라 주건, 술동이에 붓건) 또한 '작酌'(술을 따르다)의 뜻이 된다. 謂泲醴齊以明酌也. 『周禮』曰: "醴齊縮酌." 五齊醴尤濁, 和之以明酌, 泲之以茅, 縮去滓也. 明酌者, 事酒之上也. 名曰明者. 事酒, 今之醳酒, 皆新成也. 『春秋傳』曰: "爾貢包茅不入, 王祭不共, 泲

以酌酒." '酌', 猶斟也. 酒已泲, 則斟之以實尊彝. 「昏禮」曰: "酌玄酒, 三注[117]于尊." 凡行酒, 亦爲'酌'也.

**集說** '축縮'은 거른다는 뜻이다. '작酌'은 술을 따른다는 뜻이다. 예제醴齊는 탁하므로 거른 뒤에 따를 수 있음을 말한다. 그러므로 '걸러서 따른다'(縮酌)고 한 것이다. '띠풀을 사용한다'(用茅)는 것은 띠풀(茅)로 덮어 받쳐서 거르는 것이다. 『주례』에 의하면 삼주三酒는 첫째 사주事酒, 둘째 석주昔酒, 셋째 청주淸酒이다. 사주事酒는 일을 위해서 새로 담근 술이다. 그 빛깔이 맑아 '명작明酌'이라고 부른다. 예제醴齊를 거르고자 할 때는 이 명작明酌을 먼저 섞은 다음 띠풀(茅)로 받쳐 걸러냄을 말한다. '縮', 泲也. '酌', 斟酒也, 謂醴齊濁, 泲而後可斟酌. 故云'縮酌'也. '用茅'者, 以茅覆藉而泲之也. 『周禮』三酒, 一曰事酒, 二曰昔酒, 三曰淸酒. 事酒爲事而新作者. 其色淸明, 謂之'明酌'. 言欲泲醴齊, 則先用此明酌和之, 然後用茅以泲之也.

**【교특생 85】**

잔주醆酒는 청주淸酒를 섞어 거른다. 울창주는 앙제盎齊를 섞어 손으로 비벼 거른다.

醆酒涚于淸.① 汁獻涚于醆酒.②

**鄭注** ① 청주淸酒를 섞어 잔주醆酒를 거르는 것을 말한다. '잔주醆酒'는 앙제盎齊이다. 앙제는 조금 맑으므로 청주를 섞어서 거른다. 앙제를 거를 때 청주를 섞는 것은 둘 다 숙성기간이 길어 맛이 서로 맞기 때문이다. 謂泲醆酒以淸酒也. '醆酒', 盎齊. 盎齊差淸, 和之以淸酒泲之而已. 泲盎齊, 必和以淸酒者, 皆久味相得.

② 잔주醆酒를 섞어 울창주(秬鬯)를 거르는 것을 말한다. '헌獻'은 '사莎'(비비다)의 뜻으로 읽어야 한다. 제齊 지역의 발음에서 생긴 잘못이다. 울창주(秬鬯)는 그 안에 삶은 울금鬱金이 들어 있다. 앙제를 섞어 손으로 비벼 걸러서 향즙이 나오게 한다. 따라서 '즙사汁莎'라고 부른다. 삼주三酒를 섞어 울창주를 거르지 않는 것은 울창주가 존귀하기 때문이다. 謂泲秬鬯以醆酒也. '獻', 讀當爲'莎'. 齊語聲之誤也. 秬鬯者, 中有煮鬱. 和以盎齊, 摩莎泲之, 出其香汁. 因謂之'汁莎'. 不以三酒泲秬鬯者, 秬鬯尊也.

**集說** '잔주醆酒'는 앙제이다. '세涚'는 거른다는 뜻이다. '청淸'은 청주를 가리킨다. 청주는 겨울에 담가 여름이 될 무렵 완성된다. 앙제는 다소 맑기 때문에 먼저 청주를 섞은 뒤 거른다. 그러므로 '잔주는 청주를 섞어 거른다'(醆酒涚于淸)고 한 것이다. 다소 맑기 때문에 띠풀을 사용하여 거르지 않는다. '즙사汁獻'는 울창주(秬鬯)와 울금 즙을 손으로 비비는 것을 말한다. 울창주 안에는 삶은 울금이 들어 있는데, 앙제로 섞고 손으로 비벼 그 향즙이 나오게 한다. 그러므로 '울창주는 앙제를 섞어 손으로 비벼 거른다'(汁獻涚于醆酒)라고 한 것이다. ○ 소疏에서 말한다. "사주事酒를 섞어 예제醴齊를 거르고, 청주를 섞어 앙제를 거르는데, 이제 울창주를 거르는 데는 앙제를 섞고 삼주三酒를 섞지 않는 것은 오제五齊는 비천하기 때문에 삼주를 섞어 거르는 것이요, 울창주는 존귀하기 때문에 오제를 섞어 거르는 것이다." '醆酒', 盎齊也. '涚', 泲也. '淸', 謂淸酒也. 淸酒冬釀接夏而成. 盎齊差淸, 先和以淸酒, 而後泲之. 故云'醆酒涚于淸'. 以其差淸, 故不用茅也. '汁獻', 謂摩挲秬鬯及鬱金之汁也. 秬鬯中有煮鬱, 又和以盎齊, 摩挲而泲之, 出其香汁. 故云'汁獻涚于醆酒'也. ○ 疏曰: "以事酒泲醴齊, 淸酒泲盎齊, 今泲秬鬯乃用盎齊, 而不以三酒者, 五齊卑, 故用三酒泲之, 秬鬯尊, 故用五齊泲之也."

【교특생 86】

(예제醴齊는 명작明酌을 섞어 거르고, 잔주醆酒는 청주淸酒를 섞어 거르고, 울창주는 잔주를 섞어 손으로 비벼 거르는 것은 곧) 오늘날 명작, 청주 그리고 잔주 등에 묵은 술을 섞어 거르는 것과 같다.

猶明・淸與醆酒于舊澤之酒也.

**鄭注** '유猶'는 같다는 뜻이다. '택澤'은 역醳(오래 묵다)의 뜻으로 읽어야 한다. '오래 묵은 술'(舊醳之酒)은 석주昔酒를 가리킨다. 예제는 명작을 섞어 거르고, 잔주는 청주를 섞어 거르고, 울창주는 잔주를 섞어 손으로 비벼 거르는 것은 천자와 제후의 예이다. 천자와 제후의 예가 폐해지자 당시 사람들이 이것에 대하여 더러 듣기는 하였지만 자세히 알지 못하므로 '오늘날 명작, 청주 그리고 잔주 등에 묵은 술을 섞어 거르는 것과 같다'고 말한 것이다. 곧 당시 사람들이 알고 있는 것에 맞추어 알게 한 것이다. 청주에 묵은 술을 섞어 거르는 것은 그 맛이 진하고 매우 독하기 때문이다. '猶', 若也. '澤', 讀爲醳. '舊醳之酒', 謂昔酒也. 泲醴齊以明酌, 泲醆酒以淸酒, 泲汁獻以醆酒, 天子・諸侯之禮也. 天子・諸侯禮廢, 時人或聞此而不審知, 云若'今明酌・淸酒與醆酒, 以舊醳之酒泲之'矣. 就其所知以曉之也. 泲淸酒以舊醳之酒者, 爲其味厚腊毒也.

**集說** 위 경문에서 말한 세 가지 술을 거르는 것은 모두 천자와 제후의 예이다. 경문을 기록할 당시 이 예가 이미 없어져 사람들이 그 법식을 모르기 때문에 이것을 말해 깨우쳐주기를 '예제는 명작을 섞어 거르고, 잔주는 청주를 섞어 거르고, 울창주는 잔주를 섞어 손으로 비벼 거르는 것은 곧 오늘날 명작, 청주 그리고 잔주 등에 묵은 술을 섞어 거르는 것과 같다'고 말한 것이다. '유猶'는 같다는 뜻이다. '구舊'는 오래 묵었다는 뜻이다. '택澤'은 역醳으로 읽는다. '역醳'은 희석해서 술을 빚는 것을 지칭하는데, 후

세에 그것을 역주醳酒라고 불렀다. 上文所泲三者之酒, 皆天子・諸侯之禮. 作記之時, 此禮已廢, 人不能知其法, 故言此以曉之曰'泲醴齊以明酌, 泲醆酒以清酒, 泲汁獻以醆酒者, 卽如今時明・清・醆酒泲于舊醳之酒也'. '猶', 若也. '舊', 謂陳久也. '澤', 讀爲醳. '醳'者和醳醖[118]釀之名, 後世謂之醳酒.

**【교특생 87】**

제례祭禮에는 비는 것(祈)이 있고, 보답하는 것(報)이 있고, 제사를 이용하여 없애고 그치게 하는 것(由辟)이 있다.

祭有祈焉,① 有報焉,② 有由辟焉.③

**鄭注** ① '기祈'는 구한다(求)는 뜻과 같다. "다복과 길상吉祥을 구하고, 길이길이 바른 명命을 얻기를 구한다"[119]는 것을 가리킨다. '祈', 猶求也. 謂"祈福祥, 求永貞"也.

② "벼를 수확하면 사社(토지신)에게 보답한다"[120] 따위를 말한다. 謂若"穫禾報社."

③ '유由'는 이용한다는 뜻이다. '벽辟'은 '미弭'(그치다)로 읽는다. "재난과 병란을 그치게 하고 범죄와 질병을 멀리한다"[121]는 것을 말한다. '由', 用也. '辟', 讀爲'弭'. 謂"弭災兵, 遠罪疾"也.

**集說** 이 경문은 제례祭禮에 또한 이 세 가지 경우가 있음을 넓게 말한 것이다. 가령 『주례』의 "다복과 길상吉祥을 구하고, 길이길이 바른 명命을 얻기를 구한다"는 것, "농업의 신(田祖: 신농씨)에게 풍년을 빈다"[122]는 것, 그리고 『시詩』의 "봄과 여름에 상제上帝에게 풍년을 빈다"는 것 등은 비는 것

(祈)이다. '보답한다'(報)는 것은 복을 얻은 것에 보답한다는 것이다. 제례祭禮에는 근본에 보답하는 의리가 많다. '유由'는 이용한다는 뜻이다. '벽辟'은 '미弭'(그치다)로 읽는다. 가령 『주례』에서 "재난과 병란을 그치게 하고 범죄와 질병을 멀리한다"[123]고 말하는 부류이다. '유미'(由弭)는 이것을 이용하여 없애고 그치게 한다는 뜻이다. 此泛言祭禮又有此三者之例. 如『周禮』所云"祈福祥, 求永貞", "祈年于田祖", 『詩』言"春夏祈穀"之類, 是祈也. '報', 謂獲福而報之, 祭禮多是報本之義. '由', 用也. '辟', 讀爲'弭'. 如『周』所謂, "弭災兵, 遠罪疾"之類. '由弭'者, 用此以消弭之也.

**【교특생 88】**

재계할 때는 현관玄冠을 쓰고 현의玄衣[124]를 입고 지내니 그로써 어둡고 깊은 추념을 행하는 것이다. 그러므로 군자가 삼 일 재계하면 반드시 제사지낼 선조를 보게 된다.

齊之玄也, 以陰幽思也. 故君子三日齊, 必見其所祭者.

**鄭注** 사흘을 재계한 이가 제사지낼 대상이 거처하던 모습, 웃고 말하던 모습, 즐기던 모습 등을 생각하면 보게 된다. 齊三日者, 思其居處, 思其笑語, 思其志意, 思其所樂, 則見之也.

**集說** 재계할 때 현관玄冠을 쓰고 현의玄衣를 입고 지내는 것은 귀신의 어둡고 깊은 의리에 따르고 또한 어둡고 깊은 추념追念을 행하는 것이다. 제사를 드릴 선조를 보는 것은 정성精誠으로 인한 감응이다. 齊而玄冠·玄衣, 順鬼神幽黯之意, 且以致其陰幽之思也. 見其所祭之親, 精誠之感也.

## 역주

1) 육덕명 : 550~630. 당나라 蘇州 吳縣(江蘇省) 사람이다. 본명은 元朗, 자는 德明이다. 漢魏 六朝의 音切 230여 家를 모으고 漢儒들의 訓詁를 채집해 그 異同을 정리하고 원류를 따져 『經典釋文』 30권을 편찬하였다. 그밖에 『易疏』, 『老子疏』 등의 저술이 있다.

2) 여인이 ~ 못한다 : 『역』 漸卦 九三爻의 爻辭에 보인다.

3) 만물은 ~ 부른다 : 『晦庵集』 卷八十三, 「書程子禘說後」에 나온다.

4) 옛날에 ~ 없다. : 『朱子語類』 권90 禮7에 보인다.

5) 채침 : 1167~1230. 자 仲默, 호 九峰으로 蔡元定의 아들이다. 저서로 『書集傳』이 있다.

6) 앞 편 : 「禮器」(21, 50)을 가리킨다.

7) 삼향 : 윗사람에게 선물을 바치는 것을 일반적으로 '享'이라고 부른다. 三享은 三獻(세 차례 바치는 것)과 같다. 覲禮와 聘禮에 享禮의 절차가 있는데, 제후가 천자를 방문하거나 覲禮 등에서는 三享의 예를 행하고 聘禮에서는 一享의 예를 행한다. 享禮에는 모두 기본적으로 束帛을 벽옥(璧)과 함께 바치고, 그 외에 말·호랑이와 표범 가죽 등 자기 지역에서 나는 물건을 같이 바친다. 『三禮辭典』, 48쪽, '三享' 항목 참조.

8) 『주례』에는 ~ 있다 : 『주례』 「秋官·大行人」에 나온다.

9) 단수 : 말린 고기를 두들겨 연하게 한 뒤 강이나 계피를 뿌려 조미한 것이다. 脯는 고기를 얇게 잘라 말린 것이고, 작은 동물을 통째로 말린 것이 腊이다. 『주례』 「천관·腊人」에 "고기 말리는 일을 관장한다"(掌乾肉)라고 한 것에 대해 鄭玄은 注에서 "큰 동물은 해체하고 잘라서 말리니, 그것을 乾肉이라고 한다.…… 얇게 잘라서 말린 것을 脯라고 하고, 두드리고 생강이나 계피를 뿌려 넣은 것을 鍛脩라고 한다. 腊은 작은 짐승을 통째로 말린 것이다"(大物解肆乾之, 謂之乾肉……薄折曰脯, 棰之而施薑桂曰鍛脩. 腊, 小物全乾)라고 하였다.

10) 苟 : '尊'으로 된 판본도 있으나 이학근의 교감에 따라 '苟'로 고친다. 『禮記正義』 899쪽 주 3) 참조.

11) 禴 : 원문은 '禘'로 되어 있으나 정현과 진호 모두 '禴'의 오기로 본다.

12) 고자 : 사망한 공신의 자손을 가리킨다. 『주례』 「天官·外饔」에 "나라에서 耆老와 孤子에게 연회를 베풀 때 음식을 만드는 일을 담당한다"(邦饗耆老·孤子, 則掌其割亨之事)고 하였는데, 정현은 주에서 "孤子는 국가의 일을 위해 죽은 자의 자손이다"(孤子, 死王事者之子孫也)라고 하였다. 『주례』 「地官·司門」에 "그 재정으로 정사를 위해 죽은 자의 노인과 자손을 지원한다"(以其財養死政之老與其孤)고 하였는데, 정현은 주에서 "정사를 위해 죽은 자의 노인은 국사를 위해 죽은 자의 부모이다. 孤는 그 자손이다"(死政之老, 死國事者之父母也. 孤, 其子)라고 하였다. 『三禮辭典』, 467쪽, '孤子' 항목 참조.

13) 기노 : 60세가 된 남자를 耆, 70세가 된 남자를 老라고 한다. 「曲禮上」(27)에 "예순 살이

되면 耆(노년에 이름)라 하니 지시하고 사람을 부리기만 한다. 일흔 살이 되면 老(노인)라 하니 가사를 자손에게 전한다"(六十曰耆, 指使. 七十曰老, 而傳)라고 하였다. 『三禮辭典』, 678쪽, '耆' 항목 참조.

14) 배정 : 羞鼎이라고도 하며, 정식 음식 이외에 추가되는 반찬 · 쇠고깃국(膷) · 양고깃국(臐) · 돼지고깃국(膮) 등을 담은 鼎을 가리킨다. 『三禮辭典』, 780쪽, '陪鼎' 항목 참조.

15) 9하 : 고대의 樂章 이름으로 王夏 · 肆夏 · 昭夏 · 納夏 · 章夏 · 齊夏 · 族夏 · 祴夏 · 驁夏 등이다. 九夏는 모두 門庭에 出入할 때의 樂이다. 『주례』 「春官 · 大司樂」에서 "왕이 출입할 때는 王夏를 연주하고 시동이 출입할 때는 「肆夏」를 연주한다"(王出入則令奏王夏, 尸出入則令奏「肆夏」)고 하였고, 『주례』 「春官 · 鍾師」에서는 "무릇 음악을 사용할 때에는 종과 북으로 九夏를 연주하는데, 王夏 · 肆夏 · 昭夏 · 納夏 · 章夏 · 齊夏 · 族夏 · 祴夏 · 驁夏이다"(凡樂事, 以鍾鼓奏九夏, 王夏 · 肆夏 · 昭夏 · 納夏 · 章夏 · 齊夏 · 族夏 · 祴夏 · 驁夏)라고 하였다.

16) 화순함을 보이는 것 : 이 말은 「禮器」(67)에 나온다.

17) 정실 : 庭은 일반적으로 寢廟의 堂 아래 마당을 가리킨다. 빈객을 實은 빈객이 가져온 예물로 빈객을 맞이하여 행사를 치르면서 예물을 마당에 진열해놓기 때문에 庭實이라고 부른다. 『三禮辭典』, 632쪽, '庭實' 항목 참조.

18) 앞 편 : 「禮器」(67)을 가리킨다.

19) 앞서서 ~ 죽였다 : 관련 내용은 『춘추좌씨전』, 莊公 32년 조와 閔公 2년 조 등에 보인다.

20) 조계 : 조계는 실제로 동쪽 계단이지만 서쪽 계단을 빈객이 사용하는 계단이라는 의미에서 賓階라고 하듯 주인이 사용하는 계단이라는 의미에서 阼階라고 부른다. 『의례』 「鄕射禮」에 "주인의 자리를 阼階의 위쪽에 펼쳐놓는다"(席主人於阼階上)한 것에 대해 鄭玄은 注에서 "조계는 동쪽 계단이다"(阼階, 東階)라고 하였다.

21) 부의 : 黼依와 같은 뜻이다. 병풍과 같은 형태로 되어 있으며, 문과 창문 사이 즉 堂 중앙에 국왕의 자리 뒤쪽으로 설치한다. 검은색과 흰색으로 도끼 문양이 그려져 있다. 朝覲 · 大饗射 · 封國 등 대사에서 사용한다. 『三禮辭典』, 1247쪽, '黼依' 항목 참조.

22) 천자가 ~ 들어온다 : 『의례』 「覲禮」에 따르면, 玉은 圭이다. 侯氏는 천자를 알현하러 온 제후를 가리킨다.

23) 봄의 ~ 맞이한다 : 『주례』 「春官 · 大宗伯」에 따르면, 제후가 천자를 朝見하는 예는 계절에 따라 명칭이 다르다. 봄에는 朝, 여름에는 宗, 가을에는 覲, 겨울에는 遇, 정해진 때 없이 朝見하는 경우는 會, 제후들이 함께 朝見하는 경우는 同이라고 부른다. 陳澔는 朝와 宗에서 천자가 客禮로서 제후를 맞는다고 하였지만, 이에 대해서는 설이 일정하지 않다. 『三禮辭典』, 817쪽, '朝' 항목 참조.

24) 옥경을 ~ 울린다 : 이 말은 『書』 「益稷」에 나온다.

25) 대무 : 周의 여섯 樂舞 가운데 하나로, 武王의 樂舞이다. 武舞에 속하며, 無射, 夾鐘과 짝이 되어 先祖에게 제사할 때 사용한다. 『주례』 「春官 · 大師樂」에 "곧 無射을 연주하

고, 夾鐘을 노래하고, 大武를 추며, 先祖에게 제사한다"(乃奏蕤賓, 歌函鐘, 舞大夏, 以祭山川)라고 하였다.

26) 관중이 ~ 가렸다 : 『논어』「八佾」에 "군주가 병풍으로 문을 가리는데 관중도 또한 병풍으로 문을 가렸다. 군주가 두 군주의 우호를 위해 反坫을 설치해놓는데 관중도 반점을 설치해놓았다"(邦君樹塞門, 管氏亦樹塞門. 邦君爲兩君之好, 有反坫, 管氏亦有反坫)라고 하였다.

27) 흰옷에 ~ 하였네 : 공영달의 소에 『詩』는 『魯詩』를 가리킨다고 하였다. 인용한 『시』의 구절은 모두 「唐風 · 揚之水」에 나온다. 『詩』에는 '綃'가 '繡'로 되어 있다.

28) 천자는 ~ 사용한다 : 정현의 주에 따르면 이 말은 『禮緯』에 나온다.

29) 구설 : 바로 위에 있는 정현의 주를 가리킨다.

30) 수는 ~ 안 된다 : 석량왕씨의 설은 『詩』의 원문에 따라 '綃'가 아닌 '繡'로 읽어야 한다고 주장하는 것이다.

31) 송에서는 ~ 모셨다 : 『춘추좌씨전』, 文公 2년 조에 보인다. 帝乙은 微子의 부친이고 厲王은 鄭나라 桓公의 부친이다. 이 대목은 이들이 모두 특별한 功이나 德이 없지만, 그래도 후손들이 선조로 받들었음을 말한다.

32) 무릇 ~ 부른다 : 『춘추좌씨전』, 莊公 28년 조에 보인다.

33) 구설에서는 ~ 담당한다 : 여기까지가 舊說의 내용이다. 舊說은 공영달의 소를 가리킨다. 都宗人은 都의 제사 의례를, 家宗人은 家邑의 제사 의례를 담당하는 관리다. 都는 천자의 자식과 형제가 분봉을 받은 곳과 公卿의 食邑을, 家는 대부의 食邑을 가리킨다. 관련 내용은 『주례』「春官 · 都宗人」과 「春官 · 都宗人」 및 해당 부분의 정현 주에 자세하다. 『三禮辭典』, 775쪽, '都宗人'; 623쪽, '家宗人' 항목 참조.

34) 주나라가 ~ 불렀다 : 『춘추좌씨전』, 襄公 25년 조에 "陳에 봉하여 三恪의 하나가 되게 하였다"(封諸陳, 以備三恪)라고 나온다. 이에 대해 杜預는 注에서 "周나라가 천하를 차지하자 夏와 殷 두 왕조의 후예를 분봉하였고, 또 舜의 후손을 분봉하여 恪이라고 하였다. 두 왕조의 후손과 함께 세 나라가 된다. 그 禮가 전승되어 내려와 공경을 표시한 것이다. 그러므로 三恪이라고 부른 것이다"(周得天下, 封夏殷二王後, 又封舜後謂之恪. 幷二王後爲三國. 其禮轉降, 示敬而已. 故曰三恪)라고 한다. 그러나 陳澔는 공영달의 소에 따라 三恪을 黃帝 · 堯 · 舜 등의 후손으로 보고 있어 三恪에 대한 설명이 일정하지 않다. 또한 공영달이 근거한 『古春秋左氏』도 무엇을 가리키는지 분명하지 않다.

35) 머리를 ~ 배례한다 : 계수는 무릎을 꿇은 상태에서 왼손과 오른손을 포개어 맞잡고 머리를 천천히 바닥에 대는데, 손은 무릎 앞에 있고 머리는 손의 앞에 있게 한다. 머리를 바닥에 댔다가 바로 드는 頓首에 비해 바닥에 대는 시간이 길다. 신하가 군주에게 하는 가장 공경스러운 절이다. 『주례』「春官 · 大祝」 참조.

36) 복역 : 上奏하여 보고하거나(復), 上書 등으로 건의하는(逆) 일을 말한다. 『三禮辭典』, 802쪽, '復逆' 항목 참조.

37) 대시는 ~ 된다 : 『주례』「地官 · 司市」에서 인용한 문장이다. 해당 부분 注에 따르면 商賈는 시장에서 일정한 거처를 가지고 있는 상인을, 販夫販婦夫는 아침에 마련해서 저녁에 내다 파는 행상인들을 의미한다.

38) 역제 : 천자 · 제후가 正祭를 지낸 이튿날에 또다시 제사를 지내고 아울러 儐尸의 예를 행하는 것을 '繹'이라고 한다. 『詩』「周頌 · 絲衣」의 毛序에 "「絲衣」는 繹祭를 지내고 시동에게 賓尸의 예를 행하는 시다"(「絲衣」, 繹賓尸也)라고 한 것에 대해 정현의 箋에는 "'繹'은 또다시 제사를 지낸다는 뜻이다. 천자 · 제후의 경우에는 '繹'이라고 하는데, 正祭를 지낸 이튿날에 한다. 경 · 대부의 경우에는 '賓尸'라고 하는데, 正祭를 지낸 날과 같은 날에 한다. 周나라에서는 '繹'이라고 하였고, 商나라에서는 '肜'이라고 하였다"('繹', 又祭也. 天子 · 諸侯曰'繹', 以祭之明日. 卿 · 大夫曰'賓尸', 與祭同日. 周曰'繹', 商謂之'肜')고 하였다.

39) 팽제 : 묘문에서 지내는 제사를 祊이라고 한다. 祊은 본래 묘문의 명칭으로, 묘문에서 제사를 지내기 때문에 그 제사의 명칭도 '祊'이라고 한다. 祊의 제사에는 2가지가 있다. 하나는 正祭 때에 종묘에서 제사를 지낸 후에 다시 묘문 안에서 귀신이 계신 곳을 찾는 것을 말한다. 「郊特牲」(79)에 "귀신을 찾는 제사는 祝이 祊에서 지낸다"(索祭祝于祊)고 하였고, 『詩』「小雅 · 楚茨」에서 "祝으로 하여금 祊에서 제사를 지내게 하네"(祝祭於祊)라고 하였는데, 정현의 箋에는 "'祊'은 묘문의 안이다.…… 孝子가 신의 소재를 알지 못하기 때문에 祝으로 하여금 평소 묘문 안의 옆에서 빈객을 기다리던 곳에서 널리 찾게 하는 것이다"('祊', 門內也.……孝子不知神之所在, 故使祝博求之平生門內之旁, 待賓客之處)라고 하였다. 둘째는 正祭를 지낸 이튿날 繹祭를 지낼 때에 묘문 밖 西室에 음식을 마련하는데, 이를 또한 '祊'이라고 한다. 천자와 제후는 존귀하기 때문에 正祭를 지낸 이튿날에 祊祭와 繹祭를 지내어 卿大夫와 禮를 달리한다. 두 제사는 동시에 지낸다.

40) 고문 : 제후의 宮에 있는 3개의 문 중 바깥에 있는 문을 庫門, 중간에 있는 문을 致門, 안쪽에 있는 문을 路門이라고 한다. 이에 관한 자세한 설명은 『三禮辭典』, 162쪽, '吾門' 및 631쪽, '庫門' 항목; 楊天宇, 『禮記譯註』(상), 43쪽 주 2) 참조.

41) 천자와 ~ 것이다 : 『白虎通義』 卷上, 「社稷」에 나온다.

42) 선졸뿐만 ~ 동원된다 : 원문은 "非徒羨也" 즉 "한갓 羨卒뿐만이 아니다"라는 의미다. 羨卒은 줄여서 羨이라고도 칭하는데, 예비 인력의 일종이다. 공영달은 소에서 "六鄉에서 백성들을 편제하여 동원하는 경우, 1인은 正卒이 되고, 1인은 羨卒이 되며, 그 나머지는 餘夫가 된다. 따라서 都鄙와 六遂 밖의 지역에서 볼 때, 羨卒 이외에 餘夫가 있는 것이다. 그러므로 '한갓 羨卒뿐만이 아니다'라고 한 것이다"(若六鄉上劑致民, 一人爲正卒, 又一人爲羨卒, 其餘爲餘夫. 則據都鄙及六遂之外, 羨卒外有餘夫. 故云: '非徒羨也')라고 하였다. 번역은 공영달의 견해에 따랐다. 羨卒에 대해서는 『三禮辭典』, 938쪽, '羨' 항목 참조.

43) 거부 : 전쟁용 수레, 즉 兵車를 의미하며, 車乘이라고 말하는 것과 같다. 『춘추좌씨전』, 襄公 8년 조에 용례가 보인다.

44) 장곡 : 전투용 수레의 일종이다. 『춘추좌씨전』, 昭公 5년 조에 용례가 보인다.

45) 화성 : 28수 가운데 불을 상징하는 心星을 가리킨다.

46) 건진 달 : 夏曆 3월을 가리킨다.

47) 큰 짐승은 ~ 하기 : 이 말은 『주례』 「夏官 · 大司馬」에 나온다.

48) 대화 : 동양의 12별자리 중 하나, 12辰으로는 卯의 위치에 해당하고, 28宿로는 氐 · 房 · 心의 3宿와 상응한다. 『爾雅』에서는 房 · 心 · 尾의 3宿로 표지하는 별을 삼았다. 『한서』 「律曆志」에 의하면 해가 대화성의 처음에 이르면 절기는 寒露가 되고, 중간에 이르면 霜降이 된다고 하였다. 뒤에 황도12궁 가운데 전갈자리를 大火宮으로 상응시켰다.

49) 큰 짐승은 ~ 하여 : 이 말은 『주례』 「夏官 · 大司馬」에 나온다.

50) 2월에 ~ 행하였다 : 이 말은 「書」 「舜典」에 나온다.

51) 하 · 은 · 주 ~ 사용하였다 : 『易緯乾鑿度』 益卦 중에 나오는 말이다.

52) 종사 : 국가의 주요한 다섯 제사 중 하나로 국가의 시조와 중흥조에게 드리는 제사이다.

53) 시조를 ~ 제사드린다 : 이 인용문은 『晦菴集』 권38, 「書程子禘說後」에 나온다. 주희에 따르면, 본래 程頤가 「禘說」에서 한 말을 인용한 것이다.

54) 교제에서는 ~ 왜인가? : 이 인용문은 『朱子語類』 권82, 「孝經」에 나온다. 본래는 "'郊祀后稷以配天, 宗祀文王於明堂以配上帝', 此說如何?"와 "配天, 配上帝, 帝只是天, 天只是帝, 卻分祭何也?"의 두 질문으로 되어 있다.

55) 하늘은 ~ 것이다 : 인용한 方氏의 말은 「祭義」(18)에도 인용되어 있다.

56) 택궁 : 澤이라고도 하며, 활을 쏘아 士를 선발하는 곳이다. 그 장소가 辟雍으로서 벽옹의 주위에 물길이 둘러싸고 있기 때문에 澤이라고 하였다는 설과, 선발한다는 곧 '擇'의 뜻을 가차한 것으로서 국왕이 그곳에서 士들에게 활을 쏘게 하여 제사 일에 참여할 요원들을 선발하였기 때문에 그렇게 지었다는 설이 있다. 이상 楊天宇, 『禮記譯註』(上) 429쪽 주 2) 참조.

57) 제사지내는 ~ 아뢴다 : 『주례』 「春官 · 小宗伯」에서 인용한 말이다. 『주례』의 원문은 "祭之日, 逆齍省鑊, 告時于王, 告備于王"으로 되어 있다.

58) 천자가 호천 ~ 복식"이다 : 인용문은 『주례』 「春官 · 司服」에 나온다. 같은 곳에 "公의 복식은 袞冕 이하로는 천자의 복식과 같다"(公之服, 自袞冕而下如王之服)라고 하였다. 곧 곤의를 입고 면류관을 쓰는 복식에는 천자와 마찬가지로 9가지 문양을 장식한다는 뜻이다.

59) 진상도 : 1053~1093. 三山陳氏 또는 長樂陳氏로 불린다. 자는 용지用之이다. 英宗 治平 4년(1067) 진사에 급제하였다. 삼례에 밝았고 王安石을 스승으로 섬겼다. 國子監直講, 太學博士 등을 역임하였다. 저서로 『講義』, 『禮書』, 『禮例詳解』가 있다.

60) 『주례』와 ~ 옷이다 : 인용문은 陳祥道의 『禮書』 권1에 나온다.

61) 조 : 면류관에 장식하는 술이다. 채색한 끈으로 옥을 꿰어 만든다. 그 모양이 바닷말(水

藻)처럼 생겼기 때문에 藻라고도 한다.

62) 선색 : 농사를 처음 가르친 전설상의 신이다. 神農을 지칭하기도 하고 后稷을 지칭하기도 한다.

63) 사색 : 상고시대 농사를 가르치는 일을 담당한 관직이다. 정현은 后稷이 담당하였다고 한다.

64) 앞 장 : 「교특생」(36)을 가리킨다.

65) 아래 나라 ~ 되었다 : 공영달의 소에 의하면, 齊·魯·韓詩에서 인용한 것이라고 한다. 『詩』「長發」에는 "爲下國綴旒"로 되어 있다. 번역은 공영달의 소에 근거하였다.

66) 나라 사람 ~ 것 같다 : 子貢이 납향제를 지내는 모습을 구경하고 사람들이 술에 취해 있는 모습에 대하여 표현한 말이다. 「雜記下」(76)에 보인다.

67) 고양이를 ~ 말하였다 : 소식의 말은 출전이 불분명하다.

68) 노물 : 납향제의 대상이 되는 사물과 농부 등을 함께 가리킨다. 『주례』「春官·籥章」에 "나라에서 납향제를 지낼 때, 豳頌을 불고 土鼓를 치며 老物을 위로한다"(國祭蜡, 則龡豳頌擊土鼓, 以息老物)고 하였다. 12월이 되면 만물이 하늘을 도와 한 해의 일을 완수하게 되는데, 이때 이르러 만물은 그 동안의 노고로 늙고 피로해진다. 그러므로 이들에 대하여 제사하여 위로하고 휴식케 한다. 이때 나라에서는 한편으로 養老의 禮를 행한다. 즉 老物은 한 해의 일을 완수하는 데 공로가 있어 제사지내 위로하는 대상이 되는 사물과 농부 등을 총칭한 것이다. 『주례』 해당 부분의 정현 주 참조.

69) 황의에 호구를 입는다 : 이 말은 『논어』「鄕黨」에 나온다. 朱熹는 여우털의 색깔이 황색이기 때문에, 황색의 안쪽 옷 색깔에 맞추어 겉옷을 狐裘로 입는 것이라고 하였다. 『論語集註』 해당 부분 참조.

70) 부수 : 사초이다. 바닷가 모래밭에 많이 나는 다년생의 풀이다. 뿌리는 香附子라고 부른다.

71) 치포관 : 검은 베로 만든 冠이다. 撮은 모은다는 뜻으로 관을 쓸 때 머리를 쓸어 모아 상투를 트는 것을 가리킨다.

72) 저 왕성의 ~ 사뿐사뿐하네 : 두 인용문은 각각 『詩』「小雅·都人士」와 「周頌·良耜」에 나온다.

73) 餉 : 『詩』에는 '饟'으로 되어 있다. 의미는 같다. 둘 다 군사나 여행자가 지니는 휴대용 음식과 들에서 일하는 농부에게 보내는 새참 등을 뜻한다.

74) 보여주면서 : 경문 '致鹿與女'의 '致'에 대한 해석이다. 정현은 이 글자에 대한 주석이 없다. 공영달은 소에서 사슴과 여자를 '보내주면서'(與之) 이것들을 통해 사냥을 좋아하고 여색을 좋아하면 나라를 망하게 한다는 것을 경계시켰다고 해석하였다. 공영달은 이와 함께 공물을 바치러 온 모든 제후국들에게 어떻게 사슴과 여자를 보내줄 수 있겠는가라고 의문을 제기하면서 보내주는 것이 아니라 '보여주는'(示) 것이라고 설명한 일설을 소개하였다. 陳澔는 이 공영달의 소를 절충하여 수용하면서 '보여주는' 것으로 해

석하였다. '致'의 字義로 보거나 문맥으로 보거나 '보내주면서'가 합당해 보이지만, 진호의 주석에 근거하여 해석하는 방침에 따라 '보여주면서'로 번역하였다.

75) 구설 : 공영달의 소에 나온다.

76) '이'는 부러워한다는 뜻이다 : 공영달은 정현이 注에서 '移'를 '羡'으로 주석한 것에 대하여, '歆羡' 즉 '부러워하다'로 해석하였다. 그러나 王引之 등은 정현이 말한 '羡'을 '寬衍' 즉 '넉넉하고 여유 있다'는 뜻으로 해석하였다. 陳澔 역시 '移'의 뜻을 '寬縱' 즉 '넉넉하게 허용한다'는 뜻으로 해석하였다. 정현이 '移民'의 사례로 인용한 「豐年」이 풍년이 들어 넉넉하게 예를 갖추는 모습을 노래하고 있어 왕인지 등의 해석이 합당해 보인다. 그러나 여기서는 注疏의 체제에 따르기 위해 공영달의 해석을 따랐다. 楊天宇, 『禮記譯注』(上), 434쪽 참조.

77) 황의를 ~ 지낸다 : 「郊特牲」(52)의 경문을 가리킨다.

78) 조사 : 천자와 제후가 제사를 지낼 때 처음에 날고기(血腥)를 올리는 일이다. 朝踐이라고도 한다. 『주례』「春官 · 司尊」의 "其朝踐, 用兩獻尊"의 정현 주 참조.

79) 이른 아침 ~ 올린다 : 인용문은 『주례』「天官 · 籩人」의 "朝事의 籩"(朝事之籩)에 대한 정현 주에 鄭司農의 말로 나온다. 원 문장은 "朝事는 이른 아침 식사 전에 유과(寒具)와 음식을 담은 籩을 올리는 것을 말한다"(朝事謂清朝未食, 先進寒具口實之籩)라고 하였다.

80) 시가 ~ 두이다 : 『주례』「天官 · 籩人」의 "加籩之實, 蔆 · 芡 · 㮚 · 脯, 蔆 · 芡 · 㮚 · 脯"에 대해 정현이 주에서 "加籩은 尸가 먹고 나면 왕후가 천자 다음으로 尸에게 바치는 추가되는 籩이다"(加籩謂尸旣食, 后亞獻尸所加之籩也)라고 하였다.

81) 궤사 : 앞의 「禮運」(11) 진호집설의 '饋食'에 대한 주 참조.

82) 질박하면서 ~ 없다 : 舊說은 공영달의 소를 가리키며, 疏 원문은 "質而無味, 不可歆嗜"로 되어 있다.

83) 태무 : 周代 樂舞의 한 가지로, 武王이 은을 정벌하여 이긴 것을 기념하여 周公이 제작하였다고 한다. 「文王世子」(45) 진호 집설에 설명이 자세하다.

84) 음감 : 달밤에 이슬을 받은 거울을 뜻한다.

85) 은악 : 그릇에 장식하는 요철 모양의 문양으로 오목한 문양을 沂, 볼록한 문양을 鄂이라고 한다.

86) 사훼씨 : 司烜라고도 한다. 烜은 불을 뜻한다. 불에 대한 禁令(火禁), 마당의 횃불(庭燎), 큰 촛불(墳燭) 등 불에 관한 업무를 담당하는 관직이다. 『주례』「秋官 · 司烜氏」에 "司烜氏는 부싯돌(遂)로 해로부터 明火를 받고, 거울로 달로부터 明水를 받아서 제사의 깨끗한 제사음식(明齍)과 깨끗한 불(明燭)을 공급하고 明水를 공급하는 일을 담당한다"(司烜氏掌以夫遂取明火於日, 以鑒取明水於月, 以共祭祀之明齍 · 明燭, 共明水)라고 하였다.

87) 황목 : 黃彝 · 黃彝尊 · 黃目尊이라고도 한다. 술동이로 사용하는 종묘의 제기로 겉면에 황금으로 눈 모양을 아로새겨놓았기 때문에 黃目이라고 부른다. 울창주를 담아놓으며, 가을과 겨울 제사에 사용한다. 『주례』「春官 · 司尊彝」에 관련 내용이 보인다. 『三禮辭

典』, 901쪽, '黃目'; 902쪽, '黃彝' 항목 참조.

88) 태고시대의 ~ 않았다 : 인용문은 「雜記上」(50)에 "大白冠·緇布之冠, 皆不蕤" 형태로 되어 있다. 의미는 같다. 蕤는 緌와 마찬가지로 갓끈 장식을 뜻한다.

89) 당과 우 시대 : 唐은 堯가 통치한 나라의 국호이고 虞는 舜이 통치한 나라의 국호이다.

90) 규항 : 頍項이라고도 한다. 관을 단단히 쓰기 위해 머리 가장자리 부분(髮際)을 둘러 감싸 매는 헝겊 끈을 가리킨다.

91) 조 : 의례에서 주인이 오르고 내리는 동쪽 계단을 뜻한다. 그러나 관례의 장소는 계단은 아니고 계단 위 동쪽 序의 조금 북쪽이다. 여기서는 대체적인 위치를 가리킨 것이다.

92) 서 : 正堂의 동쪽과 서쪽에 있는 담으로 안(內)과 밖(外)을 구분해준다.

93) 손님의 ~ 것이다 : 관례를 받는 자가 適子여서 그 신분을 존중하여 손님의 자리에서 초례를 하고, 庶子는 방문 밖에서 초례를 행하므로 높인다고 한 것이다.

94) 현관 : 검은색 비단으로 만든 관으로 委貌라고 불리기도 한다. 士와 大夫가 평상시 쓰고 다니는 관으로 周代에서부터 사용되기 시작하였다. 委貌는 용모를 안정시킨다는 뜻을 갖고 있다. 『의례』「士冠禮」의 "주인은 현관과 조복 차림을 한다"(主人玄冠朝服)에 대한 정현 주 참조. 『三禮辭典』, 303쪽, '玄冠' 항목 참조.

95) 구설 : 『의례』「士冠禮」의 "周弁·殷冔·夏收"에 대한 정현 주에 관련 내용이 보인다.

96) 소적 : 積은 襞積이라고도 하며, 옷의 주름을 가리킨다. 素積은 허리 부분에 주름이 접힌 흰색의 치마(裙)를 가리킨다.

97) 저군 : 왕위를 계승하기로 예정된 후보자이다.

98) 희생을 ~ 같이하는 것 : 牢는 희생을 담은 俎를 뜻한다. 인용문은 「郊特牲」(74)에 나온다. '共牢而食'과 관련한 내용은 「昏義」(2)에 자세하다.

99) 태강과 ~ 한 것 : 『詩』「大雅·綿」에 관련 내용이 나온다.

100) 연천 : 『장자』「田子方」에 "그 신령함은 높은 산을 지나도 걸림이 없고, 깊은 못(淵泉)에 들어가도 젖음이 없다"(其神經乎大山而無介, 入乎淵泉而無濡)라고 하였다.

101) 『경전석문』의 구두 : 『經典釋文』에는 "鬱合鬯臭陰達於淵泉"에 대하여 "鬱合鬯臭, 陰達於淵泉"으로 구두를 하지 않고, "鬱合鬯, 臭陰達於淵泉"로 구두를 하였다. 『經典釋文』, 卷12 「禮記音義」 참조.

102) 향쑥을 ~ 제사드리네 : 『詩』「大雅·生民」에 나온다.

103) 祝酌奠于鉶南 : 『의례』 원문에는 "祝酌奠, 奠于鉶南"으로 되어 있다.

104) '형'·'향' : 경문의 '羶·薌'을 가리킨다. 정현은 '羶'이 '馨'의 오자로 해석하였는데, 陳澔는 이 설에 따라 '羶·薌'을 '馨·香'으로 읽었다.

105) 타제 : 綏祭와 같다. 墮(타) 또는 綏(휴)는 음식을 덜어서 내려놓는다는 뜻으로, 일반적으로 음식을 들기 전에 음식을 조금 떠서 선조에게 감사의 예를 표하는, 곧 고수레하는 것을 뜻한다. 여기서는 제사에서 尸를 방으로 인도하고 음식을 올리기 전에, 간과

기름을 약간 덜어서 神主 앞에 먼저 바쳐 제사지내는 制祭의 예를 가리킨다. 『의례』「士虞禮」의 "祝命佐食墮祭"와 "不綏祭, 無泰羹湆胾從獻"에 대한 정현 주와, 「曾子問」(51)의 정현 주와 공영달 소 참조.

106) 제제 : '制'는 자른다는 뜻이다. 즉 간을 일부 잘라서 고수레한다는 뜻으로, 朝踐의 절차에서 피와 발기름을 올릴 때, 군주가 직접 간을 잘라 울창주에 씻어서 방에서 그리고 神主 앞에서 먼저 고수레하는 것을 말한다. 「禮器」(62)의 정현 주 참조.

107) 尙 : 衛湜의 『禮記集說』 등에 '上'으로 되어 있으나 『예기정의』의 교감기(953쪽)에 따라 '尙'으로 바꾸었다.

108) 황조 ~ 올립니다 : 『의례』「少牢饋食禮」에 "효손 아무개는 장차 도래하는 정해일에 皇祖 아무개(伯某)에게 歲事를 올리고, 아무개 처 모씨를 함께 배향합니다. 받아주시기 바랍니다"(孝孫某, 來日丁亥, 用薦歲事于皇祖伯某, 以某妃配某氏. 尙饗)라고 하였다. 皇祖는 선조를 높여 부르는 말이다. 伯某 또는 伯某甫는 제사드리는 대상의 字이다. 歲事는 歲時의 祭事 즉 때가 되어 드리는 제사의 일이라는 뜻이다. 정현 주 참조.

109) 축이 팽에서 제사드리네 : 이 말은 『詩』「小雅·楚茨」에 나온다.

110) 하사 : 제사에서 祝이 尸를 대신해 주인에게 복을 주는 말을 가리킨다. 士禮에서는 축이 대신하지 않고 尸가 직접 행한다. 『三禮辭典』, 983쪽, '嘏辭' 항목 참조.

111) 기조 : 제사에서 尸를 공경하는 뜻으로 진설한 俎이다. 『三禮辭典』, 511쪽, '肵俎' 항목 참조.

112) 망씨가 ~ 담가놓는다 : 『주례』「冬官·㡃氏」에 "망씨가 생실을 누이는데, 세수에 그 실을 담가 놓는다"(㡃氏湅絲, 以涗水漚其絲)라고 하였다.

113) 오제 : 맑고 탁한 정도가 서로 다른 泛齊·醴齊·盎齊·緹齊·沈齊 등 다섯 종류의 술이다. 『주례』「天官·酒正」에 보인다. 정현은 주에서 다음과 같이 설명한다. "泛酒는 술이 완성되면 찌꺼기가 둥둥 떠 있다. 오늘날 宜成醪(막걸리)와 같다. 醴는 體(형상)과 같은 뜻이다. 완성이 되면 즙과 찌꺼기가 서로 반반씩 된다. 오늘날의 恬酒와 같다. 盎은 翁(창백한 색깔모양)과 같은 뜻이다. 완성되면 창백하게 흰 파뿌리 색깔이 된다. 오늘날의 酇白과 같다. 緹齊는 완성되면 주황빛이 된다. 오늘날의 下酒와 같다. 沈酒는 완성되면 찌꺼기가 가라앉는다. 오늘날의 造淸과 같다. 醴齊 위로는 더욱 탁하여 걸러서 따르는 술이다. 盎齊 아래로는 차츰 더 맑은 술이다. 그 모양의 유형이 그러한 것이고, 옛날의 제조법은 다 알지 못한다."(泛者, 成而滓浮泛泛然. 如今宜成醪矣. 醴猶體也. 成而汁滓相將. 如今恬酒矣. 盎猶翁也. 成而翁翁然蔥白色. 如今酇白矣. 緹者, 成而紅赤. 如今下酒矣. 沈者, 成而滓沈. 如今造淸矣. 自醴以上尤濁, 縮酌者. 盎以下差淸. 其象類則然, 古之法式, 未可盡聞)

114) 하나라의 ~ 마친다 : 이 인용문은 「禮器」(48)에 나온다.

115) 예제는 ~ 따른다 : 이 인용문은 『주례』「春官·司尊彝」에 나온다.

116) 너희의 ~ 없다 : 『춘추좌씨전』, 僖公 4年 조 傳에 나온다.

117) 注 : 『의례』 원문에는 '屬'으로 되어 있다. 뜻은 '따라 붓는다'는 뜻으로 같다.

118) 醽 : 『禮記大全』과 陳澔의 『陳氏禮記集說』의 원문에는 '醴'로 되어 있으나, 공영달의 소 원문에 근거하여 '醽'으로 고친다.

119) 다복과 ~ 구한다 : 『주례』 「春官 · 大祝」에서 인용한 문장이다.

120) 벼를 ~ 보답한다 : 『白虎通義』 卷上, 「德論上」에 나온다.

121) 재난과 ~ 멀리한다 : 『주례』 「春官 · 小祝」에 나온다. 『주례』에는 '弭災兵'의 '弭'가 '彌'로 되어 있다.

122) 농업의 ~ 빈다 : 『주례』 「春官 · 籥章」에 나온다.

123) 재난과 ~ 멀리한다 : 『주례』 「春官 · 小祝」에 나온다. 『주례』에는 '弭災兵'의 '弭'가 '彌'로 되어 있다.

124) 현의 : 玄服이라고도 하며 검붉은 색의 祭服이다. 『三禮辭典』, 302쪽, '玄服' 항목 참조.

예기역주 권12

# 내칙 제12
## 內則

정현鄭玄의 『예기목록禮記目錄』에서 말한다. "「내칙內則」이라고 한 것은 남녀가 집에 살면서 부모와 시부모를 섬기는 법도에 대하여 기록하였기 때문이다. 이 편은 유향劉向의 『별록別錄』에서는 「자법子法」에 속해 있다. 규문閨門 안에서의 법도와 의절(軌儀)이 본받아 행할 만하므로 「내칙」이라고 하였다." 鄭『目錄』云: "名曰「內則」者, 以其記男女居室事父母舅姑之法也. 此於『別錄』屬「子法」. 以閨門之內軌儀可則, 故曰「內則」"

소疏에서 말한다. "규문閨門 안에서의 법도와 의절이 본받아 행할 만하므로 「내칙內則」이라고 하였다." ○ 석량왕씨石梁王氏는 말한다. "이 편은 「곡례曲禮」의 의미에 대하여 많은 내용을 담고 있다." 疏曰: "閨門之內, 軌儀可則, 故曰「內則」." ○ 石梁王氏曰: "此篇於「曲禮」之義爲多."

**【내칙 1】**

후왕后王이 총재冢宰에게 명하여 뭇 백성들에게 덕德을 내린다.

后王命冢宰, 降德于衆兆民.

鄭注 '후后'는 군君이다. '덕德'은 교敎와 같다. 억億을 만배한 것이 조兆이니, 천자의 경우를 '조민兆民'이라 말하고 제후의 경우를 '만민萬民'이라 말한다. 『주례』에 따르면 총재冢宰가 음식飮食을 관장하고 사도司徒가 십이교十二敎를 관장한다. 지금 한결같이 '총재'라고 한 것은 기록한 자가 제후에게 기준을 둔 것이다. 제후의 경우 육경六卿을 아울러서 셋을 두는데, 혹 겸직하는 것이다. '后', 君也. '德', 猶敎也. 萬億曰兆, 天子曰'兆民', 諸侯曰'萬民'. 『周禮』冢宰掌飮食, 司徒掌十二敎. 今一云'冢宰', 記者據諸侯也. 諸侯幷六卿爲三, 或兼職焉.

集說 총재冢宰는 나라의 정치를 관장하는데, 나라를 다스리는 자는 반드시 제가齊家를 먼저 해야 한다. '덕을 내린다'(降德)는 것은 백성에게 덕교德敎를 내리는 것이다. 효孝가 덕의 근본이 되므로 첫머리에 자식이 부모를 섬기는 도리를 말하였다. ○ 석량왕씨石梁王氏는 말한다. "주註에서 후왕后王을 나누어 후后와 왕王 두 글자로 각기 해석하였는데 의미가 통하지 않는다. 『서書』「열명說命」에 '후왕과 군공을 (세우시고)'이라고 하였다. 후왕后王은 군왕君王을 말한 것으로 천자의 별칭이다. 정현鄭玄의 주석은 모두 기록한 자의 본의가 아니다. 다만 『주례』에 태재太宰가 나라를 세우는 육전六典을 관장하는 것에 의거하면 교전敎典은 겸하여 통섭되는 것이니, 이와 같이 해도 또한 해석이 가능하다. 정현이 천자와 제후를 나눈 것은 의의가 전혀 없다." 冢宰掌邦治, 而治國者必先齊家. '降德'者, 下其德敎於民也. 孝爲德之本, 故首言子事父母之道. ○ 石梁王氏曰: "註分后王作兩字解, 不通. 『書』「說命」'后王君公'. 后王猶言君王, 天子之別稱也. 鄭註皆非記者本意. 但據『周禮』太宰掌建邦之六典, 則敎典在所兼統, 如此亦可解. 鄭分天子諸侯, 甚無意義."

**【내칙 2】**

자식이 부모를 섬김에 닭이 처음 울면 모두 세수하고 양치질 하며, 머리 빗고 머리싸개를 하고, 비녀를 꽂고 총總(머리를 땋아 묶는 것)을 하고, 다팔머리장식(髦)의 먼지를 털어 착용하고 관冠을 쓰고, 갓끈을 묶어 늘어뜨리고, 현단복을 입고 슬갑을 착용하고, 큰 대帶를 띠고 홀笏을 꽂는다.

子事父母, 雞初鳴, 咸盥, 漱, 櫛, 縰, 笄, 總, 拂髦, 冠, 緌, 纓, 端, 韠, 紳, 搢笏.

**鄭注** '함咸'은 모두라는 뜻이다. '쇄縰'는 머리카락을 싸는 것이다. '총總'은 머리를 묶는 것이다. 뒤로 늘어뜨려 장식한다. '불모拂髦'는 다팔머리장식(髦)의 먼지를 털어내고 착용하는 것이다. '다팔머리장식'(髦)은 털을 사용하여 만드는데, 모양이 어릴 때의 추鬌와 같으나 그 제작 방법은 듣지 못했다. '위緌'는 갓끈의 장식이다. '단端'은 현단玄端인데 사士의 복服이며, 서인庶人은 심의深衣를 입는다. '신紳'은 큰 대帶인데 자신을 묶어 단속하는 것이다. '진搢'은 꽂는다(扱)는 뜻으로, 홀笏을 신紳에 꽂는다. '홀笏'은 일을 기록하기 위한 것이다. '咸', 皆也. '縰', 韜髮者也. '總', 束髮也. 垂後爲飾. '拂髦', 振去塵, 著之. '髦', 用髮爲之, 象幼時鬌, 其制未聞也. '緌', 纓之飾也. '端', 玄端, 士服也, 庶人深衣. '紳', 大帶, 所以自紳約也. '搢', 猶扱也, 扱笏於紳. '笏', 所以記事也.

**集說** '관盥'은 세수하는 것이다. '수漱'는 입안을 씻는 것이다. '즐櫛'은 빗질하는 것이다. '쇄縰'는 검은 비단으로 머리를 싸는 것으로 머리싸개로 머리를 싸서 북상투(髻)를 만들고 끝나면 곧 비녀를 횡으로 꽂아 북상투를 고정시킨다. '총總' 또한 비단으로 만드는데 머리털의 뿌리를 묶고 나머지는

북상투 뒤로 늘어뜨려 장식하는 것이다. '불모拂髦'는 다팔머리장식(髦)의 먼지를 털어내는 것이다. '다팔머리장식'(髦)은 털로 만드는데 모양이 어렸을 때 머리를 깎고 남은 머리털 모양이다. 여기서 진술한 것은 모두 선후의 차례가 있는데 빗질이 끝나면 머리싸개를 하고, 다음으로 비녀를 하고 총總을 한다. 그런 뒤에 먼지를 털고 관冠을 착용하며, 관의 끈을 턱 아래에서 매어 고정시키고 매듭진 나머지는 아래로 늘어뜨리는데 이를 유緌라고 한다. '단端'은 현단복玄端服이다. 상의는 치포緇布를 사용하지만 하의는 같지 않다. 상사上士는 검은 하의이고 중사中士는 누런 하의이며 하사下士는 잡색의 하의이다. 현단玄端을 입고 슬갑(韠)을 착용하고, 또 신紳을 두르는데, 신은 큰 대帶이다. '진搢'은 꽂는다는 뜻이다. 홀笏을 대帶 안에 꽂는다. '필韠'은 부드러운 가죽으로 만드는데 옛날에는 땅에 자리를 깔고 앉아 제사(俎豆)에 임했다. 그러므로 무릎을 가려 젖는 것을 방비했다. 필韠은 가린다는 말이다. 면복冕服에서는 불韍이라 하고 다른 복장에서는 필韠이라고 한다. ○ 항씨項氏는 말한다. "모髦는 머리털로 가짜 북상투를 만들어 두 눈 위로 늘어뜨린 것으로 오늘날 어린이들이 띠 하나를 가지고 쌍북상투에 이어서 이마 위에서 횡으로 묶어놓은 것이 그것이다." '盥', 洗手也. '漱', 滌口也. '櫛', 梳也. '縰', 黑繒韜髮者, 以縰韜髮作髻, 訖卽橫揷笄以固髻. '總', 亦繒爲之, 以束髮之本而垂餘於髻後, 以爲飾也. '拂髦', 振去髦上之塵也. '髦', 用髮爲之, 象幼時鬋髮爲鬌之形. 此所陳皆以先後之次, 櫛訖加縰, 次加笄加總. 然後加髦著冠, 冠之纓結於頷下以爲固, 結之餘者下垂, 謂之緌. '端', 玄端服也. 衣用緇布而裳不同. 上士玄裳, 中士黃裳, 下士雜裳也. 服玄端, 著韠, 又加紳, 大帶也. '搢', 揷也. 揷笏於帶中. '韠', 以韋爲之, 古者席地而坐, 以臨俎豆. 故設蔽膝以備濡漬. 韠之言蔽也. 在冕服謂之韍, 他服則謂之韠. ○ 項氏曰: "髦者, 以髮作僞髻, 垂兩眉之上, 如今小兒用一帶連雙髻, 橫繫額上, 是也."

【내칙 3】

좌우에 도구를 차는데, 왼쪽에는 수건(紛帨), 작은칼, 숫돌, 작은 송곳(小觿), 금수金燧 등을 찬다.

左右佩用,① 左佩紛帨·刀·礪·小觿·金燧.②

鄭注 ① 스스로 차는 것이다. 반드시 차고 있는 것은 높은 자가 시킬 것에 대비한 것이다. 自佩也. 必佩者, 備尊者使令也.

② '분세紛帨'는 기물을 닦는 휴대 수건으로 오늘날 제나라 사람 중에 '분紛'이라고 말하는 이도 있다. '도刀'와 '려礪'는 작은 칼과 숫돌이다. '소휴小觿'는 작은 매듭을 푸는 것이다. '휴觿'는 모양이 저울추와 같이 생겼는데 상아나 뼈로 만든다. '금수金燧'는 해에서 불을 취하는 것이다. '紛帨', 拭物之佩巾也, 今齊人有言'紛'者. '刀'·'礪', 小刀及礪礱也. '小觿', 解小結也. '觿'貌如錐, 以象骨爲之. '金燧', 可取火於日.

集說 차고 다니는 물건은 모두 높은 자가 시킬 경우 사용하기 위해 대비한 것이다. '분紛'으로 기물을 닦고 '세帨'로 손을 닦는데 모두 수건이다. '도刀'와 '려礪'는 작은 칼과 숫돌이다. '휴觿'는 저울추와 같이 생겼는데 상아나 뼈로 만든다. '소휴小觿'는 작은 매듭을 푸는 것이다. '금수金燧'는 해가 남중했을 때 불을 얻는 데 사용한다. 所佩之物, 皆是備尊者使令之用. '紛', 以拭器, '帨', 以拭手, 皆巾也. '刀'·'礪', 小刀與礪石也. '觿', 狀如錐, 象骨爲之. '小觿', 所以解小結者. '金燧', 用以取火於日中者.

**【내칙 4】**

오른쪽에는 활깍지(玦), 토시(捍), 관管, 칼집(遰), 큰 송곳(大觿), 목수木燧를 찬다.

右佩玦·捍·管·遰·大觿·木燧.

**鄭注** '한捍'은 갈무리한다(拾)는 뜻으로 활시위로부터 소매를 갈무리하는 것을 말한다. '관管'은 필구筆彄이다. '체遰'는 칼집이다. '목수木燧'는 불을 일으키는 것이다. '捍', 謂拾也, 言可以捍弦也. '管', 筆彄也. '遰', 刀鞞也. '木燧', 鑽火也.

**集說** '활깍지'(玦)는 활쏘는 자가 오른손 엄지에 끼우는데 활시위에 걸어 활의 몸체를 여는 것이다. '한捍'은 습拾이다. 왼쪽 팔뚝을 감싸 옷소매를 갈무리하여 활시위를 당기는 데 이롭게 하는 것이다. '관管'은 정현의 주에 '필구筆彄'라고 하였는데 그 모양과 제작방법은 듣지 못했다. '체遰'는 칼집이다. '대휴大觿'는 큰 매듭을 푸는 것이다. '목수木燧'는 불을 일으키는 기구이다. 날씨가 맑으면 금수金燧를 사용하여 불을 취하고, 흐리면 목수木燧를 사용하여 불을 일으킨다. '玦', 射者著於右手大指, 所以鉤弦而開弓體也. '捍', 拾也. 韜左臂而收拾衣袖以利弦也. '管', 舊註云'筆彄', 其形制未聞. '遰', 刀室也. '大觿', 所以解大結. '木燧', 鑽火之器. 晴則用金燧以取火, 陰則用木燧以鑽火也.

**【내칙 5】**

각반(偪)을 찬다.

偪.

鄭注 ‘핍偪’은 각반(行縢 정강이를 졸라매는 포)이다. ‘偪’, 行縢.

集說 곧 『시詩』에서 “사핍邪幅”[1]이라고 말하는 것이다. 정강이를 졸라매는 것인데 발부터 무릎까지다. 그러므로 ‘핍偪’이라 한다. 卽『詩』所謂“邪幅”也. 偪束其脛, 自足至膝. 故謂之‘偪’也.

**【내칙 6】**

신발에 신발 코의 끈을 맨다.

屨著綦.

鄭注 ‘기綦’는 신발끈이다. ‘綦’, 屨繫也.

集說 ‘기綦’는 신발 코에 있는 장식으로 곧 신코 장식(絇)이다. 관련 내용이 「곡례상曲禮上」(90~92)에 보인다. ‘착著’은 맨다(施)는 뜻이다. ○ 주자朱子는 말한다. “‘기綦’는 신발 코의 끈이다. 옛사람들은 모두 둘러서 묶었는데, 요즘 사람들은 단지 간편한 것만 좇아 끈을 한 것처럼 위에 매달아 놓기만 한다.” ‘綦’, 屨頭之飾, 卽絇也. 說見「曲禮」. ‘著’, 猶施也. ○ 朱子曰: “‘綦’, 鞋口帶也. 古人皆旋繫, 今人只從簡易, 綴之於上如假帶然.”

**【내칙 7】**

며느리가 시부모를 섬기는 것은 부모를 섬기는 것과 같이 한다. 닭이 처음 울면 모두 세수하고 양치질하며, 머리를 빗고 머리싸개를 하고 비녀를 꽂고 총總을 하며, 현단복을 입고 신紳을 착용한다.
婦事舅姑, 如事父母. 雞初鳴, 咸盥·漱, 櫛·縰·笄·總, 衣紳.

**鄭注** '계笄'는 지금의 비녀(簪)이다. '의신衣紳'은 상의를 입고 신紳을 착용하는 것이다. '笄', 今簪也. '衣紳', 衣而著紳.

**集說** '계笄'는 지금의 비녀(簪)이다. '의신衣紳'은 현단玄端과 초의綃衣 위에 신대紳帶를 착용하는 것으로 사士의 처妻가 입는 복이다. '笄', 今之簪也. '衣紳', 玄端綃衣之上加紳帶, 士妻之服也.

**【내칙 8】**

왼쪽에 수건, 칼과 숫돌, 작은 송곳, 금수金燧를 차고, 오른쪽에 대롱에 넣은 바늘·실·솜을 넣은 주머니 및 큰 송곳과 목수木燧를 차며, 향주머니를 달고 신발 코의 끈을 매고 부모와 시부모의 거처로 간다.
左佩紛帨·刀礪·小觿·金燧, 右佩箴管線纊施縏袠·大觿·木燧,① 衿纓, 綦屨,② 以適父母舅姑之所.③

**鄭注** ① '반縏'은 작은 주머니다. '주머니'(縏袠)에 '시施(넣는다)'라고 말한 것은 바늘·대롱·실·솜을 위해서 주머니를 지니는 것임을 밝힌 것이다. '縏', 小囊也. '縏袠'言'施', 明爲箴·管·線·纊有之.
② '금衿'은 단다는 뜻이다. 부인婦人이 향주머니(纓)를 지니는 것은 자신이 (남편이 있어) 소속되어 있음을 보이는 것이다. '衿', 猶結也. 婦人有纓,

示繫屬也.

③ '적適'은 간다는 뜻이다. '適', 之.

**集說** '잠관箴管'은 바늘(箴)이 대롱(管) 속에 있는 것이다. '반鞶'(주머니)과 '질袠'(칼전대)은 모두 주머니 종류이다. '반질에 넣는다'(施鞶袠)는 것은 바늘·실·솜을 저장한다는 것이다. '금衿'은 단다는 뜻이다. '영纓'은 향주머니다. '箴管', 箴在管中也. '鞶袠', 皆囊屬. '施鞶袠'者, 爲貯箴·線·纊也. '衿', 結也. '纓', 香囊也.

**【내칙 9】**

부모와 시부모의 거처에 이르면, 소리를 낮추고 기쁜 음성으로 의복이 따뜻한지 추운지 묻고, 통증이 있거나 옴이나 가려움증이 있으면 조심스럽게 안마하고 긁어드린다. 나가고 들어오실 때는 혹 앞서기도 하고 혹 뒤서기도 하여 조심스레 부축해 드린다. 세숫물을 드릴 때는 젊은이가 쟁반에 받들고 연장자가 물을 받들어 세수하기를 청하고, 세수가 끝나면 수건을 드린다. 필요한 것을 여쭈어 조심스럽게 갖다 드리되 부드러운 안색으로 받든다.

及所, 下氣怡聲, 問衣燠寒, 疾痛苛癢, 而敬抑搔之.① 出入, 則或先或後, 而敬扶持之.② 進盥, 少者奉槃, 長者奉水, 請沃盥, 盥卒, 授巾.③ 問所欲而敬進之, 柔色以溫之.④

**鄭注** ① '이怡'는 기쁘다(說)는 뜻이다. '가苛'는 옴疥이다. '억抑'은 안마한다는 뜻이다. '소搔'는 긁는다는 뜻이다. '怡', 說也. '苛', 疥也. '抑', 按. '搔', 摩也.

② 앞서기도 하고 뒤서기도 함은 상황에 편한 것을 따른다는 것이다. 先後之, 隨時便也.

③ '반槃'은 세숫물을 받는 쟁반이다. 수건(巾)으로 손을 닦는다. '槃', 承盥水者. 巾以帨手.

④ '온溫'은 받든다(藉)는 뜻이다. 윗사람을 받드는 자는 반드시 안색을 화평하게 한다. '溫', 藉也. 承尊者必和顔色.

集說 '가苛'는 옴疥이다. '억抑'은 안마한다는 뜻이다. '소搔'는 긁는다는 뜻이다. '온溫'은 받든다는 뜻으로, 유순한 안색으로 윗사람의 뜻을 받들기를 마치 옥받침(藻藉)으로 옥을 받드는 것처럼 하는 것이다. '苛', 疥也. '抑', 按. '搔', 摩也. '溫', 承藉之義, 謂以柔順之色, 承藉尊者之意, 若藻藉之承玉然.

【내칙 10】

된 죽, 묽은 죽, 술, 단술, 모갱芼羹, 콩, 보리, 분蕡, 벼, 메기장, 기장, 차조 등을 원하는 대로 드린다.

**饘·酏·酒·醴·芼羹·菽·麥·蕡·稻·黍·粱·秫, 唯所欲.**

鄭注 '이酏'는 죽이다. '모芼'는 나물이다. '분蕡'은 삼 씨를 볶은 것이다. '酏', 粥也. '芼', 菜也. '蕡', 熬枲實.

集說 '전饘'은 된 죽이고, '이酏'는 묽은 죽이다. '모갱芼羹'은 채소에 고기를 섞어 만든 국이다. '분蕡'은 대마의 씨다. '饘', 厚粥, '酏', 薄粥也. '芼羹', 以菜雜肉爲羹也. '蕡', 大麻子.

【내칙 11】

대추·밤·엿·꿀로 달게 한다. 근堇·환荁·분枌·유楡는 신선한 것을 쓰기도 하고 오래된 것을 쓰기도 하는데, 묵은 뜨물의 미끄러운 것으로 매끄럽게 하고, 비계와 기름으로 기름지게 한다. 부모와 시부모가 반드시 맛을 본 후에 물러난다.

棗·栗·飴·蜜以甘之. 堇·荁·枌·楡, 免薨, 滫瀡以滑之, 脂·膏以膏之.① 父母·舅姑必嘗之而後退.②

鄭注 ① 이러한 것을 사용하여 음식을 조미하는 것을 말한다. '환荁'은 근堇(제비꽃)의 일종이다. 겨울에는 근堇을 사용하고, 여름에는 환荁을 사용한다. 느릅나무 가운데 흰 것을 분枌이라고 한다. '문免'은 새로 나온 것이다. '고薨'는 마른 것이다. 진인秦人은 '수溲'(물에 담가 비비다)를 '수滫'라고 하였고, 제인齊人은 '활滑'(미끄럽다)을 '수瀡'라고 하였다. 謂用調和飮食也. '荁', 堇類也. 冬用堇, 夏用荁. 楡白曰枌. '免', 新生者. '薨', 乾也. 秦人'溲'曰'滫', 齊人'滑'曰'瀡'也.

② 공경히 하는 것이다. 敬也.

集說 '이飴'는 엿(餳)이다. '근堇'은 나물 이름이다. '환荁'은 근과 유사하지만 잎이 크다. 느릅나무 가운데 껍질이 흰 것을 '분枌'이라고 한다. '문免'은 신선하다는 뜻이다. '고薨'는 마르고 묵은 것이다. 근堇·환荁·분枌·유楡 네 가지 물건은 어떤 경우에는 신선한 것을 사용하고 어떤 경우에는 오래된 것을 사용한다는 뜻이다. '수滫'는 『설문說文』에 "오래된 뜨물"이라고 하였다. '수瀡'는 미끄럽다(滑)는 뜻이다. '수수滫瀡'는 묵은 뜨물의 미끄러운 것이다. 응고된 것이 '비계'(脂)이고, 용해된 것이 '기름'(膏)이다. 달게 하고 부드럽게 하고 기름지게 하는 것은 모두 음식의 맛을 조미하는 것이다. 이 편에 기록된 음식과 진귀한 반찬 등의 여러 물건은 고금에 따라 제도를

달리하고 풍토에 따라 마땅함을 달리하여 다 밝혀낼 수는 없다. 그러나 또한 옛사람들의 사물을 살피는 정치함과 사물을 사용하는 상세함을 알 수 있다. ‘飴’, 餳也. ‘菫’, 菜名. ‘荁’, 似菫而葉大. 榆之白者名‘枌’. ‘免’, 新鮮者. ‘薨’, 乾陳者. 言菫・荁・枌・榆四物, 或用新或用舊也. ‘滫’, 『說文』“久泔”也. ‘瀡’, 滑也. ‘滫瀡’, 滫之滑者也. 凝者爲‘脂’, 釋者爲‘膏’. 甘之滑之膏之, 皆謂調和飮食之味也. 此篇所記飮食珍羞諸物, 古今異制, 風土異宜, 不能盡曉. 然亦可見古人察物之精・用物之詳也.

**【내칙 12】**

남녀가 아직 관례冠禮와 계례笄禮를 하지 않았을 때에는 닭이 처음 울면 모두 손을 씻고 양치질을 하고, 머리를 빗고, 머리싸개를 하고, 다팔머리 장식의 먼지를 털어 착용하고, 머리를 땋고, 향주머니를 달고, 모두 용취容臭(향낭)를 찬다. 동틀 무렵에 문안인사를 드리는데 “무엇을 좀 드셨는지요?”라고 묻는다. 이미 식사를 하였다면 물러나고, 아직 식사를 하지 않았다면 윗사람이 음식을 살피고 차리는 것을 돕는다.

男女未冠笄者, 雞初鳴, 咸盥・漱, 櫛, 縰, 拂髦, 總角, 衿纓, 皆佩容臭.① 昧爽而朝,② 問“何食飮矣?” 若已食, 則退, 若未食, 則佐長者視具.③

鄭注 ① ‘총각總角’은 머리카락을 거두어 모아서 묶은 것이다. ‘용취容臭’는 향기 나는 물건으로서 끈에 묶어서 차고 존귀한 자에게 가까이 다가가는 것으로 삼는다. 잔심부름 하는 어린아이(小使)에게 준다. ‘總角’, 收髮結之. ‘容臭’, 香物也, 以纓佩之, 爲迫尊者. 給小使也.

② 어른들보다 뒤에 하는 것이다. 後成人也.

③ '구具'는 음식을 차린다는 뜻이다. '具', 饌也.

**集說** '총각總角'은 그 머리카락을 모으고 그것을 묶어서 뿔 모양을 만든 것으로, 동자의 장식이다. '용취容臭'는 향기 나는 물건으로서, 보조적으로 용모를 가꾸는 장식이 된다. 그러므로 '용취'라고 한 것이다. 끈에 묶어서 찬다. 후세의 향낭香囊은 곧 그 유제이다. '매昧'는 어둡다(晦)는 뜻이고, '상爽'은 밝다(明)는 뜻이다. '매상昧爽'은 밝아지려 하고 아직 밝지는 않은 때이다. '總角', 總聚其髮而結束之爲角, 童子之飾也. '容臭', 香物也, 助爲形容之飾. 故言'容臭'. 以纓佩之. 後世香囊, 卽其遺制. '昧', 晦也, '爽', 明也. '昧爽', 欲明未明之時.

**【내칙 13】**

무릇 (아들과 며느리 이외의) 집안과 밖에서 일하는 비천한 사람들은 닭이 처음 울면 모두 손을 씻고 양치질을 하고, 의복을 갖추어 입고, 베개와 삿자리를 정돈하고, 방과 마루 및 마당을 청소하고, 자리를 깔고서, 각자 자기의 일을 한다. 어린아이는 일찍 잠들고 늦게 일어나며, 단지 하고 싶은 대로 하며, 식사하는 데에 정해진 시간이 없다.

凡內外, 雞初鳴, 咸盥·漱, 衣服, 斂枕·簟, 灑埽室堂及庭, 布席, 各從其事.① 孺子蚤寢晏起, 唯所欲, 食無時.②

**鄭注** ① '베개와 삿자리를 정돈한다'(斂枕·簟)는 것은 다른 사람들에게 자기의 설만한 것을 보이지 않으려는 것이다. '삿자리'(簟)는 자리의 몸체에 직접 닿는 것이다. '斂枕·簟'者, 不欲人見己褻者. '簟', 席之親身也.

② 또 아직 어른이 되지 않은 자보다도 더 뒤에 하는 것이다. '유자孺子'는 어린아이(小子)다. 又後未成人者. '孺子', 小子也.

集說 옛사람들은 베개와 자리의 도구를 밤에 펴고 새벽에 거두어 개인적으로 설만하게 사용하는 물품을 다른 사람들에게 보이지 않았다. 古人枕席之具, 夜則設之, 曉則斂之, 不以私褻之用示人也.

**【내칙 14】**

명사命士(작명을 받은 사士) 이상의 신분은 부자가 모두 처소를 달리한다. 동틀 무렵에 아침인사를 드리는데 맛난 음식을 바친다. 해가 뜨면 (물러나와) 각자 자신이 맡은 일을 한다. 해가 저물면 저녁인사를 드리는데, 맛난 음식을 바친다.

由命士以上, 父子皆異宮. 昧爽而朝, 慈以旨甘. 日出而退, 各從其事. 日入而夕, 慈以旨甘.

鄭注 '처소를 달리한다'(異宮)는 것은 존숭하고 공경하는 것이다. '자慈'는 사랑하고 공경하는 자세로 바친다는 뜻이다. '해가 뜨면 (물러나와) 각자 일을 한다'(日出乃從事)는 것은 봉록을 먹더라도 농사일에서 벗어나지 않는다는 뜻이다. '異宮', 崇敬也. '慈', 愛敬進之. '日出乃從事', 食祿不免[2]農也.

集說 '자慈'는 사랑한다(愛)는 뜻으로 자신의 부모를 공경하고 사랑하기 때문에 맛난 음식을 가지고 가서 자신의 사랑을 바친다는 뜻이다. '각종기사各從其事'는 각자 자기가 해야 할 일을 한다는 뜻이다. 저녁에 인사드리는 것(晩朝[3])를 '석夕'이라고 한다. ○ 정씨鄭氏(정현鄭玄)는 "거처를 달리하는 것

은 존숭하고 공경하는 것이다"라고 하였다. '慈', 愛也, 謂敬愛其親, 故以旨甘之味致其愛. '各從其事'者, 各治其所當爲之事也. 晩朝爲'夕'. ○ 鄭氏曰: "異宮, 崇敬也."

**【내칙 15】**

부모 · 시부모가 (아침에) 일어나 앉으려고 할 때, 자리를 받들어 펴는 이가 어느 쪽을 향해 앉을지 여쭌다. 부모 · 시부모가 자리에 누우려 할 때, 윗사람이 발을 어느 방향으로 두고 누울지 여쭌다. 젊은이는 평상을 잡고 드려 앉게 하고, 시중드는 이는 안석(几)을 들어 드린다. 자리와 삿자리는 거두어 정돈하고, 이불은 개서 걸어두고, 베개는 네모상자에 넣어두는데, 삿자리는 거두어 자루에 넣어둔다.

父母 · 舅姑將坐, 奉席請何鄕. 將衽, 長者奉席請何趾. 少者執牀與坐,① 御者擧几. 斂席與簟, 縣衾, 篋枕, 斂簟而襡之.②

**鄭注** ① '누울 자리를 펴고자 한다'(將衽)는 것은 누울 곳을 바꾸는 것을 가리킨다. '將衽', 謂更臥處.

② 눕기를 기다려 펴는 것이다. '독襡'은 자루에 넣는다(韜)는 뜻이다. 須臥乃敷之也. '襡', 韜也.

**集說** '일어나 앉으려 한다'(將坐)는 것은 동틀 무렵 잠에서 깨 일어날 때를 가리킨다. 앉을 자리를 받들어 펴는 이는 반드시 어디를 향해 앉을지 여쭌다. '임衽'은 눕는 자리(臥席)다. '장임將衽'은 다시 누워 쉬는 것을 말한다. 윗사람이 이 눕는 자리를 받들어 펼치는데, (부모에게) 반드시 발을 어느

곳으로 둘지 여쭌다. ‘상牀’은 『설문說文』에 “몸을 편안히 하는 안석이다”(安身之几)라고 하였다. ‘좌坐’는 오늘날의 눕는 평상이 아니다. 부모가 일어나 앉으려 할 때, 젊은이는 이 상牀을 잡고 부모에게 드려서 앉게 하고, 시중 드는 이는 안석(几)을 들어 부모에게 드려서 기대어 편할 수 있게 한다. 누울 때는 반드시 삿자리를 자리 위에 깔아놓는다. 동틀 무렵 일어나면 자리를 거두어 정돈하는데, 삿자리를 또한 자루에 넣어두는 것은 몸에 직접 닿았던 것은 혹 더러울까 염려스럽기 때문이다. 이불은 개서 걸어두고, 베개는 네모상자에 넣어둔다. ‘將坐’, 旦起時也. 奉坐席而鋪者, 必問何向. ‘衽’, 臥席也. ‘將衽’, 謂更臥處也. 長者奉此臥席而鋪, 必問足向何所. ‘牀’, 『說文』云: “安身之几.” ‘坐’, 非今之臥牀也. 將坐之時, 少者執此牀, 以與之坐, 御侍者擧几進之, 使之憑以爲安. 臥必簟在席上. 旦起則斂之, 而簟又以襡韜之者, 以親身恐穢汙也. 衾則束而懸之, 枕則貯於篋也.

**【내칙 16】**

부모와 시부모의 옷 · 이불 · 삿자리 · 자리 · 베개 · 안석은 그 위치를 옮기지 않는다. 지팡이 · 신발은 삼가고 공경히 하여 감히 가까이 다가가지 않는다. 대敦 · 모牟 · 치卮 · 이匜 등 그릇은 남긴 것을 먹는 경우(餕)가 아니면 감히 사용하지 않는다. 아침저녁으로 항상 먹고 마시는 것에 이르러서도 남긴 것을 먹는 경우(餕)가 아니면 감히 마시고 먹지 않는다.

父母 · 舅姑之衣 · 衾 · 簟 · 席 · 枕 · 几不傳. 杖 · 屨, 祗敬之, 勿敢近.① 敦 · 牟 · 卮 · 匜, 非餕, 莫敢用.② 與恒食飮, 非餕, 莫

之敢飮食.③

鄭注 ① '전傳'은 옮긴다(移)는 뜻이다. '傳', 移也.

② 남긴 것을 먹는 경우(餕)에 비로소 사용하는 것이다. '모牟'는 '무堥'(유약을 바르지 않고 구운 질그릇)로 읽는다. '치巵'와 '이匜'는 술과 음료를 담는 그릇이다. '대敦'와 '모牟'는 메기장과 찰기장을 담는 그릇이다. 餕乃用之. '牟'讀曰'堥'也. '巵'·'匜', 酒漿器. '敦'·'牟', 黍稷器也.

③ 남긴 것을 먹는 경우(餕)에 먹는 것이다. '항恒'은 항상(常)이라는 뜻으로, 아침저녁으로 항상 먹는 음식이다. 餕乃食之. '恒', 常也, 旦夕之常食.

集說 '전傳'은 옮긴다(移)는 뜻으로, 이 몇 가지 물건은 매일 둘 때 정해진 장소가 있어서 아들과 며느리가 문득 다른 곳에 옮겨 둘 수 없음을 뜻한다. '근近'은 가까이 다가간다는 뜻이다. '대敦'와 '모牟'는 모두 메기장과 찰기장을 담는 그릇이다. '모牟'는 무堥로 읽는데, 흙으로 빚은 솥(土釜)이다. 이 그릇은 나무로 만드는데, 흙으로 빚은 가마의 형태를 본뜬 것이다. '치巵'은 술잔이다. '이匜'는 물과 음료를 담는 그릇이다. 이 네 가지 그릇[4]은 모두 존귀한 자가 사용하는 것으로, 아들과 며느리는 그 남긴 것을 먹는 경우가 아니면 감히 이 그릇들을 사용하지 않는다. '여與'는 미친다(及)는 뜻이다. 존귀한 자가 항상 먹고 마시는 것들에 이르러서도 아들과 며느리는 그 남은 음식을 먹는 경우가 아니면, 감히 함부로 마시고 먹지 못한다는 뜻이다. '傳', 移也, 謂此數者, 每日置之有常處, 子與婦不得輒移置他所也. '近', 謂挨偪之也. '敦'與'牟', 皆盛黍稷之器. '牟', 讀爲堥, 土釜也. 此器則木爲之, 象土釜之形耳. '巵', 酒器. '匜', 盛水漿之器. 此四器, 皆尊者所用, 子與婦非餕其餘, 無敢用此器也. '與', 及也. 及尊者所常食飮之物, 子與婦非餕餘, 不敢擅飮食之也.

【내칙 17】

부모가 살아 계실 때 아침저녁으로 항상 식사를 함에, 아들과 며느리가 식사를 돕고 남긴 것을 먹는데, 부모가 식사를 다하면 남긴 음식을 다 먹는다. 아버지가 돌아가시고 어머니가 살아 계실 경우, 총자冢子(장자)가 어머니를 모시고 식사를 하고, 여러 아들과 며느리는 아버지가 살아 계실 때처럼 식사를 돕고 어머니가 남긴 것을 먹는다. 맛난 음식과 부드러운 음식은 어린아이가 그 남긴 것을 먹는다.

父母在, 朝夕恒食, 子婦佐餕,① 旣食恒餕.② 父沒母存, 冢子御食, 群子婦佐餕如初.③ 旨甘·柔滑, 孺子餕.

鄭注 ① 며느리는 모두 남편이 부모가 남긴 것을 먹는 것(餕)에 함께한다. 婦皆與夫餕也.

② 남은 음식을 먹을 때마다 그것을 다 먹어서 두 번 준餕을 하는 일이 없게 한다. 每食餕而盡之, 末有原也.

③ '어御'는 모신다(侍)는 뜻으로, 장자가 어머니를 모시고 식사를 하는 것을 가리킨다. 모시고 식사를 하는 아들은 남긴 것을 먹지 않지만, 그 며느리들은 오히려 모두 어머니가 남긴 것을 먹는다. '御', 侍也, 謂長子侍母食也. 侍食者不餕, 其婦猶皆餕也.

集說 '식사를 돕고 남긴 것을 먹는다'(佐餕)는 것은 힘써 권하여 식사를 하게 한 뒤에 그 남긴 음식을 다 먹는다는 뜻이다. '식사를 마친 후에 항상 남긴 음식을 먹는다'(旣食恒餕)는 것은 항상 먹는 음식의 남긴 것을 다 먹는다는 뜻이다. '어식御食'은 어머니를 모시고 식사를 한다는 뜻이다. '처음처

럼 한다'(如初)는 것은 아버지가 살아 계실 때처럼 한다는 뜻이다. '佐餕'者, 勸勉之使食, 而後餕其餘也. '旣食恒餕'者, 盡食其常食之餘也. '御食', 侍母食也. '如初', 如父在時也.

**【내칙 18】**

부모나 시부모가 계신 곳에 있을 때 명이 있으면 '유唯'(예)라고 대답하고 공경스럽게 응대한다. 나아가고 물러나며 곧장 돌거나 넓게 돌아서 오고가는 것을 신중하고 장중하게 한다. 계단을 오르고 내릴 때, 문을 출입할 때, 읍유揖遊[5])를 할 때에는 감히 구역질이나 탄식하는 소리를 내지 않고, 눈물을 흘리거나 기침소리를 내지 않으며, 하품하거나 기지개를 켜지 않으며, 기우뚱하게 서거나 기대지 않으며, 곁눈으로 보지 않으며, 함부로 침을 뱉거나 콧물을 흘리지 않는다.

在父母·舅姑之所, 有命之, 應'唯'敬對. 進退·周旋愼齊.① 升降·出入·揖遊, 不敢噦·噫·嚔·咳·欠·伸·跛·倚·睇視, 不敢唾·洟.②

**鄭注** ① '제齊'는 장중하다(莊)는 뜻이다. '齊', 莊也.

② '제睇'는 곁눈으로 본다(傾視)는 뜻이다. 『역易』에 "명이明夷(어렴풋한 새벽)에 왼쪽 넓적다리를 곁눈으로 본다"[6])고 하였다. '睇', 傾視也. 『易』曰: "明夷睇于左股."

**集說** 응답하는 말 가운데에 '유唯'('예'라고 말하는 소리)가 가장 공손하다.

'홰噦'는 구역질을 하는 소리다. 『장자莊子』에 "대지가 기氣를 토해낸다"(大塊噫氣)[7]라고 하였다. 『시詩』에 "이를 생각하면 눈물 콧물이 나오네"(願言則嚏)[8]라고 하였다. '해咳'는 기침하는 소리다. 기가 결핍되면 '하품을 하고'(欠), 몸이 피로하면 '기지개를 켜고'(伸), 치우치게 떠맡으면 '기우뚱하고'(跛), 사물에 의지하면 '기대게 된다'(倚). '제시睇視'는 곁눈으로 보는 것이다. '이洟'는 코로부터 나오는 것이다. 應之辭, '唯'爲恭. '噦', 嘔逆之聲也. 『莊子』"大塊噫氣." 『詩』"願言則嚏." '咳', 嗽聲也. 氣乏則'欠', 體疲則'伸', 偏任爲'跛', 依物爲'倚'. '睇視', 傾視也. '洟', 自鼻出者.

**【내칙 19】**

추워도 감히 옷을 껴입지 않고, 가려워도 감히 긁지 않으며, 공경함을 나타내는 일이 있지 않으면 감히 어깨를 드러내거나 속옷을 드러내지 않으며, 물을 건너는 경우가 아니면 옷을 치켜들지 않고 속옷과 이불은 안쪽을 보이지 않는다.

寒不敢襲, 癢不敢搔,① 不有敬事, 不敢袒裼,② 不涉不撅,③ 褻衣衾不見裏.④

**鄭注** ① '습襲'은 옷을 껴입는 것을 말한다. '襲', 謂重衣.

② "아버지 쪽의 친족에 대해서는 예용禮容을 갖추지 않는다."[9] "父黨無容."

③ '궤撅'는 옷을 걸어둔다는 뜻이다. '撅', 揭衣也.

④ 설만할 수 있기 때문이다. 爲其可穢.

**集說** '습襲'은 옷을 껴입는 것을 말한다. '어깨를 드러내는 것'(袒), '속옷을 드러내는 것'(裼)은 모두 예의 공경하는 모양이다. 그러므로 공경스러운 일

이 아니면 웃통을 벗거나 속옷을 드러내지 않는다. 물을 건너는 경우가 아니면 치마를 걷지 않아 속옷을 드러내지 않는 것은 설만할 수 있기 때문이다. '襲', 重衣也. '袒'與'裼', 皆禮之敬. 故非敬事, 不袒裼也. 不因涉水, 則不揭裳, 不見裏, 爲其可褻.

**【내칙 20】**

부모의 침과 눈물은 다른 사람에게 보이지 않게 하고, 관과 띠에 때가 묻으면 잿물을 타놓고 세탁해드릴 것을 청하고, 웃옷과 치마에 때가 묻으면 잿물을 타놓고 세탁해드릴 것을 청하고, 의상이 풀어지고 뜯어지면 바늘에 실을 꿰어놓고 꿰매드릴 것을 청한다.
父母唾·洟不見,① 冠帶垢, 和灰請漱, 衣裳垢, 和灰請澣,② 衣裳綻裂, 紉箴請補綴.③

**鄭注** ① 곧바로 닦아 제거하는 것이다. 輒刷去之.

② 손으로 씻는 것을 '수漱'라고 하고, 발로 씻는 것을 '한澣'이라고 한다. '화和'는 탄다(漬)는 뜻이다. 手曰'漱', 足曰'澣'. '和', 漬也.

③ '탄綻'은 풀어진다(解)는 뜻과 같다. '綻', 猶解也.

**集說** '침과 콧물은 다른 사람에게 보이지 않게 한다'(唾·洟不見)는 것은 곧바로 닦아서 제거하여 다른 사람들에게 보이지 않게 한다는 뜻이다. '수漱'와 '한澣'은 모두 세탁하는 일이다. '화회和灰'(재를 탐)는 오늘날 사람들이 회탕灰湯[10]을 쓰는 것과 같다. 실을 바늘에 꿰는 것을 '인紉'이라고 한다. '唾·洟不見', 謂卽刷除之, 不使見示於人也. '漱'·'澣', 皆洗濯之事. '和灰', 如今人用灰湯也. 以線貫箴爲'紉'.

【내칙 21】

5일이 지나면 물을 따뜻하게 데워놓고 목욕할 것을 청하고, 3일이 지나면 머리감을 물을 준비한다. 그 사이에 얼굴이 더러워지면 쌀뜨물을 데워 얼굴을 씻을 것을 청하고, 발이 더러워지면 물을 따뜻하게 데워놓고 씻을 것을 청한다. 젊은이가 어른을 섬기고 천한 사람이 귀한 사람을 섬길 때 모두 이러한 예禮를 따른다.

五日則燂湯請浴, 三日具沐. 其間面垢, 燂潘請靧, 足垢, 燂湯請洗.① 少事長·賤事貴, 共帥時.②

鄭注 ① '반潘'은 쌀뜨물이다. '潘', 米瀾也.

② '공共'은 모두(皆)라는 뜻과 같다. '솔帥'은 따른다(循)는 뜻이다. '시時'는 이것(是)이라는 뜻이다. 예禮가 모두 이와 같이 함을 말한다. '共', 猶皆也. '帥', 循也. '時', 是也. 禮皆如此也.

集說 '첨燂'은 따뜻하게 데운다(溫)는 뜻이다. '반潘'은 쌀을 일은 뜨물이다. '회靧'는 얼굴을 씻는 것이다. '공솔시共帥時'는 모두 이러한 예를 따른다는 뜻이다. '燂', 溫也. '潘', 淅米汁也. '靧', 洗面也. '共帥時', 皆循是禮也.

【내칙 22】

남자는 안의 일을 말하지 않고, 여자는 밖의 일을 말하지 않는다. 제사가 아니고 상사가 아니면 서로 물건을 주고받지 않는다. 서로 주고받을 경우 여자는 대광주리에 받고, 대광주리가 없을 경우에는 남녀 모두 무릎을 꿇고 지면에 놓은 뒤에 취한다.

男不言內, 女不言外.① 非祭非喪, 不相授器.② 其相授, 則女受以篚, 其無篚, 則皆坐奠之而后取之.③

**鄭注** ① 사업의 차례를 말한다. 謂事業之次序.

② 제사는 엄중하고 상사는 급박하여 혐의를 사지 않기 때문이다. 祭嚴, 喪遽, 不嫌也.

③ '전奠'은 지면에 놓는다는 뜻이다. '奠', 停地也.

**集說** 남자는 밖에서 위치를 바르게 하고 밖에서 내정內庭의 일을 말해서는 안 된다. 여자는 안에서 위치를 바르게 하고 안에서 문지방 밖의 일을 말해서는 안 된다. 다만 상사喪事와 제사 두 가지 일에 그릇을 서로 주고받을 수 있는 것은 제사는 엄숙한 상황이고 상사는 급박한 때이어서 다른 혐의가 없기 때문이다. 이 두 가지가 아니라면 여자는 반드시 대광주리를 들고 주는 자가 대광주리 속에 놓게 해야 한다. '모두 앉는다'(皆坐)는 것은 남녀가 모두 무릎을 꿇는다는 뜻이다. 주는 사람이 무릎을 꿇고 지면에 놓으면 받는 사람도 역시 무릎을 꿇고 지면에 나아가 취한다. 男正位乎外, 不當於外而言內庭之事. 女正位乎內, 不當於內而言梱外之事. 惟喪・祭二事, 乃得以器相授受者, 以祭爲嚴肅之地, 喪當急遽之時, 乃無他嫌也. 非此二者, 則女必執篚, 使授者置之篚中也. '皆坐', 男女皆跪也. 授者跪而置諸地, 則受者亦跪而就地以取之也.

**【내칙 23】**

안에서 일하는 부녀와 밖에서 일하는 남자는 우물을 함께 사용하지 않고, 욕실을 함께 사용하지 않으며, 침실과 자리를 서로 통용하지 않고, 서로 물건을 빌리지 않는다. 남녀는 의상을 함께 통용하지 않는다. 안의 말을 밖에서 하지 않고, 밖의 말을 안에서 하지 않는다. 남자는 안에 들어올 때 휘파람을 불거나 손짓을 하지 않으며, 밤길을 다닐 때 횃불을 켜고 다니고 횃불이 없으면 다니지 않는다. 여자는 문을 나설 때 반드시 그 얼굴을 가리며, 밤길을 다닐 때 횃불을 켜고 다니고 횃불이 없으면 다니지 않는다. 길을 갈 때 남자는 오른쪽으로 가고 여자는 왼쪽으로 간다.

外內不共井, 不共湢浴, 不通寢席, 不通乞假. 男女不通衣裳. 內言不出, 外言不入.① 男子入內, 不嘯不指, 夜行以燭, 無燭則止.② 女子出門, 必擁蔽其面, 夜行以燭, 無燭則止.③ 道路, 男子由右, 女子由左.④

鄭注 ① '핍湢'은 욕실이다. '湢', 浴室也.

② '소嘯'는 '질叱'(휘파람 소리를 내다)로 읽는다. 휘파람 소리를 내면 은밀히 시키는 일이 있다는 혐의를 산다. '嘯', 讀爲'叱'. 叱嫌有隱使也.

③ '옹擁'은 가로막는다(障)는 뜻과 같다.'擁', 猶障也.

④ 길에서는 오른쪽을 높인다. 地道尊右.

集說 '핍湢'은 욕실이다. '휘파람을 불거나 손짓을 하지 않는다'(不嘯不指)는 것은 소리와 용모에 특이한 바가 있으면 사람들이 보고 듣는 것을 놀라게 함을 말한다. 구설에서는 '소嘯'를 '질叱'(꾸짖다)의 뜻으로 읽었다.[11] 이제 살펴보건대, 휘파람은 가정에서 내는 소리가 아니므로 의당 소리를 내서는 안 된다. 꾸짖는 말은 혹 발해야 하는 경우도 있으니, 만일 예가 아닌 거동을 보았다면 어찌 꾸짖어서 경계하지 않을 수 있겠는가? 본래의 글자 뜻대

로 읽는 것이 옳다. '옹擁'은 막는다(障)는 뜻과 같다. '오른쪽으로 간다'(由右)·'왼쪽으로 간다'(由左)는 것은 「왕제」(140)에 보인다. '湢', 浴室也. '不嘯不指', 謂聲容有異, 駭人視聽也. 舊讀'嘯'爲'叱'. 今詳嘯非家庭所發之聲, 宜其不可. 叱或有當發者, 如見非禮擧動, 安得不叱以儆之乎? 讀如本字爲是. '擁', 猶障也. '由右'·'由左', 見「王制」.

**【내칙 24】**

아들과 며느리로서 효도하고 공경하는 자는 부모와 시부모의 명령에 대해 어기지 말고 게을리하지 말아야 한다.

子婦孝者敬者, 父母·舅姑之命勿逆勿怠.

**鄭注** 효도하고 공경하는 것에 대해 부모와 시부모가 아껴주는 것에 안주하면, 혹 위반하고 해이해진다. 恃其孝敬之愛, 或則[12]違解.

**集說** 아들로서 효도를 하면 부모는 반드시 그를 아껴주고, 며느리로서 공경하면 시부모는 반드시 아껴준다. 그렇지만 오히려 그 아껴줌에 안주해서 명령에 대하여 혹 어기는 바가 있을까 염려되기 때문에 어기지 말고 게을리하지 말라고 경계한 것이다. 子而孝, 父母必愛之, 婦而敬, 舅姑必愛之. 然猶恐其恃愛, 而於命或有所違也, 故以勿逆勿怠爲戒.

**【내칙 25】**

만약 마시고 먹게 하시거든 비록 좋아하지 않더라도 반드시 맛을 보고 다시 지시하는 명령이 있을 때까지 기다린다. 의복을 주시거든 비록 원하지 않더라도 반드시 입고 다시 지시하는 명령이 있을 때까지 기다린다.

若飮食之, 雖不耆, 必嘗而待.① 加之衣服, 雖不欲, 必服而待.②

鄭注 ① 뒤에 내리는 명령(後命)[13]이 있을 때까지 기다렸다가 치운다. 待後命而去也.

② 뒤에 내리는 명령이 있을 때까지 기다렸다가 벗어서 보관해두는 것이다. 待後命釋藏也.

集說 '맛을 보고 기다린다'(嘗而待) · '입고 기다린다'(服而待)는 것은 모두 자신이 그 음식을 즐기지 않고 그 옷을 원하지 않음을 존귀한 사람이 살피고 다시 고쳐서 명을 내리기를 기다린 다음, (명령에 따라) 혹 음식을 치워두거나 혹 옷을 벗어서 보관해두고서, 이에 감히 자신의 생각대로 함을 말한다. '嘗而待' · '服而待', 皆謂俟尊者察其不耆不欲而改命之, 則或置之或藏去, 乃敢如己意也.

**【내칙 26】**

자신에게 일을 시키고 나서, (다시) 다른 사람에게 대신하게 하면, 자신이 원하지 않더라도 우선 일을 넘겨준다. (대신 하는 사람이 자신의 기대처럼 하지 못할 경우) 우선 가르쳐서 시킨 후에, (해내지 못할 경우) 다시 자신이 일을 한다.

加之事, 人代之, 己雖弗欲,① 姑與之. 而姑使之, 而后復之.②

**鄭注** ① 자신의 작업에 방해됨을 곤란해 하는 것이다. 謂難其妨己業.
② 힘든 일에 대하여 원망함을 멀리하는 것이다. '고姑'는 우선(且)이라는 뜻과 같다. 遠懟怨於勞事. '姑', 猶且也.

**集說** 존귀한 사람이 일을 맡겨서, 자신이 이미 그 일을 하였는데, 혹 힘들어할 것을 염려하여 또 다른 사람에게 대신 하게 하면, 자신의 생각은 힘들다고 여기지 않아 대신하게 하고 싶지 않더라도, 반드시 존귀한 사람의 뜻에 순응하여 우선 일을 넘겨준다. 만약 그 사람이 일하는 것이 자신의 기대처럼 하지 못한다고 생각되면, 우선 그를 가르쳐서 시키고, 그가 정말로 해내지 못할 때에 미쳐서 자신이 다시 그 일을 한다. 尊者任之以事, 而已既爲之矣, 或念其勞, 又使他人代爲, 己意雖不以爲勞而不欲其代, 然必順尊者之意而姑與之. 若慮其爲之不如己意, 姑教使之, 及其果不能而後, 己復爲之也.

**【내칙 27】**

아들과 며느리에게 힘든 일이 있으면, 비록 매우 사랑하더라도, 우선 계속 하게 두고 차라리 자주 휴식을 취하게 한다.
子婦有勤勞之事, 雖甚愛之, 姑縱之, 而寧數休之.

**鄭注** 아들을 사랑한다고 하여 다른 사람에게 고통을 전가시켜서는 안 된다. 不可愛此而移苦於彼也.

**集說** 비록 이 아들과 며느리를 매우 사랑하여 차마 그들을 힘들게 하지는 못하지만, 그러나 반드시 우선 일을 하게 두고 차라리 자주 휴식을 취하게 하여 반드시 그 일을 끝마치고 그만두게 할 것이지, 우선 쉬게 하는 것

이 사랑하는 것이라고 생각하여 일을 하지 않게 해서는 안 된다는 뜻이다. 謂雖甚愛此子婦, 而不忍其勞, 然必且縱使爲之, 而寧數數休息之, 必使終竟其事而後已, 不可以姑息爲愛而使之不事事也.

**【내칙 28】**

아들과 며느리가 효도하지 않고 공경하지 않더라도 그것으로 미워하고 원망하는 방식을 취하지 말고 우선 가르친다. 만약 가르쳐도 안 바뀐 이후에 견책을 하고, 견책을 해도 안 되면 아들을 내치고 며느리를 쫓아내지만 예를 위반한 잘못을 드러내지는 않는다.

子婦未孝未敬, 勿庸疾怨,① 姑教之. 若不可教, 而后怒之,② 不可怒, 子放婦出而不表禮焉.③

**鄭注** ① '용庸'은 사용한다(用)는 뜻이다. '庸'之言用也.

② '노怒'는 견책한다는 뜻이다. '怒', 譴責也.

③ '표表'는 밝힌다(明)는 뜻과 같다. 오히려 그를 위해 숨겨주고 예를 위반한 잘못을 밝히지 않는 것이다. '表', 猶明也. 猶爲之隱, 不明其犯禮之過也.

**集說** '용庸'은 사용한다(用)는 뜻이다. '노怒'는 견책한다는 뜻이다. '견책을 해서는 안 된다'(不可怒)는 것은 비록 견책하였지만 고쳐지지 않음을 가리킨다. 비록 그 아들을 쫓아내고 그 며느리를 쫓아버리더라도 예를 위반한 죄를 드러내지 않는 것은 끝내 끊지 않음을 보이는 것이다. '庸', 用也. '怒', 譴責之也. '不可怒', 謂雖譴責之, 而不改也. 雖放逐其子, 出棄其婦, 而不表明其失禮之罪, 示不終絶之也.

**【내칙 29】**

부모에게 잘못이 있으면 태도를 공손히 하고 얼굴빛을 온화하게 하며 목소리를 부드럽게 하여 간언한다. 간언이 만약 받아들여지지 않는다면 더욱 공경하고 효도하여 기뻐하시면 다시 간언한다. 기뻐하지 않으면 차라리 향당鄕黨과 주려州閭에 죄를 얻을지언정, 차라리 충분히 익숙하게 만들어 은근히 간언을 드린다. 부모가 노하여 기뻐하지 않고 피가 흐르도록 매질을 하더라도 감히 원망하지 않고 더욱 공경하고 효도한다.

父母有過, 下氣怡色, 柔聲以諫. 諫若不入, 起敬起孝, 說則復諫.① 不說, 與其得罪於鄕黨州閭, 寧孰諫.② 父母怒不說, 而撻之流血, 不敢疾怨, 起敬起孝.③

**鄭注** ① 아들이 부모를 섬길 때에는 숨겨주는 도리는 있지만 따지는 도리는 없다. '기起'는 더욱(更)이라는 뜻과 같다. 子事父母, 有隱無犯. '起', 猶更也.

② 아들이 아버지의 명령에 따르는 정도는 효라고 할 수 없다. 『주례』에 "25가家가 려閭가 되고, 4려가 족族이 되고, 5족이 당黨이 되고, 5당이 주州가 되고, 5주가 향鄕이 된다"라고 하였다. 子從父之命, 不可謂孝也. 『周禮』曰: "二十五家爲閭, 四閭爲族, 五族爲黨, 五黨爲州, 五州爲鄕也."

③ '달撻'은 친다(擊)는 뜻이다. '撻', 擊也.

**集說** 소疏에서 말한다. "'숙간孰諫'은 충분히 익숙하게 만들고 은근하게 간언을 드리는 것이 마치 사물이 성숙하여 익는 것과 같음을 말한다." 疏曰: "'孰諫', 謂純熟殷勤而諫, 若物之成熟然."

【내칙 30】

부모에게 비자婢子 및 서자庶子·서손庶孫이 있어서 그들을 매우 사랑했다면 비록 부모가 돌아가시더라도 평생 그들을 공경하고 변치 않는다.

父母有婢子若庶子·庶孫, 甚愛之, 雖父母沒, 沒身敬之不衰.

鄭注 '비자婢子'는 천인과 통하여 낳은 아들이다. '婢子', 所通賤人之子.

集說 '비자婢子'는 천한 자의 소생이다. '약若'은 급及(그리고)의 뜻이며, 혹或(또는)의 뜻이다. '몰신沒身'은 평생의 뜻이다. 부모가 사랑하던 바를 또한 사랑하는 것은 개와 말에 이르러서도 다 그렇게 한다. 하물며 사람에게 있어서야 어떠하겠는가? '婢子', 賤者之所生也. '若', 及也, 或也. '沒身', 終身也. 父母之所愛, 亦愛之, 至於犬馬盡然. 而況於人乎?

【내칙 31】

아들에게 두 명의 첩이 있어 부모가 그 가운데 한 명의 첩을 사랑하고 아들은 다른 한 명의 첩을 사랑한다면, 의복과 음식에서 그리고 일을 하는 것에서 (자기가 사랑하는 첩을) 감히 부모가 사랑하는 첩과 비견하지 말아야 하고, 비록 부모가 돌아가시더라도 변치 않는다.

子有二妾, 父母愛一人焉, 子愛一人焉, 由衣服飮食, 由執事, 毋敢視父母所愛, 雖父母沒不衰.

鄭注 '유由'는 자自(부터)의 뜻이다. '由', 自也.

集說 '유由'는 자自(부터)의 뜻이다. 사사로운 사랑으로 부모의 정을 감히 위반하지 못하기 때문이다. '由', 自也. 不敢以私愛, 違父母之情故也.

**【내칙 32】**

아들은 자기 처가 매우 잘한다고 여기는데 부모가 기뻐하지 않으면 쫓아낸다. 아들은 자기 처가 잘한다고 여기지 않는데 부모가 "이 아이는 나를 잘 섬긴다"고 한다면, 아들은 부부의 예를 행하고 평생 변치 않는다.

子甚宜其妻, 父母不說, 出.① 子不宜其妻, 父母曰: "是善事我", 子行夫婦之禮焉, 沒身不衰.

鄭注 '의宜'는 잘한다(善)는 뜻과 같다. '宜', 猶善也.

集說 '의宜'는 잘한다(善)는 뜻과 같다. 『대대례大戴禮』에 "며느리는 쫓겨나는 경우가 일곱 가지가 있다. 부모에게 공순하지 못한 것이 첫 번째이다. 자식을 낳지 못하는 것이 두 번째이다. 음란한 것이 세 번째이다. 질투하는 것이 네 번째이다. 몹쓸 병에 걸리는 것이 다섯 번째이다. 말이 많은 것이 여섯 번째이다. 절도하는 것이 일곱 번째이다. 쫓겨나지 않는 경우가 세 가지가 있다. 받는 바는 있지만 돌아갈 곳이 없는 경우 쫓아내지 않는다. 일찍이 삼년상을 치른 경우 쫓아내지 않는다. 전에는 빈천했는데 후에 부귀해졌을 경우 쫓아내지 않는다"[14]라고 하였다. '宜', 猶善也. 『大戴禮』"婦有七出. 不順父母一. 無子二. 淫三. 妬四. 惡疾五. 多言六. 竊盜七. 三不去. 有所受無所歸

不去. 曾經三年喪不去. 前貧賤後富貴不去."

**【내칙 33】**

부모가 비록 돌아가셨더라도 선한 일을 하고자 할 때에는 부모에게 아름다운 명성을 끼쳐드릴 것을 생각하여 반드시 결행하고, 선하지 못한 일을 하고자 할 때에는 부모에게 치욕을 끼쳐드릴 것을 생각하여 결코 결행하지 않는다. 시아버지가 돌아가시면 시어머니는 집안일을 총부에게 전하지만, 총부冢婦는 제사지내고 빈객을 맞이할 때에 모든 일을 반드시 시어머니에게 여쭌다. 개부介婦들은 총부에게 여쭌다.

父母雖沒, 將爲善, 思貽父母令名, 必果, 將爲不善, 思貽父母羞辱, 必不果.① 舅沒則姑老,② 冢婦所祭祀賓客, 每事必請於姑.③ 介婦請於冢婦.④

鄭注 ① '이貽'는 끼친다(遺)는 뜻이다. '과果'는 결행한다(決)는 뜻이다. '貽', 遺也. '果', 決也.

② 집안일을 장부長婦에게 전해준다는 뜻이다. 謂傳家事於長婦也.

③ 며느리는 비록 가사를 전해 받더라도 오히려 감히 마음대로 행하지 못한다. 婦雖受傳, 猶不敢專行也.

④ 시어머니의 일을 대신하는 것이기 때문이다. '개부介婦'는 서며느리(衆婦 맏며느리 이외의 며느리)이다. 以其代姑之事. '介婦', 衆婦.

集說 '노老'는 집안일을 장부長婦에게 전해준다는 뜻이다. 그러나 장부는 오히려 감히 마음대로 행하지 못하기 때문에 제사지내는 일이나 빈객을 맞

이하는 일에는 반드시 (시어머니에게) 여쭈어서 행한다. '개부介婦'는 서며느리(衆婦 맏며느리 이외의 며느리)이다. '老', 謂傳家事於長婦也. 然長婦猶不敢專行, 故祭祀賓客之事, 必稟問焉. 介婦, 衆婦也.

**【내칙 34】**

시부모가 총부冢婦에게 일을 시키면 수고로운 일을 게을리하지 말고, (자기를 돕지 않는다고) 개부介婦들을 사랑하지 않거나 공경하지 않아서는 안 된다.[15)]

舅姑使冢婦, 毋怠,① 不友無禮於介婦.②

**鄭注** ① 비록 힘든 일이 있더라도 감히 해이하거나 게을리하지 않는다. 雖有勤勞, 不敢解倦.

② 개부들이 무례하면, 총부는 그들을 우애롭게 대하지 않는다. 형제에게 잘 하는 것을 '우友'라고 한다. 동서 사이도 형제와 같은 것이다. 衆婦無禮, 冢婦不友之也. 善兄弟爲'友'. 娣姒猶兄弟也.

**集說** 석량왕씨石梁王氏가 "'우友'는 마땅히 '감敢'이 되어야 한다"고 한 것은 옳다. ○ 유씨劉氏는 말한다. "'사使'는 일을 시킨다는 뜻이다. '무毋'는 금지하는 말이다. '불우不友'는 사랑하지 않는다는 뜻이다. '무례無禮'는 공경하지 않는다는 뜻이다. 시부모가 총부에게 일을 명했다면 총부는 스스로 그 수고로운 것을 떠맡아야지 수고로운 것에는 게을리하면서 개부介婦들이 자기를 돕지 않는 것을 원망하여 드디어 그들을 사랑하지 않고 공경하지 않으면 옳지 않다는 뜻이다." 石梁王氏曰: "'友'謂當作'敢'"者, 是. ○ 劉氏曰: "'使', 以事使之也. '毋', 禁止辭. '不友'者, 不愛也. '無禮'者, 不敬也. 言舅姑以事命冢婦, 則冢

婦當自任其勞, 不可怠於勞, 而怨介婦不助己, 遂不愛敬之也."

**【내칙 35】**

시부모가 개부介婦(맏며느리 이외의 며느리)에게 일을 시켰더라도 개부는 감히 총부에게 배분하여 똑같이 하고자 하면 안 된다.

舅姑若使介婦, 毋敢敵耦於冢婦.

**鄭注** 비록 수고롭고 힘든 일이 있더라도 감히 쟁론하지 않는 것이다. 雖有勤勞, 不敢掉磬.

**集說** 유씨劉氏는 말한다. "'대등하고 똑같이 하다'(敵耦)는 임무를 나누고 수고로움을 균등히 하고자 하는 의도인 것이다. 시부모가 일을 개부介婦에게 시켜서 하게 하였다면 개부는 또한 그 수고로움을 스스로 떠맡아야 하지, 자신이 총부와 대등하다고 여겨 그 수고로움을 똑같이 배분하고자 하면 옳지 않음을 말한다." 劉氏曰: "'敵耦'者, 欲求分任均勞之意. 言舅姑若以事使介婦爲之, 則介婦亦當自任其勞, 不可謂己與冢婦爲敵耦, 欲求均配其勞也."

**【내칙 36】**

개부介婦는 총부冢婦와 감히 나란히 걷지 못하고, 감히 나란히 명을 받지 못하며, 감히 나란히 앉지 못한다.

不敢並行, 不敢並命, 不敢並坐.

**鄭注** 총부冢婦보다 낮추는 것이다. 명을 받아서 사령使令이 되는 것이다. 下冢婦也. 命爲使令.

**集說** 또 개부는 총부에 대해서 존비의 구분이 있어서 단지 일을 맡을 때 감히 대등하지 못할 뿐 아니라, 또한 감히 어깨를 나란히 하여 걷지 못하고, 감히 존귀한 자에게 나란히 하여 명을 받지 못하고, 감히 비천한 자에게 나란히 하여 명을 내리지 못함을 말한 것이다. 대개 개부는 총부에게 명을 받아야 하기 때문이다. 앉는 자리 또한 반드시 반열을 달리한다. 又言介婦之與冢婦, 分有尊卑, 非惟任事毋敢敵耦, 亦且不敢比肩而行, 不敢並受命於尊者, 不敢並出命於卑者. 蓋介婦當請命於冢婦也. 坐次亦必異列.

**【내칙 37】**

무릇 며느리는 시부모를 모시고 있을 경우 자신의 방(私室)으로 가도 좋다는 명을 내리지 않으면 감히 물러나지 않는다. 며느리는 일이 있을 경우 크든 작든 반드시 시부모에게 여쭌다. 아들과 며느리는 사적인 재산을 소유하지 않고, 사적으로 저축하지 않고, 사적으로 기물을 가지지 않고, 감히 사사로이 빌리지 않고, 감히 사사로이 빌려주지 않는다.

凡婦不命適私室, 不敢退.① 婦將有事, 大小必請於舅姑.② 子婦無私貨, 無私畜, 無私器, 不敢私假, 不敢私與.③

**鄭注** ① 며느리가 시부모를 모시고 있는 경우이다. 婦侍舅姑者也.

② 감히 마음대로 행하지 않는 것이다. 不敢專行.

③ 집안일은 존귀한 자에 의해 통괄된다. 家事統於尊也.

集說 정씨鄭氏(정현鄭玄)는 말한다. "집안일은 존귀한 자에 의해 통괄된다." 鄭氏曰: "家事統於尊也."

【내칙 38】

며느리는 혹 사친의 형제들이 자신에게 음식 · 의복 · 비단 · 노리개 · 향초 등을 선물하면 받아서 시부모에게 바친다. 시부모가 받으면 기뻐하여 마치 처음 선물을 받은 듯이 한다. 만약 되돌려 내려주시면 사양하고, 사양이 허락되지 못하면 보관해두었다가 시부모에게 부족해졌을 때를 대비한다.

婦或賜之飮食 · 衣服 · 布帛 · 佩帨 · 茝蘭, 則受而獻諸舅姑. 舅姑受之則喜, 如新受賜.① 若反賜之, 則辭, 不得命, 如更受賜, 藏以待乏.

鄭注 ① '혹 선물한다'(或賜之)는 것은 사친私親의 형제가 선물하는 경우를 가리킨다. '或賜之', 謂私親兄弟.

② 시부모에게 부족해진 경우를 대비하는 것이다. '명을 얻지 못한다'(不得命)는 것은 허락을 받지 못하였다는 뜻이다. 待舅姑之乏也. '不得命'者, 不見許也.

集說 '혹 선물한다'(或賜之)는 것은 사친私親의 형제가 선물하는 경우를 가리킨다. '채茝'와 '난蘭'은 모두 향초香草이다. 받아들이면 마치 새롭게 선물을 받은 듯이 하고, 받지 못하면 마치 다시 받을 듯이 하는 것은 효도와 사랑의 지극함이다. '명을 받지 못한다'(不得命)는 것은 허락을 받지 못하였다는 뜻이다. '부족해짐을 기다린다'(待乏)는 것은 존귀한 자에게 부족해질

때를 대비한다는 뜻이다. '或賜之', 謂私親兄弟也. '茝'·'蘭', 皆香草也. 受之則如新受賜, 不受則如更受賜, 孝愛之至也. '不得命'者, 不見許也. '待乏', 待尊者之乏也.

**【내칙 39】**

며느리에게 만약 사친의 형제가 있어서 그들에게 주고자 할 때에는 반드시 그 옛날에 선물 받았던 것을 시부모에게 요청한 뒤에 (허락을 받으면) 준다.

婦若有私親兄弟, 將與之, 則必復請其故賜, 而后與之.

**集說** '옛것(故)'은 곧 전에 자신이 시부모에게 바쳤던 물건으로서 시부모가 받지 않았던 것이다. 비록 자신의 방에 보관하였지만 이제 존귀한 자에게 반드시 요청하여 허락을 받은 이후에 그것을 가져다가 주는 것이다. '故', 卽前者所獻之物, 而舅姑不受者. 雖藏於私室, 今必請於尊者, 旣許然後, 取以與之也.

**【내칙 40】**

적자와 서자는 종자宗子와 종부宗婦를 공경히 섬긴다. 비록 관직이 높고 부유하더라도 감히 관직이 높고 부유한 신분으로 종자의 집에 들어가지 않으며, 비록 거마車馬와 수행자가 많더라도 밖에 머물게 하고 간략하게 하여 들어간다.

適子·庶子, 祗事宗子·宗婦.① 雖貴富, 不敢以貴富入宗子之

家, 雖衆車徒, 舍於外, 以寡約入.②

**鄭注** ① '지祗'는 공경한다(敬)는 뜻이다. '종宗'은 대종大宗이다. '祗', 敬也. '宗', 大宗.

② '들어간다'(入)는 종자의 집에 들어간다는 뜻이다. '入', 謂入宗子家.

**集說** 소疏에서 말한다. "'적자適子'는 아버지 및 할아버지의 적자로서, 소종이다. '서자庶子'는 적자의 동생이고, '종자宗子'는 대종의 아들이고, '종부宗婦'는 대종의 아들의 부인이다." 疏曰: "'適子', 謂父及祖之適子, 是小宗也. '庶子', 謂適子之弟, '宗子', 謂大宗子, '宗婦', 謂大宗子之婦."

**【내칙 41】**

자제가 만약 기물 · 의복 · 갖옷과 이불 · 거마를 하사받았다면 반드시 그 상등의 것을 종자에게 바친 후에 감히 그 다음의 것을 입거나 사용한다. 만약 (종자의 신분에 맞지 않아) 바칠 수 있는 것이 아니면, 감히 그것을 입고 사용하여 종자의 집에 들어가지 않으며, 감히 자신의 부귀한 신분을 가지고 부형과 종족에게 높은 것으로 처신하지 않는다.

子弟猶歸器 · 衣服 · 裘衾 · 車馬, 則必獻其上, 而后敢服用其次也.① 若非所獻, 則不敢以入於宗子之門,② 不敢以貴富加於父兄宗族.③

**鄭注** ① '유猶'는 만약(若)의 뜻이다. 자제가 만약 공덕이 있어서 기물을 선물 받았다면 마땅히 좋은 것을 종자에게 주어야 한다. '猶', 若也. 子弟若有

功德, 以物見饋賜, 當以善者與宗子也.

② 종자의 작위에서 입어 마땅한 것이 아님을 말한 것이다. 謂非宗子之爵所當服也.

③ '가加'는 높다(高)는 뜻과 같다. '加', 猶高也.

集說 '유猶'는 만약(若)의 뜻이다. 자제 가운데 만약 공덕으로 현달하여 존귀한 사람에게 기물과 의복 등을 선사받았다면 반드시 그 상등의 것을 종자에게 바치고 자신은 그 다음의 것을 입고 사용하는 것을 말한다. 만약 종자의 작위에서 입고 사용하기 마땅한 것이 아니어서 바칠 수 없는 것은 자신도 감히 그것을 입고 사용하여 종자의 집에 들어가지 못한다. '가加'는 높다(高)는 뜻이다. '猶', 若也. 謂子弟中若有以功德顯榮, 而蒙尊上歸遺之以器用·衣服等物, 則必獻其上等者於宗子, 而自服用其次者. 若非宗子之爵所當服用, 而不可獻者, 則己亦不敢服用之以入宗子之門也. '加', 高也.

**【내칙 42】**

만약 부유하다면, 두 가지 희생을 갖추어 그 가운데 좋은 것을 종자에게 바치고, 부부가 모두 재계를 하고 가서 종묘에 공경함을 바치며, 일을 마친 후에 감히 자신의 할아버지와 아버지에게 제사 지낸다.

若富, 則具二牲, 獻其賢者於宗子,① 夫婦皆齊而宗敬焉,② 終事而后敢私祭.③

鄭注 ① '현賢'은 좋다(善)는 뜻과 같다. '賢', 猶善也.

② 종자의 집에서 제사를 도와야 하는 것이다. 當助祭於宗子之家.

③ 할아버지와 아버지를 제사지내는 것이다. 祭其祖禰.

**集說** '현賢'은 좋다(善)는 뜻과 같다. '제이종경齊而宗敬'은 재계를 하고 가서 제사를 도와서 종묘에 대한 공경을 바친다는 뜻이다. 자신의 할아버지와 아버지에게 제사지낼 때에는 두 희생 가운데 낮은 등급의 것을 사용한다. '賢', 猶善也. '齊而宗敬', 謂齊戒而往助祭事, 以致宗廟之敬也. 私祭祖禰, 則用二牲之下者.

**【내칙 43】**

밥은 메기장(黍)·찰기장(稷)·쌀(稻)·기장(粱)·흰색 메기장(白黍)·누런 기장(黃粱)으로 짓는데, 익은 후에 수확한 곡물(稰)로 지은 것과 덜 익었을 때 수확한 곡물(穛)로 지은 것이 있다.

飯,① 黍·稷·稻·粱·白黍·黃粱, 稰·穛.②

**鄭注** ① 여러 가지 밥을 품목으로 나타낸 것이다. 目諸飯也.

② 다 익은 후에 수확한 것을 '서稰'라고 한다. 덜 익었을 때 수확한 것을 '착穛'이라고 한다. '서黍'는 누런 메기장(黃黍)이다. 孰穫曰'稰'. 生穫曰'穛'. '黍', 黃黍也.

**集說** 밥의 품목에는 누런 메기장(黃黍)·찰기장(稷)·쌀(稻)·흰색 기장(白粱)·흰색 메기장(白黍)·누런 기장(黃粱)으로 만든 밥 등 여섯 가지가 있는데, 그 곡물이 익었을 때 수확한 것을 '서稰'라고 하고, 덜 익었을 때 수확한 것을 '착穛'이라고 한다. '착穛'은 수축됨을 지칭하는 말이다. 덜 익었을 때 수확하므로 그 곡물이 줄어들고 오그라든다. 이는 제후의 밥인데, 천자의

경우에는 또 보리(麥)와 고苽[16])로 지은 밥이 있다. 飯之品, 有黃黍 · 稷 · 稻 · 白粱 · 白黍 · 黃粱凡六, 其穀熟而穫之, 則曰'稰', 生穫之曰'穛'. 穛是斂縮之名. 以生穫故其物縮斂也. 此諸侯之飯, 天子又有麥與苽.

**【내칙 44】**

반찬에는 소고기 국(膷) · 양고기 국(臐) · 돼지고기 국(膮) · 소고기 산적(牛炙)이 있고,

膳,① **膷 · 臐 · 膮 · 醢** · 牛炙,

鄭注 ① 여러 가지 반찬을 품목으로 나타낸 것이다. 目諸膳也.

集說 '향膷'은 소고기 국이다. '훈臐'은 양고기 국이다. '효膮'은 돼지고기 국이다. 모두 향기롭고 아름다운 것을 지칭하는 말이다. '해醢' 자는 부연된 것으로 삭제해야 한다. '우적牛炙'은 소고기를 구운 산적이다. 이 네 가지 반찬이 네 두豆가 되는데, 함께 (북쪽에서부터) 첫 번째 줄에 놓는다. '膷', 牛臛. '臐', 羊臛. '膮', 豕臛. 皆香美之名也. '醢'字衍, 當刪. '牛炙', 炙牛肉也. 此四物爲四豆, 共爲一行.

**【내칙 45】**

고기젓갈(醢) · 저민 소고기(牛胾) · 고기젓갈(醢) · 소고기 회(牛膾)가 있으며,

醓 · 牛胾 · 醢 · 牛膾,

集說 '해醢'는 고기젓갈이다. '우자牛胾'는 소고기를 저민 것이다. 고기젓갈 · 소고기 회와 더불어 네 두豆가 되며, 이들은 두 번째 줄에 놓는다. '醢', 肉醬也. '牛胾', 切牛肉也. 幷醢與牛膾四物爲四豆, 是第二行.

【내칙 46】

양고기 산적(羊炙) · 저민 양고기(羊胾) · 고기젓갈(醢) · 돼지고기 산적(豕炙)이 있고,

羊炙 · 羊胾 · 醢 · 豕炙,

集說 이 네 가지 반찬이 네 두豆가 되며, 이들은 세 번째 줄에 놓는다. 此四物爲四豆, 是第三行.

【내칙 47】

고기젓갈(醢) · 저민 돼지고기(豕胾) · 겨자젓갈(芥醬) · 생선회(魚膾)가 있고,

醢 · 豕胾 · 芥醬 · 魚膾,

集說 이 네 가지 반찬이 네 두豆가 되며, 이들은 네 번째 줄에 놓는다. 모두 16두豆로 하대부의 예禮이다. 此四物爲四豆, 是第四行. 共十六豆, 下大夫之禮也.

**【내칙 48】**

꿩고기 · 토끼고기 · 메추라기고기(鶉) · 세가락메추라기고기(鷃)가 있다.

雉 · 兎 · 鶉 · 鷃.

**鄭注** 이는 상대부의 예로서 반찬이 20두豆이다. 『의례』「공사대부례公食大夫禮」의 반찬을 가지고 말하면, '돼지고기 국'(膮)과 '소고기 산적'(牛炙) 사이에 '고기젓갈'(醢)이 올 수 없다. '해醢'는 부연된 글자이다. 또 '안鷃'은 '여鴽'(세가락메추라기)로 삼는다. 此上大夫之禮, 庶羞二十豆也. 以「公食大夫禮」饌校之, 則'膮' · '牛炙'間不得有'醢'. '醢'衍字也. 又以'鷃'爲'鴽'也.

**集說** 이 네 가지 반찬이 4두豆가 되며, 진설하여 다섯 번째 줄이 된다. 모두 20두豆로 상대부上大夫의 예이다. 此四物爲四豆, 列爲第五行. 共二十豆, 則上大夫之禮也.

**【내칙 49】**

음료수로 단술은 두 가지로 하여 올리는데, 쌀로 빚은 맑은 단술과 탁한 단술이 있고, 메기장으로 빚은 맑은 단술과 탁한 단술이 있으며, 기장으로 빚은 맑은 단술과 탁한 단술이 있다. 어떤 경우에는 죽을 빚어서 단술을 만들기도 한다. 메기장 죽(黍酏), 신 음료수(漿), 맑은 물(水), 매실음료(醷), 미숫가루를 타 간을 맞춘 물(濫)이 있다.

飮,① 重醴, 稻醴淸 · 糟, 黍醴淸 · 糟, 粱醴淸 · 糟.② 或以酏爲醴.③ 黍酏④· 漿⑤· 水⑥·醷⑦·濫⑧.

**鄭注** ① 여러 가지 음료수를 품목으로 나타낸 것이다. 目諸飮也.

② '중重'은 나란히 한다(陪)는 뜻이다. '조糟'는 거르지 않은 술(醇)의 뜻이다. '청淸'은 맑은 술(泲)의 뜻이다. 음료수를 바칠 때에는 탁주를 올리는 경우도 있고 청주를 올리는 경우도 있어서 나란히 하여 진설한다. '重', 陪也. '糟', 醇也. '淸', 泲也. 致飮, 有醇者有泲者, 陪設之也.

③ 죽을 빚어 단술을 만드는 것이다. 釀粥爲醴.

④ '이酏'는 죽이다. '酏', 粥.

⑤ 신맛이 나는 저민 고기(酢截)이다. 酢截.

⑥ 맑고 신선한 것이다. 淸新.

⑦ 매장梅漿이다. 梅漿.

⑧ 저諸로써 물에 간을 맞추는 것이다. 『주례』의 육음六飮을 가지고 비교한다면, '람濫'은 '량涼'이다. 기紀 지역과 거莒 지역 사이에서는 '저諸'(채소절임)를 '람濫'이라고 칭한다. 以諸和水也. 以『周禮』六飮校之, 則'濫', '涼'也. 紀·莒之間, 名'諸'爲'濫'.

**集說** '단술'(醴)은 쌀(稻)·메기장(黍)·기장(粱) 세 가지로 각각 만든다. 이미 거른 술이 '청淸'이고, 아직 거르지 않은 술이 '조糟'이다. 이 세 가지 단술에는 각각 맑은 것이 있고 탁한 것이 있다. 맑은 술과 탁한 술을 서로 짝을 이루어 이중으로 진설한다. 그러므로 '중례重醴'라고 한 것이다. 대개 빈객에게 음료수를 바칠 때에는 (맑은 것과 탁한 것을) 겸하여 진설한다. '죽으로서 단술을 삼는다'(以酏爲醴)는 것은 죽을 빚어 단술을 만든다는 뜻이다. '서이黍酏'는 메기장으로 죽을 만든 것이다. '장漿'은 신맛이 있는 음료수이다. '의醷'는 매장梅漿(매실음료)이다. '람濫'은 미숫가루와 밥을 섞은 것

등을 물에 타 간을 맞춘 것이다. '醴'者, 稻・黍・粱三者各爲之. 已泲者爲'淸', 未泲者爲'糟'. 是三醴各有淸有糟也. 以淸與糟, 相配重設. 故云'重醴'. 蓋致飮於賓客, 則兼設之也. '以酏爲醴', 釀粥爲醴也. '黍酏', 以黍爲粥也. '漿', 醋水也. '醷', 梅漿也. '濫', 雜糗飯之屬和水也.

**【내칙 50】**

술로는 청주淸酒와 백주白酒가 있다.

酒,① 淸・白.②

**鄭注** ① 여러 가지 술을 품목으로 나타낸 것이다. 目諸酒也.

② '백白'은 사주事酒와 작주昔酒이다. '白', 事酒・昔酒也.

**集說** '청淸'은 청주이다. 제사지낼 때의 술은 사주事酒와 작주昔酒가 모두 흰색이다. 그러므로 '백白'(흰색)으로 이름붙인 것이다. 일이 있을 때에 마시는 것을 '사주事酒'라고 하고, 일이 없을 때에 마시는 것은 '작주昔酒'라고 이름한다. '淸', 淸酒也. 祭祀之酒, 事酒・昔酒俱白. 故以'白'名之. 有事而飮者謂之'事酒', 無事而飮者名'昔酒'.

**【내칙 51】**

변두籩豆에 담는 음식은 분말경단(糗餌)과 콩가루를 뿌린 인절미(粉酏)이다.

羞,① 糗餌・粉酏.②

鄭注 ① 변두에 담는 음식을 품목으로 나타낸 것이다. 目諸羞也.
② '구糗'는 볶은 곡물을 찧은 것으로, 그것으로 분말경단과 인절미를 만든다. 이 기록에는 탈루된 부분이 있는 듯하다. 『주례』에는 "수변羞籩에 담는 음식은 구이糗餌(분말로 만든 경단)와 분자粉餈(콩가루를 뿌린 인절미)이다"17), "수두羞豆에 담는 음식은 이사酏食(묽은 죽)와 삼사糝食(쌀가루죽)이다"18)라고 하였다. 이곳의 '이酏'는 '전餰'(죽)으로 되어야 옳다. 쌀을 이리의 가슴비계와 더하여 죽을 만드는 것이 이것이다. '糗', 擣熬穀也, 以爲粉餌與餈. 此記似脫. 『周禮』"羞籩之實, 糗餌・粉餈", "羞豆之實, 酏食・糝食." 此'酏'當爲'餰'. 以稻米與狼臅膏爲餰, 是也.

集說 『주례』에 "수변羞籩에 담는 음식은 구이糗餌(분말로 만든 경단)와 분자粉餈(콩가루를 뿌린 인절미)이다"19)라고 하였으니, 이 경문의 '이酏' 자는 '자餈'(인절미)의 뜻으로 읽어야 한다. 기록자가 잘못한 것이다. 허신許愼은 "'자餈'는 쌀로 만든 떡이다"라고 하였다. 쌀로 밥을 지어 찧은 것이다. '분자粉餈'는 콩을 가루로 만들어 쌀떡 위에 뿌린 것이다. '구糗'는 쌀이나 보리를 볶아서 말리고, 그것을 빻아서 떡을 만든다. 대체로 먼저 잘게 부수어 가루로 만든 후에 반죽하여 찐다. 이餌라는 말은 견실하고 깨끗한 것이 옥귀고리와 같다는 뜻이다. '자餈'는 불어난다(滋)는 뜻이다. 『周禮』"羞籩之實, 糗餌・粉餈", 此'酏'字, 當讀爲'餈'. 記者誤耳. 許愼云: "'餈', 稻餅也." 炊米擣之. '粉餈', 以豆爲粉, 糝餈上也. '糗', 炒乾米麥也, 擣之以爲餌. 蓋先屑爲粉, 然後溲之. 餌之言堅潔若玉珥也. '餈'之言滋也.

【내칙 52】

군주의 평상시 식사에는 달팽이젓갈을 올리고 고苽로 지은 밥에 꿩국을 곁들인다. 보리밥에는 포를 찢어 끓인 국과 닭국을 곁들인다. 볍쌀가루로 지은 밥에는 개국과 토끼국을 곁들인다. 무릇 국에는 다섯 가지 맛으로 간을 맞추고 쌀가루로 가미하며, 여뀌(蓼)[20]는 넣지 않는다.

食,① 蝸醢而苽食, 雉羹. 麥食, 脯羹 · 雞羹. 折稌, 犬羹 · 兎羹. 和糝, 不蓼.②

鄭注 ① 군주의 평상시 식사에 사용되는 것을 품목으로 나타낸 것이다. 目人君燕食所用也.

② '고苽'는 조호彫胡이다. '도稌'는 벼(稻)이다. 무릇 국의 조미에는 다섯 가지 맛을 가미해야 하고, 쌀을 잘게 부순 가루를 가미해야 하며 여뀌(蓼)는 넣지 않는다. 이 경문의 '포脯'는 이른바 찢어서 말린 소고기와 양고기다. '苽', 彫胡也. '稌', 稻也. 凡羹齊宜五味之和 · 米屑之糝, 蓼則不矣. 此'脯', 所謂析乾牛羊肉也.

集說 이는 밥을 올릴 때의 마땅함을 말한 것이다. '와蝸'는 '라螺'(소라)와 같은 것이다. '고苽'는 조호雕胡이다. '포갱脯羹'은 포를 찢어 넣어서 국을 만든 것이다. '도稌'는 벼이다. '절도折稌'는 볍쌀을 잘게 부수어 밥을 짓는 것을 뜻한다. 이 다섯 가지 국은 다섯 가지 맛으로 조미하고 쌀을 잘게 부순 것으로 조미를 삼는데, 여뀌는 넣을 필요가 없기 때문에 '조미하고 쌀가루를 가미하며, 여뀌(蓼)는 넣지 않는다'(和糝, 不蓼)고 한 것이다. 此言進飯之宜. '蝸', 與'螺'同. '苽', 雕胡也. '脯羹', 析脯爲羹也. '稌', 稻. '折稌', 謂細折稻米爲飯也. 此

五羹者, 宜以五味調和, 米屑爲糝, 不須加蓼, 故云'和糝, 不蓼'也.

**【내칙 53】**

돼지고기를 삶을 때에는 씀바귀(苦)로 싸고 여뀌(蓼)로 돼지의 뱃속을 채워 넣는다. 닭고기를 삶을 때에는 고기젓갈(醢醬)로 조미하고 여뀌로 닭의 뱃속을 채워 넣는다. 생선을 삶을 때에는 생선알 젓갈(卵醬)로 조미하고 여뀌로 생선의 뱃속을 채워 넣는다. 자라를 삶을 때에는 고기젓갈로 조미하고 여뀌로 자라의 뱃속을 채워 넣는다. 濡豚, 包苦實蓼. 濡雞, 醢醬實蓼. 濡魚, 卵醬實蓼. 濡鼈, 醢醬實蓼.

**鄭注** 무릇 '이'(濡)는 삶아서 국물에 조미하는 것을 가리킨다. '고苦'는 씀바귀(苦荼)이다. 씀바귀로 돼지를 싸서 그 기운을 죽이는 것이다. '란'(卵)은 '곤鯤'(알)으로 읽는다. '곤鯤'은 생선의 알이다. 어떤 본에는 '관(𩞄)'으로 되어 있다. 凡'濡', 謂亨之以汁和也. '苦', 苦荼也. 以包豚, 殺其氣. '卵', 讀爲'鯤'. '鯤', 魚子. 或作𩞄也.

**集說** '이濡'는 '이胹'로 읽는데, 삶는다는 뜻이다. '이돈胹豚'은 씀바귀로 돼지를 싸고 여뀌를 뱃속에 채워 넣는다는 뜻이다. 이 네 가지는 모두 여뀌로 그 뱃속을 채우고 삶는 것이다. '곤장卵醬'은 생선알로 젓갈을 담는다는 뜻이다. 세 가지에 젓갈을 쓰는 것은 그것으로 그 국물에 조미하기 위한 것이다. '濡', 讀爲'胹', 烹煮之也. '胹豚'者, 包裹之以苦菜, 而實蓼於腹中. 此四物, 皆以蓼實其腹, 而煮之也. '卵醬', 魚子爲醬也. 三物之用醬, 蓋以調和其汁耳.

**【내칙 54】**

생강과 계피를 넣은 포(腶脩)를 먹을 때에는 개미젓갈을 곁들이고, 포를 넣은 국을 먹을 때에는 토끼젓갈을 곁들이고, 사슴의 저민 고기를 먹을 때에는 생선젓갈을 곁들이고, 생선회를 먹을 때에는 겨자젓갈을 넣고, 사슴의 생고기를 먹을 때에는 고기젓갈을 곁들이고, 복숭아 절임과 매실 절임을 먹을 때에는 굵은 소금으로 조미한다.

腶脩, **蚳醢**,① 脯羹, 兎**醢**, **麋**膚, 魚**醢**, 魚膾, 芥醬, **麋**腥, **醢**醬, 桃諸 · 梅諸, 卵鹽.②

鄭注 ① '단수腶脩'는 포를 두들겨서 생강과 계피 등을 첨가한 것이다. '지蚳'는 개미의 알이다. '腶脩', 捶脯施薑桂也. '蚳', 蚍蜉子也.

② '나해蝸醢'에서 이곳에 이르기까지 26가지 음식은 모두 군주가 평상시 먹는 것인 듯하다. 그 반찬은 불분명하다. '부膚'는 저민 고기다. '부膚'는 어떤 본에는 '반胖'으로 되어 있다. '난염卵鹽'은 굵은 소금이다. 自'蝸醢'至此二十六物, 似皆人君燕所食也. 其饌則亂. '膚', 切肉也. '膚'或爲'胖'. '卵鹽', 大鹽也.

集說 '단수腶脩'는 앞에 보인다.21) '지해蚳醢'는 개미의 알로 젓갈을 만든 것이다. 생강과 계피를 넣은 포(腶脩)를 먹을 때에는 개미젓갈을 곁들이고, 포를 넣어 끓인 국을 먹을 때에는 토끼젓갈을 곁들인다. 나머지도 이와 같다. '미麋'는 사슴 가운데 큰 것이다. '부膚'는 저민 고기다. '미성麋腥'은 사슴의 날고기다. '저諸'는 채소절임(菹)이다. 복숭아와 매실은 모두 절임으로 만들어 저장하는데, 저장하고자 할 때에는 반드시 조금 마르게 한다. 그러므로 『주례』에 그것을 '간료乾橑'(말린 매실)22)라고 하였다. 그것을 먹을 때에는 굵은 소금으로 간을 맞춘다. 굵은 소금은 형태가 새의 알과 비슷하다.

그러므로 '난염卵鹽'이라고 칭한다. '腶脩', 見前. '蚳醢', 以蚍蜉子爲醢也. 謂食腶脩者, 以蚳醢配之, 食脯羹者, 以兔醢配之. 餘倣此. '麋', 鹿之大者. '膚', 切肉也. '麋腥', 生麋肉也. '諸', 菹也. 桃·梅, 皆爲菹藏之, 欲藏, 必令稍乾. 故『周禮』謂之'乾䕩'. 食之則和以卵塩. 大塩, 形似鳥卵. 故名'卵塩'也.

**【내칙 55】**

무릇 밥의 조리는 봄철에 준해서 한다. 국의 조리는 여름철에 준해서 한다. 장醬의 조리는 가을철에 준해서 한다. 음료수는 겨울철에 준해서 한다.

凡食齊視春時.① 羹齊視夏時.② 醬齊視秋時.③ 飲齊視冬時.④

**鄭注** ① 밥은 따뜻해야 한다. 飯宜溫也.

② 국은 뜨거워야 한다. 羹宜熱也.

③ 장醬은 서늘해야 한다. 醬宜涼也.

④ 음료수는 차가워야 한다. 飲宜寒也.

**集說** 정씨鄭氏(정현鄭玄)는 말한다. "밥은 따뜻해야 한다. 국은 뜨거워야 한다. 장醬은 시원해야 한다. 음료수는 차가워야 한다." 鄭氏曰: "飯宜溫. 羹宜熱. 醬宜涼. 飲宜寒也."

**【내칙 56】**

무릇 조미할 때 봄에는 신맛이 많게 하고, 여름에는 쓴맛이 많게 하고, 가을에는 매운맛이 많게 하고, 겨울에는 짠맛이 많게 하며, 네 계절 모두 부드럽고 단맛이 나게 조미한다.

凡和, 春多酸, 夏多苦, 秋多辛, 冬多鹹, 調以滑甘.

**鄭注** 그 계절의 맛을 많게 하여 기운을 보양하는 것이다. 多其時味, 以養氣也.

**集說** 신맛(酸)·쓴맛(苦)·매운맛(辛)·짠맛(鹹)은 목·화·금·수에 속하는 바이다. 제철의 맛을 많게 하는 것은 기운을 보양하기 위한 것이다. 네 계절에 모두 부드럽고 단맛이 나게 조미하는 것은 토의 기운이 네 계절에 모두 깃들어 함께하는 것을 상징한다. 酸·苦·辛·鹹, 木·火·金·水之所屬. 多其時味, 所以養氣也. 四時皆調以滑甘, 象土之寄歟.

**【내칙 57】**

소고기에는 볍쌀가루로 지은 밥이 적합하고, 양고기에는 메기장밥(黍)이 적합하고, 돼지고기에는 찰기장밥(稷)이 적합하고, 개고기에는 기장밥(粱)이 적합하고, 기러기고기에는 보리밥(麥)이 적합하고, 생선에는 고밥(苽)이 적합하다.

牛宜稌, 羊宜黍, 豕宜稷, 犬宜粱, 鴈宜麥, 魚宜苽.

**鄭注** 기운과 맛이 서로 이루는 것을 말한다. 言其氣味相成.

**集說** 위(52)에서는 "볍쌀가루로 지은 밥에는 개국과 토끼국을 곁들인다"고 하였고, 이 경문에서는 '소고기는 볍쌀가루로 지은 밥에 적합하다'고 하

였다. 위의 경문(52)은 군주의 평상시 식사로서 맛난 것을 아름답게 여기는 것이고, 이곳은 존귀한 자의 정식正食에 의거하여 말한 것이다. 上云: "折稌, 犬羹・兎羹", 此云: "牛宜稌"者. 上是人君燕食, 以滋味爲美, 此據尊者正食而言也.

**【내칙 58】**

봄에는 새끼양고기와 돼지고기가 적합한데, 곡식향기가 나는 소고기의 비계로 달여서 조미한다(膳).[23] 여름에는 말린 꿩고기와 말린 생선이 적합한데, 누린내가 나는 개고기의 비계로 달여서 조미하고, 가을에는 송아지고기와 사슴새끼의 고기가 적합한데, 비린내 나는 닭고기의 비계로 달여서 조미하고, 겨울에는 날생선과 기러기고기가 적합한데 누린내 나는 양고기의 비계로 달여서 조미한다.

春宜羔・豚, 膳膏薌. 夏宜腒・鱐, 膳膏臊, 秋宜犢・麛, 膳膏腥, 冬宜鮮・羽, 膳膏羶.

**鄭注** 이 여덟 가지 음식은 네 계절의 각각 살찌고 맛난 것이다. 그 기가 너무 성하기 때문에 세가 그치고 폐한(休廢) 비계로 달여서 그 기운을 조절한다. 소고기의 비계는 곡식향기가 나고, 개고기의 비계는 개고기 누린내가 나고, 닭고기의 비계는 비린내가 나고, 양고기의 비계는 양고기 누린내가 난다. '거腒'는 말린 꿩고기다. '수鱐'는 말린 생선이다. '선鮮'은 날생선이다. '우羽'는 기러기다. 此八物, 四時肥美也. 爲其大盛, 煎以休廢之膏, 節其氣也. 牛膏薌, 犬膏臊, 雞膏腥, 羊膏羶. '腒', 乾雉也. '鱐', 乾魚也. '鮮', 生魚也. '羽', 鴈也.

**集說** 소고기의 비계는 곡식향기가 나고, 개고기의 비계는 개고기 누린내

가 나고, 닭고기의 비계는 비린내가 나고, 양고기의 비계는 양고기 누린내가 난다. 예를 들면 봄철에 흑양과 돼지고기를 먹는데, 소고기의 비계로 그것을 달인다. 그러므로 '곡식향기가 나는 소기름으로 달여서 조미한다'(膳膏薌)라고 말한 것이다. 나머지도 이와 마찬가지다. '거腒'는 말린 꿩고기다. '수鱐'는 말린 생선이다. '미麛'는 사슴새끼다. '선鮮'은 날생선이다. '우羽'는 기러기다. 구설舊說에 이 조미의 적합한 것을 오행의 왕성함과 쇠퇴함을 가지고 서로 참작한다고 한 설과, 방씨方氏의 '건조하고 습하고, 빠르고 더디고, 강하고 약한 것에 따른다'는 설에 대해서는 이제 모두 생략한다. 牛膏薌, 犬膏臊, 雞膏腥, 羊膏羶. 如春時食羔·豚, 則煎之以牛膏. 故云'膳膏薌'也. 餘倣此. '腒', 乾雉. '鱐', 乾魚. '麛', 鹿子. '鮮', 生魚. '羽', 鴈也. 舊說此膳所宜以五行衰王相參, 及方氏'燥濕疾遲强弱'之說, 今皆略之.

**【내칙 59】**

소고기포·사슴고기포·멧돼지포·큰사슴포·노루포가 있다. 큰사슴·사슴·멧돼지·노루는 모두 날 것을 콩잎에 싸서 먹는 방식도 있다. 꿩과 토끼국은 모두 야채를 넣어서 조미한다.

牛脩, 鹿脯, 田豕脯, 麋脯, 麕脯. 麋·鹿·田豕·麕, 皆有軒. 雉·兎皆有芼.

鄭注 '포脯'는 모두 고기를 갈라서 말린 것이다. '헌軒'은 '헌憲'으로 읽는데 헌憲은 콩잎이 갈라진 것을 가리킨다. '모芼'는 야채나물(菜釀)을 가리킨다. '헌軒'은 어떤 본에는 '반胖'으로 되어 있다. '脯', 皆析乾其肉也. '軒', 讀爲'憲', 憲謂藿葉切也. '芼', 謂菜釀也. '軒'或爲'胖'.

**集說** 소疏에서 말한다. "'큰사슴(麋)·사슴(鹿)·멧돼지(田豕)·누루(麕)에 모두 헌軒이 있다'는 것은 이들 동물은 단지 포로 만들 뿐만이 아니라 날로 먹을 수도 있음을 말한다. 날로 먹을 때에는 모두 콩잎으로 싸서 먹고 잘게 썰지 않는다. 그러므로 '모두 헌軒이 있다'고 한 것이다. 소고기를 말하지 않은 것은 소는 오직 잘게 썰어서 회로 만들 수 있을 뿐이고, 크게 잘라 헌으로 만들어 먹기에는 마땅하지 않기 때문이다. '꿩과 토끼에는 모두 나물이 있다'(雉·兎皆有芼)는 것은 꿩국과 토끼국을 끓일 때에는 모두 야채나물을 넣어서 조미한다는 뜻이다." ○ 정씨鄭氏(정현鄭玄)는 말한다. "'헌軒'은 '헌憲'으로 읽는데, '헌憲'은 콩잎이 갈라진 것을 가리킨다." 疏曰: "'麋·鹿·田豕·麕, 皆有軒'者, 言此等非但爲脯, 又可腥食. 腥食之時, 皆以藿葉起之, 而不細切. 故云'皆有軒'. 不云牛者, 牛惟可細切爲膾, 不宜大切爲軒. '雉·兎皆有芼'者, 爲雉羹兎羹, 皆有芼菜以和之." ○ 鄭氏曰: "'軒', 讀爲'憲', '憲'謂藿葉切也."

**【내칙 60】**

(천자의 평상시 식사의 음식거리로는) 까치·세가락메추라기·매미·벌·버섯·세발 마름·호개·대추·밤·개암·감·오이·복숭아·자두·매실·은행·풀명자·배·생강·계피가 있다.

爵·鷃·蜩·范①·芝栭·蔆·椇·棗·栗·榛·柹·瓜·桃·李·梅·杏·柤[24]·梨·薑·桂.②

**鄭注** ① '조蜩'는 매미(蟬)다. '범范'은 벌(蜂)이다. '蜩', 蟬也. '范', 蜂也. ② '릉蔆'은 세발 마름(芰)이다. '구椇'는 호깨나무(枳椇)이다. '사柤'(풀명자나무)는 배나무 가운데 맛이 좋지 못한 것이다. '우수牛脩'에서 이곳에 이르는 31

가지 물품은 모두 군주가 평상시 식사할 때에 올려놓는 다양한 음식이다. 『주례』에는 천자의 음식으로 120가지 물품이 이용된다고 했는데, 기록자가 일일이 기록할 수 없었다. '蔆', 芰也. '椇', 枳椇也. '柤', 棃之不臧者. 自'牛脩'至此三十一物, 皆人君燕食所加庶羞也. 『周禮』天子羞用百有二十品, 記者不能次錄.

**集說** '조蜩'는 매미(蟬)다. '범范'은 벌(蜂)이다. '지芝'(지초)는 오늘날의 목이木耳[25]와 같은 종류이다. '이栭'(산밤나무)는 『운회韻會』의 주에 "강수江水와 회수淮水 사이에서는 작은 밤을 '이율栭栗'이라고 부른다"고 하였다. '릉蔆'은 세발 마름(芰)이다. '구椇'(호깨나무)는 형태가 산호 비슷하고 맛이 달고 좋다. 일명 백석리白石李라고 한다. ○ 정씨鄭氏(정현鄭玄)는 말한다. "'우수牛脩'에서 이곳에 이르는 31가지 물품은 모두 군주가 평상시 식사할 때에 올려놓는 다양한 음식이다. 『주례』에는 천자의 음식으로 120가지 물품이 이용된다고 했는데, 기록자가 천자의 일을 조목조목 차례대로 기록할 수 없었다." '蜩', 蟬. '范', 蜂. '芝', 如今木耳之類. '栭', 『韻會』註云: "江淮呼小栗爲栭栗." '蔆', 芰也. '椇', 形似珊瑚, 味甜美. 一名白石李. ○ 鄭氏曰: "自'牛脩'至此三十一物, 皆人君燕食所加庶差也. 『周禮』天子羞用百有二十品, 記者不能次錄."

**【내칙 61】**

대부의 평상시 식사에는 회가 있으면 포가 없고 포가 있으면 회가 없다. 사는 국과 저민 고기를 동시에 차리지 않는다. 서인 가운데 노인은 맨밥만 먹지 않는다.

大夫燕食, 有膾無脯, 有脯無膾. 士不貳羹·胾. 庶人耆老不徒食.

**鄭注** 존비에 따른 차이이다. 尊卑差也.

**集說** 위의 경문에서 군주가 평상시 식사할 때의 음식을 말한 것을 인해서 대부의 평상시 식사를 말한 것이다. '사는 국과 저민 고기를 동시에 차리지 않는다'(士不貳羹·胾)고 한 것은 또한 평상시 식사를 가리켜서 말한 것이다. '도徒'는 비다(空)는 뜻과 같다. '맨밥만 먹지 않는다'(不徒食)는 것은 반드시 반찬이 있다는 뜻이다. ○ 소疏에서 말한다. "아침저녁의 평소에 하는 식사에 대해 아래에서 '국과 밥은 제후 이하 서인에 이르기까지 차등이 없다'고 하였다." 因上文言人君燕食之物, 而言大夫燕食. '士不貳羹·胾', 亦謂燕食也. '徒', 猶空也. '不徒食', 言必有饌. ○ 疏曰: "若朝夕常食, 則下云'羹食自諸侯以下至於庶人無等.'"

**【내칙 62】**

회를 조미할 때, 봄에는 파(葱)를 쓰고 가을에는 겨자젓갈(芥)을 쓴다. 돼지고기를 조미할 때, 봄에는 부추(韭)를 쓰고 가을에는 여뀌(蓼)를 쓴다. 비계(脂)를 조미할 때 파를 쓰고, 지방(膏)을 조미할 때 염교(薤)를 사용한다. 소·양·돼지 등 세 희생(三牲)에는 오수유(藙)를 넣는데, 조미에 식초(醯)를 사용한다. 들짐승 고기에는 매장梅醬으로 조미한다.

膾, 春用葱, 秋用芥. 豚, 春用韭, 秋用蓼.① 脂用葱, 膏用薤.② 三牲用藙,③ 和用醯.④ 獸用梅.⑤

**鄭注** ① '개芥'는 겨자젓갈이다. '芥', 芥醬也.

② '지脂'는 기름이 응고된 것으로, 용해된 것은 '고膏'라고 한다. '脂', 肥凝者, 釋者曰'膏'.

③ '의藙'는 수유를 달인 것이다. 『한율漢律』에 "회계會稽 땅에서 그것을 바친다"고 하였고, 『이아』에서는 그것을 '살榝(오수유)[26]'이라고 하였다. '藙', 煎茱萸也. 『漢律』"會稽獻焉", 『爾雅』謂之'榝'.

④ 가축은 집에서 키우는 식물과 자체로 서로 조화를 이루기 때문이다. 畜與家物自相和也.

⑤ 또한 들에서 자라는 생물들은 자체로 서로 조화를 이루기 때문이다. 亦野物自相和.

集說 '개芥'는 겨자젓갈이다. 기름이 응고된 것이 '지脂'이고, 용해된 것이 '고膏'이다. '삼생三牲'은 소(牛)·양羊·돼지(豕)다. '의藙'는 수유茱萸이다. '화용혜和用醯'는 식초로 세 희생에 조미한다는 뜻이다. '수용매獸用梅'는 매실로 들짐승 요리에 조미한다는 뜻이다. '芥', 芥醬也. 肥凝者爲'脂', 釋者爲'膏'. '三牲', 牛·羊·豕也. '藙', 茱萸也. '和用醯', 以醯和三牲也. '獸用梅', 以梅和獸也.

**【내칙 63】**

메추라기(鶉)는 국으로 끓이고, 닭은 국으로 끓이고, 세가락메추라기(鴽)는 (쪄서 요리하는데) 여뀌를 잘라 섞어서 조미한다. 방어(魴)와 연어(鱮)는 쪄서 요리하고, 병아리(雛)는 불에 익혀 요리하고, 꿩(雉)은 (찌거나, 불에 익히거나, 국으로 끓여) 요리하는데, (이들 세 가지 음식 모두) 향초를 넣어 조미하고 여뀌는 쓰지 않는다.

鶉羹, 雞羹, 鴽釀之蓼.① 魴·鱮烝, 雛燒, 雉, 薌無蓼.②

鄭注 ① '양釀'은 썰어서 섞는 것을 뜻한다. 메추라기(鴽)는 국 아래에 놓으며, 쪄서 요리하고 국으로는 끓이지 않는다. '釀', 謂切雜之也. 鴽在羹下, 烝

之不羹也.

② '향薌'은 차조기(蘇)나 들깨(荏) 종류이다. '소燒'는 불에 익히는 것이다. '회용총膾用葱'에서 여기까지는 조미하고 채소를 썰어서 뒤섞는 것의 합당한 방식을 말한 것이다. '薌', 蘇荏之屬也. '燒', 爇於火中也. 自'膾用葱'至此, 言調和菜釀之所宜也.

**集說** '세가락메추라기'(鴽)는 국으로 끓이지 않고 단지 찌고 삶을 뿐이다. 그러므로 '국으로 끓인다'(羹)고 말하지 않은 것이다. 이 세 가지 맛은 모두 여뀌를 썰어서 뒤섞어 조미한다. 그러므로 '여뀌를 섞어 조미한다'(釀之蓼)고 한 것이다. '방魴'과 '서鱮' 두 생선은 쪄서 먹는다. 그러므로 '방어와 연어는 찐다'(魴・鱮烝)고 한 것이다. '추雛'(병아리)는 조류의 작은 것으로, 불에 익힌 후에 조미한다. 그러므로 '병아리는 불에 익힌다'(雛燒)고 한 것이다. 꿩(雉)은 불 속에 익히거나 찌거나 또는 국으로 끓이거나 모두 가능하다. '향薌'은 향초香草로서, 흰빛의 차조기(白蘇)・자줏빛의 차조기(紫蘇) 종류와 같다. 방어와 연어를 찌고, 병아리를 불에 익히고, 꿩을 삶을 때, 모두 향초로 조미하고, 여뀌를 쓰지 않는다는 뜻이다. '鴽', 不爲羹, 惟烝煮而已. 故不曰'羹'. 此三味, 皆切蓼以雜和之. 故曰'釀之蓼'. '魴'・'鱮'二魚, 烝而食之. 故曰'魴・鱮, 烝'. '雛', 鳥之小者, 燒熟然後調和. 故云'雛燒'. 雉則或燒或烝或以爲羹, 皆可. '薌', 謂香草, 若白蘇・紫蘇之屬也. 言烝魴鱮・燒雛及亨雉, 皆調和之以香草, 無用蓼也.

**【내칙 64】**

새끼자라는 먹지 않는다. 이리는 창자를 떼어내고, 개는 콩팥을 떼어내고, 살쾡이는 앞쪽 등뼈(正脊)[27]를 떼어내고, 토끼는 꼬랑지를 떼어내고, 여우는 머리를 떼어내고, 돼지는 뇌를 떼어내고, 물고기는 뼛속의 유해한 것을 떼어내고, 자라는 항문 부위를 떼어내고 먹지 않는다.

不食雛鼈. 狼去腸, 狗去腎, 狸去正脊, 兔去尻, 狐去首, 豚去腦, 魚去乙, 鼈去醜.

**鄭注** 모두 사람에 이롭지 못하기 때문이다. '새끼자라'(雛鼈)는 엎드려서 젖을 먹는 것이다. '생선 내장'(乙)은 물고기 몸체 속의 사람을 해치는 것의 명칭이다. 오늘날 동해의 용어容魚(전어)는 뼈가 있는데, 그 뼈를 '을乙'이라 하며 눈 옆에 있고, 모양이 전자체篆字體의 '을乙' 자와 같이 생겼다. 그것을 먹으면 가시가 사람을 찌르는데 빼낼 수가 없다. '추醜'는 자라의 항문을 가리킨다. 皆爲不利人也. '雛鼈', 伏乳者. '乙', 魚體中害人者名也. 今東海容魚有骨, 名'乙'在目旁, 狀如篆'乙'. 食之鯁人, 不可出. '醜', 謂鼈竅也.

**集說** 이 아홉 가지는 모두 사람에게 이롭지 못한 것이다. '새끼자라'(雛鼈)는 엎드려서 젖을 먹는 것이다. 물고기의 몸속에 뼈가 있는데 전자篆字의 '을乙' 자 모양과 같이 생겼다. 그것을 제거하는 것은 가시가 사람을 찌르기 때문이다. '추醜'는 구멍(竅)이라는 뜻이다. 어떤 사람은 목 아래에 뼈가 있어서 사람에게 독이 된다고 한다. 此九者, 皆爲不利於人. '雛鼈', 伏乳者. 魚體中有骨, 如篆'乙'之形. 去之, 爲鯁人也. '醜', 竅也. 或云頸下有骨能毒人.

**【내칙 65】**

다듬는 방식에 대해, 육류는 '벗겨낸다'(脫之)고 하고, 생선은 '흔들어본다'(作之)고 하고, 대추는 '닦아서 깨끗이 한다'(新之)고 하고, 밤은 '고른다'(撰之)고 하고, 복숭아는 '닦아서 쓸개처럼 매끄럽게 한다'(膽之)고 하고, 아가위와 배는 '도려낸다'(攢之)고 한다.
肉曰'脫之', 魚曰'作之', 棗曰'新之', 栗曰'撰之', 桃曰'膽之', 相梨曰'攢之'.

**鄭注** 모두 다듬고 고르는 일을 지칭한다. 皆治擇之名也.

**集說** '탈脫'은 그 껍질을 벗겨서 제거한다는 뜻이다. '작作'은 흔들어서 그것이 신선한지 썩었는지 살펴본다는 뜻이다. 일설에 '작作'은 착斮과 같은 뜻으로 그 비늘을 벗겨냄을 뜻한다고 한다. 대추는 닦아서 신선하고 깨끗하게 한다. '찬撰'은 고른다(選)는 뜻과 같다. 밤은 벌레나 굼벵이가 많기 때문에 골라야 한다. 복숭아는 털이 많기 때문에 닦아서 쓸개처럼 푸르고 매끄럽게 한다. '도려내다'(攢之)는 벌레 먹은 부분을 도려낸다는 뜻이다. 이는 모두 다듬고 고르는 일을 지칭한다. '脫'者, 剝除其筋膜. '作'者, 摇動之, 以觀其鮮餒. 一說, '作'猶斮也, 謂削其鱗. 棗則拭治, 而使之新潔. '撰', 猶選也. 栗多蟲蠹, 宜選擇之. 桃多毛, 拭治令靑滑如膽. '攢之'者, 鑽治其蠹處也. 此皆治擇之名.

【내칙 66】

소가 밤에 울면 그 고기에서 악취가 난다. 양이 털이 떨어져 나가서 엉키면 그 고기에서 누린내가 난다. 개가 넓적다리에 털이 없고 거동이 조급해지면 그 고기에서 누린내가 난다. 새가 색이 변하여 흐느껴 우는 것은 그 고기에서 썩은 냄새가 난다. 돼지가 눈을 높이 들어 깜박이는 것은 그 고기 속에 작은 혹이 있다. 말이 등뼈가 검고 앞정강이에 얼룩무늬가 있는 것은 그 고기에서 땅강아지 냄새와 같은 냄새가 난다.

牛夜鳴, 則庮. 羊泠毛而毳, 羶. 狗赤股而躁, 臊. 鳥皫色而沙鳴, 鬱. 豕望視而交睫, 腥. 馬黑脊而般臂, 漏.

**集說** 소 가운데 밤에 우는 것은 그 고기에서 썩은 냄새가 난다. 양의 털은 본래 성기고 빠져 날리는데, 털끝이 엉켜 있으면 그 고기는 누린내가 있다. 개가 넓적다리 안에 털이 없고 거동이 성급하면 그 고기가 누린내가 나고 조악하다. '표색皫色'은 색이 변하여 윤기가 없는 것이다. '사沙'는 흐느낀다(嘶)는 뜻으로, 울 때 그 소리가 흐느끼는 것이다. '울鬱'은 썩은 냄새를 뜻한다. '망시望視'는 눈을 드는 것이 높은 것이다. '교첩交睫'은 눈에 눈썹이 교차하는 것이다. '성腥'은 '성星'(작은 혹)으로 읽는다. 고기 속에 쌀과 같은 작은 혹이 생긴 것이다. '반비般臂'는 앞정강이 털에 얼룩무늬가 있다는 뜻이다. '루漏'는 루螻(땅강아지)로 읽는다. 그 고기에서 땅강아지 냄새 같은 것이 난다는 뜻이다. 소(牛)에서 말에 이르기까지 6가지 동물이 이와 같은 경우에는 모두 먹어서는 안 된다. 牛之夜鳴者, 其肉庮臭. 羊之毛, 本稀泠, 而毛端毳結者, 其肉羶氣. 狗股裏無毛, 而擧動急躁者, 其肉臊惡. '皫色', 色變而無潤澤也. '沙', 嘶也, 鳴而其聲沙嘶者. '鬱', 謂腐臭也. '望視', 擧目高也. '交睫', 目睫毛交也. '腥', 讀爲'星'. 肉中生小息肉如米者也. '般臂', 前脛毛斑也. '漏', 讀爲螻. 謂其肉如螻蛄臭也. 牛至馬, 六物, 若此者, 皆不可食.

【내칙 67】

병아리 꼬리가 한줌이 되지 않으면 먹지 않는다. 거위의 꼬리 고기, 고니와 부엉이의 갈빗살, 거위의 꼬리 고기, 닭의 간, 기러기의 콩팥, 너새의 비장, 사슴의 밥통 등도 먹어서는 안 된다.

雛尾不盈握, 弗食. 舒鴈翠, 鵠·鴞胖, 舒鳧翠, 雞肝, 鴈腎, 鴇奥, 鹿胃.

鄭注 또한 모두 사람에게 이롭지 못한 것이다. '유庮'는 악취惡臭이다. 『춘추전』에 "하나의 향기로운 풀과 하나의 썩은 냄새 나는 풀"[28]이라고 하였다. '영모취泠毛毳'는 털끝이 풀리지 않는 것에 의해 따로 뭉쳐있는 것이다. '적고赤股'는 넓적다리 안쪽에 털이 없는 것이다. '표색麃色'은 털이 변색된 것이다. '사沙'는 흐느낀다(嘶)는 뜻과 같다. '울鬱'은 썩은 냄새(腐臭)를 뜻한다. '망시望視'는 먼 곳을 보는 것이다. '성腥'은 '성星'(작은 혹)이 되어야 한다. 발음으로 인한 잘못이다. '성星'은 고기 속에 쌀과 같은 작은 혹이 있는 것이다. '반비般臂'는 앞쪽 정강이에 얼룩무늬가 있는 것이다. '루漏'는 '루螻'(땅강아지)가 되어야 한다. 땅강아지의 냄새와 같은 냄새가 나는 것이다. '서안舒鴈'은 거위(鵞)이다. '취翠'는 꼬리 고기다. '고니와 부엉이의 갈비살'(鵠鴞胖)은 갈빗대 옆의 얇은 고기를 가리킨다. '서부舒鳧'는 집오리다. '너새의 속'(鴇奥)은 비장을 가리킨다. '곡鵠'은 어떤 본에는 '효鴞'로 되어 있다.
亦皆爲不利人也. '庮', 惡臭也. 『春秋傳』曰: "一薰一庮." '泠毛毳', 毛別聚於不解者也. '赤股', 股裏無毛也. '麃色', 毛變色也. '沙', 猶嘶也. '鬱', 腐臭也. '望視', 視遠也. '腥', 當爲'星'. 聲之誤也. '星', 肉中如米者. '般臂', 前脛般般然也. '漏', 當爲'螻'. 如螻蛄臭也. '舒鴈', 鵞也. '翠', 尾肉也. '鵠·鴞胖', 謂脅側薄肉也. '舒鳧', 鶩也. '鴇奥', 脾□也. '鵠'或爲'鴞'也.

集說 '서안舒鴈'은 거위다. '취翠'는 꼬리 고기다. '반胖'은 갈빗대 옆의 얇은 고기다. '서부舒鳧'는 오리다. '너새'(鴇)는 기러기와 비슷한데 크고 뒤쪽 발가락이 없다. '오奧'는 비장으로서, 장 가운데 깊숙한 곳에 있다. 이 아홉 가지는 또한 먹어서는 안 된다. '舒鴈', 鵝也. '翠', 尾肉也. '胖', 脅側薄肉也. '舒鳧', 鴨也. '鴇', 似鴈而大, 無後指. '奧', 脾肶也, 藏之深奧處也. 此九物, 亦不可食.

**【내칙 68】**

날고기를 가늘게 첩으로 자른 것이 회膾이고, 크게 첩으로 자른 것이 헌軒이다.① 어떤 사람은 "큰사슴(麋)・사슴(鹿)・생선(魚)은 저菹로, 노루(麕)는 벽계辟雞로, 멧돼지(野豕)는 헌軒으로, 토끼(兔)는 완비宛脾로 만든다. 파 및 염교를 잘라서 식초에 넣고 부드럽게 한다"라고 말한다.

肉腥, 細者爲膾, 大者爲軒.① 或曰: "麋・鹿・魚爲菹, 麕爲辟雞, 野豕爲軒, 兔爲宛脾. 切葱若薤, 實諸醯以柔之."②

鄭注 ① 크게 납작한 조각으로 자른 것과 가늘게 납작한 조각으로 자른 것이 명칭을 달리함을 말한 것이다. 회는 반드시 먼저 헌軒으로 만든다. 이른바 "납작하게 조각을 내고 가늘게 저며 자른다"29)는 것이다. 言大切・細切異名也. 膾者必先軒之. 所謂"聶而切之"也.

② 이 '헌軒'・'벽계辟雞'・'완비宛脾'는 모두 절임(菹) 종류이다. 야채를 섞어 조미하고 그것을 식초로 부드럽게 하여 날고기 비린내 및 그 기운을 죽이는 것이다. 오늘날 익주益州에 녹위鹿㲯라는 것이 있는데, 이런 방식으로 만드는 것에 가깝다. '저菹'와 '헌軒'은 크게 납작한 조각을 내고 저며 썰지

는 않으며, '벽계辟雞'와 '완비宛脾'는 크게 납작한 조각을 낸 다음 얇게 저며 썬다. '헌軒'은 어떤 본에는 '반胖'으로 되어 있고, '완宛'은 어떤 본에는 '울鬱'로 되어 있다. 此'軒'·'辟雞'·'宛脾', 皆菹類也. 釀菜而柔之以醯, 殺腥肉及其氣. 今益州有鹿㲋者近由此爲之矣. '菹'·'軒', 聶而不切, '辟雞'·'宛脾', 聶而切之. '軒'或爲'胖', '宛', 或作'鬱'.

**集說** 가늘게 실 가닥처럼 자른 것이 '회膾'이고, 크게 납작한 조각으로 자른 것이 '헌軒'이다. 어떤 경우에는 파를 사용하고, 어떤 경우에는 염교를 사용한다. 그러므로 '파 및 염교를 자른다'(切葱若薤)고 한 것이다. 고기와 파·염교를 모두 식초 안에 넣는다. 그러므로 '식초에 넣는다'(實諸醯)고 한 것이다. 배어들게 해서 익히면 부드럽고 유연해진다. 그러므로 '부드럽게 한다'(柔之)고 한 것이다. ○ 소疏에서 말한다. "기록할 당시에 저菹·헌軒·벽계辟雞·완비宛脾의 제도가 없어서 만드는 법을 살필 수 없었고, 예로부터 이러한 말이 있었기 때문에 기록자가 그것을 받아서 사용하였다. 그러므로 '어떤 사람이 말하기를'(或曰)이라고 한 것이다. 벽계·완비 및 헌의 명칭은 그 뜻이 알려져 있지 않다." 細縷切者爲'膾', 大片切者爲'軒'. 或用葱, 或用薤. 故云'切葱若薤'. 肉與葱薤, 皆置之醋中. 故云'實諸醯'. 浸漬而熟, 則柔軟矣. 故曰'柔之'. ○ 疏曰: "爲記之時, 無菹·軒·辟雞·宛脾之制, 作之未審, 舊有此言, 記者承而用之. 故稱'或曰'. 其辟雞·宛脾及軒之名, 其義未聞."

**【내칙 69】**

국과 밥은 제후 이하 서인에 이르기까지 차등이 없다. 대부는 고정된 (맛있는) 반찬(秩膳)이 없고, 대부는 70세가 되면 각閣(음식을 올려

놓는 시렁)이 있다.

羹食, 自諸侯以下至於庶人, 無等.① 大夫無秩膳,② 大夫七十而有閣.③

**鄭注** ① 국과 밥은 식사의 주된 것이다. 서수庶羞에서 비로소 차이가 난다. 羹·食, 食之主也. 庶羞, 乃異耳.

② 50세에 비로소 작명을 받으니[30]는 아직 많이 늙지 않은 것임을 가리킨다. '질秩'은 항상(常)의 뜻이다. 謂五十始命, 未甚老也. '秩', 常也.

③ 고정된 반찬이 있는 것이다. '각閣'은 판자로 만드는데, 음식물을 올려놓는다. 有秩膳也. '閣', 以板爲之, 庋食物也.

**集說** 국과 밥은 평소 먹는 것이다. 그러므로 귀천의 차등이 없다. '질秩'은 항상(常)의 뜻이다. 50세에 처음 작명을 받으니 아직 많이 늙은 것이 아니다. 그러므로 고정된 반찬이 없다. '70세에 각이 있다'(七十有閣)는 것은 곧 고정된 반찬이 있다는 뜻이다. '각閣'은 판자로 만드는데 마시고 먹는 물건을 올려놓기 위한 것이다. 羹與飯, 常日所食. 故無貴賤之等差. '秩', 常也. 五十始命, 未爲甚老. 故無常膳. '七十有閣', 則有秩膳矣. '閣', 以板爲之, 所以庋飮食之物.

**【내칙 70】**

천자의 각閣은 왼쪽 협실에 5개를 설치하고, 오른쪽 협실에 5개를 설치하여 (5가지) 음식을 (두 곳에) 올려놓는다. 공公·후侯·백伯은 방房 안에 각閣을 5개 설치하여 (5가지) 음식을 올려놓는다. 대부는

(천자와 같은 장소인) 협실에 각 3개를 설치하여 (3가지) 음식을 올려놓는다. 사는 흙으로 만든 대(坫) 1개를 설치하여 (한 가지) 음식을 올려놓는다.

天子之閣, 左達五, 右達五. 公·侯·伯於房中五. 大夫於閣三. 士於坫一.

鄭注 '달達'은 협실夾室이다. 대부에 대해서 '어각於閣'이라고 말한 것은 천자와 장소를 같이하기 때문이다. 천자는 다섯 개의 각이 두 곳에 있으므로 제후의 두 배가 된다. '5'라는 것은 세 희생(三牲)의 고기 및 어류와 포이다. '達', 夾室. 大夫言'於閣', 與天子同處. 天子二五, 倍諸侯也. '五'者, 三牲之肉及魚·腊也.

集說 소疏에서 말한다. "궁실의 제도에서 중앙이 정실正室이 되고, 정실의 좌우가 방房이 되고, 방 밖에 서序(담)가 있고, 서 밖에 협실夾室이 있다. 천자는 존귀하기 때문에 주방이 멀다. 그러므로 왼쪽 협실에 다섯 개의 각이 있고, 오른쪽 협실에 5개의 각이 있다. 제후는 천자에 비해 신분이 낮으므로 주방은 마땅히 조금 가깝게 해야 한다. 그러므로 방房에 설치한다. 다만 한 방의 안에 5개의 각을 둔다. 대부는 신분이 (더) 낮아서 (천자와 같은 장소에 해도) 혐의를 사지 않는다. 그러므로 또한 협실에다 3개의 각을 둔다. 사는 비천하여 각을 설치하지 못한다. 다만 실 안에 토점土坫(흙으로 만든 대)을 만들어 음식을 올려놓는다. '오五'란 세 희생(三牲)의 고기 및 생선과 포이다. '삼三'이란 돼지·생선·포이다." 疏曰: "宮室之制, 中央爲正室, 正室左右爲房, 房外有序, 序外有夾室. 天子尊, 庖廚遠. 故左夾室五閣, 右夾室五閣. 諸侯卑, 庖廚宜稍近. 故於房中. 惟一房之中而五閣也. 大夫卑而無嫌. 故亦於夾室而三閣. 士卑不得爲閣. 但於室中爲土坫, 以庋食. '五'者, 三牲之肉及魚腊. '三'者, 豕魚腊也."

【내칙 71】

무릇 양노養老의 예禮를 유우씨有虞氏는 연례燕禮로 행하였고, 하후씨夏后氏는 향례饗禮로 행하였고, 은殷나라 사람은 사례食禮로 행하였고, 주周나라 사람은 이들을 다듬어서 겸해서 사용하였다. 50세는 향학鄕學에서 봉양하고, 60세는 소학小學에서 봉양하고, 70세는 태학大學에서 봉양한다. 이 방식은 제후에게까지 이른다. 80세에 이른 노인의 경우 군주의 명命에 답배할 때, 한 번 다리를 꿇고 머리만 두 번 지면에 댄다. 장님의 경우도 역시 그와 같이 한다. 90세에 이른 노인의 경우는 다른 사람을 시켜서 대신 받는다. 50세가 되면 양식의 정세함을 (젊은이들과) 다르게 한다. 60세가 되면 항상 고기를 미리 마련해둔다. 70세가 되면 좋은 음식을 곁들여 먹는다. 80세가 되면 평소 먹는 음식이 모두 진귀하고 맛난 것이다. 90세가 되면 음료수와 음식을 잠자고 쉬는 곳에 늘 갖추어 두고, 맛난 음식과 음료수를 평소 다니며 노는 곳에 갖추어놓아도 된다. 60세가 되면 (상례 물품 중) 한 해가 걸리는 것을 마련해둔다. 70세가 되면 한 계절이 걸리는 것을 마련해둔다. 80세가 되면 한 달이 걸리는 것을 마련해둔다. 90세가 되면 이들 마련해둔 물건을 날마다 정돈한다. 다만 시신의 의복을 묶는 효포(絞), 홑이불(紟), 이불(衾), 시신을 씌우는 주머니(冒)는 사망한 뒤에 마련한다. 50세에 이르면 늙기 시작하고, 60세에 이르면 고기를 먹지 않으면 배부르지 않고, 70세에 이르면 비단옷을 입지 못하면 따뜻하지 않고, 80세에 이르면 다른 사람의 체온을 빌리지 않으면 따뜻하지 않고, 90세에 이르면 다른 사람의 체온을 빌려도 따뜻하지 않다. 50세에 이르면 집에서 지팡이를 짚고, 60세에 이르면 향당에서 지팡이를 짚고, 70세에 이르면 도성 안에서도 지팡이를 짚고, 80세에 이르면 조정에서도 지팡이를 짚는다. 90세 된 사람에게 천자가 자문을 구하고자 한다면 직접 그 집으로 찾아가 자문하는데 진귀한 음식을 가지고 간다. 70세가 되면 조정에서 기다리지 않고, 80세가 되면 매달 안부를 묻고, 90세가 되면 좋은 음식을 항상 먹을 수 있게 매일 보내준다. 50세에 이르면 노역에 종사하지 않고, 60세에 이르면 전쟁에 참여하지 않고, 70세에 이르면 빈객을 응대하는 일에 참여하지 않고, 80세에 이르면 재계해야 하는 일[31]이나 상사喪事가 그에게 미치지 않는다. 50세에 이르면 작명을 받는다. 60세에 이르면 직접 배우지 않는다. 70세에 이르면 정사政事를 되돌려주고, 단지 최복衰服만 입고 있는 것으로 거상居喪하는 것을 대신한다. 유우씨有虞氏는 상상上庠에서 국노國老에게 양노養老의 예를 행하였고, 하상下庠에서 서노庶老에게 양노의 예를 행하였다. 하후씨夏后氏는 동서東序에서 국노國老에게 양노의 예를 행하였고, 서서西序에서 서노庶老에게 양노의 예를 행하였다. 은殷나라 사람은 우학右學에서 국노國老에게 양노의 예를 행하였고, 좌학左學에서 서노庶老에게 양노의 예를 행하였다. 주周나라 사람은 동교東膠에서 국노國老에게 양노의 예를 행하였고, 우상虞庠에서 서노庶老에게 양노의 예를 행하였다. 우상은 도성의 서교西郊에 있다. 유우씨有虞氏는 황皇을 쓰고서 제사를 지냈고, 심의深衣를 입고서 양노의 예를 행하였다. 하후씨는 수收를 쓰고서 제사를 지냈고,

연의燕衣를 입고 양노의 예를 행하였다. 은殷나라 사람은 후冔[32]를 쓰고서 제사를 지냈고, 호의縞衣를 입고서 양노의 예를 행하였다. 주周나라 사람은 면冕을 쓰고서 제사를 지냈고, 현의玄衣를 입고서 양노의 예를 행하였다.

凡養老, 有虞氏以燕禮, 夏后氏以饗禮, 殷人以食禮, 周人脩而兼用之. 凡五十養於鄉, 六十養於國, 七十養於學. 達於諸侯. 八十拜君命, 一坐再至. 瞽亦如之. 九十者使人受. 五十異粻. 六十宿肉. 七十貳膳. 八十常珍. 九十飮食不違寢, 膳飮從於遊可也. 六十歲制. 七十時制. 八十月制. 九十日脩. 唯絞·紟·衾·冒死而后制. 五十始衰, 六十非肉不飽, 七十非帛不煖, 八十非人不煖, 九十雖得人不煖矣. 五十杖於家, 六十杖於鄉, 七十杖於國, 八十杖於朝. 九十者, 天子欲有問焉, 則就其室, 以珍從. 七十不俟朝, 八十月告存, 九十日有秩. 五十不從力政, 六十不與服戎, 七十不與賓客之事, 八十齊·喪之事弗及也. 五十而爵. 六十不親學. 七十致政. 凡自七十以上, 唯衰麻爲喪. 凡三王養老, 皆引年. 八十者, 一子不從政, 九十者, 其家不從政, 瞽亦如之. 凡父母在, 子雖老不坐. 有虞氏養國老於上庠, 養庶老於下庠. 夏后氏養國老於東序, 養庶老於西序. 殷人養國老於右學, 養庶老於左學. 周人養國老於東膠, 養庶老於虞庠. 虞庠在國之西郊. 有虞氏皇而祭, 深衣而養老. 夏后氏收而祭, 燕衣而養老. 殷人冔而祭, 縞衣而養老. 周人冕而祭, 玄衣而養老.

**鄭注** 『예기』「왕제」(115~135)에 이 부분이 있다. 『記』「王制」有此.

**集說** 이 한 구절은 모두 설명이 「왕제」(115~135)에 보인다. 此一節並說見「王制」.

**【내칙 72】**

증자曾子가 말하였다. "효자가 노인을 봉양할 때에는 그 마음을 즐겁게 하고, 그 뜻을 어기지 않으며, 그 귀와 눈을 즐겁게 하며, 그 침소를 편안하게 하며, 음식으로 마음을 다하여 봉양하는데, 효자의 생을 마칠 때까지 행한다. 생을 마친다는 것은 부모의 생을 마치는 것이 아니라 자기의 생을 마치는 것이다. 이 때문에 부모가 사랑하던 바를 사랑하고, 부모가 공경하던 바를 또한 공경한다. 개와 말에 이르러서도 모두 그렇게 하거든, 하물며 사람이겠는가?"

曾子曰: "孝子之養老也, 樂其心, 不違其志, 樂其耳目, 安其寢處, 以其飮食忠養之, 孝子之身終. 終身也者, 非終父母之身, 終其身也. 是故父母之所愛亦愛之, 父母之所敬亦敬之. 至於犬馬盡然, 而況於人乎?"

**鄭注** 천한 것으로 귀한 것을 비유한 것이다. 賤喩貴也.

**集說** '그 마음을 즐겁게 한다'(樂其心)는 것은 도리의 측면에서 부모가 알게 하는 것이다. '그 뜻을 어기지 않는다'(不違其志)는 것은 뜻을 잘 봉양하는 것이다. '음식으로 마음을 다하여 봉양한다'(飮食忠養) 이상은 부모가 돌아갈 때까지 하는 것이요, '사랑하던 바를 사랑하고, 공경하던 바를 공경한다'(愛所愛敬所敬)는 것은 부모가 돌아간 뒤에도 그 자식이 죽을 때까지 하는 것이다. '樂其心', 喩父母於道也. '不違其志', 能養志也. '飮食忠養'以上, 是終父母之身, '愛所愛敬所敬', 則終孝子之身也.

【내칙 73】

무릇 양노의 예를 행할 때, 오제五帝는 덕행을 본받았고, 삼왕三王은 또 선한 말을 구하였다. 오제는 덕행을 본받음에 기체氣體를 봉양하면서 선한 말을 구하지 않았지만, (또한) 선한 것이 있으면 그것을 기록하여 돈사惇史(돈후한 덕행의 역사)로 삼았다. 삼왕 역시 덕행을 본받았는데, 양노의 예를 마치고 선한 말을 구하였으니, 또한 그 양노의 예를 약간 간략하게 한 것이다. 그러나 삼왕 모두 돈사가 있었다.

凡養老, 五帝憲,① 三王有乞言.② 五帝憲, 養氣體而不乞言, 有善則記之爲惇史. 三王亦憲, 旣養老而后乞言, 亦微其禮. 皆有惇史.③

鄭注 ① '헌憲'은 본받는다는 뜻이다. 봉양하는 것은 그 덕행을 본받기 위함이다. '憲', 法也. 養之, 爲法其德行.

② '유有'는 '우又'로 읽는다. 또 그것에 따라서 시행할 수 있는 착한 말을 구한다는 것이다. '有', 讀爲'又'. 又從之求善言可施行也.

③ '돈사惇史'는 돈후한 덕행을 역사로 엮은 것 이것이다. '그 예를 은미하게 한다'(微其禮)는 주저하면서 말하고, 구하기는 하지만 절실하게 하지 않는다는 뜻이다. '惇史', 史惇厚是也. '微其禮'者, 依違言之, 求而不切也.

集說 '헌憲'은 본받는다는 뜻이다. 양노의 예에서, 오제五帝 시대는 그 덕행을 본받는 것을 위주로 하였을 뿐이었는데, 삼왕三王의 시대에 이르러서 또 선한 말을 구하는 예가 있었다. '돈사惇史'(돈후한 덕행의 역사)는 그 돈후한 덕행을 기록하기 위한 것이다. 삼왕 역시 그 덕행을 본받지 않은 적

이 없었지만, 그러나 선한 말을 구하는 때에 그 양노의 예가 조금 간략하여 진실로 간절하게 구하지는 않았다. 그러므로 '그 양노의 예를 약간 간략하게 하였다'(微其禮)고 한 것이다. 그러나 또한 모두 돈사가 있었다. ○ 방씨方氏는 말한다. "오제가 덕행을 본받았을 때에도 노인들이 또한 말이 없었던 적이 없었으니, 요컨대 덕을 본받는 것을 위주로 하였을 뿐이다. 그러므로 '선한 것이 있으면 기록을 하였다'고 한 것이니, 대체로 기록할 만한 것을 말하였기 때문이다. 삼왕이 말을 구할 때에도 노인에게 덕이 없었던 것은 아니지만 요컨대 선한 말을 구하는 것을 위주를 삼았을 뿐이다. 그러므로 '삼왕도 또한 덕행을 본받았다'라고 한 것이다." '憲', 法也. 養老之禮, 五帝之世, 主於法其德行而已, 至三王之世, 則又有乞言之禮焉. '惇史', 所以記其惇厚之德也. 三王亦未嘗不法其德行, 然於乞言之際, 其禮微略, 不誠切以求之. 故云'微其禮'. 然亦皆有惇史焉. ○ 方氏曰: "五帝之憲也, 而老者未嘗無言, 要之以德爲主耳. 故曰'有善則記之', 蓋可記者言故也. 三王之乞言, 而老者未嘗無德, 要之以言爲主耳. 故曰'三王亦憲'."

**【내칙 74】**

준오淳熬는 젓갈을 달여 육도미로 지은 밥 위에 얹고, 거기에 기름을 첨가하므로 '준오淳熬'(뿌리고 달인 음식)라고 한다.

淳熬, 煎醢加于陸稻上, 沃之以膏, 曰'淳熬'.

鄭注 '준淳'은 뿌린다(沃)는 뜻이다. '오熬'는 또한 달인다(煎)는 뜻이다. 뿌리고 달여서 완성하므로 명칭을 삼은 것이다. '淳', 沃也. '熬', 亦煎也. 沃煎成之, 以爲名.

集說 '준淳'은 뿌린다(沃)는 뜻이다. '오熬'는 달인다(煎)는 뜻이다. '육도陸稻'는 육지에서 생산되는 벼이다. 육도미로 밥을 짓고, 달인 젓갈을 밥 위에 얹고, 또한 맛이 없을까 염려하여 다시 기름을 뿌린다. 이는 여덟 가지 진미(八珍)[33] 가운데 첫 번째이다. '淳', 沃也. '熬', 煎也. '陸稻', 陸地之稻也. 以陸稻爲飯, 煎醢加于飯上, 又恐味薄, 故更沃之以膏. 此八珍之一也.

**【내칙 75】**

준모淳毋는 달인 젓갈을 기장밥 위에 얹고 거기에 기름을 뿌리므로, '준모淳毋'라고 한다.

淳毋, 煎醢加于黍食上, 沃之以膏, 曰'淳毋'.

鄭注 '무毋'는 '모模'로 읽는데, '모模'는 본뜬다(象)는 뜻이다. 이 음식을 만들 때 준오淳熬를 본뜬다. '毋', 讀曰'模', '模', 象也. 作此象淳熬.

集說 소疏에서 말한다. "'무毋'는 금지하는 말로서, 맛난 음식의 체례에 맞지 않는다. 그러므로 '모模'로 읽는데, 본뜬다(象)는 뜻이다. 준오淳熬를 법식으로 삼아 본떠서 만드는데 다만 기장밥을 사용하는 것이 다를 뿐이다." 이는 여덟 가지 진귀한 음식 가운데 두 번째이다. 疏曰: "'毋'是禁辭, 非膳羞之體. 故讀爲'模', 象也. 蓋法象淳熬而爲之, 但用黍飯爲異耳." 此八珍之二也.

**【내칙 76】**

포炮[34]는 돼지와 암양을 잡아서 오장을 베고 도려내어 그 배 속에 대추를 채워 넣고 갈대를 엮어서 싸고 찰흙으로 칠한다. 그것을 불에 구워서 흙이 모두 마르면 그 흙을 쪼개어 제거한다. 손을 씻고 문질러서 그 고기의 얇은 점막을 제거한다. 볍쌀을 가루로 만들어 뜨물에 일어 죽을 만들고 그것을 돼지고기에 바르고, 그것을 기름에 넣어 달이는데 기름은 반드시 고기가 완전히 잠기게 붓는다. 큰 가마에 탕물을 담아 끓이고, 작은 솥(鼎)에 포처럼 얇게 자른 고기를 넣어 향기 나고 맛나게 하는데, 그 탕물이 솥(鼎)을 잠기게 하지 말아야 하고, 3일 낮 3일 밤 동안 열을 은근하게 계속 가하여 끓인 뒤, 식초와 젓갈로 조미한다.

炮, 取豚若將[35], 刲之刳之, 實棗於其腹中, 編萑以苴之, 塗之以謹塗. 炮之, 塗皆乾, 擘之. 濯手以摩之, 去其皽. 爲稻粉, 糔溲之以爲酏, 以付豚, 煎諸膏, 膏必滅之. 鉅鑊湯, 以小鼎薌脯於其中, 使其湯毋滅鼎, 三日三夜毋絶火, 而后調之以醯醢.

**鄭注** '포炮'는 싸서 칠하고 불에 굽는 것으로 명칭을 삼은 것이다. '장將'은 '장牂'이 되어야 옳다. '장牂'은 암양(牡羊)이다. 규刲와 고刳는 같은 뜻을 나타내는 다른 말을 널리 쓴 것이다. '근謹'은 '근墐'이 되어야 한다. 발음으로 인한 잘못이다. '근도墐塗'는 흙에 볏짚이 있는 것이다. '전皽'은 피부 위의 얇은 막이다. '수糔'와 '수溲' 또한 같은 뜻을 나타내는 다른 말을 널리 쓴 것이다. '수糔'는 '수수滫瀡'라고 할 때의 '수滫'(물에 담가 비비다)와 같다. '향포薌脯'는 돼지 및 양을 작은 정鼎 안에서 삶아서 향이 나게 하는 것인데, 그것을 '포脯'라고 한 것은 피부의 얇은 막을 제거하고서 그 고기를 가르고 쪼개어 얇게 포처럼 만들기 때문이다. 다만 돼지는 (가르지 않고) 온전한 그대로 사용한다. 돼지와 양을 3일 동안 정鼎에 넣어 (은근하게) 끓이고

나서 식초와 젓갈에 넣으면 먹을 수 있다. ‘炮’者, 以塗燒之爲名也. ‘將’當爲‘牂’. ‘牂’, 牡羊也. ‘刲’·‘刳’, 博異語也. ‘謹’當爲‘墐’. 聲之誤也. ‘墐塗’, 塗有穰草也. ‘皽’, 謂皮肉之上魄莫也. ‘糔溲’, 亦博異語也. ‘糔’, 讀與‘滫瀡’之‘滫’同. ‘薌脯’, 謂煮豚若羊於小鼎中, 使之香美也, 謂之‘脯’者, 旣去皽, 則解析其肉, 使薄如爲脯然. 唯豚全耳. 豚·羊入鼎三日, 乃內醯醢可食也.

**集說** 이 진귀한 음식은 싸서 칠하고 불에 굽는 것을 위주로 하기 때문에 ‘포炮’(굽다)로 이름한 것이다. ‘장牂’은 암양(牡羊)이다. ‘베고 도려낸다’(刲之刳之)는 것은 죽이고 그 오장을 제거한다는 뜻이다. ‘추萑’는 갈대의 일종이다. ‘저苴’는 싼다(裹)는 뜻이다. ‘근謹’은 ‘근墐’으로 읽는다. 『설문說文』에는 ‘점토黏土’(찰흙)라고 하였다. ‘벽지擘之’는 마른 흙을 쪼개어 제거한다는 뜻이다. ‘손을 씻고 문질러서 그 얇은 막을 제거한다’(濯手以摩之, 去其皽)는 것은 흙을 쪼갠 손이 깨끗하지 못하고 또 아울러 고기가 익었기 때문에 반드시 그 손을 씻은 후에 그 얇은 막을 문질러서 제거한다는 뜻이다. ‘수糔’는 앞 장(11)에서 “묵은 뜨물의 미끄러운 것”(滫瀡)이라고 할 때의 ‘묵은 뜨물’(滫)과 같다. 볍쌀을 가루로 만들고 그것을 묵은 뜨물에 일어서 죽을 만드는 것이다. 돼지의 경우에는 이 죽으로 그 밖을 바르고, 양의 경우에는 그 고기를 쪼개어 가르고 이 죽으로 조미하고, 모두 기름으로 달인다. ‘멸滅’은 잠기게 한다(沒)는 뜻으로, 사용하는 기름이 이 돼지와 양을 가라앉게 한다는 것이다. ‘거확탕鉅鑊湯’은 큰 가마(大鑊)에 탕물을 담아 끓인다는 뜻이다. ‘포脯’는 가르고 쪼갠 것이 포처럼 얇다는 뜻이다. ‘향포薌脯’는 이 포를 향기롭고 맛나게 한다는 것이다. 포는 작은 정鼎 안에 놓고, 작은 정鼎은 큰 가마의 탕물 안에 놓는데 탕물이 정鼎을 잠기게 해서는 안 된다. 정鼎을 잠기게 하면 물이 들어가 포를 망가뜨린다. ‘무절화毋絶火’는 은근하게 열을 가하고 세게 가하지 않는다는 뜻이다. 식사를 할 때에 이르면 또 식

초와 젓갈로 조미한다. 이것은 여덟 가지 진귀한 음식의 세 번째와 네 번째이다. 此珍, 主於塗而燒之, 故以'炮'名. '牂', 牡羊也. '刲之刳之', 殺而去其五藏也. '萑', 蘆葦之類. '苴', 裹也. '謹', 讀爲'墐'. 『說文』'黏土'也. '擘之'者, 擘去乾塗也. '濯手以摩之, 去其皽', 謂擘泥手, 不淨, 又兼肉熱, 故必濯其手, 然後摩去其皽膜也. '糔', 與前章"滫瀡"之'滫'同. 以稻米爲粉, 滫溲之爲粥. 若豚則以此粥敷其外, 若羊則解折其肉, 以此粥和之, 而俱煎以膏. '滅', 沒也, 謂所用膏沒此豚與羊也. '鉅鑊湯', 以大鑊盛湯也. '脯', 解析之薄如脯也. '薌脯', 香美此脯也. 脯在小鼎內, 而小鼎則置在鑊湯內, 湯不可沒鼎. 沒鼎則水入壞脯也. '毋絶火', 微熱而已, 不熾之也. 至食則又以醯與醢調和之. 此八珍之三四也.

【내칙 77】

도진擣珍은 소·양·큰사슴(麋)·사슴(鹿)과 노루(麕)의 고기를 가지고 요리하는데, 반드시 등심 부위의 고기를 쓴다. 고기마다 소고기의 분량과 동일하게 하여 뒤집어가며 찧어서 그 힘줄을 제거하고, 익으면 꺼내어 그 얇은 점막을 제거하고 (식초와 젓갈로) 그 고기를 조미하여 부드럽게 만든다.

擣珍, 取牛·羊·麋·鹿·麕之肉, 必胨. 每物與牛若一, 捶, 反側之, 去其餌, 孰, 出之去其皽, 柔其肉.

**鄭注** '매胨'는 등심 부위 고기다. '추捶'는 찧는다(擣之)는 뜻이다. '이餌'는 힘줄(筋腱)로서 그것을 부드럽게 하여 즙의 조미료로 만든다. 즙의 조미는 또한 식초와 젓갈을 가지고 할 것이다. '胨', 脊側肉也. '捶', 擣之也. '餌', 筋腱也, 柔之爲汁和也. 汁和, 亦醯醢與.

**集說** '매胑'는 등심 부위 고기다. '소와 같게 한다'(與牛若一)는 것은 소고기의 분량과 같다는 뜻이다. '추捶'는 찧는다(擣)는 뜻이다. 뒤집어 찧고 또 옆으로 찧은 후에 그 힘줄을 제거하고, 익으면 그 얇은 점막을 제거하고, 식초와 젓갈로 조미하여 부드럽게 한다. 이것은 여덟 가지 진귀한 음식 가운데 다섯 번째이다. '胑', 夾脊肉也. '與牛若一', 謂與牛肉之多寡均也. '捶', 擣也. 反捶之, 又側捶之, 然後去其筋餌, 既熟, 乃去其皾膜, 而柔之以醯醢. 此八珍之五也.

**【내칙 78】**

자漬는 소고기를 가지고 요리하는데 반드시 방금 잡은 것을 쓴다. 얇게 자르는데 반드시 그 결을 가로질러 자르고, 맛난 술에 담가, 새벽에서 다음날 새벽까지 만 하루를 경과해서 먹는데, 고기젓갈 또는 식초와 매장梅漿(매실음료)으로 조미해서 먹는다.

漬, 取牛肉必新殺者. 薄切之必絶其理, 湛諸美酒, 期朝而食之, 以醢若醯・醷.

**鄭注** '담湛'은 또한 담근다(漬)는 뜻이다. '湛', 亦漬也.

**集說** '절기리絶其理'는 그 무늬와 결을 가로질러 자른다는 듯이다. '담湛' 또한 담근다(漬)는 뜻이다. '기조期朝'는 오늘 새벽에서 이튿날 새벽까지를 가리킨다. '의醷'는 매장梅漿(매실음료)이다. 이것은 여덟 가지 진귀한 음식 가운데 여섯 번째이다. '絶其理', 橫斷其文理也. '湛', 亦漬也. '期朝', 今旦至明旦也. '醷', 梅漿也. 此八珍之六也.

【내칙 79】

오熬를 요리할 때는 산채로 찧어서 그 얇은 막을 제거하고, 엮은 갈대 위에 소고기를 펼쳐놓고, 계수나무와 생강을 가루로 만들어 위에 뿌리고 소금을 가하여, 마르면 먹는다. 양고기를 요리할 때에도 이와 같이 한다. 큰사슴(麋)을 요리하고, 사슴(鹿)을 요리하고 노루(麕)를 요리할 때에도 모두 소나 양을 요리할 때의 방식으로 한다. 고기에 수분이 있게 하려면 물에 적셔 젓갈로 달이며, 고기에 수분이 없게 하고자 한다면 찧어서 먹는다.

爲熬, 捶之, 去其皽, 編萑, 布牛肉焉, 屑桂與薑, 以灑諸上而鹽之, 乾而食之. 施羊亦如之. 施麋・施鹿・施麕皆如牛羊. 欲濡肉, 則釋而煎之以醢. 欲乾肉, 則捶而食之.

**鄭注** '오熬'는 불 위에서 요리한다. 오늘날의 화포火脯(불에 구워 익힌 포)가 이와 유사하다. 적시든 말리든 사람들이 자신의 의사대로 한다. '해醢'(젓갈)는 어떤 본에는 '혜醯'(식초)로 되어 있다. 이 일곱 번째 요리는 『주례』의 '팔진八珍'(여덟 가지 진귀한 음식)[36]의 하나로 '간료肝膋'가 이것이다. '熬', 於火上爲之也. 今之火脯似矣. 欲濡欲乾, 人自由也. '醢'或爲'醯'. 此七者, 『周禮』'八珍'其一, '肝膋'是也.

**集說** 이 고기는 불 위에서 요리하기 때문에 '오熬'(볶다)라고 이름한 것이다. 날고기를 찧어서 그 얇은 막을 제거한 뒤 엮은 갈대 위에 펼쳐놓고, 먼저 계수나무와 생강가루로 씻고 다음에 소금을 뿌린다. '석釋'은 물에 적신다는 뜻이다. 이는 여덟 가지 진귀한 음식 가운데 일곱 번째이다. 此肉於火上爲之, 故名曰'熬'. 生擣而去其皽膜, 然後布於編萑之上, 先以桂・薑之屑灑之, 次用鹽. '釋'謂以水潤釋之也. 此八珍之七也.

【내칙 80】

삼사(糝 고기와 쌀을 섞어 경단을 만들어 달인 죽)는 소와 양과 돼지의 고기를 사용하여 요리하는데, 세 고기의 분량을 동일하게 하여 작게 자르고 볍쌀을 더한다. 볍쌀은 2, 고기는 1의 비율로 배합하여 경단으로 만들어 달인다.

糝, 取牛·羊·豕之肉, 三如一, 小切之, 與稻米. 稻米二, 肉一, 合以爲餌, 煎之.

鄭注 이것은 『주례』에서 말한 '삼사糝食'이다. 此『周禮』'糝食'也.

集說 '삼여일三如一'은 세 가지 고기의 분량이 균등하다는 뜻이다. '도미이육일稻米二肉一'은 볍쌀을 2등분, 고기를 1등분의 분량으로 한다는 뜻이다. 이는 곧 『주례』에서 말한 '삼사糝食'[37]이다. '三如一', 謂三者之肉多寡均也. '稻米二肉一', 謂二分稻米一分肉也. 此卽『周禮』'糝食'.

【내칙 81】

간료肝膋는 개의 간 하나를 취해서 그 발기름(膋 창자 사이의 비계)으로 덮어씌우고 발기름에 적셔 구워서 간과 비계가 모두 그을려지게 한다. 그 발기름에는 여뀌(蓼)를 쓰지 않는다.

肝膋, 取狗肝一, 幪之以其膋, 濡, 炙之, 擧燋. 其膋不蓼.

鄭注 '료膋'는 발기름이다. '거擧'는 어떤 본에는 '거巨'로 되어 있다. '膋', 腸間脂. '擧'或爲'巨'.

集說 '거擧'는 모두(皆)라는 뜻이다. 구운 창자와 비계가 모두 익어서 그을려지면 그것을 먹는데 여뀌를 쓰지 않음을 말한다. 이는 여덟 가지 진귀한 음식 가운데 여덟 번째이다. 기록자가 또 순서에 따라 기록하지 않았다. 그러므로 중간에 뒤섞여 '삼사糝食'와 '전사酏食' 사이에 놓였다. '擧', 皆也. 謂炙膋皆熟而焦, 食之不用蓼也. 此八珍之八. 記者, 文不依次. 故間雜在'糝食'·'酏食'之間.

**【내칙 82】**

법쌀을 가져다 모두 뜨물에 일어 죽의 형태로 만들고 이리 가슴뼈 속의 비계를 작게 잘라 볍쌀과 섞어서 죽(酏)을 만든다.

取稻米, 擧糔溲之, 小切狼臅膏, 以與稻米爲酏.

鄭注 '이리의 촉고'(狼臅膏)는 가슴 속의 비계이다. 그것으로 볍쌀을 달이면 오늘날의 고전膏餰과 유사하다. 이는 『주례』에서 말한 '이사酏食'이다. 이곳의 '이酏'는 '전餰' 자여야 한다. '狼臅膏', 臆中膏也. 以煎稻米, 則似今膏餰矣. 此『周禮』'酏食'也. 此'酏'當從'餰'.

集說 '낭촉고狼臅膏'는 이리 가슴 속의 비계이다. 이것은 대체로 볍쌀가루를 일어 죽의 형태를 만들고 비계로 그것을 달이는 것이다. 정현의 주에 '이酏'를 '전餰'으로 읽는다고 한 것은 '이酏'는 죽이지 두豆에 올리는 것이 아니기 때문이다. 이는 곧 『주례』의 '이사酏食'이다. '狼臅膏', 狼胸臆中之膏也. 此蓋以潃溲稻米之粉, 而煎之以膏. 註讀'酏'爲'餰'者, 以'酏'是粥, 非豆實也. 此卽『周禮』之'酏食'.

【내칙 83】

예는 부부 사이를 삼가는 데에서 시작된다. 궁실을 지을 때 안과 밖을 구분한다. 남자는 밖에 거주하고 여자는 안에 거주한다. 궁실을 깊게 하고 문을 견고히 하는데 혼閽과 시寺가 지킨다. 남자는 들어가지 않고, 여자는 나오지 않는다.

禮始於謹夫婦. 爲宮室, 辨外內. 男子居外, 女子居內. 深宮固門, 閽·寺守之. 男不入, 女不出.

**鄭注** '혼閽'은 중문中門의 금령을 지키는 일을 관장한다. '시寺'는 나인內人의 금령을 관장한다. '閽', 掌守中門之禁也. '寺', 掌內人之禁令也.

**集說** 부부는 인륜의 시작이다. 삼가지 않으면 그 인륜 질서를 어지럽히게 된다. 그러므로 예는 부부 사이를 삼가는 데에서 시작된다. ○ 정씨鄭氏(정현鄭玄)는 말한다. "'혼閽'은 중문中門의 금령을 지키는 일을 관장한다. '시寺'는 나인內人의 금령을 관장한다." 夫婦, 爲人倫之始. 不謹則亂其倫類. 故禮始於謹夫婦也. ○ 鄭氏曰: "'閽', 掌守中門之禁. '寺', 掌內人之禁令."

【내칙 84】

남자와 여자는 옷걸이를 함께 사용하지 않는다. 감히 남편의 휘楎(세워놓은 옷걸이)와 이椸(가로로 걸쳐놓은 옷걸이)에 옷을 걸지 않으며, 감히 남편의 협篋과 사笥에 옷을 넣지 않으며, 감히 같은 욕실을 사용하지 않는다. 남편이 없을 때에는 베개의 상자와 대자리를 거두어들이고, 그릇을 싸서 저장해둔다. 젊은 사람이 어른을 섬기고 천한 사람이 귀한 사람을 섬기는 것도 모두 이와 같이 한다.

男女不同椸枷. 不敢縣於夫之楎·椸, 不敢藏於夫之篋·笥, 不敢共湢浴.① 夫不在, 斂枕篋簟席, 襡器而藏之.② 少事長, 賤事貴, 咸如之.③

**鄭注** ① 장대(竿)로 된 것을 '이椸'(횃대)라고 한다. '휘楎'는 옷걸이(杙)이다. 竿謂之'椸'. '楎', 杙也.

② 감히 설만하게 하지 않는 것이다. 不敢褻也.

③ '함咸'은 모두(皆)라는 뜻이다. '咸', 皆也.

**集說** '이椸'와 '가枷'는 「곡례상曲禮上」(94)에 보인다. 세워놓은 옷걸이를 '휘楎'라고 하고, 가로로 걸쳐놓은 옷걸이를 '이椸'라고 한다. 휘楎와 이椸는 같은 종류의 물건이다. 이椸는 장대로 만들기 때문에 정현은 "장대(竿)로 된 것을 '이椸'(횃대)라고 한다"고 하였다. 나머지는 설명이 앞에 보인다. '椸'·'枷', 見「曲禮」. 植者曰'楎', 橫者曰'椸'. '楎'·'椸', 同類之物. '椸'以竿爲之, 故鄭云: "竿謂之'椸'." 餘見前.

**【내칙 85】**

부부의 예는 오직 70세에 이르렀을 때에만 물품을 함께 보관하고 구별함이 없다. 그러므로 첩은 비록 늙었더라도 나이가 50이 되지 않았다면 반드시 5일마다 한 번 모시는 일에 참여한다. 모시러 나아갈 때에는 재계하고, 양치질을 하고, 손을 씻고, 의복을 삼가 입고, 빗질을 하고, 머리싸개를 하고, 비녀를 꽂고, 총總(머리를 땋아 묶는 것)을 하고, 다팔머리장식(髦)의 먼지를 털어 착용하고, 향주머니를 달고, 신발 코의 끈을 맨다. 비록 비첩이라도 의복과 음식은 (연소자가) 반드시 연장자보다 보다 뒤에 한다. 처가 부재중일 경우, 첩이 모시는데 처가 모시는 저녁은 피한다.

夫婦之禮, 唯及七十, 同藏無間.① 故妾雖老, 年未滿五十, 必與五日之御.② 將御者, 齊, 漱·澣, 愼衣服, 櫛, 縰, 笄, 總角, 拂髦, 衿纓, 綦屨.③ 雖婢妾, 衣服飮食必後長者.④ 妻不在, 妾御莫敢當夕.⑤

**鄭注** ① 쇠하고 늙어서 혐의가 없는 것이다. '급及'은 이른다(至)는 뜻과 같다. 衰老無嫌. '及', 猶至也.

② 50세는 노쇠하기 시작하여 임신할 수 없기 때문이다. 첩은 문을 닫고 다시는 나아가서 모시지 않는다. 이 경문에서의 '모신다'(御)는 것은 밤에 모시면서 휴식을 권하는 것을 말한다. 5일마다 한 번 모시는 것은 제후의 제도이다. 제후는 아홉 명의 여인을 취하는데, 질姪과 제娣 둘이 두 명씩 모시므로 셋째 날까지다.38) 다음으로 두 명의 잉첩(媵)이 모시는 것은 곧 넷째 날이다. 다음으로 부인이 전적으로 모시는 것은 다섯째 날이다. 천자의 경우에는 15일마다 한 번 모신다. 五十始衰, 不能孕也. 妾閉房不復出御矣. 此'御', 謂侍夜勸息也. 五日一御, 諸侯制也. 諸侯取九女, 姪娣兩兩而御, 則三日也. 次兩媵, 則四日也. 次夫人專夜, 則五日也. 天子十五日乃一御.

③ 그 가는 것이 아침과 같은 것이다. '각角'은 필요 없이 부연된 글자이다. '불모拂髦'는 어떤 본에는 '무모繆髦'로 되어 있다. 其往如朝也. '角', 衍字也. '拂髦'或爲'繆髦'也.

④ 사람은 귀하든 천하든 예가 없을 수 없다. 人貴賤不可以無禮.

⑤ 여군女君이 모시는 날을 피하는 것이다. 辟女君之御日也.

集說 '즐櫛·사縰' 이하는 설명이 「내칙」 첫 부분에 보인다. '각角' 자는 필요 없이 부연된 것이다. 천자의 경우 어처御妻 81인이 9일 저녁을 담당하고, 세부世婦 27인이 3일 저녁을 담당하고, 구빈九嬪 9인이 하루 저녁을 담당하고, 3인의 부인夫人이 하루 저녁을 담당하고, 후后가 하루 저녁을 담당하여, 전체 15일 만에 한 순번이 돈다. 5일 만에 한 순번이 도는 것은 제후의 제도이다. 제후는 9인의 여자를 취하는데, 부인夫人 및 2인의 잉첩(媵)에게는 각각 질姪과 제娣가 있다. 이 6인이 3일 저녁을 담당하고, 다음으로 2인의 잉첩(媵)이 하루 저녁을 담당하고, 다음으로 부인이 하루 저녁을 전적으로 담당하여, 전체 5일 만에 한 순번이 돈다. '당석當夕'은 처가 모시는 저녁을 담당한다는 뜻이다. '櫛·縰'以下, 說見篇首. '角'字, 衍. 天子之御妻八十一人, 當九夕, 世婦二十七人, 當三夕, 九嬪九人, 當一夕, 三夫人當一夕, 后當一夕, 凡十五日而徧. 五日之御, 諸侯制也. 諸侯一娶九女, 夫人及二媵, 各有姪娣. 此六人當三夕, 次二媵當一夕, 次夫人專一夕, 凡五日而徧也. '當夕', 當妻之夕也.

**【내칙 86】**

처는 자식을 낳으려고 하여 해산달의 초하루가 되면 측실에 거처한다. 남편은 사람을 시켜서 매일 두 번씩 묻게 한다. 태아가 움직일 때에는 직접 묻는데, 처는 감히 만나지 않고 여스승으로 하여금 의복을 갖추고 대답하게 한다. 자식을 낳게 되면 남편이 다시 사람을 시켜 하루에 두 번씩 묻게 한다. 남편은 재계할 때라면 측실의 문을 들어가지 않는다.

妻將生子, 及月辰, 居側室.① 夫使人日再問之. 作而自問之, 妻不敢見, 使姆衣服而對. 至于子生, 夫復使人日再問之.② 夫齊, 則不入側室之門.③

鄭注 ① '측실側室'은 연침 곁의 방으로서, 연침燕寢 다음이다. '側室', 謂夾之室, 次燕寢也.

② '작作'은 느껴서 움직임이 있는 것이다. '作', 有感動.

③ 처음 임신하였을 때 사람을 시켜 물었던 것처럼 사람을 시켜서 묻는다. 若始時使人問.

集說 정침正寢은 앞쪽에 있고, 연침燕寢은 뒤쪽에 있다. 측실側室은 연침의 곁방이다. '작作'은 동작을 할 때이다. '모姆'는 여스승이다. 正寢在前, 燕寢在後. 側室者, 燕寢之旁室也. '作', 動作之時也. '姆', 女師也.

**【내칙 87】**

자식이 태어났을 때 아들이라면 문 왼쪽에 활을 걸어두고, 딸이라면 문 오른쪽에 수건을 걸어둔다. 3일 만에 처음 자식을 품에 안는데, 아들이라면 사례射禮를 행하고 딸이라면 행하지 않는다.

子生, 男子設弧於門左, 女子設帨於門右.① 三日始負子, 男射女否.②

鄭注 ① 남자와 여자를 표시하는 것이다. '활'(弧)은 무예에 일이 있음을

표시하는 것이다. '수건'(帨)은 다른 사람을 섬길 때 매는 수건이다. 表男女也. '弧'者, 示有事於武也. '帨', 事人之佩巾也.

② 처음 일이 있는 것이다. '부지負之'는 품에 안고 앞을 향하게 한다는 뜻이다. 始有事也. '負之', 謂抱之而使鄉前也.

集說 '호弧'는 활(弓)의 뜻이다. '세帨'는 매는 수건이다. 이 두 가지 물건으로 남녀의 표시를 삼는다. '부負'는 품에 안는다(抱)는 뜻이다. '弧', 弓也. '帨', 佩巾也. 以此二物爲男女之表. '負', 抱也.

**【내칙 88】**

국군國君의 세자가 태어나면, 군주에게 고하고, 태뢰(소·양·돼지)의 음식으로 접견하는데, 재부宰夫가 진설할 물품을 관장한다. 태어난 지 3일 만에 사士를 점쳐 택하여 아이를 품에 안게 한다. 점을 쳐 길한 사士가 하루 전에 미리 재계를 하고, 조복을 입고 침문 밖에서 아이를 받들어서 품에 안는다. 활 쏘는 사람은 뽕나무로 만든 활과 쑥으로 만든 화살 6개를 천지사방으로 쏜다. 보모保母는 사士에게서 아이를 받아 품에 안는다. 재부는 아이를 품에 안았던 사士에게 단술을 주고 1속의 비단을 하사하여 보답한다. 사의 처와 대부의 첩을 뽑아서 아이에게 젖을 먹여 키우게 한다.

國君世子生, 告于君, 接以大牢, 宰掌具.① 三日, 卜士負之. 吉者宿齊, 朝服寢門外, 詩負之. 射人以桑弧蓬矢六, 射天地四方.② 保受, 乃負之.③ 宰醴負子, 賜之束帛.④ 卜士之妻, 大夫之妾, 使食子.⑤

鄭注 ① '접接'은 '첩捷'으로 읽는다. '첩捷'은 이긴다(勝)는 뜻이다. 그 어머니에게 음식을 주어서 허한 기운을 보강하게 하는 것을 가리킨다. '接', 讀爲'捷'. '捷', 勝也. 謂食其母, 使補虛强氣也.

② '시詩'는 받든다(承)는 뜻이다. 뽕나무로 만든 활과 쑥의 화살은 태고太古에 근본 하는 것이다. 천지의 사방은 남자가 일을 할 곳이다. '詩'之言承也. 桑弧蓬矢, 本大古也. 天地四方, 男子所有事也.

③ 사士를 대신하는 것이다. '보保'는 보모保母이다. 代士也. '保', 保母.

④ '예醴'는 '예禮'가 되어야 한다. 발음으로 인한 잘못이다. 일헌一獻의 예로 예우하고, 폐백으로 보답한다. '醴'當爲'禮'. 聲之誤也. 禮以一獻之禮, 酬之以幣也.

⑤ 자식에게 음식을 먹일 때 군주의 첩에게 시키지 않는 것은 적適과 첩妾은 대등한 의리가 있어서 서로 수고롭고 욕된 일로 설만하게 하지 않기 때문이다. '사의 처와 대부의 첩'은 당시 스스로 자식이 있음을 가리킨다. 食子不使君妾, 適·妾有敵義, 不相褻以勞辱事也. '士妻'·'大夫之妾', 謂時自有子.

集說 '접이태뢰接以大牢'는 태뢰의 예로 그 자식을 접견한다는 뜻이다. '재宰'는 재부宰夫이다. '장구掌具'는 그 예를 진설하는 도구를 관장한다는 뜻이다. '복사부지卜士負之'는 그 길한 사람을 뽑아서 그로 하여금 자식을 품에 안게 한다는 뜻이다. '시詩'는 받는다(承)는 뜻이다. 『의례』「소뢰궤사례少牢饋食禮」에서 '시초주인시회지尸酢主人詩懷之'(시尸가 잔을 되돌려주면 주인은 이를 받아서 품에 넣는다)고 했을 때의 '시詩'도 역시 '받는다'(承)는 뜻이다. 천지사방으로 활을 쏘는 것은 원대한 곳에서 일을 하기를 기약하는 것이다. '보保'는 보모保母이다. '수내부지受乃負之'는 사에게서 받아서 품에 안는다는 뜻이다. 대개 사가 자식을 품에 안는 것은 단시 잠시 동안의 예를 행하기 위함일 뿐이다. 재부(宰)는 도구를 관장하기 때문에 단술로 자식을 품에 안은 사를 예우하고 이어서 그에게 1속의 비단을 하사하여 보답한다. '사자食子'

는 젖을 먹여 키운다는 뜻이다. 이제 살펴보건대, 이 경문에서 '세자가 태어나면, 태뢰의 음식으로 접견한다'(世子生, 接以大牢)고 한 것은 단지 그 일반적인 예가 이와 같음을 말한 것이고, 아래 문장에서 또 '태어난 자식을 접견할 때에는 날짜를 택한다'고 한 것은 또한 태어난 지 3일이 지난 이후의 일이다. 정현이 '그 어머니에게 음식을 주어서 허한 기운을 보강하게 한다'고 하면서 '접接'을 '첩捷'의 뜻으로 읽고 이긴다(勝)는 뜻으로 해석한 것은 그 의미가 우활하다. 방씨方氏는 본래의 글자의 뜻대로 읽었는데, 이제 이에 따른다. '接以大牢'者, 以大牢之禮, 接見其子也. '宰', 宰夫也. '掌具', 掌其設禮之具也. '卜士負之'者, 卜其吉者而使之抱子也. '詩', 承也. 『儀禮』言'尸酢, 主人詩懷之', 亦'承'義. 射天地四方者, 期其有事於遠大也. '保', 保母也. '受乃負之', 受之於士而抱之也. 蓋士之負子, 特爲斯須之禮而已. 宰旣掌具, 故以醴禮負子之士, 仍賜束帛以酬之. '食子', 謂乳養之也. 今按, 此言'世子生, 接以大牢', 特言其常禮如此耳, 下文又言'接子擇日', 則亦或在始生三日之後也. 鄭氏謂'食其母, 使補虛强氣', 讀'接'爲'捷', 而訓爲勝, 其義迂. 方氏讀如本字, 今從之.

**【내칙 89】**

무릇 태어난 자식을 접견할 때에는 날짜를 택한다. 총자冢子(천자의 원자)의 경우에는 태뢰太牢를 쓰고, 서인의 경우에는 특돈特豚(새끼돼지 한 마리)을 쓰고, 사의 경우에는 특시特豕(돼지 한 마리)를 쓰고, 대부의 경우에는 소뢰少牢를 쓰고, 국군의 세자라면 태뢰太牢를 쓴다. 총자가 아닌 경우에는 모두 한 등급을 낮춘다.

凡接子擇日.① 冢子則大牢,② 庶人特豚, 士特豕, 大夫少牢, 國

君世子大牢.③ 其非冢子, 則皆降一等.④

鄭注 ① 비록 3일 이내라도, 존귀한 사람과 천한 사람 모두 반드시 길한 사람을 뽑는다. 雖三日之內, 尊卑必皆選其吉焉.

② 천자의 세자이다. '총冢'은 크다(大)는 뜻이다. '총자冢子'는 장자라고 말하는 것과 같은 것으로 아래에까지 통용된다. 天子世子也. '冢', 大也, '冢子', 猶言長子, 通於下也.

③ 모두 장자를 가리킨다. 皆謂長子.

④ 총자의 동생 및 뭇 첩들의 아들이 태어난 경우를 말한다. 천자와 제후는 소뢰少牢이고, 대부는 특시特豕이고, 사는 특돈特豚인데, 서인도 마찬가지로 특돈特豚이다. 謂冢子之弟及衆妾之子生也. 天子・諸侯少牢, 大夫特豕, 士特豚, 庶人猶特豚也.

集說 '총자의 경우에는 태뢰를 쓴다'(冢子, 大牢)는 것은 천자의 원자를 가리킨다. '冢子, 大牢', 謂天子之元子也.

**【내칙 90】**

특별히 태어난 어린 아이를 위하여 궁중에 방을 마련한다. 여러 첩(諸母)39) 가운데 아이의 스승이 될 만한 자를 뽑는데, 반드시 너그럽고 자애롭고 온화하고 공손하고 신중하며 말이 적은 자를 구하여 아이의 스승으로 삼고, 그 다음은 자모慈母로 삼고, 그 다음은 보모保母로 삼아서 모두 아이의 방에 거처하게 한다. 다른 사람은 일이 없으면 들어가지 않는다.

異爲孺子室於宮中.① 擇於諸母與可者, 必求其寬裕·慈惠·溫良·恭敬·愼而寡言者, 使爲子師, 其次爲慈母, 其次爲保母, 皆居子室.② 他人無事不往.③

鄭注 ① 특별히 한 곳을 청소하고 그곳에 거처하게 하는 것이다. 特掃一處以處之.

② 이는 군주가 자식을 키우는 예이다. '제모諸母'는 여러 첩을 가리킨다. '가능한 자'(可者)는 부傅와 어御 등이다. '자식의 스승'(子師)은 선한 도로써 가르치고 보여주는 자이다. '자모慈母'는 그 아이가 좋아하고 욕구하는 것을 아는 자이다. '보모保母'는 그 거처하는 것을 편안하게 해주는 자이다. 사의 처는 음식과 젖을 먹일 뿐이다. 此人君養子之禮也. '諸母', 衆妾也. '可者', 傅·御之屬也. '子師', 教示以善道者. '慈母', 知其嗜欲者. '保母', 安其居處者. 士妻食乳之而已.

③ 아이의 정기가 미약하여 놀라 동요할 것이기 때문이다. 爲兒精氣微弱, 將驚動也.

集說 '제모諸母'는 첩들이다. '가능한 자'(可者)는 비록 첩들의 반열은 아니지만, 부傅나 어御 등으로서 자식의 스승이 될 수 있는 자이다. 이는 군주가 자식을 키우는 예이다. '사師'는 선한 도로 가르치는 자이다. '자모慈母'는 좋아하고 싫어하는 것을 살피는 자이다. '보모保母'는 거처하는 것을 편안하게 해주는 자이다. '다른 사람은 일이 없으면 들어가지 않는다'(他人無事不往)는 것은 아이가 놀라 동요할까 염려해서이다. '諸母', 衆妾也. '可者', 謂雖非衆妾之列, 或傅·御之屬, 可爲子師者也. 此人君養子之禮. '師', 教以善道者. '慈母', 審其欲惡者. '保母', 安其寢處者. '他人無事不往', 恐兒驚動也.

**【내칙 91】**

3개월 말경에 날을 택해서 머리카락을 잘라 타鬌(황새머리)를 만드는데, 남자는 각角으로 하고 여자는 기羈로 한다. 이렇게 하지 않을 경우에는 남자는 왼쪽으로 묶고, 여자는 오른쪽으로 묶는다. 이날에 처는 아이를 아버지에게 보이는데, 대부 이상의 귀인은 의복을 새로 마련하고, 명사命士 이하는 모두 깨끗이 세탁한 옷을 입는다. 남자와 여자는 일찍 일어나 목욕을 하고 의복을 입고 초하루의 식사에 준하는 음식을 갖춘다. 남편은 측실의 문을 들어갈 때 조계로부터 올라가는데, 계단에 서서 서쪽을 향한다. 처는 아이를 품에 안고 동쪽 방(東房)으로부터 나와서 문미(楣)에 해당하는 곳에 서서 동쪽을 향한다.

三月之末, 擇日翦髮爲鬌, 男角女羈. 否則男左女右.① 是日也, 妻以子見於父, 貴人則爲衣服, 由命士以下皆漱·澣.② 男女夙興, 沐浴衣服, 具視朔食.③ 夫入門, 升自阼階, 立于阼, 西鄉. 妻抱子出自房, 當楣立, 東面.④

鄭注 ① '타鬌'는 (자르지 않고) 남겨둔 머리카락이다. 정수리(囟)[40]를 끼고 양 곁으로 있는 것을 '각角'이라고 하고, 종횡으로 교차하여 통하는 것(午達)[41]을 '기羈'라고 한다. '鬌', 所遺髮也. 夾囟曰'角', 午達曰'羈'也.

② '귀인貴人'은 대부 이상을 가리킨다. '유由'는 '자自'의 뜻이다. '貴人', 大夫以上也. '由', '自'也.

③ '초하루의 식사'(朔食)는 천자의 경우 태뢰로 하고, 제후의 경우 소뢰로 하고, 대부의 경우 특시特豕로 하고, 사의 경우 특돈特豚으로 한다. '朔食',

天子大牢, 諸侯少牢, 大夫特豕, 士特豚也.

④ '문에 들어간다'(入門)는 것은 측실의 문에 들어간다는 뜻이다. 대부 이하는 아이를 볼 때 측실로 나아간다. 내침에서 첩의 아이를 보는 것은 군주를 피하는 것이다. '入門'者, 入側室之門也. 大夫以下, 見子就側室. 見妾子於內寢, 辟人君也.

**集說** '타鬌'(황새머리)는 남겨 두어 자르지 않은 것이다. 정수리 양 곁에 총각(角)을 할 자리에 머리카락을 남겨두어 자르지 않은 것을 '각角'이라 하고, 정수리 부위에 종횡으로 각각 한 가닥씩 남겨두고 서로 교차시켜 통달하게 하는 것을 '기羈'라고 한다. 엄씨嚴氏는 "정수리를 끼고 양 곁에 한 것을 '각角'이라고 하는데, 상투를 두 개 하는 것이다. 종횡으로 교차하여 통하게 하는 것(午達)을 '기羈'라고 하는데, 상투를 세 개 하는 것이다"라고 하였다. '귀인貴人'은 대부 이상을 가리킨다. '유由'은 '자自'(부터)의 뜻이다. '또 초하루의 식사에 준한다'(且視朔食)는 것은 갖추는 예를 초하루의 식사(朔食)처럼 한다는 뜻이다. 초하루의 식사에는 천자의 경우 태뢰太牢로 하고, 제후의 경우 소뢰小牢로 하고, 대부의 경우 특시特豕로 하고, 사의 경우 특돈特豚으로 한다. '문에 들어간다'(入門)는 것은 측실側室의 문에 들어간다는 뜻이다. 측실 또한 남향이므로 조계阼階와 서계西階가 있다. '출자방出自房'은 동쪽 방으로부터 나온다는 뜻이다. '鬌', 所存留不翦者也. 夾囟[42]兩旁當角之處, 留髮不翦者, 謂之'角', 留頂上縱橫各一, 相交通達者, 謂之'羈'. 嚴氏云: "夾囟曰'角', 兩髻也. 午達曰'羈', 三髻也." '貴人', 大夫以上也. '由', '自'也. '且視朔食'者, 所具之禮, 如朔食也. 朔食, 天子大牢, 諸侯小牢, 大夫特豕, 士特豚也. '入門', 入側室之門也. 側室亦南向, 故有阼階西階. '出自房', 自東房而出也.

【내칙 92】

모姆(여스승)가 먼저 살펴보면서 “어머니 아무개씨가 감히 이날 공경히 어린아이를 보여드립니다”라고 말한다. 남편은 “공경히 가르쳐서 선한 도를 따르게 해주시오”라고 대답한다. 아버지는 아이의 오른손을 잡고 어린아이의 말소리와 웃음을 지으면서 이름을 지어준다. 처는 “기억하였다가 덕을 이루게 하겠습니다”라고 말한다. 이어 왼쪽으로 돌면서 아이를 스승에게 건네준다. 아이의 스승은 제부諸婦와 제모諸母에게 아이의 이름을 두루 고한다. 처는 이어 남편의 연침燕寢으로 복귀한다.

姆先相曰: “母某敢用時日, 祗見孺子.”① 夫對曰: “欽, 有帥.” 父執子之右手, 咳而名之.② 妻對曰: “記, 有成.” 遂左還授師.③ 子師辯告諸婦 · 諸母名.④ 妻遂適寢.⑤

鄭注 ① ‘모某’는 처의 성으로 가령 강씨姜氏라고 말하는 것과 같다. ‘지祗’는 공경한다(敬)는 뜻이다. 어떤 본에는 ‘진振’으로 되어 있다. ‘某’, 妻姓, 若言姜氏也. ‘祗’, 敬也. 或作‘振’.

② ‘흠欽’은 공경한다(敬)는 뜻이다. ‘솔帥’은 따른다(循)는 뜻이다. 공경하기를 가르쳐서 따르는 것이 있게 한다는 말이다. 오른손을 잡는 것은 장차 일을 줄 것임을 밝히는 것이다. ‘欽’, 敬也. ‘帥’, 循也. 言敎之敬使有循也. 執右手, 明將授之事也.

③ ‘기記’는 기억해둔다(識)는 뜻으로 남편의 말을 기억해두어 그 뜻을 성취함이 있게 하는 것이다. ‘사師’는 아이의 스승이다. ‘記’, 猶識也, 識夫之言, 使有成也. ‘師’, 子師也.

④ 제모諸母에게 이름을 고하는 것을 나중에 하는 것은 이름이 존귀한 이에 의해서 성립되는 것처럼 하는 것이다. 後告諸母, 若名成於尊.

⑤ 남편의 연침으로 복귀하는 것이다. 復夫之燕寢.

**集說** '모某'는 처의 성 아무개 씨이다. '시일時日'은 이날(是日)이라는 뜻이다. '유孺'는 어리다(稚)는 뜻이다. '흠欽'은 공경한다(敬)는 뜻이다. '솔帥'은 따른다(循)는 뜻이다. 공경히 가르쳐서 선한 도를 따르게 해야 한다는 뜻이다. '해이명지咳而名之'는 『설문說文』에 '해咳는 어린아이의 웃음소리'라고 하였는데, 아버지가 어린아이의 웃는 소리와 웃는 모습을 하여 자애로움을 보여주면서 이름을 지어준다는 뜻이다. '기유성記有成'은 남편의 말을 기억하여두었다가 아이에게 가르쳐 덕을 이루게 해야 한다는 뜻이다. '수사授師'는 아이를 아이의 스승에게 건네준다는 뜻이다. '제부諸婦'는 동족 가운데 신분이 낮은 자의 처이다. '제모諸母'는 동족 가운데 신분이 높은 자의 처이다. 제모에게 고하는 것을 나중에 하는 것은 이름이 존귀한 이에 의해 이루어지기는 바라는 것이다. '처는 이어 침소로 간다'(妻遂適寢)는 것은 남편의 연침으로 되돌아간다는 뜻이다. '某', 妻姓某氏也. '時日', 是日也. '孺', 稚也. '欽', 敬. '帥', 循也. 言當敬教之, 使循善道也. '咳而名之'者, 『說文』'咳, 小兒笑聲', 謂父作咳聲笑容, 以示慈愛而名之也. '記有成', 謂當記識夫言, 教之成德也. '授師', 以子授子師也. '諸婦', 同族卑者之妻也. '諸母', 同族尊者之妻也. 後告諸母, 欲名成於尊也. '妻遂適寢', 復夫之燕寢也.

**【내칙 93】**

남편이 재宰에게 아이의 이름을 고하면, 재는 제남諸男에게 아이의 이름을 두루 고하고 간책簡策에 "모년 모월 모일에 아무개가 태어나다"라고 쓰고 집안의 서고에 수장한다. 재가 여사閭史에게 고하면, 여사는 두 통을 작성하여 그 하나는 여부閭府에 수장하고, 그 하나는 주사州史에게 아뢴다. 주사는 주백州伯에게 아뢰고, 주백은 주부州府에 수장하도록 명한다. 남편은 집에 들어가 처와 식사하는데, 며느리가 시부모를 봉양하는 예와 같이 예우한다.

夫告宰名, 宰辯告諸男名, 書曰, "某年某月某日某生", 而藏之.① 宰告閭史, 閭史書爲二, 其一藏諸閭府, 其一獻諸州史. 州史獻諸州伯, 州伯命藏諸州府.② 夫入食, 如養禮.③

**鄭注** ① '재宰'는 휘하의 관리다. 『춘추』에 "환공桓公 6년 9월 정묘丁卯일에 아들 동同이 태어났다"[43]라고 쓰여 있다. '宰', 謂屬吏也. 『春秋』書, "桓六年九月丁卯, 子同生."

② 4여閭가 1족族인데 족은 100가家이다. 여서閭胥는 중사中士 1인이다. 5당黨이 1주州인데, 주는 2,500가이다. 주장州長은 중대부中大夫 1인이다. 여서와 주장 모두 속리가 있다. '헌獻'은 말한다(言)는 뜻과 같다. 四閭爲族, 族, 百家也. 閭胥, 中士一人. 五黨爲州, 州, 二千五百家也. 州長, 中大夫一人也. 皆有屬吏. '獻', 猶言也.

③ '남편이 들어간다'(夫入)는 것은 이미 아이를 접견하고 방으로 들어간다는 뜻이다. 처와 식사하는 것을 며느리가 처음 시부모에게 음식을 대접하는 예와 같이 한다는 것이다. '夫入', 已見子入室也. 其與妻食如婦始饋舅姑之禮也.

**集說** '재宰'는 휘하의 관리다. '제남諸男'은 동종同宗의 자손이다. '수장한다'(藏之)는 것은 간책에 아이의 이름을 쓰고 집의 서고(書府)[44]에 수장한다는 뜻이다. 25가家가 1여閭이고, 2,500가가 1주州이다. 주백州伯은 주의 장

관이다. 여리閭吏와 주사州史는 모두 여와 주의 속리다. 여부閭府와 주부州府는 모두 여와 주의 수장처이다. '남편이 들어가서 식사하는데 봉양하는 예(養禮)와 같이 한다'는 것은 그 처와 예식禮食(식사로서 예우하는 것)을 하기를 며느리가 처음 시부모에게 음식을 드릴 때의 예와 같이 한다는 뜻이다. ○ 소疏에서 말한다. "이 경문에서 진술한 것은 경, 대부 이하의 경우를 말한 것이다. 그러므로 동종의 제남諸男에게 두루 고하는 것이다. 제남은 신분이 낮은 자인데도 고하였으니, 그렇다면 제부諸父에게도 고한다는 것을 알 수 있다. 만약 제후라면, 친족 관계를 끊는 도리가 있으니 고하지 않는다." '宰', 屬吏也. '諸男', 同宗子姓也. '藏之'者, 以簡策書子名, 而藏于家之書府也. 二十五家爲閭, 二千五百家爲州. '州伯', 則州長也. 閭吏・州史, 皆其屬吏也. 閭府・州府, 皆其府藏也. '夫入食如養禮', 謂與其妻禮食如婦始饋舅姑之禮也. ○ 疏曰: "此經所陳謂卿・大夫以下. 故以名徧告同宗諸男. 諸男卑者尙告, 則告諸父可知. 若諸侯, 絶宗, 則不告也."

**【내칙 94】**

세자가 태어나면 군주는 목욕을 하고 조복을 입으며, 부인夫人도 이와 같이 하여 모두 조계阼階에 서서 서쪽을 향한다. 세부世婦가 아이를 품에 안고 서쪽 계단으로부터 올라오면 군주는 (노침에서 세자를 접견하면서) 이름을 지어주고 내려온다.

世子生, 則君沐浴朝服, 夫人亦如之, 皆立于阼階, 西鄕. 世婦抱子升自西階, 君名之, 乃降.

鄭 '아이를 품에 안고 서쪽 계단으로부터 올라온다'(子升自西階)고 하였

注 으니 군주는 노침에서 세자를 접견하는 것이다. 첩의 아이를 접견할 때에는 측실로 나아간다. 무릇 자식이 태어나면 모두 측실로 나아가는데, 제후의 부인夫人은 군주를 알현하는데, 머리장식(次)을 하고 단의褖衣를 입는다. '子升自西階', 則人君見世子於路寢也. 見妾子, 就側室. 凡子生皆就側室, 諸侯夫人朝於君, 次而褖衣也.

集說 제후의 조복朝服은 현단복에 흰색의 치마를 입는다. '부인도 이와 같이 한다'(夫人亦如之)는 것은 또한 조복을 입는다는 뜻으로 마땅히 전의展衣인데, 정현의 주에서 '단의褖衣'라고 한 것은 아이를 접견하는 일이 끝나면 곧바로 군주를 모셔야 하기 때문이다. 그러므로 나아가 모실 때의 단의를 입는 것이다. 군주는 노침에서 세자를 접견한다. 이 경문의 '서쪽 계단으로부터 올라간다'(升自西階)는 것은 밖에서부터 들어오는 것이다. 무릇 아이를 낳으면 처이든 첩이 불문하고 모두 측실에 있다. 諸侯朝服, 玄端素裳. '夫人亦如之'者, 亦朝服也, 當是展衣, 註云'褖衣'者, 以見子畢, 卽待御於君. 故服進御之褖衣也. 人君見世子於路寢. 此'升自西階', 是自外而入也. 凡生子, 無問妻妾, 皆在側室.

**【내칙 95】**

적자適子와 서자庶子는 외침外寢에서 접견하는데 그 머리를 쓰다듬고 어린아이의 웃음을 하면서 이름을 지어준다. 그 예禮는 처음의 경우(세자의 경우)에 따르는데, 교훈을 주는 말은 없다.

適子·庶子見於外寢, 撫其首, 咳而名之. 禮帥初, 無辭.

鄭注 이 경문의 '적자適子'는 세자의 동생을 가리킨다. '서자庶子'는 첩의 자식이다. '외침外寢'은 군주의 연침燕寢이다. '교훈을 주는 말이 없다'(無辭)

고 할 때의 '말'(辭)은 '공경히 가르쳐서 선한 도를 따르게 해주시오'(欽, 有帥)·'기억하였다가 덕을 이루게 하겠습니다'(記有成)를 가리킨다. 此'適子', 謂世子弟也. '庶子', 妾子也. '外寢', 君燕寢也. '無辭', '辭'謂'欽, 有帥'·'記, 有成'也.

**集說** 이 경문의 '적자適子'는 세자의 동생이다. '서자庶子'는 첩의 자식이다. '외침外寢'은 군주의 연침이다. 연침은 안쪽에 있지만, 측실이 옆에서는 안쪽에 처한 것이 된다. 그러므로 연침을 밖(外)이라고 한 것이다. ○ 소疏에서 말한다. "서자는 측실에서 접견하지만, 이때에 머리를 쓰다듬으면서 어린아이의 소리와 웃음을 하면서 이름을 지어주고 훈계하는 말이 없는 것은 (세자의 동생의 경우와) 같다. 그러므로 적자適子(세자의 동생)의 경우와 문장을 연이어서 쓰고, '외침에서 접견한다'고 말한 것이다." 此'適子', 蓋世子之弟. '庶子', 則妾子也. '外寢', 君燕寢也. 燕寢在內, 以側室在旁處內. 故謂此爲外也. ○ 疏曰: "庶子見於側室, 此以撫首咳名無辭之事同. 故與適子連文, 云'見於外寢'耳."

**【내칙 96】**

무릇 자식의 이름을 지을 때 날과 달을 표시하는 말로 짓지 않고, 나라이름으로 짓지 않고, 숨겨진 병명으로 짓지 않는다. 대부와 사의 자식은 감히 세자와 이름을 같이 하지 않는다.

凡名子, 不以日月, 不以國,① 不以隱疾.② 大夫·士之子, 不敢與世子同名.③

**鄭注** ① 결국 이름을 바꾸게 하기 때문이다. 終使易諱.

② 몸에 앓고 있는 질병으로 이름을 지으면 치료하기 곤란하게 되기 때문이다. 諱衣中之疾, 難爲醫也.

③ 세자를 높이는 것이다. 그가 세자보다 먼저 태어났다면 또한 바꾸도록 하지 않는다. 尊世子也. 其先世子生, 亦勿爲改.

集說 설명은 「곡례상曲禮上」(107)에 보인다. 說見「曲禮」.

**【내칙 97】**

첩이 아이를 낳으려고 할 경우 해산달의 초하루가 되면, 남편은 사람을 시켜 하루에 한 번 묻게 한다. 아이가 태어난 지 3개월 되는 말경에 양치질을 하고 손을 씻고 일찍 재계를 하고 내침內寢에서 아이를 접견하는데, 처음 시집왔을 때처럼 예우한다. 남편은 식사를 마치고 상을 치운 후 첩으로 하여금 홀로 준餕(남긴 음식을 먹는 예)을 하게 한다. 이어 들어가서 모신다.

妾將生子, 及月辰, 夫使人日一問之. 子生三月之末, 漱·澣·夙齊, 見於內寢, 禮之如始入室. 君已食, 徹焉, 使之特餕. 遂入御.

鄭注 '내침內寢'은 적처適妻의 침소이다. '예禮'는 자식을 접견한 후 남편이 식사를 하고 (첩이) 홀로 준餕(남긴 것을 먹는 예)을 하도록 하는 것을 가리킨다. '처음 집에 들어올 때처럼 한다'(如始入室)는 것은 처음 시집 왔을 때 첩이 부부의 남은 음식으로 준餕을 하는데, 또한 그와 같이 한다는 뜻이다. 자식을 접견하고 나서 모실 수 있는 것은 대부와 사의 첩의 경우를 가리킨다. 첩이 남편을 칭할 때는 '군君'이라고 한다. '內寢', 適妻寢也. '禮', 謂已見子, 夫食而使獨餕也. '如始入室', 始來嫁時, 妾餕夫婦之餘, 亦如之. 既見子可以御, 此謂大夫·士之妾也. 凡妾稱夫曰'君'.

**集說** 이는 대부와 사의 첩이 자식을 낳는 예를 말한 것이다. 궁실의 제도는 앞에 노침이 있고 다음에 군주의 연침, 다음에 부인의 정침이 있다. 경·대부 이하는 앞쪽에 적실適室이 있고, 다음에 연침, 다음에 적처의 침소가 있다. 이 경문에서 '내침內寢'이라고 한 것은 바로 적처의 침소를 가리킨다. '처음 집에 들어올 때처럼 한다'(如始入室)는 것은 처음 시집왔을 때처럼 한다는 뜻이다. '특준特餕'은 이 자식을 낳은 자로 하여금 홀로 준餕(남긴 음식을 먹는 예)을 하게 하여 평상시 여러 첩들이 준을 함께하는 것과 같지 않게 한다는 뜻이다. 此言大夫·士之妾, 生子之禮. 宮室之制, 前有路寢, 次則君之燕寢, 次夫人正寢. 卿·大夫以下, 前有適室, 次則燕寢, 次則適妻之寢. 此言內寢, 正謂適妻寢耳. '如始入室'者, 如初來嫁時也. '特餕', 使此生子者, 獨餕, 不如常時衆妾同餕也.

**【내칙 98】**

공公의 서자가 태어나면 측실로 나아간다. 태어난 지 3개월 되는 말경에 그 어머니가 목욕을 하고 조복을 입고 군주를 알현하면, 빈자擯者는 그 아이를 보여드린다. 군주에게 특별히 은사恩賜를 받은 첩은 군주가 직접 이름을 지어준다. 뭇 첩의 아들인 경우에는 유사有司를 시켜서 이름을 지어준다.

公庶子生, 就側室. 三月之末, 其母沐浴, 朝服見於君, 擯者以其子見. 君所有賜, 君名之. 衆子, 則使有司名之.

**鄭注** '빈자擯者'는 부傅·모姆 등이다. 군주는 존귀하기 때문에 비록 첩이라도 아이를 품에 안지 못한다. '하사 받은 것이 있다'(有賜)는 것은 군주에게 은혜를 받았다는 뜻이다. '유사有司'는 신하로서 일을 담당하는 것이 있

는 자이다. 노나라 환공桓公이 자식의 이름을 지을 때 신수申繻에게 물었다.[45] '擯者', 傅姆之屬也. 人君尊, 雖妾, 不抱子. '有賜', 於君有恩惠也. '有司', 臣有事者也. 魯桓公名子, 問於申繻也.

**集說** '빈자擯者'는 부傅·모姆 등이다. '군주에게 하사 받은 것이 있는 자'(君所有賜)라는 것은 이 첩이 군주가 편애하여 특별히 은사恩賜를 더해준 경우를 말한다. 그러므로 그의 자식을 군주가 직접 이름을 지어주는 것이다. 뭇 첩의 자식인 경우에는 은총이 가볍고 간략한 경우이므로 유사를 시켜서 이름을 지어준다. ○ 소疏에서 말한다. "앞의 문장에서 이미 '적자와 서자'라고 하여 세자의 경우와 다름을 보여주었는데, 이제 다시 거듭 기록한 것은 앞의 서자와 적자는 연결된 문장이기 때문에, 이곳에서 특별히 서자의 예를 말한 것이다." '擯者', 傅姆之屬也. '君所有賜'者, 此妾君所偏愛而特加恩賜者. 故其子, 君自名之. 若衆妾之子, 恩寵輕略者, 則使有司名之也. ○ 疏曰: "前文已云'適子·庶子', 見異於世子, 今更重出者, 以前庶適連文, 故此特言庶子之禮."

**【내칙 99】**

서인으로서 측실이 없는 경우에는 해산달의 초하루가 되면 남편은 처소를 나가서 군실群室에 거처한다. 그러나 처의 상태를 묻는 것과 아이가 아버지를 뵙는 예는 차이를 두지 않는다.

庶人無側室者, 及月辰, 夫出居群室. 其問之也, 與子見父之禮, 無以異也.

**鄭注** 남편은 비록 (처소를 옮겨 아내를) 피하지만, 처의 상태를 묻고 자식을 접견할 때에 이르면 예가 같다. 서인은 첩이 없는 경우가 있다. 夫雖

辟之, 至問妻及見子, 禮同也. 庶人或無妾.

集說 '묻는' 예와 '아이의 손을 잡고 어린아이의 웃음을 지으면서 이름을 지어주는' 일과 '공경히 가르쳐 따르게 하시오'·'기억하였다가 덕을 이루게 하겠습니다' 등의 말은 모두 작위를 가진 자와 동일하게 한다. 그러므로 '차이를 두지 않는다'고 한 것이다. '問之'之禮, 與'執手咳名'之事, '欽帥'·'記成'之辭, 皆與有爵者同. 故云'無以異'也.

【내칙 100】

무릇 아버지가 살아 있으면 손자를 할아버지에게 보이고 할아버지가 또한 이름을 지어준다. 예는 자식이 아버지를 뵐 때처럼 하지만 훈계하는 말은 없다.

凡父在, 孫見於祖, 祖亦名之. 禮如子見父, 無辭.

鄭注 아이를 할아버지에게 보이는 것은 집은 존귀한 자에게 통솔되기 때문이다. 아버지가 살아 있을 경우에는 교훈을 주는 말은 없다. 적자가 있는 경우에는 적손이 없으므로 서자를 보이는 것과 동일하게 한다. 아버지가 죽고 적손이 있을 경우에는 교훈을 주는 말을 하는데 총자冢子(적자)를 보일 때와 동일하게 한다. 아버지가 비록 죽었더라도 서손에게는 여전히 교훈을 주는 말이 없다. 見子於祖, 家統於尊也. 父在則無辭. 有適子者無適孫, 與見庶子同也. 父卒而有適孫, 則有辭, 與見冢子同. 父雖卒, 而庶孫猶無辭也.

集說 응씨應氏(응용應鏞)는 말한다. "교훈을 주는 말은 부부가 서로 주고받는 것이다. 할아버지는 존귀하기 때문에 그 (접견하고 이름을 지어주는) 예는 행하지만, 교훈을 주는 말은 하지 않는다." 應氏曰: "辭者, 夫婦所以相授受

也. 祖尊, 故有其禮, 而無其辭."

**【내칙 101】**

자식을 젖을 먹여 키운 자가 3년이 되어 나와 공궁公宮을 알현하면 군주는 그 노고를 위로한다.

食子者三年而出, 見於公宮則劬.

鄭注 '구劬'는 수고롭다는 뜻이다. 사의 처와 대부의 처가 군주의 자식을 젖을 먹여 키우고, 3년이 되면 나와서 자기 집으로 돌아가는데, 군주는 노고에 대하여 선물을 내린다. '劬', 勞也. 士妻·大夫之妾食國君之子, 三年出歸其家, 君有以勞賜之.

集說 '자식을 젖을 먹여 키운 자'(食子者)는 사의 처와 대부의 첩을 가리킨다. 자식은 3년이 되면 품에서 벗어난다. 그러므로 젖을 먹여 키운 자는 나와서 자기 집으로 돌아가는데, 공궁公宮에 알현하여 하직인사를 고하면 군주는 반드시 선물을 내린다. 수고한 자에게 선물을 내려 그 노고를 위로하는 것이다. '食子者', 士之妻·大夫之妾也. 子三年, 則免懷抱. 故食者出還其家, 見於公宮而告辭, 則君必有賜. 劬者有賜, 以勞其劬勞也.

**【내칙 102】**

대부의 자식에게는 사모食母(유모)가 있다. 사의 처는 스스로 자기 자식을 키운다.

大夫之子有食母.① 士之妻自養其子.②

**鄭注** ① 부傅와 어御 가운데서 선발한다. 『의례』 「상복」 편에서 말한 '유모乳母'이다. 選於傅·御之中. 「喪服」所謂'乳母'也.

② 신분이 낮은 사람은 감히 남에게 시키지 못하기 때문이다. 賤不敢使人也.

**集說** '사모食母'는 유모乳母이다. 사는 신분이 낮기 때문에 스스로 키운다. '食母', 乳母也. 士卑故自養.

**【내칙 103】**

명사命士 이상 대부의 자식에 이르기까지는 (아버지가 새로 태어난 자식을) 균등하게 접견한다.

由命士以上及大夫之子, 旬而見.

**鄭注** '순旬'은 '균均' 자가 되어야 한다. 발음으로 인한 잘못이다. 때때로 적처와 첩이 동시에 자식을 낳는 경우가 있다. '(자식을) 균등하게 접견한다'(子均而見)는 것은 태어난 선후에 따라 접견한다는 뜻이다. 접견한 후에 식사를 하는데 또한 군주를 피하는 것이다. 『역』 「설괘說卦」에 '곤위균坤爲均'이라고 하였는데, 오늘날에는 또한 '순旬'으로 되어 있기도 하다. '旬'當爲'均'. 聲之誤也. 有時適·妾同時生子. '子均而見'者, 以生先後見之. 既見乃食, 亦辟人君也. 『易』「說卦」'坤爲均', 今亦或作'旬'也.

**集說** 정현의 주에는 '순旬'을 '균均'의 뜻으로 읽었다. 적처의 자식과 첩의 자식이 동시에 태어난 경우 비록 먼저 태어난 자를 먼저 접견하고 후에

태어난 자를 후에 접견하지만 모두 남편이 부인과 예식禮食을 하기 전에 하므로 '균등하게 접견한다'(均而見)는 뜻이다. ○ 응씨應氏(응용應鏞)는 말한다. "자식은 본래 예로써 아버지를 뵙는다. 아버지는 때때로 그를 보고자 하지만 또 번독하게 자주 해서는 안 된다. 그러므로 10일마다 한 번 본다. 서인의 경우에는 예를 간략히 하여 통하기 쉽다. 그러므로 10일마다 볼 필요가 없다." 이제 두 가지 설을 자세히 보면 모두 의심스러워 생략해도 된다. 註讀'旬'爲'均'. 謂適子・妾子, 有同時生者, 雖是先生者先見, 後生者後見, 然皆在夫未與婦禮食之前, 故曰'均而見'也. ○ 應氏曰: "子固以禮見於父. 父則欲時時見之, 又不可瀆. 故每旬而一見之. 若庶人則簡略易通. 故不必以旬而見." 今詳二說, 俱可疑, 闕之可也.

**【내칙 104】**

총자冢子(적장자)는 식사를 하기 전에 접견하는데 반드시 그 오른손을 잡는다. 적자適子(적장자가 아닌 정처의 자식)와 서자庶子(첩자)는 식사를 마친 후에 접견하는데 반드시 그 머리를 쓰다듬는다.

冢子未食而見, 必執其右手. 適子・庶子已食而見, 必循其首.

**鄭注** 천자와 제후는 존귀하여 세자를 특별하게 대우한다. 비록 어머니를 같이하더라도 예는 다른 것이다. 식사하기 전과 식사한 후를 구별하는 것은 정正(적장자)을 긴급하게 여기고 서庶(서자)를 느슨하게 여기는 의리다. 天子・諸侯尊, 別世子. 雖同母, 禮則異矣. 未食・已食, 急正緩庶之義也.

**集說** 소疏에서 말한다. "이는 천자와 제후의 예로서, 후后・부인夫人과 예식禮食을 하기 전에 먼저 총자冢子를 접견하는 것은 정正(적장자)을 긴급하

게 여기는 것이다. 예식禮食을 한 후에 비로소 적자와 서자를 접견하는 것은 서庶(서자)를 느슨하게 여기는 것이다." 疏曰: "此天子・諸侯之禮, 未與后・夫人禮食, 而先見冢子, 急於正也. 禮食之後, 乃見適子・庶子, 緩於庶耳."

**【내칙 105】**

아이가 밥을 먹을 수 있는 나이가 되면 오른손으로 가르친다. 말을 할 수 있는 나이가 되면 남자는 '유唯'(예)라고 하고 여자는 '유俞'(예)라고 한다. 남자는 가죽으로 만든 작은 주머니를 허리에 차고, 여자는 실로 만든 작은 주머니를 허리에 찬다.

子能食食, 教以右手. 能言, 男'唯'女'俞'. 男鞶革, 女鞶絲.

**鄭注** '유俞'은 '연然'(예)의 뜻이다. '반鞶'은 조그만 주머니(小囊)로서 수건을 담는 것이다. 남자는 가죽을 사용하여 만들고, 여자는 비단을 사용하여 만든다. 장식을 하여 가선을 두르면 이것이 반열鞶裂[46]일 것이다. 『시詩』에 "드리워진 띠가 여厲와 같다"[47]라고 하였고, 기자백紀子帛의 이름은 열수裂繻이니[48], 글자는 비록 이제 다르지만 뜻은 실로 같다. '俞', '然'也. '鞶', 小囊, 盛帨巾者. 男用韋, 女用繒. 有飾緣之, 則是鞶裂與. 『詩』云: "垂帶如厲", 紀子帛名裂繻, 字雖今異, 意實同也.

**集說** '사食'는 밥(飯)의 뜻이다. '유唯'와 '유俞'는 모두 응답하는 말이다. '반鞶'은 작은 주머니로서, 수건을 담는 것이다. 남자는 가죽을 사용하여 만들고, 여자는 비단을 사용하여 만든다. '食', 飯也. '唯'・'俞', 皆應辭. '鞶', 小囊, 盛帨巾者. 男用韋, 女用繒帛.

**【내칙 106】**

6세가 되면 숫자와 방위의 명칭을 가르친다. 7세가 되면 남자와 여자가 자리를 함께하지 않고 음식을 같이하지 않는다. 8세가 되면 문으로 출입할 때와 자리에 앉아 먹고 마실 때, 반드시 연장자에 뒤에 하게 하여, 양보하는 것을 가르치기 시작한다.

六年, 教之數與方名.① 七年, 男女不同席, 不共食.② 八年, 出入門戶及卽席飮食, 必後長者, 始教之讓.③

**鄭注** ① '방향의 명칭'(方名)이란 동쪽과 서쪽을 뜻한다. '方名', 東西.

② 그 구별을 일찍 하는 것이다. 蚤其別也.

③ 염치를 보여주는 것이다 '후後'는 '호胡'와 '두豆'의 반절로 발음한다. 示以廉恥. '後', '胡''豆'反.

**集說** '수數'는 일 · 십 · 백 · 천 · 만 등을 가리킨다. '방위의 명칭'(方名)은 동 · 서 · 남 · 북을 가리킨다. '數'謂一十百千萬. '方名', 東西南北也.

**【내칙 107】**

9세가 되면 날짜 계산법을 가르친다. 10세가 되면 집을 나가 외부의 스승(外傅)에게 찾아가서 배우고, 밖에 거주하며, 육서六書(글자 읽히는 법)와 숫자 계산법(計)을 배운다.

九年, 教之數日.① 十年, 出就外傅, 居宿於外, 學書計.②

**鄭** ① 삭망朔望과 육갑六甲이다. 朔望與六甲也.

注 ② '외부外傅'는 학문을 가르치는 스승이다. '外傅', 敎學之師也.

集說 '날짜를 계산한다'(數日)는 것은 삭망朔望과 육갑六甲을 아는 것이다. '외부外傅'는 학문을 가르치는 스승이다. '서書'는 육서六書[49]이다. '계計'는 구수九數[50]이다. '數日', 知朔望與六甲也. '外傅', 敎學之師也. '書', 謂六書. '計', 謂九數.

**【내칙 108】**

비단으로 저고리와 바지를 만들지 않는다. 예의 동작은 처음의 가르침을 따라 익히며, 아침저녁으로 어린아이의 거동을 배우며, 어른에게 청하여 책의 한 두 편장篇章 또는 한두 조목을 배우고 말을 신실하게 함을 배운다.

衣不帛襦袴. 禮帥初, 朝夕學幼儀, 請肄簡·諒.

鄭注 비단을 사용하여 바지저고리를 만들지 않는 것은 너무 따뜻하여 음기를 손상시키기 때문이다. '예는 처음을 따른다'(禮帥初)는 것은 지난날에 했던 것을 준수하고 익힌다는 뜻이다. '이肄'는 익힌다(習)는 뜻이다. '양諒'은 진실함(信)이다. '선생에게 청하여 간책을 익힌다'(請習簡)는 것은 써놓은 (간략한 예에 대한) 편장篇章과 조목(數)를 가리킨다. '선생을 청하여 신실함을 익힌다'(請習信)는 것은 응대하는 말을 가리킨다. 不用帛爲襦袴, 爲大溫, 傷陰氣也. '禮帥初', 遵習先日所爲也. '肄', 習也. '諒', 信也. '請習簡', 謂所書篇數也. '請習信', 謂應對之言也.

集說 「곡례상」(50)에 "동자는 갖옷(裘)과 치마(裳)를 입지 않는다"라고 하였는데, 비단으로 저고리와 바지를 만들지 않는 것 역시 또한 너무 따뜻하

기 때문이다. '예는 처음을 따른다'(禮帥初)는 것은 예를 행하는 동작을 모두 처음 가르쳐준 방식에 따라 익힌다는 뜻이다. '이肄'는 익힌다(習)는 뜻이다. '간簡'은 책의 편장篇章과 조목(數)이다. '양諒'은 말함이 신실한 것이다. 모두 어른에게 청하여 익히고 배우는 것이다. 일설에 '간簡'은 간요簡要의 뜻으로, 일을 익히게 할 때 그 요점에 따르는 것에 힘써서 우회하고 번잡한 것을 하지 않게 하는 것을 가리킨다고 한다. 「曲禮」曰: "童子, 不衣裘裳", 不以帛爲襦袴, 亦爲太溫也. '禮帥初', 謂行禮動作, 皆循習初敎之方也. '肄', 習也. '簡', 書篇數也. '諒', 言語信實也. 皆請於長者而習學之也. 一說, '簡'者, 簡要, 謂使之習事, 務從其要, 不爲迂曲煩擾也.

**【내칙 109】**

13세가 되면 악기를 배우고 『시詩』를 암송하며, 「작勺」을 추는 것을 익힌다. 성동成童이 되면 「상象」을 추는 것을 익히고 활쏘기와 수레 모는 법을 배운다.

十有三年, 學樂誦『詩』, 舞「勺」. 成童, 舞「象」學射御.①

**鄭注** 먼저 「작勺」을 배우고 후에 「상象」을 배우는 것은 문무文舞과 무무武舞의 순서이다. '성동成童'은 15세 이상을 가리킨다. 先學「勺」, 後學「象」, 文武之次也. '成童', 十五以上.

**集說** '악樂'은 팔음八音의 악기다. '『시詩』'는 악가의 편장이다. '성동成童'은 15세 이상을 가리킨다. '「상象」'은 설명이 「문왕세자文王世子」(45)에 보인다. '사射'는 오사五射[51]이다. '어御'는 오어五御[52]이다. '육예六藝'는 소학의 책에 상세히 보인다. ○ 주자朱子는 말한다. "'작酌'은 곧 「작勺」이다. 「내칙」

에 '13세가 되면 「작勺」을 추는 것을 익힌다'고 하였다. 곧 이 시를 가지고 가락을 삼아 춤을 춘다는 뜻이다."53) '樂', 八音之器也. '『詩』', 樂歌之篇章也. '成童', 十五以上. '「象」', 說見「文王世子」. '射', 謂五射. '御', 謂五御也. '六藝'詳見小學書. ○ 朱子曰: "'酌', 卽「勺」也. 「內則」曰: '十三舞「勺」', 卽以此詩爲節而舞也."

**【내칙 110】**

20세가 되면 관례冠禮를 하고 처음으로 예를 배우며, 갖옷과 비단 옷을 입을 수 있으며, 「대하大夏」를 추는 것을 익히며, 효도와 우애를 독실하게 행하고, 널리 배우면서 남을 가르치지는 않으며, 속에 덕을 온축시키고 밖으로 드러내지 않는다.

二十而冠, 始學禮, 可以衣裘帛, 舞「大夏」, 惇行孝弟, 博學不教, 內而不出.

鄭注 '「대하大夏」'는 음악 가운데 문무文舞과 무무武舞를 겸비한 것이다. '안에 온축시키고 밖으로 드러내지 않는다'(內而不出)는 것은 사람의 지모와 생각을 가리킨다. '「大夏」', 樂之文武備者也. '內而不出', 謂人之謀慮也.

集說 '처음에 예를 배운다'(始學禮)는 것은 성인남자의 도리는 마땅히 길·흉·군·빈·가의 오례五禮를 겸하여 익혀야 하기 때문이다. '「대하大夏」'는 우禹임금의 음악으로 음악 가운데 문무文舞과 무무武舞가 겸하여 갖추어진 것이다. 효도(孝)와 우애(弟)는 모든 행실의 근본이다. 그러므로 먼저 효도와 우애를 독실히 행하는 데에 힘쓰고 그런 후에 널리 글을 배운다. '가르치지 않는다'(不教)는 것은 배운 바가 아직 정밀하지 않을까 염려되기 때문에 스승이 되어 남을 가르쳐서는 안 된다는 뜻이다. '안에 온축하고 밖으로

드러내지 않는다'(內而不出)는 것은 그 덕의 아름다움을 마음속에 온축하고 스스로 그 재능을 드러내지 않는다는 뜻이다. 일설에, 말을 하여 남을 위해 도모하지 않는다는 뜻이라고 한다. '始學禮', 以成人之道, 當兼習吉·凶·軍·賓·嘉之五禮也. '「大夏」', 禹樂, 樂之文武兼備者也. 孝弟, 百行之本. 故先務惇行於孝弟, 而後博學也. '不教', 恐所學未精, 故不可爲師以教人也. '內而不出', 言蘊畜其德美於中, 而不自表見其能也. 一說, 謂不出言以爲人謀畫.

【내칙 111】

30세에 아내를 맞이하고 처음으로 남자의 일을 다스리며, 일정함이 없이 널리 배우고 붕우와 공손히 교제하면서 친구가 뜻하는 바가 무엇인지 살핀다.

三十而有室, 始理男事, 博學無方, 孫友視志.

**鄭注** '실室'은 처妻의 뜻과 같다. '남자의 일'(男事)은 토지를 분급받고 정역政役에 응하는 것이다. '방方'은 일정함(常)이라는 뜻과 같다. 이 나이에 이르면 배우는 것에 일정함이 없고 좋아하는 바에 뜻을 둔다. '손孫'은 공손하다(順)는 뜻이다. 친구에게 공손히 대하고 그가 뜻하는 바를 살펴본다. '室', 猶妻也. '男事', 受田給政役也. '方', 猶常也. 至此學無常, 在志所好也. '孫', 順也. 順於友, 視其所志也.

**集說** '실室'은 처妻의 뜻과 같다. '남자의 일'(男事)은 토지를 분급받고 정역政役에 이바지하는 것이다. '방方'은 일정함(常)이라는 뜻과 같다. 배우는 데에 일정함이 없고, 자신의 뜻이 사모하는 것이면 배운다. '손우孫友'는 붕우와 공손하게 교제한다는 뜻이다. '시지視志'는 그 붕우의 마음과 뜻이 숭상

하는 바를 살핀다는 말이다. '室', 猶妻也. '男事', 受田給政役也. '方', 猶常也. 學無常, 在志所慕則學之. '孫友', 順交朋友也. '視志', 視其志意所尙也.

**【내칙 112】**

40세에 처음 벼슬을 한다. 일을 비교하여 계획을 제시하고 의견을 내며, 도가 서로 합치되면 복종하여 따르고, 불가하면 떠난다. 50세에 작명爵命을 받아 대부가 되며 한 부서의 정사를 통솔하는 일에 복무한다. 70세에 치사致仕를 한다. 무릇 남자가 배례를 할 때는 왼손을 위로 한다.

四十始仕. 方物出謀發慮, 道合則服從, 不可則去.① 五十命爲大夫, 服官政.② 七十致事.③ 凡男拜, 尙左手.④

**鄭注** ① '방方'은 일정하다(常)는 뜻과 같다. '물物'은 일(事)의 뜻과 같다. '方', 猶常也. '物', 猶事也.

② 한 부서의 정사를 통괄하는 것이다. 統一官之政也.

③ 그 일을 군주에게 되돌려주고 늙었음을 고하는 것이다. 致其事於君, 而告老.

④ 왼쪽이 양이기 때문이다. 左陽.

**集說** 주자朱子가 말하였다: "'물物'은 일(事)의 뜻과 같다. 일을 비교하여 계획을 제시하면 계획이 일보다 넘치지 않는다. 일을 비교해보고 의견을 내면 의견이 일보다 넘치지 않는다"라고 하였다. (제자가) 물었다. "무엇을 일러 '일보다 넘치지 않는다'고 하는 것입니까?" 주자가 대답하였다 "'방方'은 대조한다(對)는 뜻과 같다. 비교하고 대조하여 이치를 궁구하는 것이

다."[54] 朱子曰: "'物', 猶事也. 方物出謀, 則謀不過物. 方物發慮, 則慮不過物." 問: "何謂'不過物'?" 曰: "'方'猶對也. 比方以窮理."

**【내칙 113】**

여자는 10세가 되면 집을 나가지 않는다. 여스승(姆)은 말을 순하게 하는 것, 자태를 아름답게 하는 것, 차분히 듣는 것 등의 도리를 가르친다. 마와 모시풀을 잡고, 누에고치를 쳐서 실을 뽑고, 임紝·조組·순紃 등의 끈을 짜며, 여자의 일을 배워 의복을 공급한다. 제사의 일을 살펴서 주장酒漿·변두籩豆·저해菹醢 등 제수를 제기에 담고, 예를 행할 때 전奠을 올리는 일을 돕는다.

女子十年不出.① 姆教婉·娩·聽從.② 執麻枲, 治絲繭, 織紝·組·紃, 學女事以共衣服.③ 觀於祭祀, 納酒漿·籩豆·菹醢, 禮相助奠.④

**鄭注** ① 항상 안에 거주하는 것이다. 恒居內也.

② '완婉'(순하다)은 말하는 것을 가리킨다. '만娩'은 아름답다(媚)는 뜻으로 '아름답다'(媚)는 것은 용모를 가지고 말한 것이다. '婉', 謂言語也. '娩'之言媚也, '媚'謂容貌也.

③ '순紃'은 끈(絛)의 뜻이다. '紃', 絛.

④ 여자가 될 때에 미쳐서 알아야 하는 것이다. 當及女時而知.

**集說** '10세가 되면 집을 나가지 않는다'(十年不出)는 것은 10세가 되면 항상 안에 거처한다는 뜻이다. '모姆'는 여자스승이다. '완婉'(순하다)은 말하는 것을 가리키고, '만娩'(아름답다)은 용모를 가리킨다. 사마광司馬光은 "유순한

모습이다"라고 하였다. '임紝'(끈)은 명주와 비단 종류이다. '조組'(끈목) 또한 편직물(織)의 뜻이다. 『시詩』에 "고삐 잡기를 끈목 잡듯이 하네"(執轡如組)[55] 라고 하였다. '조紃'(끈)의 제도는 조絛(실을 땋은 납작한 끈)와 같다. 옛사람들은 그것은 관과 의복의 솔기(縫)에 두었다. '十年不出', 謂十歲則恒處於內也. '姆', 女師也. '婉'謂言語, '娩'謂容貌. 司馬公云: "柔順貌." '紝', 繒帛之屬. '組', 亦織也. 『詩』"執轡如組." '紃'之制似絛. 古人以置諸冠服縫中者.

**【내칙 114】**

여자는 15세에 계례笄禮를 한다. 20세에 시집을 가고, 부모의 상을 당하면 23세에 시집을 간다. 빙문聘問(혼인의 의사를 묻는 예)을 하면 처妻가 되고, (빙문의 과정이 없이 첩으로 삼겠다는 의사를 듣고) 달려가면 첩妾이 된다. 무릇 여자가 배례를 할 때에는 오른손을 위로 한다.

十有五年而笄.① 二十而嫁, 有故, 二十三年而嫁.② 聘則爲妻,③ 奔則爲妾.④ 凡女拜, 尙右手.⑤

**鄭注** ① 나이 듦에 맞추어 혼인을 허락한 경우를 가리킨다. 여자는 결혼을 허락하면 비녀를 꽂고 자字를 짓는다. 아직 결혼을 허락하지 않았을 경우에는 20살이 되면 비녀를 꽂는다. 謂應年許嫁者. 女子許嫁, 笄而字之. 其未許嫁, 二十則笄.

② '고故'는 부모의 상喪을 가리킨다. '故', 謂父母之喪.

③ '빙聘'은 묻는다(問)는 뜻이다. '처妻'는 나란하다(齊)는 뜻이다. 예로서 하면 빙문聘問(찾아가 결혼 의사를 묻는 것)하는 것이니, 남편과 예를 대등하게

할 수 있다. '聘', 問也. '妻'之言齊也. 以禮則問, 則得與夫敵體.

④ '첩妾'은 접한다(接)는 뜻이다. 상대에게 예禮(첩으로 삼겠다는 의사)가 있다는 말을 듣고 그에게 가는 것이니, 군자의 접견을 받을 수 있다. '분奔'은 어떤 본에는 '현衒'으로 되어 있다. '妾'之言接也. 聞彼有禮, 走而往焉, 以得接見於君子也. '奔'或爲'衒'.

⑤ 오른쪽은 음이기 때문이다. 右陰也.

**集說** 15세에 결혼을 허락하면 계례笄禮를 하고, 아직 결혼을 허락하지 않았으면 20세에 계례를 한다. '고故'는 부모의 상喪을 가리킨다. '처妻'는 나란하다(齊)는 뜻이다. '첩妾'은 접한다(接)는 뜻이다. 군자의 접견을 받을 수는 있지만 (대등한) 짝이 될 수는 없음을 말한다. '왼손을 위로하고' '오른손을 위로하는' 것은 음양의 구별이다. 十五許嫁則笄, 未許嫁者, 二十而笄. '故', 謂父母喪. '妻', 齊也. '妾'之言接. 言得接見於君子, 不得伉儷也. '尙左'·'尙右', 陰陽之別.

1) 사핍 : 『詩』「小雅 · 采菽」에 "붉은 폐슬 허벅지에 있고, 각반 아래에 찼네"(赤芾在股, 邪幅在下)라고 하였다. 정현은 箋에서 "邪幅은 오늘날 行縢과 같은 것이다. 그 정강이 부분을 졸라매는데, 발에서 무릎까지 이기 때문에 '아래에 찼다'라고 한 것이다"(邪幅, 如今行縢也. 偪束其脛, 自足至膝, 故曰'在下')라고 하였다.

2) 免 : 閩本 · 監本 · 毛本에는 '荒'으로 되어 있지만, 惠棟校宋本荒 · 宋監本 · 岳本 · 嘉靖本 · 衛湜의 『禮記集說』에는 모두 '免'으로 되어 있다. 『예기정의』, 971쪽 참조.

3) 晩朝 : 『禮記集說大全』 小註 嚴陵方氏의 설에 "아침에 인사드리는 것을 朝, 저녁에 인사드리는 것을 夕이라고 한다"(朝見曰朝夕見曰夕)라고 하였다.

4) 대 · 모 · 치 · 이 :

敦 牟 匜 卮

『欽定禮記義疏』(淸)

5) 읍유 : 나아가고 물러날 때 몸을 약간 구부리거나 쳐드는 것이다. '揖'은 앞으로 나아갈 때에 그 몸을 약간 굽혀서 마치 읍을 하는 모양같이 함을 말하고, '遊'는 뒤로 물러나올 때 그 몸을 약간 쳐들어 위로 올려지게 하는 모양을 말한다.

6) 명이에 ~ 본다 : 『역』 '明夷'의 六二爻辭이다. 다만 현재 『역』에는 '睇'가 '夷'로 되어 있다.

7) 대지가 ~ 토해낸다 : 이 말은 『장자』「齊物論」에 나온다.

8) 이를 ~ 나오네 : 이 말은 『詩』「邶風 · 終風」에 나온다.

9) 아버지 쪽의 ~ 않는다 : 이 말은 「禮器」(30)에 나온다.

10) 회탕 : 식물에 재를 넣어 거품이 나게 한 후에 얻어지는 즙을 말한다. 세탁용으로 사용한다.

11) '소'를 ~ 읽었다 : 정현 주를 가리킨다. 진호는 '叱'을 꾸짖는다는 뜻으로 이해하였다. 그러나 정현은 '叱'을 꾸짖는다는 의미가 아니라 '嘯'의 통가자로서 휘파람 소리를 낸다는 뜻으로 풀이한 것이다. 공영달은 이와 관련하여 다음과 같이 설명한다. "'嘯'는 혼자 휘파람 소리를 내는 것이요, '叱'은 다른 사람에게 휘파람 소리로 신호하는 것이다. 경문에서 휘파람 소리를 내지 않고 손으로 가리키지 않는다고 연달아 말하였고 손으로 가리키는 것이 이미 외물을 가리키는 것이니 휘파람 소리를 내는 것도 다른 사람을 향해 내는 것이 분명하다. 그러므로 (注에서) '嘯'를 '叱'의 뜻으로 삼은 것이다. '은밀하

게 시킴이 있다는 혐의를 산다'고 한 것에 대해서는, 정상적인 일의 경우 말로 처리하니 이는 드러내놓고 다른 사람에게 시키는 것이다. 만일 간사한 일이라면 남이 알까 염려되므로 말로 하지 않고 휘파람 소리로 넌지시 알린다. 이것은 숨겨서 은밀하게 시키는 것이다. 그러므로 '휘파람 소리를 내는 것은 은밀하게 시킨다는 혐의를 산다'고 말한 것이다."(嘯是自嘯, 叱謂叱人. 經言不嘯與不指連文, 而指旣指物, 明嘯是叱人. 故以嘯爲叱矣. 云'嫌有隱使'者, 若其常事, 以言語處分, 是顯使人也. 如有姦私, 恐人知聞, 不以言語, 但諷叱而已. 是幽隱而使. 故云'叱嫌有隱使'也)

12) 則 : 惠棟校宋本, 嘉靖本 등에는 '則'으로 되어 있고, 閩本, 監本, 毛本, 衛湜의 『禮記集說』 등에는 '時'로 되어 있다. 『예기정의』, 975쪽 교감 참조.

13) 뒤에 내리는 명령 : 먼저 명령을 해놓고, 뒤에 다시 고쳐서 지시하는 명령을 뜻한다.

14) 며느리는 ~ 않는다 : 이 말은 『大戴禮記』 「本命」에 나온다.

15) 개부들을 ~ 안 된다 : 정현의 설에 따르면 이 부분은 무례한 개부들에게는 우애롭게 대하지 않는다는 뜻이 된다.

16) 고 : 채소류의 식물로 높이가 5~6척이고, 잎은 부들과 비슷하며, 가운데에 연꽃의 싹 같은 부드러운 싹을 틔운다. 줄이라고 부른다. 열매를 맺으면 쌀과 같기 때문에 彫胡라고 한다. 흰색이며 6穀 가운데 하나이다.

17) 수변에 ~ 분자이다 : 이 말은 『주례』 「天官 · 籩人」에 나온다.

18) 수두에 ~ 삼사이다 : 이 말은 『주례』 「天官 · 醢人」에 나온다.

19) 수변에 ~ 분자이다 : 이 말은 『주례』 「天官 · 籩人」에 나온다.

20) 여뀌 : 냄새를 없애주는 매운맛이 나는 채소이다.

21) 단수는 ~ 보인다 : 「曲禮上」(112)에 나온다.

22) 간료 : 『주례』 「天官 · 籩人」에 나온다.

23) 달여서 조미한다 : 『주례』 「天官 · 庖人」에 "무릇 금수를 요리하여 바칠 때에는, 봄에는 양과 돼지를 바치는데 소비계를 다려 조미한다"(凡用禽獻, 春行羔豚膳膏香)라고 하였고, 가공언의 소에 "달여서 조미하는 것을 '膳'이라고 한다"(煎和謂之'膳')라고 하였다.

24) 柤 : 『예기집설대전』본에 '楂'로 되어 있지만, 嘉靖本 · 惠棟校宋本 · 岳本 · 宋監本 등에는 '柤'으로 되어 있다. 이에 따른다. 『禮記正義』, 983쪽 교감 참조.

25) 목이 : 버섯의 일종으로 썩은 나무에서 자라며, 또 인공재배도 가능하다. 형상이 사람의 귀와 유사하고, 식용과 약용으로 쓰인다.

26) 『이아』에서는 ~ 살 : 『爾雅注疏』 권9, 「釋木」 참조.

27) 앞쪽 등뼈 : 동물의 등뼈를 3등분 했을 때 앞쪽 등뼈가 '正脊이다. 『의례』 「少牢饋食禮」에 "正脊이 하나이고, 脡脊이 하나이고, 橫脊이 하나이다"(正脊一, 脡脊一, 橫脊一)라고 한 것에 대해 胡培翬는 『禮記正義』에서 "등뼈는 세 부분이 있는데, 앞쪽이 정척이고, 중앙이 정척이고, 뒷부분이 횡척이다"(脊有三, 前爲正脊, 中爲脡脊, 後爲橫脊)라고 하였다.

28) 하나의 ~ 풀 : 이 말은 『춘추좌씨전』, 僖公 4년 조 傳에 보인다.

29) 납작하게 ~ 자른다 : 이 말은 「少儀」(72)에 보인다.

30) 50세에 ~ 받으니 : 관련 내용은 「曲禮上」(27)에 보인다.

31) 재계해야 하는 일 : 제사를 주관하기 전에 미리 재계하는 것을 가리킨다. 곧 祭祀를 가리킨다.

32) 후 : 干이 于로 되어야 한다.

33) 여덟 가지 진미 : 8가지 맛있는 음식 또는 그 요리법을 뜻한다. 『주례』「天官·膳夫」에 "진미는 8가지 음식을 쓴다"(珍用八物)라고 하였다. 정현은 주에서 "'진미(珍)'는 淳熬·淳母·炮豚·炮牂·擣珍·漬·熬·肝膋 등을 가리킨다"(珍, 謂淳熬·淳母·炮豚·炮牂·擣珍·漬·熬·肝膋也)라고 하였다. 이 여덟 가지 음식에 대해서는 「內則」(74~81)에 자세한 설명이 나온다.

34) 포 : 炮豚과 炮牂 두 진미를 말한다.

35) 將 : 『예기집설대전』에 '將'은 '牂'의 뜻이라고 주를 달았다.

36) 팔진 : 「내칙」(74) 참조.

37) 삼사 : 『주례』「天官·醢人」에 "羞豆에 올리는 것은 酏食와 糝食이다"(羞豆之實, 酏食·糝食)라고 하였다.

38) 질과 제 ~ 날까지다 : 공영달 소에 "夫人과 두 잉첩이 각각 姪娣를 데리고 있어 전체 6명이므로 셋째 날까지다"(以夫人及二媵各有姪娣, 凡六人, 故三日也)라고 하였다.

39) 여러 첩 : 여러 첩은 태어난 아이에게는 관계상 諸母가 된다.

40) 정수리 : 『예기주소』에 '囟'의 발음은 '信'(신)이라고 하였다. 그러나 '囟'이 『陳氏禮記集說』에서는 '囪'으로 『禮記集說大全』에서는 '窗'으로 되어 있다.

41) 종횡으로 ~ 것 : 공영달의 소에 다음과 같이 설명되어 있다. "『의례』에 '1척 정도를 헤아리는데 종횡으로 한다'(度尺而午)라고 하였고, 정현은 주에서 '한 번은 종으로 한 번은 횡으로 하는 것을 午라고 한다'(一從一橫曰午)라고 하였다. 오늘날 여아의 경우 머리를 자를 때 정수리 위에 있는 머리털을 종횡으로 각각 하나씩 남겨두어 서로 교차하여 통학한다. 그러므로 '午達'이라고 하는데, 양쪽 角이 서로 마주대하는 모양과 같지 않고, 다만 종횡으로 각각 하나씩 정수리 위에 있기 때문에 '羈'라고 한다. '羈'는 隻(두 짝으로 이루어진 것 가운데 한 쪽)이라는 뜻이다."(『儀禮』云: "度尺而午." 注云: "一從一橫曰午." 今女翦髮, 留其頂上縱橫各一, 相交通達. 故云'午達', 不如兩角相對, 但縱橫各一在頂上, 故曰羈. '羈'者, 隻也) 『예기정의』, 1005쪽 참조.

42) 窗 : 『陳氏禮記集說』에는 '囪'으로 되어 있고 발음이 '悤'(총)이라고 하였는데, 의미가 불분명하다. 여기서는 정현 주에 따라 '囟'의 오자로 보고 '囟' 곧 정수리의 뜻으로 해석한다.

43) 환공 ~ 태어났다 : 이 기사는 『춘추』 三傳에 모두 나온다.

44) 서고 : 문서와 圖籍을 수장하는 府庫이다.

45) 노나라 ~ 물었다 : 관련 내용은 『춘추좌씨전』, 桓公 6년 조 傳에 보인다.

46) 반열 : 주머니의 가선 장식이다.

47) 드리워진 ~ 같다 : 『詩』 「小雅 · 都人士」에 나온다. 공영달은 "남자와 여자는 鞶囊 이외에 다시 비단으로 장식을 하여 가선을 두르다. 이는 『춘추』, 桓公 2년 조 조목에서 칭한 '鞶裂'인 듯하다.…… 『좌전』에는 '鞶厲'로 되어 있는데, 정현은 이곳의 주에서 '鞶裂'이라고 하였다. 厲와 裂은 뜻이 같은 것이다." 이학근, 『예기정의』, 1012쪽 참조.

48) 기자백의 이름은 열수이니 : 『左傳』, 隱公 2년 조 傳에 "九月에 紀裂繻수가 와서 여자를 맞이하였다. 경이 군주를 위해서 맞이한 것이다"(九月, 紀裂繻來逆女. 卿爲君逆也)라고 하였다.

49) 육서 : 象形 · 會意 · 轉注 · 指事 · 假借 · 形聲을 가리킨다.

50) 구수 : 9가지의 계산법이다. 『주례』 「地官 · 保氏」에 "국자를 교육시키는 데 도로써 하여 그에게 육예를 가르친다.…… 여섯 번째가 구수이다"(養國子以道, 乃教之六藝.…… 六曰九數)고 하였다. 鄭司農은 "구수는 방전 · 속미 · 차분 · 소광 · 상공 · 균수 · 방정 · 영부족 · 방요이다"(九數, 方田 · 粟米 · 差分 · 少廣 · 商功 · 均輸 · 方程 · 贏不足 · 旁要)라고 하였다. 반듯하지 않는 토지를 방형으로 만들어 면적을 측정하는 법을 '方田'이라 한다. 변의 길이를 가지고 면적을 계산하는 방식이다. 찧지 않은 곡식을 粟이라고 한다. 여러 곡식이 균등하지 않기 때문에 속을 기준으로 삼는 것을 '粟米'라고 한다. 오늘날의 比例算法에 해당한다. 차등이 있는 물품을 공평하게 할당하는 것을 '差分'이라고 한다. '少廣'은 開方法으로서, 제곱근을 구하는 계산법이다. 방전의 계산법과 반대로 면적을 통해서 변의 길이를 계산하는 방식이다. '商'은 헤아린다는 뜻이다. 토목공사의 공정을 계산하는 법이다. '均輸'는 조세로 징수한 곡물을 운송할 때의 계산법이다. '贏'은 가득차다는 뜻이고, '不足'은 비어 있다는 뜻이다. 이 양자를 추산하여 그 적정분을 계산하는 것을 '贏不足'이라고 한다. '旁要'는 방정식의 계산법이다. 『三禮辭典』, 20쪽, '九數' 항목 참조.

51) 오사 : 射禮를 행할 때의 다섯 가지 활 쏘는 법이다. 白矢 · 參連 · 剡注 · 襄尺 · 井儀를 가리킨다. 『주례』 「地官 · 保氏」, 정현 주 및 가공언의 소 참조.

52) 오어 : 수레를 모는 다섯 가지 기술이다. 鳴和鸞 · 逐水曲 · 過君表 · 舞交衢 · 逐禽左를 가리킨다. 『주례』 「地官 · 保氏」, 정현 주 참조.

53) '작'은 ~ 뜻이다 : 이 말은 『詩經集傳』 「周頌 · 酌」의 傳에 나온다.

54) 물은 ~ 것이다 : 『朱子語類』 권105, 朱子二, 論自注書이다.

55) 고삐 ~ 하네 : 이 말은 『詩』 「邶風 · 簡兮」에 나온다.

예기역주 권13

# 옥조 제13
## 玉藻

정현鄭玄의 『예기목록禮記目錄』에서 말한다. "「옥조玉藻」라고 한 것은 천자가 면복冕服을 착용하는 일을 기록하였기 때문이다. 면冕의 술(旒)은 여러 채색이 있는 끈(藻紃)으로 만들며, 옥을 꿰어서 장식을 만든다. 이 편은 유향劉向의 『별록別祿』에서는 「통론通論」에 속해 있다." 鄭『目錄』云: "名曰「玉藻」者, 以其記天子服冕之事也. 冕之旒以藻紃爲之, 貫玉爲飾. 此於『別錄』屬「通論」."

이 편은 천자와 제후가 면冕·홀笏·패佩 등을 착용하는 여러 제도 및 예를 행하는 용모와 의절을 기록하였다. 此篇記天子·諸侯服冕·笏·佩諸制及行禮之容節.

**【옥조 1】**

천자는 조藻(채색 끈)에 옥을 꿰어 장식하고 12개의 술을 다는데, 면류관 덮개(延)의 앞뒤로 깊숙이 늘어뜨린다. 천자는 곤룡포(龍袞)를 입고서 종묘제사를 지낸다.

天子玉藻, 十有二旒, 前後邃延. 龍卷以祭.

**鄭注** 선왕을 제사지낼 때의 복장이다. 여러 가지 색채의 끈을 '조藻'라고 한다. 천자는 다섯 색채의 끈으로 술을 만드는데, 술이 12개이다. '앞뒤로 연을 깊숙이 한다'(前後邃延)는 것은 모두 면류관의 앞뒤로 내어 늘어뜨린다는 뜻인데, 천자의 경우에는 어깨높이와 나란하게 한다. '연延'은 면류관 위의 덮개이다. 겉은 검은색(玄)으로 하고 속은 옅은 분홍색(纁)으로 한다. '용곤龙卷'은 웃옷에 용을 그려 넣은 것이다. 어떤 본에는 글자가 '곤袞'으로 되어 있다. 祭先王之服也. 雜采曰'藻'. 天子以五采藻爲旒, 旒十有二. '前後邃延'者, 言皆出冕前後而垂也, 天子齊肩. '延', 冕上覆也. 玄表纁裏. '龍卷', 畫龍於衣. 字或作'袞'.

**集說** '옥玉'은 면류관의 앞뒤로 늘어뜨린 술의 옥이다. '조藻'는 여러 색깔의 실을 꼬아 만든 끈으로서 옥을 꿰는 것이다. 조藻로 옥을 꿰고 옥으로 조를 장식하므로 '옥조玉藻'라고 한 것이다. '수邃'는 깊다(深)는 뜻이다. '연延'은 면류관 위의 덮개로서, 겉은 검은색으로 하고 속은 분홍색으로 한다. '연의 앞뒤로 깊숙이 드리운다'(前後邃延)는 것은 앞뒤로 각각 12개의 술이 늘어뜨려져 깊숙이 내려오고, 연이 그 위에 있는 것을 말한다. '용곤龍袞'은 곤의袞衣에 용을 그려 넣은 것이다. '제사지낸다'(祭)는 것은 종묘제사를 지낸다는 뜻이다. 나머지는 「예기禮器」(29)에 설명이 보인다. '玉', 冕前後垂旒之玉也. '藻', 雜采絲繩之貫玉者也. 以藻穿玉, 以玉飾藻, 故曰'玉藻'. '邃', 深也. '延', 冕上覆也, 玄表而纁裏. '前後邃延'者, 言前後各有十二旒垂而深邃, 延在其上也. '龍袞', 畫龍於袞衣也. '祭', 祭宗廟也. 餘見「禮器」.

**【옥조 2】**

현면玄冕을 하고 동문 밖에서 춘분에 해에게 제사하고, 남문 밖에서 청삭聽朔의 예를 행한다.

玄端而朝日於東門之外, 聽朔於南門之外.

鄭注 '단端'은 '면冕'이 되어야 하는데, 글자의 잘못이다. 검은 웃옷에 면류관을 쓰는 것으로 면복冕服 가운데 낮은 등급이다. '해에 제사를 지낸다'(朝日)는 것은 춘분의 때를 가리킨다. '동문東門'과 '남문南門'은 모두 도성의 문이다. 천자의 묘廟 및 노침路寢은 모두 명당의 제도와 같이 만든다. 명당은 도성의 남쪽에 있다. 매달 그 계절의 당堂에 나아가[1] 청삭聽朔의 예를 행한다. 일을 마치고 돌아와 노침에 머물 때에도 그와 같이 한다. '端', 當爲'冕', 字之誤也. 玄衣而冕, 冕服之下. '朝日', 春分之時也. '東門'·'南門', 皆謂國門也. 天子廟及路寢, 皆如明堂制. 明堂在國之陽. 每月就其時之堂而聽朔焉. 卒事反宿路寢亦如之.

集說 '조일朝日'(해에게 제사함)은 춘분의 예이다. '청삭聽朔'[2]은 매달 초하루 정사를 시작하는 일을 듣는 예이다. '동문'과 '남문'은 모두 도성의 문을 가리킨다. ○ 소疏에서 말한다. "'단端'이 마땅히 '면冕'으로 되어야 함을 알 수 있는 것은 다음과 같은 이유 때문이다. 피변皮弁이 존귀하고, 그 다음은 제후의 조복朝服이고, 또 그 다음은 현단玄端이다. 제후는 피변으로 청삭의 예를 행하고, 조복으로 조회를 본다. 이는 조회를 볼 때의 복장이 청삭의 예를 행할 때의 복장보다 낮은 것이다. 이제 천자는 피변복으로 조회를 보는데, 만약 현단복으로 청삭의 예를 행한다면, 이는 청삭의 예를 행할 때의 복장이 조회를 볼 때의 복장보다 낮은 것이다. 또 청삭의 예는 크고, 조회를 보는 예는 작다. 그러므로 '단'은 '면'이 됨을 알 수 있으니, 현면을 가리킨다. 이는 면복[3] 가운데 낮은 등급이다. '朝日', 春分之禮也. '聽朔'者, 聽月朔之事也. '東

門'·'南門', 皆謂國門也. ○ 疏曰: "知'端'當爲'冕'者. 皮弁尊, 次則諸侯之朝服, 又其次玄端. 諸侯皮弁聽朔, 朝服視朝. 是視朝之服, 卑於聽朔. 今天子皮弁視朝, 若玄端聽朔, 則是聽朔之服, 卑於視朝. 且聽朔大視朝小. 故知'端'爲'冕', 謂玄冕也. 是冕服之下者.

**【옥조 3】**

윤달에는 문의 왼쪽 문짝을 닫고 그 가운데에 선다.

閏月則闔門左扉, 立于其中.

**鄭注** '윤월閏月'은 정규적인 달이 아니다. 명당의 문 안에서 곡삭의 예를 행하고 돌아와 노침의 문에 거처하여 한 달을 마친다. 무릇 청삭聽朔의 예를 행할 때에는 희생을 사용하고 그 달의 제帝 및 신神에게 고하는데 문왕과 무왕을 배향한다. '閏月', 非常月也. 聽其朔於明堂門中, 還處路寢門, 終月. 凡聽朔, 必以特牲, 告其帝及神, 配以文王·武王.

**集說** 정씨鄭氏(정현鄭玄)는 말한다. "천자의 묘廟 및 노침路寢은 모두 명당의 제도와 같이 만든다. 명당은 도성의 남쪽에 있다. 매달 그 계절의 당堂에 나아가 청삭聽朔의 예를 행한다. 일을 마치고 돌아와 노침에 머물 때에도 그와 같이 한다. '윤월閏月'은 정규적인 달이 아니다. 명당의 문 안에서 곡삭의 예를 행하고 돌아와 노침의 문에 거처하여 한 달을 마친다." ○ 소疏에서 말한다. "악태사樂太史는 '달을 마친다는 것은 한 달 동안 처리해야 하는 일을 한 달 안에 마침을 뜻하며, 평소에는 연침燕寢에 거처한다'고 하였다.[4] 황씨皇氏는 '명당에는 4개의 문이 있으므로 노침에도 4개의 문이 있다. 윤달에는 각각 그 계절에 해당하는 방향의 문에 거처한다'고 하였는데 뜻이 혹 그럴 듯하다." ○ 이제 살펴보건대, '문의 왼쪽 짝문을 닫는다'

(闔門左扉)는 것은 왼쪽은 양이고, 양은 올바른 것이다. (윤달은) 달의 올바른 것이 아니기 때문에 왼쪽을 닫고 오른쪽을 통해 다닌다. 鄭氏曰: "天子廟及路寢, 皆如明堂制. 明堂在國之陽. 每月就其時之堂而聽朔焉. 卒事反宿路寢. '閏月', 非常月也. 聽其朔於明堂門中, 還處路寢門, 終月." ○ 疏曰: "樂太史云, '終月, 謂終竟一月所聽之事於一月中耳, 尋常則居燕寢也.' 皇氏云: '明堂有四門, 卽路寢亦有四門. 閏月各居其時當方之門', 義或然也." ○ 今按, '闔門左扉'者, 左爲陽, 陽爲正. 以非月之正, 故闔左而由右.

**【옥조 4】**

피변을 하고 날마다 조회를 보고, 이어 그 복장으로5) 아침식사를 한다. 낮에는 준餕을 하는데 음악을 연주시키면서 먹는다. 날마다 소뢰의 식사를 하고, 매달 초하루에 태뢰의 식사를 한다. 다섯 가지 음료수를 마시는데 물을 가장 높이 여기고, 장漿·청주(酒)·단술(醴)·이酏(죽으로 빚은 단술)가 그 다음이다.

皮弁以日視朝, 遂以食. 日中而餕, 奏而食. 日少牢, 朔月大牢.① 五飮, 上水, 漿·酒·醴·酏.②

**鄭注** ① '준餕'은 아침 식사의 나머지를 먹는 것이다. '주奏'는 음악을 연주한다는 뜻이다. '餕', 食朝之餘也. '奏', 奏樂也.

② '상수上水'는 물이 가장 높은 것이 되고 나머지가 그 다음이 된다는 뜻이다. '上水', 水爲上, 餘其次之.

**集說** 피변皮弁복은 천자가 평소 조회를 볼 때의 복장으로서, 신하들도 이 복장을 같이 입는다. '낮에는 준을 한다'(日中而餕)는 것은 낮에 먹는 것은

바로 아침식사의 남은 것이라는 뜻이다. '주奏'는 음악을 연주한다는 뜻이다. '일日'은 평소(常日)이고, '삭월朔月'은 달의 초하루(月朔)이다. '상수上水'는 물을 가장 높은 것으로 여긴다는 뜻이다. 아래의 네 가지는 설명이 「내칙內則」(10, 49)에 보인다. ○ 소疏에서 말한다. "준餕을 할 때에도 오히려 음악을 연주하므로 아침식사에서 음악을 연주한다는 것을 알 수 있다." 皮弁服, 天子常日視朝之服也, 諸臣同此服. '日中而餕', 謂日中所食乃朝食之餘也. '奏', 作樂也. '日', 常日也, '朔月', 月朔也. '上水', 以水爲上也. 下四者, 說見「內則」. ○ 疏曰: "餕尙奏樂, 卽朝食奏樂, 可知."

**【옥조 5】**

식사를 마치고, 현단복을 입고 거처한다. 행동을 하면 좌사左史가 그것을 기록하고, 말을 하면 우사右史가 그것을 기록한다. 어고御瞽는 성聲의 높고 낮음을 살핀다. 한 해에 풍년이 들지 못하면 천자는 소복素服[6]을 입고, 소거素車[7]를 타고, 식사할 때에 음악이 없다.

卒食, 玄端而居.① 動則左史書之, 言則右史書之.② 御瞽幾聲之上下.③ 年不順成, 則天子素服, 乘素車, 食無樂.④

**鄭注** ① 천자는 현단복을 입고 사생활을 한다. 天子服玄端燕居也.

② 그 기록 가운데, 『춘추』와 『서書』가 남아 있는 것이다. '其書', 『春秋』·『尙書』其存者.

③ '고瞽'는 악인樂人이다. '기幾'는 살핀다(察)는 뜻과 같다. 그 슬픔과 즐거움을 살피는 것이다. '瞽', 樂人也. '幾', 猶察也, 察其哀樂.

④ 자신에게 하는 것을 낮추고 줄이는 것이다. 自貶損也.

集說 현단복은 설명이 「내칙」(2)에 보인다. '현玄'은 그윽하고 어두운 색깔로서, 휴식을 취하면서 어두워질 때에 입는 것이 의리상 타당하다. '어고御瞽'는 (천자를) 모시고 있는 악공이다. '기幾'는 살핀다(察)는 뜻으로 음악 소리의 높낮이를 살펴서 그것으로 정치적 명령의 득실을 안다. 이 이상은 모두 천자의 예이다. 玄端服, 說見「內則」. '玄'者, 幽陰之色, 宴息向晦而服之, 於義爲得也. '御瞽', 侍御之樂工也. '幾', 察也, 察樂聲之高下, 以知政令之得失也. 此以上皆天子之禮.

**【옥조 6】**

제후는 현면玄冕을 하고서 제사를 지내고, 비면裨冕을 하고서 조회를 보고, 피변皮弁을 하고서 태묘에서 청삭聽朔의 예를 행하고, 조복朝服을 하고서 매일 내조內朝에서 조회를 본다.

諸侯玄端以祭,① 裨冕以朝,② 皮弁以聽朔於大廟,③ 朝服以日視朝於內朝.④

鄭注 ① 선군先君을 제사지내는 것이다. '단端'은 또한 '면冕'이 되어야 하는데, 글자 상의 잘못이다. 제후가 종묘에 제사지낼 때의 복장은 오직 노나라만이 천자와 같다. 祭先君也. '端', 亦當爲'冕', 字之誤也. 諸侯祭宗廟之服, 唯魯與天子同.

② 천자를 조회하는 것이다. 비면裨冕의 경우 공公은 곤면袞冕이고, 후侯와 백伯은 별면鷩冕이고, 자子와 남男은 취면毳冕이다. 朝天子也. 裨冕, 公袞, 侯・伯鷩, 子・男毳也.

③ '피변皮弁'은 천자보다 낮추는 것이다. '皮弁', 下天子也.

④ '조복朝服'은 현관玄冠·현단玄端·소상素裳을 하는 것이다. 이곳의 '내조內朝'는 노침의 문밖에 있는 정조正朝이다. 천자와 제후는 모두 3개의 조정이 있다. '朝服', 冠玄端素裳也. 此'內朝', 路寢門外之正朝也. 天子·諸侯, 皆三朝.

**集說** 비면裨冕[8]의 경우 공公은 곤면袞冕이고, 후侯와 백伯은 별면鷩冕이고, 자子와 남男은 취면毳冕이다. '조朝'는 천자를 뵙는 것이다. 제후는 현관玄冠·치의緇衣·소상素裳으로 조복을 삼는다. 무릇 조정에서는 군주와 신하가 신분에 상관없이 복장을 똑같이 한다. 다만 사士의 복장은 '현단玄端'이라고 하는데 소매의 넓이가 2척 2촌이기 때문이다. 대부 이상은 모두 소매를 넉넉하게 하여 3척 3촌으로 한다. ○ 방씨方氏는 말한다. "천자가 남문에서 청삭의 예를 행하는 것은 하늘에서 받았음을 보이는 것이고, 제후가 태묘에서 청삭의 예를 행하는 것은 조상에게 받았음을 보여주는 것으로 그것이 유래한 곳으로 거슬러 올라가는 것이다. 천자와 제후는 모두 3개의 조정이 있다. 외조外朝는 고문庫門의 밖에 있고, 치조治朝는 노문路門의 밖에 있고, 내조內朝는 노문의 안에 있는데 또한 '연조燕朝'라고도 한다." 裨冕, 公袞, 侯·伯鷩, 子·男毳也. '朝', 見天子也. 諸侯以玄冠·緇衣·素裳爲朝服. 凡在朝君臣上下同服. 但士服則謂之'玄端', 袂廣二尺二寸故也. 大夫以上, 皆侈袂, 三尺三寸. ○ 方氏曰: "天子聽朔於南門, 示受之於天, 諸侯聽朔於太廟, 示受之於祖, 原其所自也. 天子·諸侯, 皆三朝. 外朝在庫門之外, 治朝在路門之外, 內朝在路門之內, 亦曰'燕朝'也."

**【옥조 7】**

조회하러 들어갈 때 신하는 안색을 바르게 하고 비로소 응문에 들어간다. 군주는 해가 뜨면 조회를 보며 군신群臣을 만나고, 물러나 노침路寢에 가서 정사를 듣고, 사람을 시켜 대부를 만나보게 하고, 대부가 물러난 후에 소침小寢에 가서 조복朝服(피변복)을 벗고 현단玄端복을 입는다.

朝, 辨色始入.① 君日出而視之, 退適路寢聽政, 使人視大夫, 大夫退, 然後適小寢釋服.②

**鄭注** ① 군신群臣의 경우를 말한 것이다. '들어간다'(入)는 것은 응문應門에 들어간다는 뜻이다. '변辨'은 올바르다(正) · 변별한다(別)는 뜻과 같다. 群臣也. '入', 入應門也. '辨', 猶正也 · 別也.

② '소침小寢'은 연침燕寢의 뜻이다. '옷을 벗는다'(釋服)는 것은 현단玄端복을 입는다는 뜻이다. '小寢', 燕寢也. '釋服', 服玄端.

**集說** 신하는 들어갈 때 항상 먼저 들어가고 군주는 나올 때 항상 뒤에 나오는 것은 존비의 예가 그러한 것이다. 조회를 보면서 군신群臣을 만나는 것은 상하의 정을 소통시키기 위한 것이고, 정사를 듣는데 노침에 가서 듣는 것은 가부의 계책을 결정하기 위한 것이다. '옷을 벗는다'(釋服)는 것은 조복朝服을 벗는다는 뜻이다. 臣入常先, 君出常後, 尊卑之禮然也. 視朝而見群臣, 所以通上下之情, 聽政而適路寢, 所以決可否之計. '釋服', 釋朝服也.

**【옥조 8】**

또 조복朝服을 하고서 식사를 하는데, 특생特牲으로 하며, 3조俎를 차려놓고 폐로 고수레를 한다. 저녁에는 심의深衣를 입고 식사를 하는데, 특생의 남은 고기로 고수레를 한다. 매달 초하루에는 소뢰少牢로 식사를 하는데, 5조俎에 4궤簋를 차려놓는다. 자일子日과 묘일卯日에는 기장밥을 먹고 나물국을 먹는다. 부인夫人은 군주와 주방을 같이한다.

又朝服以食, 特牲, 三俎, 祭肺.① 夕深衣, 祭牢肉.② 朔月, 少牢, 五俎四簋.③ 子·卯, 稷食, 菜羹.④ 夫人與君同庖.⑤

**鄭注** ① 식사를 할 때 반드시 다시 조복을 입는 것은 몸을 보양하기를 공경히 하기 위함이다. '3조俎'는 돼지(豕)·생선(魚)·포(腊)를 가리킨다. 食必復朝服, 所以敬養身也. '三俎', 豕·魚·腊.

② '특생特牲의 남은 고기로 고수레를 한다'(祭牢肉)는 것은 희생을 처음 죽여서 식사할 때 고수레하는 부위와 달리하는 것이다. 천자의 경우에는 '낮'(日中)이라고 하였고 제후의 경우에는 '저녁'(夕)이라고 하였으며, 천자의 경우에는 '준餕'이라고 하였고 제후의 경우에는 '제뇌육祭牢肉'이라고 한 것은 천자와 제후가 서로 함께하는 것이다. '祭牢肉', 異於始殺也. 天子言'日中', 諸侯言'夕', 天子言'餕', 諸侯言'祭牢肉', 互相挾.

③ '5조俎'는 3조에 양羊과 그 양의 창자와 위를 더한 것이다. 매달 초하루에는 4궤簋이므로 평일에는 양粱과 도稻 각각 1궤簋를 먹을 뿐이다. '五俎', 加羊與其腸胃也. 朔月四簋, 則日食粱稻各一簋而已.

④ 기일에는 줄이는 것이다. 忌日貶也.

⑤ 특별히 줄이지 않는다는 뜻이다. 不特殺也.

**集說** '3조三俎'는 한 마리의 어린 돼지(特豕)·생선(魚) 그리고 포(腊)이다. 주인周人은 폐肺로 고수레를 하였다. '석夕'은 저녁 식사를 말한다. '뢰육牢肉'은 곧 특생特牲의 남은 것이다. '5조五俎'는 3조에 양羊과 그 창자와 위를

더한 것이다. '궤簋'는 서黍와 직稷을 담는 그릇으로, 평소에는 2궤를 먹는데 매달 초하루에는 4궤를 먹는다. '자子'와 '묘卯'는 설명이 「단궁하檀弓下」(70)에 보인다. 부인에게는 특별히 줄이지 않는다. 그러므로 '군주와 주방을 함께한다'(與君同庖)고 한 것이다. '三俎', 特豕·魚·腊也. 周人祭肺. '夕', 夕食也. '牢肉', 卽特牲之餘也. '五俎', 加羊與其腸胃也. '簋', 盛黍稷之器, 常食二簋, 月朔則四簋也. '子'·'卯', 說見「檀弓」. 夫人不特殺. 故云'與君同庖'也.

**【옥조 9】**

군주는 일 없이 소를 죽이지 않고, 대부는 일 없이 양을 죽이지 않고, 사士는 일 없이 개와 돼지를 죽이지 않는다. 군주는 푸줏간을 멀리하여 모든 혈기 있는 동물을 몸소 죽이지 않는다. 8월이 되도록 비가 내리지 않으면 군주는 (희생을 잡아 음식을 모두 갖추는) 정식의 식사를 하지 않는다.

君無故不殺牛, 大夫無故不殺羊, 士無故不殺犬豕.① 君子遠庖廚, 凡有血氣之類, 弗身踐也.② 至于八月不雨, 君不擧.③

**鄭注** ① '일'(故)은 제사 등을 가리킨다. '故', 謂祭祀之屬.

② '천踐'은 마땅히 '전翦'이 되어야 하는데 발음상의 잘못이다. '전翦'은 죽인다(殺)는 뜻과 같다. '踐', 當爲'翦', 聲之誤也. '翦'猶殺也.

③ 가뭄의 재변 때문이다. 이는 건자建子(11월)의 달에 비가 내리지 않은 것이 건미建未(6월)의 달까지 계속되는 것을 가리킨다. 『춘추』의 의법에 주나라의 봄과 여름에 비가 내리지 않는 것은 재변이 되지 않지만 가을 이삭이 펴 여물 때까지도 비가 내리지 않으면 우제雩祭를 지내고, 우제를 지내어

비가 내리면 '우雩'라고 기록하여 제사가 유익함이 있음을 기뻐하고, 기우제를 지냈는데도 비가 내리지 않으면 '한旱'이라고 기록하여 재변이 일어났음을 밝힌다. 爲旱變也. 此謂建子之月不雨至建未月也. 『春秋』之義, 周之春夏無雨, 未能成災, 至其秋秀實之時而無雨則雩, 雩而得之則書'雩', 喜祀有益也, 雩而不得則書'旱', 明災成也.

**集說** 천자의 경우 반찬으로 6가지 희생을 사용하므로 일이 없어도 소를 죽인다. 이 경문은 제후의 경우를 말한 것이다. 천자의 대부는 일이 있으면 소를 죽일 수 있다. 이 경문에서 '일 없이 양을 죽이지 않는다'(無故不殺羊)고 한 것은 제후의 대부를 가리켜 말한 것이다. '일'(故)은 제사와 빈객에게 연향宴饗을 베풀어 대접하는 예를 가리킨다. 제사지내는 예에 "희생을 활로 쏘아 죽인다"(射牲)[9]는 문장이 있다. 이 경문에서 '몸소 죽이지 않는다'(弗身踐)고 한 것은 또한 평상시의 경우를 말한 것이다. '8월'(八月)은 오늘날의 6월이다. 희생을 죽여 음식을 성대하게 정식으로 차리는 것을 '거擧'(정식으로 식사함)라고 한다. 天子膳用六牲, 則無故亦殺牛. 此言國君也. 天子之大夫有故, 得殺牛. 此'無故不殺羊', 謂諸侯之大夫也. '故', 謂祭祀及賓客饗食之禮也. 祭禮有"射牲"之文. 此言'弗身踐', 亦謂尋常也. '八月', 今之六月. 殺牲盛饌曰'擧'.

**【옥조 10】**

한 해에 곡물이 순조롭게 성숙하지 않으면 군주는 베옷을 입고, 사의 홀을 꽂고, 관문과 택량에서 조세를 거두지 않고, 산림과 천택을 개방하여 세금을 부과하지 않고, 토목공사를 일으키지 않으며, 대부는 거마를 새로 제작하지 못한다.

年不順成, 君衣布, 搢本, 關梁不租, 山澤列而不賦, 土功不興, 大夫不得造車馬.

**鄭注** 모두 흉년의 재변 때문이다. '군주는 베옷을 입는다'(君衣布)는 것은 위衛나라 문공文公이 성긴 베옷을 입고 두꺼운 거친 비단의 관을 쓴 것[10]이 이것이다. '진본搢本'은 정珽·서荼[11]를 없애고 사의 홀笏을 찬다는 뜻이다. 사는 대나무로 홀을 만들고 밑을 상아로 장식한다. '관문과 택량에서 조세를 거두지 않는다'(關梁不租)는 것은 주나라의 예이다. 은나라에서는 (흉년이 아니라도) 관문에서 항상 기찰은 하지만 조세를 징수하지 않았다. '열列'은 막는다는 뜻이다. 비록 세금을 부과하지는 않지만 여전히 금지령을 행하여 제 시기가 아니면 취할 수 없는 것이다. '조造'는 새로운 것을 만든다는 뜻이다. 皆爲凶年變也. '君衣布'者, 謂若衛文公大布之衣, 大帛之冠, 是也. '搢本', 去珽·荼, 珮士笏也. 士以竹爲笏, 飾本以象. '關梁不租', 此周禮也, 殷則關恒譏而不征. '列'之言, 遮列也. 雖不賦, 猶爲之禁, 不得非時取也. '造', 謂作新也.

**集說** '의포衣布'는 몸에 베옷을 착용한다는 뜻이다. 사는 대나무로 홀을 만들고 상아로 그 밑을 장식한다. '진搢'은 꽂는다(揷)는 뜻으로, 군주가 사의 홀을 꽂는다는 뜻이다. '관關'은 관문을 가리키고, '량梁'은 택량을 가리킨다. '부조不租'는 조세를 거두지 않는다는 뜻이다. '열列'은 마땅히 '열迾'이 되어야 한다. 차단하고 막는다(遮遏)는 뜻이다. 『주례』에는 산우山虞가 그 금지령을 관장하는데,[12] 정중鄭重이 "(려厲는) 막고서 지킨다는 뜻이다"([厲,] 遮列守之)라고 한 것이 그것이다. 흉년에는 비록 산림과 천택에 대하여 부세賦稅를 거두지 않지만, 여전히 시기가 아닌데 채취하는 것은 반드시 막는 것이다. '조造'는 새로 제작함이 있다는 뜻이다. 이는 모두 흉년이 들었기 때문에 윗사람이 절검하고 덜어서 그 아랫사람들에게 여유를 주고 베푸

는 것이다. '衣布', 身著布衣也. 士以竹爲笏, 而以象飾其本. '搢', 揷也, 君揷士之笏也. '關', 謂門關, '梁', 謂澤梁. '不租', 不收租稅也. '列', 當作'迾'. 遮遏之義. 『周禮』山虞掌其厲禁, 鄭云: "遮列守之", 是也. 凶年雖不收山澤之賦, 猶必遮迾其非時采取者. '造', 新有製作也. 此皆爲歲之凶, 故上之人節損, 以寬貸其下也.

**【옥조 11】**

복인卜人은 점에 사용되는 거북의 종류를 결정하고, 사史는 먹으로 거북에 선을 그어 길조를 구하고[13], 군주는 균열된 형태를 보고 길흉을 결정한다.

卜人定龜,① 史定墨,② 君定體.③

**鄭注** ① 영靈과 역射[14] 등 사용해야 하는 거북의 종류를 가리킨다. 謂靈·射之屬, 所當用者.

② 거북 껍질이 갈라지는 것을 살펴보는 것이다. 視兆坼也.

③ 균열된 것의 얻은 결과를 살펴보는 것이다. 주공은 "체體(균열된 형태)를 보니 왕께서는 해가 없을 것입니다"[15]라고 하였다. 視兆所得也. 周公曰: "體, 王其無害."

**集說** 『주례』에 귀인龜人이 관장하는 바는 천지와 사방 등 여섯 가지의 구분이 있는데, 각각 방위의 색깔과 형태로 변별하며, 점치는 사안에 따라 각각 적당하게 사용하는 바가 있다. 이것이 이른바 '복인은 점에 사용되는 거북의 종류를 결정한다'(卜人定龜)는 것이다. '사史는 먹으로 거북에 선을 그어 길조를 구한다'(史定墨)는 것은 무릇 점을 칠 때에는 반드시 먹으로 거북에 선을 그어서 길조를 구하고, 이어서 그곳에 구멍을 뚫어 그 갈라지는

것을 관찰한다. 만약 먹을 따라 갈라지는 것이 크면 '조광兆廣'이라고 하고, 만약 균열이 사방으로 갈라져 가늘게 나오면 그것을 '문탁璺拆'이라고 하고 또한 '조문兆璺'이라고도 한다. 운서韻書에 따르면, '문璺'은 음이 '문問'으로서, 그릇이 깨졌지만 아직 떨어져나가지 않은 것의 명칭이다. '체體'는 조상兆象(균열된 형상)의 구체적 형태이다. '정定'은 그 길흉을 결정한다는 뜻이다. ○ 소疏에서 말한다. "존귀한 자는 큰 것을 살피고, 비천한 자는 작은 것을 살핀다"고 하였다. 『周禮』龜人所掌有天地四方六者之異, 各以方色與體辨之, 隨所卜之事, 各有宜用. 所謂'卜人定龜'也. '史定墨'者, 凡卜必以墨畫龜, 以求吉兆, 乃鑽之以觀其所拆. 若從墨而拆大, 謂之'兆廣', 若裂其旁岐, 細出, 則謂之'璺拆', 亦謂之'兆璺'. 韻書'璺', 音'問', 器破而未離之名也. '體'者, 兆象之形體. '定'謂決定其吉凶也. ○ 疏曰: "尊者視大, 卑者視小."

**【옥조 12】**

군주의 제거齊車에는 새끼 양의 가죽으로 만든 수레덮개(幦)와 호랑이 가죽으로 만든 가선(犆)을 장식하고, 대부의 제거에는 사슴의 가죽으로 만든 수레덮개와 표범의 가죽으로 만든 가선을 장식하는데, 대부의 조거朝車도 똑같이 한다. 사의 제거에는 사슴의 가죽으로 만든 수레덮개와 표범의 가죽으로 만든 가선을 장식한다.
君羔幦, 虎犆,① 大夫齊車鹿幦, 豹犆, 朝車. 士齊車鹿幦, 豹犆.②

鄭注 ① '멱幦'은 복령覆笭[16]이다. '직犆'은 모두 '직도이행直道而行'[17]이라고 할 때의 '직直'으로 읽는데, '직直'은 가선(緣)을 가리킨다. 이는 군주의 제거齊車에 대한 장식이다. '幦', 覆笭也. '犆', 讀皆如'直道而行'之'直', '直'謂緣也.

此君齋車之飾.

② 신하의 조거朝車는 제거齊車와 장식을 똑같이 한다. 臣之朝車與齊車同飾.

集說 '멱幦'은 수레의 가름대(軾)를 덮는 가죽이다. '직犆'은 가선(緣)이다. 군주의 제거齊車[18]는 새끼 양의 가죽으로 가름대(軾)를 덮고, 호랑이 가죽으로 가선을 장식한다. '조거朝車'[19]는 또한 대부의 조거를 가리키는 것이다. 아래 문장에 두 번 '제거'를 언급하였기 때문에 위의 말이 군주의 제거에 대한 것임을 알 수 있다. '幦'者, 覆軾之皮. '犆', 緣也. 君之齊車, 以羔皮覆軾, 而緣以虎皮. '朝車', 亦謂大夫之朝車. 以下文兩言'齊車', 故知上爲君齊車也.

**【옥조 13】**

군자가 거처할 때에는 항상 출입문(戶)을 마주하고, 잠을 잘 때에는 항상 머리를 동쪽으로 둔다. 만약 매서운 바람, 사나운 천둥, 폭우가 내리면 반드시 용모를 바꾸어, 비록 한밤중이라도 반드시 일어나 옷과 관을 갖추어 입고 앉는다.

君子之居恒當戶,① 寢恒東首.② 若有疾風·迅雷·甚雨, 則必變, 雖夜必興, 衣服冠而坐.③

鄭注 ① 밝음을 향하는 것이다. 鄉明.

② 머리는 기운을 낳기 때문이다. 首生氣也.

③ 하늘의 노여움에 공경히 하는 것이다. 敬天之怒.

集說 밝은 쪽을 향하여 거처하고 생기에 순응하여 누우며 하늘의 위엄을 공경하여 용모를 바꾸는 것은, 무릇 예를 아는 자라면 모두 이와 같이 해야 하는 것이요, 지위를 갖고 있는 자만이 그런 것이 아니다. 그러므로 군자의

경우로 말한 것이다. 向明而居, 順生氣而卧, 敬天威而變, 凡知禮者皆當如是, 不但有位者也. 故以君子言.

**【옥조 14】**

하루에 다섯 번 손을 씻는다. 기장(稷)의 뜨물로 머리를 감고 차조(粱)의 뜨물로 얼굴을 씻는데, 빗은 백리목으로 만든 빗을 사용하고, 머리카락이 마르면 상아로 만든 빗을 사용한다. (머리를 감은 후에는) 술을 마시고 음식(羞)을 먹는데, 악공이 이때 당에 올라가 노래한다.

日五盥. 沐稷而靧粱, 櫛用樿櫛, 髮晞用象櫛. 進禨[20]進羞, 工乃升歌.

**鄭注** '희晞'는 마르다는 뜻이다. 머리를 감고 얼굴을 씻을 때 반드시 술을 올리고 음악을 연주하는 것은 기운을 북돋기 위한 것이다. '음식을 든다'(進羞)고 바꾸어 말한 것은 변籩과 두豆에 담은 음식임을 밝힌 것이다. '晞', 乾也. 沐靧必進禨作樂, 盈氣也. 更言'進羞', 明爲羞籩豆之實.

**集說** '관盥'은 손을 씻는다는 뜻이다. '목직沐稷'은 직稷(기장의 일종)을 일은 물로 머리를 감는다는 뜻이다. '회양靧粱'은 양粱(조의 일종)을 일은 물로 얼굴을 씻는다는 뜻이다. '전즐樿櫛'은 백리목으로 만든 빗이다. '희晞'는 마르다는 뜻이다. '상즐象櫛'은 상아로 만든 빗이다. 머리카락이 축축하면 미끄러우므로 나무로 만든 빗을 사용하고, 마르면 뻑뻑하므로 상아로 만든 빗을 사용한다. 머리를 감고 나서 술을 마시는 것을 '기禨'라고 한다. '음식'(羞)은 곧 변籩과 두豆에 담은 음식이다[21]. 악공이 이때 당에 올라가 금슬을

타면서 노래함은 화평한 음식으로 채우고 또 화평한 음악으로 감동시키는 것으로서, 모두 새롭게 머리를 감아서 기운이 허해졌기 때문에 그 보양을 이루는 것이다. '盥', 洗手也. '沐稷', 以淅稷之水洗髮也. '靧粱'以淅粱之水洗面也. '櫛櫛', 白木梳也. '晞', 乾也. '象櫛', 象齒梳也. 髮濕則滑, 故用木梳, 乾則澁, 故用象櫛也. 沐而飮酒曰'禨'. '羞'則籩豆之實也. 工乃升堂以琴瑟而歌焉, 旣充之以和平之味, 又感之以和平之音, 皆爲新沐氣虛, 致其養也.

**【옥조 15】**

몸을 씻을 때에는 수건 2개를 사용하는데, 상체에는 고운 갈포로 만든 수건을 사용하고, 하체에는 거친 갈포로 만든 수건을 사용한다. 욕탕을 나와 누런 띠풀로 엮은 자리 위에서 탕의 물로 발의 때를 씻고, 부들로 엮은 자리에 서서 베옷을 입고 몸을 말려 깨끗하게 하고, 이에 신을 신고, 술을 마신다.

浴用二巾, 上絺下綌.① 出杅, 履蒯席, 連用湯,② 履蒲席, 衣布晞身, 乃屨, 進飮.③

鄭注 ① 때를 씻어 제거하는 것이다. 刷去垢也.

② '우杅'은 목욕하는 그릇이다. 누런 띠풀로 엮은 자리(蒯席)는 껄끄러워서 발을 씻는 데에 편리하다. '연連'은 풀어서 제거한다(釋)는 뜻과 같다. '杅', 浴器也. 蒯席澁, 便於洗足也. '連', 猶釋也.

③ '술을 마신다'(進飮)는 것은 또한 기운을 채우는 기 위한 것이다. '進飮', 亦盈氣也.

集說 '우杅'는 목욕하는 대야(浴盤)이다. '리履'는 밟는다(踐)는 뜻이다. '괴석蒯席'은 누런 띠풀로 엮은 자리다. '연湅'은 씻는다(洗)는 뜻이다. 누런 띠풀로 엮은 자리에 올라 탕의 물로 그 발의 때를 씻어내고, 그런 뒤에 부들로 엮은 자리에 서서 베로 그 몸을 말려 깨끗하게 하고, 다시 신을 신고 술을 마신다. '杅', 浴盤也. '履', 踐也. '蒯席', 蒯草之席也. '湅', 洗也. 履蒯席之上而以湯洗其足垢, 然後立於蒲席而以布乾潔其體, 乃著屨而進飮也.

**【옥조 16】**

대부가 군주의 처소에 갈 때에는 하루 전에 재계하여, 외침外寢22)에 거처하고, 목욕을 한다. 사史가 상홀象笏(상아로 만든 홀)을 올리면, 대부는 거기에 군주에게 보고하려고 생각한 내용, 대답할 내용, 군주의 명령을 기록한다.

將適公所, 宿齊戒, 居外寢, 沐浴. 史進象笏, 書思·對·命.

鄭注 '사思'는 생각하고 있는 바로서 장차 군주에게 보고하고자 하는 내용이다. '대對'는 군주에게 대답하기 위한 것이다. '명命'은 군주에게서 받은 명령이다. 홀에다 그것을 기록하는 것은 잊어버릴 것을 대비해서이다. '思', 所思念, 將以告君者也. '對', 所以對君者也. '命', 所受君命者也. 書之於笏, 爲失忘也.

集說 대부에게 사史가 있는 것은 대체로 문사文史의 일을 관장하기 위함이요, 사관史官에 비견되는 것은 아니다. '사思'는 마음속에 생각하고 있는 바로서 군주에게 고하려는 일을 가리킨다. '대對'는 군주가 만약 질문하는 것이 있을 경우 대답할 말을 가리킨다. '명命'은 군주가 명령한 바로서 마땅히

받들어 행해야 할 내용을 가리킨다. 이 세 가지를 모두 홀에다 기록한다. 그러므로 '보고하려고 생각한 내용, 대답할 내용 그리고 군주의 명령을 기록한다'(書思 · 對 · 命)고 한 것이다. 모두 공경하고 삼가기를 극진하게 하는 것으로 혹시라도 잊어버릴까 염려함을 뜻한다. 大夫之有史, 蓋掌文史之事耳, 非史官之比也. '思', 謂意所思念, 欲告君之事. '對', 謂君若有問則對答之辭. '命', 謂君所命令當奉行者. 此三者皆書之於笏. 故曰'書思 · 對 · 命'. 皆謂敬謹之至, 恐或遺忘也.

**【옥조 17】**

조복朝服을 착용하고 나서 용모와 의관儀觀(예절을 갖춘 모양), 차고 있는 옥의 소리를 점검하고, 이어서 출발한다. 사조私朝에서 (가신들과) 읍례를 할 때 그 위의가 빛나고, 수레에 오를 때에는 더욱 성대하게 빛을 발한다.

旣服, 習容觀 · 玉聲,① 乃出. 揖私朝, 煇如也, 登車則有光矣.②

**鄭注** ① '옥玉'은 몸에 차는 옥이다. '玉', 佩.

② '사조私朝'는 대부 자신의 가家의 조정이다. 자신의 가신들에게 읍례揖禮를 하고서 출발한다. '私朝', 自大夫家之朝也. 揖其臣, 乃行.

**集說** '복장을 이미 갖추었다'(旣服)는 것은 조복을 착용하는 일이 끝났다는 뜻이다. '용관容觀'은 용모와 의관儀觀(예절을 갖춘 모양)이다. '옥성玉聲'은 차고 있는 옥의 소리다. '사조에서 읍례을 한다'(揖私朝)는 것은 그의 가신들과 더불어 읍례를 하고 나서 군주를 조현朝見하러 간다는 뜻이다. '휘煇'와 '광光'은 모두 덕스러운 용모가 발산되는 것이 성대한 모습인데, '광'은 '휘'보다 더욱 성대한 것이다. '旣服', 著朝服畢也. '容觀', 容貌儀觀也. '玉聲', 佩玉

之聲也. '揖私朝', 與其家臣揖, 而往朝于君也. '煇'與'光', 皆言德容發越之盛, '光'則又盛於'煇'矣.

【옥조 18】

천자는 정珽(옥홀)을 꽂으니 천하에 방정한 도를 보이는 것이다.

天子搢珽, 方正於天下也.

鄭注 이것은 또한 홀이다. '정珽'이라고 한 것은 '정'의 의미가 정연珽然하여 굽은 바가 없음을 뜻하기 때문이다. 어떤 이는 '대규大圭'라고도 하는데, 길이가 3척이며 위쪽을 베틀 북처럼 뾰족하게 깎고 머리 부분을 종규終葵 망치 모양으로 한다. '머리를 종규 모양으로 한다'(終葵首)는 것은 위쪽을 뾰족하게 깎은 상태에서 또 그 머리 부분을 (몸체보다) 넓게 하여 망치의 머리 부분과 같이 네모반듯하게 함인데, 이것은 굽은 바가 없고 뒤쪽은 항상 곧음을 뜻한다. 『상옥서相玉書』에 "정옥珽玉은 6촌으로 밝음이 (안에서) 자체로 빛난다"라고 하였다. 此亦笏也. 謂之'珽', '珽'之言珽然無所屈也. 或謂之'大圭', 長三尺, 杼上, 終葵首. '終葵首'者, 於杼上又廣其首, 方如椎頭, 是謂無所屈, 後則恒直. 『相玉書』曰: "珽玉六寸, 明自炤."

集說 '진搢'은 꽂는다(揷)는 뜻이다. '정珽' 역시 홀笏로서 『주례』「고공기考工記 · 옥인玉人」에서 "대규大圭[23]는 길이가 3척이다"라고 한 것이 그것을 가리킨다. 정연珽然하여 굽은 바가 없기 때문에 '정珽'이라고 한 것으로, 대개 단정하고 방정한 도를 천하에 보이는 것이다. '搢', 揷也. '珽', 亦笏也, 卽「玉人」所謂, "大圭, 長三尺"者, 是也. 以其珽然無所詘, 故謂之'珽', 蓋以端方正直之道, 示天下也.

【옥조 19】

제후는 서荼를 꽂는데, 앞쪽은 굽어 있고 뒤쪽은 곧으니 천자에게 겸양함을 보이는 것이다.

諸侯荼, 前詘後直, 讓於天子也.

鄭注 '서荼'는 '서지舒遲(더디고 느리다)'라고 할 때의 '서舒'로 읽는다. 더디고 유순한 것은 두려워하는 바가 앞에 있기 때문이다. '굴詘'은 그 머리 부분을 둥글게 깎아서 망치 머리 부분처럼 네모반듯하게 만들지 않음을 뜻한다. 제후는 오직 천자에게만 굽힌다. 이 때문에 홀笏을 서荼라고 하는 것이다. '荼', 讀爲'舒遲'之'舒'. 舒懦者, 所畏在前也. '詘', 謂圜殺其首, 不爲椎頭. 諸侯唯天子詘焉. 是以謂笏爲荼.

集說 '서荼'는 더디고 느리다(舒遲)는 의미다. 앞에 두려워하는 바가 있으면 그 나아가는 것이 더디고 느린 것이다. 제후의 홀이 앞쪽이 굽어 있는 것은 그 머리 부분을 둥글게 깎았기 때문이다. 뒤쪽이 곧은 것은 아래 모서리가 정방형이기 때문이다. 그가 천자에게 겸양하기 때문에 그 위쪽을 깎아내는 것이다. '荼'者, 舒遲之義. 前有所畏, 則其進舒遲. 諸侯之笏, 前詘者, 圓殺其首也. 後直者, 下角正方也. 以其讓於天子, 故殺其上也.

【옥조 20】

대부의 홀은 앞쪽도 굽어 있고 뒤쪽도 굽어 있으니, 겸양하지 않는 바가 없음을 보이는 것이다.

大夫前詘後詘, 無所不讓也.

鄭注 '대부'는 군주의 명령을 받들어 출입하는 자로서 위로는 천자가 있고 아래로는 자신의 군주가 있기 때문에 또한 그 아래를 깎아내서 둥글게 만든다. '大夫', 奉君命出入者也, 上有天子, 下有己君, 又殺其下而圜.

集說 대부는 위로는 천자가 있고 아래로는 자신의 군주가 있다. 그러므로 홀의 아래 모서리도 깎아내서 둥글게 만든다. 겸양하지 않는 바가 없음을 보이는 것이다. 大夫上有天子, 下有己君. 故笏之下角, 亦殺而圜. 示無所不讓也.

**【옥조 21】**

모시고 앉을 때에는 반드시 물러나 옆자리에 앉고, 물러나지 못할 경우 반드시 뒤쪽으로 끌어당겨서 군주의 친족을 피한다.
侍坐則必退席, 不退則必引而去君之黨.

鄭注 '인引'은 물러난다(卻)는 뜻이다. '당黨'은 향鄕 가운데 작은 것이다. '퇴退'는 옆이다. 군주의 친족을 피하는 것이다. '引', 卻也. '黨', 鄕之細者. '退', 謂旁側也. 辟君之親黨也.

集說 신하가 군주를 모시는 자리에 만약 곁에 별도의 자리가 있다면 물러나 별도의 자리로 나아가고 혹은 곁에 물러날 수 있는 별도의 자리가 없거나 혹은 자리가 있지만 군주가 물러나라고 명령을 하지 않는다면 마땅히 자리를 뒤쪽으로 끌어당겨 물러나서 군주의 친족 아래에 떨어져 앉는다. 일설에 당黨은 향鄕에 속해 있지만 작기 때문에 그것으로 곁(旁側)의 비

유로 삼았다고 한다. 臣侍君之坐, 若側旁有別席, 則退就別席, 或旁無別席可退, 或有席而君不命之退, 則當引而却, 離坐於君親黨之下也. 一說黨屬於鄕而小, 故以爲旁側之喩.

**【옥조 22】**

자리에 오를 때 앞쪽으로부터 하지 않는 것은 자리를 넘어가기 때문이다.

登席不由前, 爲躐席.

**鄭注** 오를 때에는 반드시 아래쪽으로부터 오른다. 升必由下也.

**集說** 소疏에서 말한다. "절도를 잃으면서 밟는 것이 '자리를 넘어가는 것'(躐席)이다. 마땅히 아래로부터 올라가야 하는데, 만약 앞쪽으로부터 오르면, 이것이 자리를 넘어가는 것이다. 『의례』「향음주례」에 의하면, 빈객은 출입문(戶)의 서쪽에 자리하는데 서쪽 끝을 아래로 삼고, 주인은 조계에 자리하고 개介(빈賓의 명령을 전달하는 자)는 서계에 자리하는데, 모두 북쪽 끝을 아래로 삼는다. 빈객은 자리에 오를 때 서쪽으로부터 오른다. 정현의 주에는 '오를 때에는 아래로부터 오른다'고 하였다. 「향음주례」의 기문記文에는 '주인과 개介는 모두 자리에 오를 때 북방으로부터 오르고, 내려올 때에는 남방으로부터 내려온다'고 하였는데, 정현의 주에는 '자리는 남쪽을 위로 삼는다. 오를 때는 아래로부터 오르고, 내려올 때는 위로부터 내려온다'고 하였다. (『의례』「향음주례」에 의하면) 주인이 헌주獻酒를 받을 때에 자리의 앞쪽으로부터 조계阼階로 나아간다. 이것이 내려올 때 북방으로부

터 내려오는 것이다. 헌주를 받는 정례正禮는 모름지기 자리 끝에서 술을 맛보기 때문에 그로 인해 북방으로부터 내려오기 때문에 정현의 주에 '편리함을 따르는 것이다'라고 한 것이다. 만약 평상시 일이 없을 경우 오를 때에는 아래쪽으로부터 오르고 내려올 때에는 위쪽으로부터 내려온다. 빈객의 경우에는 오르거나 내려오거나 모두 아래쪽으로부터 한다." ○ 이제 살펴보건대, 여기서 자리의 상하를 설명한 것이 진실로 명백하다. 내가 생각건대, 이 경문의 8글자는 마땅히 한 구절이 되어야 하며, '위爲' 자는 평성이다. 예를 행할 때에 사람이 각각 자리 하나를 차지하여 서로 간의 거리가 조금 멀다면 진실로 아래쪽으로부터 올라갈 수 있다. 만약 자리를 배치한 것이 조금 빽빽하고 몇 사람이 자리 하나를 함께한다면 반드시 앞쪽으로부터 올라가야 자기의 자리를 얻을 수 있고, 만약 앞쪽으로부터 올라가지 않으면 이는 자리를 넘어가는 것이다. 疏曰: "失節而踐爲'躐席'. 應從下升, 若由前升, 是躐席也. 「鄕飮酒禮」, 賓席于戶西, 以西頭爲下, 主人席于阼階, 介席于西階, 皆北頭爲下. 賓升席自西方. 註云: '升由下也.' 又記云: '主人介, 凡升席自北方, 降自南方', 註云: '席南上, 升由下, 降由上.' 主人受獻, 自席前適阼階. 是降自北方者. 以受獻正禮, 須席末啐酒, 因從北方降也, 故註云, '由便也.' 若尋常無事, 則升由下而降由上. 若賓則升降皆由下也." ○ 今按此說, 席之上下固爲明白. 竊意此經八字當作一句, 而'爲'字平聲. 蓋行禮之時, 人各一席而相離稍遠, 固可從下而升. 若布席稍密或數人共一席, 則必須由前乃可得己之坐, 若不由前, 則是躐席矣.

**【옥조 23】**

일 없이 자리에 앉을 때에는 자리의 앞쪽 1척을 다 채우지 않고

(자리의 뒤쪽을 채워서) 앉는다.[24)]

徒坐不盡席尺.

**鄭注** 앞쪽에 대하여 바라는 바가 없음을 보이는 것으로, 겸양을 잊지 않는 것이다. 示無所求於前, 不忘謙也.

**集說** '도徒'는 일이 없다(空)는 뜻으로, 식사를 하거나 학문을 강론하는 자리가 아닌 것이다. 일 없이 자리에 앉을 때 자리의 앞쪽 1척을 다 채우지 않는 것은 앞쪽에 대하여 바라는 바가 없음을 보이는 것이다. '徒', 空也, 非飲食及講問之坐. 爲徒坐, 不盡席之前一尺, 示無所求於前也.

**【옥조 24】**

책을 읽거나 식사를 할 때에는 음식그릇(豆)과 나란하게 하여 앉고, 자리와의 거리가 1척이 되게 앉는다.

讀書 · 食, 則齊豆去席尺.

**鄭注** 책을 읽을 때 소리가 존귀한 자에게까지 들리게 해야 한다. 식사를 할 때는 자리를 더럽히기 때문이다. 讀書, 聲當聞尊者. 食, 爲汚席也.

**集說** 석량왕씨石梁王氏는 말한다. "식사 할 때에는 음식그릇(豆)이 자리에서 1척 떨어져 있게 앉는다. 책을 읽을 때에는 식사할 때의 음식그릇과 나란하게 앉으므로, 또한 자리와의 거리가 1척이 되게 앉는다. 이것이 '음식그릇과 나란하게 하여 앉고, 자리와의 거리를 1척이 되게 앉는다'(齊豆去席尺)는 뜻이다." 石梁王氏曰: "食則豆去席尺. 讀書則與豆齊, 亦去席尺. 是謂'齊豆去席尺'."

【옥조 25】

만약 군주가 신하에게 음식을 하사하고 빈객으로 대우하더라도, 신하는 군주가 고수레를 하도록 명한 연후에 고수레를 한다. 신하가 먼저 음식을 맛보는데, 두루 음식을 맛보고 나서 음료수를 마시면서 군주가 밥을 들기를 기다린다.

若賜之食, 而君客之, 則命之祭然後祭.① 先飯, 辯嘗羞, 飲而俟.②

鄭注 ① 비록 빈객으로 대접받더라도, 오히려 감히 예를 다 갖추지 않는 것이다. 모시고 식사를 할 경우에는 고수레를 하지 않는다. 雖見賓客, 猶不敢備禮也. 侍食則正不祭.

② 군주가 식사하기를 기다렸다가 먹는 것이다. 군주가 식사를 하려고 할 때 신하가 먼저 맛을 보는 것은 충효忠孝이다. 俟君食而後食也. 君將食, 臣先嘗之, 忠孝也.

集說 '객지客之'는 빈객의 예로 대우한다는 뜻이다. 그러나 반드시 고수레를 하도록 군주가 명령을 한 후에 고수레를 하는 것은 감히 빈객의 예로 자처하지 않는 것이다. 먼저 식사를 하지만 여러 가지 음식을 두루 맛보는 것은 또한 신하가 군주를 위해 음식을 미리 맛보는 예를 보이는 것이다. '음료수를 마시면서 기다린다'(飮而俟)는 것은 예에서 식사를 할 때 아직 밥을 먹기 전에 음료수를 마셔서 목구멍 안을 부드럽게 하여 메이지 않도록 한다. 이제 군주가 오히려 아직 밥을 먹기 시작하지 않았기 때문에 신하 역시 감히 밥은 먹지 못하고 먼저 음식들을 맛보는 것이다. 음식 맛보는 일이 끝나면 음료수를 마시면서 군주가 밥을 들 때를 기다렸다가 신하가 비로소 감히 밥을 먹는다. '客之', 以客禮待之也. 然必命之祭然後祭者, 不敢以客禮

自居也. 先食而徧嘗諸味, 亦示臣爲君嘗食之禮也. '飮而俟'者, 禮食未飱以前, 啜飮以利滑喉中, 不令澁噎. 今君猶未飱, 故臣亦不敢飱, 而先嘗羞. 嘗羞畢而啜飮, 以俟君飱, 臣乃敢飱也.

**【옥조 26】**

만약 음식을 맛보는 자가 있다면 군주가 식사하기를 기다린 후에 식사를 하고, 식사할 때 물을 마시고 군주가 먼저 들기를 기다린다. 군주가 음식을 먹도록 명령하면 가까운 곳의 음식부터 먹고, 두루 맛을 보도록 군주가 명령한 뒤에 마음대로 먹는다. 무릇 먼 곳의 음식을 맛볼 때는, 반드시 가까운 곳의 음식부터 순차적으로 한다.

若有嘗羞者, 則俟君之食, 然後食, 飯飮而俟.① 君命之羞, 羞近者,② 命之品嘗之, 然後唯所欲.③ 凡嘗遠食, 必順近食.④

**鄭注** ① 고수레를 하지 않지 않을 경우에는 모시고 식사를 할 때 감히 예를 갖추지 않는다. 음식을 맛보지 않는 것은 선재膳宰(요리사)가 있기 때문이다. 밥을 들 때 물을 마시는 것은 장차 식사를 함에 이롭게 하기 위한 것이다. 不祭, 侍食不敢備禮也. 不嘗羞, 膳宰存也. 飯飮, 利將食也.

② 맛을 탐하는 것을 피하는 것이다. 辟貪味也.

③ 반드시 먼저 두루 맛을 보는 것이다. 必先徧嘗之.

④ 가까운 것부터 시작하는 것이다. 從近始也.

**集說** 이는 군주가 단지 식사만을 하사하고 빈객으로 대우함이 아닌 경우 선재膳宰(요리사)가 스스로 음식을 맛보는 경우를 말한 것이다. 그러므로 '만약 음식을 맛보는 자가 있는 경우'(若有嘗羞者)라고 한 것이다. 이 경우 신

하는 이미 고수레도 하지 못하고 맛도 보지 못하였으므로 군주가 식사하기를 기다렸다가 비로소 식사를 한다. 비록 음식을 맛보지는 못하지만 또한 먼저 물을 마셔서 물로 목을 적셔 밥 먹기 편하게 하고서 군주가 식사하기를 기다린다. '수근羞近'은 단지 가까운 곳의 음식에서 한 가지를 먹는다는 뜻이다. '품品'은 두루(徧)라는 뜻과 같다. 무릇 먼 곳의 음식을 맛볼 때에는 반드시 가까운 음식부터 시작한다. 빈객으로 식사하던 아니든 간에 모두 그렇게 하므로 '무릇'(凡)이라고 한 것이다. 此謂君但賜之食, 而非客之者, 則膳宰自嘗羞. 故云'若有嘗羞者'. 此臣旣不祭不嘗, 則俟君食乃食也. 雖不嘗羞, 亦先飮, 飮以利喉而俟君也. '羞近'者, 但於近處食一羞也. '品', 猶徧也. 凡嘗遠食, 必自近者始. 客與不客皆然, 故云'凡'也.

**【옥조 27】**

군주가 아직 식사를 마치고 손을 뒤집어 입을 닦지 않았으면 감히 손飧(물을 밥에 말아 먹는 것)을 하지 않는다. 군주는 식사를 한 후에 또 손飧을 먹는다. 손飧을 먹는 것은 세 번 한다. 군주가 상을 치우면, 신하는 비로소 자신의 밥그릇과 젓갈의 종지를 들고 나아가 자신의 시종에게 준다.

君未覆手, 不敢飧.① 君旣食, 又飯飧.② 飯飧者, 三飯也.③ 君旣徹, 執飯與醬, 乃出授從者.④

**鄭注** ① '손을 뒤집는다'(覆手)는 것은 그렇게 해서 입가를 닦는 것으로, 식사를 다했다는 뜻이다. '손飧'은 식사를 권하는 것이다. '覆手', 以循咡, 已食也. '飧', 勸食也.

② 감히 군주보다 먼저 배부르지 못하는 것이다. 不敢先君飽.

③ 신하가 군주에게 식사를 권하는 것은 이와 같이 하면 된다. 臣勸君食, 如是可也.

④ 존귀한 자의 앞에서 식사를 할 때에는 직접 상을 치워야 마땅한다. 食於尊者之前, 當親徹也.

**集說** '손을 뒤집는다'(覆手)는 것은 식사가 끝나고 손을 뒤집어 입의 양 곁을 닦음을 가리킨다. 반찬과 밥알이 더럽게 붙어 있을까 염려해서이다. '손飧'은 밥을 물에 마는 것이다. 예에서 식사가 끝나면 다시 밥을 물에 말아 먹는 것(飧)을 세 번 하여 배부르기를 돕는다. 그러므로 군주가 아직 손으로 입을 닦지 않으면, 신하는 감히 손을 먹지 못하니, 감히 군주보다 먼저 배부르지 못함을 밝히는 것이다. '기旣'는 마친다(畢)는 뜻과 같다. 군주가 식사를 마치면 신하는 다시 손飧을 먹는다. '세 번 한다'(三飯)는 것은 모두 손飧으로서, 손을 세 번 먹는 것을 가리킨다. 그러므로 '손을 먹는 것은 세 번 한다'(飯飧者, 三飯)라고 한 것이다. 군주가 식사가 끝났을 때 반찬을 치우면 비로소 신하가 스스로 자신의 밥그릇과 장醬을 들고 나아가 자신의 시종에게 주는 것은 자기가 마땅히 얻어야 할 바를 먹었기 때문이다. 이는 빈객의 예우를 받은 것이 아니기 때문에 자기의 반찬을 시종에게 줄 수 있는 것이다. 그러므로 (자신이 얻을 바가 아닌 경우) 『의례』「공사대부례」에 "빈객은 밥그릇(粱)과 장 종지(醬)를 들고 내려와 계단의 서쪽에 놓는다"25) 라고 하였으니, 들고 나가지 않는 것이다. 만약 군신관계가 아니고 단지 등급만 낮은 관계라면, 상을 치우고 주인 측의 돕는 사람(相者)에게 준다. 그러므로 「곡례상」(124)에 "밥그릇과 장의 종지를 추인 측의 돕는 사람(相者)에게 준다"고 한 것이다. '覆手'者, 謂食畢而覆手以循口之兩旁. 恐有殽粒汚著之也. '飧', 以飮澆飯也. 禮, 食竟, 更作三飧, 以助飽實. 故君未覆手, 則臣不敢飧, 明不敢先君

而飽也. '旣', 猶畢也. 君畢食, 則臣更飯飧也. '三飯', 並是飧, 謂三度飧也. 故曰'飯飧者, 三飯'也. 君食竟, 旣徹饌, 臣乃自執己之飯與醬, 出授己之從者, 此食己所當得故也. 此非客禮, 故得以己饌授從者. 故「公食大夫禮」"賓取粱與醬降, 奠於階西", 不以出也. 若非君臣, 但是降等者則徹之, 以授主人之相者. 故「曲禮」云: "徹飯齊, 以授相者也."

**【옥조 28】**

무릇 모시면서 식사를 할 때에는 다 먹지 않는다. 남에게 식사를 대접받을 때에는 배불리 먹지 않는다. 오직 물과 음료수(漿)를 마실 때 고수레를 하지 않는다. 만약 고수레를 하면 너무 가볍고 비천한 모습이 된다.

凡侑食, 不盡食. 食於人不飽.① 唯水·漿不祭. 若祭, 爲已僸卑.②

**鄭注** ① 겸손히 하는 것이다. 謙也.

② '물'과 '음료수'는 성찬盛饌(정식 음식)이 아니기 때문이다. '이已'는 크다(大)는 뜻과 같다. 고수레를 하면 두려워함을 크게 가지는 것이 된다. 신하는 군주에 대해서 고수레를 한다. '水'·'漿', 非盛饌也. '已', 猶大也. 祭之爲大[26]有所畏迫. 臣於君則祭之.

**集說** 식사를 하면서 권하는 것은 예의 부지런함이다. 식사를 할 때 다 먹지 않고, 배불리 먹지 않는 것은 예의 겸양함이다. 『의례』「공사대부례」에 의하면 빈객은 술잔에 담긴 음료수를 고수레하는데 신하가 군주에게 공경함을 보이는 예이다. 여기 경문에서 '물과 음료수를 마실 때 고수레를 하지 않는다'(水漿不祭)고 한 것은 예는 각각의 상황에 따라 시행하는 바가 있기 때문이다. 물과 음료수는 성찬盛饌(정식 음식)에 비할 바가 아니다. 만

약 고수레를 한다면 너무 가볍고 비천한 모습이 된다. '이已'는 심하다(太)는 뜻이다. '엽偞'은 누른다(厭)는 뜻이다. 너무 비천하게 눌려 두려워하는 바가 있는 듯함을 가리킨다. 食而勸侑, 禮之勤也. 食之不盡與不飽, 禮之謙也. 「公食大夫禮」, 賓祭觶漿, 臣敬君之禮. 此言'水漿不祭', 禮各有所施也. 水漿, 非盛饌之比. 若祭之, 則爲大偞卑矣. '已', 太也. '偞', 厭也. 謂大厭降卑微, 如有所畏迫也.

**【옥조 29】**

군주가 만약 술잔(爵)을 하사한다면 자리를 넘어가서 머리를 바닥에 닿도록 하여 재배하면서 받고, 자리에 올라 고수레를 한다. 술을 마셔 술잔을 비우고 기다렸다가, 군주가 술잔을 비운 후에 빈 술잔을 건넨다. 군자가 술을 마실 때에는 한 잔을 받아 마시면 얼굴빛이 엄숙하고 공경스럽다. 두 잔을 마시면 온화하고 공경스럽다. (군주를 모시고 연회를 하는) 예에서 세 잔을 마시면 신중히 하며 스스로 만족하면서 물러난다. 물러나면 앉아서 신을 신는데, 자신을 감추어 사람의 방향을 피한 뒤에 신는다. 왼쪽 다리를 꿇고 오른발의 신을 신고, 오른쪽 다리를 꿇고 왼쪽 신을 신는다.

君若賜之爵, 則越席再拜稽首受, 登席祭之. 飮, 卒爵而俟君卒爵, 然後授虛爵.① 君子之飮酒也, 受一爵而色洒如也.② 二爵而言言斯.③ 禮已三爵而油油,④ 以退.⑤ 退則坐取屨, 隱辟而后屨. 坐左納右, 坐右納左.⑥

**鄭注** ① 감히 군주보다 먼저 술잔을 비우지 못하는 것이다. 不敢先君盡爵.
② '쇄여洒如'는 엄숙하면서 공경하는 모습이다. '쇄洒'는 어떤 본에는 '찰察'

로 되어 있다. '洒如', 肅敬貌. '洒'或爲'察'.

③ '은은言言'은 온화하면서 공경하는 모습이다. '사斯'는 이耳(종결 어조사)의 뜻과 같다. '言言', 和敬貌. '斯', 猶耳也.

④ '유유油油'는 기뻐하면서 공경하는 모습이다. '油油', 說敬貌.

⑤ 예에 있어서 술을 마심에 세 잔을 넘기면 공경함이 줄어들며 떠나도 된다. 禮, 飮過三爵則敬殺, 可以去矣.

⑥ '은벽隱辟'은 몸을 굽혀 뒷걸음으로 나와 물러나서 신을 신는다는 뜻이다. '隱辟', 俛逡巡而退著屨也.

**集說** '쇄여洒如'는 예의 법도가 분명하고 엄숙한 모습이다. '언언言言'은 은은誾誾과 같은 것으로, 마음과 기운이 온화하고 기쁜 모습이다. '이已'는 그친다는 뜻(止)이다. '유유油油'는 신중하면서도 스스로 만족하는 모습이다. '앉아서 신발을 취한다'(坐取屨)는 것은 무릎을 꿇고 신발을 집는다는 뜻이다. '(몸을) 감추어 (다른 사람을 정면으로 대하는 것을) 피한 뒤에 신는다'(隱辟而后屨)는 것은 감히 사람을 향하여 신을 신지 않는다는 뜻이다. 왼쪽 다리를 꿇고 오른발의 신을 착용하고 오른쪽 다리를 꿇고 왼발의 신을 착용하는 것, 이것이 신을 착용하는 예법이다. '洒如', 禮度明肅之貌. '言言', 與誾誾同, 意氣和悅之貌. '已', 止也. '油油', 謹重自得之貌. '坐取屨', 跪而取屨也. '隱辟而后屨', 不敢向人而著屨也. 跪左足而納右足之屨, 跪右足而納左足之屨, 此納屨之儀也.

**【옥조 30】**

무릇 술동이(尊)를 진설할 때는 반드시 현주玄酒(맑은 물)를 높인다.

오직 군주만 술동이를 향한다. 야인에게 향음주를 베풀 때에만 (현주를 사용하지 않고) 모두 술만 진설한다. 대부의 경우 측준側尊을 진설함에 갸자(棜[27])를 사용하고, 사의 경우 측준을 진설함에 금禁을 사용한다.

凡尊, 必尙玄酒.① 唯君面尊.② 唯饗野人, 皆酒.③ 大夫側尊, 用棜, 士側尊, 用禁.④

**鄭注** ① 옛것을 잊지 않는 것이다. 不忘古也.

② '면面'은 향한다(鄕)는 뜻과 같다. 『의례』「연례燕禮」에 "사궁司宮이 동쪽 기둥(東楹)의 서쪽에 술동이를 놓는다. 두 개의 네모진 호壺로 진설하는데 현주玄酒(맑은 물)를 왼쪽에 놓고 남쪽을 위로 여긴다. 군주(公)를 위한 질그릇 술동이(瓦大)를 2통 진설하는데, 덮개보(冪[28])로 위를 덮어 술동이의 남쪽에 진설하며, 남쪽을 윗자리로 삼는다"라고 하였다. '面', 猶鄕也. 「燕禮」曰: "司宮尊于東楹之西. 兩方壺, 左玄酒, 南上. 公尊瓦大兩, 有冪, 在尊南, 南上."

③ 납향제에서 술을 마시는 것이기 때문에 예를 갖추지 않는 것이다. 蜡飮, 故不備禮.

④ '갸자'(棜)는 사금斯禁이다. 다리가 없는 것이 갸자와 유사함이 있기 때문에 '어棜'라고 한 것이다. 棜, 斯禁也. 無足, 有似於棜, 是以言'棜'.

**集說** 술동이를 진설함에 현주玄酒(맑은 물)를 숭상하는 것은 옛것을 잊지 않는 것이다. 군주가 앉을 때 반드시 술동이를 향하는 것은 은혜가 군주로부터 나와서 군주가 전적으로 행하는 것임을 보이는 것이다. '야인에게 연회를 베푼다'(饗野人)는 것은 납향제를 지낼 때의 술을 마시는 것과 같은 것이 그것이다. 예는 아래로 서인에게까지 내려가지 않는 것이므로, 단지 그들에게 맛있는 것(술)을 마시는 정도로 만족하게 할 뿐이다. 그러므로 (현

주는 사용하지 않고) 일률적으로 술을 사용한다. '측側'은 곁(旁側)의 뜻으로서, 술동이를 빈객과 주인의 두 기둥 사이에 진설하여 술동이가 주인과 빈객을 곁에서 에워싸게 한다. 그러므로 '측준側尊'이라고 한다. '어棜'와 '금禁'[29])은 설명이 「예기禮器」(28)에 보인다. ○ 소疏에서 말한다. "술동이가 하나인 경우에도 또한 '측준側尊'이라고 부른다. 따라서 『의례』「사관례士冠禮」에 '측준側尊 한 통을 단술(醴)을 담아 진설하는데, 옷의 북쪽에 놓는다'라고 하고, 주에서 '짝이 없는 것을 '측側'이라고 한다'라고 하였는데, 이 경문의 '측側'과 다른 것이다." ○ 마씨馬氏는 말한다. "술동이를 마주하면 곁에 있지 않게 되고, 술동이를 곁에 놓으면 마주하지 않게 된다. 방房(동쪽 방)과 출입문(戶: 실室의 문) 사이에 술동이를 진설하여 빈과 주인이 함께 함이 그것이다." 尊尚玄酒, 不忘古也. 君坐必向尊, 示惠自君出而君專之也. '饗野人', 如蜡祭之飮, 是也. 禮不下庶人, 唯使之足於味而已. 故一用酒也. '側', 旁側也, 謂設尊在賓主兩楹之間, 旁側夾之. 故云'側尊'. '棜'·'禁'見「禮器」. ○ 疏曰: "若一尊, 亦曰'側尊'. 故「士冠禮」云: '側尊一甒醴, 在服北', 註云: '無偶曰側', 與此'側'別." ○ 馬氏曰: "面尊則不側, 側尊則不面. 尊於房戶之間, 賓主共之, 是也."

**【옥조 31】**

관례를 행할 때, 처음에 치포관緇布冠을 씌우는 것은 제후이하로 상하에 통용하는데, 관례를 치르고 나면 폐기해도 괜찮다.
始冠緇布冠, 自諸侯下達, 冠而敝之可也.

**鄭注** 태고太古에 근본을 두는 것이요, 당대 왕의 법복法服은 아니다. 本大古耳, 非時王之法服也.

**集說** 관례에서 처음에 치포관을 씌우는 것은 제후 이하 상하에 통용하는데, 옛것을 보존하고 있기 때문에 사용하는 것이지 당대 왕의 제도는 아니다. 그러므로 사용하고 나서 곧바로 폐기해도 괜찮다. 冠禮, 初加緇布冠, 諸侯以下通用, 存古故用之, 非時王之制也. 故旣用卽敝棄之, 可矣.

**【옥조 32】**

현관玄冠에 옅은 적색의 실로 갓끈을 장식하는 것은 천자의 관이다. 치포관緇布冠에 채색한 갓끈 장식을 하는 것은 제후의 관이다. 현관에 적색의 실로 갓끈을 장식하는 것은 제후가 재계할 때 쓰는 관이다. 현관에 쑥빛이 감도는 실로 갓끈 장식을 하는 것은 사士가 재계할 때 쓰는 관이다.

玄冠朱組纓, 天子之冠也. 緇布冠繢緌, 諸侯之冠也.① 玄冠丹組纓, 諸侯之齊冠也. 玄冠綦組纓, 士之齊冠也.②

**鄭注** ① 모두 관례에서 처음에 씌우는 관이다. '현관玄冠[30]'은 위모委貌이다. 제후의 치포관에는 갓끈(緌)이 있는데 존귀한 자의 장식이다. '궤繢'는 어떤 본에는 '회繪'로 되어 있다. '유緌'는 어떤 본에는 '유蕤'로 되어 있다. 皆始冠之冠也. '玄冠', 委貌也. 諸侯緇布冠有緌, 尊者飾也. '繢', 或作'繪'. '緌', 或作'蕤'.

② 재계할 때 입는 것임을 말한다. 사명四命 이상은 재계할 때와 제사할 때 관을 다르게 한다. 言齊時所服也. 四命以上, 齊·祭異冠.

**集說** 천자가 관례를 할 때 처음에 쓰는 관은 현관이며 옅은 적색의 실로 갓끈을 만든다. 제후는 비록 치포관이지만 오히려 여러 색채를 넣은 수를

사용하여 갓끈을 만드는데, 이것은 존귀한 자를 위한 장식일 뿐이지 옛 제도는 아니다. '제관齊冠'은 재계할 때에 쓰는 것이다. 제후와 사는 모두 현관을 쓰는데, 단지 그 갓끈에 붉은 실과 연둣빛 실의 차이가 있다. '주朱'는 색이 붉으면서 밝다. '단丹'은 적색이다. '기綦'는 창백하고 쑥빛이 감도는 비단이다. 일설에는 무늬(文)이라고 한다. 天子始冠之冠則玄冠, 而以朱組爲纓. 諸侯雖是緇布冠, 却用雜采之繢爲纓緌, 爲尊者飾耳, 非古制也. '齊冠', 齊戒時所服者. 諸侯與士皆玄冠, 但其纓則有丹組・綦組之異. '朱', 色紅而明. '丹', 赤色也. '綦', 帛之蒼白艾色者. 一說, 文也.

【옥조 33】

누이지 않은 흰 비단의 관(縞冠)에 검은색 무武를 한 것은 자성子姓(손자)이 쓰는 관이요, 누이지 않은 흰 비단의 관에 흰색의 누인 비단으로 가선을 두른 것은 상제祥祭를 지낸 뒤에 쓰는 관이다.
縞冠玄武, 子姓之冠也,① 縞冠素紕, 旣祥之冠也.②

鄭注 ① 아버지가 상복을 하고 있을 때, 자식이 그를 위해 순수한 길관을 쓰지 않음을 말한다. '무武'는 관권冠卷이다. 옛날에 관冠과 권卷은 달랐다. 謂父有喪服, 子爲之不純吉也. '武', 冠卷也. 古者冠・卷殊.

② '비紕'는 가선(緣邊)이다. '비紕'는 '비익埤益'(더하다)라고 할 때의 '비埤'로 읽는다. '기상지관야旣祥之冠也'는 상제를 지내고 나서 쓴다는 뜻이다. 「간전間傳」(11)에 "대상제를 지내는데, 누이지 않은 흰 비단의 관(縞冠)에 흰색의 누인 비단으로 가선을 둘러 쓰고 마의麻衣를 입는다"고 하였다. '紕', 緣邊也. 紕讀如'埤益'之'埤'. '旣祥之冠也', 已祥祭而服之也. 「間傳」曰: "大祥, 素縞麻衣."

集說 '호縞'는 생견生絹(삶지 않은 비단)이다. '무武'[31]는 관권冠卷이다. 생견으로 관을 만드는 것은 흉복凶服이다. '무武'는 검은색(玄色)이므로 길한 것이다. 길함과 흉함이 서로 절반이다. 아버지가 상복을 입었을 때에 자식은 순수하게 길한 것을 사용할 수 없다. 그러므로 '자성子姓의 관'이라고 한 것이다. '성姓'은 낳는다(生)는 뜻이다. 손자는 아들이 낳은 바이므로 '자성子姓'이라고 한다. '소素'는 누인 명주(熟絹)이다. '비紕'는 관의 양쪽 끝 및 권 아래 경계의 가선이다. '호관소비縞冠素紕'는 관과 권의 몸체 부분은 모두 누이지 않은 비단을 사용하면서 다만 가선을 흰색 누인 비단으로 두르는 것을 말한다. '기상지관旣祥之冠'은 상제祥祭를 지낸 후에 쓰는 관이다. ○ 방씨方氏는 말한다. "할아버지가 죽었기 때문에 호관을 써서 그 흉함을 보인다. 아버지가 살아 계시기 때문에 무를 검은색으로 만들어서 그 길함을 보여준다. 관은 위에 있고 무는 아래에 있다. 할아버지를 위해 흰색의 비단으로 만드는 것은 위로 존귀한 분을 높이는 것이고, 아버지를 위해 검은색으로 만드는 것은 아래로 친한 이를 친애하는 것이다." '縞', 生絹也. '武', 冠卷也. 以縞爲冠, 凶服也. '武'則玄色, 吉也. 所以吉凶相半者. 蓋父有喪服, 子不可用純吉. 故曰'子姓之冠'. '姓', 生也. 孫是子之所生, 故謂之'子姓'. '素', 熟絹也. '紕', 冠兩邊及卷下畔之緣也. '縞冠素紕', 謂冠與卷身皆用縞, 但以素緣之耳. '旣祥之冠'者, 祥祭後所服也. ○ 方氏曰: "爲祖之亡也, 故冠縞, 以示其凶. 爲父之存也, 故武玄, 以示其吉. 冠上而武下. 爲祖而縞者, 尊尊於上也, 爲父而玄者, 親親於下也."

**【옥조 34】**

(쓰고 있는 관의) 갓끈의 길이가 5촌이 되게 늘어뜨린 것은 직업

(業)이 없이 교화에 따르지 않는 사士이다.

垂緌五寸, 惰游之士也.

**鄭注** '타유惰游'는 파민罷民[32]이다. 이들의 관은 또한 누이지 않은 비단으로 지은 관에 흰색의 누인 비단으로 가선을 두르니, 흉복의 상象이다. 긴 갓끈을 늘어뜨리는 것은 상제祥祭를 지낸 것이 아님을 밝힌 것이다. '惰游', 罷民也. 亦縞冠素紕, 凶服之象也. 垂長緌, 明非旣祥.

**集說** 이는 누이지 않은 흰 비단의 관에 흰색의 가선을 두르고 갓끈을 늘어뜨린 것이 길이 5촌이 된다는 것은 대개 나태하여 직업을 잃은 사에게 이 복식을 입게 하여 수치스러움을 가지게 하는 것이다. 此言縞冠素紕而緌之垂者長五寸, 蓋以其惰游失業之士, 使之服此, 以耻之耳.

**【옥조 35】**

검은 관에 누이지 않은 흰 비단으로 무武를 장식하는 것은 가르침을 따르지 않아 추방된 자(不齒)[33]가 착용하는 복식이다.

玄冠縞武, 不齒之服也.

**鄭注** 추방되어 가르침을 따르지 않는 자이다. 所放不帥教者.

**集說** '불치不齒'는 곧 「왕제王制」(83, 85)에서 말한 "가르침을 따르지 않아서, 원방遠方으로 추방된 자"로서, 그로 하여금 검은 관에 누이지 않은 흰 비단의 무를 착용하게 하는 것은 또한 그것으로 수치스러움을 가지게 하는 것이다. '不齒', 卽「王制」所謂, "不帥教而屛棄之者", 使之玄冠縞武, 亦以恥辱之.

【옥조 36】

공무에서 물러나와 사실私室에 거처할 때 관과 무를 서로 연결시키는 것은 천자로부터 아래까지 상하가 공통된다. 일이 있은 뒤에 갓끈을 한다.

居冠屬武,① 自天子下達. 有事然後緌.②

鄭注 ① 사실私室에 거처할 때의 관을 말한 것이다. 관을 무에 붙이는 것은 위의를 적게 하는 것이다. 謂燕居冠也. 著冠於武, 少威儀.

② 한가로이 일이 없을 경우에는 장식을 제거한다. 燕無事者去飾.

集說 예복의 관은 착용할 때 임해서 그 무와 합친다. 위의에 따른 문식이 있기 때문이다. 사실私室에 거처할 때의 관은 관과 무가 서로 연결되어 있다. 예를 행하는 때가 아니기 때문에 간략하여 위의를 적게 하는 것이다. 이 관은 존귀한 이와 천한 이를 구분하지 않고 모두 쓴다. 그러므로 '천자로부터 아래까지 상하가 공통된다'(自天子下達)고 한 것이다. 무릇 갓끈은 그 문식을 이루는 근본이다. 그러므로 일이 있으면 갓끈을 하고, 일이 없으면 하지 않는다. 禮服之冠, 則臨著乃合其武. 有儀飾故也. 若燕居之冠, 則冠與武相連. 以非行禮之時, 故率略少威儀也. 此冠, 無分貴賤皆著之. 故云'自天子下達'. 凡緌, 所以致其飾. 故有事乃緌, 無事則否也.

【옥조 37】

50세가 되면 요질腰絰의 마를 흩뜨려 드리우지 않고 발인하여 장례를 행한다. 부모가 돌아가시면 다팔머리 장식(髦)을 하지 않는다.

五十不散送.① 親沒不髦.②

鄭注 ① 발인하고 장례를 행할 때 요질의 마를 흩뜨려 드리우지 않는 것은 처음 늙기 시작하는 나이가 되어 예를 다 갖추지 않는 것이다. 送喪不散麻, 始衰不備禮.

② 아들로서의 장식을 제거하는 것이다. 去爲子之飾.

集說 상례에서 계빈啓殯을 한 이후 요질要絰의 마를 흩뜨려 드리웠다가 장례葬禮가 끝나면 묶는다. 이 경문은 50세가 되면 늙기 시작하여 마를 흩뜨려 드리우지 않은 채 발인하고 장례를 행하는 것을 말한다. '모髦'(다팔머리장식)는 어린 시절 머리카락을 잘라 황새머리의 형태를 만들던 것을 상징한다. 부모가 살아 계시면 그것을 하기 때문에 부모가 돌아가시면 이 장식을 제거하는 것이다. 설명은 「내칙」(2)에 보인다. 喪禮, 啓殯以後, 要絰之麻散垂, 葬畢乃絞. 此言五十始衰, 不散麻以送葬也. '髦', 象幼時鬋髮爲鬌之形. 父母在則用之, 故親沒則去此飾. 詳見「內則」.

**【옥조 38】**

흰 베로 만든 관에는 갓끈을 하지 않는다. 검은 관에 자줏빛 갓끈을 하는 것은 노나라 환공桓公 때부터 시작된 것이다.

大帛不緌.① 玄冠紫緌, 自魯桓公始也.②

鄭注 ① '백帛'은 '백白'이 되어야 하는데, 발음으로 인한 잘못이다. '대백大

帛'은 흰 베로 만든 관이다. 갓끈을 하지 않는 것은 흉복에는 문식을 제거하기 때문이다. '帛', 當爲'白', 聲之誤也. '大帛', 謂白布冠也. 不緌, 凶服去飾.

② 아마도 송나라에서 전 왕조의 후예가 하던 복식[34)]을 참람하게 사용한 것이다. 갓끈에는 마땅히 채색의 수를 사용해야 한다. 蓋僭宋王者之後服也. 緌當用繢.

**集說** 방씨方氏는 말한다. "대백大帛은 관이 흰 것이다. 흉복에는 장식을 제거하기 때문에 갓끈을 하지 않는다. 현관玄冠의 갓끈은 자줏빛의 색을 사용해서는 안 된다. 정색正色이 아니기 때문이다. 후세에 그것을 사용한 것은 노나라 환공 때부터 시작된 것이다." 方氏曰: "大帛, 冠之白者. 凶服去飾, 故不緌也. 玄冠之緌, 不宜用紫色. 爲其非正色也. 後世用之, 則自魯桓公始."

**【옥조 39】**

아침에는 현단복을 입고, 저녁에는 심의를 입는다.

朝玄端, 夕深衣.

**集說** 앞 장(8)에서 "저녁에는 심의深衣를 입고 식사를 하는데, 특생의 남은 고기로 고수레를 한다"고 한 것은 군국의 예이다. 이 경문에서 '아침에는 현단복을 입고, 저녁에는 심의를 입는다'(朝玄端, 夕深衣)고 한 것은 대부와 사가 사조私朝 및 집에서 아침, 저녁으로 입는 것을 말한 것이다. 前章言, "夕深衣, 祭牢肉"者, 國君之禮也. 此言'朝玄端, 夕深衣'者, 謂大夫・士在私朝及家, 朝夕所服也.

【옥조 40】

심의의 둘레는 소매부리의 3배로 하고, 치마 아랫자락을 꿰매는 것은 허리의 배가 되게 하고, 옷깃은 몸의 양 곁에 해당하게 하고, 소매는 팔꿈치를 돌릴 수 있게 한다.

深衣三袪,① 縫齊倍要,② 衽當旁,③ 袂可以回肘.④

鄭注 ① 대부와 사의 경우를 말한 것이다. '삼거三袪'는 허리 가운데의 수이다. 소매부리(袪)는 길이가 1척 2촌으로, 그것을 에워싸면 2척 4촌이 되며, 이를 3배로 하면 7척 2촌이 된다. 謂大夫·士也. '三袪'者, 謂要中之數也. 袪尺二寸, 圍之爲二尺四寸, 三之七尺二寸.

② '봉縫'은 꿰맨다(紩)는 뜻이다. 아랫자락을 꿰매는 것은 허리 가운데를 꿰매는 것보다 2배로 하므로 1장 4척 4촌이 된다. '봉縫'은 어떤 본에는 '봉逢'으로 되어 있고, 어떤 본에는 '풍豐'으로 되어 있다. '縫', 紩也. 紩下齊倍要中齊, 丈四尺四寸. '縫'或爲'逢'或爲'豐'.

③ '옷깃'(衽)은 치마폭에서 교차하여 찢은 것을 말한다. 무릇 옷깃은 줄여서 아래로 내려가기도 하고 줄여서 위로 올라가기도 한다. 이는 허리 부분을 작게 하는 것으로 이름을 취한 것이다. 옷깃은 웃옷에 이을 때는 늘어뜨리어 풀어놓고, 치마에 이을 때는 그것을 꿰매어 앞뒤를 합쳐놓아서 위와 아래가 서로 변한다. '衽', 謂裳幅所交裂也. 凡衽者或殺而下, 或殺而上. 是以小要取名焉. 衽屬衣則垂而放之, 屬裳則縫之以合前後, 上下相變.

④ 2척 2촌의 마디이다. 二尺二寸之節.

集說 '거袪'는 소매부리(袖口)다. 길이가 1척 2촌으로 그것을 에워싸면 2척 4촌이 된다. 허리의 너비는 그 2척 4촌의 3배로 하기 때문에 7척 2촌이 된다. 그러므로 '소매부리의 3배로 한다'(三袪)고 한 것이다. '자齊'는 치마의

아래 경계이고, '요要'는 치마의 위 경계이다. '꿰맨 아랫자락이 허리보다 2배이다'(縫齊倍要)라는 것은 아랫자락을 꿰맨 너비 1장 4척 4촌은 허리의 7척 2촌의 2배라는 뜻이다. '옷깃'(衽)은 치마가 서로 접하는 부분으로, 몸의 양 곁에 있다. 그러므로 '옷깃은 곁에 해당한다'(衽當旁)고 한 것이다. '소매'(袂)는 상의에 연결되어 있는 소매이다. 위와 아래의 너비는 2척 2촌이고, 팔꿈치의 길이는 1척 2촌이다. 그러므로 팔꿈치를 돌릴 수 있는 것이다. '袪', 袖口也, 尺二寸, 圍之爲二尺四寸. 要之廣三其二尺四寸, 則七尺二寸也. 故云'三袪'. '齊'者, 裳之下畔, '要'爲裳之上畔. '縫齊倍要'者, 謂縫下畔之廣一丈四尺四寸, 是倍要之七尺二寸也. '衽', 裳交接之處也, 在身之兩旁. 故云'衽當旁'. '袂', 袖之連衣者也. 上下之廣, 二尺二寸, 肘長尺二寸. 故可以回肘也.

**【옥조 41】**

장의長衣와 중의中衣는 이어서 가리는 부분이 1척이다. 동구래깃(袷)은 2촌이다. 소매부리(袪)는 1척 2촌이고, 가선의 너비는 1촌 반이다.

長·中, 繼揜尺.① 袷二寸.② 袪尺二寸,③ 緣廣寸半.④

**鄭注** ① 장의長衣와 중의中衣를 지을 때는 소매를 연결하여 1척을 가리니, 오늘날의 수褎(소매)와 같다. 심의의 경우는 가선을 두를 뿐이다. 其爲長衣·中衣, 則繼袂揜一尺, 若今褎矣. 深衣則緣而已.

② 둥근 동정(曲領)이다. 曲領也.

③ 소매부리다. 袂口也.

④ 가선을 장식하는 것이다. 飾邊也.

集說 '장長'·'중中'은 장의長衣와 중의中衣로서, 심의와 제도가 같은데 명칭이 다른 것이다. 안에 착용하면 '중의'라고 하는데, 조복朝服이나 제복祭服의 안에 착용하는 것이다. 밖에 착용하면 '장의'라고 하는데, 흰색으로 가선을 두른 것이다. 「잡기상」(15)에 "연관練冠을 쓰고 장의長衣를 입고서 점을 친다"라고 하였는데, 정현의 주에 "(장의는) 심의深衣에 가선을 흰색으로 두른 것이다"라고 하였다. 흉복의 가선을 베로 두른 것은 마의麻衣라고 한다. '계엄척繼揜尺'은 폭의 너비가 2척 2촌인데 반폭으로 소매부리를 이어서 1척을 덮은 것이다. '겹袷'은 동구래깃(曲領)으로서 그 너비는 2촌이다. '長'·'中'者, 長衣·中衣也, 與深衣制同而名異者. 著於內則曰'中衣', 蓋著在朝服或祭服之內也. 著於外, 則曰'長衣', 以素爲純緣者也. 「雜記」云: "練冠長衣以筮", 註云: "深衣之純以素者"也. 若凶服之純以布者, 則謂之麻衣. '繼揜尺'者, 幅廣二尺二寸, 以半幅繼續袂口而揜覆一尺也. '袷', 曲領也, 其廣則二寸.

**【옥조 42】**

베옷에 비단으로 중의中衣를 짓는 것은 예가 아니다.

以帛裏布, 非禮也.

鄭注 안과 겉은 서로 어울려야 한다. 면복冕服은 명주실 옷으로, 중의中衣는 흰색의 비단을 사용한다. 피변복皮弁服·조복朝服·현단복玄端服은 마로 짠 옷으로, 중의는 베를 사용한다. 中外宜相稱也. 冕服, 絲衣也, 中衣用素. 皮弁服·朝服·玄端, 麻衣也, 中衣用布.

集說 겉옷이 베옷일 경우 비단으로 중의를 지어 속옷으로 입어서는 안 되는 것은 서로 어울리지 않음을 말한 것이다. 면복冕服은 명주실 옷이다.

피변복皮弁服 · 조복朝服 · 현단복玄端服은 마로 짠 옷으로, 모두 15승의 베이다. 무릇 속에 입는 옷은 각기 그 겉옷과 같게 한다. 外服是布, 則不可用帛爲中衣以裏之, 謂不相稱也. 冕服是絲衣. 皮弁服 · 朝服 · 玄端服, 是麻衣, 皆十五升布. 凡裏各如其服.

**【옥조 43】**

사士는 명주실에 물을 들인 옷(織)을 입지 못한다. 관직을 떠난 신하는 의상과 관을 같은 색으로 하지 못한다.

士不衣織.① 無君者不貳采.②

**鄭注** ① '지織'는 명주실에 물을 들여 짠 것이다. 사는 비단에 물을 들인다. '織', 染絲織之. 士衣染繒也.

② 대부가 지위를 떠나면 현단玄端과 현상玄裳을 입어야 한다. 大夫去位, 宜服玄端玄裳.

**集說** 명주실에 물을 들여 짠 것을 '지織'라고 하는데, 공이 많이 들고 색이 무겁다. 그러므로 사는 비천하여 그것을 입을 수 없다. '(모시는) 군주가 없다'(無君)는 것은 관직을 떠난 신하를 가리킨다. '불이채不貳采'는 의상과 관이 색을 같이 한다는 뜻이다. ○ 소疏에서 말한다. "대부와 사가 나라를 떠나면 3개월 동안은 소의素衣와 소상素裳을 입고, 3개월이 지난 후에 현단玄端과 현상玄裳을 입는다." 染絲而織之爲'織', 功多色重. 故士賤不得衣之也. '無君', 去位之臣也. '不貳采', 謂衣裳與冠同色. ○ 疏曰: "大夫 · 士去國, 三月之內, 服素衣 · 素裳三月之後, 服玄端 · 玄裳."

**【옥조 44】**

웃옷은 정색으로 하고, 아래옷은 간색으로 한다. 정복의 옷이 아니면 공문公門에 들어가지 못한다. 홑겹의 가는 갈포나 굵은 갈포옷을 입고 공문에 들어가지 못하고, (석의裼衣를 입지 않고) 갖옷을 겉으로 드러낸 채 공문에 들어가지 못하고, 갖옷을 덧입고(襲裘) 공문에 들어가지 못한다.

衣正色, 裳間色.① 非列采不入公門.② 振絺·綌不入公門, 表裘不入公門,③ 襲裘不入公門.④

鄭注 ① 면복冕服을 가리키는 것으로서, 웃옷은 검은색으로 하고 아래옷은 옅은 진홍색(纁)으로 한다. 謂冕服, 玄上纁下.

② '열채列采'는 정복正服이다. '列采', 正服.

③ '진振'은 진袗으로 읽는다. '진袗'은 홑옷(襌)이다. '갖옷을 겉에 드러낸다'(表裘)는 것은 겉옷으로 입는다는 뜻이다. 두 가지는 형태가 드러나고 또 설만하므로 모두 겉에 다른 옷을 입고서 외출한다. '振', 讀爲袗. '袗', 襌也. '表裘', 外衣也. 二者形且褻, 皆當表之, 乃出.

④ 갖옷을 입을 때에는 반드시 석의裼衣에 입어야 한다. 衣裘必當裼也.

集說 '정색正色'은 청색·적색·황색·백색·흑색 등 오방의 정색이다. 목청木青은 토황土黃을 이긴다. 그러므로 녹색은 청색과 황색의 혼합색으로 동방의 간색이 된다. 화적火赤은 금백金白을 이긴다. 그러므로 홍색은 적색과 백색의 혼합색으로 남방의 간색이 된다. 금백金白은 목청木青을 이긴다. 그러므로 벽색碧色은 청색과 백색의 혼합색으로 서방의 간색이 된다. 수흑水黑은 화적火赤을 이긴다. 그러므로 자주색(紫色)은 적색과 흑색의 혼

합색으로 북방의 간색이 된다. 토황土黃은 수흑水黑을 이긴다. 그러므로 류황駵黃색은 황색과 흑색의 혼합색으로 중앙의 간색이 된다. '열채列采'는 정복의 색에 각각 존비의 등급이 있음을 말한다. 이 정색의 복식이 아니면, 사복(褻服 정장이 아닌 옷)이다. '진振'은 진袗(홑옷)으로 읽는데, 홑옷(襌)이다. 홑옷은 몸체를 드러내므로, 갖옷 위에는 반드시 석의裼衣를 입는다. '갖옷을 겉에 드러낸다'(表裘)는 것은 석의를 입지 않아 갖옷이 겉에 드러나 있음을 뜻한다. '갖옷을 덧입는다'(襲裘)는 것은 그 덧입는 옷을 입어 가려서 석의裼衣를 드러내지 않음을 뜻한다. 겉에 드러내는 것과 덧입어 드러내지 않는 것은 모두 공경스럽지 못한 것이다. 그러므로 이 네 가지 복장이 모두 공문에 들어갈 수 없는 것이다. '正色'者, 青・赤・黃・白・黑五方之正色也. 木青克土黃. 故綠色青・黃, 爲東方之間色. 火赤克金白. 故紅色赤・白, 爲南方之間色. 金白克木青. 故碧色青・白, 爲西方之間色. 水黑克火赤. 故紫色赤・黑, 爲北方之間色. 土黃克水黑. 故駵黃之色黃・黑, 爲中央之間色也. '列采', 謂正服之色, 各有尊卑品列也. 非此則是褻服. '振', 讀爲袗, 襌也. 襌則見體, 裘上必有裼衣. '表裘', 是無裼衣而裘在外也. '襲裘', 謂掩其襲衣而不露裼衣也. 表與襲, 皆爲不敬. 故此四者皆不可以入公門也.

**【옥조 45】**

햇솜(纊)으로 만든 솜옷이 치繭이고, 묵은 솜(縕)으로 만든 솜옷이 포袍이다. 겉옷만 있고 속옷이 없는 솜옷이 경絅이고, 겉옷과 속옷을 비단으로 만들고 솜을 넣지 않은 옷이 습褶이다.

纊爲繭, 縕爲袍.① 襌爲絅,② 帛爲褶.③

**鄭注** ① 옷에 솜이 있는 것의 다른 명칭이다. '광纊'은 오늘날의 신면新綿(햇솜)이다. '온縕'은 오늘날의 광纊 및 구서舊絮(묵은 솜)이다. 衣有著之異名也. '纊', 謂今之新綿也. '縕', 謂今纊及舊絮也.
② 웃옷과 아래옷은 있지만 속옷은 없다. 有衣裳而無裏.
③ 겉옷과 속옷은 있지만 솜이 없다. 有表裏而無著.

**集說** '광纊'은 신면新綿이다. '온縕'은 구서舊絮(묵은 솜)이다. 옷에 솜이 있는 것 가운데 신면을 사용한 것을 '치繭'라고 하고, 구서를 사용한 것을 '포袍'라고 한다. 겉옷은 있지만 속옷이 없는 것을 '경絅'이라고 하고, 겉옷과 속옷은 있지만 솜이 없는 것을 '습褶'이라고 한다. '纊', 新綿也. '縕', 舊絮也. 衣之有著者, 用新綿則謂之'繭', 用舊絮則謂之'袍'. 有表而無裏者謂之'絅', 有表裏而無著者謂之'褶'.

**【옥조 46】**

누이지 않은 비단으로 조복을 만드는 것은 계강자季康子로부터 시작된 것이다.
朝服之以縞也, 自季康子始也.

**鄭注** 이 역시 송나라 왕의 후손이 사용하는 것을 참람하게 사용한 것이다. 亦僭宋王者之後.

**集說** 조복의 베는 15승으로 하는데, 선왕의 제도이다. 계강자가 처음 생견生絹(누이지 않은 비단)을 사용하였는데, 후세 사람이 그것을 따라 하였다. 그러므로 기록자가 그 유래를 밝힌 것이다. 무릇 고례가 사라지는 것은 모

두 바꾸는 데에서 말미암는다. 朝服之布十五升, 先王之制也. 季康子始用生絹, 後人因之. 故記者原其所自. 凡古禮之亡, 皆由於變.

**【옥조 47】**

공자가 말하였다. "조복을 입고서 조회를 한다. 청삭聽朔의 예를 마친 후에 그것을 입는다."

孔子曰: "朝服而朝. 卒朔然後服之."

**鄭注** 제후와 군신群臣의 경우를 말한 것이다. 제후는 청삭의 예를 거행할 때 피변복皮弁服을 입는다. 謂諸侯與群臣也. 諸侯視朔皮弁服.

**集說** 청삭聽朔은 조회를 보는 것보다 중요하다. 제후의 조복은 현단복에 소상素裳을 하지만, 청삭의 복장은 피변皮弁이다. 그러므로 청삭의 예를 마친 후에 조복을 입고 조회를 보는 것이다. 聽朔重於視朝. 諸侯之朝服玄端素裳, 而聽朔則皮弁. 故卒聽朔之禮然後服朝服而視朝也.

**【옥조 48】**

(공자가) 말하였다. "나라가 아직 도에 합치되지 않았을 때에는 그 의복을 규정에 맞게 성대하게 하지 않는다."

曰: "國家未道, 則不充其服焉."

**鄭注** 위衛나라 문공文公과 같은 경우를 말한다. '미도未道'는 아직 도에 합

치되지 않았다는 뜻이다. 謂若衛文公者. '未道', 未合於道.

集說 '왈曰' 자는 위 문장을 이은 것으로 또한 공자의 말이다. 예악형정禮樂刑政이 아직 선왕의 도에 합치되지 않았다면 또한 그 의복을 규정에 충족시켜 성대하게 해서는 안 된다. ○ 정씨鄭氏(정현鄭玄)는 말한다. "위衛나라 문공文公과 같은 경우를 말한다." '曰'字, 承上文, 亦孔子之言也. 禮樂刑政, 未合於先王之道, 則亦不宜充盛其衣服. ○ 鄭氏曰: "謂若衛文公者."

**【옥조 49】**

군주만이 도끼 문양을 수놓은 갖옷(黼裘)을 입고서, 출정을 선포하고 경작을 살피고 추수를 살필 수 있다. 흑양의 갖옷(大裘)을 입고 하는 것은 옛 제도가 아니다.

唯君有黼裘以誓省. 大裘非古也.

鄭注 천자의 의례를 참람하게 사용하는 것이다. 천자는 상제를 제사지낼 때 대구大裘를 입고 면류관을 쓴다. '대구大裘'는 흑양의 갖옷(羔裘)이다. '보구黼裘'는 흑양과 여우의 흰 가죽을 섞어서 도끼 문양을 수놓아 만든 것이다. '성省'은 '선獮'이 되어야 한다. '선獮'은 가을 사냥이다. 국군에게는 보구를 입고 가을 사냥을 선포하는 의례가 있다. 당시 대부 가운데 또 대구를 사용하는 경우가 있었다. 僭天子也. 天子祭上帝, 則大裘而冕. '大裘', 羔裘也. '黼裘', 以羔與狐白雜爲黼文也. '省', 當爲'獮'. '獮', 秋田也. 國君有黼裘誓獮田之禮. 時大夫又有大裘也.

集說 '군君'은 국군國君이다. '보구黼裘'[35]는 흑양의 가죽으로 여우의 흰

털과 섞어 도끼문양을 수놓아 갖옷을 만든 것이다. 구설舊說(정현의 설)은 '성省'을 '선獮'(가을사냥)의 뜻으로 읽었다. 방씨方氏는 성경省耕(경작을 살피다) · 성렴省斂(추수를 살피다)의 뜻으로 해석하였는데, 이제 이를 따른다. '대구大裘'는 흑양의 갖옷으로서, 천자가 교郊제사를 지낼 때 입는 옷이다. 경문은 국군이 본디 보구黼裘를 입고서 출정을 선포하고 경작과 추수를 살필 수 있는데, 이제 참람하게 대구大裘를 입으니 잘못이라고 말한 것이다. 단지 '옛 제도가 아니다'(非古)라고만 말하였으나, 예를 참람하게 어긴 잘못이 저절로 드러난다. '君', 國君也. '黼裘', 以黑羊皮雜狐白爲黼文, 以作裘. 舊讀'省'爲'獮'. 方氏釋爲省耕 · 省斂之義, 今從之. '大裘', 黑羔裘也, 天子郊服. 謂國君固可衣黼裘, 以誓軍旅省耕斂, 今而僭服大裘則不可也. 但言'非古', 則僭禮之失自見.

**【옥조 50】**

군주는 여우의 흰 모피로 지은 갖옷(狐白裘)을 입고, 그 위에 비단으로 지은 옷(錦衣)을 석의裼衣로 덧입는다. 군주의 오른쪽에는 호랑이 갖옷(虎裘)을 입은 호위병이 있고, 그 왼쪽에는 이리 갖옷(狼裘)을 입은 호위병이 있다. 사士는 여우의 흰 모피로 지은 갖옷(狐白)을 입지 못한다.

君衣狐白裘, 錦衣以裼之.① 君之右虎裘, 厥左狼裘.② 士不衣狐白.③

**鄭注** ① 군주는 여우의 흰 털로 지은 갖옷을 입으면 흰 비단으로 웃옷을 만들어 갖옷을 덮어서 석裼을 할 수 있게 한다. 단袒을 하는데 속옷이 있는 경우를 '석裼'이라고 한다. 반드시 덮어 가리는 것은 갖옷이 설만하기 때문

이다. 『시詩』에 "비단으로 지은 상의에다 경의絅衣요, 비단으로 지은 치마에다 경상絅裳이네"36)라고 하였다. 그렇다면 비단옷에 다시 겉옷을 입음이 분명하다. 천자가 여우 흰 모피로 지은 갖옷 위에 입는 겉옷은 피변복일 것이다. 무릇 석의裼衣(속옷)는 갖옷의 색을 본뜬다. 君衣狐白毛之裘, 則以素錦爲衣覆之, 使可裼也. 袒而有衣曰'裼'. 必覆之者, 裘褻也. 『詩』云: "衣錦絅衣, 裳錦絅裳." 然則錦衣復有上衣, 明矣. 天子狐白之上衣, 皮弁服與. 凡裼衣象裘色也.

② 존귀한 분을 호위하는 자는 굳세고 용맹해야 한다. 衛尊者宜武猛.

③ 군주를 피하는 것이다. 여우가 흰 것은 적다. 적은 것으로 귀함을 삼는 것이다. 辟君也. 狐之白者少. 以少爲貴也.

**集說** '호백구狐白裘'는 여우의 흰 털가죽으로 갖옷을 지은 것이다. 군주가 이 갖옷을 입을 경우 흰 비단으로 옷을 만들어 그 위에 덮어서 석裼을 할 수 있게 한다. 단袒을 하는데 속옷이 있는 경우를 '석裼'이라고 한다.37) 자세한 설명은 「곡례하曲禮下」(5)에 보인다. 호랑이의 갖옷을 입은 자가 오른쪽에 있고, 이리의 갖옷을 입은 자가 왼쪽에 있는 것은 위엄과 용맹스러운 호위를 보여주는 것이다. 여우가 흰 것은 적다. 그러므로 오직 군주만이 그것을 입을 수 있다. 사는 비천하여 입을 수 없다. '狐白裘', 以狐之白毛皮爲裘也. 君衣此裘, 則以素錦爲衣, 加其上, 使可裼也. 袒而有衣曰'裼'. 詳見「曲禮」. 虎裘者居右, 狼裘者居左, 示威猛之衛也. 狐之白者少. 故惟君得衣之. 士賤不得衣也.

**【옥조 51】**

군자는 여우의 청색 모피로 지은 갖옷에 표범의 모피로 소매를 하여 입고, 그 위에 검은색의 생사로 만든 옷(玄綃衣)을 석의裼衣로 덧입는다.

君子狐靑裘豹褎, 玄綃衣以裼之.

**鄭注** '군자'는 대부와 사를 가리킨다. '초綃'는 비단(綺)의 일종으로, 거기에 검은색을 물들이면 여우의 청색 모피 갖옷과 서로 어울린다. 여우의 청색 모피 갖옷은 대체로 현의玄衣(검은색 상의)의 갖옷이다. '君子', 大夫·士也. '綃', 綺屬也, 染之以玄, 於狐靑裘相宜. 狐靑裘, 蓋玄衣之裘.

**集說** '군자'는 대부와 사를 가리킨다. '호청구狐靑裘'는 여우의 푸른색 모피로 갖옷을 만든 것이다. '표유豹褎'는 표범의 모피로 소매를 지은 것이다. '현초의玄綃衣'는 검은색의 생사(綃)로 웃옷을 만든 것이다. '君子', 謂大夫·士也. '狐靑裘', 狐之靑毛皮爲裘也. '豹褎', 豹皮爲袖. '玄綃衣', 玄色之綃爲衣也.

**【옥조 52】**

새끼사슴 가죽으로 지은 갖옷에 청색 개 가죽으로 만든 소매를 하고, 그 위에 창황색의 옷(絞衣)을 석의裼衣로 덧입는다.

麛裘靑豻褎, 絞衣以裼之.

**鄭注** '간豻'은 오랑캐 땅에서 나는 개다. '교絞'는 창황색(蒼黃 청색과 황색이 섞인 색)이다. 공자는 "흰 옷에 새끼사슴 가죽으로 지은 갖옷을 입는다"38)라고 하였다. '豻', 胡犬也. '絞', 蒼黃之色也. 孔子曰: "素衣麛裘."

**集說** '미麛'는 새끼사슴이다. '간豻'은 오랑캐 땅에서 나는 개이다. '교絞'는 창황색(蒼黃)이다. '麛', 鹿子也. '豻', 胡地野犬. '絞', 蒼黃之色.

**【옥조 53】**

흑양 모피로 지은 갖옷에 표범의 모피로 소매를 하여 입고, 그 위에 검은 옷(緇衣)을 석의裼衣로 덧입는다. 여우 모피로 지은 갖옷에는 황색 옷(黃衣)을 석의로 덧입는다. 비단으로 지은 옷을 석의裼衣로 하여 여우 모피로 지은 갖옷을 입는 것은 제후의 복식이다.

羔裘豹飾, 緇衣以裼之.① 狐裘, 黃衣以裼之.② 錦衣狐裘, 諸侯之服也.③

鄭注 ① '식飾'은 소매(褎)의 뜻과 같다. 공자는 "검은 옷(緇衣)에는 흑양 모피로 지은 갖옷(羔裘)을 입는다"[39]고 하였다. '飾', 猶褎也. 孔子曰: "緇衣羔裘."

② '황색 옷'(黃衣)은 대사大蜡에서 선조에게 제사지낼 때 입는 옷이다. 공자는 "황색 옷에 여우 모피로 지은 갖옷을 입는다"고 하였다. '黃衣', 大蜡時臘先祖之服也. 孔子曰: "黃衣狐裘."

③ 제후가 아니면 비단으로 지은 옷을 석의裼衣로 입지 못한다. 非諸侯, 則不用錦衣爲裼.

集說 '식飾'은 소매(袖)를 가리킨다. 『논어』에 "검은 옷(緇衣)에는 흑양 모피로 지은 갖옷을 입고, 황색 옷(黃衣)에는 여우 모피로 지은 갖옷을 입는다"고 하였다. ○ 정씨鄭氏(정현鄭玄)는 말한다. "무릇 석의裼衣는 갖옷의 색을 본뜬다"고 하였다. '飾', 謂袖也. 『論語』"緇衣羔裘, 黃衣狐裘." ○ 鄭氏曰: "凡裼衣象裘色."

【옥조 54】

(서인이 입는) 개와 양의 모피로 지은 갖옷에는 그 위에 석의裼衣를 덧입지 않는다. 문식文飾을 하지 않으면, 석의裼衣를 덧입지 않는다.

犬羊之裘不裼.① 不文飾也, 不裼.②

鄭注 ① 질박하고 간략하게 하는 것이니, 또한 서인에게는 문식文飾이 없기 때문이다. 質略, 亦庶人無文飾.

② 석의를 입는 것은 문식이 필요한 일에 주로 한다. 裼主於有文飾之事.

集說 개와 양의 갖옷은 서인이 입는 것이다. 갖옷과 사람이 모두 천하기 때문에 석의로 덧입어서 문식을 하지 않는 것이다. 犬羊之裘, 庶人所服. 裘與人俱賤, 故不裼以爲飾也.

【옥조 55】

갖옷에 석의裼衣를 입는 것은 (석의의) 아름다움을 드러내기 위한 것이다. 조문을 할 때에 석의 위에 갖옷을 습의襲衣로 껴입음은 문식을 다하지 않는 것이다. 군주가 있는 곳이라면 석의를 덧입어 문식을 다한다.

裘之裼也, 見美也.① 吊則襲, 不盡飾也.② 君在則裼, 盡飾也.③

鄭注 ① 군자가 일을 할 때, 아름다움을 드러내는 것으로 공경함을 나타낸다. 君子於事以見美爲敬.

② 상사喪事는 아름다움을 드러내는 일이 아니다. 喪非所以見美.

③ 신하가 군주의 처소에 있을 경우이다. 臣於君所.

集說 여기에서 석의와 습의의 차이를 말한 것은 합당하다. '아름다움을 드러낸다'(見美)는 것은 석의裼衣 위에 비록 다른 옷을 덧입더라도 오히려 반드시 드러내어 석의의 아름다움을 보임을 말한다. 상사喪事에 조문할 때 갖옷을 석의 위에 덧입는 것은 오직 소렴 이후에만 그렇게 한다. '문식을 다한다'(盡飾)는 것은 그 문식의 도를 다하는 것으로 공경함을 삼는다는 뜻이다. 조문은 애도함을 위주로 한다. 그러므로 공경함이 아름다움을 나타내는 것에 있지 않다. 군주가 있는 곳이라면 문식을 다하는 것으로 공경함을 나타내야 한다. 此言裼襲之異宜. '見美', 謂裼衣上, 雖加他服, 猶必開露, 以見示裼衣之美. 吊喪襲裘, 惟小斂後則然. '盡飾'者, 盡其文飾之道以爲敬. 吊主於哀. 故敬不在美. 君在則當以盡飾爲敬也.

**【옥조 56】**

의복에서 석의裼衣 위에 습의襲衣를 입는 것은 (석의의) 아름다움을 가리기 위한 것이다. 이 때문에 시尸는 석의 위에 습의를 입고, 옥과 거북을 잡을 때 습의를 겹쳐 입는다. 신하가 일이 없을 때에도 (군주의 처소에서) 석의를 입는 것은 감히 (석의의 아름다움을) 가리지 않는 것이다.

服之襲也, 充美也.① 是故尸襲,② 執玉龜襲.③ 無事則裼, 弗敢充也.④

鄭注 ① '충充'은 덮는다(覆)는 뜻과 같다. 공경하는 대상이 군주가 중심이 아니면 습의를 입는다. '充', 猶覆也. 所敬不主於君, 則襲.

② 시尸는 존귀하기 때문이다. 尸尊.

③ 보옥과 상서로운 것을 중히 여기는 것이다. 重寶瑞也.

④ 거북과 옥을 바친 이후임을 말한다. 謂已致龜玉也.

**集說** '충미充美'는 "그 화려하고 아름다움을 가리고 막는다"고 말하는 것과 같다. 시尸는 존귀하여 공경할 대상이 없기 때문에 습의를 입는다. 옥을 잡는 예는 석의를 입을 때가 있고 습의襲衣를 입을 때가 있다. 거북을 잡을 때, 향례享禮의 정실庭實을 바칠 때에는 석의裼衣를 입고, 거북으로 점을 칠 때에는 습의를 입는다. 이 경문은 습의를 위주로 말한 것일 뿐, 옥과 거북을 잡을 때 석의를 입는 예禮가 없다는 뜻은 아니다. '일이 없다'(無事)는 것은 옥을 잡고 거북을 잡는 예가 이미 끝났음을 뜻한다. '일이 없으면 석의를 입는다'(無事則裼)는 것은 또한 군주의 처소에 있을 경우를 말한 것으로, 군주의 처소가 아니면 그렇게 하지 않는다. '불감충弗敢充'은 아름다움을 드러내는 것으로 공경함을 삼는다는 뜻이다. ○ 소疏에서 말한다. "무릇 공경에는 두 가지가 있다. 질박함으로 공경함을 삼는 것이 있으니 자식이 부모가 계신 곳에서 감히 단袒을 하여 석의의 아름다움을 드러내지 않는다. 문식으로 공경을 삼는 경우가 있으니 신하는 군주가 있는 곳에서 석의를 입는다. 만약 대등한 관계 이하라면 또한 습의를 입으니 질박하고 간략하게 하기 때문이다. 습의를 입는 것은 비록 같지만 그 의미는 다르다." '充美', 猶云, "揜塞其華美"也. 尸尊, 無所示敬, 故襲. 執玉之禮, 有裼時, 有襲時. 執龜, 爲享禮庭實則裼, 以卜則襲. 此特主襲而言耳, 非謂執玉龜無裼之禮也. '無事', 謂執玉執龜之禮已竟也. '無事則裼', 亦謂在君之所, 非君所則否. '弗敢充'者, 以見美爲敬也. ○ 疏曰: "凡敬有二體. 以質爲敬者, 子於父母之所, 不敢袒裼. 以文爲敬者, 臣於君所, 則裼. 若平敵以下則亦襲, 以質略故也. 所襲雖同, 其意異也."

【옥조 57】

홀笏은 천자의 경우 구옥球玉(아름다운 옥)으로 만들고, 제후는 상아로 만들고, 대부는 물고기의 수염으로 대나무를 장식하여 만든다. 사士는 대나무에 상아로 밑을 장식하여 만들어도 된다.

笏, 天子以球玉, 諸侯以象, 大夫以魚須文竹. 士竹本象可也.

鄭注 '구球'는 아름다운 옥이다. '문文'은 장식한다(飾)는 뜻과 같다. 대부와 사士가 대나무를 장식하여 홀을 만드는 것은 감히 군주와 나란히 순수한 물건을 사용하지 못하기 때문이다. '球', 美玉也. '文', 猶飾也. 大夫・士飾竹以爲笏, 不敢與君並用純物也.

集說 '구球'는 아름다운 옥이다. '문文'은 장식한다(飾)는 뜻이다. 육덕명陸德明의 『경전석문經典釋文』에는 '수須'의 음이 '반班'으로 되어 있으나, 공영달의 소에는 유씨庾氏의 설을 인용하여 "상어의 수염으로 대나무를 장식하여 문양을 이룬다"고 하여, 응씨應氏의 설과 서로 비슷하다. 마땅히 글자 그대로의 뜻으로 읽어야 한다. ○ 응씨應氏는 말한다. "『이아』에 '물고기의 경우 (수염을) 수須라고 한다'[40]고 하였다. 대체로 물고기가 고동치고 숨을 쉬는 것은 수염에 있다. 대부는 존귀한 분과 가깝기 때문에 굽힌다. 그러므로 대나무를 물고기의 수염으로 장식한다. 사는 존귀한 분과 멀기 때문에 펼친다. 그러므로 상아로 장식한다." '球', 美玉也. '文', 飾也. 陸氏音, '須'爲'班', 而疏引庾氏說"以鮫魚須飾竹以成文", 與應氏說相近. 宜讀如字. ○ 應氏曰: "『爾雅』'魚曰須.' 蓋魚之所以鼓息者在須. 大夫以近尊而屈. 故飾竹以魚須. 士以遠尊而伸. 故飾以象."

【옥조 58】

천자를 알현할 때와 활쏘기를 할 때에는 홀을 손에서 떼어놓지 않는다. 태묘에 들어가서 홀을 떼어놓는 것은 예가 아니다. 소공의 상에는 홀을 떼어놓지 않고, (대렴 및 빈을 차리는 등의) 일에 임해서 문免을 할 때에는 홀을 떼어놓는다. 홀을 (잡고 있다가) 허리에 꽂으면 반드시 손을 씻는다. 비록 조정에서 일을 집행하더라도, 다시 손을 씻지는 않는다.

見於天子與射, 無說笏. 入大廟說笏, 非禮[41]也.① 小功不說笏, 當事免則說之.② 既搢必盥. 雖有執於朝, 弗有盥矣.③

鄭注 ① 무릇 길한 일에는 홀을 떼어놓는 바가 없음을 말한 것이다. 태묘 안에서는 오직 군주만이 일에 임해서 홀을 떼어놓는다. 言凡吉事無所說笏也. 大廟之中, 唯君當事說笏也.

② 문免을 할 때는 슬픔으로 곡을 하고 용을 할 때이므로, 일을 기록할 겨를이 없다. 소공小功의 상은 가벼워서 일을 하지 않아도 홀을 허리에 꽂을 수 있다. 免, 悲哀哭踊之時, 不在於記事也. 小功輕, 不當事, 可以搢笏也.

③ 홀을 허리에 꽂으면 곧바로 손을 씻는 것은 반드시 일을 집행해야 하기 때문이다. 搢笏輒盥, 爲必執事.

集說 진씨陳氏(진상도陳祥道)[42]는 말한다. "홀이 사용되는 것은 대체로 제후가 천자를 알현할 때에는 명규命圭를 들고 서荼를 꽂고, 대부의 빙례에는 빙규聘圭를 들고 홀笏을 꽂으며, 서옥瑞玉을 합하여 규圭을 줄 때에는 그 꽂고 있는 홀을 잡는다. 이른바 '천자를 알현할 때에는 홀을 손에서 떼어놓지 않는다'(見於天子無說笏)는 것이 이것이다. 활쏘기는 덕을 관찰하는 것이므로

예가 본래 높여 행하는 데 주안점이 있다. 소공의 상은 예가 정情을 이길 수 있다. 그러므로 또한 홀을 떼어놓지 않는다. 일에 임해서 문免을 하게 되면 일이 예를 이길 수 있다. 그러므로 홀을 떼어놓는다." ○ 방씨方氏는 말한다. "태묘 안에서는 오직 군주만이 일에 임해서 홀을 떼어놓는다. 존귀함을 버리는 까닭이다. 후세에는 신하들도 더러 떼어놓기도 하는데 너무 간략하게 하는 잘못이다. 소공의 상은 슬픔이 줄어들고, 일을 기록하지 않을 수 없다. 그러므로 홀을 떼어놓지 않는다. 일에 임해서 문免을 할 때에는 홀을 떼어놓지 않을 수 없다. 무릇 묘廟에서 홀을 꽂으면 반드시 손을 씻는 것은 장차 일을 집행하기 위한 것이다. 조정에서 일을 집행할 때에 또한 다시 손을 씻지 않는 것은 이미 손을 씻었기 때문이다." 陳氏曰: "笏之所用, 蓋諸侯之朝天子, 則執命圭而搢荼, 大夫之聘, 則執聘圭而搢笏, 及其合瑞而授圭, 則執其所搢而已. 所謂'見於天子無說笏'者, 此也. 射以觀德, 則禮固在所隆. 小功則禮可以勝情. 故亦不說. 當事而免, 則事可以勝禮. 故說之." ○ 方氏曰: "大廟之內, 惟君當事則說笏. 所以逸尊者也. 後世臣或說之, 則失之簡矣. 小功之喪, 悲哀殺矣, 事不可不記也. 故不說笏. 及當事而免之時, 則不可以不說. 凡在廟搢笏必盥手者, 爲將執事也. 及有執事於朝, 則亦不再盥, 爲其已盥故也."

**【옥조 59】**

무릇 군주 앞에서 가리켜서 표시할 일이 있을 때 홀을 사용한다. 군주 앞에서 나아가 명령을 받을 때에는 홀에다 기록을 한다. 홀은 일이 있을 때마다 모두 사용한다. 이 때문에 홀에 문식을 하여 상하의 등급으로 삼는다.

凡有指畫於君前, 用笏. 造受命於君前, 則書於笏. 笏, 畢用也. 因飾焉.

鄭注 '필畢'은 다한다(盡)는 뜻이다. '畢', 盡也.

集說 일로 인해서 가리켜서 표시해야 하는 일이 있을 경우 손을 사용하면 용모를 잃는다. 그러므로 홀을 사용한다. '조수명造受命'은 군주가 있는 곳에 나아가 명을 받는다는 뜻이다. '필용畢用'은 일마다 모두 그것을 사용한다는 뜻이다. '이 때문에 문식을 한다'(因飾)는 것은 이 때문에 그것을 문식하여 상하의 등급으로 삼는다는 뜻이다. 因事而有所指畫, 用手則失容. 故用笏也. '造受命', 詣君所而受命也. '畢用'者, 每事皆用之也. '因飾焉', 謂因而文飾之以爲上下之等級也.

**【옥조 60】**

홀의 길이는 2척 6촌인데, 그 중간 부분의 너비는 3촌이고, 그 뾰족하게 깎은 부분은 3촌을 6등분하여 하나를 제거한 길이다.
笏度二尺有六寸, 其中博三寸, 其殺六分而去一.

鄭注 '쇄殺'는 (베틀의 북처럼) 뾰족하게 깎는다(杼)는 뜻과 같다. 천자는 위쪽을 뾰족하게 깎고 머리를 망치모양으로 만든다. 제후는 머리를 망치모양으로 하지 않는다. 대부와 사는 또 홀의 아래를 뾰족하게 깎고 머리 부분 너비는 2촌 반이 되게 한다. '殺', 猶杼也. 天子杼上終葵首. 諸侯不終葵首. 大夫·士又杼其下, 首廣二寸半.

**集說** 중간 부분의 너비를 3촌으로 하는 것은 천자 · 제후 · 대부 · 사의 홀이 모두 그러하다. 천자와 제후의 홀은 중간 부분으로부터 위로 갈수록 조금씩 점차적으로 뾰족하게 깎아서 위로 머리까지 이르면 너비가 2촌 반이 되게 한다. 이것이 '3촌을 6등분하여 하나를 제거한다'(六分三寸而去其一)는 것이다. 대부와 사는 또 중간 부분으로부터 아래로 뾰족하게 깎아서 아래에 이르면 또한 너비가 2촌 반이 되게 한다. 그러므로 오직 중간 부분만 3촌이 된다. 『주례』「옥인玉人」에 "대규大圭는 길이가 3척이다"라고 한 것은 머리를 망치모양으로 만든 부분까지 겸하여 말한 것이다. 中廣三寸, 天子 · 諸侯 · 大夫 · 士之笏, 皆然. 天子 · 諸侯, 則從中以上稍稍漸殺, 至上首廣二寸半. 是'六分三寸而去其一'也. 其大夫 · 士又從中殺, 至下亦廣二寸半. 故惟中間廣三寸也. 「玉人」言, "大圭長三尺", 是兼終葵首言之.

**【옥조 61】**

천자는 흰색 비단으로 만든 띠를 착용하고(素帶), 붉은색 비단으로 속옷을 만들고(朱裏), 띠 전체에 가선을 두른다(終辟).

天子素帶, 朱裏, 終辟.[43]

**鄭注** 대대大帶[44]를 가리킨다. 謂大帶也.

**集說** 이 '비辟' 자는 앞 장에서 "누이지 않은 흰 비단으로 지은 관에 흰색의 누인 비단으로 가선을 두른다"고 했을 때의 '비紕'(가선)의 뜻으로 읽으니, 가선을 의미한다. 천자는 소素로 띠를 만드는데, '소素'는 누인 명주(熟絹)이다. 붉은색 비단으로 속옷을 만든다. '종終'은 마친다(竟)는 뜻이다. '종

비終辟'는 이 띠 전체에 모두 가선을 두른다는 뜻이다. 此'辟'字, 讀如前章"縞冠素紕"之'紕', 緣也. 天子以素爲帶, '素', 熟絹也. 用朱爲裏. '終', 竟也. '終辟', 終竟此帶盡緣之也.

**【옥조 62】**

그리고 (제후는) 누인 흰색 비단으로 만든 띠를 착용하는데, 띠 전체에 가선을 두른다.

而素帶, 終辟.

**鄭注** '그리고 누인 흰색 비단을 만든 띠를 착용하는데, 띠 전체에 가선을 두른다'(而素帶, 終辟)는 것은 제후의 경우를 말한 것이다. 제후는 안쪽을 붉은색으로 하지 않고, 누인 흰색 비단(素)을 합해서 만들어 오늘날 의대衣帶를 만드는 것처럼 한다. 천자보다 낮추는 것이다. 대부도 이와 같이 한다. '而素帶, 終辟', 謂諸侯也. 諸侯不朱裏, 合素爲之, 如今衣帶爲之. 下天子也. 大夫亦如之.

**集說** '이而' 아래에 '제후諸侯' 글자가 빠졌다. 제후 역시 누인 흰색 비단으로 띠를 하고 띠 전체에 가선을 두르지만, 속을 붉은색으로 하지 않는다. '而'下, 缺'諸侯'字. 諸侯亦素帶終辟, 而不朱裏.

**【옥조 63】**

대부는 누인 흰색 비단으로 만든 띠를 착용하는데, 띠 가운데 아래로 늘어뜨리는 부분에만 가선을 두른다.
大夫素帶, 辟垂.

集說 대부가 착용하는 누인 흰색 비단으로 만든 띠는 단지 그 양 귓쪽 및 아래로 늘어뜨리는 신紳에만 가선을 두르고, 허리 뒤쪽은 가선을 두르지 않는다. 大夫之素帶, 則惟緣其兩耳及垂下之紳, 腰後不緣.

【옥조 64】
사는 누인 비단(練)으로 만든 띠를 착용하는데, 양 변을 꿰매고, 아래로 (늘어뜨리는 부분(紳)에만) 가선을 두른다.
士練帶, 率, 下辟.

鄭注 '율率'은 봉합한다(繂)는 뜻이다. 사士 이하는 모두 홑겹으로 하여 합치지 않고 양 변을 꿰매서 봉합하는데, 오늘날 조두幧頭[45]를 만들 때 하는 방식과 같다. '비辟'는 '비면裨冕'이라고 할 때의 '비裨'로 읽는다. '비裨'는 비단(繒)으로 그 측변에 색깔을 넣어 장식하는 것이다. 군주는 머리에서 끝까지 모두 가선을 두르고, 대부는 뉴紐(매듭) 및 끝에 색깔을 넣어 가선을 두르고, 사는 그 끝에 색깔을 넣어 가선을 두를 뿐이다. '率', 繂也. 士以下皆襌, 不合而繂積, 如今作幧頭爲之也. '辟', 讀如'裨冕'之'裨'. '裨'謂以繒采飾其側. 人君充之, 大夫裨其紐及末, 士裨其末而已.

集說 '연練'은 비단(繒)이다. 사는 비단(練)으로 띠를 만드는데, 홑겹으로 그것만 사용하여 만들면서 그 양 변을 꿰매기 때문에 '율繂(봉합한다)'이라고 한

것이다. 허리 및 양쪽 귀는 모두 가선을 두르지 않고, 단지 그 신紳에만 가선을 두른다. 그러므로 '아래로 가선을 두른다'(下辟)고 한 것이다. '練', 繒也. 士以練爲帶, 單用之而緶緝其兩邊, 故謂之'綼'. 腰及兩耳皆不緣, 惟緣其紳. 故云'下辟'.

**【옥조 65】**

거사居士는 누인 비단으로 만든 띠를 착용하고, 제자弟子는 누이지 않은 비단으로 만든 띠를 착용한다.

居士錦帶, 弟子縞帶.

**鄭注** '거사居士'는 도와 기예가 있지만 벼슬에 나가지 않은 사람이다. 이 경문은 '이소대而素帶'로부터 착간되어 이곳에 놓였다. 마땅히 '주리종피朱裏終辟'의 뒤에 있어야 한다. '居士', 道藝處士也. 此自'而素帶'亂脫在是耳. 宜承'朱裏終辟'.

**集說** 비단(錦)으로 띠를 만드는 것은 문식함(文)을 보이는 것이다. 제자는 생견生絹(누이지 않은 비단)을 사용하는데, 질박함(質)을 보이는 것이다. ○ 정씨鄭氏(정현鄭玄)는 말한다. "거사居士는 도와 기예가 있지만 벼슬을 나아가지 않은 사람이다"라고 하였다. 以錦爲帶, 示文也. 弟子用生絹, 示質也. ○ 鄭氏曰: "居士, 道藝處士也."

**【옥조 66】**

천자에서 제자에 이르기까지 띠의 매듭을 묶을 때 함께 너비 3촌의 끈(組)을 사용한다. 길이는 띠의 늘어뜨려진 부분과 똑같다. 띠의 늘어진 부분(紳)의 길이 규정은 사의 경우 3척이고, 유사의 경우는 2척 5촌이다. 자유子游는 "띠 아랫부분을 3등분하면 띠의 늘어진 부분이 2등분을 차지한다"라고 하였다. 띠의 늘어뜨려진 부분(紳), 폐슬(韠), 매듭을 묶은 인끈의 늘어뜨려진 부분(結) 등 세 가지는 길이가 같다.

幷紐約用組三寸. 長齊于帶. 紳長制, 士三尺, 有司二尺有五寸. 子游曰: "參分帶下, 紳居二焉." 紳·韠·結三齊.

**鄭注** '3촌三寸'은 띠를 묶는 뉴紐와 조組의 너비다. '길이가 띠와 나란하다'(長齊于帶)는 것은 신紳과 길이가 같다는 뜻이다. '신紳'은 띠의 늘어뜨리는 부분이다. 그것이 구부러져 겹쳐져 있음을 말한다. 『논어』에 "자장子張이 신紳에 기록을 하였다"[46]고 하였다. '유사有司'는 부府와 사史 등의 부류이다. 띠의 아래를 3등분 하여 길이가 3척이 된다면, 띠는 중간부분보다 높은 것이다. '결結'은 띠를 묶은 끈(約)의 나머지가 아래로 늘어뜨려진 부분이다. 이 경문 역시 난탈亂脫되어 이곳에 있는 것이다. 마땅히 '약용조約用組'의 다음에 와야 한다. '결結'은 어떤 본에는 '금衿'으로 되어 있다. '三寸', 謂約帶紐·組之廣也. '長齊于帶', 與紳齊也. '紳', 帶之垂者也. 言其屈而重也. 『論語』曰: "子張書諸紳." '有司', 府·史之屬也. 三分帶下而三尺, 則帶高於中也. '結', 約餘也. 此又亂脫在是. 宜承'約用組'. '結'或爲'衿'.

**集說** 소疏에서 말한다. "'병幷'은 함께(並)라는 뜻으로, 천자에서 아래로 제자에 이르기까지 띠를 묶는 것은 함께 끈(組)을 사용하여 만든다." ○ 방씨方氏(방각方慤)는 말한다. "뉴紐(매듭)는 띠에서 교차시켜 매듭지어 묶는 것이

다. 그 뉴를 함께 합쳐놓고 끈을 사용하여 묶으면, 띠가 비로소 동여매져서 풀리지 않게 된다. '3촌'(三寸)은 그 너비다. '길이가 띠와 나란하다'(長齊于帶)는 것은 끈의 늘어뜨려진 부분이 마침 신紳과 길이가 같다는 뜻이다. '띠의 늘어진 부분의 길이 규정은 사의 경우 3척'(紳之長制, 士三尺)이라는 것은 허리로부터 이하가 범위가 된다. 사도 이와 같이 하는 것은 또한 비천한 것을 들어서 존귀함을 드러내는 것이다. 유사有司는 종종걸음 하기에 편리하게 하고자 하여 특별히 5촌을 제거한다. 자유의 말을 인용한 것은 사람의 신장이 8척이면 허리 이하가 4척 5촌이고, 이를 3등분으로 나누면 신紳이 2등분을 차지하므로 길이가 3척이 됨을 말한 것이다. '필韠'은 폐슬蔽膝이다. '결結'은 곧 끈(組)이다. 신紳, 필韠, 결結 3가지가 모두 길이 3척이다. 그러므로 '세 가지가 나란하다'고 한 것이다." 疏曰: "'幷', 並也, 謂天子下至弟子, 其所紐約之物, 並用組爲之." ○ 方氏曰: "紐則帶之交結也. 合幷其紐, 用組以約, 則帶始束而不可解矣. '三寸', 其廣也. '長齊于帶'者, 言組之垂, 適與紳齊也. '紳之長制, 士三尺'者, 自要而下爲稱也. 士如此, 亦擧卑以見尊也. 有司, 欲便於趨走, 故特去五寸. 引子游之言, 言人長八尺, 自要而下四尺五寸, 分爲三分而紳居二, 故長三尺也. '韠', 蔽膝也. '結', 卽組也. 紳·韠·結三者, 皆長三尺. 故曰'三齊'."

**【옥조 67】**

대부의 대대大帶는 너비가 4촌이다. 잡대雜帶는 군주의 경우 붉은색과 녹색으로 가선을 두르고, 대부의 경우 검은색과 황색으로 가선을 두른다. 사의 경우는 흑색으로 가선을 두르는데 그 너비가 2촌이지만 두 번 둘러서 4촌이 된다.

大夫大帶四寸. 雜帶, 君朱綠, 大夫玄華. 士緇辟二寸, 再繚四寸.

鄭注 '잡雜'은 문식한다(飾)는 뜻과 같은 것으로 곧 위의 '비裨'(가선장식)이다. 군주는 띠에 가선을 두르는데, 윗부분은 붉은색으로 하고 아랫부분은 녹색으로 하여 전체에 가선을 두른다. 대부는 늘어뜨리는 부분에만 가선을 두르는데, 바깥쪽은 검은색으로 하고, 안쪽은 화華로 한다. '화華'는 황색이다. 사는 늘어뜨리는 부분의 아래쪽에만 가선을 두르는데, 바깥쪽과 안쪽을 모두 검은색으로 한다. 이것을 치대緇帶라고 한다. 대부 이상은 흰색으로 하는데, 모두 너비가 4촌이다. 사는 누인 비단(練)으로 띠를 만드는데 너비가 2촌이고 두 번 두른다. '雜', 猶飾也, 卽上之'裨'也. 君裨帶, 上以朱, 下以綠終之. 大夫裨垂, 外以玄內以華. '華', 黃色也. 士裨垂之下, 外內皆以緇. 是謂緇帶. 大夫以上以素, 皆廣四寸. 士以練, 廣二寸, 再繚之.

集說 '4촌'은 너비의 길이다. '잡대雜帶'는 잡색으로 가선을 만든다는 뜻이다. '주록朱綠'은 위는 붉은색으로 하고 아래는 녹색으로 한다는 뜻이다. '현화玄華'는 밖은 검은색으로 하고 안쪽은 화華색으로 한다는 뜻인데, '화華'은 황색이다. 사의 경우 띠의 가선은 안과 밖이 모두 검은색(緇)이다. 이것을 치대라고 한다. 대부 이상의 띠는 모두 너비가 4촌이다. 사의 연대練帶만은 너비가 2촌이지만 허리의 둘레를 두 번 두르기 때문에 또한 4촌이 된다. 일설에 대대大帶는 정복의 띠이고, 잡대는 잡복의 띠라고 한다. '四寸', 廣之度也. '雜帶', 謂以雜色爲辟緣也. '朱綠'者, 上以朱下以綠. '玄華'者, 外以玄內以華, '華', 黃色也. 士帶之辟, 則內外皆緇. 是謂緇帶. 大夫以上帶, 皆廣四寸. 士練帶惟廣二寸, 而再繞要一匝, 則亦是四寸矣. 一說, 大帶者, 正服之帶, 雜帶者, 雜服之帶.

【옥조 68】

무릇 띠는[47] 꿰매는 일이 있을 때, 바느질하지 않은 듯이 보이게 꿰매야 한다.

凡帶有率, 無箴功.

鄭注 '범대凡帶'는 유사有司의 띠로, 또한 사의 띠와 같이 꿰맨다. '바느질하지 않은 듯이 보이게 꿰매야 한다'(無箴功)는 것은 가선을 두르지 않는 것이다. 사는 비록 띠를 꿰매지만 가선을 둘러 또한 바느질 작업을 한다. 범대凡帶에 가선을 두르지 않는 것은 사士보다 낮추는 것이다. 이 경문 역시 난탈亂脫되어 이곳에 놓여 있는 것으로, 마땅히 '신紳·필韠·결삼제結三齊'(66) 다음에 와야 한다.[48] '凡帶', 有司之帶也, 亦繂之如士帶矣. '無箴功', 則不裨之. 士雖繂帶, 裨亦用箴功. 凡帶不裨, 下士也. 此又亂脫在是, 宜承'紳·韠·結三齊'.

集說 무릇 띠는 꿰매는 곳에 바느질한 선이 세밀하여 바느질한 흔적을 보이지 않게 해서 마치 바느질한 일이 없는 것같이 꿰매야 한다. 凡帶當率縺之處, 箴線細密, 不見用箴之功, 若無箴功也.

【옥조 69】

끈의 묶고 남은 부분과 띠의 늘어뜨린 부분은, 일을 하는 자의 경우 집행할 일이 있으면 거두어 손에 쥐고 일을 하고, 달려야 할 일이 있으면 가슴에 그것을 껴안고 달린다.

肆束及帶, 勤者有事則收之, 走則擁之.

鄭注 '이肄'는 '이肄'로 읽는다. '이肄'는 나머지(餘)의 뜻이다. '여속餘束'은 매듭을 묶고 남은 끈(組)이다. '근勤'은 힘들고 욕된 일을 집행함을 말한다. 이 경문 또한 난탈되어 이곳에 놓인 것으로 마땅히 '무잠공無箴功(68)의 다음에 와야 한다. '肆', 讀爲'肄'. '肄', 餘也. '餘束', 約紐之餘組也. '勤', 謂執勞辱之事也. 此亦亂脫在是, 宜承'無箴功'.

集說 '이肆'는 '이肄'로 읽는데, 나머지(餘)를 뜻한다. 『시詩』에 "그 나뭇가지에서 자라난 나머지를 베네"[49]라고 하였다. 띠를 묶고 남은 끈 및 띠에서 늘어뜨리는 신紳 부분을 가리킨다. 힘써 수고해야 할 일을 만나면 거두어서 손에 쥐고, 만약 일이 급박하여 달리지 않을 수 없을 경우에는 그것을 가슴에 껴안는다. '肆', 讀爲'肄', 餘也. 『詩』"伐其餘肄." 謂約束帶之餘組及紳之垂者. 遇有勤勞之事, 則收斂而持於手, 若事迫而不容不走者, 則擁抱之於懷也.

**【옥조 70】**

폐슬(韠)은 군주는 붉은색의 가죽으로 만들고, 대부는 흰색의 가죽으로 만들고, 사는 적흑색의 가죽으로 만든다. 둥글게 하고, 줄이고, 곧게 하는 방식과 관련하여, 천자는 곧게 만들고, 제후는 앞뒤로 네모지게 만들고, 대부는 앞부분은 네모지고 뒷부분은 꺾어서 각이 지게 만들고, 사는 앞뒤로 바르게 만든다. 폐슬은 아랫부분의 넓이가 2척이고, 윗부분의 넓이가 1척이며, 길이는 3척이고, 그 목 부분의 넓이는 5촌이다. 어깨부분은 혁대와 연결시키는데, 너비가 2촌이다.

**韠**, 君朱, 大夫素, 士爵韋.① **圜**, 殺, 直,② 天子直,③ 諸50)侯前後方,④ 大夫前方後挫角,⑤ 士前後正.⑥ **韠**下廣二尺, 上廣一尺, 長三尺, 其頸五寸. 肩, 革帶, 博二寸.⑦

**鄭注** ① 이는 현단복의 폐슬(韠)이다. '필韠'은 가린다(蔽)는 뜻이다. 무릇 폐슬은 부드러운 가죽(韋)으로 만드는데, 반드시 치마의 색깔을 본뜬다. 천자와 제후는 현단복玄端服에 붉은색 치마(朱裳)를 입고, 대부는 흰색 치마(素裳)를 입는다. 다만 사는 검은색 치마(玄裳), 황색 치마(黃裳), 여러 색이 섞인 치마(雜裳)를 입는다. 피변복皮弁服은 모두 흰색 폐슬이다. 此玄端服之韠也. '韠'之言蔽也. 凡韠以韋爲之, 必象裳色. 則天子·諸侯玄端朱裳, 大夫素裳. 唯士玄裳, 黃裳, 雜裳也. 皮弁服皆素韠.

② 폐슬(韠)의 제도를 설명한 것이다. 目韠制.

③ 네 모서리가 곧아서 둥글게 하거나 줄인 것이 없다. 四角直無圜·殺.

④ 네 모서리를 깎아내 줄여서 방형이 되게 하는 것으로, 천자의 경우와 다르게 변경을 가하는 것이다. 깎아내서 줄이는 부분은 위아래로 각각 5촌씩이다. 殺四角, 使之方, 變於天子也. 所殺者, 去上下各五寸.

⑤ 그 윗부분의 모서리를 둥글게 하는 것으로, 국군의 경우와 다르게 변경을 가하는 것이다. 폐슬은 아랫부분을 앞쪽으로, 윗부분을 뒤쪽으로 삼는다. 圜其上角, 變於君也. 韠以下爲前, 以上爲後.

⑥ 사는 비천하여 군주와 동일하게 하더라도 혐의를 받지 않는다. '정正'(바르게 한다)은 직直(곧게 하는 것)과 방方(네모지게 하는 것)에서 말하는 것이다. 천자의 사는 곧게 하고, 제후의 사는 네모지게 한다. 士賤, 與君同, 不嫌也. '正', 直·方之間語也. 天子之士則直, 諸侯之士則方.

⑦ '목이 5촌'(頸五寸)이라는 것은 또한 너비를 가리킨다. 목은 중앙이고, 어

깨(肩)는 양모서리로서, 모두 위로 혁대와 연결시켜 맨다. 어깨는 혁대와 너비가 동일하다. 무릇 차는 것은 혁대에 매단다. '頸五寸', 亦謂廣也. 頸中央, 肩兩角, 皆上接革帶以繫之. 肩與革帶廣同. 凡佩, 繫於革帶.

集說 폐슬(韠)[51]은 치마의 색깔을 본뜬다. 천자와 제후는 현단복玄端服에 붉은색 치마(朱裳)를 입고, 대부는 흰색 치마(素裳)를 입는다. 상사上士는 검은색 치마(玄裳)를, 중사中士는 황색 치마(黃裳)를, 하사下士는 여러 색을 섞은 치마(雜裳)를 입는다. 이 경문은 현단복에 차는 폐슬(韠)을 말한 것이다. 피변복皮弁服을 입을 경우 모두 흰색의 폐슬을 착용한다. 무릇 폐슬은 모두 부드러운 가죽(韋)으로 만든다. 그러므로 그 글자가 '위韋'를 따라 구성된 것이다. 또 옷을 착용하는 일이 끝난 후에 폐슬을 착용하기 때문에 '필韠'이라 이름한 것이다. '필韠'이라는 말은 가린다는 뜻이다. '작위爵韋'는 적흑(爵)색의 가죽이다. 면복冕服에 착용할 때에는 불韍(폐슬)이라 부르며, 글자는 또한 '불芾'로도 쓴다. 둥글게 하고(圜), 깎아서 줄이고(殺), 곧게 하는 것(直)은 3가지 형태와 방식이다. '천자의 폐슬이 곧다'(天子之韠直)는 것은 네 모서리를 둥글게 하거나 깎아서 줄인 것이 없다는 뜻이다. 아랫부분이 앞쪽이 되고, 윗부분이 뒤쪽이 된다. 공公과 후侯는 상하로 각각 5촌씩 제거한다. 제거한 곳에 물건으로 보충하여 문식해서 네모지게 만드는데, 천자의 방식과 다르게 변경을 가한 것이다. 대부는 그 위쪽 모서리를 둥글게 하는데, 군주의 방식과 다르게 변경을 가한 것이다. '정正'은 곧 곧은 것(直)과 네모진 것(方)의 의미다. 사는 비천하여 군주와 동일하다는 혐의를 받지 않는다. 목의 너비는 5촌이다. 중앙에 있기 때문에 목(頸)이라고 한다. 어깨(肩)는 양 모서리다. 어깨와 혁대는 모두 너비가 2촌이다. ○『시詩』의 소疏에 말한다. "옛날에 사냥을 하거나 물고기를 잡아서 먹고, 이로 인해서 그 가죽으로 옷을 만들었다. 먼저 앞을 가릴 줄 알고 후에 뒤를 가릴 줄 알았

다. 후세의 왕은 그것을 비단으로 바꾸었지만 여전히 그 앞을 가리는 풍습을 보존했던 것은 옛 도를 중시하여 근본을 잊지 않았던 것이다."[52] 사는 작변爵弁을 착용할 때 매겁韎韐으로 짝이 되게 한다.[53] 그렇다면 면복을 입을 경우에는 불芾로 짝이 되게 하는 것이다. 그러므로 면복에 착용할 경우 불芾이라고 부른다는 것을 알 수 있다. 불芾과 필韠은 모두 폐슬로서 그 제도는 같다. 다만 제복祭服을 높이기 때문에 그 이름을 달리한 것일 뿐이다. ○ 이제 살피건대, 매겁韎韐은 꼭두서니 풀(茜草)로 가죽에 물을 들여 적색을 만들어서 폐슬을 만든다. 韠象裳色. 天子・諸侯玄端服朱裳, 大夫素裳. 上士玄裳, 中士黃裳, 下士雜裳. 此言玄端服之韠. 若皮弁服, 則皆素韠也. 凡韠, 皆韋爲之. 故其字從韋. 又以著衣畢, 然後著之, 故名爲'韠'. '韠'之言蔽也. '爵韋', 爵色之韋也. 在冕服則謂之韍, 字亦作'芾'也. '圜・殺・直', 三者之形制也. '天子之韠直', 謂四角無圜無殺也. 下爲前上爲後. 公侯上下各去五寸. 所去之處, 以物補飾之使方, 變於天子也. 大夫則圜其上角, 變於君也. '正', 卽直與方之義. 士賤, 不嫌與君同也. 頸之廣五寸. 在中故謂之頸. 肩, 兩角也. 肩與革帶, 皆廣二寸. ○『詩』疏曰: "古者, 佃漁而食, 因衣其皮. 先知蔽前, 後知蔽後. 後王易之以布帛, 而猶存其蔽前者, 重古道, 不忘本也." 士服爵弁, 以韎韐配之. 則服冕者, 以芾配之. 故知冕服謂之芾. 芾・韠, 皆是蔽膝, 其制同. 但以尊祭服, 故異其名耳. ○ 今按, 韎韐者, 以茜草染韋爲赤色, 作蔽膝也.

**【옥조 71】**

일명一命은 적황색의 폐슬(韍)에 흑색의 노리개를 차고, 재명再命은 적색의 폐슬에 흑색의 노리개를 차고, 삼명三命은 적색의 폐슬에 청색의 노리개를 찬다.

一命緼韍幽衡, 再命赤韍幽衡, 三命赤韍葱衡.

**鄭注** 이는 현면복과 작변복의 폐슬로서, 제복祭服을 높여서 그 이름을 달리한 것이다. '불韍'은 또한 가린다(蔽)는 뜻이다. '온緼'은 적색과 황색의 간색으로 이른바 '매靺'이다. '형衡'[54]은 패옥의 형이다. '유幽'는 '유黝'로 읽는다. 흑색을 '유黝'라고 하고, 청색을 '총葱'이라 한다. 『주례』에 "공·후·백 등의 경卿은 삼명이고, 그 대부는 재명이며, 그 사는 일명이다. 자子, 남男 등의 경은 재명이고, 그 대부는 일명이고, 그 사는 명이 없다"고 하였다. 此玄冕爵弁服之韠, 尊祭服異其名耳. '韍'之言, 亦蔽也. '緼', 赤黃之間色, 所謂'靺'也. '衡', 佩玉之衡也. '幽', 讀爲'黝'. 黑謂之'黝', 青謂之'葱'. 『周禮』"公侯伯之卿三命, 其大夫再命, 其士一命. 子男之卿再命, 其大夫一命, 其士不命."

**集說** 이는 명을 받은 수의 많고 적음으로 폐슬과 패옥의 제도를 정한 것이다. '온緼'은 적황색이다. '유幽'는 '유黝'의 뜻으로 읽으며, 흑색이다. '형衡'은 패옥의 형이다. '총葱'은 청색이다. 『주례』에 "공公·후侯·백伯 등의 경은 삼명이고, 그 대부는 재명이며, 그 사는 일명이다. 자子와 남男 등의 경은 재명이고, 그 대부는 일명이고, 그 사는 명이 없다"[55]고 하였다. 此以命數之多寡, 定韍佩之制. '緼', 赤黃色也. '幽', 讀爲'黝', 黑色也. '衡', 佩玉之衡也. '葱', 青色也. 『周禮』"公·侯·伯之卿三命, 其大夫再命, 其士一命. 子·男之卿再命, 其大夫一命, 其士不命."

**【옥조 72】**

왕의 후는 휘의褘衣를 입고, 부인夫人은 요적揄狄을 입고, 여군女君은 왕후의 명을 받으면 궐적屈狄을 입는다.

王后褘衣, 夫人揄狄,① 君命屈狄.②

鄭注 ① '휘褘'는 '휘翬'의 뜻으로 읽고, '요揄'는 '요搖'로 읽는다. '휘翬'와 '요搖'는 모두 꿩의 이름이다. 비단에 새겨서 그리고 (잘라내어) 옷에 붙여서 문식을 한다. 이로 인해서 이름을 삼은 것이다. 후세에 글자를 쓰는 것이 달라졌다. '부인夫人'은 천자의 삼부인三夫人으로, 또한 후侯와 백伯의 부인이다.56) 왕자의 후예57)인 경우에는 부인도 휘의褘衣를 입는다. '褘', 讀如'翬', '揄', 讀如'搖'. '翬'·'搖'皆翟雉名也. 刻繒而畫之, 著於衣以爲飾. 因以爲名也. 後世作字異耳. '夫人', 三夫人, 亦侯伯之夫人也. 王者之後, 夫人亦褘衣.

② '군君'은 여군女君이다. '궐屈'은 『주례』에는 '궐闕'로 되어 있는데, 비단에 새겨서 꿩의 모양을 만들고 그림을 그려 넣지 않은 것을 뜻한다. 이는 자子와 남男의 부인 및 그 경·대부·사 등의 처가 입는 명복命服이다. '君', 女君也. '屈', 『周禮』作'闕', 謂刻繒爲翟, 不畫也. 此子男之夫人及其卿·大夫·士之妻命服也.

集說 이 경문은 후后·부인夫人 이하 6등급의 복식을 설명한 것이다. 휘의褘衣58)는 색이 검고, 요적揄狄은 청색이고, 궐적屈狄은 적색이다. 6복服59)이 모두 웃옷과 치마가 서로 연결되어 있다. '휘褘'는 '휘翬'로 읽고, '요적揄狄'은 '요적搖翟'으로 읽는다. '휘翬'와 '적翟'은 모두 꿩이다. 이 두 옷은 모두 비단에 새겨서 꿩의 형태를 만들고 5가지 색채로 그려 넣는다. '궐屈'은 '궐闕'로 읽는다. 형태를 잘라서 만들고 그림을 그려 넣지 않는다. 그러므로 '궐闕(빠뜨리다)'이라고 한 것이다. 왕후의 휘의와 부인의 요적은 모두 본복이다. '군명궐적君命屈狄'이란 여군女君, 그리고 자子와 남男의 처가 왕후의 명을 받으면 궐적을 입을 수 있다는 뜻이다. 此言后·夫人以下六等之服. 褘衣色玄, 揄狄青, 屈狄赤. 六服皆衣裳相連. '褘', 讀爲'翬', '揄狄', 讀爲'搖翟'. '翬'·'翟'皆

雉也. 二衣皆刻繒爲雉形而五采畫之. '屈', 讀爲'闕'. 刻形而不畫. 故云'闕'也. 王后褘衣, 夫人揄狄, 皆本服也. '君命屈狄', 謂女君·子·男之妻受王后之命, 得服屈狄也.

**【옥조 73】**

재명再命은 국의鞠衣를 입고, 일명一命은 전의襢衣를 입고, 사士는 단의褖衣를 입는다.

再命褘衣, 一命襢衣, 士褖衣.

**鄭注** '휘褘'는 '국鞠'이 되어야 한다. 글자의 잘못이다. 예에서 천자와 제후는 그 신하에게 작명爵命을 내리고, 후后와 부인夫人 또한 그 처에게 의복으로 작명을 내린다. 이른바 '남편은 조정에서 존귀하고, 처는 집에서 영예를 누린다'(夫尊於朝, 妻榮於室)는 것이다. 자와 남의 경卿은 재명再命인데 그의 처는 국의鞠衣를 입는다. 그렇다면 국의鞠衣·전의襢衣·단의褖衣는 제후의 신하는 모두 3등급으로 나뉘므로 그 처들이 차례대로 이 복을 받는 것이다. 공의 신하 가운데 고孤가 상경上卿이고, 대부가 그 다음이고, 사가 또 그 다음이다. 후侯·백伯·자子·남男의 신하 가운데에는 경이 으뜸이고 대부가 그 다음이고, 사가 또 그 다음이다. '단褖'은 어떤 본에는 '단稅'으로 되어 있다. '褘', 當爲'鞠'. 字之誤也. 禮天子·諸侯命其臣, 后·夫人亦命其妻以衣服. 所謂'夫尊於朝, 妻榮於室'也. 子·男之卿再命, 而妻鞠衣. 則鞠衣·襢衣·褖衣者, 諸侯之臣皆分爲三等, 其妻以次受此服也. 公之臣, 孤爲上卿, 大夫次之, 士次之. 侯·伯·子·男之臣, 卿爲上, 大夫次之, 士次之. '褖', 或作'稅'.

**集說** 국의鞠衣[60]는 황색이고, 전의襢衣는 백색이고, 단의褖衣는 흑색이다. (이 경문의) '휘褘'는 '국鞠'으로 읽는다. 국의는 황상복黃桑服이다. 색깔이

국진鞠塵(누룩)과 같은데, 뽕나무 잎이 처음 나올 때의 색깔을 본뜬 것이다. '재명은 국의를 입는다'(再命鞠衣)는 것은 자와 남의 경은 재명인데 그 처가 국의를 입을 수 있다는 뜻이다. '일명은 전의를 입는다'(一命襢衣)는 것은 자와 남의 대부는 일명인데 그 처가 전의를 입을 수 있다는 뜻이다. '사는 단의를 입는다'(士褖衣)는 것은 자와 남의 사는 명이 없는데 그 처가 전의를 입는다는 뜻이다. 鞠衣黃, 襢衣白, 褖衣黑. '褘', 讀爲'鞠'. 鞠衣, 黃桑服也. 色如鞠塵, 象桑葉始生之色. '再命鞠衣'者, 子・男之卿再命, 其妻得服鞠衣也. '一命襢衣'者, 子・男之大夫一命, 其妻得服襢衣也. '士褖衣'者, 子・男之士不命, 其妻服褖衣也.

**【옥조 74】**

오직 세부世婦만은 누에고치를 바칠 때에 (옷을 입으라는) 군주의 명을 받고서 입고, 그 밖의 사람들은 모두 남편의 작위에 따라 입는다.

唯世婦命於奠繭, 其他則皆從男子.

**鄭注** '전奠'은 바친다(獻)는 뜻과 같다. 무릇 세부世婦 이하는 누에치는 일(蠶事)이 끝나면 누에고치를 바치는데, 이에 그들에게 그들 신분의 의복을 입을 것을 명한다. 천자의 후后・부인夫人・구빈九嬪 및 제후의 부인夫人은 남편이 그 지위에 있을 경우 처는 그 신분의 의복을 입을 수 있다. '군명굴적君命屈狄'에서 이곳까지는 또한 난탈되어 이곳에 놓인 것으로, 마땅히 '부인요적夫人揄狄'(72)의 다음에 와야 한다. '奠', 猶獻也. 凡世婦已下, 蠶事畢獻繭, 乃命之以其服. 天子之后・夫人・九嬪及諸侯之夫人, 夫在其位, 則妻得服其服矣. 自'君命屈狄'至此, 亦亂脫在是, 宜承'夫人揄狄'.

**集說** 세부世婦는 천자의 경우 27인이다. '전견奠繭'은 누에고치를 바친다는 뜻이다. 무릇 물건을 바칠 때에는 반드시 먼저 땅에다 놓는다. 그러므로 바치는 것을 '전奠'이라고 한다. 무릇 처가 귀해지는 것은 남편으로 인한 것이다. 그러므로 그 명수名數의 의복을 각각 입을 수 있다. 오직 세부만은 반드시 누에치는 일이 끝나고 누에고치를 바칠 때 군주가 입으라는 명이 있을 때 비로소 입는다. 다른 사람들은 모두 남편의 작위에 따라 입는다. 世婦, 天子二十七人. '奠繭', 獻繭也. 凡獻物, 必先奠置于地. 故謂獻爲'奠'. 凡妻貴因夫. 故得各服其命數之服. 惟世婦, 必俟蠶畢獻繭命之服, 乃服耳. 他皆從夫之爵位也.

**【옥조 75】**

무릇 군주를 모시고 있을 때에는 신紳이 아래로 늘어뜨려지고, 발이 옷자락을 밟는 듯이 하고, 턱이 처마처럼 아래로 드리우고, 손을 맞잡은 것이 아래로 늘어뜨려지게 몸을 굽히고, 아래를 보지만 위로 듣고, (존귀한 자를) 볼 때는 띠에서 둥근 동정(袷)까지로 하고, 들을 때에는 옷깃의 왼쪽을 향한다.

凡侍於君, 紳垂, 足如履齊, **頤霤**, 垂拱, 視下而聽上, 視帶以及袷, 聽鄕任左.

**鄭注** 신紳이 아래로 늘어뜨려질 때에는 경磬의 등처럼 몸을 구부릴 때이다. '자齊'는 치마 아래 자락의 꿰맨 곳이다. '겁袷'은 교령交領[61]이다. 紳垂, 則磬折也. '齊', 裳下緝也. '袷', 交領也.

**集說** 서서 경磬처럼 굽히면 신紳은 반드시 아래로 늘어뜨려지고, 몸체를

굽히면 치마의 아랫자락이 땅에 닿는다. 그러므로 발이 그것을 밟는 듯하게 된다. '이頤'는 턱(頷)이다. '류霤'는 처마(屋簷)이다. 몸이 구부러지기 때문에 머리가 앞으로 다가가고 턱이 드리워지는 것이 마치 처마와 같이 된다. '수공垂拱'은 또한 몸을 굽혀 손을 맞잡은 것이 아래로 늘어뜨려짐을 말한다. 보는 것은 비록 아래에 있지만 반드시 측면으로 위쪽을 향하여 존귀한 자의 말을 듣는다. 그러므로 '아래를 보지만 위쪽으로 말을 듣는다'(視下而聽上)고 한 것이다. '겁袷'은 교령交領이다. 볼 때에 띠에서 교령까지 이르는 것은 상한과 하한의 기준이다. 무릇 서 있을 때에는 오른쪽을 존귀한 곳으로 삼고, 앉아 있을 때에는 왼쪽을 존귀한 곳으로 삼는다. 모시고 있을 때 군주가 앉아 있으면 신하는 군주의 오른쪽에 있는다. 이 때문에 듣는 방향은 모두 옷깃의 왼쪽을 향함으로써 군주를 향한다. 立而磬折則紳必垂, 身折則裳下之緝委地. 故足如踐之也. '頤', 頷也. '霤', 屋簷也. 身俯故頭臨前, 而頤之垂, 如屋霤然. '垂拱', 亦謂身俯則手之拱者, 下垂也. 視雖在下, 而必側面向上, 以聽尊者之言. 故云'視下而聽上'也. '袷', 交領也. 視則自帶至袷, 高下之則也. 凡立者尊右, 坐者尊左. 侍而君坐, 則臣在君之右. 是以聽向皆任左, 以向君.

**【옥조 76】**

무릇 군주가 (사자를 보내어 신하를) 부를 때에는 3개의 부절(節)을 사용한다. 2개의 부절로 부르면 (신하는) 달려가고, 1개의 부절로 부르면 잰걸음으로 간다. 관내官內에 있을 때 부름을 받으면 신발이 준비되기를 기다리지 않고 가고, 외부에 있을 때 부름을 받으면 수레가 준비되기를 기다리지 않고 간다.

凡君召以三節. 二節以走, 一節以趨.① 在官不俟屨, 在外不俟車.②

鄭注 ① '절節'은 신임함을 증명하기 위한 부절符節이니 군주의 명을 전달하는 것을 돕는 것이다. 사신을 보내어 신하를 부를 때 다급한 경우에는 2개를 가지고 가게하고, 급하지 않은 경우에는 1개를 가지고 가게 한다. 『주례』에 "진규鎭圭[62]로 나라를 지키는 제후를 부른다"[63]고 하였다. 그 나머지는 알려져 있지 않다. 지금 한漢나라에서는 사자使者가 부절을 가지고 간다. '節', 所以明信, 輔君命也. 使使召臣, 急則持二, 緩則持一. 『周禮』曰: "鎭圭以徵守." 其餘未聞也. 今漢使者擁節.

② 군주의 명에 달려갈 때에는 반드시 그것을 가지고 뒤따라가 전달하는 자가 있다. '관官'은 조정에서 정사를 처리하는 곳이다. 趨君命也, 必有執隨授之者. '官', 謂朝廷治事處也.

集說 소疏에서 말한다. "'절節'은 옥으로 만드는데, 신임함을 증명하기 위한 부절符節이니 군주의 명을 전달하는 것을 돕는 것이다. 군주가 사신을 보내어 신하를 부를 때, 2개의 부절을 사용하는 때가 있고, 1개의 부절을 사용하는 때가 있다. 그러므로 '3개 부절'(三節)이라고 한 것이다. 일의 완급에 따라서 급할 경우에는 2개의 부절을 사용하기 때문에 달려가고, 급하지 않을 경우에는 1개의 부절을 사용하기 때문에 잰걸음으로 간다. '관官'은 조정에서 정사를 처리하는 곳이다. '외外'는 그 방 및 관부官府를 가리킨다. 관내官內에 있어 가깝기 때문에 '신발'(屨)이라고 하였고, 외부에 있어 멀기 때문에 '수레'(車)라고 한 것이다. 疏曰: "'節'以玉爲之, 所以明信, 輔於君命者也. 君使使召臣, 有二節時, 有一節時. 故合云'三節'也. 隨事緩急, 急則二節, 故走, 緩則一節, 故趨. '官', 謂朝廷治事處也. '外', 謂其室及官府也. 在官近故云'屨', 在外遠故云'車'."

**【옥조 77】**

사는 대부에 대해서 (대부가 찾아와서 맞이할 때) 감히 배례하여 맞이하지 않고, (전송할 때는) 배례하고 전송한다. 사는 존귀한 자에게 (찾아가 만날 때) 먼저 (대문 밖에서) 배례를 하고 나아가 얼굴을 뵙고, (이에 존귀한 자가 나와서 답배하면) 한쪽으로 달아나 피한다.

士於大夫, 不敢拜迎, 而拜送.① 士於尊者先拜, 進面, 答之拜則走.②

**鄭注** ① 예에 있어서 대등하지 못하면 상대가 처음 와서 배례를 할 때 사士는 피한다. 禮不敵, 始來拜, 則士辟也.

② 사가 가서 경·대부를 알현하면, 경·대부가 나와서 맞이하여 답배를 하는데, 사는 이때에도 또한 피한다. 士往見卿·大夫, 卿·大夫出迎答拜, 亦辟也.

**集說** 사는 대부에 대해 존비의 차이가 있다. 만약 대부가 사에게 이르면 사는 감히 배례하여 맞이하지 않는데, 대부가 답배를 할까 염려되기 때문이다. 떠날 때에 배례를 하면서 전송하는 것은 예에서 빈객이 나가면 주인은 재배를 하여 전송하고 빈객은 답배를 하지 않기 때문이다. 예에는 마침이 있기 때문이다. 사가 대부를 알현할 때에는 먼저 문 밖에서 배례를 한 후에 나아가 얼굴을 뵙는다. 만약 대부가 나와서 맞이하여 답배를 하면, (한쪽으로) 달아나 피한다. 士於大夫, 尊卑有間. 若大夫詣士, 士不敢拜而迎之, 恐其答拜也. 去則拜送者, 禮賓出則主人再拜送之, 賓不答拜. 禮有終止故也. 士若見於大夫, 則先拜於門外, 然後進而見面. 若大夫出迎, 而答其拜, 則走避之.

**【옥조 78】**

사士는 군주가 있는 곳에서 대부를 언급할 때 그 대부가 죽었다면 시호와 자를 말하고, 사를 언급할 때 이름을 말한다. 사士가 대부와 함께 이야기를 나누면서 사를 언급할 때에는 이름을 말하고, 대부를 언급할 때에는 자字를 말한다.

士於君所言大夫, 沒矣則稱謚若字, 名士. 與大夫言, 名士, 字大夫.

**鄭注** 군주가 있는 곳에서 대부를 언급할 때, 그가 살아 있어도 또한 이름을 말한다. 君所, 大夫存亦名.

**集說** '사의 이름을 말한다'(名士)는 사가 비록 죽었더라도 여전히 그 이름을 말한다는 뜻으로 군주의 앞에 있기 때문이다. 사士가 대부와 더불어 이야기를 하면서 사의 이름을 말한다는 것은 사가 생존해 있는 경우를 가리킨다. 대부를 지칭하는데 살아 있을 경우에는 자字를 칭한다. '名士'者, 士雖沒, 猶稱其名, 以在君之前也. 與大夫言而名士, 則謂士之生者也. 大夫之生者, 則字之.

**【옥조 79】**

대부가 있는 곳에서 (사와 대부가) 공公에 대한 피휘(公諱)는 있지만 사私에 대한 피휘(私諱)는 없다. 무릇 제사를 지낼 때에는 피휘辟諱하지 않고, 사당 안에서는 피휘하지 않는다. 학문을 가르치거나, 글을 대할 때에는 피휘하지 않는다.

於大夫所, 有公諱, 無私諱.① 凡祭不諱, 廟中不諱.② 教學·臨文不諱.③

**鄭注** ① '공公에 대한 피휘'(公諱)는 말할 때 피휘辟諱해야 할 선군先君의 이름 같은 경우이다. '公諱', 若言語所辟先君之名.

② 축사祝辭와 하사嘏辭 가운데에 선군의 이름이 있는 경우를 말한다. '무릇 제사를 지낸다'(凡祭)는 것은 여러 신(群神)들에게 제사지낸다는 뜻이다. 사당 안에서 윗사람은 아랫사람을 피휘하지 않는다. 謂祝嘏之辭中, 有先君之名者也. '凡祭', 祭群神. 廟中上不諱下.

③ 아직 내용을 모르는 자에게 의혹을 가지게 하기 때문이다. 爲惑未知者.

**集說** '공公에 대한 피휘'(公諱)는 자기나라 선군의 이름이다. '사私에 대한 피휘'(私諱)는 자기 집안사람의 이름이다. '무릇 제사를 지낸다'(凡祭)는 것은 여러 신(群神)들에게 제사지낸다는 뜻이다. 나머지는 설명이 「곡례상」(198~200)에 보인다. '公諱', 本國先君之諱也. '私諱', 私家之諱也. '凡祭', 祭群神也. 餘見「曲禮」.

**【옥조 80】**

옛날의 군자는 반드시 옥을 찼는데, 오른쪽에는 치徵와 각角의 소리가 나는 옥을 차고, 왼쪽에는 궁宮과 우羽의 소리가 나는 옥을 찬다.

古之君子必佩玉,① 右徵·角, 左宮·羽.②

鄭注 ① 덕에 비유한 것이다. '군자'는 사士 이상을 가리킨다. 比德焉. '君子', 士已上.

② 옥의 소리가 해당하는 것이다. 치徵와 각角의 소리는 오른쪽에서 나오는데, 일(事)을 뜻하고 백성(民)을 뜻하여 일을 할 수 있다. 궁과 우의 소리는 왼쪽에서 나오는데, 군주(君)를 뜻하고 사물(物)을 뜻하여 편안함에 마땅하다. 玉聲所中也. 徵・角在右, 事也民也, 可以勞. 宮・羽在左, 君也物也, 宜逸.

集說 '치徵'・'각角'・'궁宮'・'우羽'는 옥의 소리가 해당하는 바를 가지고 말한 것이다. 치는 일(事)이 되고, 각은 백성(民)이 되기 때문에 오른쪽에 있다. 오른쪽은 동작의 방향이 된다. 궁은 군주(君)가 되고, 우는 사물(物)이 된다. 군주의 도리는 고요해야 하고, 사물의 도리는 쌓아야 한다. 그러므로 왼쪽에 있다. 왼쪽은 바로 일삼음이 없는 것의 방향이다. '상商'을 말하지 않은 것은 서방 숙살肅殺의 음이기 때문에 뺀 듯하다. ○ 방씨方氏(방각方慤)는 말한다. "치와 각은 양이고, 궁과 우는 음이다. 양은 움직이는 것을 위주로 하고 음은 고요한 것을 위주로 한다. 오른쪽의 노리개는 음인데 소리가 치와 각의 움직임에 맞추고, 왼쪽의 노리개는 양인데 소리가 궁과 우의 고요함에 맞추는 것은 무엇 때문인가? 노리개(佩)는 행동하고 정지하는 절도로 삼기 위한 것이다. '때가 멈추는 때이면 멈추고, 때가 움직일 때이면 움직이는 것'[64], 이것이 패佩[65]를 만든 뜻이다." '徵'・'角'・'宮'・'羽', 以玉聲所中言也. 徵爲事, 角爲民, 故在右. 右爲動作之方也. 宮爲君, 羽爲物. 君道宜靜, 物道宜積. 故在左. 左乃無事之方也. 不言'商'者, 或以西方肅殺之音, 故遺之歟. ○ 方氏曰: "徵角爲陽, 宮羽爲陰. 陽主動, 陰主靜. 右佩陰也, 而聲中徵角之動, 左佩陽也, 而聲中宮羽之靜, 何哉? 蓋佩所以爲行止之節. '時止則止, 時行則行', 此設佩之意也."

【옥조 81】

잰걸음을 할 때에는 「채자采齊」의 시를 연주하고, 걸어갈 때에는 「사하肆夏」의 시를 연주하며, 완만하게 방향을 전환할 때에는 그림쇠(規)에 맞게 하고, 각지게 꺾어서 방향을 전환할 때에는 곱자(矩)에 맞게 한다. 나아갈 때에는 몸을 조금 굽혀 읍을 하듯이 하고, 물러날 때에는 몸을 조금 위로 쳐든다. 그런 뒤에 옥의 소리가 쟁쟁 절도에 맞게 울린다. 그러므로 군자는 수레를 타고 있을 때에는 난鸞과 화和의 방울소리를 듣고, 걸어갈 때에는 차고 있는 옥의 소리를 울린다. 이 때문에 사악한 마음이 말미암아 들어갈 곳이 없다.

趨以「采齊」,① 行以「肆夏」,② 周還中規,③ 折還中矩.④ 進則揖之, 退則揚之. 然後玉鏘鳴也.⑤ 故君子在車, 則聞鸞·和之聲, 行則鳴佩玉. 是以非辟之心無自入也.⑥

鄭注 ① 노문路門 밖의 악절樂節이다. 문 밖에서 걷는 것을 '추趨'라고 한다. '제齊'는 마땅히 '초자楚薺'라고 할 때의 '자薺'가 되어야 한다. 路門外之樂節也. 門外謂之'趨'. '齊', 當爲'楚薺'之'薺'.

② 당에 오를 때의 악절이다. 登堂之樂節.

③ 되돌아가는 것으로 둥글게 걸어야 한다. 反行也, 宜圜.

④ 꺾어서 가는 것으로, 네모지게 걸어야 한다. 曲行也, 宜方.

⑤ '읍을 한다'(揖之)는 것은 머리가 조금 숙여져 시선이 앞을 보는 것을 말한다. '드날린다'(揚之)는 것은 몸이 조금 올려져서 시선이 뒤를 봄을 말한다. '쟁鏘'은 소리 나는 모습이다. '揖之', 謂小俛, 見於前也. '揚之', 謂小仰, 見於後也. '鏘', 聲貌.

⑥ 난鸞은 형衡(수레 끌채 끝의 가름대)에 매달려 있고, 화和는 식式(수레 앞턱의 가름대)에 매달려 있다. '자自'는 말미암다(由)는 뜻이다. 鸞在衡, 和在式. '自', 由也.

集說 노침路寢의 문에서 밖으로 응문應門에 이르는 것을 '추趨'(잰걸음)라고 한다. 이곳에서 잰걸음을 할 때에는 「채자采薺」의 시를 연주하여 절도를 삼는다. 노침의 문에서 안으로 당堂에 이르는 것을 '행行'(걷다)이라고 한다. 걸을 때에는 「사하肆夏」의 시를 연주하여 절도를 삼는다. '그림쇠에 맞게 한다'(中規)는 것은 둥글게 한다는 뜻이다. '곱자에 맞게 한다'(中矩)는 것은 네모지게 한다는 뜻이다. 나아가 앞으로 갈 때에는 그 몸이 약간 굽혀져 읍을 하는 듯하다. 물러나 뒤로 갈 때에는 그 몸이 조금 쳐들어지므로 '드날린다'(揚之)고 한 것이다. 나아가고 물러나고 구부리고 우러르는 것이 모두 그 절도에 맞으므로 차고 있는 옥의 소리가 쟁연하여 들을 만하다. '난鸞'과 '화和'는 방울(鈴)이다. 평상시 타는 수레에서는 난이 형衡에 있고 화가 가름대(軾)에 있다. 사냥하는 수레라면 화가 가름대(軾)에 있고 난이 말의 재갈에 있다. ○ 방씨方氏는 말한다. "마음은 내부에 있는데 '들어간다'고 말한 것은 무엇 때문인가? 마음은 비록 내부에 있지만 외물이 있으면 그것을 탐지하여 나오고, 오래되면 사물과 더불어 함께 들어간다. 그러므로 '들어간다'(入)는 것으로 말할 수 있다." 路寢門外至應門謂之'趨'. 於此趨時, 歌「采薺」之詩以爲節. 路寢門內至堂謂之'行'. 於行之時, 則歌「肆夏」之詩以爲節. '中規', 圓也. '中矩', 方也. 進而前, 則其身略俯如揖然. 退而後, 則其身微仰, 故曰'揚之'. 進退俯仰, 皆得其節, 故佩玉之鳴, 鏘然可聽也. '鸞'·'和', 鈴也. 常所乘之車, 鸞在衡, 和在軾. 若田獵之車, 則和在軾, 鸞在馬鑣也. ○ 方氏曰: "心內也而言'入', 何哉? 蓋心雖在內, 有物探之而出, 及其久也, 則與物俱入矣. 故得以'入'言焉."

【옥조 82】

세자는 군주와 함께 있을 때에는 패옥을 차지 않아, 왼쪽에 차고 있는 패옥의 인끈을 묶어 소리가 나지 않게 하고, 오른쪽에 사패事佩를 찬다. 거처할 때에는 (군주가 없으므로) 평상시처럼 패옥을 찬다. 군주를 알현할 때에는 패옥의 인끈을 묶는다.

君在不佩玉, 左結佩, 右設佩.① 居則設佩.② 朝則結佩.③

鄭注 ① 세자의 경우를 말한 것이다. 거처하던 곳에서 나왔는데 군주가 있을 경우에는 덕패德佩를 떼고 사패事佩를 찬다. 덕을 피하고 일에 나아감을 보여주는 것이다. 그 왼쪽에 묶는 것은 일에 아직 능숙하지 못함이 있는 듯이 하는 것이다. '결結'은 그 인끈을 묶어서 소리가 나지 않게 하는 것이다. 謂世子也. 出所處而君在焉, 則去德佩而設事佩. 辟德而示卽事也. 結其左者, 若於事有未能也. '結'者, 結其綬, 不使鳴也.

② 거처하는 곳에 군주가 있지 않은 경우이다. 謂所處而君不在焉.

③ 군주를 조회할 때에도 왼쪽을 묶는다. 朝於君亦結左.

集說 '군재君在'는 세자가 군주의 처소에 있을 때를 말한다. '패옥을 차지 않는다'(不佩玉)는 것은 패옥을 뗀다는 것이 아니라 단지 그 차고 있는 인끈을 묶어 오므려서 패옥이 소리를 울리지 않게 하는 것이다. 옥은 덕을 비유한다. 감히 옥과 같은 덕이 있음을 나타내지 않음을 보이는 것이다. '오른쪽에 패옥을 찬다'(右設佩)는 것은 사패事佩를 가리키는 것으로, 휴觿·수燧 등을 오른쪽에 차고 일에 복무하여 윗사람에 봉사함을 보이는 것이다. '거처할 때에는 패옥을 찬다'(居則設佩)는 것은 물러나 한가롭게 거처할 때 패옥을 평상시처럼 차고 있음을 말한다. '조정에서는 패옥을 묶는다'(朝則結

佩)는 것은 위의 뜻을 거듭 말한 것이다. 이는 모두 세자의 경우를 말한 것이다. '君在', 謂世子在君所也. '不佩玉', 非去之也, 但結躧其在佩之綬, 不使玉之有聲. 玉以比德. 示不敢表其有如玉之德耳. '右設佩'者, 佩謂事佩, 觿・燧之屬, 設之於右, 示有服役, 以奉事於上也. '居則設佩', 謂退而燕居, 則佩玉如常也. '朝則結佩', 申言上意. 此皆謂世子也.

**【옥조 83】**

재계할 때에는 차고 있는 옥의 인끈을 묶어서 구부려 올리고, 적흑색의 폐슬을 착용한다.

齊則綪結佩而爵韠.

**鄭注** '천綪'은 구부린다(屈)는 뜻이다. 묶고 또 구부리는 것은 신령을 생각하여 일에 있지 않기 때문이다. '작필爵韠'은 재계를 하여 현단복을 입는 것이다. '綪', 屈也. 結又屈之, 思神靈, 不在事也. '爵韠'者, 齊服玄端.

**集說** 무릇 옥을 차고 있는 자는 재계할 때를 만나면 그 차고 있는 것을 구부려서 묶는다. '천綪'은 구부린다(屈)는 뜻으로, 그 인끈을 묶고 또 구부려 올리는 것을 말한다. '작필爵韠'은 작색爵色(적흑색)의 가죽으로 폐슬을 만든 것으로 사士의 복식이다. 다만 재계를 할 때에는 제후와 대부도 이 옷을 입는다. 凡佩玉者, 遇齊時, 則綪結其佩. '綪', 屈也, 謂結其綬, 而又屈上之也. '爵韠', 爵色之韋爲韠也, 士之服. 但齊則雖諸侯・大夫, 亦服之也.

**【옥조 84】**

무릇 띠에는 패옥을 반드시 차지만, 오직 상을 당했을 때에는 차지 않는다. 패옥에는 충아衝牙[66]가 있다. 군자는 특별한 일이 없으면 패옥을 몸에서 떼지 않는다. 군자는 옥에다 덕을 비유하기 때문이다.

凡帶必有佩玉, 唯喪否.① 佩玉有衝牙.② 君子無故玉不去身. 君子於玉比德焉.③

**鄭注** ① 상은 슬픔을 위주로 하기 때문에 문식을 없앤다. '무릇'(凡)은 천자에서 사까지 포함함을 말한다. 喪主於哀, 去飾也. '凡', 謂天子以至士.

② 중앙에 있어서 앞뒤로 부딪힌다. 居中央以前後觸也.

③ '특별한 일'(故)은 상喪과 재변災變을 가리킨다. '故', 謂喪與災眚.

**集說** 소疏에서 말한다. "무릇 패옥佩玉은 반드시 위로 형衡에 매달고, 아래로 3가닥으로 늘어뜨려 진주로 구멍을 뚫고, 아래 끝의 앞뒤에서 황璜에 매달며, 중앙의 아래 끝에서 충아衝牙로 매단다. 움직이면 충아가 앞뒤로 황에 부딪쳐서 소리를 낸다. 부딪치는 옥이 그 형태가 상아와 유사하다. 그러므로 '충아衝牙'라고 한다." 疏曰: "凡佩玉, 必上繫於衡, 下垂三道, 穿以蠙珠, 下端前後以懸璜, 中央下端懸以衝牙. 動則衝牙前後觸璜而爲聲. 所觸之玉, 其形似牙. 故曰'衝牙'."

**【옥조 85】**

천자는 흰색의 옥을 차고, 검은색의 인끈을 한다.

天子佩白玉而玄組綬.

集說 '인끈'(綬)은 차고 있는 구슬과 옥을 뚫어서 서로 이어지게 하는 것이다. '현조수玄組綬'는 검은색의 끈으로 인끈을 만든다는 뜻이다. '綬', 所以貫佩之珠玉, 而相承受者. '玄組綬', 謂以玄色之組爲綬也.

【옥조 86】

공公과 후侯는 산현옥山玄玉을 차고 붉은색의 인끈을 한다. 대부는 수창옥水蒼玉을 차고, 흑색의 인끈을 한다. 세자는 유옥瑜玉을 차고 잡색 문양의 인끈을 한다. 사는 연민瓀玟을 차고 적황색의 인끈을 한다.

公侯佩山玄玉而朱組綬. 大夫佩水蒼玉而純組綬. 世子佩瑜玉而綦組綬. 士佩瓀玟而縕組綬.

鄭注 옥에 산현山玄과 수창水蒼이 있는 것은 그 문양과 색깔이 유사한 바를 본 것이다. '수綬'는 차고 있는 옥을 꿴 것으로 서로 이어받는 것이다. '순純'은 마땅히 '치緇'가 되어야 한다. 고문에 '치緇' 자는 혹 '사絲' 옆에 '재才'로 되어 있다. '기綦'는 문양을 잡색으로 한 것이다. '온縕'은 적황색이다. 玉有山玄·水蒼者, 視之文色所似也. '綬'者, 所以貫佩玉相承受者也. '純', 當爲'緇'. 古文'緇'字或作'絲'[67]旁'才'. '綦', 文雜色也. '縕', 赤黃.

集說 '산현山玄'과 '수창水蒼'은 산의 검은빛 같고 물의 푸른빛 같다는 뜻이다. '유瑜'는 아름다운 옥이다. '기綦'는 잡색의 문양이다. '연민瓀玟'은 옥에

다음 가는 돌이다. '온縕'은 적황색이다. '山玄'·'水蒼', 如山之玄·如水之蒼也. '瑜', 美玉也. '綦', 雜文也. '瓀玟', 石之次玉者. '縕', 赤黃色.

【옥조 87】

공자는 넓이 5촌 되는 상환象環을 차고, 잡색 문양의 인끈을 하였다.
孔子佩象環五寸而綦組綬.

**鄭注** 겸손히 하여 덕에 비유하지 않고, 또한 자신의 일로 여기지 않은 것이다. '상象'은 무늬 결이 있는 것이다. '환環'(고리)은 순환하여 끝이 없음을 취한 것이다. 謙不比德, 亦不事也. '象', 有文理者也. '環', 取可循而無窮.

**集說** '상환象環'은 상아로 만든 고리다. 그 넓이가 5촌이다. 공자는 겸손히 하여 옥을 차지 않았기 때문에 사적으로 거처할 때 상환을 찬 것이며, 예복의 정식 패옥을 의미하는 것이 아니다. '象環', 象牙之環也. 其廣五寸. 孔子謙不佩玉, 故燕居佩之, 非謂禮服之正佩也.

【옥조 88】

동자의 예절에서는 흑색의 베로 만든 웃옷에 비단으로 가선을 두르고, 띠의 늘어뜨린 부분(紳) 및 뉴紐(매듭)를 비단으로 만들고, 비단으로 머리카락을 묶는데, 모두 붉은 비단을 사용한다.
童子之節也, 緇布衣, 錦緣, 錦紳并紐, 錦束髮, 皆朱錦也.

**鄭注** '동자'는 아직 관례를 치르지 않은 사람에 대한 칭호이다. 『의례』「관례冠禮」에 "장차 관례를 하고자 하는 자는 채의采衣[68]를 입고, 머리를 땋아 묶어 상투를 튼다(紒)[69]"라고 하였다. '童子', 未冠之稱也. 「冠禮」曰: "將冠者, 采衣, 紒也."

**集說** '절節'은 예절을 뜻한다. '금연錦緣'은 검은 베로 만든 옷의 가선을 비단으로 두른다는 뜻이다. '신紳'과 '뉴紐'는 설명이 앞(66)에 보인다. '節', 禮節也. '錦緣', 以錦爲緇布衣之緣也. '紳'·'紐', 見前.

**【옥조 89】**

동자는 갖옷과 비단옷을 입지 않고, 신발 코에 장식을 하지 않고, 시마복을 하지 않고, 일을 돕되 마대와 수질을 하지 않는다. 돕는 일이 없으면 주인의 북쪽에 남쪽을 향해 선다. 선생을 만날 때에는 다른 사람을 따라 들어가 만난다.

童子不裘不帛, 不屨絇, 無緦服, 聽事不麻. 無事則立主人之北, 南面. 見先生, 從人而入.

**鄭注** 모두 어리기 때문에 예를 갖추지 않는 것이다. 비록 시마복을 하지 않지만 그래도 문免을 하고, 심의를 입고 마대와 수질은 하지 않으며, 가서 일을 돕는다. 갖옷과 비단옷은 더워서 성장하는 기운을 해친다. '구絇'는 신발 코의 장식이다. 皆爲幼少, 不備禮也. 雖不服緦, 猶免, 深衣無麻, 往給事也. 裘·帛溫, 傷壯氣也. '絇', 屨頭飾也.

**集說** '신발의 코에 장식을 하지 않는다'(不屨絇)는 것은 다닐 때 주의할 것

을 아직 익히지 않았기 때문이다. '시마복을 하지 않는다'(無緦服)는 것은 아버지가 살아 계실 때 자신이 시마 관계에 있는 친족의 상을 당하더라도 그를 위해 시마복을 하지 않고 단지 가서 주인이 시키는 일을 수행함을 뜻한다. '마를 하지 않는다'(不麻)는 것은 문免을 하고 심의에 마대와 수질을 하지 않는다는 뜻이다. 「문상問喪」(8)에 "동자는 시마복을 하지 않는데, 오직 당실當室만은 시마복을 한다"고 하였다. '당실當室'은 아버지의 후사가 된 자이다. 동자는 아직 예를 익히지 못하고, 또 시마복은 가볍기 때문에 아버지가 살아 계실 때에는 시마복을 하지 않는다. 그러나 아버지가 돌아가시면 본래의 상복을 하는 것을 어길 수 없다. 다른 사람을 따라서 선생을 뵙는 것은 낮고 어린 사람이 장자에게 함부로 번거롭게 하지 않은 것이 예이기 때문이다. '不屨絇', 未習行戒也. '無緦服', 謂父在時, 己雖有緦親之喪, 不爲之著緦服, 但往聽主人使令之事. '不麻', 謂免而深衣不加絰也. 「問喪」云: "童子不緦, 唯當室緦." '當室'爲父後者也. 童子未能習禮, 且緦輕, 故父在不緦. 父沒則本服不可違矣. 從人而見先生, 不敢以卑小煩長者爲禮也.

**【옥조 90】**

선생을 모시고 식사를 할 때 작위가 다른 경우 고수레는 나중에 하고 식사를 먼저 한다. 빈객이 고수레를 하면, 주인은 사양을 하면서 "고수레를 할 만한 것이 못됩니다"라고 말한다. 빈객이 밥을 물에 말면, 주인은 사양하면서 "변변치 못합니다"라고 한다. 주인은 (식사 전에) 스스로 젓갈을 진설하고, 빈객은 (식사 후에) 스스로 젓갈을 치운다.

侍食於先生, 異爵者, 後祭先飯.① 客祭, 主人辭曰: "不足祭也."② 客飧, 主人辭以"疏."③ 主人自置其醬, 則客自徹之.④

**鄭注** ① 겸손한 것이다. 謙也.

② '고수레를 하는 것'(祭)은 주인의 반찬을 성대하게 여기는 것이다. '祭'者, 盛主人之饌也.

③ '밥에 물을 마는 것'(飧)은 주인의 음식을 맛있게 여기는 것이다. '소疏'는 거칠다(麤)는 뜻이다. '飧'者, 美主人之食也. '疏'之言麤也.

④ 주인을 공경하는 것이다. '치운다'(徹)는 것은 (식사 후) 서序(담) 끝에 놓는다는 뜻이다. 敬主人也. '徹', 奠于序端.

**集說** 이는 성인成人의 예를 말한 것이다. '선생先生'은 나이가 자기보다 높은 사람이다. '이작異爵'은 작위가 자기보다 귀한 사람이다. '고수레는 나중에 한다'(後祭)는 것은 음식이 자기를 위해 차린 것이 아님을 보이는 것이다. '식사를 먼저 한다'(先飯)는 것은 존귀한 자를 위해 미리 맛을 봄을 보이는 것이다. 주인의 반찬을 성대하게 여기기 때문에 고수레를 하는데 주인이 그것을 사양하는 것은 겸손한 것이다. 식사를 마치고 밥에 물을 마는 것은 맛있게 여기는 것인데 주인이 변변치 않다고 사양하는 것은 또한 겸손한 것이다. '젓갈'(醬)은 밥맛의 중심이기 때문에 주인이 스스로 진설하고, 빈객이 또한 스스로 치우니, 예는 베풀고 보답하는 것을 숭상한다. 此言成人之禮. '先生', 齒尊於己者. '異爵', 爵貴於己者. '後祭', 示饌不爲己也. '先飯', 示爲尊貴者嘗之也. 盛主人之饌故祭, 而主人辭之, 謙也. 旣食而飧以爲美也, 而主人辭以麤疏, 亦謙也. '醬'者, 食味之主, 故主人自設, 客亦自徹, 禮尙施報也.

【옥조 91】

한집의 사람은 빈객이 아니므로 한 사람이 상을 치운다. 한 번 모여서 먹는 사람은 한 사람이 상을 치운다. 무릇 연회의 식사에는 부인이 상을 치우지 않는다.

一室之人, 非賓客, 一人徹.① 壹食之人, 一人徹.② 凡燕食, 婦人不徹.③

鄭注 ① 일을 같이하며 함께 사는 사람이다. 빈객은 각자 자기의 반찬을 치운다. 同事合居者也. 賓客則各徹其饌也.

② '일壹'은 모인다(聚)는 뜻으로, 일을 하기 위해 모여서 먹는 것이다. '壹', 猶聚也, 爲赴事聚食也.

③ 부인은 질박하여 예를 갖추지 않는다. 婦人質不備禮.

集說 '한집의 사람'은 동거하면서 일을 함께하는 자이다. '한 번 모여서 먹는 사람'(壹食之人)은 일을 같이하기 위해 서로 모여서 식사를 같이하는 자이다. 두 가지는 모두 빈객과 주인의 구분이 없기 때문에 단지 젊은 사람 한 명을 뽑아서 치우게 할 뿐이다. 부인이 치우지 않는 것은 약하여 일을 감당할 수 없기 때문이다. '一室之人', 同居共事者也. '壹食之人', 爲同事而相聚以食者也. 二者皆爲無賓主之分, 故但推少者一人徹之而已. 婦人不徹, 弱不勝事也.

【옥조 92】

대추 · 북숭아 · 자두를 먹을 때, 씨를 버리지 않는다. 오이는 위쪽의 잘라낸 둥근 부분(上環)으로 고수레하고, 가운데 부분을 먹고, 잡은 부분은 버린다.

食棗·桃·李, 弗致于核.① 瓜祭上環, 食中, 棄所操.②

鄭注 ① 공경히 하는 것이다. 恭也.

② '상환上環'은 머리의 잘라낸 부분이다. '上環', 頭忖也.

集說 '치致'는 내버린다는 뜻이다. 「곡례상」(127)에 "씨가 있으면 그 씨를 버리지 않고 갖고 있는다"고 하였다. '상환上環'은 가로로 잘라서 고리처럼 둥글게 된 것이다. '致', 謂委棄之也. 「曲禮」曰: "其有核者, 懷其核." '上環', 橫切之圓如環也.

【옥조 93】

무릇 과일을 먹을 때는 군자보다 뒤에 먹고, 불에 익힌 음식을 먹을 때는 군자보다 먼저 맛본다.

凡食果實者, 後君子,① 火孰者, 先君子.②

鄭注 ① 음양이 이룬 바는 사람이 한 일이 아니기 때문이다. 陰陽所成, 非人事也.

② 불로 요리한 것이 제대로 되지 않을 것에 대비하는 것이다. 備火齊不得也.

集說 옛사람이 약을 맛보고 음식을 맛보는 것은 그 좋지 못한 것이 존귀한 자를 해칠까 염려해서이다. 자연적으로 익은 맛있는 과일은 마땅히 존

귀한 자에게 먼저 먹게 해야 한다. 불로 익힌 것을 군자보다 먼저 먹는 것은 음식을 먼저 맛보는 예이다. 古人嘗藥·嘗食, 蓋恐其不善或爲尊者害耳. 果實生成之味, 當使尊者先食. 火孰者先君子, 嘗食之禮也.

**【옥조 94】**

경사스러운 일이 있을 때 군주가 하사한 것이 아니면 축하하지 않는다.

有慶, 非君賜不賀.

**鄭注** 군주가 하사한 것만을 영광으로 여기는 것이다. 唯君賜爲榮也.

**集說** '군주가 하사한 것'(君賜)은 작명爵命·전지(土田)·거복車服 등이 모두 이것이다. 경·대부·사의 집안에 설령 기쁘고 경사스러운 일이 있더라도 만약 그것이 군주의 명으로 하사된 것이라면 마땅히 축하를 하지만 군주의 명이 아니라면 축하하지 않는다는 뜻이다. 군주의 하사를 영광으로 여기는 것이다. 일설에는 경사스러운 일이 있는데 군주가 또한 그것을 경축해주면 나머지 사람들도 축하를 해주지만, 군주가 하사해주지 않으면 나머지 사람들도 반드시 축하하지는 않는다는 뜻이라고 한다. '君賜', 如爵命·土田·車服之類, 皆是也. 言卿·大夫·士之家, 設有喜慶之事, 若是君命所賜則當賀, 非君賜則不賀. 蓋以君賜爲榮也. 一說, 有慶而君亦慶之, 則餘人亦致賀, 君無所賜則餘人亦不必賀也.

**【옥조 95】**

근심함이 있는 이는

有憂者

鄭注 이 아랫부분이 끊어져 없어졌다. 그 구가 아니다. 此下絶亡. 非其句也.

集說 이 아래는 문장이 결락되었다. 그 구가 아니다. 此下缺文. 非其句也.

**【옥조 96】**

공자가 계씨와 식사할 때 사양을 하지 않았고, 고기를 먹지 않은 채 밥을 물에 말아 먹었다.

孔子食於季氏, 不辭, 不食肉而飧.

鄭注 자신을 대우하는 것과 음식이 예가 아니었기 때문이다. 以其待己及饌非禮也.

集說 빈객이 된 사람의 예는 식사를 하려고 할 때에 반드시 일어나 사양을 하고, 식사할 때에는 먼저 자胾(저민 고기)를 먹고 효殽(뼈를 발라내지 않고 익힌 몸체부위 고기)를 먹고, 견肩(어깨부위의 고기)을 먹는 데에 이르면 배가 불러 밥에 물을 말아 먹는다. 공자는 이미 사양을 하지 않았고, 또 고기를 먹지 않고, 그대로 홀로 밥을 물에 말아서 손飧의 예를 행했다. 계씨의 음식대접이 예를 잃었기 때문이다. 爲客之禮, 將食必興辭, 食則先胾次殽, 至肩乃飽而飧. 孔子旣不辭, 又不食肉, 乃獨澆飯而爲飧之禮. 蓋以季氏之饋失禮故也.

**【옥조 97】**

군주의 하사품이 거마車馬이면 그것을 타고 가서 하사품에 대하여 군주에게 배례하여 감사한다. 의복을 하사하면 그것을 입고 가서 하사품에 대하여 군주에게 배례하여 감사한다.

君賜, 車馬, 乘以拜賜. 衣服, 服以拜賜[70].

**鄭注** 군주의 은혜에 대하여 공경하는 것이다. 敬君惠也.

**集說** 군주의 하사품이 대문에 이르면 배례를 하면서 받고, 이튿날에 또 하사받은 수레를 타고, 하사받은 옷을 입고서 군주의 처소에 나아가 그 하사품에 대하여 배례하여 감사한다. 이른바 재차 배례하는 것으로 공경함이 지극한 것이다. 두 '사賜' 자에서 구가 끊어지는 것은 주자의 설에 근본 한 것이다. 君賜及門, 旣拜受矣, 明日又乘服, 詣君所而拜謝其賜. 所謂再拜, 敬之至也. 二'賜'字句絶, 本朱子說.

**【옥조 98】**

군주가 아직 명을 내리지 않았다면 감히 곧바로 수레를 타거나 옷을 입지 않는다.

君未有命, 弗敢卽乘服也.

**鄭注** 경·대부는 천자에게 하사품을 받았을 경우, 돌아와 반드시 자신의 군주에게 바치고 군주가 명령함이 있으면 이에 사용한다는 뜻이다. 謂卿·大夫受賜於天子者, 歸必致於其君, 君有命乃服之.

**集說** 이는 제후의 경·대부가 사신이 되어 천자의 하사품을 받을 경우, 돌아와 자신의 군주에게 그 하사품을 바치며, 군주가 수레를 타거나 옷을 입도록 명을 내리면 비로소 타거나 입을 수 있음을 말한다. 따라서 군주가 아직 명을 내리지 않았다면 감히 곧바로 타거나 입지 않는다. 『춘추좌씨전』에 "두설杜洩이 대로大路의 수레를 사용하여 장례를 지내려고 하였다. 남유南遺가 계손씨季孫氏에게 '숙손叔孫도 아직 대로의 수레를 타지 않았는데 장례에 어찌 그것을 사용하는가?'라고 하였다. 계손은 두설로 하여금 대로의 수레를 쓰지 않게 하자, 두설은 옳지 않다고 여기면서 '부자夫子(숙손목숙)께서 조정의 명을 받고 왕을 빙문하자 왕은 옛날의 공훈을 생각하여 대로를 하사하였습니다. 복명을 하고 군주에게 바쳤는데, 군주는 감히 왕명을 어기지 않고 다시 하사하였습니다'라고 하였다"[71]고 하였다. 此謂諸侯之卿·大夫爲使臣而受天子之賜, 歸而獻諸其君, 君命之乘服, 乃得乘服. 故君未有命, 不敢卽乘服也. 『左傳』"杜洩將以路葬. 南遺謂季孫曰, '叔孫未乘路, 葬焉用之?' 季孫使杜洩舍路, 不可曰, '夫子受命於朝, 而聘于王, 王思舊勳, 而賜之路. 復命而致之君, 君不敢逆王命, 而復賜之.'"

**【옥조 99】**

군주가 하사품을 내리면 머리를 지면에 대고, 왼손을 뒤집어 오른손의 위를 누르고 머리와 함께 지면에 닿게 하는 것이다.

君賜, 稽首, 據掌, 致諸地.

**鄭注** 머리를 바닥에 갖다 대는 것이다. '거장據掌'은 왼손을 뒤집어 오른손을 누른다는 뜻이다. 致首於地. '據掌', 以左手覆按右手也.

集說 '거據'는 누른다(按)는 뜻으로, 왼손을 뒤집어 오른손의 위를 누르는 것이다. '치致'는 이른다(至)는 뜻으로, 머리와 손이 모두 바닥에 이르는 것이다. '據', 按也, 覆左手, 以按於右手之上. '致', 至也, 頭及手俱至地也.

**【옥조 100】**

술과 고기의 하사품에는 재배를 하지 않는다.

酒肉之賜, 弗再拜.

鄭注 가볍기 때문이다. 귀중한 하사품을 받으면 배례를 하고 받고 또 그 집에 가서 배례한다. 輕也. 受重賜者, 拜受, 又拜於其室也.

集說 이미 집에서 배례를 하고 받고, 이튿날 또 가서 배례를 하는 것을 '재배再拜'라고 한다. 술과 고기의 하사품은 가볍기 때문에 단지 집에서 배례를 하고 받을 뿐이다. 已拜受於家, 而明日又往拜, 謂之'再拜'. 酒肉之賜輕, 故惟拜受於家而已.

**【옥조 101】**

무릇 하사할 때는 군자와 소인에게 같은 날 하지 않는다.

凡賜, 君子與小人不同日.

鄭注 존비에 삼가는 것이다. 愼於尊卑.

集 군자와 소인은 지위를 가지고 말한 것이다. 군자의 경우에는 '하사'

**說** (賜)라고 하고, 소인의 경우에는 '준다'(與)고 한다. 귀함과 천함이 다르기 때문에 날을 같이 할 수 없다. 君子・小人, 以位言. 君子曰'賜', 小人曰'與'. 貴賤殊, 故不可同日也.

**【옥조 102】**

무릇 군주에게 물건을 바칠 때 대부는 재宰를 보내서 바치고, 사는 직접 바치는데, 모두 머리를 지면에 대면서 두 번 배례하고 보낸다. 군주에게 음식을 올릴 때 생강(葷), 복숭아(桃), 물억새로 만든 비(茢)가 있으며, 대부에게 올릴 때에는 물억새로 만든 비를 제외시키고, 사에게 올릴 때에는 생강을 제외시키는데 모두 (받는 쪽의) 선재膳宰에게 보낸다.

凡獻於君, 大夫使宰, 士親, 皆再拜稽首送之.① 膳於君, 有葷・桃・茢, 於大夫去茢, 於士去葷, 皆造於膳宰.②

**鄭注** ① 공경하는 것이다. 敬也.

② '선膳'은 맛난 음식이다. '훈葷'・'도桃'・'열茢'은 흉하고 사악한 기운을 막는다. 대부는 훈葷과 도桃를 올리고, 사는 도桃만을 올린다. '훈葷'은 생강 및 매운 채소이다. '열茢'은 물억새로 만든 비(菼帚)이다. '선재에게 이르게 한다'(造於膳宰)는 것은 명을 바치고 나서 준다는 뜻이다. '훈葷'은 어떤 본에는 '훈焄'으로 되어 있다. '膳', 美食也. '葷'・'桃'・'茢', 辟凶邪也. 大夫用葷・桃, 士桃而已. '葷', 薑及辛菜也. '茢', 菼帚也. '造於膳宰', 旣致命而授之. '葷', 或作'焄'.

**集說** 대부가 직접 가지 않고 재宰를 시키는 것은 군주가 내린 예에 부지런히 하여 바친 것을 받을까해서이다. 사는 천하기 때문에 스스로 갈 수

있다. '모두 머리를 지면에 대면서 두 번 배례하고 보낸다'(皆再拜稽首送之)는 것은 대부가 처음 재를 파견할 때에 이미 배례를 하고 보내고, 군주의 문에 이르러 소신에게 줄 때에 이르러 재宰이든 사士이든 또한 모두 재배를 하고 보낸다는 뜻이다. '선膳'은 맛난 음식이다. '훈葷'은 생강 및 매운 야채이다. '열茢'은 물억새로 만든 비(苕帚)이다. '선재膳宰'는 음식을 주관하는 자이다. ○ 방씨方氏는 말한다. "음식에 반드시 생강(葷), 복숭아(桃), 물억새 비(茢)를 쓰는 것은 상서롭지 못한 물건이 혹 범하는 것을 막기 위한 것이다. 복숭아는 그 성질 때문에, 생강은 그 기운 때문에, 물억새 비는 그 형태 때문에 사용되는데, 형태는 기운만 못하고, 기운은 성질만 못하다. 그러므로 귀천과 다소의 수에서 그 중 하나를 제거할 경우에는 물억새비이고, 그 중 두 가지를 제거할 경우에는 생강이다. 오직 복숭아만은 제거할 수 없다. 모두 선재에게 이르는 것은 감히 마음대로 전달하지 못하고 반드시 음식을 주관하는 사람을 통해서 전달하기 때문이다." 大夫不親往而使宰者, 恐勤君之降禮而受獻也. 士賤, 故得自往. '皆再拜稽首送之'者, 言大夫初遣宰時, 已拜送矣, 及至君門以授小臣, 則或宰或士, 亦皆再拜而送之也. '膳', 美食也. '葷', 薑及辛菜也. '茢', 苕帚也. '膳宰', 主飮食者. ○ 方氏曰: "膳必用葷・桃・茢者, 防不祥之物或干之也. 桃以其性, 葷以其氣, 茢以其形, 形不如氣, 氣不如性. 故貴賤多少之數, 去其一者茢, 去其二者葷. 惟桃不可去焉. 皆造膳宰者, 以不敢專達, 必待主膳之人達之也."

**【옥조 103】**

대부가 직접 배례를 하지 않는 것은 군주가 자기에게 배례를 할 것이기 때문이다.

大夫不親拜, 爲君之答己也.

**鄭注** 감히 지극히 존귀한 사람을 변동시키지 않는 것이다. 不敢變動至尊.

**集說** 직접 바치지 않는 의미를 풀이한 것이다. 釋所以不親獻之義.

**【옥조 104】**

군주로부터 하사품을 받은 이튿날 군주에게 가서 사례할 때, 대부는 하사품에 대하여 배례하고 회답을 기다리지 않고 물러나온다. 사는 응락을 받고나서 물러나고, 또 군주의 회답에 대하여 배례하는데, 군주는 답배하지 않는다.

大夫拜賜而退. 士待諾而退, 又拜, 弗答拜.

**鄭注** (군주의 명령을 전달하는) 소신小臣은 대부의 배례를 받고, 다시 들어가 군주에게 고하는데, 대부가 배례를 하면 곧 소신은 피한다. 小臣受大夫之拜, 復以入告, 大夫拜, 便辟也.

**集說** 대부가 군주의 문에 가서 군주가 어제 하사한 것에 배례를 할 때, 문에 이르러 곧바로 소신에게 고하면, 소신은 들어가 군주에게 아뢴다. 대부는 곧바로 배례하고 배례가 끝나면 물러나오고 소신이 나와서 회답하는 것을 기다리지 않는다. 군주가 불러 들여서 답배를 할까 염려되기 때문이다. 군주는 사의 배례에 답배하지 않는다. 그러므로 사는 배례가 끝나면 소신이 군주의 응락하는 회답을 전해줄 때까지 기다렸다가 물러난다. '우

배又拜'는 소신이 응락하는 회답을 전해주러 나오면, 사는 또 군주의 응락에 대하여 배례한다는 뜻이다. '답배를 하지 않는다'(弗答拜)는 것은 끝내 사의 배례에 답배하지 않는다는 뜻이다. 大夫往君門而拜君昨日所賜, 及門卽告小臣, 小臣入白. 大夫卽拜, 拜竟卽退, 不待小臣出報. 恐君召進之而答拜也. 君不答士之拜. 故士拜竟, 則待小臣傳君之諾報而後退也. '又拜'者, 小臣傳諾報而出, 士又拜君之諾也. '弗答拜'謂君終不答士之拜也.

**【옥조 105】**

대부가 직접 사에게 하사하면 사는 배례하고 받고, 또 대부의 집에 가서 배례하는데 의복을 입지 않은 채 배례한다. 신분이 동등한 사이인데 집에 없었을 경우, 선물을 보낸 사람의 집에 가서 배례한다.
大夫親賜士, 士拜受, 又拜於其室, 衣服弗服以拜.① 敵者不在, 拜於其室.②

**鄭注** ① 군주의 은혜와 달리하는 것이다. 배례하고 받고 또 그 집에 가서 배례하는 것, 이것이 이른바 '재차 배례함'(再拜)이다. 異於君惠也. 拜受又就拜於其家, 是所謂'再拜'也.

② 와서 하사할 때 만나지 못한 경우를 말한다. 만났다면 다시 가지 않는다. 謂來賜時不見也. 見則不復往也.

**集說** '그 집'(其室)은 대부의 집이다. '의복을 입지 않은 채 배례한다'(衣服弗服以拜)는 것은 군주의 하사보다 낮추는 것이다. '적자敵者'는 존비가 서로 대등한 사람이다. '그 집'(其室)은 선물을 준 사람의 집이다. 만약 당시 주인이 집에서 배례를 하고 받았다면 다시 그의 집에 가서 배례하여 감

사를 표하지는 않는다. 지금 주인이 집에 없어서 배례하고 받을 수 없었다면, 집에 돌아와서는 반드시 선물을 보내온 사람에게 가서 배례한다. 만약 붕우라면, 제사 고기가 아닌 경우 배례하지 않는다. '其室', 大夫之家也. '衣服弗服以拜', 下於君賜也. '敵者', 尊卑相等也. '其室', 獻者之家也. 若當時主人在家而拜受, 則不復往彼家拜謝. 今主人不在, 不得拜受, 還家必往而拜之也. 若朋友, 則非祭肉, 不拜.

**【옥조 106】**

무릇 존귀한 사람에게 선물을 바칠 때에 감히 선물의 내용을 말하지 않는다.

凡於尊者有獻, 而弗敢以聞.

**鄭注** 이는 선물을 바칠 때하는 말이다. 「소의少儀」(5)에 "군주가 조회하는 일로 다른 나라에 가려고 하는데, 신하가 금·옥과 재물을 군주에게 바칠 때는 '거마 비용으로 유사有司에게 바칩니다'라고 한다"라고 한 것이 그러한 종류이다. 此謂獻辭也. 「少儀」曰: "君將適他, 臣若致金玉貨貝於君, 則曰, '致馬資於有司'", 是其類也.

**集說** '감히 그것을 말씀드리지 않는다'(不敢以聞)는 것은 감히 존귀한 자에게 직접 선물의 내용을 말하지 않는다는 뜻으로, '거마 비용으로 유사에게 바칩니다' 및 '수행하는 사람에게 드립니다'[72]라고 말하는 것과 같은 부류이다. '不敢以聞'者, 不敢直言獻於尊者, 如云'致馬資於有司'及'贈從者'之類也.

【옥조 107】

사는 대부로부터 직접 축하를 받지 않는다. 하대부는 상대부로부터 직접 축하를 받을 수 있다.

士於大夫不承賀. 下大夫於上大夫承賀.

鄭注 '승承'은 받는다(受)는 뜻이다. 사에게 경사스런 일이 있을 경우 대부가 직접 와서 자기를 축하해주는 말을 듣지 않는 것은 존귀한 사람을 감히 변동시키지 않는 것이다. '承', 受也. 士有慶事, 不聽大夫親來賀己, 不敢變動尊也.

集說 사는 대부에 대해서 존비의 차이가 크다. 만약 경사스러운 일이 있다면, 사는 감히 대부가 직접 와서 축하하는 것을 받지 않는다. 하대부는 상대부에 대해 존비의 차이가 작다. 그러므로 상대가 직접 와서 축하해주는 것을 받을 수 있다. 士於大夫, 尊卑遠. 若有慶事, 不敢受大夫之親賀. 下大夫於上大夫, 尊卑近. 故可承受其親賀也.

【옥조 108】

부모가 계시다면 다른 사람에게 예를 행할 때 자신의 아버지를 칭하여 행한다. 다른 사람이 혹 선물을 하사하면 자신의 아버지를 칭하여 그에게 배례한다.

親在, 行禮於人稱父. 人或賜之, 則稱父拜之.

鄭注 일은 존귀한 이에 의해서 통일되기 때문이다. 事統於尊.

集說 방씨方氏는 말한다. "함부로 사사로이 교제하지 않고, 함부로 사사로이 받지 않기 때문이다." 方氏曰: "不敢私交, 不敢私受故也."

**【옥조 109】**

예가 성대하지 않은 경우에는 석의 위에 습의를 덧입지 않는다. 그러므로 대구大裘를 습의로 덧입을 때는 석의를 바깥에 입지 않으며, 옥로玉路의 수레를 탈 때에는 식례軾禮(가름대를 잡고 인사하는 예)를 하지 않는다.

禮不盛, 服不充.① 故大裘不裼, 乘路車不式.②

鄭注 ① 예가 성대한 경우에는 복식을 껴입는다. 큰일은 세세하게 공경하는 것을 숭상하지 않는다. 禮盛者, 服充. 大事不崇曲敬.

② 하늘에 제사지내는 경우를 말한 것이다. 『주례』에 "왕이 호천상제昊天上帝에게 제사를 지낼 때, 대구大裘를 입고 면류관을 쓰며 옥로玉路의 수레를 탄다"[73]라고 하였다. 어떤 사람은 "병거를 탈 때에는 식례軾禮를 하지 않는다"고 하였다. 謂祭天也. 『周禮』"王祀昊天上帝, 則服大裘而冕, 乘玉路." 或曰: "乘兵車不式."

集說 앞 장(48)에서 "불충기복不充其服"(그 의복을 규정에 맞게 성대하게 하지 않는다)이라고 말한 것은 이 경문의 '충充' 자와 의미가 다르다. 이 경문에서는 예가 성대한 경우 아름다움을 충실하게 하는 것(充美)으로 공경을 삼는다는 뜻이다. '대구大裘'와 '노거路車'는 모두 하늘에 제사지낼 때에 사용되는 것이다. 석의를 바깥에 입지 않고, 석의 위에 습의襲衣를 덧입는 것(不裼而襲)

은 그 화려하고 아름다움을 가리려는 것이다. 식례式禮를 하지 않는 것은 하늘을 공경하는 마음을 다른 곳에 사용할 수 없기 때문이다. 前章言, "不充其服", 與此'充'字義殊. 此謂禮之盛者則以充美爲敬. '大裘'·'路車', 皆祭天所用. 不裼而襲, 是欲掩塞其華美也. 不式, 敬天之心不可他用也.

**【옥조 110】**

아버지가 명하여 부르면 '네!'하고 짧게 말하고 길게 답하지 않으며, 손으로 일 도구를 잡고 있었다면 버리고 가고, 음식이 입에 있었다면 뱉고 가며, 얼른 달려가고 잰걸음으로 가지 않는다.
父命呼, '唯!'而不諾, 手執業則投之, 食在口則吐之, 走而不趨.

**鄭注** 지극히 공경히 하는 것이다. 至敬.

**集說** 응답하는 말에 '유唯(예)'는 빠르고 공경스러운 것이고, '락諾(알겠습니다)'은 느리고 소홀한 것이다. 應辭, '唯'速而恭, '諾'緩而慢.

**【옥조 111】**

부모님이 연로하면 외출해서 행방을 바꾸지 않으며, 귀가할 때는 시간을 넘기지 않는다. 부모님이 앓고 계실 때 얼굴빛과 용모가 성대하지 않은 것, 이는 효자가 행하는 평상의 예절이다.
親老, 出不易方, 復不過時.① 親瘠, 色容不盛, 此孝子之疏節也.②

**鄭注** ① 부모를 근심시켜서는 안 되기 때문이다. 행방을 바꾸면 부모가 자기가 거처하는 곳을 확신하지 못하기 때문이다. '복復'은 돌아온다(反)는 뜻이다. 不可以憂父母也. 易方, 爲其不信己所處也. '復', 反也.

② 지극한 효가 아님을 말한 것이다. '제癠'는 병든다(病)는 뜻이다. 왕계王季가 병들자 문왕文王은 얼굴빛이 근심스러웠고, 걸어갈 때 똑바로 걸을 수가 없었다. 言非至孝也. '癠', 病也. 王季有疾, 文王色憂, 行不能正履.

**集說** 행방을 바꾸면 자기를 부를 때 소재를 알지 못할까 염려되고, 귀가 시간을 넘기면 시기를 놓쳐서 부모에게 걱정을 끼칠까 염려된다. '제癠'는 병을 앓다(病)는 뜻이다. '소절疏節'은 평소 행하는 소략한 예일 뿐이요 큰 예절은 아님을 가리킨다. 易方則恐召己而莫知所在. 過時則恐失期而貽親之憂. '癠', 病也. '疏節', 謂常行疏略之禮而已, 非大節也.

**【옥조 112】**

아버지가 돌아가시면 차마 아버지의 책을 읽지 못하는 것은 손으로 사용하여 매끄럽게 된 흔적이 여전히 남아 있기 때문이다. 어머니가 돌아가시면 차마 배권杯圈[74]으로 마시지 못하는 것은 입으로 사용하여 매끄럽게 된 기운이 여전히 남아 있기 때문이다.
父沒而不能讀父之書, 手澤存焉爾. 母沒而杯圈不能飮焉, 口澤之氣存焉爾.

**鄭注** 효자는 부모가 쓰던 기물을 보면 슬퍼져서 차마 사용하지 못한다. '권圈'은 나무를 구부려서 만든 것으로 잔(卮)·주전자(匜) 등을 가리킨다. 孝子見親之器物, 哀惻不忍用也. '圈', 屈木所爲, 謂卮·匜之屬.

**集說** '불능不能'은 차마하지 못한다는 뜻과 같다. 손으로 잡았던 곳에 여전히 그 매끈한 흔적이 남아 있다. '배권杯圈'은 술을 담는 기구로서 나무를 구부려 만든다. 잔(卮)·주전자(匜) 등과 같은 것이다. '입으로 사용하여 매끄럽게 된 기운'(口澤之氣)은 또한 항상 그것을 사용하여 마셨기 때문에 입으로 사용하여 매끄럽게 된 부분에 여전히 남은 기운이 있다는 뜻이다. 이것이 차마 읽지 못하고 차마 마시지 못하는 이유이다. '不能', 猶不忍也. 手之所持, 猶存其潤澤之迹. '杯圈', 盛酒漿之器, 屈木爲之. 若卮·匜之屬也. '口澤之氣', 亦謂常用以飮, 故口所潤澤, 猶有餘氣. 此所以不忍讀不忍飮也.

**【옥조 113】**

군주는 대문으로 들어가고, 개介는 문 말뚝(闑)을 스치고 들어가고, 대부는 문설주(棖)와 문 말뚝 사이로 들어가고, 사의 개는 문설주를 스치고 들어간다.

君入門, 介拂闑, 大夫中棖與闑之間, 士介拂棖.

**鄭注** 이 경문은 두 군주가 상견하는 경우를 말한 것이다. '정棖'은 문설주(門楔)이다. 군주는 들어갈 때 반드시 중문中門(문설주와 문 말뚝의 중앙)을 통하는데, 상개上介는 문 말뚝을 끼고 들어가고, 대부의 개와 사의 개는 그 뒤에서 안행鴈行하여 서로 나란히 하지 않음을 보이는 것이다. 군주가 만약 빙문한 빈객을 맞이할 때에는 찬자擯者가 또한 그렇게 한다. 此謂兩君相見也. '棖', 門楔也. 君入必中門, 上介夾闑, 大夫介·士介鴈行於後, 示不相沿也. 君若迎聘客, 擯者亦然.

集說 이는 두 군주가 상견하는 때를 말한 것이다. '문에 들어간다'(入門)는 것은 대문에 들어간다는 뜻이다. '개介'는 부副의 뜻이다. '얼闑'은 문 중앙에 세운 짧은 막대이다. '정棖'은 문의 양 곁에 있는 긴 나무로서, 이른바 '설楔'(문설주)이다. 군주가 들어가는 곳은 문설주와 문 말뚝의 중앙에 해당한다. 주군은 문지방의 동쪽에 있고, 빈객은 문지방의 서쪽에 있다. 주군의 상빈上擯은 군주의 뒤에서 조금 서쪽 가까이에서 문지방을 스치고 들어가고, 빈객의 상개上介는 빈객의 뒤에서 조금 동쪽 가까이에서 문지방을 스치고 들어간다. 대부의 빈擯이나 개介가 된 자는 각각 군주의 뒤쪽에 해당하여 문설주와 문지방 두 개의 중앙에 있고, 사의 빈이나 개가 된 자는 각각 동쪽과 서쪽의 문설주를 스치고 들어간다. 此, 言兩君相見之時. '入門', 入大門也. '介', 副也. '闑', 門中央所豎短木也. '棖'者, 門之兩旁長木, 所謂'楔'也. 君入當棖闑之中. 主君在闑東, 賓在闑西. 主君上擯, 在君後, 稍近西而拂闑, 賓之上介, 在賓後, 稍近東而拂闑. 大夫之爲擯爲介者, 各當君後而在棖闑二者之中, 士之爲擯爲介者, 則各拂東西之棖也.

**【옥조 114】**

(타국에 빙문聘問으로 온) 빈객은 문 중앙으로 들어가지 않고 문지방(閾)을 밟지 않으며, 공적인 일이라면 문 말뚝(闑)의 서쪽으로 들어가고, 사적인 일이라면 문 말뚝의 동쪽으로 들어간다.

賓入不中門, 不履閾,① 公事自闑西,② 私事自闑東.③

鄭注 ① 존귀한 자가 들어온 곳을 피하는 것이다. 이는 빙문하러 온 빈객의 경우를 가리킨다. '역閾'은 문지방(門限)이다. 辟尊者所從也. 此謂聘客也.

'閾', 門限.

② 빙향聘享[75]이다. 聘享也.

③ 적면覿面[76]이다. 覿面也.

**集說** 이 경문의 '빈객'(賓)은 이웃나라에서 빙문하러 온 경·대부를 가리킨다. '문 중앙으로 들어가지 않는다'(入不中門)는 것은 문의 조금 동쪽 문말뚝 가까이로 들어간다는 뜻이다. '역閾'은 문지방(門限)이다. 빙향聘享은 군주의 명을 받들어 행하는 것으로, 이를 공적인 일(公事)이라고 한다. '문말뚝의 서쪽으로 들어간다'(入自闑西)는 것은 빈객의 예를 사용한다는 뜻이다. 사적私覿, 사면私面 같은 것은 사적인 일(私事)이라고 하니 그것이 군주의 명이 아니기 때문이다. '문 말뚝의 동쪽으로 들어가는 것'(入自闑東)은 신하의 예에 따르는 것이다. 此'賓', 謂隣國來聘之卿·大夫也. '入不中門', 謂入門稍東而近闑也. '閾', 門限也. 聘享是奉君命而行, 謂之公事. '入自闑西', 用賓禮也. 若私覿私面, 謂之私事, 以其非君命故也. '入自闑東', 從臣禮也.

**【옥조 115】**

시尸와 더불어 걸을 때, 군주는 뒷발이 앞발의 발자국의 반을 밟도록 걷고(接武), 대부는 앞뒤의 발자국이 서로 이어지도록 걷고(繼武), 사는 앞뒤의 발걸음이 발자국 하나만큼의 간격을 두도록 하여 걷는다. 천천히 가는 경우 모두 이 시尸와 더불어 걸을 때 하는 보폭의 절도를 이용한다.

君與尸行接武,① 大夫繼武,② 士中武.③ 徐趨皆用是.④

**鄭注** ① 존귀한 사람은 천천히 가는 것을 숭상한다. 반발자국을 밟는 것이다. 尊者尙徐. 蹈半迹.

② 발자국이 서로 이어지는 것이다. 迹相及也.

③ 발자국 사이에 한 발자국의 공간을 띄우는 것이다. 迹間容迹.

④ 군주·대부·사가 서행을 할 때에 모두 시尸와 더불어 걸을 때의 절도와 같이 한다. 君·大夫·士之徐行也, 皆如與尸行之節也.

**集說** '군君'은 천자와 제후를 가리킨다. '접무接武'는 두 발이 서로 밟는 것이 반발자국마다 밟아서 각각 발자국을 이룰 수 없다는 뜻이다. 만약 대부가 시尸와 걷는다면 두 발의 발자국이 서로 접속되어 점차 낮아진다. 그러므로 시尸와 걸을 때에 보폭이 조금 넓고 빠르다. '중中'은 사이(間)라는 뜻과 같다. 사가 시尸와 걸을 때에는 발걸음을 옮길 때마다 사이에 한 발의 공간을 띄우고 비로소 밟는다. '사士'는 신분이 가장 낮기 때문에 시尸와 걸을 때 보폭이 가장 넓다. '서추개용시徐趨皆用是'는 것은 군주·대부·사가 천천히 종종걸음으로 갈 때 모두 이 시尸와 더불어 걸을 때 하는 보폭의 절도를 사용한다는 뜻이다. '君', 謂天子·諸侯也. '接武', 謂二足相躡, 每蹈於半, 不得各自成迹也. 若大夫與其尸行, 則兩足迹相接續, 漸卑. 故與尸行, 步稍廣而速. '中', 猶間也. 士與其尸行, 每徙足, 間容一足地, 乃躡之. 士極卑, 故與尸行, 步極廣也. '徐趨皆用是', 謂君·大夫·士, 或徐或趨, 皆用此與尸行步之節也.

**【옥조 116】**

빠르게 종종 걸어갈 때에는 신발의 코끝을 들려고 하지만 손과 발의 모양은 변화가 없다.

疾趨則欲發, 而手足毋移.

鄭注 '질추疾趨'는 몸을 곧게 해서 빠르게 간다는 뜻으로, 보폭의 정도는 되는대로 하고 규정이 없다. '발發'은 신발을 일으킨다(起屨)는 뜻이다. '이移'는 움직이고 흔들린다(靡匜)는 뜻이다. '무이毋移'는 곧고 바르고자 하는 것이다. '욕欲'은 어떤 본에는 '수數'로 되어 있다. '疾趨', 謂直行也, 疏數自若. '發', 謂起屨也. '移'之言, 靡匜也. '毋移', 欲其直且正. '欲'或爲'數'.

集說 이 경문은 만약 다른 일로 예를 행하여 빠르게 걸어야 할 경우, 그 신발의 코끝을 들려고 하여 '뒷발이 앞발의 발자국의 반을 밟도록 걷고', '앞뒤의 발자국이 서로 이어지도록 걷는' 방식에 구애받지 않지만, 손의 모양은 반드시 공손하고 발의 모양은 반드시 진중하여, 혹 낮추거나 혹 기울게 걸어 일정한 법도를 변경해서는 안 됨을 말한다. '이移'는 변경한다는 뜻과 같다. 此言若以他事行禮而當疾趨者, 其屨頭固欲發起, 不以'接武·繼武'爲拘, 然而手容必恭, 足容必重, 不可或低或斜而變其常度. '移'猶變也.

**【옥조 117】**

발을 끌어 바꾸어가며 따라가듯이 걷고 발을 들지 않으면 옷자락이 물 흐르는 듯하게 된다. 자리 위로 걸어 갈 때에도 그렇게 한다.
圈豚行, 不擧足, 齊如流.① 席上亦然.②

鄭注 ① '권圈'은 전환하다(轉)는 뜻이다. '돈豚'은 마치 따라가는 바가 있는 듯이 한다(若有所循)는 뜻이다. 발을 들지 않고 발꿈치를 끌면 옷자락이

물이 흐르는 것과 같다. 공자가 홀을 잡을 때 그러하였다. 이것이 천천히 종종걸음으로 가는 것이다. '圈', 轉也. '豚'之言, 若有所循. 不擧足曳踵, 則衣之齊如水之流矣. 孔子執圭則然. 此徐趨也.

② 존귀한 곳에서는 또한 천천히 하는 것을 숭상한다. 尊處亦尙徐也.

**集說** 구설에 '권圈'은 전환한다(轉)는 뜻이고, '돈豚'은 따라간다(循)는 뜻이라고 하였다. '돈'은 상성上聲일 때로 읽는데, 천천히 종종걸음 하는 법은 발을 끌어 바꾸면서 지면을 따라 걸어감을 뜻한다. 그러므로 '발을 들지 않는다'(不擧足)라고 한 것이다. 방씨方氏는 "이 경문은 돌면서 걷는 것을 말한다. 흑양(羔)의 성질은 모이고, 돼지(豚)의 성질은 흩어진다. 우리에 가두어 두면 모여서 그 가운데에서 돈다. 그러므로 비유를 취함이 이와 같다"고 하였는데, 옳은 말인지는 모르겠다. '자齊'는 치마 아랫자락이다. 발을 이미 들지 않았는데 몸을 또 구부리면 치마 아래가 땅에 닿고, 발을 끌면 치맛자락이 물이 흐르는 것 같이 된다. '자리 위에서도 또한 그렇게 한다'(席上亦然)는 것은 아직 자리에 앉지 않았을 때 자리 위로 가는 경우 또한 이와 같이 해야 함을 뜻한다. 舊說, '圈', 轉也, '豚'之言循. 讀爲上聲, 謂徐趨之法, 當曳轉其足, 循地而行. 故云'不擧足'也. 方氏謂: "此言迴旋而行. 羔性聚, 豚性散. 圈之則聚而回旋於其中矣. 故取況如此", 未知是否. '齊', 裳下緝也. 足旣不擧, 身又俯折, 則裳下委於地, 而曳足則齊如水之流. '席上亦然', 言未坐之時, 行於席上, 亦當如此也.

**【옥조 118】**

곧게 걸어갈 때에는, 턱은 처마가 드리워진 것처럼 하고 그 발걸음은 화살처럼 곧게 한다. 급하게 걸어갈 때에는 몸을 일으키듯 신발

끝을 들고 걷는다.

端行, 頤霤如矢. 弁行, 剡剡起屨.

鄭注 이는 빠르게 종종걸음으로 가는 것이다. '단端'은 곧다(直)는 뜻이다. '이頤'는 어떤 본에는 '이霛'로 되어 있다. 此疾趨也. '端', 直也. '頤'或爲'霛'也.

集說 '단端'은 곧다(直)는 뜻이다. 몸을 곧게 하고 걸어도 몸은 또한 조금 꺾이므로 머리를 곧게 한다. 앞쪽을 향해 턱은 처마가 드리워진 것처럼 하고 발걸음을 내딛을 때는 화살처럼 곧게 한다. '변弁'은 급하다(急)는 뜻이다. '섬섬剡剡'은 몸이 일어나는 모습이다. 급하게 걸으면 빨리 가고자 하여 몸과 신발이 항상 들린다. 일설에 '단端'은 현단玄端과 소단素端을 가리키고, '변弁'은 작변爵弁과 피변皮弁을 가리키는데, 걸어가는 모습을 각각 그 복식에 어울리게 하고자 하는 것이라고 하였다. '端', 直也. 直身而行, 身亦小折, 故頭直. 臨前而頤如屋霤之垂, 其步之進則如矢之直也. '弁', 急也. '剡剡', 身起之貌. 急行則欲速而身屨恒起也. 一說, '端'謂玄端・素端, '弁'謂爵弁・皮弁, 行容各欲稱其服也.

【옥조 119】

거북과 옥을 잡을 때에는 앞발을 들고 뒤꿈치를 끌면서 좁은 듯이 한다.

執龜・玉, 擧前曳踵, 蹜蹜如也.

鄭注 천천히 종종걸음으로 가는 일을 기록하여 나타낸 것이다. 著徐趨之事.

**集說** '종踵'은 발뒤꿈치다. 발의 앞쪽을 들고 그 뒤꿈치를 끌면 발걸음이 땅에서 떨어지지 않아 마치 따라가는 바가 있는 듯하다. '축축蹜蹜'은 좁은 모습이다. 거북과 옥은 모두 중기重器다. 그러므로 공경하고 조심하기를 이와 같이 한다. '踵', 足後跟也. 擧足之前, 而曳其後跟, 則行不離地, 如有所循也. '蹜蹜', 促狹之貌. 龜·玉, 皆重器. 故敬謹如此.

**【옥조 120】**

무릇 도로를 걸어갈 때의 용모는 곧고 또 빠르게 한다.

凡行容惕惕.

**鄭注** '상상惕惕'은 곧고 빠른 모습이다. '범행凡行'은 도로道路를 가리킨다. '惕惕', 直疾貌也. '凡行', 謂道路也.

**集說** '상상惕惕'은 곧고 또 빠른 것이다. 도로를 걸어갈 때 그렇게 한다는 뜻이다. 돌고 굽어지게 걸으면 용모를 잃고 천천히 느리게 걸으면 나태함에 가깝게 된다. '惕惕', 直而且疾也. 謂行於道路則然. 蓋回枉則失容, 舒緩則近惰也.

**【옥조 121】**

(용모와 동작을) 종묘에서는 수렴하고 엄정히 하고, 조정朝廷에서는 세심하고 완정하면서도 편안하고 여유롭게 한다.

廟中, 齊齊,① 朝廷, 濟濟·翔翔.②

鄭注 ① 공손하고 성실한 모습이다. 恭慤貌也.

② 엄숙하고 공경스러운 모습이다. 莊敬貌也.

集說 '제제齊齊'는 수렴하고 엄정한 모습이다. '제제濟濟'는 위의가 세심하고 완정한 모습이다. '상상翔翔'은 팔을 펼치고 맞잡는 것이 편안하고 여유로운 모습이다. '齊齊', 收持嚴正之貌. '濟濟', 威儀詳整也. '翔翔', 張拱安舒也.

【옥조 122】

군자의 용모는 여유 있고 단아하며, 존경하는 사람을 보면 더욱 공경하여 흐트러지지 않는다.

君子之容, 舒遲, 見所尊者, 齊遬.

鄭注 겸손하고 성실한 모습이다. '속遬'은 움츠리다(蹙蹙)는 뜻과 같다. 謙慤貌也. '遬', 猶蹙蹙也.

集說 '서지舒遲'는 여유롭고 단아한 모습이다. '제齊'는 '송구해하는 모습으로 공경하고 두려워하였다'(夔夔齊慄)[77]라고 할 때의 '제齊'(=齋 공경함)와 같은 뜻이다. '속遬'은 삼가하여 방종하지 않음을 말한다. 존경하는 사람을 보기 때문에 더욱 공경하는 것이다. '舒遲', 閑雅之貌. '齊'如'夔夔齊慄'之'齊'. '遬'者, 謹而不放之謂. 見所尊者, 故加敬.

【옥조 123】

발의 모습은 진중하고, 손의 모습은 공손하다.

足容重,① 手容恭.②

鄭注 ① 발걸음을 뗄 때 더디게 하고자 하는 것이다. 擧欲遲也.
② 높고 또 바른 것이다. 高且正也.

集說 '중重'은 가볍게 발을 들어 옮기지 않는다는 뜻이다. '공恭'은 태만하고 해이함이 없다는 뜻이다. '重', 不輕擧移也. '恭', 無慢弛也.

【옥조 124】

눈의 모습은 단정하고, 입의 모습은 진중하다.

目容端,① 口容止.②

鄭注 ① 곁눈질해서 보지 않는 것이다. 不睇視也.
② 함부로 움직이지 않는 것이다. 不妄動也.

集說 곁눈질해서 보지 않고 함부로 움직이지 않는 것이다. 無睇視, 不妄動.

【옥조 125】

목소리의 모습은 차분하고, 머리의 모습은 똑바르다.

聲容靜,① 頭容直.②

鄭注 ① 쉰 소리를 내지 않는 것이다. 不噦欬也.
② 기울고 뒤돌아보고 하지 않는다. 不傾顧也.

集說 혹시라도 쉰 소리가 나지 않게 함은 차분하고자 하는 것이다. 혹시라도 기울이거나 뒤돌아보지 않음은 곧고자 하는 것이다. 無或噦咳, 欲其靜也. 無或傾顧, 欲其直也.

**【옥조 126】**

숨 쉬는 모습은 숙연하다.

氣容肅.

鄭注 숨소리를 내지 않는 듯이 하는 것이다. 似不息也.

集說 숨소리를 내지 않는 듯이 하는 것이다. 似不息者.

**【옥조 127】**

서 있는 모습은 덕德의 기상이 있다.

立容德.

鄭注 (다른 사람에게 어떤 것을) 주는 바가 있는 듯이 하는 것이다. 如有予也.

集說 구설에는 '다른 사람에게 어떤 것을 주는 바가 있는 듯이 하는 것'이라고 하였는데 그 의미가 잘 통하지 않는다. 응씨應氏는 "가운데 서서 기울지 않아 엄정하여 덕이 있는 기상이다"라고 하였는데, 이 설명이 근사하다. 舊說以爲'如有所予於人', 其義難通. 應氏謂, "中立不倚, 儼然有德之氣象", 此說近之.

**【옥조 128】**

얼굴의 모습은 장중하고, 앉아 있을 때는 시尸처럼 한다.
色容莊,① 坐如尸.②

鄭注 ① "낯빛을 바꾸어 두려운 듯이 한다"[78]는 것이다. "勃如戰色."
② 시尸는 신위에 앉아 공경스럽고 신중하다. 尸居神位, 敬愼也.

集說 '장莊'은 자긍심을 갖고 있는 모습이다. '좌여시坐如尸'는 설명이 「곡례상」(6)에 보인다. '莊', 矜持之貌也. '坐如尸', 見「曲禮」.

**【옥조 129】**

사사로이 거처하거나 사람들과 이야기를 나눌 때에는 관대하고 온화하다.
燕居告溫溫.

鄭注 '고告'는 가르치고 시키는 것을 말한다. 『시詩』에 "온유하고 공손한 사람"(溫溫恭人)이라고 하였다. '告', 謂敎使也. 『詩』云: "溫溫恭人."

**集說** 『시詩』에 "온유하고 공손한 사람"[79]이라고 하였다. 사사로이 거처할 때와 다른 사람에게 고하고 이야기할 때에는 모두 온화하고자 하는 것이다. 이른바 '거처할 때에는 용모를 갖추지 않는다'(居不容[80]), '관대하고 온유함으로 가르친다'(寬柔以敎)[81]는 것이다. 『詩』言, "溫溫恭人." 燕居之時與告語於人之際[82], 則皆欲其溫和. 所謂'居不容'·'寬柔以敎'也.

**【옥조 130】**

무릇 제사지낼 때에는 용모와 안색을 제사대상을 보는 듯이 한다.

凡祭, 容貌顏色如見所祭者.

**鄭注** 그 사람이 이곳에 있는 것을 보는 듯이 하는 것이다. 如睹其人在此.

**集說** 『논어』에 "선조에게 제사지낼 때에는 살아 계신 듯이 여기며 제사하고, 귀신에게 제사지낼 때에는 귀신이 이곳에 있는 듯이 여기며 제사한다"[83]고 하였다. 『論語』曰: "祭如在, 祭神如神在."

**【옥조 131】**

거상을 하는 동안의 모습(喪容)은 야위고 실의에 차 있다. 얼굴 모습은 근심스런 생각에 쳐져 있으며, 보는 모습은 황급하고 멍하여 살피지 못하며, 말하는 모습은 목소리에 기운이 없다.

喪容纍纍.① 色容顚顚,② 視容瞿瞿·梅梅,③ 言容繭繭.④

鄭注 ① 야위고 고달픈 모양이다. 羸憊貌也.

② 근심스럽게 생각에 잠긴 모습이다. 憂思貌也.

③ 살피지 않는 모습이다. 不審貌也.

④ 목소리의 기운이 쇠미한 것이다. 聲氣微也.

集說 이는 모두 거상할 때의 용모이다. '루루纍纍'는 야위고 고달파서 실의에 찬 모습이다. '전전顚顚'은 근심스럽게 생각에 잠겨 마음을 펴지 못하는 모습이다. '구구瞿瞿'는 놀라고 황급한 모습이다. '매매梅梅'는 매매昧昧와 같은 뜻으로 멍하니 쳐다보면서 살피지 못하는 것이다. 그러므로 황급하고 멍하여 살피지 못하는 것이다. '견견繭繭'은 면면綿綿(끊어질 듯 겨우 이어짐)과 같은 뜻으로, 목소리의 기운이 처지고 미약한 모습이다. 此皆居喪之容. '纍纍', 羸憊失意之貌. '顚顚', 憂思不舒之貌. '瞿瞿', 驚遽之貌. '梅梅', 猶昧昧, 瞻視不審. 故瞿瞿梅梅然也. '繭繭', 猶綿綿, 聲氣低微之貌也.

**【옥조 132】**

군대의 모습은 과단성 있고 굳세다. 말하는 모습은 엄격하고 정제되어 있고, 얼굴빛은 엄격하고 힘쓰고자 하며, 보는 모습은 밝고 분명하고자 한다.

戎容暨暨.① 言容詻詻,② 色容厲肅,③ 視容淸明.④

鄭注 ① 과단성 있고 굳센 모습이다. 果毅貌也.

② 지시와 명령이 엄정한 것이다. 敎令嚴也.

③ 위의와 형식이 갖추어진 모습이다. 儀[84]形貌也.

④ 일을 자세히 살피는 것이다. 察於事也.

**集說** 이는 모두 군대의 용모이다. '기기暨暨'는 과단성 있고 굳센 모습이다. '액액詻詻'은 지시와 명령이 엄격하고 정비된 모습이다. 얼굴빛은 엄숙하고 힘쓰고자 하며, 살피고 보는 것은 밝고 분명하고자 하는 것이다. 此皆軍旅之容. '暨暨', 果毅之貌. '詻詻', 敎令嚴飭之貌. 顔色欲其嚴厲而莊肅, 視瞻欲其瑩澈而明審.

**【옥조 133】**

서 있는 모습은 자신을 낮추면서도 (바르게 하고) 아첨하지 말아야 한다.

立容辨卑, 毋讇.

**鄭注** '폄辨'은 폄貶으로 읽는다. 자신을 떨어뜨려 낮춘다는 것은 (경쇠처럼) 허리를 구부린다는 뜻이다. '첨讇'은 몸을 기울여 남보다 낮춤이 있는 것이다. '辨', 讀爲貶. 自貶卑謂磬折也. '讇', 爲傾身以有下也.

**集說** '서 있는 모습은 숙이고 낮춘다'는 것은 뽐내고 고상한 태도를 하지 않는다는 뜻이다. 비록 귀하더라도 숙이고 낮추어 반드시 올바름을 귀하게 여긴다. 만약 그 용모를 기울이고 그 얼굴빛을 부드럽게 하여 아양을 떨면 아첨하는 대로 흐른다. 그러므로 아첨하지 말라는 것으로 경계하였다. '立之容貶卑'者, 不爲矜高之態也. 雖貴, 貶損卑降, 而必貴於正. 若傾側其容, 柔媚其色, 則流於諂矣. 故戒以毋諂焉.

**【옥조 134】**

머리와 목은 반드시 곧게 해야 한다.

頭頸必中.

**鄭注** 머리의 모습이 곧은 것이다. 頭容直.

**集說** 머리의 모습을 곧게 하고자 하는 것이다. 頭容欲直.

**【옥조 135】**

(서 있을 때는) 산처럼 동요함이 없이 서 있는다.

山立.

**鄭注** 동요하지 않는 것이다. 不搖動也.

**集說** 산이 의젓하여 동요하지 않는 것과 같이 서 있는 것이다. 如山之嶷然不搖動也.

**【옥조 136】**

때에 맞게 행한다.

時行.

鄭注 때가 된 후에 행한다. 『시詩』에 "위엄과 예의가 크게 때에 맞네"[85]라고 하였다. 時而後行也. 『詩』云: "威儀孔時."

集說 행해야 할 때 행하는 것이다. 當行則行.

【옥조 137】

기가 몸에 충만하게 하여 숨을 내쉴 때 양기陽氣가 만물을 생육하듯이 한다.

盛氣顚實揚休.

鄭注 '전顚'은 전闐(성대하다)의 뜻으로 읽고, '양揚'은 양陽으로 읽는다. 소리로 인한 잘못이다. 목소리 속의 기운을 성대하게 하여 성하고 가득하게 하는 것이다. 그 숨소리가 마치 양기陽氣가 사물을 기르는 듯한 것이다. '顚', 讀爲闐. '揚', 讀爲陽. 聲之誤也. 盛聲[86]中之氣, 使之闐滿. 其息若陽氣之休物也.

集說 '전顚'은 '전색塡塞'(채워 막는다)이라고 할 때의 '전塡'으로 읽는다. '실實'은 가득 차다(滿)는 뜻이다. '양揚'은 '양陽'으로 읽는다. '휴休'는 '따뜻하게 하다'(煦)의 뜻과 동일하다. 기氣가 몸에 충만한 것이다. 사람은 마땅히 기를 길러서 안에 충만하고 가득 차게 해야 한다는 뜻이다. 그러므로 숨을 내쉴 때 마치 양기가 사물을 생육함에 그 양기의 나옴이 무궁한 것과 같이 쉰다. '顚', 讀爲'塡塞'之'塡'. 實, 滿也. '揚', 讀爲'陽'. '休', 與'煦'同. 氣體之充也. 言人當養氣, 使充盛塡實於內. 故息之出也, 若陽氣之煦物, 其來無窮也.

【옥조 138】

얼굴빛을 옥의 빛깔처럼 변하지 않게 한다.

玉色.

鄭注 얼굴빛이 변하지 않는 것이다. 色不變也.

集說 옥은 변색되지 않는다. 그러므로 얼굴빛이 변동하지 않는 것의 비유로 삼는다. ○ 석량왕씨石梁王氏는 말한다. "(「옥조」(133)의) '입용立容' 이하는 군대의 모습 항목에 속하지 않는다." 玉無變色. 故以爲顔色無變動之喩. ○ 石梁王氏曰: "'立容'以下, 不屬戎容."

【옥조 139】

무릇 자신을 일컬을 경우, 천자는 '나 한사람'(予一人)이라고 한다.

凡自稱, 天子曰'予一人'.

鄭注 겸양함이다. 자신을 다른 사람과 구별하기만 하는 것이다. 謙. 自別於人而已.

集說 '일一'은 짝할 상대가 없는 것을 일컫는 말이다. '一'者, 無對之稱.

【옥조 140】

백伯은 (자신을 일컬을 때) '천자를 위해 힘을 다하는 신하'라고 한다.

伯曰'天子之力臣'.

**鄭注** '백伯'은 구명九命의 작명을 받은 상공上公으로 제후를 나누어 다스리는 자이다. '伯', 上公九命分陝者.

**集說** 천자의 3공 가운데, 한 명의 상相은 기내畿內에 거처하고, 두 명의 백伯은 기외畿外의 제후를 나누어 관장한다. 대개 천자의 팔다리가 되는 신하로서 사방에서 힘을 다하는 자이다. 그러므로 '힘을 다하는 신하'(力臣)라고 한 것이다. 天子三公, 一相處內, 二伯分主畿外諸侯. 蓋股肱之臣, 宣力四方者也. 故曰'力臣'.

**【옥조 141】**

제후는 천자에게 '어느 땅을 지키는 신하 아무개'라고 말한다.

諸侯之於天子, 曰'某土之守臣某'.

**集說** '어느 땅'은 '동쪽 땅'(東土), '서쪽 땅'(西土)이라고 말하는 식이다. '某土', 猶云'東土'·'西土'之類.

**【옥조 142】**

그 사람이 변방의 읍에 있을 경우에는 '어느 울타리의 신하 아무개'라고 말한다.

其在邊邑, 曰'某屛之臣某'.

**鄭注** '변읍邊邑'은 구주九州의 밖을 가리킨다. '邊邑', 謂九州之外.

**集說** 변방의 읍(邊邑)은 멀리 있다. 그것을 '병屛'이라고 하는 것은 울타리(藩屛)의 뜻으로, 안을 가리고 밖을 막기 위한 것이다. 邊邑遠. 謂之'屛'者, 藩屛之義, 所以蔽內而捍外也.

**【옥조 143】**

상대가 대등한 사람 이하일 경우, (대국의) 군주는 자신을 '과인寡人'이라 부르고, 소국의 군주는 자신을 '고孤'라고 부르고 그 빈자擯者[87] 또한 (자신의 군주를) '고孤'라고 부른다.

其於敵以下曰'寡人', 小國之君曰'孤', 擯者亦曰'孤'.

**鄭注** 대국의 군주는 자신을 칭할 때 '과인寡人'이라고 하고, 그 빈자擯者는 '과군寡君'이라고 한다. 大國之君自稱曰'寡人', 擯者曰'寡君'.

**集說** 이 장이 「곡례曲禮」와 조금 다른 것은 이곳에서는 자칭에 근거하여 말하는 것이고, 「곡례」편은 빈자擯者의 말이기 때문이다. 此章與「曲禮」小異者, 此據自稱爲辭, 彼則擯者之辭也.

**【옥조 144】**

상대부는 (자신의 군주에게) 자신을 '하신下臣'이라 칭하고, (타국에 사신으로 가면) 개介(사신을 수행하는 자)는 자신의 상대부를 '과군의 노신'(寡君之老)이라고 칭한다. 하대부는 (자신의 군주에게) 자신의 이름을 말하고, (타국에 사신으로 가면) 개介는 자신의 하대부를 '과대부寡大夫'라고 칭한다. 세자世子는 (자신의 군주에게) 자신의 이름을 말하고, (타국에 사신으로 가면) 개介는 자신의 세자를 '과군의 적자'(寡君之適)라고 칭한다.

上大夫曰'下臣', 擯者曰'寡君之老'. 下大夫自名, 擯者曰'寡大夫'. 世子自名, 擯者曰'寡君之適'.

**鄭注** 빈자擯者의 말이다. 주로 타국의 군주를 알현할 경우를 말한 것이다. 하대부는 (자신의 군주에 대해서는) 자신의 이름을 말하지만, 타국의 군주에게는 '외신 아무개'(外臣某)라고 한다. 擯者之辭. 主謂見於他國君. 下大夫自名, 於他國君曰'外臣某'.

**集說** 이는 자칭과 빈자擯者의 말이 같지 않음을 밝힌 것이다. 此明自稱與擯者之辭不同也.

**【옥조 145】**

공자公子는 군주에게 자신을 '신얼臣孽'이라고 칭한다.

公子曰'臣孽'.

**鄭注** '얼孽'은 '얼枿'(枿)이 되어야 한다. 발음으로 인한 잘못이다. '孽'當爲'枿'. 聲之誤.

**集** 적장자로 세계世系를 전하는 이를 '세자世子'라고 부르고, 나머지 아

**說** 들들은 단지 '공자公子'라고 칭한다. '얼孽'을 '얼枿(그루터기)'로 읽는 것은 대개 나무 종류의 나머지에 비견한 것이다. 그러므로 '신얼臣孽'이라고 자신을 칭하는 것이다. 適而傳世者, 謂之'世子', 餘則但稱'公子'而已. 讀'孽'爲'枿'者, 蓋比之木生之餘也. 故以'臣孽'自稱.

**【옥조 146】**

사는 군주에게 자신을 '파발을 전하는 신하'(傳遽之臣)라고 칭하고, 대부에게는 자신을 '외사外私'라고 칭한다.

士曰'傳遽之臣', 於大夫曰'外私'.

**鄭注** '전체傳遽'는 수레와 말을 타고 심부름하는 자이다. 사士가 대부에게 신하가 되는 경우에는 자신을 대부에게 '사인私人'이라고 말한다. '傳遽', 以車馬給使者也. 士臣於大夫者曰'私人'.

**集說** 역참의 수레와 말은 다급한 명령을 전하는 것이다. 사는 비천하여 수레와 말을 타고 전하는 심부름을 돕는다. 그러므로 자신을 칭할 때 '파발을 전하는 신하'(傳遽之臣)라고 말한다. 가신家臣은 자신을 '사私'라고 칭한다. 이 경문에서의 대부는 자기가 신하로서 섬기는 대상이 아니기 때문에 그를 대면하여 말할 때 자신을 '외사外私'라고 칭한다. 驛傳之車馬, 所以供急遽之令. 士賤而給車馬之役使. 故自稱'傳遽之臣'也. 家臣稱'私'. 此大夫非己所臣事者, 故對之言則自稱'外私'也.

**【옥조 147】**

대부가 군주의 개인적인 일로 사신으로 가서 사인私人(군주의 사적인 신하)의 자격으로 빈擯을 수행하면 자신의 이름을 칭한다.

大夫私事使, 私人擯則稱名.

**鄭注** '개인적인 일로 사신을 간다'(私事使)는 것은 군주의 명으로 사적으로 간 것이고, 빙문聘問이 아님을 말한다. 노魯나라 성공成公 때, 진晋나라 제후가 한천韓穿을 사신으로 보내와서 문양汶陽의 땅을 말하여 제齊나라에 돌려주게 한 일[88] 같은 경우이다. '私事使', 謂以君命私行, 非聘也. 若魯成公時, 晋侯使韓穿來言汶陽之田, 歸之于齊之類.

**集說** '사사私事'는 빙례를 행하는 것이 아니라 다른 일로 군주의 명을 받들어 이웃나라에 사신으로 가는 것을 말한다. (사신을) 수행하는 사람은 마땅히 자신을 '개介'라고 말해야 하는데, '빈자擯者'라고 한 것은, 빈擯이 주인 측의 명령을 전하는 부관이고, 이제 빈객의 숙소에 머물면서 주인국에서 예를 보내오면 자기가 주인이 되기 때문에 '빈擯'이라고 칭하는 것이다. '사인私人'은 자기 휘하의 신하이다. 개인적인 일로 사신을 가서 사인私人의 자격으로 빈擯의 역할을 수행하면 자신의 신분이 상대부이든 하대부이든 막론하고 모두 낮추어 이름을 한다. 정식의 빙례聘禮가 아니기 때문이다. '私事', 謂非行聘禮, 而以他事奉君命往使隣國也. 隨行之人, 當謂之'介', 曰'擯者', 擯是主人之副, 今以在賓館而主國致禮, 則己爲主人, 故稱'擯'也. '私人', 己之屬臣也. 私事使而私人擯, 則無問上大夫・下大夫, 皆降而稱名. 以非正聘故也.

【옥조 148】

공사公士가 빈擯이 되면 자신을 '과대부寡大夫'·'과군의 늙은이'(寡君之老)라고 부른다.

公士擯, 則曰'寡大夫'·'寡君之老'.

集說 '공사公士'는 공가公家의 사士이다. 만약 정식으로 빙례를 행하여 공사를 빈擯으로 삼고, 하대부가 가서 소빙의 예를 행할 경우 빈사에 '과대부寡大夫'라고 칭하고, 상대부가 가서 대빙의 예를 행할 경우에는 빈사에 '과군의 늙은이'(寡君之老)라고 칭한다. '公士', 公家之士也. 若正行聘禮, 以公士爲擯, 其下大夫往行小聘之禮, 則擯辭稱'寡大夫', 其上大夫往行大聘之禮, 則擯辭稱'寡君之老'.

【옥조 149】

대부가 정식의 빙례에 사신으로 가는 일이 있으면 반드시 공사公士를 빈擯으로 삼는다.

大夫有所往, 必與公士爲賓也.

鄭注 빙례의 경우를 말한 것이다. 대빙에는 상대부를 사신으로 보내고, 소빙에는 하대부를 사신으로 보낸다. '공사가 빈이 된다'(公士爲賓)는 것은 개介가 되는 것을 가리킨다. '왕往'은 간다(之)는 뜻이다. 謂聘也. 大聘使上大夫, 小聘使下大夫. '公士爲賓', 謂作介也. '往', 之也.

集說 '빈賓'은 '빈擯'의 뜻으로 읽으니, 개介이다. 대부가 정식 빙례에 사신으로 갈 때 반드시 공사公士를 개介로 삼는다는 뜻이다. ○ 방씨方氏는

'빈賓'을 글자 그대로의 뜻으로 읽어서, 빈擯이 비록 빈객을 위해 일을 집행하더라도 그 실제 역할은 또한 그와 함께 빈객이 될 뿐이므로 '공사와 더불어 빈객이 된다'는 뜻이라고 하였다. '賓', 讀爲'擯', 介也. 謂大夫有正聘之往, 必使公士作介也. ○ 方氏讀'賓'如字, 謂擯雖爲賓執事, 其實亦與之同爲賓而已, 故曰'與公士爲賓'也.

## 역주

1) 매달 ~ 나아가 : 「月令」에 근거하여 명당의 방위를 표시하면 다음과 같다.

<table>
<tr><td rowspan="7">西</td><td colspan="4">北</td></tr>
<tr><td>玄堂左箇(맹동)</td><td rowspan="2">玄堂太廟(중동)</td><td>玄堂右箇(맹동)</td><td rowspan="5">東</td></tr>
<tr><td>總章右箇(계추)</td><td>靑陽左箇(맹춘)</td></tr>
<tr><td>總章太廟(중추)</td><td>太廟太室(중앙토)</td><td>靑陽太廟(중춘)</td></tr>
<tr><td>總章左箇(맹추)</td><td rowspan="2">明堂太廟(중하)</td><td>靑陽右箇(계춘)</td></tr>
<tr><td>明堂右箇(계하)</td><td>明堂左箇(맹하)</td></tr>
<tr><td colspan="4">南</td></tr>
</table>

2) 청삭 : 천자와 제후가 매달 초하루에 조정에 임하여 정사를 다스리기 전에 행하는 의례를 가리킨다. 한 달 동안의 정사는 이날 곡삭의 예를 행한 후에 시작된다.

3) 면복 : 대부 이상의 禮冠과 冕服의 복식이다. 길례에는 모두 면류관을 쓰는데 복식은 일에 따라 다르다. 『주례』 「春官·司服」에 "왕의 吉服이다. 昊天上帝를 제사지낼 때에는 대구를 입고 면류관을 쓰고 五帝를 제사지낼 때에도 그와 같이 한다. 선왕에게 제사지낼 때에는 袞冕을 쓰고, 선공을 제사지내고 향사례를 행할 때에는 鷩冕을 쓰고, 사방으로 산천에 망제를 지낼 때에는 毳冕을 쓰고, 사직과 오사에 제사지낼 때에는 希冕을 쓰고, 소사에 제사지낼 대에는 玄冕을 쓴다"(王之吉服. 祀昊天上帝, 則服大裘而冕, 祀五帝亦如之. 享先王則袞冕, 享先公饗射則鷩冕, 祀四望山川則毳冕, 祭社稷五祀則希冕, 祭群小祀則玄冕)고 하였다. 『國語』 「周語上」에 "태재가 왕명으로 면복을 명하였다"(太宰以王命命冕服)에 대한 韋昭의 주에 "冕은 대관이다. 服은 鷩衣이다"(冕, 大冠. 服, 鷩衣)라고 하였다.

4) 악태사는 ~ 하였다 : 『禮記注疏』 권29 「考證」에 의하면, '樂太史'의 '樂'이 잘못된 글자이다. '太史'는 『주례』 「春官·太史」를 가리키고 '終月'은 「太史」에서 인용한 문장이다. 진호가 인용한 소의 내용은 곧 「太史」에서 "달을 마친다"고 한 것은 한 달에 들어야 하는 정사를 한 달 안에 마침을 말하고 평소에는 燕寢에서 거처한다는 뜻이다. 『예기정

의』에는 '樂'이 '按'으로 되어 있고, 교감주는 없다.

5) 이어 그 복장으로 : 경문 '遂'는 '이어서'의 뜻으로 앞의 의절을 이어서 변화를 주지 않고 뒤의 의절로 진행할 때 사용하는 부사이다.

6) 소복 : 喪事가 있을 입는 옷차림을 말한다.

7) 소거 : 왕이 喪事에 쓰는 수레를 말한다.

8) 비면 : 大裘·袞冕·鷩冕·毳冕·絺冕·玄冕을 六服이라고 하는데, 대구가 으뜸이고 그 나머지는 모두 비면이 된다.

9) 희생을 ~ 죽인다 : 『주례』「夏官·射人」에 "제사가 있으면 (射人은) 천자가 희생을 쏘아 잡는 것을 돕는다"(祭祀則贊射牲)라고 하였다.

10) 위나라 문공이 ~ 쓴 것 : 관련 내용은 『춘추좌씨전』, 閔公 2년 조에 나온다.

11) 정·서 : 珽은 천자의 笏이고, 荼는 제후의 笏이다. 대부의 笏은 笏이라고 한다. 「玉藻」(18, 19) 참조. 『荀子』「大略」에 "天子는 珽을 들고, 諸侯는 荼를 들고, 大夫는 笏을 드니, 禮이다"(天子御珽, 諸侯御荼, 大夫服笏, 禮也)라고 하였다.

12) 산우가 그 금지령을 관장하는데 : 『주례』「知官·山虞」에 "山虞는 山林의 政令을 관장하여, 물목에 제한을 두고 그것들에 대하여 금령을 준수하게 한다"(山虞, 掌山林之政令, 物爲之厲而爲之守禁)라고 하였다.

13) 사는 먹으로 ~ 구하고 : 거북의 껍질을 태운 뒤에 균열된 곳에 먹을 넣어 스며들게 해서 균열된 모양이 명확하게 나타나게 하는 것을 말한다. 楊天宇, 『禮記譯注』(上), 459쪽 해당 부분 注 참조.

14) 영과 역 : 거북의 종류를 뜻한다. '射'은 『주례』「春官·龜人」에는 '繹'으로, 『爾雅』「釋魚」에는 '謝'로 되어 있다. 『주례』「龟人」에 "귀인은 여섯 가지 거북의 등속을 관장하는데, 각각 명칭이 있다. 하늘의 거북을 '靈屬'이라고 하고, 거북을 '繹屬'이라고 하고, 거북을 '果屬'이라고 하고, 거북을 '靁屬'이라고 하고, 남쪽의 거북을 '獵屬'이라고 하고, 북쪽의 거북을 '若屬'이라고 한다. 각각 그 방위의 색깔과 조의 형체로서 변별한다"(龜人, 掌六龜之屬, 各有名物. 天龜曰'靈屬', 地龜曰'繹屬', 東龜曰'果屬', 西龜曰'靁屬', 南龜曰'獵屬', 北龜曰'若屬'. 各以其方之色與其體辨之)라고 하였다.

15) 체를 ~ 것입니다 : 이 말은 『書』「周書·金縢」에 나온다.

16) 복령 : '覆笭'으로도 쓴다. 수레 가로막대 위의 덮개이다. 「曲禮下」(24), 정현 주 참조.

17) 직도이행 : 이 말은 『논어』「衛靈公」에 나온다. 朱熹는 集註에서 "直道는 사적으로 하거나 왜곡함(私曲)이 없는 것이다"(直道, 無私曲也)라고 하였다. 곧 도리를 왜곡하지 않고 바르게 하여 행하였다는 뜻이 된다.

18) 제거 : 목욕재계할 때에 사용하는 수레이다. 『주례』「夏官·齊右」에 "제사와 회동과 접빈에서 제거를 앞에 늘어놓는 일을 관장한다"(掌祭祀會同賓客前齊車)고 한 것에 대해 정현은 "제거는 금로이다. 왕이 스스로 가지런히 재계할 때 타는 수레이다"(齊車, 金路. 王自整齊之車也)라고 하였다. 「曾子問」(26)에도 齊車에 대한 언급이 나온다.

19) 조거 : 신하가 군주를 조회하러 갈 때 타는 수레이다.

20) 禨 : 『예기집설대전』에는 '機'로 되어 있으나 오기이므로 바로잡는다.

21) 변과 ~ 음식이다 : 식사를 하기 위한 음식은 여러 음식(庶羞)라고 한다. 籩과 豆에 담는 음식은 곧 술을 마시기 위한 안주를 의미한다. 목욕을 하고 술을 마셔 기운을 채우기 위한 것이므로 '進羞'의 '羞'를 籩豆에 담은 음식이라고 해석한 것이다. 疏에 설명이 보인다.

22) 외침 : 궁실의 제도에 正寢과 內寢의 구별이 있는데, 정침을 外寢이라고도 한다. 군주가 정사를 보는 곳이다. 『魏書』「高祖孝文帝紀下」에 "옛 6침에 의거하여 임시로 3실을 만들고 安昌展을 내침으로 삼고, 皇信堂을 中寢으로 삼고, 四合殿을 외침으로 삼았다"고 하였다. 외침은 때에 따라 燕寢·私朝를 뜻하기도 한다. 「內則」(95) 참조.

23) 대규 :

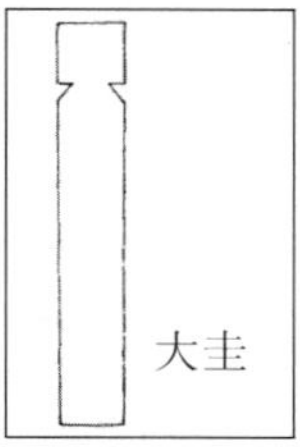

『欽定禮記義疏』(淸)

24) 일 없이 ~ 앉는다 : 「曲禮上」(73)에 "일 없이 자리에 앉을 때에는 자리의 뒤쪽에 바싹 당겨 앉는다"(虛坐盡後)라고 하였다.

25) 빈객은 ~ 놓는다 : 『의례』「公食大夫禮」에 "손을 씻고 일어나 북쪽을 향해 앉아 기장과 젓갈을 취하고, 내려와 서쪽을 향해 앉아 계단의 서쪽에 놓는다"(捝手興, 北面坐, 取粱與醬, 以降西面坐, 奠于階西)라고 하였다. 정현 주에 "직접 상을 치우는 뜻을 보이는 것이다. 들고 나가지 않는 것은 마땅히 얻어야 할 바가 아니고, 또 이미 예물을 얻었기 때문이다"(示親徹也. 不以出者, 非所當得, 又以已得侑幣)라고 하였다.

26) 大 : 『예기집설』 본에는 '或'으로 되어 있다. 惠棟의 校宋本, 岳本, 嘉靖本, 衛湜의 『禮記集說』에는 모두 '大'로 되어 있다. 『예기정의』, 1036쪽 참조.

27) 갸자 : 술통·희생·음식 등을 들고 나르는 들것으로 다리가 없다. 架子라고도 한다. 『三禮辭典』, 827쪽, '椸' 항목 참조.

28) 덮개보 : 기물을 덮는 수건을 말한다. 거친 칡베나 고운 베 혹은 그림을 넣은 베로 만든다. 『주례』「天官·冪人」에 "冪人은 덮개보를 공급하는 일을 관장한다. 제사에는 거친 베로 덮개보를 만들어 8가지의 尊(술동이)을 덮고, 그림을 그려 넣은 베로 덮개보를 만들어 6가지의 彝(술동이)를 덮는다"(冪人, 掌共巾冪. 祭祀, 以疏布巾冪八尊, 以畫布巾冪六彝)라고 한 것에 대해 정현은 "거친 베로 만드는 것은 천지의 귀신이 질박함을 숭상하기 때문이다.…… 종묘에서는 문양을 넣은 것을 사용해도 괜찮다. 문양은 구름을 그려 넣는 듯하다"(以疏布者, 天地之神尙質.……宗廟可以文. 畫者, 畫其雲氣與)고 하였다. 尊·彝·籩·豆·簠·簋에 모두 덮개보가 있다. 덮개보는 거친 칡베 및 고운 베로 만드는데 통칭하여 '수건'(巾)이라고 한다. 『三禮辭典』, 798쪽 참조.

29) 금 : 술동이를 올려놓는 받침대이다. 이 받침대에 다리가 있는 것을 '禁'이라고 하고, 다리가 없는 것을 '棜'·'棜禁' 또는 '斯禁' 이라고 부른다. 『三禮辭典』, 928쪽, '禁' 항목 참조.

30) 현관 : 검은색 비단으로 만든 관으로 委貌라고도 한다. 士와 大夫가 평상시 쓰고 다니는 관이다. 威貌는 용모를 안정시킨다는 뜻을 갖고 있다. 『의례』「士冠禮」의 "주인은 현관과 조복 차림을 한다"(主人玄冠朝服)에 대한 정현 주 참조. 『三禮辭典』, 303쪽, '玄冠' 항목 참조.

31) 무 : 머리를 감싸는 관의 테두리 부분이다.

32) 파민 : 교화에 따르지 않고 노동에 종사하지 않는 사람이다. 『주례』「秋官·司圜」"파민을 거두어 교화시키는 일을 관장한다"(掌收教罷民)에 대해서 정현은 정사농의 말을 인용하여 "파민은 악한 사람으로 교화에 따르지 않고 백성에게 고통을 주면서도 아직 오형의 형벌을 받지 않은 자를 가리킨다"(罷民謂惡人不從化, 爲百姓所患苦而未入五刑者也)고 하였다.

33) 추방된 자 : '齒'는 백성으로 등록시키는 것을 뜻한다. 「王制」(85)에 따르면 교화에 따르지 않아 변방으로 추방되어 죽을 때까지 백성으로 등록시키지 않는 자를 말한다.

34) 송나라에서 ~ 복식 : 송은 은나라의 후손들이 사는 나라이다. 곧 은왕조의 후예로서 제사를 받들도록 허용된 微子의 후손들을 가리킨다. 이들에게는 은나라 王者의 예를 행하는 것이 허용되었다. 공영달의 소에 의하면, 노나라에서 주공에게 제사할 때 희생은 흰 수소(白牡)를 사용하고 수레는 大路를 사용하였는데 이것은 은나라의 예이다. 따라서 환공이 자색의 갓끈을 한 것 역시 은나라 왕의 후손들이 하는 예를 참람하게 사용한 것으로 추정된다고 한다.

35) 보구 :

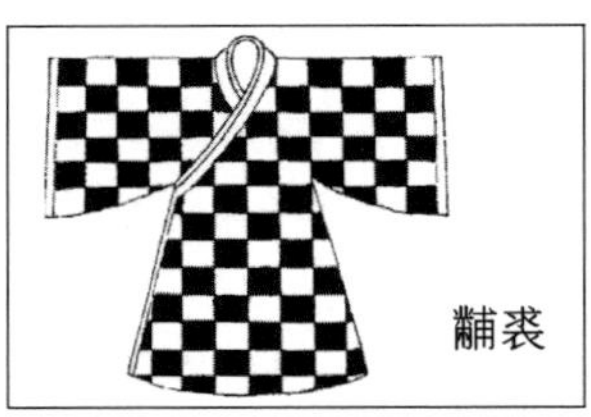


『欽定禮記義疏』(淸)

36) 비단으로 ~ 경상이네 : 『詩』「鄭風·豐」에 나온다.

37) 단을 ~ 한다 : 袒은 겉옷을 벗거나 걷어서 안을 드러내는 것인데, 맨살이 드러난 경우를 肉袒이라고 하고, 속옷이 드러난 경우를 裼이라고 한다. 肉袒은 裼보다 자신을 더 낮추는 무거운 禮가 되어 죄인으로 자처할 때 행한다.

38) 흰 옷에 ~ 입는다 : 이 말은 『논어』「鄕黨」에 나온다. 『논어』에는 '麛'가 '麑'로 되어 있다.

39) 검은 ~ 입는다 : 이 말은 『논어』「鄕黨」에 나온다.

40) 물고기의 ~ 한다 : 이 말은 『爾雅』「釋獸」에 다음과 같이 나온다. "獸曰釁, 人曰撟, 魚曰須."

41) 禮 : 惠棟校宋本, 石經, 岳本, 嘉靖本, 『考文』에 인용된 補本, 足利本에는 모두 '古'로

되어 있다. 閩本, 監本, 衛湜의 『禮記集說』에는 모두 '禮'로 되어 있다. 이학근, 『예기정의』, 1052쪽 교감 참조.

42) 진상도 : 1053~1093. 三山陳氏 또는 長樂陳氏로 불린다. 자는 용지用之이다. 英宗 治平 4년(1067) 진사에 급제하였다. 삼례에 밝았고 王安石을 스승으로 섬겼다. 國子監直講, 太學博士 등을 역임하였다. 저서로 『講義』, 『禮書』, 『禮例詳解』가 있다.

43) 天子素帶, 朱裏, 終辟 : 『禮記注疏』에는 이 부분이 「玉藻」(72)의 "王后褘衣, 夫人揄狄, 君命屈狄." 앞에 놓여 있다. 陳澔가 정현의 취지를 공영달의 소에서 밝힌 바에 따라 이곳에 재배치한 것이다.

44) 대대 : 대대는 명주실(絲)로 만드는데 革帶의 밖에 두르며, 그 나머지를 늘어뜨린 것을 '紳'이라고 한다.

45) 조두 : 머리카락을 묶는 두건이다. 『方言』에 "絡頭는 帞頭이다.…… 황하 이북의 趙나라와 魏나라 사이에서는 幧頭라고 한다"(絡頭, 帞頭也.……自河以北, 趙魏之間曰幧頭)라고 하였다. 『漢語大詞典』 참조.

46) 자장이 ~ 하였다 : 이 말은 『논어』 「衛靈公」에 나온다.

47) 무릇 띠는 : 정현은 경문의 凡帶를 有司가 착용하는 띠의 한 종류로 여기고, '無箴功'는 꿰매는 작업을 하지 않음을 뜻하는 것으로 해석하였고, 陳澔는 凡帶를 '모든 띠'의 뜻으로 이해하고 '無箴功'을 흔적이 드러나지 않게 바느질함을 뜻하는 것으로 해석하였다.

48) 이 경문 ~ 한다 : 『예기주소』에는 『예기집설』의 경문 (67)과 (68)이 한 구절로 되어 있으며 이 구절이 경문 (70) 다음에 놓여 있다.

49) 그 나뭇가지에서 ~ 베네 : 이 말은 『詩』 「周南 · 汝墳」에 나온다.

50) 諸 : 이학근, 『예기정의』 본에는 '公'으로 되어 있다.

51) 폐슬 : 허리 앞에 둘러 무릎에 이르는 큰 수건 모양의 천이다. 폐슬의 명칭은 의식의 종류에 따라 달리하는데 祭服에 쓸 때는 韍이라 하고 기타의 상황에서는 韠이라 한다. 불과 필은 모두 蔽를 의미하는데, 폐는 蔽障(가리다)의 뜻이다. 이것을 두르고 무릎을 꿇으면 무릎이 가려지기 때문에 폐슬이라고 한다. 폐슬을 나타내는 한자는 다양하여 폐슬 외에 芾 · 袚 · 紱 · 韍 · 茀 · 紼 등이 있고 또 縪 · 蔽厀 · 褘 · 跪褘 등이 있다. 폐슬의 색은 각 예복의 하의의 색을 따른다. 형태는 수건 모양의 몸판과 윗부분에 있는 고리모양의 부속으로 이루어져 있는데, 이 부속의 가운데에 있는 것을 頸이라 하고 양 옆에 있는 것을 肩이라 한다.

韠(天子) 韠(諸侯) 韠(大夫) 韠(士)

『欽定禮記義疏』(淸)

52) 옛날에 ~ 것이다 : 이 말은 『毛詩正義』 「小雅 · 采薇」의 疏에 나온다.

53) 사는 ~ 한다 : 『의례』 「士冠禮」에 “작변복은 분홍치마와 생사의 웃옷에 검은색의 띠를 착용하고 매겹을 한다”(爵弁服, 纁裳, 純衣, 緇帶, 靺韐)에 대해 정현은 “작변복은 면복의 다음으로, 그 색은 적색에 옅은 흑색으로 까치머리와 같으며, ‘緅’라고도 한다. 그 베는 30승이다”(爵弁者, 冕之次, 其色赤而微黑, 如爵頭然. 或謂之緅. 其布三十升)라고 하였다.

54) 형 : ‘珩’으로도 쓴다. 혁대에 달려 있는 옥의 하나로서, 가장 윗부분에 있다.

55) 공 · 후 · 백 ~ 없다 : 이 말은 『주례』 「春官 · 典命」에 나온다.

56) 부인은 ~ 부인이다 : 천자의 三夫人은 后 다음의 지위로 제후의 처인 夫人과 등급이 같다.

57) 왕자의 후예 : 殷과 周의 후손으로 제사를 모시는 이를 가리킨다.

58) 휘의 : 왕후와 侯伯의 부인 입는 꿩 문양을 새겨 넣은 옷이다.

『欽定禮記義疏』(淸)

59) 6복 : 褘衣 · 揄狄 · 屈狄 · 鞠衣 · 展衣 · 褖衣를 말한다. 『주례』 「天官 · 內司服」의 정현 주 참조.

60) 국의 :

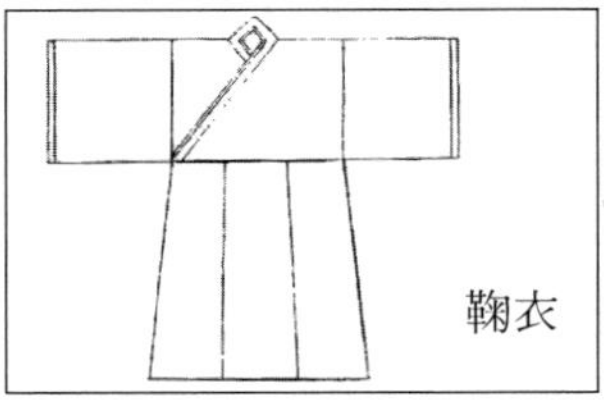

『欽定禮記義疏』(淸)

61) 교령 : 가슴 앞에 교차시켜 포갠 옷깃이다.

62) 진규 : 瑱圭 · 珍圭라고도 한다. 朝儀를 거행할 때 천자가 잡고 있는 홀로 옥으로 만든다. 길이는 1척 2촌이고, 위아래에 네 진(四鎭)의 산을 새겨 넣어 사방이 안정되었음을 보인다. 『주례』 「春官 · 大宗伯」에 “옥으로 6개의 서절을 만들어 그것으로 邦國의 차등을 세운다. 왕은 진규를 잡는다”(以玉作六瑞, 以等邦國. 王執鎭圭)라고 하였다. 『三禮辭典』, 1219쪽 그림 참조.

63) 진규로 ~ 부른다 : 이 말은 『주례』 「春官 · 典瑞」에 나온다.

64) 때가 ~ 움직이는 것 : 이 말은 『역』 「艮卦」 象傳에 나온다.

65) 패옥 : 「曲禮下」(4)에 자세한 설명이 보인다.

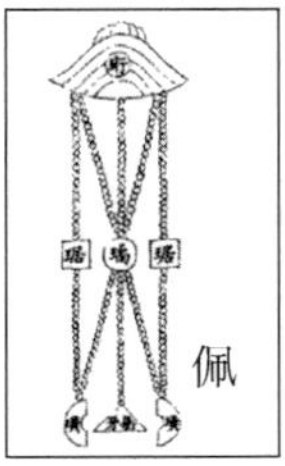

『欽定禮記義疏』(淸)

66) 충아 : 모든 옥은 반드시 위에 衡 또는 珩이라는 옥이 하나 또는 두 개 있으며, 이곳에서 2가닥의 끈을 늘어뜨려 아래에서 3가닥이 된다. 그 아래 끝은 앞뒤로 각각 璜이라는 옥이 한 개 붙어 있으며, 중앙에는 衝牙라는 옥이 붙어 있다. 움직이면 충아가 앞뒤로 흔들려 황과 부딪히면서 소리를 낸다. 형태가 상아(牙)와 비슷하기 때문에 '충아'라고 한다.

67) 絲 : 『禮記正義』 교감기에 '絲'는 '糸'로 되어 있다.

68) 채의 : '采衣'는 관례를 치르지 않은 미성년자의 복장이다. 검은색의 베로 만든 옷에 비단으로 가선을 둘러 문식을 한 것이다. 문식하였다는 의미로 '彩衣'라고도 한다.

69) 머리를 ~ 튼다 : '紒'는 관례를 치르지 않은 미성년자의 머리 양식으로, 머리를 땋아 묶어서 상투를 트는 것을 말한다. 보통 양쪽 귀 뒤로 한 개씩의 머리 다발을 묶고 끈(總)으로 동여매어 장식하는데, 그 모습이 동물의 머리에 두 개의 뿔이 돋아나 있는 것처럼 보이기 때문에 '總角'이라고 한다.

70) 賜 : 이학근, 『예기정의』에는 '賜'의 앞에서 구절을 끊었다.

71) 두설이 ~ 하였습니다 : 이 말은 『춘추좌씨전』 召公 4年 조에 나온다.

72) '거마의 ~ 드립니다' : 이 말은 「少儀」(5)에 나온다.

73) 왕이 ~ 탄다 : 이 말은 『주례』 「春官 · 司服」에 나온다. 『주례』에는 '노거를 탄다'는 문장은 없다.

74) 배권 : '杯棬'이라고도 하며 나무로 만든 식기를 말한다. 공영달의 소에는 "배권은 부인이 사용하는 것이다. 그러므로 어머니에 대해 배권을 말한 것이다"(杯圈, 婦人所用. 故母言杯圈)라고 하였다. 배권은 후대에 돌아가신 어머니를 그리워하는 뜻으로 사용된다.

75) 빙향 : 빙문하여 공식적으로 선물을 바치는 것을 뜻한다. 빙문할 때에는 반드시 宴享이 있다. 그러므로 빙과 향을 하나의 개념어로 사용한다. 『의례』 「聘禮」의 "부인의 聘璋을 바치고, 현훈을 바친다"(受夫人之聘璋, 享玄纁)에 대한 정현 주에 "享은 바친다(獻)는 뜻이다. 이미 빙문하고 또 바치는 것은 은혜를 두텁게 하기 위함이다"(享, 獻也. 旣聘又享, 所以厚恩惠也)라고 하였다.

76) 적면 : 聘禮에서 공식적인 빙례와 享禮의 절차를 마치고 개인적으로 상대국의 군주와 관리들을 만나보는 것을 가리킨다. 私覿 · 私面이라고도 한다. 『의례』 「聘禮」와 「聘義」 등에 그 내용이 자세하다. 『三禮辭典』, 421쪽, '私面' 항목 참조.

77) 송구해하는 ~ 두려워하였다 : 『書』 「大禹謨」의 "舜이 죄를 자신에게 지워 인책하고 공경히 일을 하면서 瞽瞍를 뵙는데 夔夔하고 공경하며 두려워하니 고수도 믿고 따랐다"(舜負罪引慝, 祗載見瞽瞍, 夔夔齋慄, 瞽亦允若)에 대한 孔安國의 傳에 "夔夔는 두려워하는 모습이다"(夔夔, 悚懼之貌)라고 하였고, 공영달의 소에는 "아버지 고수를 만나서는 송구해하는 모습으로 두려워하고 공경스럽게 떨면서 감히 자신은 죄가 없다고 말하지 않았다"(見父瞽瞍, 夔夔然悚懼, 齋莊戰慄, 不敢言己無罪)라고 하였다.

78) 낯빛을 ~ 한다 : 이 말은 『논어』 「鄕黨」에 나온다.

79) 온유하고 ~ 사람 : 이 말은 『詩』 「小雅 · 小宛」에 나온다.

80) 거처할 ~ 않는다 : 이 말은 『논어』「鄕黨」에 나온다.

81) 관대하고 ~ 가르친다 : 이 말은 『中庸』에 나온다.

82) 際 : 『예기집설대전』에는 '祭'로 되어 있으나 오기이므로 바로잡는다.

83) 선조에게 ~ 제사한다 : 이 말은 『논어』「八佾」에 나온다.

84) 儀 : 『예기정의』에는 '義'로 되어 있으나 오기이므로 바로잡는다.

85) 위엄과 ~ 맞네 : 이 말은 『詩』「大雅·旣醉」에 나온다.

86) 聲 : 朱彬의 『禮記訓纂』에는 '聲'이 '身'으로 되어 있다.

87) 빈자 : 예의 집행을 돕는 주인 측의 보조자이다.

88) 진나라 ~ 한 일 : 이 내용은 『춘추좌씨전』, 成公 2년 조에 나온다.

예기역주 권14

# 명당위 제14
## 明堂位

정현鄭玄의 『예기목록禮記目錄』에서 말한다. "「명당明堂」이라고 한 것은 명당에서 제후가 주공에게 조회할 때 진열하였던 자리를 기록하였기 때문이다. 국도國都의 남쪽에 있으며, 그 규모는 동서의 길이 9연筵[1], 남북의 길이 7연, 당의 높이 1연에, 5개의 방을 갖추고 있으며, 모든 방의 길이는 2연이다. 이 편은 유향劉向의 『별록別祿』에는 「명당음양明堂陰陽」에 속해 있다." 鄭『目錄』云: "名曰「明堂」者, 以其記諸侯朝周公於明堂之時, 所陳列之位也. 在國之陽, 其制東西九筵, 南北七筵, 堂崇一筵, 五室, 凡室二筵. 此於『別錄』屬「明堂陰陽」."

**【명당위 1】**

옛날에 주공이 명당明堂에서 제후를 조회할 때의 자리는 천자가 부의斧依를 등지고 남쪽을 향하여 선다.

昔者, 周公朝諸侯于明堂之位,① 天子負斧依, 南鄉而立.②

**鄭注** ① 주공이 왕위를 대행하여 명당의 예의禮儀로 제후를 조회한 것이다. 종묘에서 하지 않은 것은 왕을 피한 것이다. 周公攝王位, 以明堂之禮儀朝

諸侯也. 不於宗廟, 辟王也.

② '천자天子'는 주공을 가리킨다. '부負'라는 말은 등진다(背)는 뜻이다. '부의斧依'는 도끼 문양(斧文)의 병풍을 문과 창 사이 설치한 것으로, 주공이 그 앞에 서 있었다. '天子', 周公也. '負'之言背也. '斧依', 爲斧文屛風於戶牖之間, 周公於前立焉.

**集說** '부의斧依'[2]는 설명이 「곡례」에 보인다. ○ 석량왕씨石梁王氏는 말한다. "정현의 주에는 '주공이 왕위를 대행하였다'고 하였고, 또 '천자는 곧 주공을 가리킨다'라고 하였다. 주공이 총재冢宰가 되었을 때, 성왕은 나이가 이미 14세였으니, 지위를 대행한 것(攝位)이 아니라 단지 정사를 대행한 것(攝政)이다. 주공은 천자가 된 적이 없는데 어떻게 천자를 주공이라고 할 수 있는가? 이는 기록한 자가 망령되게 잘못을 저지른 것인데, 정현의 주 또한 그것을 잘못 따랐다." '斧依'說見「曲禮」. ○ 石梁王氏曰: "註云: '周公攝王位', 又云: '天子卽周公.' 周公爲冢宰時, 成王年已十四, 非攝位, 但攝政. 周公未嘗爲天子, 豈可以天子爲周公? 此記者之妄, 註亦曲徇之."

**【명당위 2】**

삼공三公은 중계中階의 앞에서 북쪽을 향해 서는데 동쪽을 높은 자리로 삼는다. 제후의 자리는 조계阼階의 동쪽에서 서쪽을 향해 서는데 북쪽을 높은 자리로 삼는다. 제백諸伯의 나라(國)는 서계西階의 서쪽에서 동쪽을 향해 서는데 북쪽을 높은 자리로 삼는다. 제자諸子의 나라는 문 동쪽에서 북쪽을 향해 서는데 동쪽을 높은 자리로 삼는다. 제남諸男의 나라는 문 서쪽에서 북쪽을 향해 서는데 동쪽을 높은 자리로 삼는다.

三公, 中階之前, 北面東上. 諸侯之位, 阼階之東, 西面北上. 諸伯之國, 西階之西, 東面北上. 諸子之國, 門東, 北面東上. 諸男之國, 門西, 北面東上.

**集說** 소疏에서 말한다. "'중계中階'는 남쪽으로 세 계단이 있기 때문에 '중中'(가운데)이라고 칭한 것이다.[3] 제백諸伯 이하는 모두 '국國'이라고 하고 제후에 대해서 '위位'라고 한 것은 삼공에 대해 '위位'라고 하지 않았고 제후諸侯는 서열상 제국諸國의 위에 있으므로 특별히 '위位'(자리)를 들어 말한 것이며, 제후 이하가 모두 조현朝見하는 자리임을 명확히 밝힌 것이다." 疏曰: "'中階'者, 南面三階, 故稱'中'. 諸伯以下, 皆云'國', 此云'位'者, 以三公不云'位', 諸侯在諸國之上, 特擧'位'言之, 明以下皆朝位也."

**【명당위 3】**

구이九夷의 나라는 동문 밖에서 서쪽을 향해 서는데 북쪽을 높은 자리로 삼는다. 팔만八蠻의 나라는 남문의 밖에서 북쪽을 향해 서는데 동쪽을 높은 자리로 삼는다. 육융六戎의 나라는 서문의 밖에서 동쪽을 향해 서는데 남쪽을 높은 자리로 삼는다. 오적五狄의 나라는 북문의 밖에서 남쪽을 향해 서는데 동쪽을 높은 자리로 삼는다.

九夷之國, 東門之外, 西面北上. 八蠻之國, 南門之外, 北面東上. 六戎之國, 西門之外, 東面南上. 五狄之國, 北門之外, 南面東上.

集說 이夷·남蠻·융戎·적狄은 각각 그 나라가 속한 방위의 문에 위치하여, 오른쪽을 존귀한 곳으로 삼는데, 오직 남쪽을 향해 서서 동쪽을 높은 자리로 삼는 경우만 그렇지 않다. 방씨方氏(방각方慤)는 "남쪽을 향하면 군주의 자리에 위치한다는 혐의를 사기 때문에 북쪽을 향해 서는 경우와 윗자리를 삼는 방식을 같이 한다"[4]고 하였다. 夷·蠻·戎·狄, 各從其方之門, 而以右爲尊, 獨南面東上者, 不然. 方氏以爲, "南面, 疑於君, 故與北面者, 同其上也."

**【명당위 4】**

구채九采의 나라는 응문應門의 밖에서 북쪽을 행해 서는데 동쪽을 높은 자리로 삼는다.

九采之國, 應門之外, 北面東上.

集說 소疏에서 말한다. "이는 구주九州의 목牧인데, 채采라고 한 것은 해당 주의 특산물을 채취해서 천자에게 바치기 때문이다. 그러므로 「왕제」(15)에 '천 리 밖을 채采라 부른다'고 한 것이다. 명당에는 겹문(重門)이 없고 단지 응문應門[5]이 있다.[6]" 疏曰: "此是九州之牧, 謂之采者, 以采取當州美物, 而貢天子. 故「王制」云: '千里之外曰采.' 明堂無重門, 但有應門耳."

**【명당위 5】**

사새四塞의 나라는 세대가 바뀌면 와서 조현朝見하여 도착하였음을 아뢴다. 이상은 주공이 명당에서 조회했을 때의 자리다. 명당이란 제후의 높고 낮음을 밝히는 곳이다.

四塞, 世告至. 此周公明堂之位也.① 明堂也者, 明諸侯之尊卑也.②

**鄭注** ① 조회의 예는 이곳에서 행하지 않는다. 주공이 임시방편으로 사용한 것이다. 조현하는 자리(朝位)에서 윗자리가 군주의 자리와 가까운 것은 신분이 높기 때문이다. '구채九采'는 구주九州의 목牧으로 공물 바치는 일을 관장하는 자이다. 정문을 '응문應門'이라 한다. 이백二伯이 제후를 이끌고 응문으로 들어오면, 목牧이 응문 밖에 서서 (제후 중에 늦게 와서 의례대로 행하지 않는 이를) 기찰한다. '사새四塞'는 이복夷服·진복鎭服·번복蕃服 등으로서 사방에서 울타리 역할을 하는 자를 가리킨다. 새로운 군주가 즉위하면 곧 천자에게 조현朝見한다. 『주례』「대행인大行人」에 "후복侯服은 1년에 한 번 알현하고, 전복甸服은 2년에 한 번 알현하고, 남복男服은 3년에 한 번 알현하고, 채복采服은 4년에 한 번 알현하고, 위복衛服은 5년에 한 번 알현하고, 요복要服은 6년에 한 번 알현한다. 구주九州의 밖을 번국蕃國이라 하는데, 군주가 재위하는 동안 한 번 알현한다"라고 하였다. 朝之禮不於此. 周公權用之也. 朝位之上, 上近主位, 尊也. '九采', 九州之牧, 典貢職者也. 正門謂之'應門'. 二伯帥諸侯而入, 牧居外而糾察之也. '四塞', 謂夷服·鎭服·蕃服, 在四方爲蔽塞者. 新君卽位, 則乃朝. 『周禮』"侯服歲一見, 甸服二歲一見, 男服三歲一見, 采服四歲一見, 衛服五歲一見, 要服六歲一見. 九州之外, 謂之蕃國, 世一見."

② 조회를 이곳 명당에서 하는 것은 의례를 바로잡고 등급을 변별하기 위한 것이다. 朝於此, 所以正儀辨等也.

**集說** '사새四塞'는 구주 밖의 이적夷狄이다. 만약 천자가 새롭게 즉위하거나 그 나라의 군주가 교체되면 모두 한 번 와서 조현朝見하여 도착하였음을 아뢴다. 그러므로 '세대가 바뀌면, 와서 조현朝見하여 도착하였음을 아

된다'(世告至)라고 한 것이다. '四塞', 九州之外夷狄也. 若天子新卽位, 或其國君易世, 皆一來朝告至. 故云'世告至'也.

**【명당위 6】**

옛날 은나라의 주왕紂王이 천하를 어지럽히면서 귀후鬼侯를 죽여 포를 뜨고 그것으로 제후에게 연회를 베풀었다. 이 때문에 주공이 무왕을 도와 주왕紂王을 정벌하였다. 무왕이 붕어했을 때, 성왕成王이 어렸기 때문에 주공이 천자의 자리에 올라 천하를 다스렸다. 6년에, 명당에서 제후를 조회하여, 예를 제정하고 음악을 제작하며 도량度量을 반포하자 천하가 크게 복종하였다. 7년에 성왕에게 정사를 되돌려주었다.

昔殷紂亂天下, 脯鬼侯以饗諸侯.① 是以周公相武王以伐紂. 武王崩, 成王幼弱, 周公踐天子之位, 以治天下. 六年, 朝諸侯於明堂, 制禮作樂, 頒度量, 而天下大服.② 七年, 致政於成王.

**鄭注** ① 인육으로 제물을 삼은 것은 악함이 심한 것이다. 以人肉爲薦羞, 惡之甚也.

② '천踐'은 밟는다(履)는 뜻과 같다. '반頒'은 '반班(나누어주다)'으로 읽는다. '도度'는 길이(丈尺)·높이(高卑)·너비(廣狹)를 말한다. '량量'은 두豆(4되)·구區(16되)·두斗(1말)·곡斛(10말)·광筐(네모진 광주리)·거筥(둥근 광주리)의 용량을 말한다. '踐', 猶履也. '頒', 讀爲'班'. '度', 謂丈尺高卑廣狹也. '量', 謂豆·區·斗·斛·筐·筥所容受.

**集說** '귀鬼'는 나라이름이다. 『역』에 "고종高宗이 귀방鬼方을 정벌하였다"7) 고 하였다. 사람을 죽여서 제물로 삼았으니, 악함이 극렬한 것이다. 그러므로 정벌하였던 것이다. 6년에 한 번씩 오복五服의 나라가 조회하는 것은 아마도 여기서 시작된 듯하다. ○ 석량왕씨石梁王氏는 말한다. "다만 『시詩』와 『서書』를 가지고 증명한다면, 곧 주공은 단지 총재에 있으면서 정사를 대행한 것이지 천자의 자리에 있었던 적이 없음을 알 수 있다. '주공周公이 도와 정사를 돌보고 다스렸다'는 「문왕세자」(5)의 이 말은 옳다. 『시詩』 「소서小序」의 말은 또한 근거로 삼을 수 없다. 정현의 주에서 『시詩』 「노송魯頌」을 인용하였는데, 어찌 모두 백금伯禽 때의 일이겠는가?" ○ 유씨劉氏는 말한다. "이는 아마도 『서』 「낙고洛誥」의 처음에 '주공이 말하였다. 제가 그대 밝으신 임금님께 아뢰옵니다'(周公曰朕復子明辟)라는 문장이 있고, 편 끝에 '주공이 문왕과 무왕이 받은 천명을 크게 보호한지 7년이 되었다'(周公誕保文武受命惟七年)라는 말이 있어서, 드디어 이런 논쟁을 낳았고, '주공이 천자의 자리에 오른 지 7년 만에 성왕에게 정사를 되돌려 두었다'라고까지 말하게 된 것이다. 이는 '그대 밝으신 임금님께 아룁니다'(復子明辟)라는 것이 주공이 낙읍을 건설할 때 사신을 보내어 점을 고한 말임을 자못 알지 못하는 것이다. '천명을 받은 지 7년'(受命惟七年)이란 주공이 낙읍에 남아 머문 뒤 낙읍을 다스린 지 7년 만에 죽었음을 사신史臣이 기록한 것이다. 『서전書傳』 가운데서 구봉채씨九峯蔡氏의 변론이 매우 간절하고 분명하다고 할 수 있다." '鬼', 國名. 『易』曰: "高宗伐鬼方." 殺人以爲薦羞, 惡之極也. 故伐之. 六年, 五服一朝, 蓋始於此. ○ 石梁王氏曰: "只以『詩』·『書』證之, 卽知周公但居冢宰攝政, 未嘗在天子位. '周公相, 踐阼而治', 「文王世子」此語爲是. 『詩』「小序」之言, 亦不可據. 註引「魯頌」, 豈盡伯禽時事哉?" ○ 劉氏曰: "此蓋因「洛誥」篇首有, '周公曰朕復子明辟'之辭, 篇終有, '周公誕保文武受命惟七年'之語, 遂生此論, 謂, '周公踐天子位七年, 而致政於成

王'也. 殊不知'復子明辟'者, 周公營洛遣使告卜之辭. '受命惟七年'者, 史臣叙周公留後治洛凡七年而薨也. 『書傳』中九峯蔡氏之辨, 可謂深切著明."

**【명당위 7】**

성왕은 주공이 천하에 훈勳(왕업을 도와 이룬 공로)과 노勞(사업에 부지런히 힘써 나라를 안정시킨 공로)가 있다고 여겼다. 그러므로 주공을 곡부曲阜에 봉하였는데, 땅이 방方 700리이고, 혁거革車가 천승千乘이었다. 노공魯公(백금伯禽)에게 명령하여 대대로 주공을 천자의 예악으로 제사하게 하였다. 그러므로 노나라 국군國君은 맹춘에 대로大路를 타고, 호弧와 독韣을 세우고, 기旂에는 12개의 술을 매달고, 해와 달의 문양을 하고, 교외에서 상제를 제사지내면서 후직后稷을 배향하였으니, 곧 천자의 예이다.

成王以周公爲有勳勞於天下.① 是以封周公於曲阜, 地方七百里, 革車千乘.② 命魯公世世祀周公以天子之禮樂.③ 是以魯君孟春乘大路, 載弧韣, 旂十有二旒, 日月之章, 祀帝于郊, 配以后稷, 天子之禮也.④

鄭注 ① '치정致政'은 왕의 일을 되돌려 준다는 뜻이다. 왕업을 도와 이룬 공로를 '훈勳'이라 하고, 사업에 부지런히 힘써 나라를 안정시킨 것을 '로勞'라고 한다.[8] '致政', 以王事歸授之. 王功曰'勳', 事功曰'勞'.

② '곡부曲阜'는 노나라 땅이다. 상공上公을 봉할 때 전지는 방 500리다. 노나라에는 4등급의 부용附庸을 더 주었기 때문에 방 100리 되는 것이 24개가 있고, (방 500리 전지를 방 100리의 면적으로 환산하면) 5×5=25개인 것

까지 합쳐 총 49개가 되고, 이를 제곱근으로 계산하면 방 700리가 된다.[9) ] '혁거革車'는 병거兵車이다. 병거 천승千乘은 성국成國[10)]의 부賦이다. 『시詩』 「노송魯頌·비궁閟宮」에 "왕이 숙부에게 '너의 원자를 세워서 노魯땅에서 제후가 되게 하라. 크게 너의 집을 열어서 주 왕실의 보좌가 되라' 하시고, 노공을 명하여 동쪽에서 제후가 되게 하였고, 산천과 토지와 부용을 하사하셨다"라고 하였다. 또 "공公의 수레는 천승, 붉은 꽃부리와 녹색의 묶은 끈이네"라고 하였다. '曲阜', 魯地. 上公之封, 地方五百里. 加魯以四等之附庸, 方百里者二十四, 幷五五二十五, 積四十九, 開方之得七百里. '革車', 兵車也. 兵車千乘, 成國之賦也. 『詩』「魯頌」曰: "王曰叔父, '建爾元子, 俾侯于魯. 大啓爾宇, 爲周室輔', 乃命魯公, 俾侯于東, 錫之山川, 土田附庸." 又曰: "公車千乘, 朱英綠縢."

③ 주나라와 똑같게 하는 것은 높이는 것이다. '노공魯公'은 백금伯禽을 가리킨다. 同之於周, 尊之也. '魯公', 謂伯禽.

④ '맹춘孟春'은 북두성이 초저녁에 자방子方을 가리키는 달이다. 노나라가 처음 교郊제사를 행하는 것은 동지의 달이다. '대로大路'는 은나라에서 하늘에 제사할 때 사용하는 수레이다. '호弧'는 깃발에서 폭을 펼치는 도구이다. 호를 넣는 자루를 '독韣'이라고 한다. 천자의 기는 해와 달을 그려 넣는다. '제帝'는 창제蒼帝 영위앙靈威仰을 말한다. 호천상제昊天上帝는 노나라에서 제사지내지 않는다. '孟春', 建子之月. 魯之始郊日以至. '大路', 殷之祭天車也. '弧', 旌旗所以張幅也. 其衣曰'韣'. 天子之旌旗, 畫日月. '帝', 謂蒼帝靈威仰也. 昊天上帝, 魯不祭.

**集說** 『논어』에서 백금稱伯을 노공魯公이라 칭하였고, 『시詩』「노송魯頌·비궁閟宮」에서는 희공僖公을 노후魯侯라 칭하였고, 또 "노魯땅에서 후侯가 되게 하였다"(俾侯于魯)고 하였다. 그렇다면 노나라는 본래 후侯의 작위였는데, 공公으로 과대하게 칭하였던 것이다. 『맹자』에서 "공公과 후侯는 모두 땅이 방 100리다"[11)]라고 하였고, 또 "주공이 노나라에 봉해질 때, 땅이 방

100리였다"라고 하였는데, 이곳에서는 '700리'라고 한 것은 100리의 전지를 노나라의 본국으로 삼아서 후세 식읍의 실제 봉토와 같이 하고, 부용附庸[12])까지 합하여 700리가 되었다는 것이다. 이른바 "산천과 토지와 부용을 하사하였다"[13])는 것이다. 『주례』에 '봉강 500리의 제도'[14])를 말하였지만, 당시 법으로만 설정되고 시행되지 않아서 근거로 삼을 수 없다. '혁거革車'는 병거兵車이다. '천승千乘'은 전부田賦에서 나오는 수이다. '맹춘孟春'은 주나라 달력으로 자월子月(11월)이다. '대로大路'는 은나라에서 하늘을 제사지낼 때 타던 목로木路이다. '호弧'는 깃발의 폭을 펄럭이게 하는 도구이다. 그 형태는 활과 같은데, 대나무로 만든다. '독韣'은 호를 넣는 주머니다. 류旒(술 장식)[15])는 기旂의 정폭正幅에 붙어 있는 것인데, 해와 달을 그려 넣어 무늬를 삼는다. ○ 왕형공王荊公[16])은 "주공은 신하로서 해낼 수 없는 공을 성취하였다. 그러므로 신하가 사용할 수 없는 예악을 사용할 수 있었던 것이다"라고 하였는데, 정자程子는 "이는 신하의 도리를 알지 못하는 말이다. 주공의 자리에 있다면 주공의 일을 하는 것이다. 그 자리에 따라 할 수 있는 것은 마땅히 해야 하는 것이다. 주공은 신하 된 직무를 다했을 뿐이다. 어찌 홀로 천자의 예악을 사용할 수 있는가? 성왕成王이 천자의 예를 사용하도록 하사한 것이나, 백금伯禽이 받은 것은 모두 잘못이다"라고 하였다. ○ "맹자는 제나라와 노나라가 모두 백리의 땅에 봉해졌다고 했는데, 선생께서 지난번에 제나라와 노나라가 처음 봉해졌을 때 700리였다고 말씀하신 것은 무엇 때문입니까?" 주자朱子가 말하였다. "이러한 것은 모두 고찰하기 어렵다."[17]) 「고자하告子下」에 보인다. 『論語』稱伯禽爲魯公, 「閟宮」稱僖公爲魯侯, 又曰: "俾侯于魯." 則魯本侯爵, 過稱公也. 孟子言, "公・侯皆方百里", 又言, "周公封於魯, 地方百里", 而此云'七百里'者, 蓋以百里之田, 爲魯本國, 如後世食實封也, 幷附庸爲七百里. 所謂"錫之山川・土田・附庸"也. 『周禮』'封疆方五百里之制', 當時設法未行, 不可以據. '革車', 兵車也. '千乘', 田賦所出之數也. '孟春', 周正子月也. '大路', 殷

祭天所乘之木路. '弧', 所以開張旌旗之幅. 其形如弓, 以竹爲之. '韣', 則弧之衣也. 旒, 屬於旂之正幅, 而畫日月以爲章也. ○ 王荊公謂, "周公能爲人臣所不能爲之功. 故可用人臣所不得用之禮樂", 程子曰: "是不知人臣之道也. 夫居周公之位, 則爲周公之事. 由其位而能爲者, 皆所當爲也. 周公乃盡其爲臣之職耳. 豈得獨用天子之禮樂哉? 成王之賜·伯禽之受, 皆非也." ○ 問: "孟子說齊魯皆封百里, 而先生向說齊魯始封七百里者何耶?" 朱子曰: "此等處, 皆難考云云." 見「告子下」篇.

**【명당위 8】**

계하季夏 6월에, 태묘에서 체례禘禮로 주공에게 제사하는데, 희생으로 흰 수소를 사용하였다.

季夏六月, 以禘禮祀周公於大廟, 牲用白牡.

**鄭注** '계하季夏'는 북두성이 초저녁에 사방巳方을 가리키는 달이다. '체禘'는 큰 제사이다. 주공周公의 사당을 '태묘大廟'라 하고, 노공魯公의 사당을 '세실世室'이라 하고, 여러 공公의 사당을 '궁宮'이라 칭한다. '백모白牡'(흰 수소)는 은나라 때의 희생이다. '季夏', 建巳之月也. '禘', 大祭也. 周公曰'大廟', 魯公曰'世室', 群公稱'宮'. '白牡', 殷牲也.

**集說** 은나라는 흰색을 숭상하였다. '흰 수소'(白牡)는 은나라에서 사용하는 희생이다. ○ 방씨方氏(방각方慤)는 말한다. "단지 당시 왕의 예를 사용하는 것은 제후의 일이고, 선왕의 예를 통용해서 사용하는 것은 천자의 일이다. 그러므로 「교특생」(14)에 '제후가 흰 수소를 희생으로 써서 제사하고, 대로를 타는 등의 행위는 제후가 참람하게 신분을 위배하여 예를 사용하는 것이다'고 하였다." 殷尙白. '白牡', 殷牲也. ○ 方氏曰: "止用時王之禮者, 諸侯之事,

通用先王之禮者, 天子之事. 故「郊特牲」云: '諸侯祭以白牡, 乘大路, 謂之僭禮也.'"

**【명당위 9】**

**술동이(尊)는 사준犧尊 · 상준象尊 · 산뢰山罍를 사용하고, 울창주를 넣는 술동이(鬱尊)로는 황목黃目을 사용한다.**

**尊用犧 · 象 · 山罍, 鬱尊用黃目.**

鄭注 '준尊'은 술을 담는 그릇이다. '사준犧尊'은 춤추듯 날갯짓하는 봉황을 그림 장식으로 삼는다. '상象'은 상준象尊이며, 뼈로 장식한다. '울준鬱尊'은 울창주를 담는 그릇이다. '황목黃目'은 황이黃彝이다. '尊', 酒器也. '犧尊', 以沙羽爲畫飾. '象', 象尊, 象骨飾之. '鬱尊', 鬱鬯之器也. '黃目', 黃彝也.

集說 '준尊'은 술동이(酒器)이다. '사犧'는 사준犧尊이다. '사'로 발음하는 쪽은 봉황의 형태를 새겨서 그린 것이 춤을 추는 듯한 모양이라고 설명하고, 글자 그대로 '희'로 읽는 쪽은 소의 형태를 그린 것이라고 설명하거나, 또는 술동이를 소의 형태로 만든 것이라고 풀이한다. '상象'은 상준象尊으로, 상아 뼈로 술통을 장식한 것이다. 일설에 술동이가 코끼리의 형태라고 한다. '산뢰山罍'는 산과 구름의 형상을 술동이에 새겨서 그려 넣은 것이다. 울준鬱尊은 울창주를 담는 술동이다. '황목黃目'은 황이黃彝[18]이다. 술동이(卣罍)의 일종으로, 황금으로 그 겉면에 눈동자를 새겼는데, 그로 인해 황목이라고 부른다. '尊', 酒器也. '犧', 犧尊也. 音莎者釋云刻畫鳳形娑娑然也, 讀如字者釋云畫爲牛形, 又云尊爲牛之形. '象', 象尊也, 以象骨飾尊. 一說, 尊爲象之形也. '山罍', 刻畫山雲之狀於罍也. 鬱尊, 盛鬱鬯酒之尊也. 黃目, 黃彝也. 卣罍之類, 以黃金鏤其外爲目, 因名也.

**【명당위 10】**

울창주를 따라 시尸에게 올릴 때(灌), 자루를 큰 홀로 만들고 옥으로 장식한 잔(玉瓚大圭)을 사용한다. 제물을 올릴 때(薦)에는 옥으로 장식한 두豆와 자루를 조각하여 장식한 찬篹을 사용한다. 술잔(爵)은 형태에 따라 조각하고 옥으로 장식하고 장식한 잔(玉琖仍雕)을 사용한다. 부인이 아헌亞獻을 올릴 때(와 빈賓이 시에게 술을 올릴 때)에는 벽옥으로 만든 산散과 각角을 사용한다. 희생을 올려놓는 조俎는 완梡과 궐嶡을 사용한다.

灌用玉瓚大圭. 薦用玉豆·雕篹. 爵用玉琖仍雕. 加以璧散·璧角. 俎用梡嶡.

**鄭注** '관灌'은 울창주를 따라서 시尸에게 올리는 것이다. '찬瓚'은 모양이 쟁반과 같은데 다섯 되를 담을 수 있고, 큰 홀로 자루를 만든다. 이것을 '규찬圭瓚'이라 한다. '찬篹'은 변籩의 일종으로, 대나무로 만들고, 그 곧은 부분을 조각하여 장식한다. '작爵'은 임금이 시尸에게 올리는 잔이다. '잉仍'은 '따른다'(因)는 뜻으로, 술잔(爵)의 형태에 따라 장식을 가한 것이다. '가加'는 술잔을 올린다는 뜻이다. '산散'과 '각角'은 모두 그 주둥이 부분을 벽옥으로 장식한다. '완梡'은 가까스로 겨우 네 다리가 있는 것이고, '궐嶡'은 거기에 가로막대(橫渠)를 한 것이다. '灌', 酌鬱尊以獻也. '瓚', 形如槃, 容五升, 以大圭爲柄. 是謂'圭瓚'. '篹', 籩屬也, 以竹爲之, 彫刻飾其直者也. '爵', 君所進於尸也. '仍', '因'也, 因爵之形爲之飾也. '加', 加爵也. '散'·'角', 皆以璧飾其口也. '梡', 始有四足也, '嶡'爲之距.

**集說** '관灌'은 울창주를 따라서 시尸에게 올리는 것이다. 옥으로 술잔을 장식했기 때문에 옥찬玉瓚[19]이라고 한다. 큰 홀로(大圭) 옥찬의 손잡이를

만들었기 때문에 '옥찬대규玉瓚大圭'라고 한다. '천薦'은 제사지낼 때에 올리는 채소나 젓갈 등의 종류이다. '옥두玉豆'는 옥으로 두豆[20]를 장식한 것이다. '찬篹'은 변籩[21]이다. 그 자루를 아로새겨서 장식했기 때문에 '조찬雕篹'이라고 한다. '작爵'은 술을 따르는 잔이다. 하나라에서는 작을 '잔琖'이라고 이름하였는데, 옥으로 장식하였다. '잉仍'은 따르다(因)는 뜻으로, 술잔의 모양에 따라 새겨서 장식한 것이다. 그래서 '잉조仍雕'라고 한다. '가하다'(加)라는 것은 부인이 시尸에게 아헌亞獻하는 것이다. '벽각璧角[22]의 술잔을 사용한다'는 것은 곧 『주례』 「내재內宰」에서 말한 요작瑤爵이다. 부인이 술을 올린 뒤에 빈賓이 벽산璧散[23]을 사용하여 시尸에게 술을 올린다. 산散과 각角은 모두 벽옥으로 그 주둥이 부분을 장식하였다. 여기에서 '산'을 먼저 말하고, '각'을 뒤에 말한 것은 편문便文[24]이다. 순임금 때에는 조俎를 '완梡[25]이라고 이름하였고, 하나라 때에는 '궐嶡'이라고 이름하였다. '완梡'은 모양이 네 다리가 있어 책상과 같다. '궐嶡'은 다리 중앙에 가로막대를 얹어서 가로다리(橫距)를 만든 형태이다. '灌', 酌鬱鬯以獻尸也. 以玉飾瓚, 故曰玉瓚. 以大圭爲瓚柄, 故言'玉瓚大圭'也. '薦', 祭時所薦菹醢之屬也. '玉豆', 以玉飾豆也. '篹', 籩也. 雕飾其柄, 故曰'雕篹'. '爵', 行酒之器. 夏世爵名'琖', 以玉飾之. '仍', 因也, 因爵形而雕飾之. 故曰'仍雕'也. '加'者, 夫人亞獻於尸也. '用璧角', 卽『周禮』「內宰」所謂瑤爵也. 夫人獻後, 則賓用璧散獻尸. 散・角, 皆以璧飾其口. 此先言'散'後言'角', 便文也. 虞俎名'梡', 夏俎名'嶡'. '梡', 形四足如案. '嶡', 則加橫木於足中央爲橫距之形也.

**【명당위 11】**

당상에 올라 「청묘淸廟」의 시를 노래하고, 당하에서 죽관竹管으로

「상象」을 연주하여 행한다. 붉은 방패와 옥으로 장식한 도끼를 들고 곤면복을 입고서 「대무大武」의 악무를 추고, 피변皮弁에 소적素積을 입고 석의裼衣를 드러내고서 「대하大夏」의 악무를 춘다. 「매昧」는 동이東夷의 음악이고, 「임任」은 남만南蠻의 음악이다. 동이와 남만의 음악을 태묘에서 행하는 것은 천하에 노나라의 예악을 크게 널리 보여줌을 뜻한다.

升歌「淸廟」, 下管「象」. 朱干玉戚, 冕而舞「大武」, 皮弁素積, 裼而舞「大夏」. 「昧」, 東夷之樂也, 「任」, 南蠻之樂也. 納夷蠻之樂於太廟, 言廣魯於天下也.

**鄭注** '「청묘淸廟」'는 『시詩』 「주송周頌」의 시다. '「상象」'은 『시詩』 「주송周頌·무武」로서, 관管악기으로 연주한다. '주간朱干'은 붉고 큰 방패이다. '척戚'은 도끼다. '면冕'은 관冠의 명칭이다. 여러 공의 복식에서 곤면袞冕 이하는 왕의 복식과 같다. '「대무大武」'는 주나라의 악무樂舞이다. '대하大夏'는 하나라의 악무이다. 『주례』에 "매사韎師는 매악韎樂을 가르치는 일을 관장한다"[26]고 하였고, 『시詩』에 "이아二雅와 이남二南, 약무籥舞가 거슬리지 않네"[27]라고 하였다. '광廣'은 크게 널리 알린다는 뜻이다. '「淸廟」', 「周頌」也. '「象」', 謂「周頌·武」也, 以管播之. '朱干', 赤大盾也. '戚', 斧也. '冕', 冠名也. 諸公之服, 自袞冕而下, 如王之服也. '「大武」', 周舞也. '大夏', 夏舞也. 『周禮』"韎師, 掌教韎樂"[28), 『詩』曰: "以雅以南, 以籥不僭." '廣', 大也.

**集說** '「청묘淸廟」'는 「주송周頌」의 시로, 악공樂工을 종묘의 당상에 올려서 이 시를 노래하게 하는 것이다. '하下'는 당堂 아래이다. '관管'은 포음匏音과 죽음竹音이다.[29] '「상象」'은 「상象」과 「무武」[30]의 시다. 당 아래에서 관管으로 상무의 시를 연주한다. 그래서 '당 아래에서 「상象」을 연주하여 행한다'

(下管「象」)라고 한 것이다. '주간朱干'은 붉은 방패이다. '옥척玉戚'은 옥으로 자루를 장식한 도끼다. 곤면袞冕을 입고 이 방패와 도끼를 잡고서 무왕이 주紂를 정벌한 것을 기념하는 악무樂舞를 추고, 또 피변皮弁을 입고 석의裼衣를 드러낸 채 하우씨의 「대하大夏」의 악무를 춘다. 다섯 가지 면복은 모두 주나라 제도이므로 그것을 착용하고 주나라 음악을 춤춘다. 피변皮弁은 하, 은, 주 삼왕의 복식이므로 그것을 착용하고 하나라의 악무를 춘다. '「매昧」'와 '「임任」'은 모두 악樂의 이름이다. '천하에 노나라를 광대하게 한다'(廣魯於天下)는 것은 주공의 공적이 성대하여 사방의 오랑캐에게까지 미쳤기 때문에 노나라의 예악의 일을 크게 널리 알려서 천하에 보여준다는 뜻이다.

'「淸廟」', 「周頌」, 升樂工於廟之堂上, 而歌此詩也. '下', 堂下也. '管', 匏·竹也. 「象」, 「象」·「武」詩也. 堂下以管吹 象·武之詩. 故云'下管「象」'也. '朱干', 赤盾也. '玉戚', 玉飾斧柄也. 著袞冕而執此干戚, 以舞武王伐紂之樂, 又服皮弁見裼衣, 而舞夏后氏「大夏」之樂. 五冕皆周制, 故用以舞周樂. 皮弁三王之服, 故用以舞夏樂也. '「昧」'·'「任」', 皆樂名. '廣魯於天下', 言周公勳業之盛, 廣及四夷, 故廣大其國禮樂之事, 以示天下也.

**【명당위 12】**

임금은 곤면卷冕31)을 하고 조계阼階에 서고, 부인夫人은 보요步搖(머리장식)에 휘의褘衣를 입고 방房 안에서 선다. 임금은 육단肉袒32)을 하고서 문에서 희생을 맞이하고, 부인은 두豆와 변籩에 제물을 담아 올린다. 경대부는 임금을 돕고, 명부命婦는 부인을 도와서 각기 자신이 맡은 일을 수행한다. 백관이 일을 수행하지 않으면 무거운 형벌을 받는다. 이렇게 제사를 지내는데 천하가 크게 따른다.

君卷冕立于阼, 夫人副褘立于房中. 君肉袒迎牲于門, 夫人薦豆籩. 卿大夫贊君, 命婦贊夫人, 各揚其職. 百官廢職, 服大刑. 而天下大服.

鄭注 '부副'는 머리 장식으로, 오늘날의 보요步搖[33]가 그것이다. 『시詩』에 "쪽지고 여섯 개 구슬 박은 비녀를 꽂네"[34]라고 하였고, 『주례』에 "추사追師는 왕후의 머리 복식을 관장하고, 부副를 만든다"[35]라고 하였다. '휘褘'는 왕후의 상의로서, 노나라 군주의 부인과 이전 왕조의 후예로서 제사를 받드는 이의 부인夫人만 입는다. 제후의 부인은 유적揄翟[36] 이하를 입는다. '찬贊'은 돕는다는 뜻이다. '명부命婦'는 궁궐에서는 세부世婦를 가리키고, 궁궐 밖에서는 대부의 처를 가리킨다. 제사를 지낼 때, 세부 이하가 부인을 돕는다. '양揚'은 수행한다(擧)는 뜻이다. '대형大刑'은 중죄를 말한다. '천하가 크게 복종한다'(天下大服)는 것은 주공의 덕이 이를 흠향하기에 합당함을 아는 것이다. '副', 首飾也, 今之步搖是也. 『詩』云: "副笄六珈", 『周禮』"追師掌王后之首服, 爲副." '褘', 王后之上服, 唯魯及王者之後夫人服之. 諸侯夫人, 則自揄翟而下. '贊', 佐也. '命婦', 於內則世婦也, 於外則大夫之妻也. 祭祀, 世婦以下佐夫人. '揚', 擧也. '大刑', 重罪也. '天下大服', 知周公之德宜饗此也.

集說 '부副'는 머리 장식이다. '부副'라는 말은 덮는다(覆)는 뜻이다. 머리를 덮고 감싸기 때문에 이름을 삼은 것이다. 자세한 것은 『주례』「천관·추사追師」 및 『시詩』「국풍·군자해로君子偕老」 '부계육가副笄六珈'[37]의 주注와 소疏에 보인다. '휘褘'는 휘의褘衣로서, 본래 왕후의 옷인데, 또한 주공을 높여서 천자의 예악을 사용하기 때문에 입을 수 있는 것이다. '방房'은 태묘의 동남쪽 방이다. '찬贊'은 돕는다는 뜻이다. '명부命婦'는 궁궐에서는 세부世婦를 가리키고, 궁궐 밖에서는 경대부의 처를 가리킨다. '양揚'은 수행한다는 뜻

이고, '폐廢'는 수행하지 않는다는 뜻이다. '천하가 크게 따른다'(天下大服)는 것은 주공의 덕을 공경하고 인정함을 말한다. '副', 首飾也. 副之言覆. 以其覆被乎首而爲名. 詳見『周禮』「追師」及『詩』'副笄六珈'註・疏. '褘', 褘衣也, 本王后之服, 亦以尊周公, 而用天子禮樂, 故得服之也. '房', 太廟之東南室也. '贊', 助也. '命婦', 內則世婦, 外則卿大夫之妻也. '揚', 擧也, '廢', 不擧也. '天下大服', 謂敬服周公之德也.

**【명당위 13】**

이 때문에 여름에는 약제礿祭, 가을에는 상제嘗祭, 겨울에는 증제烝祭를 지낸다. 봄에는 사제社祭를 지내고, 가을에는 추수한 것을 살피고, 대사大蜡[38]를 거행한다. 천자의 제사이다.

是故, 夏礿, 秋嘗, 冬烝. 春社, 秋省, 而遂大蜡. 天子之祭也.

**鄭注** '봄의 사제祠祭'를 말하지 않은 것은 노나라가 동방에 있어, 천자가 동쪽으로 봄에 순수를 하면 혹 빼놓고 지내지 않기 때문이다. '선省'은 '선獮'으로 읽는다. '선獮'은 가을사냥의 명칭이다. 봄 사냥에는 사社(토지신)에게 제사하고, 가을사냥에는 방祊(구망句芒신)에게 제사한다.[39] '대사大蜡'는 12월에 귀신을 찾아서 제사지내는 것이다. 不言'春祠', 魯在東方, 王東巡守以春, 或闕之. '省', 讀爲'獮'. '獮', 秋田名也. 春田祭社, 秋田祀祊. '大蜡', 歲十二月, 索鬼神而祭之.

**集說** 노나라는 동방에 있어, 천자가 혹 방악方岳에서 조회하는 해에는 봄의 사제祠祭를 지내지 않는다. 그러므로 이 경문에서는 생략한 것이다. '추성秋省'은 살펴보고 거두어들인다는 뜻이다. 한 해의 농사가 순조롭게 성사되지 못하면 팔사八蜡[40]가 거행되지 못한다. 반드시 한 해 농사의 잘되고 못됨을 살펴서 사蜡에 올리는 제물의 많고 적은 기준으로 삼는다. 구설에

서 '성省'을 '선獮(가을사냥)의 뜻으로 읽은 것은 잘못이다. 魯在東方, 或有朝于方岳之歲, 則廢春祠. 故此略之. '秋省', 省斂也. 年不順成, 則八蜡不通. 必視年之上下, 以爲蜡之豐嗇. 舊讀'省'爲'獮'者非.

**【명당위 14】**

태묘大廟는 천자의 명당明堂처럼 세우고, 고문庫門은 천자의 고문皐門처럼 세우고, 치문雉門은 천자의 응문應門처럼 세운다.

大廟, 天子明堂, 庫門, 天子皐門, 雉門, 天子應門.

**鄭注** 묘廟와 문門을 천자의 제도처럼 함을 말한 것이다. 천자는 오문五門으로, 고문皐門 · 고문庫門 · 치문雉門 · 응문應門 · 노문路門이다. 노나라에는 고문庫門 · 치문雉門 · 노문路門이 있다. 따라서 제후는 삼문三門일 것이다. '고皐'라는 말은 높다(高)는 뜻이다. 『시詩』에 "고문皐門을 세우니, 고문이 우뚝하네. 응문應門을 세우니, 응문이 반듯하네"41)라고 하였다. 言廟及門如天子之制也. 天子五門, 皐 · 庫 · 雉 · 應 · 路. 魯有庫 · 雉 · 路, 則諸侯三門與. '皐'之言高也. 『詩』云: "乃立皐門, 皐門有伉. 乃立應門, 應門將將."

**集說** 노나라에는 명당이 없지만, 태묘를 명당의 제도처럼 하였다. 천자는 오문五門으로, 노문路門 · 응문應門 · 치문雉門 · 고문庫門 · 고문皐門이 안에서부터 밖으로 향해 세워져 있다. 노문은 또한 필문畢門이라고 한다. 이제 노나라에서 고문庫門의 제도를 천자의 고문皐門처럼 하고, 치문雉門의 제도를 천자의 응문應門처럼 한 것이다. 魯無明堂, 而大廟如明堂之制. 天子五門, 路 · 應 · 雉 · 庫 · 皐, 由內而外, 路門亦曰畢門. 今魯庫門之制如天子皐門, 雉門之制如天子應門也.

**【명당위 15】**

목탁을 조정에서 흔드는 것은 천자의 정사이다.

振木鐸於朝, 天子之政也.

**鄭注** 천자는 호령을 발표하려고 할 때, 반드시 목탁으로 대중을 경계시킨다. 天子將發號令, 必以木鐸警衆.

**集說** '목탁木鐸'은 입을 금으로 만들고 혀를 나무로 만든다. 교화와 명령을 발표할 때 그것을 흔들어 사람들을 경계시키고 움직이게 하는 것이다. '木鐸', 金口木舌. 發敎令則振之, 所以警動衆聽.

**【명당위 16】**

두공斗拱에 산 문양을 조각하고, 동자기둥에 물풀 문양을 그려 넣고,

山節, 藻棁,

**鄭注** '산절山節'은 두공에 산 문양을 조각하는 것이다. '조절藻棁'은 동자기둥에 마름 문양을 그려 넣는 것이다. '山節', 刻欂盧爲山也. '藻棁', 畫侏儒柱爲藻文也.

**集說** 설명은 전편[42]에 보인다. 說見前篇.

**【명당위 17】**

지붕을 겹으로 하고, 처마를 이중으로 하며,

復廟, 重檐,

鄭注 '복묘復廟'는 지붕을 이중으로 만드는 것이다. '중첨重檐'은 이중으로 벽의 목재를 떠받치는 것이다. '復廟', 重屋也. '重檐', 重承壁材也.

集說 '복묘復廟'는 지붕을 위 아래로 겹으로 하는 것이다. '중첨重檐'은 처마 아래에 다시 판첨板簷을 설치하여 바람과 비가 벽을 무너뜨리는 것을 방지하는 것이다. '復廟', 上下重屋也. '重檐'者, 簷下復有板簷, 免風雨之壞壁.

【명당위 18】

기둥을 매끈하게 갈고, 창과 출입문을 통하게 하고,

刮楹, 達鄉,

鄭注 '괄刮'은 갈고 문지르는 것이다. '향鄉'은 창문의 일종으로, 협호창夾戶窓을 말한다. 방마다 8개의 창을 만들어 사방으로 통하게 한다. '刮', 刮摩也. '鄉', 牖屬, 謂夾戶窓也. 每室八窓爲四達.

集說 잔돌로 기둥을 갈아서 곱고 매끈하게 한다. 그러므로 '기둥을 매끈하게 간다'(刮楹)라고 한 것이다. '달達'은 통한다는 뜻이다. '향鄉'은 창문(窓牖)이다. 방마다 4개의 출입문(戶)과 8개의 창窓이 있는데, 창과 출입문이 서로 마주 대하고 있다. 그래서 '창과 출입문을 통하게 한다'(達鄉)라고 한 것이다. 以密石摩柱, 使之精澤. 故云'刮楹'. '達', 通也. '鄉', 窓牖也. 每室四戶八窓, 窓戶相對. 故云'達鄉'.

**【명당위 19】**

반점反坫은 술잔 바깥쪽에 설치하고,

反坫出尊,

鄭注 '반점反坫'은 술잔을 돌려놓는 받침대이다. '출준出尊'은 술동이 남쪽에 놓는 것이다. 두 군주가 회합을 할 때, 헌주의 예가 끝나면 그 위에 올려놓는다. 예에, 군주의 술동이는 두 기둥(楹) 사이에 놓는다. '反坫', 反爵之坫也. '出尊', 當尊南也. 唯兩君爲好, 旣獻, 反爵於其上. 禮, 君尊于兩楹之間.

集說 (반점反坫은) 두 군주가 우호적으로 만날 때, 술잔을 돌려놓는 대(坫)로서, 흙을 쌓아서 만들고 두 기둥 사이에 남쪽에 가깝게 설치하는데, 대개 헌수獻酬의 예가 끝나면 술잔을 그 위에 돌려놓는다. 무릇 사물이 안쪽에 있는 것을 '입入'이라 하고, 바깥쪽에 있는 것을 '출出'이라 한다. 대(坫)가 술동이 바깥쪽에 설치되어 있기 때문에 '반점은 술동이 바깥쪽에 설치한다'(反坫出尊)고 한 것이다. 대(坫)가 술동이 바깥쪽에 나와 있다는 뜻이다. 兩君好會, 反爵之坫, 築土爲之, 在兩楹間而近南, 蓋獻酬畢, 則反爵于其上也. 凡物在內爲'入', 在外爲'出'. 以坫在尊之外, 故云'反坫出尊'. 言坫出在尊之外也.

**【명당위 20】**

숭점崇坫을 만들어 홀(圭)을 안정되게 놓고, 병풍을 설치하여 소통하게 한다. 천자의 종묘에 설치하는 장식들이다.

崇坫康圭, 疏屛. 天子之廟飾也.

鄭注 '숭崇'은 높다는 뜻이다. '강康'은 '항룡亢龍(높은 곳에 올린 용)이라고 할 때의 '항亢'으로 읽는다. 또 높은 대(坫)를 만들어놓고 (빈賓으로부터 받은) 홀을 들어서 그 위에 올려놓는 것이다. '병屛'은 병풍(樹)으로 오늘날의 부사桴思(문 밖에 설치하는 병풍)이다. 병풍에 구름과 동물 문양을 새겨 넣는데, 오늘날 궐문 위에 그렇게 하는 것과 같다. '崇', 高也. '康', 讀爲'亢龍'之'亢'. 又爲高坫, 亢所受圭, 奠于上焉. '屛', 謂之樹, 今桴思也. 刻之爲雲氣蟲獸, 如今闕上爲之矣.

集說 '숭崇'은 높다는 뜻이다. '강康'은 안정되어 있다는 뜻이다. 사물은 제자리에 놓이면 위태롭고 떨어지는 잘못이 없다. '홀'(圭)은 예기禮器 가운데 중요한 것으로 삼가지 않을 수 없다. 그러므로 이 높은 대(高坫)를 만들어 홀을 안정되게 놓는 것이다. '소병疏屛'은 병풍에 조각을 하여 아름답게 하고 소통하게 하는 것이다. '崇', 高也. '康', 安也. 凡物措之得所, 則無危墜之失. '圭', 禮器之重者, 不可不謹. 故爲此高坫以康圭也. '疏屛'者, 刻鏤於屛, 使之文理疏通也.

**【명당위 21】**

난거鸞車는 유우씨有虞氏의 수레이다. 구거鉤車는 하후씨夏后氏의 수레이다. 대로大路는 은나라의 수레이다. 승로乘路는 주나라의 수레이다. 鸞車, 有虞氏之路也. 鉤車, 夏后氏之路也. 大路, 殷路也. 乘路, 周路也.

鄭注 '난鸞'은 수레에 난화鸞和(황금으로 만든 방울)가 있는 것이다. '구鉤'는 수레에 구부러진 가마가 있는 것이다. '대로大路'는 목로木路이다. '승로乘路'는 옥로玉路이다. 한나라에서 하늘에 제사를 지낼 때에는 은나라의 수레를 탔으니, 오늘날의 상근거桑根車를 말한다. 『춘추전』에 "대로는 질박하다"[43]

라고 하였다. '난鸞'은 어떤 본에는 '난欒'으로 되어 있다. '鸞', 有鸞和也. '鉤', 有曲輿者也. '大路', 木路也. '乘路', 玉路也. 漢祭天, 乘殷之路也, 今謂之桑根車也. 『春秋傳』曰: "大路素." '鸞'或爲'欒'也.

**集說** '난거鸞車'는 난화鸞和(황금으로 만든 방울)가 있는 수레이다. '로路'는 '로輅'(수레)의 뜻과 같다. '구鉤'는 구부러졌다는 뜻이다. 수레의 평상을 '여輿'(가마)라고 한다. 가마의 앞이 막히고 구부러졌기 때문에 '구거鉤車'라고 이름한 것이다. '대로大路'는 은나라의 목로木路이다. '승로乘路'는 주나라의 옥로玉路이다. '鸞車', 有鸞和之車也. '路'與'輅'同. '鉤', 曲也, 車床謂之'輿', 輿之前闌曲, 故名'鉤車'也. '大路', 殷之木路也. '乘路', 周之玉輅也.

**【명당위 22】**

유우씨의 기는 기旂이고, 하후씨의 기는 유綏이고, 은나라의 기는 대백大白이고, 주나라의 기는 대적大赤이다.

有虞氏之旂, 夏后氏之綏, 殷之大白, 周之大赤.

**鄭注** 네 가지는 기의 종류이다. '수綏'는 '유緌'로 되어야 한다. '관유冠蕤'이라고 할 때의 '유蕤'(끈 장식)로 읽는다. 유우씨有虞氏에는 '유緌'라고 말해야 하고, 하우씨夏后氏에는 '기旂'라고 말해야 한다. 경문이 잘못된 것이다. '유緌'는 깃대 끝에 모우旄牛[44]의 꼬리를 단 것을 말하는 것으로, 이른바 대휘大麾이다. 『서』에 "무왕은 왼손에 황월黃鉞을 잡고, 오른손에는 백모白旄를 잡고 지휘하였다"[45]라고 하였고, 『주례』에 "왕은 대기大旂[46]를 세워 빈객을 맞이하며, 대적大赤[47]을 세워 조회를 보며, 대백大白[48]을 세워 군사를 움직이고, 대휘大麾[49]를 세우고 사냥을 한다"[50]라고 하였다. 四者, 旌旗之屬

也. '緌'當爲'綏'. 讀如'冠蕤'之'蕤'. 有虞氏當言'綏', 夏后氏當言'旂'. 此蓋錯誤也. '綏', 謂注旄牛尾於杠首, 所謂大麾. 『書』云: "武王左杖黃鉞, 右秉白旄以麾", 『周禮』"王建大旂以賓, 建大赤以朝, 建大白以卽戎, 建大麾以田也."

**集說** 네 가지는 기의 종류이다. 『주례』에 "내려오는 용과 올라가는 용을 그려 넣은 것이 기旂다"51)라고 하였다. '수緌'는 '유綏'의 뜻으로 읽어야 하니, 모우旄牛의 꼬리를 깃대 끝에 달아서 늘어뜨린 것이다. '대백大白'은 흰색 기다. '대적大赤'은 붉은색 기다. 정현은 "'유우씨의 유綏', '하후씨의 기旂'라고 말해야 한다"고 하였다. 유우씨는 하우씨보다 질박함을 숭상하여 유綏만 있었을 뿐이고, 하후씨 시대에 이르러 비로소 기旂의 제도가 생겨났다는 뜻이다. 四者, 旌旗之屬. 『周禮』"交龍爲旂." '緌', 讀爲'綏', 以旄牛尾注於杠首而垂之者也. '大白', 白色旗也. '大赤', 赤色旗也. 鄭云: "當言'有虞氏之綏'·'夏后氏之旂'." 謂虞質於夏, 惟綏而已, 至夏世乃有旂之制也.

**【명당위 23】**

하후씨는 흰 몸에 검은 갈기가 있는 말을 타고, 은나라 사람은 흰 몸에 검은 머리를 한 말을 타고, 주나라 사람은 황색 몸에 붉은 갈기가 있는 말을 탔다.

夏后氏駱馬黑鬣, 殷人白馬黑首, 周人黃馬蕃鬣.

**集說** 흰색과 흑색이 서로 끼어 있는 것을 '락駱'이라 하는데, 이 말은 흰색 몸에 흑색 갈기를 하고 있다. '번렵蕃鬣'은 붉은색 갈기라는 뜻이다. 白黑相間謂之'駱', 此馬白身而黑鬣也. '蕃鬣', 赤鬣也.

**【명당위 24】**

하후씨는 희생을 사용할 때 검은색을 숭상하였고, 은나라는 흰색의 수컷을 사용하였고, 주나라는 붉고 강건한 것을 사용하였다.

夏后氏牲尙黑, 殷白牡, 周騂剛.

鄭注 정색正色에 따르는 것이다. 흰말에 흑색 갈기가 있는 것을 '락駱'이라 한다. 은殷의 말이 검은색 머리인 것은 순수한 백색은 흉하기 때문이다. '성강騂剛'은 붉은색이다. 順正色也. 白馬黑鬣曰'駱'. 殷黑首, 爲純白凶也. '騂剛', 赤色.

集說 '성騂'은 붉은색이라는 뜻이다. '강剛'은 강건하다는 뜻이다. '騂', 赤色. '剛', 壯也.

**【명당위 25】**

태泰는 유우씨의 술동이다. 산뢰山罍는 하후씨의 술동이다. 착著은 은나라의 술동이다. 사준犧尊과 상준象尊은 주나라의 술동이다.

泰, 有虞氏之尊也. 山罍, 夏后氏之尊也. 著, 殷尊也. 犧・象, 周尊也.

鄭注 '태泰'는 질그릇으로 만든다. '착著'은 땅에 붙어 있고 다리가 없다. '泰', 用瓦. '著', 著地無足.

集說 유우씨는 질그릇을 숭상하였다. '태泰'는 질그릇으로 만든 술동이다. '착著'은 다리가 없고 밑바닥이 땅에 붙어 있다. 나머지는 앞 장(9)에 보인

다.[52] 虞氏尙陶. '泰', 瓦尊也. '著'者, 無足而底著於地也. 餘見前章.

【명당위 26】

술잔을 하후씨는 잔琖으로 하였고, 은나라는 가斝로 하였고, 주나라는 작爵으로 하였다.

爵, 夏后氏以琖, 殷以斝, 周以爵.

鄭注 '가斝'는 벼를 그려 넣었다. 『시詩』에 "술잔(爵)을 씻고 술잔(斝)을 올리네"[53]라고 하였다. '斝', 畫禾稼也. 『詩』曰: "洗爵奠斝."

集說 하나라의 술잔은 '잔琖'이라 이름한다. 옥으로 장식하였기 때문에 그 글자가 '옥玉'을 따라 이루어졌다. 은나라의 술잔은 '가斝'라고 하는데, 벼이삭(稼)이라는 뜻이다. 그러므로 벼와 벼이삭을 그려 넣는다. 주나라의 술잔 '작爵'은 참새(爵)의 형상이다. '옥작玉爵'이라 부르는 것은 옥으로 장식하였기 때문이다. 夏爵名'琖'. 以玉飾之, 故其字從'玉'. 殷爵名'斝', 稼也. 故畫爲禾稼. 周之'爵', 則爵之形也. 其曰'玉爵'者, 則飾之以玉也.

【명당위 27】

울창주 담는 술통을,

灌尊,

集說 '관灌'은 울창주를 담는 술통이다. '灌', 鬯酒之尊也.

【명당위 28】

하후씨는 계이雞夷로 하였고, 은나라는 가斝로 하였고, 주나라는 황목黃目으로 하였다.

夏后氏以雞夷, 殷以斝, 周以黃目.

**鄭注** '이夷'는 '이彝'(법도)로 읽는다. 『주례』에 "봄의 사제祠祭와 여름의 약제禴祭에는 강신례(祼)를 행할 때 계이雞彝와 조이鳥彝를 사용한다. 가을의 상제嘗祭와 겨울의 증제烝祭에는 강신례(祼)를 행할 때 가이斝彝와 황이黃彝를 사용한다"[54]고 하였다. '夷', 讀爲'彝'. 『周禮』"春祠夏禴, 祼用雞彝鳥彝. 秋嘗冬烝, 祼用斝彝黃彝."

**集說** '이夷'는 '이彝'로 읽는다. 법法이라는 뜻이다. 나머지 술통에게 법도가 된다. 그러므로 '이彝'라고 칭한 것이다. 그리고 그 위에 닭의 형상을 새겨서 그려 넣기 때문에 '계이雞彝'라고 이름한다. 나머지는 위 장(26)에 설명이 보인다. '夷', 讀爲'彝'. 法也. 與餘尊爲法. 故稱'彝'. 刻畫雞形於其上, 故名'雞彝'. 餘見上章.

【명당위 29】

그 국자를, 하후씨는 용작龍勺을 사용하고, 은나라는 소작疏勺을 사용하고, 주나라는 포작蒲勺을 사용하였다.

其勺, 夏后氏以龍勺, 殷以疏勺, 周以蒲勺.

**鄭** '용龍'은 용의 머리를 뜻한다. '소疏'는 그 머리 부분에 관통하여 새

**注** 긴다는 뜻이다. '포蒲'는 부들을 오리머리 모양과 같이 합해놓은 것이다. '龍', 龍頭也. '疏', 通刻其頭. '蒲', 合蒲如鳧頭也.

**集說** 『주례』에서 "재인梓人은 술 마시는 그릇을 제작한다. 작勺(국자)의 용량은 1승(一升)이다"[55]라고 하였다. '용작龍勺'[56]은 용의 머리를 새겨서 그려 넣은 것이다. '소작疏勺'은 새겨서 통하게 하는 것이다. '포작蒲勺'은 부들을 합해서 오리머리의 형태를 만든 것으로 그 주둥이가 조금 열려서 마치 부들이 뿌리는 합해 있는데 끝이 조금 열려 있는 것과 같다. 세 가지는 모두 국자의 자루와 머리 부분을 말한 것이다. 『周禮』"梓人爲飮器. 勺一升." '龍勺', 刻畫爲龍頭. '疏勺', 刻鏤疏通也. '蒲勺'者, 合蒲爲鳧頭之形, 其口微開, 如蒲草本合而末微開也. 三者皆謂勺之柄頭耳.

**【명당위 30】**

북(鼓)을 흙으로 만들고, 흙으로 북채(桴)를 만들고, 갈대로 피리(籥)를 만드는 것은, 이기씨伊耆氏의 음악이다.

土鼓, 蕢桴, 葦籥, 伊耆氏之樂也.

**鄭注** '괴蕢'는 '괴塊'가 되어야 한다. 발음이 비슷해 생긴 잘못이다. '약籥'은 피리(笛)와 같은데, 구멍이 셋이다. '이기씨伊耆氏'는 옛날 천자 중 천하를 차지하였던 이의 호칭이다. 오늘날 이기씨를 성으로 하는 자가 있다. '蕢'當爲'凷'. 聲之誤也. '籥', 如笛, 三孔. '伊耆氏', 古天子有天下之號也. 今有姓伊耆氏者.

**集說** 방씨方氏는 말한다. "흙으로 북을 만든 것은 가죽으로 북을 매어 소리를 내는 것이 아직 없었기 때문이다. 흙덩이로 북채를 만든 것은 나무를 깎는 날카로운 기술이 아직 없었기 때문이다.[57] 갈대로 피리를 만든 것은

대나무를 자르는 정밀한 기술이 아직 없었기 때문이다." 方氏曰: "以土爲鼓, 未有韗革之聲故也. 以凷爲桴, 未有斲木之利故也. 以葦爲籥, 未有截竹之精故也."

**【명당위 31】**

**무박拊搏 · 옥경玉磬 · 알격揩擊 · 대금大琴 · 대슬大瑟 · 중금中琴 · 소슬小瑟은 사대四代의 악기다.**

**拊搏 · 玉磬 · 揩擊 · 大琴 · 大瑟 · 中琴 · 小瑟, 四代之樂器也.**

**鄭注** '무박拊搏'은 갈대로 만들고, 그것을 겨로 채워 넣는데, 형태가 소고小鼓와 같다. '알격揩擊'은 축柷과 어敔를 말하며, 모두 악樂을 조절하는 것이다. '사대四代'는 유우씨有虞氏 · 하夏 · 은殷 · 주周를 가리킨다. '拊搏', 以韋爲之, 充之以穅, 形如小鼓. '揩擊', 謂柷 · 敔, 皆所以節樂者也. '四代', 虞 · 夏 · 殷 · 周也.

**集說** '무박拊搏'은 구설에 "갈대로 만들고, 그것을 겨로 채워 넣는데, 형태가 소고小鼓와 같다"라고 하였다. '알격揩擊'은 축柷과 어敔를 말며,[58] 모두 악樂을 조절하는 것이다. 방씨方氏는 혹은 문지르고, 혹은 잡고, 혹은 찌르고, 혹은 치고 하는 것은 모두 악樂을 행하는 일을 말한 것이라고 하였다. 또한 살펴보건대, 『서전書傳』에 "알격戛擊은 치는 것이다. 박搏은 이른다는 뜻이다. 무拊는 빙빙 돈다는 뜻이다"[59]라고 하였다. 이들 모두 이 경문의 문리와 들어맞지 않음이 있다. 응당 정현의 주에 따라야 한다. '拊搏', 舊說, "以韋爲之, 充之以穅, 形如小鼓." '揩擊', 謂柷 · 敔, 皆所以節樂者. 方氏以爲或拊或搏或揩或擊, 皆言作樂之事. 又按, 『書傳』云: "戛擊, 考擊也. 搏, 至. 拊, 循也." 皆與此文理有礙. 當從鄭註.

【명당위 32】

노공魯公의 묘廟는 문왕의 세실世室과 같이 하고, 무공武公의 묘는 무왕의 세실世室과 같이 하였다.

魯公之廟, 文世室也, 武公之廟, 武世室也.

鄭注 이 두 묘廟는 주나라에 문왕과 무왕의 묘가 있는 것을 본뜬 것이다. '세실世室'은 훼천하지 않는 묘의 이름이다. '노공魯公'은 백금伯禽을 가리킨다. '무공武公'은 백금의 현손玄孫으로 이름은 오敖이다. 此二廟, 象周有文王·武王之廟也. '世室'者, 不毁之名也. '魯公', 伯禽也. '武公', 伯禽之玄孫也, 名敖.

集說 '노공魯公'은 백금伯禽이고, '무공武公'은 백금의 현손으로 그 묘실은 대대로 훼천되지 않으므로 '세실世室'이라 한 것이다. ○ 방씨方氏는 말한다. "주나라는 문왕을 조祖로 하여 훼천하지 않는 묘(不毁之廟)로 삼았는데, 노나라에서는 백금의 묘를 거기에 견주었다. 그러므로 '문세실文世室'이라 한 것이다. 무왕을 종宗으로 하여 훼천하지 않는 묘로 삼았는데, 노나라에서는 무공의 묘를 거기에 견주었다. 그러므로 '무세실武世室'이라 한 것이다." '魯公', 伯禽也, '武公', 伯禽之玄孫, 其室世世不毁, 故言'世室'. ○ 方氏曰: "周以祖文王爲不毁之廟, 而魯以伯禽之廟比之. 故曰'文世室'. 宗武王爲不毁之廟, 而魯以武公之廟比之. 故曰'武世室'."

【명당위 33】

미름米廩은 유우씨 때의 학교(庠)이고, 서序는 하후씨 때의 학교(序)이다. 고종瞽宗은 은나라의 학교이고, 반궁泮宮은 주나라의 학교이다. 米廩, 有虞氏之庠也, 序, 夏后氏之序也. 瞽宗, 殷學也, 泮[60]宮, 周學也.

**鄭注** '상庠'과 '서序' 또한 학교이다. '상庠'이라는 말은 상세하다는 뜻이다. 거기에서 예禮를 고찰하고 일을 상세히 한다. 노나라에서는 그것을 '미름米廩'이라 하였다. 우제虞帝(순임금)는 효를 숭상하여, 그곳에 자성粢盛(제물 곡식)의 노적을 저장하게 하였다. '서序'는 왕의 일을 차례 짓고 안배한다는 뜻이다. '고종瞽宗'은 악사樂師 고몽瞽矇이 종주로 여기는 바이다. 옛날에 도와 덕이 있는 자에게 가르치게 하고, 죽은 뒤에 음악의 시조로 삼아서 고종에서 제사지냈다.[61] '반泮'이라는 말은 반포한다(班)는 뜻으로, 여기에서 정교政教를 반포한다. '庠'·'序', 亦學也. '庠'之言詳也. 於以考禮詳事也. 魯謂之'米廩'. 虞帝上孝, 令藏粢盛之委焉. '序', 次序王事也. '瞽宗', 樂師瞽矇之所宗也. 古者有道德者使教焉, 死則以爲樂祖, 於此祭之. '泮'之言班也, 於以班政教也.

**集說** 이는 노나라에서 사대의 학교를 세웠음을 말한 것이다. 노나라에서 자성의 쌀(粢盛米)을 저장하는 창고(廩)는 곧 하우씨의 상庠으로, 학궁에 이 쌀을 저장한다는 뜻이며, 또한 효를 가르친다는 뜻이다. '서序'는 활을 쏜다(射)는 뜻으로, 활쏘기를 하여 덕을 살펴보고 선후의 차례를 매기는 것이다. 악사樂師 고몽瞽矇[62]이 종주로 여기는 바이기 때문에 '고종瞽宗'이라고 한다. '반頖'은 절반(半)이라는 뜻이다. 제후의 학교를 '반궁頖宮'이라 하는 것은 벽옹辟雍의 규모의 절반이기 때문이다. 『맹자』에 "하나라는 '교校'이고, 은나라는 '서序'이다"[63]라고 하였다. 此言魯立四代之學. 魯所藏粢盛米之廩, 卽虞氏之庠, 謂藏此米於學宮也, 亦教孝之義. '序'者, 射也, 射以觀德, 有先後之次焉. 樂師瞽矇之所宗, 故謂之'瞽宗'. '頖', 半也. 諸侯曰'頖宮', 以其半辟雍之制也. 『孟子』言, "夏曰

'校', 殷曰'序'."

【명당위 34】

숭崇나라의 정鼎, 관貫나라의 정鼎, 대황大璜[64)], 봉보封父나라의 귀龜는 천자의 보기寶器다. 월越나라의 극棘과 대궁大弓은 천자의 병기兵器다.

崇鼎, 貫鼎, 大璜, 封父龜, 天子之器也.① 越棘 · 大弓, 天子之戎器也.②

鄭注 ① '숭崇' · '관貫' · '봉보封父'는 모두 나라 이름이다. 문왕은 숭崇을 정벌하였다. 옛날에 나라를 정벌하면, 그 나라의 중기重器를 옮겨서 동성同姓에게 나누어주었다. '대황大璜'은 하후씨의 황璜이다. 『춘추전』에 "노공魯公에게 하후씨의 황璜을 나누어주었다"[65)]고 하였다. '崇' · '貫' · '封父', 皆國名. 文王伐崇. 古者伐國, 遷其重器, 以分同姓. '大璜', 夏后氏之璜. 『春秋傳』曰: "分魯公以夏后氏之璜."

② '월越'은 나라 이름이다. '극棘'은 극戟(갈래진 창)이다. 『춘추전』에 "자도子都가 극棘을 뽑았다"[66)]라고 하였다. '越', 國名也. '棘', 戟也. 『春秋傳』曰: "子都拔棘."

集說 '숭崇' · '관貫' · '봉보封父' · '월越'은 모두 나라이름이다. '극棘'은 극戟(갈래진 창)이다. ○ 방씨方氏는 말한다. "모든 이 기물들은 곧 『주관』 천부天府에 보관하는 대보大寶 · 진보鎭寶 같은 종류가 그것이다." '崇' · '貫' · '封父' · '越', 皆國名. '棘', 戟也. ○ 方氏曰: "凡此卽『周官』天府所藏大寶 · 鎭寶之類, 是也."

**【명당위 35】**

하후씨의 다리가 넷인 북(鼓足)이요, 은나라의 영고楹鼓요, 주나라의 현고縣鼓다. 수垂가 만든 화종和鍾이요, 숙叔이 만든 리경離磬이요, 여와女媧가 만든 생황笙簧이다.

夏后氏之鼓足, 殷楹鼓, 周縣鼓.① 垂之和鍾, 叔之離磬, 女媧之笙簧.②

**鄭注** ① '족足'은 네 다리를 가리킨다. '영楹'은 기둥을 말하는데, 가운데를 뚫어서 위로 나오게 한 것이다. '현縣', 순簨(악기 다는 틀)과 거虡(쇠북 거는 틀)에 매단다는 뜻이다. 『시詩』「은송殷頌 · 나那」에 "나의 작은 북 큰 북 벌려 놓네"라고 하였고, 『시詩』「주송周頌 · 유고有瞽」에 "작은 북 큰 북 달아매네"라고 하였다. '足', 謂四足也. '楹', 謂之柱, 貫中上出也. '縣', 縣之簨虡也. 「殷頌」曰: "植我鼗鼓", 「周頌」曰: "應朄縣鼓."

② '수垂'는 요임금 때의 공공共工이다. '여와女媧'는 삼황三皇의 하나로, 복희宓羲를 이은 자이다. '숙叔'은 알려진 바가 없다. '화和'와 '리離'는 소리와 매다는 것을 질서 있게 하는 것을 말한다. '생황笙簧'은 생황(笙) 가운데의 혀이다. 『세본世本 · 작作』에 "수垂는 종을 만들었고, 무구無句는 경쇠를 만들었고, 여와는 생황을 만들었다"라고 하였다. '垂', 堯之共工也. '女媧', 三皇承宓羲者. '叔', 未聞也. '和' · '離', 謂次序其聲縣也. '笙簧', 笙中之簧也. 『世本 · 作』曰: "垂作鐘, 無句作磬, 女媧作笙簧."

**集說** '족足'은 네 다리를 뜻한다. '영楹'은 기둥으로 관통시킨다는 뜻이다.[67] '현縣'은 순簨(악기 다는 틀)이나 거虡(쇠북 거는 틀)에 매단다는 뜻이다. '수垂'는 『서』「순전舜典」에 보인다. ○ 방씨方氏는 말한다. "「교특생郊特牲」(8)에 '종鐘을 그 다음에 놓으니, 화순함을 뜻하는 것을 공물의 가운데에 함

께 진열하는 것이다'라고 하였다. 그러므로 '화종和鍾'이라 하는 것이다. 「악기」(58)에 '석경石磬의 소리 칭칭 울리니, 칭칭 울리는 소리로 절의를 분명히 한다'라고 하였다. 절의에 분명한 것은 리離의 음이다. 그러므로 '리경離磬'이라 하는 것이다. 생笙은 사물이 태어나는 형태를 상징하고, 황簧은 아름다움이 그 속에 있다. 그러므로 '생황笙簧'이라 하는 것이다. 『세본世本』에 '무구無句는 경磬을 만들었다'고 하였는데, 황씨皇氏는 '무구無句는 숙叔의 별명이다'라고 하였다." '足', 謂四足也. '楹', 貫之以柱也. '縣', 懸於簨簴也. '垂', 見「舜典」. ○ 方氏曰: "「郊特牲」曰, '以鍾次之, 以和居參之也.' 故謂之'和鍾'. 「樂記」曰, '石聲磬, 磬以立辨.' 辨者, 離之音也. 故謂之離磬. 笙以象物生之形, 簧則美在其中. 故謂之'笙簧'. 『世本』曰: '無句作磬', 皇氏云: '無句, 叔之別名.'"

**【명당위 36】**

하후씨의 용순거龍簨簴요, 은나라의 숭아崇牙요, 주나라의 벽삽璧翣이다.

夏后氏之龍簨簴, 殷之崇牙, 周之璧翣.

**鄭注** '순거簨簴'는 종과 경을 매다는 기구이다. 가로로 된 것을 '순簨'이라고 하는데 인속鱗屬으로 장식한다. 세로로 된 것을 '거簴'라고 하는데, 나속裸屬이나 우속羽屬으로 장식한다. 순을 큰판으로 만들면 그것을 '업業'이라고 한다. 은나라는 또 용 위에 중아重牙를 새겨 그려 넣어서 현굉縣紘을 건다. 주나라는 또 비단에 그려 부채(翣)장식을 만들어 그것으로 벽옥을 떠받치게 하고 오색의 깃을 그 아래로 늘어뜨렸는데, 순簨의 모서리 위에 꽂혀 있다. 장식이 더욱 많은 것이다. 『시詩』「주송周頌 · 유고有瞽」에 "업業을 설

치하고 거虡를 설치하니, 숭아崇牙가 있고 오색 깃이 꽂혀있네"라고 하였다. '簨虡', 所以縣鍾磬也. 横曰'簨', 飾之以鱗屬. 植曰'虡', 飾之以裸屬・羽屬. 簨以大版爲之, 謂之'業'. 殷又於龍上刻畫之爲重牙, 以挂縣紘也. 周又畫繒爲翣, 戴以璧, 垂五采羽於其下, 樹於簨之角上. 飾彌多也. 「周頌」曰: "設業設虡, 崇牙樹羽."

**集說** 『주례周禮』「재인宰人」에 "재인梓人이 순거簨虡를 만든다"라고 하였다. "가로로 된 것을 '순筍'이라 하고, 세로로 된 것을 '거虡'라고 한다."[68] 악기를 걸어두는 기구이다. 용의 형상으로 장식하였기 때문에 '용순거龍簨虡'[69]라고 한다. '숭아崇牙'는 나무를 새겨서 만들고, 채색으로 장식하는데, 그 모양이 우뚝 솟아 있다. 은나라 사람은 순 위에 숭아를 설치하여 종과 경을 걸어두었다. 주나라 사람은 또 순에다가, 부채(翣)를 비단에 그려 만들어 벽옥을 떠받치게 하고 아래로 오색의 깃을 매달아 늘어뜨렸는데, 순의 모서리에 달려 있다. 『周官』"梓人爲簨虡." "横曰'筍', 植曰'虡'." 所以懸樂器也. 以龍形飾之, 故曰'龍簨虡'. '崇牙'者, 刻木爲之, 飾以采色, 其狀隆然. 殷人於簨之上, 施崇牙, 以挂鍾磬也. 周人則又於簨上, 畫繒爲翣, 載之以璧, 下懸五采之羽, 而挂於簨之角焉.

**【명당위 37】**

유우씨의 대敦 두 개, 하후씨의 련璉 네 개, 은나라의 호瑚 여섯 개, 주나라의 궤簋 여덟 개가 있었다.

有虞氏之兩敦, 夏后氏之四璉, 殷之六瑚, 周之八簋.

**鄭注** 모두 서직을 담는 그릇인데, 제도의 차이에 대해서는 알려져 있지 않다. 皆黍稷器, 制之異同, 未聞.

集說 「소뢰례少牢禮」에 "기장을 담은 대敦를 들고 오는데, 덮개(蓋)가 있다"[70]고 하였고, 또 "네 개의 대敦를 진설하는데 모두 머리를 남쪽을 향하게 진설한다"고 하였다. '대敦'라는 기물은 덮개가 있고 머리가 있다. 네 가지는 모두 서직黍稷을 담는 그릇이다. 예에 기물이 필요한 경우, 당시 왕마다 각기 제작함이 있었다. 따라서 역대로 그 기물을 보배로 여겨 사용하였다. 다만 시대가 점차 멀어짐에 따라 옛 기물 가운데 남아 있는 것이 점차 적어졌다. 이들은 노魯나라에서 가지고 있던 수일 뿐이다. 「少牢禮」曰: "執敦黍, 有蓋", 又曰: "設四敦, 皆南首." '敦'之爲器, 有蓋有首也. 四者, 皆盛黍稷之器. 禮之有器, 時王各有制作. 故歷代寶而用之. 但時代漸遠, 則古器之存者漸寡. 此魯所有之數耳.

**【명당위 38】**

조(俎)를, 유우씨는 완梡을 사용하였고, 하후씨는 궐嶡을 사용하였고, 은나라는 구椇를 사용하였고, 주나라는 방조房俎를 사용하였다.
俎, 有虞氏以梡, 夏后氏以嶡, 殷以椇, 周以房俎.

鄭注 '완梡'은 나무를 잘라서 네 다리를 만들뿐이다. '궐嶡'이라는 말은 엎어진다(蹶)는 뜻으로, 가운데 다리가 가로막이의 모양이 되는 것을 말한다. 『주례』에서는 '거距'라고 하였다.[71] '구椇'라는 말은 탱자나무(枳椇)을 뜻하는데, 구부러지고 휘어진 것을 말한다. '방房'은 다리 아래의 발등을 뜻하는 것으로, 위와 아래 사이가 방房과 유사함이 있음을 가리킨다. 『시詩』「노송魯頌·비궁閟宮」에 "변籩과 두豆, 대방大房에 담았네"라고 하였다. '梡', 斷木爲四足而已. '嶡'之言蹶也, 謂中足爲橫距之象. 『周禮』謂之'距'. '椇'之言枳椇也, 謂曲橈之

也. '房', 謂足下跗也, 上下兩間, 有似於堂房. 「魯頌」曰: "籩豆大房."

**集說** '완梡'과 '궐蕨'은 설명이 앞 장(10)에 보인다. '구椇'는 조俎의 다리 사이에 가로막대가 구부러져 있는 형태로 탱자나무 가지 같은 것이다. '방房'은 조俎의 다리 아래 발등으로, 조俎의 위아래 사이가 집의 방과 유사함이 있음을 뜻한다.72) ○ 소疏에서 말한다. "옛 제도는 자세히 알 수 없다. 이제 정현의 주에 의거하여 대략 이런 뜻을 말하지만, 옳은지 어떤지 모르겠다." '梡'·'蕨', 見前章. '椇'者, 俎之足間, 橫木曲撓之形, 如椇枳之樹枝也. '房'者, 俎足下之跗, 謂俎之上下兩間, 有似於堂房也. ○ 疏曰: "古制不可委知. 今依註, 略爲此意, 未知是否."

**【명당위 39】**

하후씨는 갈두楬豆를 사용하였고, 은나라는 옥두玉豆를 사용하였고, 주나라는 사두獻豆를 사용하였다.

夏后氏以楬豆, 殷玉豆, 周獻豆.

**鄭注** '갈楬'은 다른 물건으로 장식하지 않은 것이다. '사獻'는 거칠게 새긴 것이다. 제나라 사람은 머리카락이 없는 것을 독갈禿楬이라고 부른다. '楬', 無異物之飾也. '獻', 疏刻之. 齊人謂無髮爲禿楬.

**集說** '갈楬'은 문식을 하지 않은 것으로, 나무 바탕으로만 만든다. '헌獻'은 '사娑'(날개를 파닥이다)로 읽는다. '사준獻尊'은 봉황의 깃을 조각하여 그려 넣는다. 그렇다면 이 두豆 역시 반드시 봉황의 깃을 새겨서 그려 넣었을 것이다. 그래서 '사두'라고 이름한 것이다. '楬', 不飾也, 木質而已. '獻', 讀爲'娑'. '獻

尊'刻畫鳳羽. 則此豆亦必刻畫鳳羽. 故名.

**【명당위 40】**

유우씨는 가죽으로 만든 폐슬(韍)을 입었고, 하후씨는 거기에 산을 그려 넣었고, 은나라는 또 불을 더 그려 넣었고, 주나라에서는 용을 더 그려 넣어 문식으로 삼았다.

有虞氏服韍, 夏后氏山, 殷火, 周龍章.

**鄭注** '불韍'은 면복冕服의 폐슬(韠)이다. 순임금 때 처음 만들어서 제복祭服을 존귀하게 하였다. 우임금과 탕임금으로부터 주나라에 이르기까지 그림과 문양을 증가시켰다. 후대의 왕이 장식을 더욱 화려하게 한 것이다. '산山'은 그 인仁의 우러러 볼만함을 취한 것이다. '화火'는 그 밝음을 취한 것이다. '용龍'은 그 변화함을 취한 것이다. 천자는 모든 것을 갖추고, 제후는 '화火' 이하를 사용하고, 경대부는 '산山'을 사용하고, 사는 가죽(韎韋)만 사용할 뿐이다. '불韍'이 다른 본에는 '불黻'로 되어 있기도 하다. '韍', 冕服之韠也. 舜始作之, 以尊祭服. 禹・湯至周, 增以畫文. 後王彌飾也. '山', 取其仁可仰也. '火', 取其明也. '龍', 取其變化也. 天子備焉, 諸侯'火'而下, 卿大夫'山', 士韎韋而已. '韍', 或作'黻'.

**集說** '불韍'은 제복祭服의 가리개로서, 즉 폐슬(韠)이다. 유우씨는 단지 그것을 가죽으로 만들고 문식을 가함이 없었다. 하후씨의 시대에는 거기에 산을 그려 넣었고, 은나라 사람은 거기에 불을 더 그려 넣었고, 주나라 사람은 다시 용을 더 그려 넣어 문식으로 삼았다. '韍'者, 祭服之蔽膝, 卽韠也. 虞氏直以韋爲之, 無文飾. 夏世則畫之以山, 殷人增之以火, 周人又加龍以爲文章.

**【명당위 41】**

제사에서 유우씨는 머리(首)로 고수레하였고, 하우씨는 심장(心)으로 고수레하였고, 은나라는 간肝으로 고수레하였고, 주나라는 폐肺로 고수레하였다.

有虞氏祭首, 夏后氏祭心, 殷祭肝, 周祭肺.

**鄭注** 기氣는 왕성한 것을 위주로 한다. 氣主盛也.

**集說** 방씨方氏는 말한다. "삼대에는 각각 자신들이 이기는 대상으로 고수레하였다. 하나라는 흑색을 숭상하였는데, 적색에 이기는 것이 되므로 심장(心)으로 고수레하였다. 은나라는 백색을 숭상하였는데, 청색에 이기는 것이 되므로 간肝으로 고수레하였다. 주나라는 적색을 숭상하였는데, 흰색을 이기는 것이 되므로 폐肺를 고수레하였다." 方氏曰: "三代各祭其所勝. 蓋夏尙黑, 爲勝赤, 故祭心. 殷尙白, 爲勝靑, 故祭肝. 周尙赤, 爲勝白, 故祭肺."

**【명당위 42】**

하후씨는 명수明水(맑은 물)를 숭상하였고, 은나라는 단술(醴)을 숭상하였고, 주나라는 술(酒)을 숭상하였다.

夏后氏尙明水, 殷尙醴, 周尙酒.

**鄭注** 이는 모두 그 시대에 사용하던 것으로, '숭상한다'(尙)라고 말한 것은 잘못이다. 此皆其時之用耳, 言'尙'非.

集說 소疏에서 말한다. "『의례』에 '술동이를 설치할 때는 현주玄酒를 높인다'고 하였다. 이는 주나라 역시 명수明水(맑은 물)를 숭상하였다는 뜻이다. 「예운禮運」(10)에서 '징주澄酒는 당堂 아래에 진설한다'고 하였으니, 주나라에서는 술(酒)을 숭상하지 않았던 것이다. 그래서 정현의 주에서 '숭상한다고 말한 것은 잘못이다'라고 한 것이다." ○ 방씨方氏는 말한다. "명수明水는 달에서 취한 물이다. 그러므로 명수라고 하는 것으로, 담백하고 맛이 없다. 단술(醴)은 점점 그 맛을 이룬 것이다. 술(酒)은 맛이 완성된 것이다." 疏曰: "『儀禮』'設尊尙玄酒', 是周亦尙明水也. 「禮運」云: '澄酒在下', 則周不尙酒. 故註云, '言尙非也.'" ○ 方氏曰: "明水者, 取於月之水. 故謂之明水, 則淡而無味. 醴則漸致其味. 酒則味之成者."

【명당위 43】

유우씨는 관직이 50개였고, 하후씨는 관직이 100개였고, 은나라는 200개였고, 주나라는 300개였다.

有虞氏官五十, 夏后氏官百, 殷二百, 周三百.

鄭注 주나라의 육경六卿에는 그 속관이 각각 60개의 관직이 있다. 따라서 주나라는 360개의 관직이다. 경문에서 '300개의 관직'(三百)이라고 한 것은 기록할 때 「동관冬官」이 없어졌기 때문이다. 「혼의昏義」(8)에 "천자는 6관官 · 3공公 · 9경卿 · 27대부大夫 · 81원사元士를 세운다"라고 하였는데, 모두 120개의 관직이니 대체로 하나라 시대를 가리킨다. 하나라와 주나라를 가지고 전후의 차이를 추산한다면, 유우씨의 관직은 60개이고, 하후씨의 관직은 120개이고, 은나라는 240개가 되니, 이 경문과 같이 기록할 수 없다.

周之六卿, 其屬各六十. 則周三百六十官也. 此云'三百'者, 記時「冬官」亡矣. 「昏義」曰: "天子立六官, 三公九卿, 二十七大夫, 八十一元士." 凡百二十, 蓋謂夏時也. 以夏・周推前之差, 有虞氏官宜六十, 夏后氏宜百二十, 殷宜二百四十, 不得如此記也.

**集說** 『서書』「주서周書・주관周官」에 "요임금과 순임금은 관직을 세우는데 100개였고, 하나라와 상나라는 관직이 이에 두 배였다"고 하였다. 선유가 이 경문의 기록을 믿고 『서』를 믿지 않은 것은 진실로 잘못된 것이다. 또 '노魯나라는 4대의 예악을 사용할 수 있었기 때문에 그 관직의 명칭을 통용하였던 것이며, 반드시 그 수를 다 사용했던 것은 아니다'라고 하는데, 모두 억설이다. 『書』言, "唐・虞建官惟百, 夏・商官倍." 先儒信此記而不信『書』, 固爲不可. 且謂'魯得用四代禮樂, 故惟通用其官之名號, 不必盡用其數', 皆臆說也.

**【명당위 44】**

유우씨의 유緌, 하후씨의 주련綢練, 은나라의 숭아崇牙, 그리고 주나라의 벽삽璧翣이다.

有虞氏之緌, 夏后氏之綢練, 殷之崇牙, 周之璧翣.

**鄭注** '수緌'는 또한 정기旌旗에 매다는 끈(綏)이다. 하夏나라는 (상례喪禮에서) 깃대를 두르는데, 누이지 않은 비단(練)[73]으로 류旒(술)를 만들었다. 은나라는 또 비단에 새겨서 숭아崇牙를 그려 넣어 그 곁을 장식하였으니, 또한 장식함이 더 많아진 것이다. 탕湯임금은 무武로 천명을 받아 항상 아牙로 장식을 삼았다. 이 경문의 기(旌旗)와 운삽(翣)[74]은 모두 상례와 장례를 지낼 때의 장식이다. 『주례』에 의하면, 대상大喪[75]의 장례에 건거巾車는 일산을 잡고, 종거從車는 기를 들며, 어복御僕은 운삽을 잡는데, 기는 견거遣車

를 뒤따르고, 운삽은 상여의 좌우와 전후에 따른다. 천자는 운삽이 8개인데, 모두 벽옥을 떠받치고 깃을 드리운다. 제후는 운삽이 6개인데 모두 홀을 떠받친다. 대부는 운삽이 4개이고, 사는 운삽이 2개인데, 모두 유緌를 떠받친다. 공자의 상에 공서적公西赤이 묘지명을 지었는데[76], 또한 이것을 사용하였다. 『이아』에 정기旌旗를 설명하면서 "누이지 않은 비단(素錦)으로 깃대를 두르고, 기폭(縿)[77]의 바탕은 분홍빛 비단으로 하고, 기폭에 올라가는 용을 흰색으로 그려 넣고, 누이고 염색하지 않은 비단으로 깃발을 9개 단다"라고 하였다. '綏', 亦旌旗之緌也. 夏綢其杠, 以練爲之旒. 殷又刻繒爲崇牙, 以飾其側, 亦飾彌多也. 湯以武受命, 恒以牙爲飾也. 此旌旗及翣皆喪葬之飾. 『周禮』, 大喪葬, 巾車執蓋, 從車持旌, 御僕持翣, 旌從遣車, 翣夾柩路左右前後. 天子八翣, 皆戴璧垂羽. 諸侯六翣, 皆戴圭. 大夫四翣, 士二翣, 皆戴緌. 孔子之喪, 公西赤爲志, 亦用此焉. 『爾雅』說旌旗曰: "素錦綢杠, 纁帛縿, 素升龍於縿, 練旒九."

**集說** 이는 모두 상례와 장례에 사용되는 장식이다. '주련綢練'은 「단궁상檀弓上」(60)에 보인다. 나머지는 위 장(36)에 보인다. 또 운삽(翣)의 제도는 「상대기喪大記」(86)에 자세하게 보인다. 此皆喪葬之飾. '綢練', 見「檀弓」. 餘見上章. 又翣制詳見「喪大記」.

**【명당위 45】**

무릇 사대四代의 복장(服)・기물(器)・관직(官)을 노나라에서 겸하여 사용하였다. 이 때문에 노나라는 천자의 예를 사용한 것이다. 천하가 세계世系를 전한 지 오래되었지만, 군신 사이에 서로 시해한 적이 없고, 예악禮樂・형법刑法・정속政俗이 변란된 적이 없었다. 천하사람들은 도가 있는 나라라고 여겼다. 이 때문에 천하가 노나라에서 예악을 취하였다.

凡四代之服·器·官, 魯兼用之. 是故魯, 王禮也. 天下傳之久矣, 君臣未嘗相弑也, 禮樂·刑法·政俗, 未嘗相變也. 天下以爲有道之國. 是故天下資禮樂焉.

**鄭注** '왕례王禮'는 천자의 예를 말한다. '전傳'은 세계世系를 전한다는 뜻이다. '자資'는 취한다는 뜻이다. 이는 주공의 덕을 칭송한 것일 뿐이다. 춘추시대에 노나라는 세 군주가 시해되었고, 또 사士에게 뇌시誄辭를 내리는 것이 장공莊公 때부터 시작되었으며, 부인이 북상투를 한 채 조문을 하는 것이 대태臺駘의 전투에서 시작되었다.[78] '군신 사이에 일찍이 서로 시해한 적이 없고, 정치와 풍속이 일찍이 변한 적이 없다'고 말한 것은 거짓에 가깝다. '자資'는 어떤 본에는 '음飮'으로 되어 있다. '王禮', 天子之禮也. '傳', 傳世也. '資', 取也. 此蓋盛周公之德耳. 春秋時魯三君弑, 又士之有誄, 由莊公始, 婦人髽而弔, 始於臺駘. 云'君臣未嘗相弑, 政俗未嘗相變', 亦近誣矣. '資'或爲'飮'.

**集說** '군주와 신하가 서로 시해한 적이 없으며, 예악·형법·정속政俗이 변한 적이 없다'는 것에 대해 선유는 거짓에 가깝다고 하였고, 어떤 이는 나라의 악을 거론하기를 기피한 것이라고 하며, 논증한 것이 상세하다. 대체로 이 편은 노나라를 자랑하고 칭찬하는 것을 위주로 하였다. 그래서 사대의 복장·기물·관직을 차례로 들어서 노나라의 예악이 이와 같이 성대하였음을 보여주었지만, 노나라의 교제郊祭와 체제禘祭가 예가 아님은 알지 못하였다. 주공의 도가 쇠한 것이다. 예가 아님을 안다면 이 기록에서 진술한 것은 단지 그 참람됨을 드러내기에 족할 뿐인데, 어찌 성대함이 있겠는가? ○ 주씨朱氏는 말한다. "우보羽父가 은공隱公을 시해하고,[79] 경보慶父

가 두 임금을 시해한 것[80]은 군신이 서로 시해한 것이다. 하보夏父가 희공僖公의 신주를 민공閔公보다 위에 놓은 것[81]은 예가 변란된 것이다. 희공이 무왕巫尫를 불태워 죽이려고 한 것[82]은 형벌이 변란된 것이다. 선공宣公이 처음으로 토지에서 세稅를 거둔 것은 법이 변란된 것이다. 정권이 대부에게 넘어간 것은 정치가 변란된 것이다.[83] 부인이 북상투를 하고 조문한 것은 풍속이 변란된 것이다." ○ 석량왕씨石梁王氏는 말한다. "이는 『춘추』 경문에는 보이지만 전傳에는 보이지 않는 것이다. 그러므로 '서로 시해한 적이 없고, 법을 바꾼 적이 없다'고 말한 것이다. 대체로 이 편은 거짓된 것이 많다." '君臣未嘗相弑, 禮樂・刑法・政俗未嘗相變', 先儒以爲近誣, 或以爲諱國惡, 論之詳矣. 大抵此篇主於誇大魯國. 故歷擧四代之服・器・官, 以見魯之禮樂其盛如此, 不知魯之郊禘非禮也, 周公其衰矣. 知此則此記所陳, 適足以彰其僭而已, 而奚盛大之有哉? ○ 朱氏曰: "羽父弑隱公, 慶父弑二君, 則君臣相弑矣. 夏父躋僖公, 禮之變也. 僖公欲焚巫尫, 刑之變也. 宣公初稅畝, 法之變也. 政逮於大夫, 政之變也. 婦人髽而吊, 俗之變也." ○ 石梁王氏曰: "此見『春秋經』而不見『傳』者. 故謂'未嘗相弑, 未嘗變法.' 大抵此篇多誣."

## 역주

1) 연 : 길이의 단위로 1丈에 해당한다. 筵은 본래 자리를 뜻한다. 자리의 길이는 1丈이 기준이 되므로, 筵이 길이의 단위로서 1丈을 뜻하게 되었다. 1丈은 10尺인데, 『주례』에 따를 때 1筵은 9尺이다. 『주례』 「冬官·匠人」에 "周나라 사람의 明堂제도는 9尺 길이의 筵을 척도의 기준으로 삼았는데, 東西의 길이 9筵, 南北의 길이 7筵, 堂의 높이 1筵에 5개의 방을 갖추었고, 모든 방의 길이는 2筵이다"(周人明堂, 度九尺之筵, 東西九筵, 南北七筵, 堂崇一筵, 五室, 凡室二筵)라고 하였다. 정현은 주에서 "明堂은 政敎를 밝히는 堂이다. 周나라는 筵을 척도로 사용하였는데, 또한 王者마다 서로 개정한 것이었다"(明堂者, 明政敎之堂. 周度以筵, 亦王者相改)라고 하였다. 공영달의 疏에 "夏나라에서 척도로 步를 사용하고, 殷나라에서 척도로 尋을 사용한 것에 대응한 것으로, 이것이 王者마다 서로 개정한 것이다"(對夏度以步, 殷度以尋, 是王者相改也)라고 하였다.

2) 부의 : 「곡례상」(53) 참조. 疏에 "依는 모양이 병풍과 같다. 진홍빛 비단으로 바탕을 삼고, 높이가 8척이다. 동서로 문(戶)과 창(牖) 사이에 설치한다. 도끼 문양(斧)의 수를 놓는데, 또한 '依斧'라고 한다. 천자가 제후를 접견할 때 그것에 의지하여 등지고 서서, 남쪽을 향하여 제후를 대한다"(依狀如屛風. 以絳爲質, 高八尺. 東西當戶牖之間. 繡爲斧文, 亦曰'斧依'. 天子見諸侯, 則依而立負之, 而南面以對諸侯也)고 하였다.

3) 중계는 ~ 것이다 : 명당에는 아홉 계단이 있다. 동·서·북 삼면에 각각 두 계단이 있고, 남쪽에는 中階·阼階·賓階의 세 계단이 있다. 중계는 남쪽의 중앙에 위치해 있어 가장 높은 자리다.

4) 남쪽을 ~ 한다 : 방씨는 嚴陵方氏를 가리킨다. 이 말은 衛湜의 『禮記集說』에 나온다.

5) 응문 : 응문은 路門의 밖, 庫門의 안에 있다. 문의 넓이는 2장 4척이다. 正門·朝門이라고도 칭한다. 『三禮辭典』, 1152쪽 참조.

6) 명당에는 ~ 있다 : 공영달의 소에 따르면, 천자의 宮內에는 路寢이 있기 때문에 應門 안에 路門이 있다. 명당에는 노침이 없기 때문에 노문 및 그 밖의 여러 문이 없고 단지 응문만 있다. 『禮記正義』, 933쪽 참조.

7) 고종이 ~ 정벌하였다 : 『역』 「旣濟」 九三에 나오는 말이다.

8) 왕업을 ~ 한다 : 이 말은 『주례』 「夏官·司勳」에 다음과 같이 나온다. "司勳은 六鄕의 땅으로 田地를 포상하는 법을 담당하여, 그 법으로써 공로에 차등을 설정한다. 왕업을 도와 이룬 공로를 '勳'이라고 하고, 國家를 보호하여 안전하게 한 공로를 '功'이라 하고, 백성들에게 법을 시행한 공로를 '庸'이라 하고, 사업에 부지런히 힘써 나라를 안정시킨 공로를 '勞'라 하고, 법제를 제정하여 질서를 이룬 공로를 '力'이라 하고, 전쟁을 이긴 공로를 '多'라고 한다."(司勳, 掌六鄕賞地之法, 以等其功. 王功曰'勳', 國功曰'功', 民功曰'庸', 事功曰'勞', 治功曰'力', 戰功曰'多')

9) 노나라에는 ~ 된다 : 노나라는 上公 500리의 봉지를 받고, 또 4등급의 부용을 더 받았

다. 4등급은 侯·伯·子·男을 가리킨다. 公은 부용이 없고, 후는 부용이 9同(方 100리를 同이라 한다)이고, 백은 부용이 7동이고, 자는 부용이 5동이고, 남은 부용이 3등이다. 즉 4등급의 부용을 더 받는다는 것은 24동을 더 받는다는 뜻이 된다. 이미 500리의 봉지 5×5=25동을 받았다. 여기에 24동을 더하기 때문에, 총면적 49가 되고, 그것을 제곱근으로 계산하면 700리가 되는 것이다. 『예기정의』, 936쪽 참조.

10) 성국 : 삼공의 나라와 제후국 중 대국을 가리킨다. 천자 나라 다음으로 큰 규모의 나라이다. 『춘추좌씨전』 襄公 14年 조에 傳에 "成國은 天子 군대의 절반 규모를 넘지 않는다. 주나라는 6軍이지만, 제후 가운데 대국은 3군이 가능하다"(成國不過半天子之軍. 周爲六軍, 諸侯之大者, 三軍可也)라고 하였다. 杜預는 注에서 "成國은 大國이다"(成國, 大國)라고 하였고, 공영달은 소에서 "방400리 이상이 成國이 된다"(方四百里以上爲成國)라고 하였다.

11) 공과 ~ 100리다 : 이 말은 『맹자』 「萬章下」에 나온다. "천자 나라의 규모는 전지가 방 1000리, 公과 侯는 모두 방 100리다. 伯은 방 70리, 子와 男은 방 50리로, 모두 4등급이다. 50리가 못되는 나라는 천자에게 이르지 못하고, 제후에게 부속되는데 附庸이라고 한다."(天子之制 地方千里 公侯皆方百里. 伯七十里, 子男五十里, 凡四等. 不能五十里, 不達於天子, 附於諸侯, 曰附庸)

12) 부용 : 봉토 50리 미만의 소국으로, 천자에게 직접 조회하지 못하고 제후에 부속된다. 『맹자』 「만장하」; 「왕제」(3) 참조.

13) 산천과 ~ 하사하였다 : 이 말은 『詩』 「魯頌·閟宮」에 나온다.

14) 『주례』에 '봉강 500리의 제도' : 『주례』 「地官·大司徒」에 "제공의 전지는 봉강이 방 500리다"(諸公之地, 封疆方五百里)라고 하였다.

15) 류 : 기의 깃대에 매는 장식물이다. 12류·9류·7류·5류의 등급이 있어서 작위의 차이를 표시한다. '旒'·'游'·'流'라고도 한다. 『三禮辭典』, 911쪽 참조.

16) 왕형공 : 王安石의 封號이다. 1021~1086. 字는 介甫, 號는 半山, 시호는 文이다. 荊國公으로 봉해졌기 때문에 王荊公으로 많이 불렸다. 北宋 撫州臨川(현재 臨川區 鄧家巷) 출신이다. 북송 정치가이자 문장가로 唐宋八大家의 한 사람이다. 문집으로 『王臨川集』, 『臨川集拾遺』 등이 전한다.

17) 맹자는 ~ 어렵다 : 이 말은 『朱子語類』 권59, 「告子下」, '欲使愼子爲將軍章'에 나온다.

18) 사준·상준·산뢰·황이 :

『欽定禮記義疏』(淸)

19) 옥찬 · 잔 · 완조 · 궐조 :

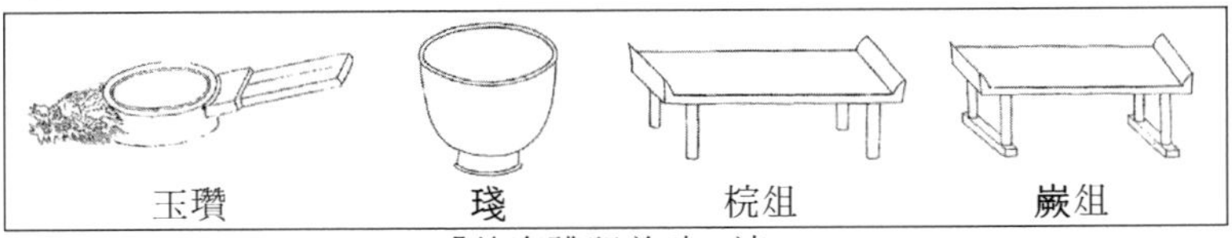


『欽定禮記義疏』(淸)

20) 두 : 채소나 젓갈 등 젖은 음식을 담는 그릇을 말한다. 높이 1척, 직경 1척이다. 용량은 4되다. 두 가운데 부분을 校, 바닥 부분을 鐙이라고 한다. 豆는 나무나 청동으로 만든다. 또한 籩 · 豆 · 登의 통칭이기도 하다. 『의례』 「鄕射禮 · 記」에 "젓갈은 두에 담는다"(醢以豆)라고 하였고, 정현 주에서는 "젓갈은 두에 담는다. 두는 젖은 물건을 담는데 알맞다"(醢以豆. 豆宜濡物也)라고 하였다. 『三禮辭典』, 427쪽 참조.

21) 변 : 마른 음식을 담는 그릇으로, 대나무로 만든다. 『의례』 「鄕射禮」의 "포를 올릴 때는 변을 사용한다"(薦脯用籩)에 대하여 정현의 注에서 "포는 변을 사용한다. 변은 마른 음식을 담기에 적합하다"(脯用籩. 籩宜乾物也)라고 하였다. 『三禮辭典』, 1289쪽 참조.

22) 벽각 : 角은 술잔 이름이다. 5되를 담을 수 있다. 벽옥으로 주둥이 부분을 장식하였기 때문에 벽각이라고 한다.

23) 벽산 : 散은 술잔 이름이다. 4되를 담을 수 있다. 벽옥으로 그 입을 장식하였기 때문에 벽산이라고 한다.

24) 편문 : 법령의 조문에 규정된 대로만 행하여 책임을 면하고 더 이상 힘쓰지 않는 태도를 뜻한다. 여기서는 기록자가 자신에게 주어졌던 대로 따라서 기록하고 바로잡지 않은 것을 뜻한다.

25) 완 : 有虞氏(순임금) 때의 俎(희생을 진설하는 도마 모양의 제기)이다. 길이가 4척이고, 다리 사이에 가로막대(橫木)가 없다.

26) 매사는 ~ 관장한다 : 『주례』 「春官 · 韎師」에 "韎師는 韎樂을 가르치는 일을 담당하여, 제사가 있으면 그 소속된 무리를 이끌고 樂舞를 추게 한다"(韎師, 掌教韎樂, 祭祀則帥其屬而舞之)라고 하였다. 정현은 주에서 "東夷의 樂舞로 춤을 추게 한다"(舞之以東夷之舞)라고 하였다. 곧 韎師는 東夷의 樂을 가르치는 일을 담당하는 관원이고, 韎樂은 東夷의 樂을 뜻한다.

27) 이아와 ~ 않네 : 이 말은 『詩』 「小雅 · 鼓鐘」에 나온다.

28) 昧 : '昧師'와 '昧樂'의 '昧'가 『주례』에는 '韎'로 되어 있다.

29) '관'은 ~ 죽음이다 : 金 · 石 · 土 · 革 · 絲 · 木 · 匏 · 竹의 여덟 가지 악기를 八音이라고 한다. 金은 鍾鎛, 石은 磬, 土는 塤, 革은 鼓鼗, 絲는 琴瑟, 木은 柷敔, 匏는 笙, 竹은 管簫이다. 『三禮辭典』, 32쪽 참조.

30) 「상」과 「무」 : 象舞는 周代 전쟁에서 상대를 찌르는 동작을 취하여 만든 武功을 상징하는 樂舞, 곧 武舞의 일종을 가리킨다. 武舞는 雅舞의 일종으로 文舞와 상대되는 악무이

다. 周代에 시작된 것으로, 춤을 출 때 손에 도끼(斧)와 방패(盾)를 들고 추며, 가사는 통치자의 무공을 칭송하는데, 이 武舞는 교제, 종묘제사, 朝賀와 宴享 등의 주요한 의례에서 사용되었다. 관련된 경문과 주석에서 언급되는 '象武'가 武舞로서 象舞를 뜻하는지, '「象」'과 '「武」' 두 악무를 뜻하는지, 「武」 또는 「大武」를 의미하는지 분명하지 않다. 여기서는 일단 「象」과 「武」 두 가지로 이해하고 번역하였다. 경문 '下管象'의 象에 대하여 정현은 『詩』「周頌·武」라고 해설하였다. 「武」의 小序에 "「武」는 「大武」를 연주한다"(「武」, 奏「大武」也)라고 하였다. 반면 「周頌·維淸」의 小序에는 "「維淸」은 「象」舞를 연주한다"(「維淸」, 奏「象」舞也)라고 하였다. 정현의 설명은 小序의 설명과 일치하지 않는 것으로 생각된다. 「仲尼燕居(8)에 "당 아래에서 「象」과 「武」를 연주하여 행한다"(下管「象」·「武」)라고 하였는데, 정현은 주에서 "「象」과 「武」는, 武舞이다.…… 「武」와 「象」은 武王의 큰일에 관한 것이다"(「象」·「武」, 武舞也.……「武」·「象」, 武王之大事也)라고 하였다. 疏에서는 이 주의 설명에 대하여 "이 「象」과 「武」로 「淸廟」와 대비한 것이다. 「淸廟」는 文王의 詩다. 그러므로 「象」과 「武」가 武王의 樂임을 안다"(以此「象」·「武」與「淸廟」相對. 「淸廟」是文王之詩. 故知「象」·「武」是武王之樂)이라 하고, 또 "「象」은 武王이 紂를 주벌한 樂을 가리키고, 事는 王業의 큰일을 가리킨다. 그러므로 당 아래에서 「象」과 「武」를 연주하여 행하여 王業의 큰일을 보이는 것이다"(「象」謂武王罰紂之樂, 事謂王業之大事. 故下管「象」「武」示王業之事)라고 하였다. 한편 『詩』「維淸」의 공영달의 소에 "「維淸」 詩는 象舞를 연주하여 행할 때 부르는 歌樂이다. 문왕 때 전쟁에서 상대를 찌르는 법이 있었는데, 武王이 樂을 제작하면서 본떠서 樂舞로 만들고 그 樂을 '象舞'라고 이름하였다"(「維淸」詩者, 奏象舞之歌樂也. 謂文王時有擊刺之法, 武王作樂, 象而爲舞, 號其樂曰'象舞')라고 하였다. 馬瑞辰(1782~1853)은 『毛詩傳箋通釋』에서 "舞와 武는 고대에 통용하는 글자이다. '象舞'가 蔡邕의 『獨斷』에서는 '象武'로 되어 있다. 대개 文王이 업적을 이룬 것을 형상한 것이다. '舞'라고 쓴 것은 假借字를 통용해서 쓴 것이다"(舞·武古通用. '象舞', 蔡邕『獨斷』作'象武'. 蓋以象文王之成功也. 作'舞'者, 通借字耳)라고 하였다.

31) 곤면 : 袞冕과 같은 뜻이다. 袞은 卷龍布를 뜻한다. 玄衣와 纁裳을 입는데, 윗옷에는 龍·山·華蟲·火·宗彝 등 5章의 그림장식(畫)을 가하고, 치마에는 藻·粉米·黼·黻 등 4章을 수를 놓아 장식한다. 袞冕 항목을 참조. 『三禮辭典』, 453쪽, '卷' 항목 참조.

32) 육단 : 왼쪽 소매의 안과 밖의 옷을 걷어서 팔을 드러내는 것을 말한다. 최고의 공경을 표하는 예의다. 육단은 袒과 다르다. 단은 왼쪽 소매의 상의를 걷어서 속옷을 드러내는 것이고, 육단은 왼쪽 소매 안의 옷을 걷어 맨살을 드러내는 것이다. 또 肉袒이 있는데, 오른쪽 소매 안의 옷을 걷는 것으로, 이는 벌을 받기를 청하는 예이다.

33) 보요 : 부녀의 머리 장식으로 '副'라고도 부른다. '副'는 덮는다(覆)는 뜻으로 머리를 덮는 장식이다. 보요는 위에 늘어진 구슬이 있어서 걸으면 흔들려 소리가 난다. 『三禮辭典』, 409쪽 참조.

34) 쪽지고 ~ 꽂네 : 이 시는 『詩』「鄘風·君子偕老」에 나온다.

35) 추사는 ~ 만든다 : 이 말은 『주례』 「天官·追師」 에 나온다.

36) 유적 : 왕후 6복의 하나이다. 왕의 3부인 및 侯伯의 부인도 입을 수 있다. 그 색은 청색이다. 왕후 6복은 왕후가 입는 여섯 가지의 예복으로, 褘衣·揄狄·闕狄·鞠衣·展衣·緣衣를 말한다. 휘의는 왕후가 전용으로 입는 것이고, 나머지 5복은 왕의 3부인, 제후의 처 및 경대부사의 처의 옷으로 분류된다. 『三禮辭典』, 810쪽 및 242쪽 참조.

37) 부계육가 : 副는 여자의 首飾으로 머리털을 엮어 만든 것이고 笄는 가로로 찌르는 비녀이며 珈는 옥으로 만든 꾸미개이다.

38) 대사 : 12월에 여러 신을 제사지내고 농민을 휴식하게 하는 것이다.

39) 봄 ~ 제사한다 : 관련 내용은 『주례』 「夏官·大司馬」 에 나온다. 정현은 주에서 "'祊'은 '方'으로 되어야 옳다. 四方의 句芒 종류를 가리킨다"('祊', 當爲'方'. 謂四方句芒之屬也)라고 하였다. 句芒은 나무를 담당하는 木神이다.

40) 팔사 : 납향제(蜡祭)는 先嗇·司嗇·田畯·郵表畷·貓虎·제방(坊)·봇도랑(水庸)·昆蟲 등 8神에게 제사한다. 그러므로 八蜡라고 한다. 관련 내용은 「郊特牲」(56)에 나온다.

41) 고문을 ~ 반듯하네 : 이 말은 『詩』 「大雅·緜」 에 나온다.

42) 전편 : 「禮器」(36)에 관련 내용이 나온다.

43) 대로는 질박하다 : 『춘추좌씨전』, 桓公 2년 조에 "大路越席"이라고 하였다. '越席'은 하늘을 제사할 때 사용하는 자리인데, 대로 역시 하늘을 제사할 때 사용하는 수레이다. 하늘을 제사할 때는 文보다 質로써 공경함을 나타내기 때문에 정현이 주에서 "대로는 질박하다"고 한 것이다. 『예기정의』, 944쪽 참조.

44) 모우 : 소의 일종으로, 긴 털을 가졌다. 氂牛·牦牛라고도 한다.

45) 무왕은 ~ 지휘하였다 : 이 말은 『書』 「牧誓」 에 나온다.

46) 대기 : 올라가는 용과 내려오는 용을 그려 넣은 붉은 기다.

47) 대적 : 기의 이름으로, 9기의 하나이다. 장식도 없고, 모양도 없는 붉은 기다.

48) 대백 : 기의 이름으로, 9기의 하나이다.

49) 대휘 : 하후씨의 기다. 흑색이며 장식이 없다.

50) 왕은 ~ 한다 : 이 말은 『주례』 「春官·巾車」 에 나온다.

51) 내려오는 ~ 기다 : 이 말은 『주례』 「春官·司常」 에 나온다.

52) 태준·착준 :

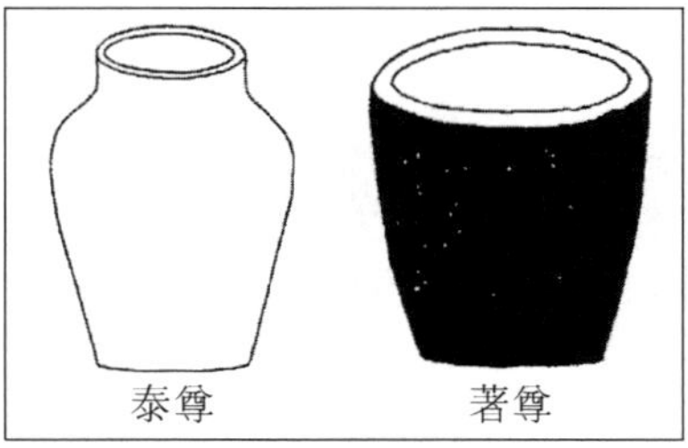


『欽定禮記義疏』(淸)

53) 술잔을 ~ 올리네 : 이 말은 『詩』 「大雅 · 行葦」 에 나온다.
54) 봄의 ~ 사용한다 : 인용는 『주례』 「春官 · 司尊彝」 에 나온다.
55) 재인은 ~ 1승이다 : 이 말은 『주례』 「冬官 · 梓人」 에 나온다.
56) 용작 :

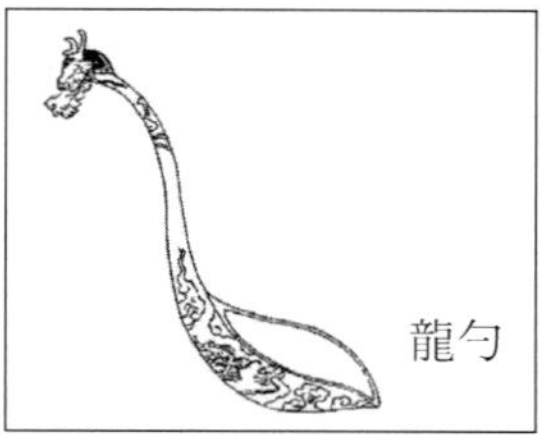


『欽定禮記義疏』(淸)

57) 토고 · 괴부 :

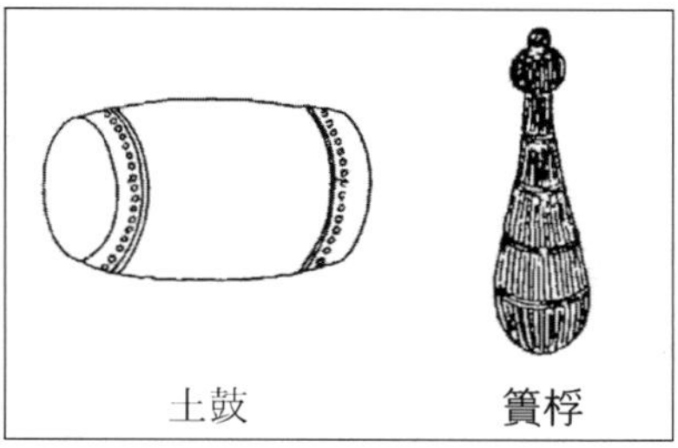


『欽定禮記義疏』(淸)

58) 축 · 어 :

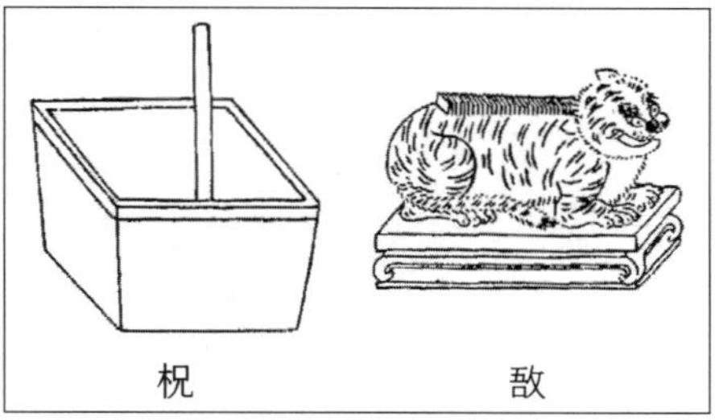


『欽定禮記義疏』(淸)

59) 알격은 ~ 뜻이다 : 이 말은 『書』 「虞書 · 益稷」 에 대한 공안국의 傳에 나온다.
60) 泮 : 『예기집설대전』에는 '頖'으로 되어 있고, 『예기정의』에는 '泮'으로 되어 있다.
61) 옛날에 ~ 제사지냈다 : 관련 내용은 『주례』 「春官 · 大司樂」 에 나온다.
62) 고몽 : 樂歌를 관장하는 관직이다. 『주례』 「春官 · 瞽矇」 에 "瞽矇은 鼗 · 柷 · 敔 · 塤 · 簫 · 管 · 弦 · 歌를 연주하고 노래하는 것을 담당한다.(瞽矇, 掌播鼗 · 柷 · 敔 · 塤 · 簫 · 管 · 弦 · 歌)"라고 하였다.
63) 하나라는 ~ '서'이다 : 이 말은 『맹자』 「滕文公上」 에 보인다.
64) 대황 : '璜'은 벽옥을 둘로 쪼갠 옥이다. 『左傳』, 定公 4년 조에 "夏后氏之璜, 封父之繁弱"이라 하였기 때문에 경문의 대황은 하나라의 보옥이다.
65) 노공에게 ~ 나누어주었다 : 이 말은 『춘추좌씨전』, 定公 4년 조에 나온다.
66) 자도가 극을 뽑았다 : 이 말은 『춘추좌씨전』, 隱公 11년 조에 나온다.

67) 영고·족고 :

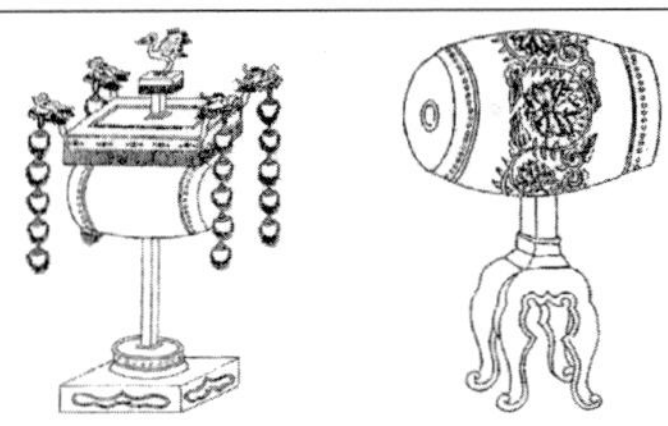

楹鼓 足鼓 『欽定禮記義疏』(淸)

68) 가로로 ~ 한다 : 이 말은 정현 주에 나온다.

69) 용순거 :

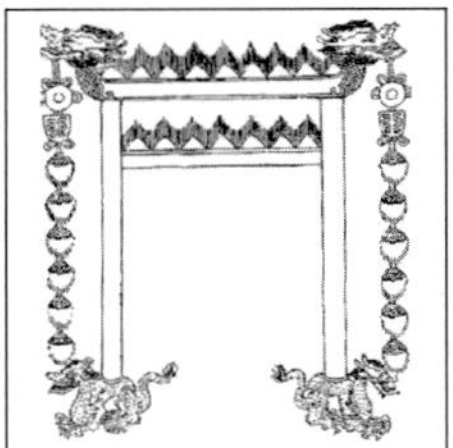

龍簨簴 『欽定禮記義疏』(淸)

70) 기장을 ~ 있다 : 이 말은 『의례』「少牢饋食禮」에 나온다.

71) '거'라고 하였다 : 『주례』에는 이 문장이 없다. 『의례』「小牢饋食禮」에 "창자 세 조각, 위 세 조각, 각각의 길이는 모두 俎拒에 미친다"(腸三, 胃三, 長皆及俎拒)라고 하였다. 俎拒는 俎의 가운데 다리의 橫木을 말한다.

72) 구조·방조 :

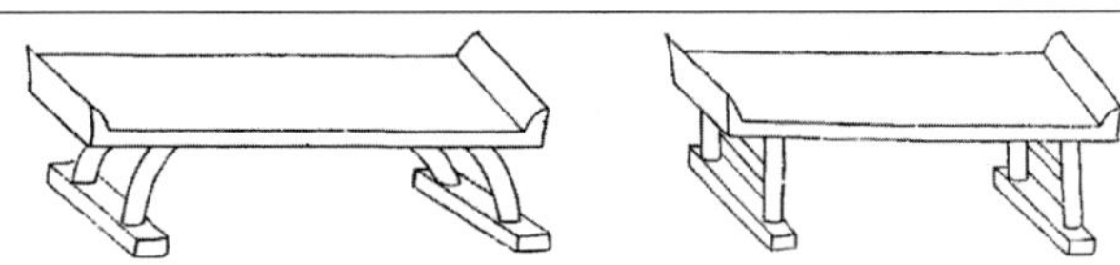

椇俎 房俎

『欽定禮記義疏』(淸)

73) 누이지 않은 비단 : 「檀弓上」(60)에 "흰 비단으로 명정의 깃대를 싸고 (깃대 끝에) 명정 깃발(旐)을 매단 것은 하나라 제도에 따른 것이었다"(綢練, 設旐, 夏也)에 대한 집설에 "練은 누이지 않은 비단이다"(練, 素錦)라고 하였다.

74) 운삽 : 발인할 때 상여의 좌우 전후를 가리고 가는 장식이다.

75) 대상 : 『주례』「天官·宰夫」에 "大喪과 小喪에서, 小官의 계엄하는 령을 관장하고 執事를 거느리고 일을 처리한다"(大喪小喪, 掌小官之戒令, 帥執事而治之)에 대한 정현 주에 "大喪은 王·后·世子의 喪을 가리킨다"(大喪, 王·后·世子之喪也)라고 하였다. 대상은 王·后·世子의 상을 가리키며, 때에 따라서는 부모의 喪을 뜻하기도 한다.

76) 공자의 ~ 지었는데 : 관련 내용은 「단궁상」(60)에 보인다.

77) 기폭 : 깃발(旒)이 붙어 있는 정폭 부분을 가리킨다.

78) 춘추시대에 ~ 시작되었다 : 疏의 설명에 따르면, 세 군주를 시해한 일은 『춘추좌씨전』, 隱公 11년 조의 慶普의 교사로 隱公이 시해된 것, 莊公 32년 조의 慶普가 子般을 시해하게 시킨 일, 閔公 2년 조의 경보가 武闈에서 민공을 해친 일을 가리킨다. 또한 "士에게 誄辭를 내리는 것이 莊公 때부터 시작되었다"는 것은 「檀弓上」(24)의 말을 『춘추좌씨전』, 莊公 10년 조에 근거하여 말한 것이다. 또한 "부인이 북상투를 한 채 조문을 하는 것이 臺駘의 전투에서 시작되었다"는 것은 「檀弓上」(29)의 말을 『춘추좌씨전』, 襄公 4년 조의 기사에 근거하여 말한 것이다.

79) 우보가 ~ 시해하고 : 관련 내용은 『춘추좌씨전』, 隱公 11년 조에 나온다.

80) 경보가 ~ 시해한 것 : 관련 내용은 『춘추좌씨전』, 莊公 32년 조와 閔公 2년 조에 나온다.

81) 하보가 ~ 놓은 것 : 관련 내용은 『춘추좌씨전』, 文公 2년 조에 나온다.

82) 희공이 ~ 한 것 : 관련 내용은 『춘추좌씨전』, 僖公 21년 조에 나온다.

83) 정권이 ~ 것이다 : 관련 내용은 『논어』 「季氏」에 나온다.

예기역주 권15

# 상복소기 제15
## 喪服小記

정현鄭玄의 『예기목록禮記目錄』에서 말한다. "「상복소기」라고 한 것은 상복喪服의 소소한 의리를 기록하였기 때문이다. 이 편은 유향劉向의 『별록別祿』에서는 「상복喪服」에 속해 있다." 鄭『目錄』云: "「喪服小記」者, 以其記喪服之小義也. 此於『別錄』屬「喪服」."

주자는 말한다. "「상복소기」는 『의례』 「상복喪服」의 전傳을 풀이한 것이다." 朱子曰: "「小記」是解「喪服」傳."

**【상복소기 1】**

참최斬衰의 상喪에는 마麻로 머리를 묶는다(括髮). 어머니의 상에서도 마麻로 머리를 묶지만, (소렴 뒤에) 문免을 착용하는데 (마麻를 대신하여) 포布로 한다.

斬衰, 括髮以麻. 爲母, 括髮以麻, 免而以布.

**鄭注** 어머니에 대한 상복은 가벼워, (소렴 뒤에) 문免을 착용할 때에 이르면, 포布로 마麻를 대신할 수 있다. 어머니를 위해서 상복을 할 경우에도,

(소렴을 마치고 빈賓에게 배례拜禮를 한 뒤 당 아래로 내려와 곡위哭位로 가서) 또한 곡哭을 하는데 (이때 머리를 묶지 않고) 문免을 착용한다. 母服輕, 至免可以布代麻也. 爲母, 又哭而免.

**集說** '참최斬衰'는 주인이 아버지를 위해 하는 상복이다. 아버지가 막 돌아가면 아들은 포布로 만든 심의深衣를 입고, 길관吉冠을 벗고 계사笄縰(비녀를 하고 머리를 끈으로 묶음)와 도선徒跣(맨발)을 하고, 심의의 앞섶을 대帶에 모은다. 소렴小斂을 할 때 이르러 계사를 제거하고 소관素冠(누이지 않은 베로 만든 관)을 쓴다. 소렴이 끝나면 소관을 벗고 마麻를 가지고 목에서 앞으로 하여 이마 위에서 교차시키고, 뒤로 돌려서 개紒에 묶어 참두幓頭(머리를 묶는 두건)를 착용한 모양과 같게 한다. 참두는 요즈음 사람들이 '약발掠髮'이라고 부르는 것이다. 이것은 '마麻로 머리를 묶는 것'(括髮以麻)을 가리킨다. 어머니가 돌아가셨을 때도 역시 그렇게 한다. 그러므로 '어머니를 위해 상복을 할 때, 마麻로 머리를 묶는다'고 한 것이니, 이 예는 아버지 상을 당했을 때와 마찬가지임을 말한 것이다. '문免을 착용하는데 포布로 한다'(免而以布)는 전적으로 어머니를 위한 것임을 말한다. 대개 아버지 상에서는 소렴 후 빈賓에게 배례拜禮하는 절차가 끝나면 아들은 당 아래의 곡위哭位로 가서 여전히 머리를 묶은(括髮) 채로 곡용哭踊을 한다. 어머니 상에서는 이때 다시 머리를 묶지 않고 포문布免(포로 두른 문)을 착용한 채로 곡용을 한다. 그러므로 '문免을 착용하는데 포布로 한다'(免而以布)고 한 것이다. 계사笄縰는 설명이 「내칙內則」(2)에 보이고, 문免은 「단궁檀弓」(1)에 보인다. '斬衰', 主人爲父之服也. 親始死, 子服布深衣, 去吉冠而猶有笄縰・徒跣, 扱深衣前衽於帶. 將小斂, 乃去笄縰, 著素冠. 斂訖, 去素冠, 而以麻自項而前, 交於額上, 卻而繞於紒, 如著幓頭然. 幓頭, 今人名'掠髮'. 此謂'括髮以麻'也. 母死, 亦然. 故云'爲母, 括髮以麻', 言此禮與喪父同也. '免而以布', 專言爲母也. 蓋父喪, 小斂後拜賓竟, 子卽堂下之位,

猶括髮而踊. 母喪則此時不復括髮, 而著布免以踊. 故云'免而以布'也. 笄縰, 說見「內則」, 免見「檀弓」.

**【상복소기 2】**

자최齊衰의 상喪에 부인婦人은 악계惡笄(조악한 비녀)를 하고 대帶(요대)를 하여 (중간에 바꾸지 않고) 상을 마친다.

齊衰, 惡笄, 帶[1])以終喪.

**鄭注** '비녀'(笄)는 머리를 묶는 것이며, '띠'(帶)는 몸을 부지하는 것이다. 부인婦人은 질박함을 중시하여 상喪에 자신을 묶고 부지하던 것을 벗기는 하지만 다른 것으로 바꾸어 하는 의절은 없다. '笄笄', 所以卷髮, '帶', 所以持身也. 婦人質, 於喪所以自卷持者, 有除無變.

**集說** 부인婦人은 자최齊衰의 상복을 하고 있는 중에는 개암나무로 비녀(笄)를 만들어 머리를 묶는데, 그것을 '악계惡笄'(조악한 비녀)라고 한다. '상喪을 마친다'(以終喪)는 것은 중간에 다시 고치거나 바꾸지 않고, 복을 마칠 때에 이르러 한꺼번에 모두 벗음을 말한다. 婦人居齊衰之喪, 以榛木爲笄以卷髮, 謂之'惡笄'. '以終喪'者, 謂中間更無變易, 至服竟則一倂除之也.

**【상복소기 3】**

남자는 관冠을 착용하고 부인은 계笄를 하며, 남자는 문免을 착용하고 부인은 좌髽(복상투, 여자가 상중에 묶는 머리형태)를 한다. 그 뜻은 남자이면 문免을 착용하고 부인이면 좌髽를 한다는 것이다.

男子冠而婦人笄, 男子免而婦人髽. 其義, 爲男子則免, 爲婦人則髽.

**鄭注** 남자와 여자를 구별하는 것이다. 別男女也.

**集說** 길吉할 때는 남자는 머리에 길관吉冠을 하고 부인婦人은 머리에 길계吉笄를 한다. 만약 부모가 처음 돌아가시면 남자는 관冠을 벗고 여자는 계笄를 벗는다. 아버지 상喪에 성복成服을 할 때, 남자는 6승포로 관을 만들어 쓰고 여자는 전조箭篠(대나무)로 계를 만들어 쓴다. 만약 어머니 상喪일 경우 남자는 7승포로 관을 만들어 쓰고 여자는 개암나무로 계를 만들어 쓴다. 그러므로 '남자는 관을 착용하고 부인은 계를 한다'(男子冠而婦人笄)고 한 것이다. '남자는 문을 착용하고 부인은 좌를 한다'(男子免而婦人髽)는 것은 오늘날 자최齊衰의 상에 남자가 문을 착용할 때 부인은 머리에 좌髽를 하는 것을 말한다. 좌髽에는 두 가지가 있는데, 참최斬衰의 상에는 마麻로 좌를 하고 자최의 상에는 포布로 좌를 한다. 모두 노개露紒라고 부른다. '그 뜻은 남자이면 문免을 착용하고 부인이면 좌를 한다'는 것은 그 의미가 이 문免과 좌髽로써 남녀를 분별하는 것일 뿐임을 말한다. 吉時, 男子首有吉冠, 婦人首有吉笄. 若親始死, 男去冠, 女則去笄. 父喪成服也, 男以六升布爲冠, 女則箭篠爲笄. 若喪母, 男則七升布爲冠, 女則榛木爲笄. 故云'男子冠而婦人笄'也. '男子免而婦人髽'者, 言今遭齊衰之喪, 當男子著免之時, 婦人則髽其首也. 髽有二, 斬衰則麻髽, 齊衰則布髽. 皆名露紒. '其義, 爲男子則免, 爲婦人則髽'者, 言其義不過以此免與髽, 分別男女而已.

【상복소기 4】

저장苴杖(검은빛의 대나무 지팡이)은 대나무로 만든다. 삭장削杖(오동나무를 깎아 네모지게 만든 지팡이)은 오동나무로 만든다.

苴杖, 竹也. 削杖, 桐也.

集說 죽장竹杖은 둥근 것으로 하늘을 본 뜬 것이며, 삭장削杖은 네모난 것으로 땅을 본 뜬 것으로 부와 모를 구별한 것이다. ○ 소疏에서 말한다. "'저苴'는 검다는 뜻이다. 반드시 대나무를 사용한 것은 그 몸체가 둥글고 성질은 곧으며 네 계절 내내 변함이 없음을 취하여 아들이 아버지를 위해 상복을 함에 예를 펼치고[2] 애통함을 지극하게 표출함이 절로 그러하여 원만하게 구족하고 종신토록 아픔이 있음을 밝히는 것이다. '삭削'은 줄어든다는 뜻이다. 오동나무는 때에 맞추어 조락凋落하니, 어머니의 상喪에 겉으로는 비록 감쇄하여 상복을 때에 맞추어 벗지만, 종신토록 애통해 하는 마음은 마땅히 아버지의 상喪과 같음을 말한다." 竹杖圓以象天, 削杖方以象地, 父母之別也. ○ 疏曰: "'苴'者, 黯也. 必用竹者, 以其體圓性貞, 四時不改, 明子爲父禮伸[3]痛極, 自然圓足, 有終身之痛也. '削'者, 殺也. 桐隨時凋落, 謂母喪, 外雖削殺, 服從時除, 而終身之心, 當與父同也."

【상복소기 5】

조부가 돌아가신 후에 조모의 후사가 된 자는 조모에게 삼년복을 한다.

祖父卒, 而后爲祖母後者三年.

**鄭注** 조부가 생존해 있으면 그 상복은 아버지가 생존해 있을 때 어머니를 위해 하는 상복과 같다. 祖父在, 則其服如父在爲母也.

**集說** 적손適孫에게 아버지가 사망한 상태에서 이미 조부를 위해 삼년복을 하였는데, 이제 조모가 또 사망하면 역시 삼년복을 다한다. 대개 조부가 생존해 있는데 조모의 상을 당하면, 아버지가 생존해 있을 때 어머니를 위해 기년복을 하는 것과 같이 한다. 아들이 죽으면 손자가 후사가 된다. 그러므로 후사가 된 자로써 말한 것이다. 適孫無父, 旣爲祖三年矣, 今祖母又死, 亦終三年之制. 蓋祖在而喪祖母, 則如父在而爲母期也. 子死則孫爲後. 故以爲後者言之.

**【상복소기 6】**

부모와 장자를 위해 상복을 할 때는, (빈객에게 배례拜禮를 할 때) 먼저 이마를 지면에 대고 배례를 한다(稽顙).① 대부가 (사士의 상에) 조문을 오면, 비록 시마복緦麻服일지라도 반드시 이마를 지면에 대고 배례를 한다.②

爲父母·長子, 稽顙.① 大夫弔之, 雖緦, 必稽顙.②

**鄭注** ① 존귀한 자와 정체正體(정처 소생의 맏아들)의 상喪에는 감히 예를 다하지 않을 수 없다. 喪尊者及正體, 不敢不盡禮.

② 대부를 존중하여 감히 가벼운 상복의 예로 대하지 않는 것이다. 尊大夫, 不敢以輕待之.

**集說** 상복이 무거운 경우는 먼저 이마를 지면에 대고(稽顙) 나서 빈賓에게

배례를 한다. 상복이 가벼운 경우는 먼저 빈賓에게 배례를 하고 뒤에 이마를 지면에 댄다. 부모는 존귀한 자이고, 장자는 정체正體(정처 소생의 맏아들)이다. 그러므로 무거운 상복의 예를 따른다. 대부가 사士를 조문한 것은 존귀함으로 비천함에 임하는 것이다. 비록 시마복緦麻服의 상喪일지라도 또한 반드시 이마를 지면에 대고 나서 배례를 한다. 대개 대부를 존중하여 감히 가벼운 상복의 예로 대하지 않는 것이다. 服重者, 先稽顙而後拜賓. 服輕者, 先拜賓而後稽顙. 父母, 尊也, 長子, 正體也. 故從重. 大夫吊於士, 是以尊臨卑. 雖是緦服之喪, 亦必稽顙而後拜. 蓋尊大夫, 不敢以輕待之也.

**【상복소기 7】**

부인婦人이 남편과 장자를 위해 상복을 할 때는, 먼저 이마를 지면에 대고(稽顙) 나서 배례를 한다. 그 나머지 친정 부모의 상과 같은 경우에서는 그렇게 하지 않는다.

婦人爲夫與長子, 稽顙. 其餘則否.

**鄭注** 은恩이 친정 부모에게는 줄어들기 때문이다. 恩殺於父母.

**集說** 부인은 다른 족속에서 중重(종족의 전승)을 받는다. 그러므로 남편과 장자의 상에는 먼저 이마를 지면에 대는 것이다. '그 나머지'(其餘)는 부모를 말한다. 상복을 낮춘 경우와 출가한 경우는 그 예가 줄어든다. 婦人受重於他族. 故夫與長子之喪則稽顙. '其餘', 謂父母也. 降服・移天, 其禮殺矣.

【상복소기 8】

(상주가 없어 섭행하게 할 경우) 남자 상주는 반드시 동성同姓을 시키고 여자 상주는 반드시 이성異姓(동종同宗의 부인)을 시킨다.

男主必使同姓, 婦主必使異姓.

鄭注 상주가 될 후사가 없는 자를 위해 상주 노릇을 함을 말한다. '이성異姓'은 동종同宗의 부인이다. 부인은 다른 종족으로 시집가서 그 종족의 성원이 된다. 謂爲無主後者爲主也. '異姓', 同宗之婦也. 婦人外成.

集說 상喪에는 반드시 남자 상주가 있어서 남자 빈객을 접대하고, 반드시 여자 상주가 있어서 여자 빈객을 접대한다. 가령, 부모의 상에는 적자適子가 남자 상주가 되고 적부適婦가 여자 상주가 된다. 지금 남자 상주가 없어서 다른 사람을 시켜 상주의 일을 섭행하게 하려면 반드시 상가의 동성同姓의 남자를 시키며, 여자 상주가 없어서 다른 사람을 시켜 상주의 일을 섭행하게 하려면 반드시 상가의 이성異姓의 여자를 시키는데 동종同宗의 부인을 말한다. 喪必有男主, 以接男賓, 必有女主, 以接女賓. 若父母之喪, 則適子爲男主, 適婦爲女主. 今無男主而使人攝主, 則必使喪家同姓之男, 無女主而使人攝主, 則必使喪家異姓之女, 謂同宗之婦也.

【상복소기 9】

아버지의 후사가 된 자는 출모出母(쫓겨난 어머니)를 위해 상복을 하지 않는다.

爲父後者, 爲出母無服.

鄭注 감히 자신의 사사로움으로 아버지가 중重을 전하여 준 제사를 폐하지 않는다. 不敢以己私廢父所傳重之祭祀.

集說 '출모出母'는 아버지에 의해 쫓겨난 어머니다. 적자適子로서 아버지의 후사가 된 자는 출모를 위해 복을 하지 않는다. 대개 조상을 존중하고 종宗을 존경하며, 집안에 두 주인이 없다는 의리 때문이다. 후사가 아닌 자는 기년복을 한다. '出母', 母爲父所遣者也. 適子爲父後者, 不服之. 蓋尊祖敬宗, 家無二主之義也. 非爲後者, 服期.

**【상복소기 10】**

친한 이를 친하게 여기는 것(親親)은 셋으로써 미루어 다섯이 되며, 다섯으로써 미루어 아홉이 된다. 위로 줄이고 아래로 줄이고 옆으로 줄여 친함이 끝난다.

親親以三爲五, 以五爲九. 上殺, 下殺, 旁殺, 而親畢矣.

鄭注 자기로부터 위로 아버지를 친하게 여기고 아래로 아들을 친하게 여겨 '셋'이 된다. 아버지로서 할아버지를 친하게 여기고 아들로서 손자를 친하게 여겨 '다섯'이 된다. 할아버지로서 고조를 친하게 여기고 손자로서 현손玄孫을 친하게 여겨 '아홉'이 된다. '쇄殺'는 친함이 더욱 멀어질수록 상복을 하는 것도 가벼워짐을 말한다. 己上親父, 下親子, '三'也. 以父親祖, 以子親孫, '五'也. 以祖親高祖, 以孫親玄孫, '九'也. '殺', 謂親益疏者, 服之則輕.

集說 자신으로부터 말하면 위로 아버지가 있고 아래로 아들이 있다. 마땅히 하나로써 셋이 된다고 말해야 하는데 그렇게 말하지 않은 것은 아버지와 아들은 일체로서 나눌 수 있는 의리가 없다. 그러므로 오직 '셋으로써 미루어 다섯이 된다'(以三爲五)고 한 것이다. 이 셋으로 인하고 아버지를 말미암아 할아버지를 친하게 여기고 아들을 말미암아 손자를 친하게 여기니, 이것이 '셋으로써 미루어 다섯이 된다'는 것이다. 또 '다섯으로써 미루어 일곱이 된다'고 말하지 않은 것은 대개 할아버지로 말미암아 증조와 고조 두 할아버지를 친하게 여기고 손자로 말미암아 증손과 현손을 친하게 여기지만 그 은혜는 모두 이미 소원하고 간략하다. 그러므로 단지 '다섯으로써 미루어 아홉이 된다'(以五爲九)고 말한 것이다. 아버지로 말미암아 위로 줄여서 고조에 이르고, 아들로 말미암아 아래로 줄여서 현손에 이르니, 이것이 '위로 줄이는 것'(上殺)과 '아래로 줄이는 것'(下殺)이다. 아버지를 함께하는 사이는 기년복을 하고, 할아버지를 함께하는 사이는 대공복大功服을 하고, 증조를 함께하는 사이는 소공복小功服을 하고, 고조를 함께하는 사이는 시마복緦麻服을 하니, 이것이 '옆으로 줄이는 것'(旁殺)이다. 고조를 넘어서면 복을 하지 않는다. 그러므로 '끝난다'고 한 것이다. 由己身言之, 上有父, 下有子. 宜言以一爲三而不言者, 父子一體, 無可分之義. 故惟言'以三爲五'. 謂因此三者, 而由父以親祖, 由子以親孫, 是'以三爲五'也. 又不言'以五爲七'者, 蓋由祖以親曾高二祖, 由孫而親曾孫玄孫, 其恩皆已疏略. 故惟言'以五爲九'也. 由父而上殺之至高祖, 由子而下殺之至玄孫, 是'上殺下殺'也. 同父則期, 同祖則大功, 同曾祖則小功, 同高祖則緦麻, 是'旁殺'也. 高祖外無服. 故曰'畢矣'.

【상복소기 11】

왕자王者는 그 시조가 말미암아 나온 바의 제帝에게 체제禘祭를 지내는데 그 시조를 배향한다. 그리고 네 개의 사당(廟)을 세운다. 서자로서 왕이 된 자도 또한 그와 같이 한다.

王者禘其祖之所自出, 以其祖配之.① 而立四廟.② 庶子王亦如之.③

鄭注 ① '체禘'는 큰 제사이다. 시조는 하늘의 신령에 감응하여 출생하였으므로 하늘에 제사할 때 시조를 배향한다. "바깥으로부터 이른 자(天神)는 사람의 시조가 없으면 머무르지 않는다."[4] '禘', 大祭也. 始祖感天神靈而生, 祭天則以祖配之. "自外至者, 無主不止."

② 고조 이하와 시조를 더하여 다섯이다. 高祖以下與始祖而五.

③ 세자가 폐질이 있어 세워질 수 없어 서자庶子가 세워졌을 경우 하늘에 제사하고 사당을 세우는 것은 또한 세자가 세워졌을 때와 같이 한다. 춘추시대에 위나라 제후 원元[5]에게는 형 집縶이 있었다. 世子有廢疾不可立, 而庶子立, 其祭天立廟, 亦如世子之立也. 春秋時, 衛侯元有兄縶.

集說 '사묘四廟'는 고조·증조·할아버지·아버지 등 사친四親의 사당이다. 시조가 그 안에 들어가 다섯이 되고, 고조의 아버지와 할아버지를 합하여 일곱이 된다. 혹 세자가 폐질이 있어 세워질 수 없어서 서자가 세워져 왕이 된 경우 그 예제 또한 그렇게 한다. ○ 조씨趙氏(조광趙匡)는 말한다. "'체禘'는 왕자王者의 큰 제사이다. 왕이 된 자는 이미 시조의 사당을 세우고, 또 시조가 말미암아 나온 바의 제帝에까지 미루어 시조의 사당에서 제사지내는데 시조를 배향한다." '四廟', 謂高·曾·祖·禰四親廟也. 始祖居中爲五, 幷高祖之父祖爲七. 或世子有廢疾不可立, 而庶子立爲王者, 其禮制亦然. ○ 趙氏曰: "'禘', 王者之大祭也. 王者旣立始祖之廟, 又推始祖所自出之帝, 祀之於始祖之廟, 而以始祖配之也."

**【상복소기 12】**

별자別子는 시조가 되고, 별자를 계승한 자가 종宗(대종)이 된다. 아버지를 계승한 자는 소종小宗이다. 오세五世가 되면 바뀌는 종宗이 있으니 고조를 계승한 자이다. 그러므로 조祖[6]는 위에서 옮기고 종宗은 아래에서 바뀐다. 조祖를 높이기 때문에 종宗을 존경하는 것이다. 종宗을 공경함은 조祖와 녜禰를 높이는 것이다.

別子爲祖,① 繼別爲宗.② 繼禰者爲小宗.③ 有五世而遷之宗, 其繼高祖者也.④ 是故祖遷於上, 宗易於下. 尊祖故敬宗. 敬宗所以尊祖·禰也.⑤

鄭注 ① 제후의 서자庶子는 구별되어 뒷 세대들에게 시조가 된다. '별자別子'라고 일컫는 것은 공자公子(군주의 비적장자)는 선군先君을 아버지로 제사할 수 없기 때문이다. 諸侯之庶子, 別爲後世爲始祖也. 謂之'別子'者, 公子不得禰先君.

② 별자의 대대로 이어지는 장자는 족인들에게 종宗이 되는데 이른바 백세토록 옮기지 않는 종宗(대종)이다. 別子之世長子, 爲其族人爲宗, 所謂百世不遷之宗.

③ 별자의 서자의 장자는 형제들에게 종宗이 된다. 소종小宗이라고 일컫는 것은 장차 옮기기 때문이다. 別子庶子之長子, 爲其昆弟爲宗也. 謂之小宗者, 以其將遷也.

④ 소종을 일컫는다. 소종에는 넷이 있는데, 고조를 계승하거나 증조를 계승하거나 할아버지를 계승하거나 아버지를 계승한 것으로 모두 오세五世에 이르면 바뀐다. 謂小宗也. 小宗有四, 或繼高祖, 或繼曾祖, 或繼祖, 或繼禰, 皆至五世則遷.

⑤ '종宗'은 조부와 선친의 정체正體(정처소생의 맏아들)이다. '宗'者, 祖·禰之正體.

集說 '별자別子'에는 세 가지 경우가 있다. 첫째 제후의 적자適子의 동생으로 정적正適(정처소생의 맏아들)과 구별하는 경우요, 둘째 타국에서 온 이성異姓의 공자公子(군주의 아들)로서 오지 않은 본국의 공자와 구별하는 경우요, 셋째는 서성庶姓으로 이 나라에서 등용되어 경대부가 된 자로서 벼슬하지 못한 자와 구별하는 경우이다. 모두 별자라고 칭한다. '시조가 된다'(爲祖)는 것은 구별되어 뒤 세대들에게 시조가 된다는 것이다. '별자를 계승한 자가 종宗이 된다'(繼別爲宗)는 것은 별자의 후사가 대대로 적장자로써 별자를 계승하여 족인들에게 백세百世토록 옮기지 않는 대종大宗이 된다는 것이다. '아버지를 계승한 자는 소종이다'(繼禰者爲小宗)는 것은 별자의 서자庶子가 장자에게 자신을 계승하게 하여 소종이 되는 것으로 아버지를 함께하는 형제가 그를 종宗으로 삼는다. 오세五世는 고조로부터 현손玄孫의 아들까지인데, 이 아들은 아버지의 고조에 대하여 복服이 없고 아버지의 고조를 함께 하는 형제를 통섭할 수 없다. 그러므로 바뀌어 각기 가까운 자를 따라 종宗을 삼는다. 그러므로 '오세五世가 되면 옮기는 종宗이 있다'고 한 것이다. 고조를 계승한 경우에 사세四世 때에는 항상 고조를 섬기지만, 오세五世가 되면 고조의 아버지에게 복服이 없다 이것이 '조祖가 위에서 바뀐다'는 것이다. 사세四世 때에는 여전히 삼종三從의 족인에 대해서 종宗노릇을 하지만, 오세五世에 이르면 다시 사종四從의 족인들에 대해서 종宗노릇을 할 수 없다. 이것이 '종宗은 아래에서 바뀐다'는 것이다. '종宗'은 선조의 정체正體(정처소생의 맏아들)로서 오직 선조를 높이기 때문에 종宗을 공경하는 것이다. ○ 소疏에서 말한다. "족인은 일신에 네 종宗을 섬기는데, 친형제의 적適(장자)을 섬기는 것이 계녜소종繼禰小宗이고, 사촌 형제의 적適을 섬기는 것이 계조소종繼祖小宗이고, 재종형제의 적適을 섬기는 것이 계증조소종繼曾祖小宗이고, 삼종三從 형제의 적適을 섬기는 것이 계고조소종繼高祖小宗이

다. 소종은 모두 넷인데 오직 '계녜繼禰'(선친을 계승하는 것)라고 말한 것은 처음에는 모두 계녜로 시작하므로 그 처음에 의거하여 말한 것이다." '別子'有三. 一是諸侯適子之弟, 別於正適, 二是異姓公子來自他國, 別於本國不來者, 三是庶姓之起於是邦, 爲卿大夫, 而別於不仕者. 皆稱別子也. '爲祖'者, 別與後世爲始祖也. '繼別爲宗'者, 別子之後, 世世以適長子繼別子, 與族人爲百世不遷之大宗也. '繼禰者爲小宗', 謂別子之庶子, 以其長子繼己爲小宗, 而其同父之兄弟宗之也. 五世者, 高祖至玄孫之子, 此子於父之高祖無服, 不可統其父同高祖之兄弟. 故遷易而各從其近者爲宗矣. 故曰'有五世而遷之宗'. 其繼高祖者也, 四世之時, 尙事高祖, 五世則於高祖之父無服. 是'祖遷於上'也. 四世之時, 猶宗三從族人, 至五世則不復宗四從族人矣. 是'宗易於下'也. '宗'是先祖正體, 惟其尊祖, 是以敬宗也. ○ 疏曰: "族人一身事四宗, 事親兄弟之適是繼禰小宗也, 事同堂兄弟之適是繼祖小宗也, 事再從兄弟之適是繼曾祖小宗也, 事三從兄弟之適是繼高祖小宗也. 小宗凡四, 獨云'繼禰'者, 初皆繼禰爲始, 據初而言之也."

**【상복소기 13】**

적사適士인 서자庶子가 조부에게 제사지내지 못함은 그 종宗이 있는 곳을 밝히는 것이다.

庶子不祭祖者, 明其宗也.

**鄭注** 종宗을 존경하는 것을 근본으로 삼음에는 아버지 사당에 제사하지 못함을 밝힌 것이다. '조부에게 제사지내지 못한다'(不祭祖)라고 말한 것은 종자宗子와 서자庶子가 다 같이 적사適士[7]가 되어 조부의 사당과 선친의 사당을 세울 수 있는 경우를 위주로 하여 말한 것이다. 무릇 정체正體가 윗대에 있는 경우, 아랫대에서 정체여도 여전히 윗대에 대해 서庶가 됨을 말한

다.[8] 明其尊宗以爲本也, 禰則不祭矣. 言'不祭祖'者, 主謂宗子·庶子, 俱爲適士, 得立祖禰廟者也. 凡正體在乎上者, 謂下正猶爲庶也.

**集說** 이 경문은 적사適士가 2묘廟를 세워 조부와 선친에게 제사하는 것에 의거한 것이다. 지금 형제 두 사람이 하나는 적자이고 하나는 서자인데 다 같이 적사適士가 되었으면, 적자로서 적사가 된 자가 본디 조부와 선친에게 제사를 지낸다. 서자는 비록 적사가 되었을지라도 단지 선친의 사당만 세울 수 있다. 조부의 사당을 세워서 제사할 수 없는 것은 그 종宗이 있는 곳을 밝힌 것이다. 此據適士立二廟, 祭禰及祖. 今兄弟二人, 一適一庶而俱爲適士, 其適子之爲適士者, 固祭祖及禰矣. 其庶子雖適士, 止得立禰廟. 不得立祖廟而祭祖者, 明其宗有所在也.

**【상복소기 14】**

서자庶子는 자신의 장자長子를 위해 참최복斬衰服을 하지 못한다. 할아버지와 아버지를 계승하지 않았기 때문이다.

庶子不爲長子斬. 不繼祖與禰故也.

**鄭注** 선조의 정체正體를 높이는 것은 그 통統을 둘로 나누지 않는 것이다. 할아버지와 아버지를 계승하지 않았으면, 장자長子는 반드시 오세五世가 되지는 않았음을 말한다. 尊先祖之正體, 不二其統也. 言不繼祖禰, 則長子不必五世.

**集說** 서자庶子인 아버지가 자신의 장자長子를 위하여 참최삼년복斬衰三年服을 할 수 없는 것은 자신이 할아버지를 계승한 종宗이 아니고 또 아버지를 계승한 종宗도 아니어서 자신의 장자가 정통正統이 되지 않기 때문이다.

庶子不得爲長子服斬衰三年者, 以己非繼祖之宗, 又非繼禰之宗, 則長子非正統故也.

**【상복소기 15】**

서자庶子는 상殤과 후사가 없는 자에게 제사지내지 못한다. 상殤과 후사가 없는 자는 할아버지 사당에 부祔하여 흠향하게 한다.

庶子不祭殤與無後者. 殤與無後者, 從祖祔食.

**鄭注** '상殤에게 제사지내지 못한다'(不祭殤)는 것은 제사하는 이가 아버지의 서자庶子인 경우이다. '후사가 없는 자에게 제사지내지 못한다'(不祭無後)는 것은 제사하는 이가 조부의 서손인 경우이다. 이 두 경우는 당연히 조부에게 부祔하여 제사를 받게 해야 하지만, 제사하는 자신이 조부에게 제사하지 못하기 때문에 이 둘은 제사를 받을 곳이 없다. (따라서) 희생犧牲을 함께하여 종자宗子가 그 예를 주관한다. 조부에게 서손인 자의 상殤에 대해서는 자신이 직접 제사한다. 무릇 상殤에게 제사하는 것은 오직 적자適子인 경우이다. '무후자無後者'는 (제사할 사람이 조부의 서손인 경우 그의) 형제와 백숙부이다. 종자宗子의 여러 백숙부로서 후사가 없는 자는 선墠을 만들어 제사를 지낸다. '不祭殤'者, 父之庶也. '不祭無後'者, 祖之庶也. 此二者, 當從祖祔食, 而己不祭祖, 無所食之也. 共其牲物, 而宗子主其禮焉. 祖庶之殤, 則自祭之. 凡所祭殤者, 唯適子耳. '無後者', 謂昆弟諸父也. 宗子之諸父無後者, 爲墠祭之.

**集說** 장상長殤·중상中殤·하상下殤은 전편에 보인다. 대개 성인이 되지 못하고 죽은 자이다. '후사가 없는 자'(無後者)는 성인으로서 혼인을 하지 않았거나 이미 장가들었는데 자식이 없이 죽은 자를 가리킨다. 서자庶子가 이 둘에게 제사를 지내지 못하는 것은 자신이 아버지의 서자여서 아버지

사당을 세울 수 없고, 따라서 자신이 상자殤子에게 제사를 지낼 수 없기 때문이다. 만약 자신이 할아버지의 서손庶孫이면, 할아버지 사당을 세울 수 없기 때문에 후사가 없는 형제들을 위해 자신이 또한 제사를 지낼 수 없다. 할아버지 사당은 종자宗子의 집에 있으므로, 이 상殤과 무후자는 할아버지에게 제사지낼 때 또한 더불어 할아버지 사당에서 제사를 지낸다. 그러므로 '할아버지 사당에 부하여 흠향하게 한다'(從祖祔食)고 한 것이다. 長·中·下殤見前篇. 蓋未成人而死者也. '無後者', 謂成人未昏, 或已娶而無子而死者也. 庶子所以不得祭此二者, 以己是父之庶子, 不得立父廟, 故不得自祭其殤子也. 若己是祖之庶孫, 不得立祖廟, 故無後之兄弟, 己亦不得祭之也. 祖廟在宗子之家, 此殤與此無後者, 當祭祖之時, 亦與祭於祖廟也. 故曰'從祖祔食'.

**【상복소기 16】**

서자庶子가 아버지 사당에 제사를 지내지 못하는 것은 그 종宗을 분명히 하는 것이다.

庶子不祭禰者, 明其宗也.

**鄭注** 종자宗子와 서자庶子가 다 같이 하사下士가 되었을 경우 아버지 사당을 세울 수 있음을 말한다. 비록 서인庶人일지라도 또한 그러하다. 謂宗子·庶子俱爲下士, 得立禰廟也. 雖庶人, 亦然.

**集說** 서자庶子는 아버지 사당을 세울 수 없다. 그러므로 아버지에게 제사를 지낼 수 없다. 그렇게 하는 이유는 제사를 주관하는 것이 종자宗子에게 있고 사당이 반드시 종자의 집에 있음을 분명히 하는 것이다. 서자가 비록 귀한 신분이 되었을지라도 단지 희생犧牲을 공급하여 갖출 뿐이고 종자가

그 예를 주관한다. 위 경문(13)에서 "서자는 할아버지에게 제사를 지낼 수 없다"고 말했는데, 그 경우는 오히려 아버지 사당을 세울 수 있으니, 그가 적사適士이기 때문이다. 이 경문에서 '아버지 사당에 제사를 지내지 못한다'(不祭禰)고 말한 것은 이 서자가 적사가 아니거나 벼슬하지 않아서 사당을 세워 아버지에게 제사를 지낼 수 없기 때문이다. 庶子不得立禰廟. 故不得祭禰. 所以然者, 明主祭在宗子, 廟必在宗子之家也. 庶子雖貴, 止得供具牲物, 而宗子主其禮也. 上文言, "庶子不祭祖", 是猶得立禰廟, 以其爲適士也. 此言'不祭禰', 以此庶子非適士或未仕, 故不得立廟以祭禰也.

**【상복소기 17】**

친한 이를 친하게 여기고(親親), 존귀한 이를 존귀하게 여기고(尊尊), 어른을 어른으로 여기고(長長), 남자와 여자 사이에 구별을 두는 것(男女之有別)은 사람의 도리 가운데 중대한 것이다.

親親 · 尊尊 · 長長 · 男女之有別, 人道之大者也.

**鄭注** 상복을 높이고 줄이는 원리를 말한 것이다. 言服之所以隆殺.

**集說** 小疏에서 말한다. "이 경문은 상복을 낮추고 줄이는 것을 논한 것이다. '친한 이를 친하게 여김'(親親)은 부모를 말한다. '존귀한 이를 존귀하게 여김'(尊尊)은 할아버지 및 증조와 고조를 말한다. '어른을 어른으로 여김'(長長)은 형 및 방친旁親을 말한다. 신분이 낮거나 어린 사람의 경우를 말하지 않은 것은 신분이 높거나 어른인 경우를 말하면 아울러 알 수 있기 때문이다. '남자와 여자 사이에 구별을 둠'(男女之有別)은 아버지를 위해 참최斬衰를

하고 어머니를 위해 자최齊衰를 하며, 고모와 자매로서 시집가지 않은 자에게는 기년期年을 하고 출가한 자에게는 대공大功을 하며, 남편을 위해서는 참최斬衰를 하고 아내를 위해서는 기년期年을 하는 것 등과 같은 것이 그것이다. 이 네 가지는 사람의 도리에 가장 큰 것이다." 疏曰: "此論服之降殺. '親親', 謂父母也. '尊尊', 謂祖及曾祖·高祖也. '長長', 謂兄及旁親也. 不言卑幼, 擧尊長則卑幼可知也. '男女之有別'者, 若爲父斬, 爲母齊衰, 姑·姊妹在室期, 出嫁大功, 爲夫斬, 爲妻期之屬, 是也. 此四者, 於人之道爲最大."

**【상복소기 18】**

종복從服은 따르는 대상이 죽으면 그치고 상복을 하지 않는다. 속종屬從은 따르는 대상이 비록 죽었을지라도 상복을 한다.

從服者, 所從亡則已.① 屬從者, 所從雖沒也服.②

**鄭注** ① 군모君母의 부모·형제·종모從母를 위해 상복을 하는 경우를 말한다. 謂若爲君母之父母·昆弟·從母也.

② 자신이 자신의 어머니 친족을 위해 상복을 하는 경우를 말한다. 謂若自爲己之母黨.

**集說** 소疏에서 말한다. "상복을 하는 원칙(服術)에는 여섯 가지가 있는데 그 하나가 도종徒從이다. 도徒는 비었다(空)는 뜻이다. 저쪽과 친속親屬이 아닌데도 공연히 이쪽을 따라 저쪽에 대하여 상복을 하는 것으로서 네 가지가 있다. 첫째는 첩妾이 여군女君의 친족을 위해 상복을 하는 것이고, 둘째는 아들이 어머니를 따라 어머니의 군모君母에게 상복을 하는 것이고, 셋째는 첩자妾子가 군모君母의 친족을 위해 상복을 하는 것이고, 넷째는 신하가

군주를 따라 군주의 친족을 위해 상복을 하는 것이다. 이 네 가지 중에서 오직 여군의 친족에 대한 경우에만 여군女君이 비록 죽었을지라도 첩妾은 여군의 친족에게 상복을 한다. 나머지 세 가지는 따르는 대상이 죽으면, 그치고 상복을 하지 않는다. '이已'는 그친다는 뜻이다. '속屬'은 뼈와 피가 연속되어 친족이 된 것을 말하는데, 또한 세 가지가 있다. 하나는 아들이 어머니를 따라 어머니의 친족에게 상복을 하는 것이고, 둘째는 아내가 남편을 따라 남편의 친족에게 복을 하는 것이며, 셋째는 남편이 아내를 따라 아내의 친족에게 상복을 하는 것이다. 이 세 가지 종복은 따르는 대상이 비록 죽어도 오히려 그를 따라 그 친족에게 상복을 한다." 疏曰: "服術有六, 其一是徒從. 徒, 空也. 與彼非親屬, 空從此而服彼, 有四者. 一是妾爲女君之黨, 二是子從母服於母之君母, 三是妾子爲君母之黨, 四是臣從君而服君之黨. 此四徒之中, 惟女君雖沒, 妾猶服女君之黨. 餘三徒, 所從旣亡, 則止而不服. '已', 止也. '屬'者, 骨血連續, 以爲親也, 亦有三. 一是子從母服母之黨, 二是妻從夫服夫之黨, 三是夫從妻服妻之黨. 此三從, 雖沒, 猶從之服其親也."

**【상복소기 19】**

첩妾이 여군女君을 따라 쫓겨났으면, 첩은 여군의 아들을 위해 상복을 하지 않는다.

妾從女君而出, 則不爲女君之子服.

**鄭注** 첩妾이 여군女君의 친족을 위해 상복을 하는 것은 여군과 함께 할 수 있다. 그러나 이제 다 같이 쫓겨난 뒤에는 여군은 여전히 아들을 위해 기년복을 하지만, 첩은 의리가 끊어졌으므로 시행할 상복이 없다. 妾爲女君

之黨服, 得與女君同. 而今俱出, 女君猶爲子期, 妾於義絶無施服.

**集說** '첩妾'은 여군女君의 질제姪娣[9]이다. 그가 올 때는 여군과 함께 들어왔으므로, 여군의 아들을 위해 상복을 하는 것이 여군과 같다. 만약 여군이 칠거지악을 범하여 쫓겨나면 이 질제姪娣도 또한 따라서 쫓겨난다. 아들이 죽으면, 어머니는 스스로 아들을 위해 복을 하지만, 질제姪娣는 복을 하지 않는데 의리가 끊어졌기 때문이다. '妾', 謂女君之姪娣也. 其來也, 與女君同入, 故服女君之子, 與女君同. 若女君犯七出而出, 則此姪娣亦從之出. 子死則母自服其子, 姪娣不服, 義絶故也.

**【상복소기 20】**

예禮에 따르면, 천자가 아니면 체제禘祭를 지내지 못한다.

禮, 不王不禘.

**鄭注** '체禘'는 하늘에 제사지내는 것이다. '禘', 謂祭天.

**集說** '체제禘祭'는 왕자王者의 큰 제사로서 제후는 지낼 수 없다. 그러므로 '천자가 아니면 체제禘祭를 지내지 못한다'(不王不禘)라고 한 것이다. ○ 석량왕씨石梁王氏는 말한다. "이 구절은 본래 '왕자王者는 그 시조가 말미암아 나온 바의 제帝에게 체제禘祭를 지낸다'(王者禘其祖之所自出)(11)는 구절 앞에 배치되어 있었는데, 잘못 뒤섞여서 이곳에 놓인 것이다." '禘', 王者之大祭, 諸侯不得行之. 故云'不王不禘'. ○ 石梁王氏曰: "此句合在'王者禘其祖之所自出'上, 錯亂在此."

【상복소기 21】

세자世子(천자와 제후의 적장자)는 아내의 부모를 위한 상복을 낮추어 줄이지 않는다. 세자가 아내를 위하여 하는 상복은 대부의 적자適子가 죽었을 때 아버지인 대부가 적자를 위해 하는 상복과 같다.[10)]
世子不降妻之父母. 其爲妻也, 與大夫之適子同.

鄭注 '세자世子'는 천자와 제후의 적장자(適子)이다. 아내의 부모를 위해 상복을 낮추지 않는 것은 아내를 위해 하기 때문에 친하게 여기는 것이다. 아내를 위해서 또한 자최부장기齊衰不杖期를 하는 것은 아버지인 군주가 상주가 되기 때문에 아들은 정을 펼 수 없는 것이다. 상주에 대해서 '대부가 적자를 위해 하는 상복과 같다'고 한 것은 『의례』「상복喪服」에 명문화 된 것에 의거한 것이다. 『의례』「상복」의 경문은 본래 아버지가 살아 있을 때 아내를 위해 부장기不杖期를 한다는 것을 보이는 것인데, 대부의 적장자로 말한 것은 대부 이상의 경우 비록 존귀하더라도 여전히 적부適婦의 상에서 상주가 됨을 밝힌 것이다. '世子', 天子・諸侯之適子也. 不降妻之父母, 爲妻故親之也. 爲妻亦齊衰不杖者, 君爲之主, 子不得伸也. 主言'與大夫之適子同', 據「喪[11)]服」之成文也. 本所以正見父在爲妻不杖, 於大夫適子者, 明大夫以上雖尊, 猶爲適婦爲主.

集說 '세자世子'는 천자와 제후의 적자適子로서 대를 잇는 자이다. 아내의 부모를 위한 상복을 낮추어 줄이지 않는 것은 아내 때문에 친하게 여기는 것이다. 대부의 적자가 죽으면 대부인 아버지는 자최부장기齊衰不杖期를 한다. 이제 세자가 이미 그 아내의 부모를 위해 복을 낮추지 않았으니, 그 아내를 위한 상복은 대부가 적자를 위해 하는 상복과 같다. '世子', 天子・諸侯之適子傳世者也. 不降殺其妻父母之服者, 以妻故親之也. 大夫適子死, 服齊衰不杖. 今世子旣不降其妻之父母, 則其爲妻服與大夫服適子之服同也.

【상복소기 22】

아버지가 사士이고 아들이 천자나 제후이면 제사를 천자와 제후의 예로 지내고, 시尸의 복장은 사士의 복장을 사용한다.

父爲士, 子爲天子・諸侯, 則祭以天子・諸侯, 其尸服以士服.

鄭注 제사를 천자와 제후의 예로 하는 것은 아들의 도리로 봉양하는 것이다. 시尸의 복장을 사士의 복장으로 하는 것은 아버지가 본래 작위가 없으므로 아들이 감히 자신의 작위로 더하지 못하는 것이니, 아버지를 낮춘다는 혐의를 받기 때문이다. 祭以天子・諸侯, 養以子道也. 尸服士服, 父本無爵, 子不敢以己爵加之, 嫌於卑之.

集說 제사에 살아 있는 자의 예를 사용하는 것은 자식의 도리를 다하는 것이다. 시尸는 귀신을 본뜬 것으로, 자연히 (생전의 지위에 따른) 본래의 복을 사용한다. 祭用生者之禮, 盡子道也. 尸以象神, 自用本服.

【상복소기 23】

아버지가 천자나 제후인데 아들이 사士이면, 제사는 사士의 예로 지내며 시尸의 복장은 사士의 복장을 사용한다.

父爲天子諸侯, 子爲士, 祭以士, 其尸服以士服.

鄭注 아버지가 죄로 죽음을 당한 경우 시尸의 복장은 사士의 복장을 사용하여 군주가 됨을 온전히 이루지 못하는 것을 말한다. (천자가 주벌을 당한 경우, 그) 천자의 아들은 마땅히 왕자王者의 후사로 봉해져 명命을 받은

시조의 제사를 지내게 한다. '사士가 되었다'고 하였으니, 미자微子와 같은 동종同宗의 현명한 자를 택하고, 그 아들을 왕자王者의 후사로 반드시 봉할 필요는 없는 것이다. 제후로 세워진 자는 선군先君을 예대로 죽은 자(禮卒者)로써 제사지내므로 시尸의 복장은 천자나 제후의 복이 된다. 만약 봉하여 세워지지 않았다면 시尸의 복장과 제사를 모두 사士의 예와 같이 하며, 감히 존귀한 자의 의복과 기물을 참람되게 사용하지 못한다. 謂父以罪誅, 尸服以士服, 不成爲君也. 天子之子, 當封爲王者後, 以祀其受命之祖. 云'爲士', 則擇其宗之賢者若微子者, 不必封其子爲王者後. 及所立爲諸侯者, 祀其先君以禮卒者, 尸服天子·諸侯之服. 如遂無所封立, 則尸也祭也, 皆如士, 不敢僭用尊者衣物.

**集說** 천자와 제후의 예로써 아버지가 사士였던 이를 제사하는 경우는 그 예를 펼쳐 표현한다. 그러므로 시尸의 복장을 죽은 자의 복장으로 하는 것은 올바른 예이다. 사士의 예로써 아버지가 천자나 제후였던 이를 제사지내는 경우엔, 그 예를 굽히고 표현하지 못한다. 그러므로 시尸의 복장을 고인이 생전에 입었던 복장으로 하는 것은 변칙적인 예이다. 예에는 "굽혀서 줄여 행하는 경우가 있다"[12]는 말은 이런 부류가 그에 해당한다. 以天子·諸侯之禮, 祭其父之爲士者, 其禮伸. 故尸服死者之服爲禮之正. 以士之禮, 祭其父之爲天子·諸侯者, 其禮屈. 故尸服生者之服爲禮之變. 禮有"曲而殺者", 此類是也.

**【상복소기 24】**

부인婦人이 시부모의 상喪을 당하였는데 쫓겨나면, 곧 시부모에 대한 상복을 벗는다.

婦當喪而出, 則除之.

**鄭注** '상을 당하였다'(當喪)는 것은 시아버지와 시어머니의 상喪을 당한 것이다. (처가) 내쫓기면 (시부모에 대하여) 상복을 벗는 것은 친족의 관계를 끊는 것이다. '當喪', 當舅姑之喪也. 出, 除喪, 絶族也.

**集說** 부인婦人이 시부모의 상喪을 당하였는데 남편에게 내쫓김을 당하면 곧 시부모에 대한 상복을 벗는다. 은의恩義가 끊어졌기 때문이다. 婦當舅姑之喪, 而爲夫所出, 則卽除其服. 恩義絶故也.

**【상복소기 25】**

부모를 위한 상복을 하는데, 연제練祭(소상제)를 지내기 전에 남편에게 쫓겨나면 삼년복을 하고, 이미 연제를 지낸 후에 남편에게 쫓겨나면 그대로 그친다.

爲父母喪, 未練而出則三年, 旣練而出則已.

**集說** 만약 부모의 상喪을 당하였는데 기년期年이 되기 전에 남편에게 내쫓기면 부모를 위해 하는 삼년의 상복을 끝까지 마친다. 자신과 남편의 친족과의 관계가 끊어졌으므로 은혜의 정情이 부모에게 다시 높아진 것이다. 만약 부모의 소상小祥 후에 남편에게 쫓겨났으면, 자신의 기년복은 이미 벗었을 때이므로 형제와 똑같이 삼년복으로 변경할 수 없다. 그러므로 그친다고 한 것이다. '이已'는 그친다는 뜻이다. 若當父母之喪, 未期而爲夫所出, 則終父母三年之制. 爲己與夫族絶, 故其情復隆於父母也. 若在父母小祥後被出, 則是己之期服已除, 不可更同兄弟爲三年服矣. 故已也. '已'者, 止也.

**【상복소기 26】**

연제練祭(소상제)를 지내지 않았는데 시가로 되돌아가게 되면 기년복을 하여 마치고, 연제를 지낸 후에 되돌아가게 되면 삼년복을 하여 마친다.

未練而反則期, 旣練而反則遂之.

**集說** 만약 남편에게 쫓겨난 뒤에 부모의 상喪을 당한 경우, 기년期年이 되지 않아 남편이 명하여 시가로 되돌아가게 되면 다만 기년복을 하고 마칠 뿐이고, 시가로 되돌아가는 것이 기년 뒤이면 삼년복을 하여 마친다. 대개 자신이 형제를 따라 연제를 지내고 삼년의 상복을 하고 있기 때문에 중도에 그만둘 수 없는 것이다. 若被出後遇父母之喪, 未及期, 而夫命之反, 則但終期服. 反在期後, 則遂終三年. 蓋緣已隨兄弟小祥, 服三年之喪, 不可中廢也.

**【상복소기 27】**

재기再期(2주기)의 상喪은 3년이다. 기期(1주기)의 상은 2년이다. 9개월과 7개월의 상은 세 계절이다. 5개월의 상은 두 계절이다. 3개월의 상은 한 계절이다. 그러므로 1주년이 되면 제사를 지내니 예禮요, 1주년이 되면 상복을 벗으니 도道이다. 제사를 지내는 것은 상복을 벗기 위해 하는 것이 아니다.

再期之喪, 三年也. 期之喪, 二年也. 九月・七月之喪, 三時也. 五月之喪, 二時也. 三月之喪, 一時也.① 故期而祭, 禮也, 期而

除喪, 道也. 祭不爲除喪也.②

**鄭注** ① 상복의 절차가 세시歲時의 기수氣數에 응함을 말한 것이다. 言喪之節, 應歲時之氣.

② 이것은 연제練祭를 일컬은 것이다. 예에 정월正月이 되면 어버이에게 존문存問한다.[13] 부모가 돌아가신 뒤 이제 1주년이 되면, 1주년이 되는 때 제사를 지내야 마땅하다. 1년이면 천도天道가 한 번 변하여 애통하고 측은한 마음은 더욱 줄어든다. 애통한 정이 줄어들면 상복을 벗어야 마땅하다. 연제를 지내는 것과 복을 벗는 것은 서로 관련하지 않는다. 此謂練祭也. 禮, 正月存親. 親亡至今而期, 期則宜祭. 期, 天道一變, 哀惻之情益衰. 衰則宜除. 不相爲也.

**集說** 『의례』 「상복」 대공장大功章에 "중상中殤은 7개월이다"라는 명문이 있는데, 곧 이 경문에서 말하는 '7개월의 상'(七月之喪)이다. '1주년이 되면 제사를 지낸다'(期而祭)는 것은 삼년상에서 소상제小祥祭를 지내는 것이다. '1주년이 되면 상복을 벗는다'(期而除喪)는 것은 최질衰絰을 벗고 연복練服으로 갈아입는 것이다. 소상제[14]는 효자가 때를 만남으로 인하여 부모를 그리워하는 예를 펴는 것이다. 연복을 입을 때 남자는 수질首絰을 벗고 부인婦人은 요대要帶를 벗는데, 곧 살아 있는 자가 시간의 흐름에 따라 낮추고 줄이는 도리다. 제사를 지내는 것과 연복으로 갈아입는 것은 동시에 함께 거행하지만, 제사는 연복으로 갈아입는 것을 위해 설행하는 것은 아니다. 『儀禮』大功章有"中殤七月"之文, 卽此'七月之喪'也. '期而祭', 謂再期之喪, 致小祥之祭也. '期而除喪', 謂除衰絰易練服也. 小祥之祭, 乃孝子因時以伸其思親之禮也. 練時男子除首絰, 婦人除要帶, 乃生者隨時降殺之道也. 祭與練雖同時並擧, 然祭非爲練而設也.

**【상복소기 28】**

삼년 후에 장례를 치르는 경우는 반드시 (연제와 대상제 등) 두 번 제사를 지낸다. 제사를 지내는 것은 간격을 두어 하고 동시에 거행하지 않으며, 그러고 나서 상복을 벗는다.

三年而后葬者, 必再祭. 其祭之間不同時, 而除喪.

**鄭注** '두 번 제사를 지낸다'(再祭)는 연제練祭와 상제祥祭이다. '간격을 두어 하고 동시에 거행하지 않는다'(間不同時)는 것은 마땅히 달을 달리 하여 행한다는 뜻이다. 이미 부祔하였으면 그 다음 달에 소상으로 연제를 지내고, 또 그 다음 달에 대상으로 대상제를 지낸다. 반드시 달을 달리하여 지내는 것은 장례와 연제練祭, 대상제는 본래 해를 달리하여 행하는 것으로 마땅히 때를 달리 하여 행해야 한다. '그 뒤에 상복을 벗는다'(而除喪)는 것은 이미 상제祥祭를 거행하였으면 상복을 벗고 담제禫祭를 거행하지 않는다는 뜻이다. '再祭', 練·祥也. '間不同時'者, 當異月也. 既祔, 明月練而祭, 又明月祥而祭. 必異月者, 以葬與練·祥本異歲, 宜異時也. '而除喪', 已[15]祥則除, 不禫.

**集說** 효자가 사정이 있어 때를 맞추어 장례를 하지 못하여 중간의 연제練祭와 상제祥祭[16]의 때에도 관柩이 아직 그대로 있으면 상복을 벗을 수 없다. 이제 장례를 마쳤으면, 연제練祭와 상제祥祭를 거행해야 한다. 그러므로 '반드시 두 번 제사를 지낸다'(必再祭)고 한 것이다. 다만 이 두 제사는 여전히 두 차례에 걸쳐 거행하며, 합하여 동시에 거행해서는 안 된다. 만약 이달에 연제練祭를 거행하면 남자는 수질首絰을 벗고 부인婦人은 요대要帶를 벗으며, 다음 달에 상제祥祭를 지내고 최복衰服을 벗는다. 그러므로 '제사를 지내는 것은 간격을 두어 하고 동시에 거행하지 않으며, 그러고 나서 상복을 벗는다'고 한 것이다. 孝子以事故不得及時治葬, 中間練祥時月, 以尸柩尚

存, 不可除服. 今葬畢, 必擧練祥兩祭. 故云'必再祭'也. 但此二祭, 仍作兩次擧行, 不可同在一時. 如此月練祭, 則男子除首絰, 婦人除要帶, 次月祥祭, 乃除衰服. 故云'其祭之間不同時, 而除喪'也.

**【상복소기 29】**

대공복大功服의 친족으로서 남의 상에 상주가 되었을 경우, 삼년복을 하는 자가 있으면 반드시 연제練祭와 상제祥祭 두 제사를 거행해야 한다. 붕우로서 상주가 된 자는 우제虞祭와 부제祔祭를 거행할 수 있을 뿐이다.

大功者主人之喪, 有三年者, 則必爲之再祭. 朋友虞·祔而已.

**鄭注** 죽은 자의 종부형제가 와서 상주가 되는 것을 말한다. '삼년복을 하는 자가 있으면'(有三年者)이라고 한 것은 죽은 자의 아내와 아들이 어린 경우를 말한다. 대공복大功服의 친족으로서 상주가 된 자가 연제練祭와 상제祥祭 두 차례 제사를 거행하는 것이므로, 소공복小功服과 시마복緦麻服으로 상주가 된 자는 연제를 거행할 수 있다. 謂死者之從父昆弟來爲喪主. '有三年者', 謂妻若子幼少. 大功爲之再祭, 則小功·緦麻爲之練[17]祭可也.

**集說** '대공복의 친족으로서 남의 상喪에 상주가 된다'(大功者主人之喪)는 것은 종부형제從父兄弟가 와서 이 죽은 자의 상을 주관하는 것을 말한다. '삼년복을 하는 자'(三年者)는 죽은 자의 아내와 아들을 말한다. 아내가 이미 상주가 될 수 없고 아들이 또 어리고 가까운 친족이 없으므로 종부형제가 주관하는 것인데, 반드시 연제와 상제 두 제사를 주관하여 거행해야 한다. 붕우로서 상주가 된 자는 단지 우제虞祭[18]와 부제祔祭[19]를 거행할 수 있을

뿐이다. '大功者主人之喪', 謂從父兄弟來, 主此死者之喪也. '三年者', 謂死者之妻與子也. 妻旣不可爲主, 而子又幼小, 別無近親, 故從父兄弟主之, 必爲之主行練·祥二祭. 朋友但可爲之虞祭·祔祭而已.

**【상복소기 30】**

사士의 첩妾에게 아들이 있으면 첩을 위해 시마복緦麻服을 하지만, 아들이 없으면 하지 않는다.

士妾有子而爲之緦, 無子則已.

**鄭注** 사士는 비천하므로 첩妾에게 아들과 딸이 없으면 첩을 위해 복服을 하지 않는다. 첩의 귀천을 구별하지 않는 것이다. 士卑, 妾無男女, 則不服. 不別貴賤.

**集說** 『의례』「상복」에 "대부는 신분이 높은 첩(貴妾)에게 시마복緦麻服을 한다. 사士는 비천하므로 첩에게 아들이 있으면 시마복을 하지만, 아들이 없으면 상복을 하지 않는다"라고 하였다. 「喪服」云: "大夫爲貴妾緦. 士卑, 故妾之有子者, 爲之緦, 無子則不服也."

**【상복소기 31】**

타국에서 태어나 조부모·여러 백숙부·형제의 상喪에 때를 맞추지 못한 경우, 아버지는 추복追服[20]을 하지만 자신은 하지 않는다.

生不及祖父母·諸父·昆弟, 而父稅喪, 己則否.

**鄭注** 아들이 외국에서 태어난 경우를 말한 것이다. 아버지가 다른 사정으로 타국에서 살면서 자신을 출생하였고, 자신은 이 친족들이 살아 있을 때 돌아가 만난 적이 없는데, 이제 그들이 별세한 소식을 상복 기간이 이미 지나서 들은 경우이다. 아버지는 뒤늦게 상복을 하지만, 나는 하지 않는 것은 때에 맞는 은혜를 사람이 할 수 없는 바에 요구하지 않는 것으로, 때에 맞았으면 상복을 한다. '탈稅'[21]은 "예가 없으면 경솔하다"(無禮則稅)[22]에서의 '경솔하다'(稅)로 읽는다. '경솔하게 (때를 맞추지 못하고) 상복을 한다'는 상사가 발생한 시일과 상복을 하는 것이 서로 일치하지 않음을 말한다. 謂子生於外者也. 父以他故居異邦而生己, 己不及此親存時歸見之, 今其死, 於喪服年月已過乃聞之. 父爲之服, 己則否者, 不責非時之恩於人所不能也, 當其時則服. '稅', 讀如"無禮則稅"之'稅'. '稅喪'者, 喪與服不相當之言.

**集說** '되稅'[23]는 시일이 이미 지난 뒤에 비로소 그 사망 소식을 들었을 때 뒤늦게 상복을 하는 것(追服)이다. 이 경문은 타국에서 태어나고 조부모·백숙부·형제들은 모두 본국에 있어서 자신이 그들 모두 알지 못하는 상황에서, 이제 그 사망소식을 들었으나 시일이 이미 지난 경우, 아버지는 추복追服을 하고 자신은 하지 않는 것을 말한다. '稅'者, 日月已過, 始聞其死, 追而爲之服也. 此言生於他國, 而祖父母·諸父·昆弟, 皆在本國, 己皆不及識之, 今聞其死, 而日月已過, 父則追而服之, 己則不服也.

**【상복소기 32】**

경대부가 군주의 아버지·어머니·아내·장자를 위해 복을 하는데, 군주가 이미 상복을 마친 뒤에 상이 났다는 소식을 들었으면 추복追服하지 않는다.

爲君之父·母·妻·長子, 君已除喪而后聞喪, 則不稅.

**鄭注** 신하의 은혜는 가볍기 때문이다. 경대부가 빙문聘問으로 출국하거나 다른 까닭으로 타국에 오래 머무르게 된 경우를 말한다. 臣之恩輕也. 謂卿大夫出聘問, 以他故久留.

**集說** 경대부는 군주의 아버지, 어머니, 아내, 장자長子를 위하여 모두 상복을 한다. 이제 타국에 사신으로 나가거나 혹 다른 일로 타국에 오래 머무르다가 군주가 상복을 마친 뒤에 자신이 비로소 상喪의 소식을 들었으면 추복追服하지 않는다. 卿大夫爲君之父·母·妻·長子, 皆有服. 今以出使他國, 或以事久留, 君除喪之後, 己始聞喪, 不追服也.

**【상복소기 33】**

강복降服하여 시마緦麻와 소공小功을 하는 경우는 추복追服한다.

降而在緦·小功者, 則稅之.

**鄭注** 정친正親으로 자최복齊衰服과 대공복大功服에 해당하는 자를 가리킨다. 친親에 따른 본래의 복이 시마緦麻나 소공小功에 해당하는 자는 추복追服하지 않는다. 「단궁檀弓」[24]에 "소공小功에 대해서는 추복하지 않으니, 이는 먼 형제로서 끝내 복이 없다"고 하였다. 이 구절은 빠진 부분을 보입하면서 잘못하여 이곳에 놓였다. 마땅히 "아버지는 추복追服을 하지만 자신은 하지 않는다"(父稅喪, 己則否)([상복소기 31])를 이어야 한다. 謂正親在齊衰·大

功者. 親緦·小功, 不稅矣. 「曾子問」曰: "小功不稅, 則是遠兄弟, 終無服也." 此句補脫誤在是. 宜承"父稅喪, 已則否."

**集說** 이 구절은 "부퇴상, 기즉부"(父稅喪, 已則否)의 뒤를 잇는데, 잘못되어 여기에 놓였다. '강降'이란 정복正服을 줄이는 것이다. 예컨대, 숙부와 적손適孫에게는 정복이 모두 부장기不杖期인데 죽은 시점이 하상下殤이면 모두 낮추어 소공小功을 하고, 서손庶孫의 중상中殤에게는 대공大功인데 강복하여 시마緦麻를 한다. 종조곤제從祖昆弟의 장상長殤에게는 소공小功인데 강복하여 시마緦麻를 한다. 이와 같은 경우는 모두 추복追服한다. 「단궁상檀弓上」(45)의 증자가 말한 바 "소공小功은 추복하지 않는다"고 한 것은 정복正服인 소공小功이며, 강복을 말한 것이 아니다. 무릇 강복降服은 정복正服에서 무겁다. 『의례』에 자세하다. 此句承"父稅喪, 已則否"之下, 誤在此. '降'者, 殺其正服也. 如叔父及適孫正服, 皆不杖期, 死在下殤, 則皆降服小功, 如庶孫之中殤, 以大功降而爲緦也. 從祖昆弟之長殤, 以小功降而爲緦也. 如此者, 皆追服之. 「檀弓」曾子所言, "小功不稅", 是正服小功, 非謂降也. 凡降服重於正服. 詳見『儀禮』.

**【상복소기 34】**

근신近臣은 군주가 추복追服을 하면 군주를 따라 추복을 한다. 그 나머지는 군주가 상복을 하는 기한이 다 차지 않았으면 군주를 따라 상복을 하지만, 기한이 지났으면 군주를 따라 추복하지 않는다.
近臣, 君服斯服矣. 其餘從而服, 不從而稅.

**鄭注** 군주가 타국으로 나가 조근朝覲하고 제 때에 돌아오지 못하여 상喪

이 난 것을 모른 경우를 말한다. '근신近臣'은 환관의 무리다. '그 나머지'(其餘)는 군개群介 · 행인行人 · 재宰 · 사史 등이다. 謂君出朝覲, 不時反而不知喪者. '近臣', 閽寺之屬也. '其餘', 群介 · 行人 · 宰 · 史也.

**集說** '근신近臣'은 비천한 신하이다. 이 경문은 소신小臣이 군주를 따라 타국에 갔다가 돌아왔는데 군주의 친족 상喪이 상복하는 시일을 이미 넘긴 상황이어서 군주가 추복追服을 하고, 이 신하도 또한 군주를 따라 추복을 하는 것을 말한다. '그 나머지'(其餘)는 경대부가 군주를 따라 국경을 나가 개介가 되거나 행인行人 · 재宰 · 사史가 된 자를 말하는데, 이들은 돌아와 군주가 상복을 하는 기한이 다 차지 않았으면 또한 군주를 따라 복을 하고, 만약 기한이 지나서 군주가 추복을 하면 군주를 따라 추복하지 않는다. '近臣', 卑賤之臣也. 此言小臣有從君往他國, 旣返, 而君之親喪, 已過服之月日, 君稅之, 此臣亦從君而服. '其餘', 謂卿大夫之從君出爲介爲行人 · 宰 · 史者, 返, 而君服限未滿, 亦從君而服, 若在限外而君稅, 則不從君而稅也.

**【상복소기 35】**

군주가 외국에 있어 본국의 상喪을 모를지라도, 본국의 신하는 (군주가 있을 때처럼) 상복을 한다.

君雖未知喪, 臣服已.

**鄭注** 종복從服으로 상복을 하는 자는 따르는 대상이 비록 타국에 있더라도 (군주가 있을 때와 같이) 스스로 그대로 상복을 한다. 從服者, 所從雖在外, 自若服也.

集說 이 경문은 군주가 타국에 있는데 본국에 상喪이 나면, 군주가 비록 알지 못하더라도 여러 신하로서 본국에 남아 있는 자는 스스로 예에 따라 성복成服을 하며 군주가 돌아오기를 기다리지 않음을 말한다. 此言君在他國, 而本國有喪, 君雖未知, 而諸臣之留國者, 自依禮成服, 不待君返也.

**【상복소기 36】**

우제虞祭를 거행한 뒤에는 장杖을 가지고 실室에 들어가지 않고, 부제祔祭를 거행한 뒤에는 장杖을 가지고 당堂에 오르지 않는다.
虞, 杖不入於室, 祔, 杖不升於堂.

鄭注 슬픔은 더 줄어들고 경건함敬은 더 많아진 것이다. 우제虞祭는 정침正寢에서 행하고 부제祔祭는 조묘祖廟에서 행한다. 哀益衰, 敬彌多也. 虞於寢, 祔於祖廟.

集說 우제虞祭는 정침正寢에서 거행하고, 제사를 지낸 뒤에는 장杖을 가지고 실室에 들어가지 않는다. 부제祔祭는 조묘에서 거행하고 제사를 지낸 뒤에는 장杖을 가지고 당堂에 오르지 않는다. 모두 슬픔이 줄어든 것을 나타내는 절도이다. 虞祭在寢, 祭後不以杖入室. 祔祭在祖廟, 祭後不以杖升堂. 皆殺哀之節也.

**【상복소기 37】**

군모君母의 후사가 된 자는 군모가 죽으면 군모의 친족을 위하여 상복을 하지 않는다.

爲君母後者, 君母卒, 則不爲君母之黨服.

鄭注 도종徒從이다. "따를 대상이 죽으면 그만둔다"는 것이다. 徒從也. "所從亡則已."

集說 이 경문은 적자適子가 없고 서자庶子가 후사가 된 경우로 곧 위 장([상복소기 18]) "종복從服은 따를 대상이 죽으면 그만둔다"는 의리다. 此言無適子而庶子爲後者, 卽上章"從服者, 所從亡則已"之義也.

**【상복소기 38】**

질絰의 굵기를 줄여나가는 방법은 다섯 등분하여 하나를 줄이는 것이다. 장杖의 굵기는 요질要絰과 같다.

絰殺, 五分而去一. 杖大如絰.

鄭注 요질要絰의 굵기와 같다는 뜻이다. 如要絰也.

集說 『의례』「상복喪服」의 전傳에 "저질苴絰(삼으로 만든 질絰)은 굵기가 한 움큼 정도이고, 뿌리를 왼쪽으로 두며 아래에 있게 한다. 다섯 등분하여 하나를 줄여나가는 방식으로 하여 대帶와 질絰을 만든다"고 하였다. '굵기가 한 움큼 정도이다'라는 것은 수질首絰을 일컫는다. '다섯 등분하여 하나를 줄인다'는 것은 요질의 굵기다. 순차적으로 줄여 가는데, 자최齊衰의 질絰은 굵기가 참최斬衰의 대帶와 같고, 1/5을 줄여 자최의 대帶를 만든다. 대공大功의 질絰은 굵기가 자최의 대帶와 같고, 1/5을 줄여 대공의 대帶를 만

든다. 소공小功의 질絰은 굵기가 대공의 대帶와 같고, 1/5을 줄여 소공의 대帶를 만든다. 시마緦麻의 질絰은 굵기가 소공의 대帶와 같고, 1/5을 줄여 시마의 대帶를 만든다. 마麻는 머리에 두고 허리에 두는데 모두 질絰이라고 하며, 구분하여 말할 때는 머리에 두는 것을 질絰이라 하고 허리에 두는 것을 대帶라고 한다. 다섯 등분하는 것은 오복五服의 수數를 형상한 것이다. '장杖의 굵기는 질絰과 같다'(杖大如絰)는 것은 요질의 굵기와 같다는 뜻이다. '격搹'은 한 움큼이다. ○ 주자朱子는 말한다. "수질의 굵기가 한 움큼이라는 것은 엄지와 검지로 한 번 감싸는 굵기다." 「喪服」傳曰: "苴絰大搹, 左本在下, 去五分一, 以爲帶・絰." '大搹'者, 謂首絰也. '五分滅一分', 則要絰之大也. 遞減之, 則齊衰之絰, 大如斬衰之帶, 去五分一, 以爲齊衰之帶. 大功之絰, 大如齊衰之帶, 去五分一, 以爲大功之帶. 小功之絰, 大如大功之帶, 去五分一, 以爲小功之帶. 緦麻之絰, 大如小功之帶, 去五分一, 以爲緦麻之帶. 麻在首在要, 皆曰絰, 分言之, 則首曰絰, 要曰帶. 所以五分者, 象五服之數也. '杖大如絰', 如要絰也. '搹'者, 搤也. ○ 朱子曰: "首絰大一搤, 只是拇指與第二指一圍."

**【상복소기 39】**

첩妾이 군주의 장자를 위해 하는 상복은 여군女君과 같다.

妾爲君之長子, 與女君同.

**鄭注** 감히 은혜가 가볍다는 것으로 군주의 정통正統에게 가벼운 상복을 할 수 없다. 不敢以恩輕, 輕服君之正統.

**集說** 여군女君은 장자長子에게 삼년복을 한다. 첩妾 또한 함께 삼년복을 하는데, 정통正統이기 때문에 무거운 복服을 하는 것이다. 女君爲長子三年.

妾亦同服三年, 以正統故重也.

**【상복소기 40】**

상복을 벗을 때는 무거운 것을 먼저 벗는다. 상복을 바꿀 때는 가벼운 것을 바꾼다.

除喪者, 先重者.① 易服者, 易輕者.②

**鄭注** ① 연제練祭에 남자는 수질首絰을 벗고 부인婦人은 요질要絰을 벗는 것을 말한다. 謂練, 男子除乎首, 婦人除乎帶.

② 무거운 상喪에서 이미 우제虞祭와 졸곡卒哭을 마쳤는데 가벼운 상喪을 만나 상복을 바꿀 때 남자는 대帶를 바꾸고 부인은 수질首絰을 바꾸는 것을 말한다. 謂大喪旣虞卒哭, 而遭小喪也, 其易喪服, 男子易乎帶, 婦人易乎首.

**集說** 남자는 무거움이 머리에 있고, 부인婦人은 무거움이 허리에 있다. 무릇 무겁게 여기는 바는 벗는 것은 있지만 바꾸는 것은 없다. 그러므로 비록 졸곡을 하였더라도 가벼운 복으로 바꾸지 않고 곧장 소상小祥에 이르러 남자는 수질을 벗고 부인婦人은 요질을 벗는다. 이것을 일러 '상복을 벗을 때는 무거운 것을 먼저 벗는다'(除喪者, 先重者'也)라고 하는 것이다. '상복을 바꾼다'(易服)는 것은 먼저 무거운 상喪을 당하였는데 뒤에 가벼운 상喪을 또 당하여 상복을 바꾸는 것이다. '가벼운 것'(輕)은 남자의 요질과 부인의 수질을 일컫는다. 이 경문의 취지는 다음과 같다. 먼저 참최斬衰의 상喪에 우제를 지내고 졸곡을 한 뒤 이미 갈질葛絰로 바꾸어 갈질葛絰의 크기는 자최복齊衰服의 마질麻絰과 같게 하였는데, 이제 갑자기 또 자최齊衰의 상喪을 당한 것이다. 자최복齊衰服의 요질과 수질은 모두 모마牡麻로 만드는데,

모마牡麻는 갈葛보다 무거운 것이다. 상복은 마땅히 무거운 것을 따라야 한다. 그러므로 남자는 수질을 바꾸지 않고 여자는 요질을 바꾸지 않는데, 무거운 것으로 상복을 하기 때문이다. 다만, 남자의 요질과 여자의 수질을 마麻로 바꿀 뿐이다. 그러므로 '상복을 바꿀 때는 가벼운 것을 바꾼다'(易服者, 易輕者)고 한 것이다. 만약 우제와 졸곡을 하지 않았을 때라면, 뒤에 만난 상喪으로 상복을 바꿀 수 없다. 男子重在首, 婦人重在要. 凡所重者, 有除無變. 故雖卒哭, 不受輕服, 直至小祥, 而男子除首絰, 婦人除要絰. 此之謂'除喪者, 先重者'也. '易服'者, 謂先遭重喪, 後遭輕喪, 而變易其服也. '輕', 謂男子要, 婦人首也. 此言先是斬衰虞而卒哭, 已變葛絰, 葛絰之大小, 如齊衰之麻絰, 今忽又遭齊衰之喪. 齊衰要首絰, 皆牡麻, 牡麻重於葛也. 服宜從重. 故男不變首, 女不變要, 以其所重也. 但以麻易男要女首而已. 故云'易服者, 易輕者'也. 若未虞卒哭, 則後喪不能變.

**【상복소기 41】**

일이 없으면 빈궁殯宮의 문을 열지 않는다. 수시로 하는 곡哭은 모두 의려倚廬에서 한다.

無事不辟廟門.① 哭皆於其次.②

**鄭注** ① 귀신은 어두운 것을 높인다. '묘廟'는 빈궁殯宮이다. 鬼神尙幽闇也. '廟', 殯宮.

② 정해진 때가 없이 하는 곡哭이다. 일이 있으면 들어가 곡위哭位로 나아간다. 無時哭也. 有事則入卽位.

**集說** '벽辟'은 연다는 뜻이다. '묘문廟門'은 빈궁殯宮의 문이다. 귀신은 어두운 것을 높인다. 그러므로 일이 있으면 문을 열고 일이 없으면 열지 않

는다. '차次'는 의려倚廬이다. 조석朝夕으로 하는 곡哭과 조문을 받으며 하는 곡哭은 모두 문안의 곡위哭位로 가서 한다. 만약 밤낮에 수시로 하는 곡哭[25]은 모두 의려倚廬[26]에서 한다. '辟', 開也. '廟門', 殯宮之門也. 鬼神尙幽闇. 故有事則辟, 無事不辟也. '次', 倚廬也. 朝夕之哭與受弔之哭, 皆卽門內之位. 若或晝或夜, 無時之哭, 則皆於倚廬也.

**【상복소기 42】**

복復을 하고 명銘을 쓸 때는 천자로부터 사士에 이르기까지 그 용어가 한결같았다. 남자는 이름을 부르고, 부인婦人은 성姓과 백중伯仲을 썼으며 성姓을 모를 때는 씨氏를 썼다.

復與書銘, 自天子達於士, 其辭一也. 男子稱名, 婦人書姓與伯仲, 如不知姓, 則書氏.

**鄭注** 이것은 은나라의 예를 말한 것이다. 은나라는 질質을 숭상하여 이름을 중시하지 않아, 복復을 하는데 신하가 군주의 이름을 부를 수 있었다. 주나라의 예는 천자가 붕崩했을 때 복復을 하면서 "고천자복皐天子復"(고, 천자는 돌아오소서)이라고 하였고, 제후가 훙薨했을 때 복復을 하면서 "고모보복皐某甫復"(고, 아무개보는 돌아오소서)이라고 하였다. 그 나머지와 명銘을 쓰는 것은 은나라와 주나라가 동일하였다. '여부지성如不知姓'이 다른 본에는 '지성知姓' 두 글자가 없다. 此謂殷禮也. 殷質, 不重名, 復則臣得名君. 周之禮, 天子崩, 復曰, "皐天子復", 諸侯薨, 復曰, "皐某甫復." 其餘及書銘則同. '如不知姓', 一本無'知姓'二字.

集說 '복復'은 혼魂을 불러 백魄으로 돌아오게 하는 의절이다. '서명書銘'은 죽은 자의 이름을 명정明旌에 쓰는 것이다. 「단궁檀弓」 소疏에 "『의례』 「사상례士喪禮」에 '명정을 만드는데 각각 그 신분에 해당하는 것으로 한다'라고 하였다. 사士는 길이가 3척이고, 대부는 5척이고, 제후는 7척이고, 천자는 9척이다. 만약 명命을 받지 못한 사士는 치緇는 반폭半幅을 긴 쪽으로 하여 길이 1척이고, 정말經末은 종폭終幅을 긴 쪽으로 하여 길이 2척으로 모두 길이 3척이다"라고 하였다. 주나라의 예에 천자의 복復은 "고천자복皐天子復"(고, 천자는 돌아오소서)이라 하고, 제후는 "고모보복皐某甫復"(고, 아무개보는 돌아오소서)이라고 한다. 이 경문에서 '천자에서 사士까지 그 용어가 한 가지이다'라고 한 것은 은나라 이상의 시대에는 질質을 숭상하여 이름을 휘諱하지 않았기 때문에 신하가 군주의 이름을 부를 수 있었던 것이겠다. '남자는 이름을 부른다'(男子稱名)는 것은 복復과 명銘 모두 이름을 부르고 쓴다는 것이다. 부인의 명銘에는 성姓과 백중伯仲을 쓰는 것은 이 또한 은나라 이상의 시대의 제도일 것이다. 주나라의 경우는 반드시 부인夫人이라 칭한다. 성姓은 노나라는 희성姬姓이고 뒤에 삼가三家가 각기 독자적으로 씨氏를 칭한 것이 이른바 씨氏이다. 은나라 이전에는 6세六世를 넘어서면 서로 혼인을 하였기 때문에 부인婦人이 성姓을 알지 못한 경우가 있었다. 주나라는 그렇지 않았다. '復', 招魂以復魄也. '書銘', 書死者名字於明旌也. 「檀弓」 疏云: "「士喪禮」 '爲銘各以其物.' 士長三尺, 大夫五尺, 諸侯七尺, 天子九尺. 若不命之士, 以緇長半幅長一尺, 經末長終幅長二尺, 總長三尺." 周禮, 天子之復曰, "皐天子復", 諸侯則曰, "皐某甫復." 此言'天子達於士, 其辭一'者, 殷以上質, 不諱名, 故臣可以名君歟. '男子稱名', 謂復與銘, 皆名之也. 婦人銘, 則書姓及伯仲, 此或亦是殷以上之制. 如周則必稱夫人也. 姓如魯是姬姓, 後三家各自稱氏, 所謂氏也. 殷以前六世之外, 則相與爲昏, 故婦人有不知姓者. 周不然矣.

**【상복소기 43】**

참최斬衰의 상喪에서 수복受服하는 갈질葛絰은 자최齊衰의 상에서 초상初喪 기간에 착용하는 마질麻絰과 굵기가 같다. 자최齊衰의 상에서 수복하는 갈질葛絰은 대공大功의 상에서 초상 기간에 착용하는 마질麻絰과 굵기가 같다. 마를 착용하는 것은 (남자와 여자가) 같고, (남자는 앞뒤로 두 상을 만나면) 모든 경우에 갈질과 마대를 겸하여 착용한다.

斬衰之葛, 與齊衰之麻同.① 齊衰之葛, 與大功之麻同.② 麻同, 皆兼服之.③

**鄭注** ① 질絰의 크기는 모두 7과 1/5촌이며, 대帶는 5와 19/25촌이다. 絰之大俱七寸五分寸之一, 帶五寸二十五分寸之十九.

② 질絰의 크기는 모두 5와 19/25촌이고 대帶는 4와 67/125촌이다. 絰之大俱五寸二十五分寸之十九, 帶四寸百二十五分寸之七十六.

③ '개皆'는 모두 위 두 가지 일[27]이 있는 경우를 뜻한다. '겸하여 착용한다'(兼服之)는 것은 마麻를 착용하고 또 갈葛을 착용함을 말한다. 남자는 무거운 상복의 갈葛로 수질首絰을 하고 가벼운 상복의 마麻로 요대要帶를 한다. 부인의 경우 수질은 가벼운 복의 마대麻帶와 등급이 같게 하고, 이전에 무거운 상에서 착용하던 마대를 요대로 그대로 착용한다. 이른바 "상복을 바꿀 때는 가벼운 것을 바꾼다"[28]고 하는 것이다. '겸하여 착용한다'는 경문은 남자를 위주로 말한 것이다. '皆'者, 皆上二事也. '兼服之', 謂服麻又服葛也. 男子則絰上服之葛, 帶下服之麻. 婦人則絰下服之麻同, 自帶其故帶也. 所謂"易服, 易輕者"也. '兼服'之文, 主於男子.

集說 위 장에서 "질絰의 굵기를 줄여나가는 방법은 다섯 등분하여 하나를 줄인다"라고 하였다. 이 경문은 참최斬衰의 상喪에 졸곡卒哭을 행한 후 수복受服하는 갈질葛絰은 자최齊衰의 상喪에서 초상初喪 기간에 착용하는 마질麻絰과 굵기가 같고, 자최의 상에 수복하는 갈은 대공大功의 상에서 초상 기간에 착용하는 마질과 굵기가 같다는 것을 말한다. '모든 경우에 겸하여 착용한다'는 것은 무거운 상喪에 거상하고 있을 때 가벼운 상을 만나면 마麻를 착용하고 또 갈葛을 착용함을 말한다. 위 장에서 남자는 요질要絰을 바꾸고 수질首絰을 바꾸지 않는다고 하였다.29) 그러므로 수질首絰은 여전히 무거운 상의 갈질로 하고 요질은 가벼운 상의 마질로 바꾸어 착용하는 것이다. 부인은 졸곡 후에도 상복을 바꾸는 것이 없어, 상하 모두 마질로 한다. 이 경문에서 '갈질과 마대를 겸하여 착용한다'고 말한 것은 단지 남자의 경우를 가리킨다. 上章言, "絰殺, 皆是五分去一." 此言斬衰卒哭後, 所受葛絰, 與齊衰初死之麻絰大小同, 齊衰變服之葛絰, 與大功初死之麻絰大小同麻同. '皆兼服之'者, 謂居重喪而遭輕喪, 服麻又服葛也. 上章言男子易要絰, 不易首絰. 故首仍重喪之葛, 要乃輕喪之麻也. 婦人卒哭後無變, 上下皆麻. 此言'麻葛兼服'者, 止謂男子耳.

**【상복소기 44】**

빨리 장례葬禮를 행할 경우에는 우제虞祭도 빨리 지낸다. 3개월 뒤에 졸곡卒哭을 행한다.

報葬者報虞, 三月而後卒哭.

鄭注 '부報'는 '부질赴疾(서둘러 빨리하다)'의 부赴로 읽어야 한다. 기간이 되지 않았는데 장례葬禮를 행하는 것을 말한다. 장례를 행한 다음에는 우제

를 지낸다. '우虞'는 신神을 안정시킨다는 뜻이다. 졸곡제卒哭祭는 슬픔이 줄어들기를 기다려 거행한다. '報', 讀爲'赴疾'之赴. 謂不及期而葬也. 旣葬卽虞. '虞', 安神也. 卒哭之祭, 待哀殺也.

**集說** '부報'는 부赴로 읽는다. 빠르다는 뜻이다. 집이 가난하거나 혹 다른 사정으로 3개월을 기다리지 못하고 죽은 즉시 장례를 행하는 경우이다. 이미 빨리 장례를 행하였으면, 또한 우제虞祭도 빨리 지낸다. 우제는 신神을 안정시키는 것으로 뒤로 늦출 수 없다. 다만 졸곡卒哭은 반드시 3개월이 되기를 기다려 행한다. '報', 讀爲赴. 急疾之義. 謂家貧或以他故, 不得待三月, 死而卽葬者. 旣疾葬, 亦疾虞. 虞以安神, 不可後也. 惟卒哭, 則必俟三月耳.

**【상복소기 45】**

부친과 모친의 상喪이 함께 있으면, 어머니의 장례를 먼저 행하는데 우제虞祭와 부제祔祭는 행하지 않고 아버지의 장례를 마치기를 기다린 뒤에 행한다. (아버지의 장례를 행하기 전에) 어머니의 장례를 행할 때 또한 참최복斬衰服을 입고 행한다.

父母之喪偕, 先葬者不虞·祔, 待後事. 其葬, 服斬衰.

**鄭注** '해偕'는 함께라는 뜻으로, 같은 달이나 같은 날 사망한 것을 말한다. 먼저 장례를 행하는 것은 어머니의 상이다. 「증자문曾子問」(7)에 "장례는 가벼운 상을 먼저 행하고 무거운 상을 뒤에 행한다"라고 하였다. 또 "장례를 마치고 돌아와서 (무거운 상에) 전을 올린 뒤 빈객들에게 (장례 일정을) 고하고, 장례에 관련된 일을 준비한다. 우제虞祭는 무거운 상에 먼저 지내고 가벼운 상은 뒤에 지낸다"고 하였다. '아버지의 장례를 마치기를 기

다린 뒤에 행한다'(待後事)는 것은 이와 같이 하는 것을 말한다. '어머니의 장례를 행할 때 또한 참최복을 입고 행한다'(其葬, 服斬衰)는 것은 상喪의 높이고 줄이는 것은 마땅히 무거운 상복을 따른다는 것이다. 가령 아버지가 전 달에 사망하고 그 달에 어머니의 장례를 행한다면, 여전히 참최복을 입고 행하는데, 아버지의 장례를 행하지 않았으면 상복을 바꾸지 못하기 때문이다. '어머니의 장례를 행할 때 또한 참최복斬衰服을 입고 행한다'고 하였으니, 우제와 부제는 각각 그 상에 해당하는 상복을 입고 행하고, 연제練祭와 상제祥祭에도 모두 그렇게 하며, 일을 마치면 무거운 상복을 하는 것으로 되돌아온다. '偕', 俱也, 謂同月若同日死也. 先葬者, 母也. 「曾子問」曰: "葬先輕而後重." 又曰: "反葬奠, 而後辭於殯, 遂備葬事. 其虞也, 先重而後輕." '待後事', 謂如此也. '其葬, 服斬衰'者, 喪之隆衰宜從重也. 假令父死在前月而同月葬, 猶服斬衰, 不葬不變服也. 言'其葬, 服斬衰', 則虞・祔各以其服矣, 及練・祥皆然, 卒事反服重.

**集說** '부친과 모친의 상喪이 함께 있다'(父母之喪偕)는 것은 곧 「증자문曾子問」(7)의 "부모의 상을 동시에 당하였다"는 것으로 부모가 같은 때에 사망한 것을 말한다. 장례는 가벼운 상을 먼저 행하고 무거운 상을 나중에 행한다. '장례를 먼저 행하였다'(先葬)는 것은 어머니의 장례를 행한 것이다. '우제와 부제를 행하지 않는다'(不虞・祔)는 것은 어머니를 위해 우제와 부제祔祭를 행하지 않는 것을 말한다. 대개 어머니의 장례를 행한 다음날 곧 아버지의 장례를 행하는데, 아버지의 장례를 마치고 우제와 부제를 지낸 다음 어머니를 위해 우제와 부제를 지낸다. 그러므로 '아버지의 장례를 마치기를 기다린 뒤에 행한다'(待後事)고 한 것이다. 제사는 무거운 쪽을 먼저 하고 가벼운 쪽을 나중에 한다. '어머니의 장례를 행할 때 또한 참최복斬衰服을 입고 행한다'는 것은 무거운 쪽을 따르는 것이다. 아버지의 상에 아직 장례를 행하지 않았으므로 감히 상복을 바꾸지 못하는 것이다. '父母之

喪偕', 即「曾子問」"並有喪", 言父母同時死也. 葬先輕而後重. '先葬', 葬母也. '不虞・祔', 不爲母設虞祭・祔祭也. 蓋葬母之明日, 卽治父葬, 葬父畢, 虞・祔, 然後爲母虞・祔. 故云'待後事'. 祭則先重而後輕也. '其葬母, 亦服斬衰'者, 從重也, 以父未葬, 不敢變服也.

**【상복소기 46】**

대부는 서자庶子에게 강복降服한다. 그 손자는 (서자인) 자신의 아버지에게 강복降服하지 않는다.

大夫降其庶子. 其孫不降其父.

**鄭注** 할아버지는 손자를 존尊으로 누르지 않는다. 대부는 서자庶子에게 대공복大功服을 한다. 祖不厭孫也. 大夫爲庶子大功.

**集說** 대부는 서자庶子에게 대공복大功服을 하고, 서자庶子의 아들은 자신의 아버지에게 삼년복을 한다. 대부는 첩妾에게 상복을 하지 않는다. 그러므로 첩자妾子는 그 어머니에게 대공복大功服을 한다. 大夫爲庶子服大功, 而庶子之子, 則爲父三年也. 大夫不服其妾. 故妾子爲其母大功.

**【상복소기 47】**

대부는 사士의 상喪에 상주가 되지 않는다.

大夫不主士之喪.

**鄭注** 사士의 상喪에 비록 상주가 없더라도 감히 대부를 섭행하게 하여 상주로 삼을 수 없다. 士之喪雖無主, 不敢攝大夫以爲主.

**集說** 사士가 죽어 상주가 될 후사가 없을 때 그 친속 중에 대부가 된 자는 그 상에 상주가 될 수 없으니, 존귀하기(尊) 때문이다. 謂士死無主後, 其親屬有爲大夫者, 不得主其喪, 尊故也.

**【상복소기 48】**

자모慈母의 부모를 위해서는 상복이 없다.

爲慈母之父母無服.

**鄭注** 은혜가 미치지 않은 것이다. 恩不能及.

**集說** 은혜가 미치지 않기 때문이다. 恩所不及故也.

**【상복소기 49】**

남편이 남의 후사가 된 경우 그 아내는 남편의 본생부모인 시부모를 위해 대공복大功服을 한다.

夫爲人後者, 其妻爲舅姑大功.

**鄭注** 두 번 강복降服하지 않기 때문이다. 以不貳降.

**集說** 이 시부모는 남편의 본생부모를 말한다. 此舅姑謂夫之所生父母.

**【상복소기 50】**

사士를 대부에게 부祔할 때는 희생을 바꾼다.

士祔於大夫, 則易牲.

**鄭注** 감히 비천한 희생犧牲으로 존귀한 자에게 제사할 수 없다. 대부의 희생은 소뢰少牢이다. 不敢以卑牲祭尊也. 大夫少牢也.

**集說** 할아버지가 대부이고 손자가 사士인데 손자가 죽어 할아버지에게 부祔하면 대부의 희생犧牲을 쓴다. 사士의 희생은 비천하여 존귀한 자에게 제사할 수 없다. 이 경문은 "장례는 대부의 예로써 하고 제사는 사士의 예로써 지낸다"30)는 것과 다르며, "첩妾으로서 첩조고妾祖姑(조부의 첩)가 없는 자는 희생犧牲을 바꾸어 여군女君에게 부祔한다"31)는 것과 같다. 祖爲大夫, 孫爲士, 孫死祔祖, 則用大夫牲. 士牲卑, 不可祭於尊者也. 此與"葬以大夫・祭以士"者不同, 如"妾無妾祖姑可祔, 則易牲而祔於女君"也.

**【상복소기 51】**

계부繼父이지만 함께 살지 않은 경우는 상복이 없다. 반드시 함께 산 적이 있고, 모두 상주가 될 후사가 없으며, 재산을 함께하고, 할아버지와 아버지의 제사를 지내게 하는 것이 함께 사는 것이다. (개가한 어머니를 따라가서 계부와 함께 살았더라도), 상주가 될 후사가 있으면 따로 사는 것이 된다.

繼父, 不同居也者. 必嘗同居, 皆無主後, 同財而祭其祖禰爲同居. 有主後者爲異居.

**鄭注** 은혜로 인해 입는 상복의 차이를 기록한 것이다. 재산을 함께하여 동거하는 은혜를 입으면 기년복을 한다. 같이 살더라도 재산을 달리하거나, 예전에 같이 살았다가 지금 따로 살거나, 계부繼父에게 아들이 있으면, 또한 따로 사는 것이 되므로 삼월복三月服을 한다. 일찍이 같이 산 적이 없으면 상복을 하지 않는다. 錄恩服深淺也. 見同財則期. 同居異財・故同居今異居及繼父有子, 亦爲異居, 則三月. 未嘗同居則不服.

**集說** 어머니가 재가再嫁하였는데 아들이 따라가지 않았으면 이 아들과 어머니의 계부繼夫는 관계가 없는 사람이다. 그러므로 자연히 상복이 없다. 이제 이 아들이 대공大功의 친족이 없어 어머니를 따라 계부에게 갔는데, 그 사람 역시 대공大功의 친족이 없기 때문에 '함께 산 적이 있고 모두 상주가 될 후사가 없다'라고 한 것이다. 이때 계부가 자신의 재화를 가지고 이 아들을 위해 함께 집과 사당을 지어주고 아들이 자신의 선조를 제사하게 하니, 이와 같은 것이 곧 계부繼父와 함께 사는 것이며, 그 상복은 기년복이다. 따로 사는 것에 세 가지 경우가 있다. 첫째 지난날 비록 함께 살았더라도 지금 따로 사는 경우, 둘째 지금 비록 같이 살더라도 재산을 함께하지 않는 경우, 셋째 계부繼父에게 아들이 있어서 따로 사는 경우 등이 곧 따로 사는 것에 해당한다. 따로 사는 경우에는 자최삼월복齊衰三月服을 할 뿐이다. 이 경문에서 '상주가 될 후사가 있으면 따로 사는 것이 된다'라고 하였으니, 이 (개가한 어머니를 따라 간) 아들에게 아들이 있으면 또한 따로 사는 것이 된다. 母再嫁而子不隨往, 則此子與母之繼夫, 猶路人也. 故自無服矣. 今此子無大功之親, 隨母以往, 其人亦無大功之親, 故云'同居, 皆無主後'也. 於是以其貨財爲此子同築宮廟, 使之祭祀其先, 如此則是繼父同居, 其服期也. 異居有三. 一是昔同今

異. 二是今雖同居, 却不同財, 三是繼父自有子, 卽爲異居. 異居者, 服齊衰三月而已. 此云'有主後者爲異居', 則此子有子, 亦爲異居也.

**【상복소기 52】**

붕우朋友에게 곡哭을 하는 자는 정침의 문밖 오른쪽에서 하고, (친구의 상에 상주가 된 경우) 남쪽을 향한다.

哭朋友者, 於門外之右, 南面.

**鄭注** 죽은 이와 친親이 있는 자가 곡하는 경우와 달리 하는 것이다. '문외門外'는 정침正寢의 문 바깥이다. 變於有親者也. '門外', 寢門外.

**集說** 「단궁상檀弓上」(47)에 "친구라면 나는 정침의 문밖에서 곡을 한다"라고 하였다. '남쪽을 향한다'는 것은 상주가 되어 조문객을 응대하는 것이다. 「檀弓」曰: "朋友, 吾哭諸寢門之外." '南向'者, 爲主以待弔賓也.

**【상복소기 53】**

합장(祔葬)할 때는 묘자리를 점치지 않는다.

祔葬者, 不筮宅.

**鄭注** '택宅'은 장지葬地이다. 앞 사람의 장례葬禮에서 이미 점을 쳤기 때문이다. '宅', 葬地也. 前人葬旣筮之.

**集** '택宅'은 무덤의 광壙이다. 앞 사람을 장사할 때 이미 점을 쳐서 길吉

**說** 하였으므로 부장祔葬할 때는 다시 점을 치지 않는다. '宅', 謂塋壙也. 前人之葬, 已筮而吉, 故祔葬則不必再筮也.

**【상복소기 54】**

사士와 대부는 제후에게 부祔할 수 없고 조부로서 사士 또는 대부가 된 자에게 부한다. 아내는 여러 조고(諸祖姑 중조부의 처)에게 부한다. 첩은 첩조고妾祖姑(조부의 첩)에게 부한다. 첩조고가 없으면 한 세대를 건너뛰어 위로 올려서 부하는데, 부祔하는 것은 반드시 소목昭穆의 순서에 따라 한다.

士·大夫不得祔於諸侯, 祔於諸祖父之爲士·大夫者. 其妻祔於諸祖姑. 妾祔於妾祖姑, 亡則中一以上而祔, 祔必以其昭穆.

**鄭注** '사士와 대부大夫'는 공자公子·공손公孫으로서 사士 또는 대부가 된 자를 말한다. 제후에게 부祔하지 못하는 것은 낮추고 구별하는 것이다. 졸곡卒哭을 마치면 각기 선군先君으로서 할아버지인 자의 형제의 사당으로 가서 부祔한다. '중中'은 건너뛴다는 뜻과 같다. '士·大夫', 謂公子·公孫爲士·大夫者. 不得祔於諸侯, 卑別也. 既卒哭, 各就其先君爲祖者兄弟之廟而祔之. '中', 猶間也.

**集說** 공자公子·공손公孫으로서 사士가 되고 대부가 된 자는 선군先君의 사당에 부祔하지 못한다. '제조부諸祖父'는 할아버지로서 국군國君이 된 자의 형제이다. '제조고諸祖姑'는 여러 조부의 아내이다. 만약 할아버지가 국군인데 부祔할 형제가 없으면 또한 종족宗族의 소원疏遠한 자에게 부祔한다. 위에서 사士는 "희생犧牲을 바꾸어 대부에게 부祔한다"고 하였지만[32], 대부는 희생을 바꾸어 제후에게 부祔하지 못하는 것은 제후는 존귀하여 종宗을 끊

기 때문에 대부와 사士가 그를 친족으로 여길 수 없기 때문이다. '첩은 첩조고에게 부한다'(妾祔於妾祖姑)고 한 것은 첩이 죽으면 할아버지의 첩에게 부祔한다는 것을 말한다. '무亡'는 없다는 뜻이다. '중中'은 건너뛴다는 뜻이다. 만약 할아버지에게 첩이 없으면 또 증조曾祖 한 분을 건너뛰어 고조高祖의 첩에게 부祔한다. 그러므로 '없으면 한 세대를 건너뛰어 위로 올려서 부祔한다'고 한 것이다. 증조를 건너뛰는 것은 소목昭穆의 차례가 같지 않기 때문인데, 배치하여 부祔하는 것은 반드시 소목昭穆에 따라 한다. 公子·公孫之爲士爲大夫者, 不得祔於先君之廟也. '諸祖父', 其祖爲國君者之兄弟也. '諸祖姑', 諸祖父之妻也. 若祖爲國君而無兄弟可祔, 亦祔宗族之疏者. 上言士"易牲而祔於大夫", 而大夫不得易牲而祔諸侯者, 諸侯之貴絶宗, 故大夫·士不得親之也. '妾祔於妾祖姑', 言妾死則祔於祖之妾也. '亡', 無也. '中', 間也. 若祖無妾, 則又間曾祖一位, 而祔高祖之妾. 故云'亡則中一以上而祔'也. 所以間曾祖者, 以昭穆之次不同, 列祔必以昭穆也.

**【상복소기 55】**

제후는 천자에게 부祔할 수 없다. 천자·제후·대부는 사士에게 부祔할 수 있다.

諸侯不得祔於天子. 天子·諸侯·大夫可以祔於士.

**鄭注** 사람은 누구도 감히 그 할아버지를 낮추지 못한다. 人莫敢卑其祖也.

**集說** 신분이 낮은 손자는 존귀한 할아버지에게 부祔할 수 없다. 손자가 존귀하다고 하여 할아버지로서 사士가 된 자에게 부祔하지 않는 것은 스스로를 높이고 할아버지를 낮추는 것으로 옳지 않다. 그러므로 사士에게 부祔할 수 있다. 卑孫不可祔於尊祖. 孫貴而不祔其祖之爲士者, 是自尊而卑其祖, 不可

也. 故可以祔於士.

**【상복소기 56】**

어머니의 군모君母를 위해서 상복을 하지만, 어머니가 사망하면 어머니의 군모에게 상복을 하지 않는다.

爲母之君母, 母卒則不服.

鄭注 '어머니의 군모君母'는 외조적모外祖適母(외조부의 정처)이며, 도종徒從에 해당한다. 따를 대상이 죽으면 그만둔다. '母之君母', 外祖適母, 徒從也. 所從亡則已.

集說 '어머니의 군모君母'는 어머니의 적모適母이다. 어머니를 낳은 어머니가 아니다. 그러므로 어머니가 살아 계실 때 그에게 상복을 하면 자신도 또한 어머니를 따라서 상복을 하는데, 이것이 도종徒從[33]이다. 도종은 따를 대상이 죽으면 그만둔다. 그러므로 '어머니가 사망하면 어머니의 군모에게 상복을 하지 않는다'(母卒則不服)고 한 것이다. '母之君母'者, 母之適母也. 非母所生之母. 故母在而爲之服, 則己亦從而服, 是徒從也. 徒從者, 所從亡則已. 故'母卒則不服'.

**【상복소기 57】**

종자宗子는 어머니가 생존해 있더라도 아내를 위해 담제禫祭를 지낸다.

宗子, 母在爲妻禫.

鄭注 종자宗子의 아내는 존귀한 신분이다. 宗子之妻, 尊也.

集說 아버지가 살아 계시면 적자適子는 아내를 위해 부장기복不杖期服을 하며, 부장기복을 하면 담제禫祭[34]를 지내지 않는다. 아버지가 죽고 어머니가 생존해 있으면 장기복杖期服을 하고 담제를 지낸다. 여기서 말한 종자宗子는 백세토록 천묘遷廟하지 않는 자이다. 종자宗子의 존귀함에 아내가 눌릴 것이라고 의심할까 염려하여 어머니가 생존해 있더라도 또한 마땅히 아내를 위해 담제를 지낸다고 분명히 말한 것이다. 그러므로 종자가 아니면서 어머니가 생존해 있는 경우에는 담제禫祭를 지내지 못한다. 父在則適子爲妻不杖, 不杖則不禫. 父沒母存, 則杖且禫矣. 此宗子, 百世不遷者也. 恐疑於宗子之尊厭其妻, 故明言雖母在. 亦當爲妻禫也. 然則非宗子而母在者, 不禫矣.

**【상복소기 58】**

첩자가 자모慈母의 후사가 됨을 미루어 볼 때, 첩자는 서모庶母의 후사가 되는 것이 가능하고, 조서모祖庶母의 후사가 되는 것이 가능하다.
爲慈母後者, 爲庶母可也, 爲祖庶母可也.

鄭注 아버지의 명령으로 모자母子가 된 경우를 말한다. 곧 서자庶子(妾子)가 후사가 되는 경우로, 이 서자는 모두 정처에게 이미 자식이 되는데, (아버지의 명령으로 후사가 되어) 전중傳重하였을 뿐이요, 앞서 서자에게 명하여 적처適妻와 모자母子가 되게 한 것이 아니다. 자모慈母의 후사가 되는 의

리에 따를 때, 아버지의 첩에게 아들이 없으면 또한 자신의 서자에게 명하여 (조서모의) 후사가 되게 할 수 있다. 謂父命之爲子母者也. 卽庶子爲後, 此皆子也, 傳重而已, 不先命之與適妻, 使爲母子也. 緣爲慈母後之義, 父之妾無子者, 亦可命己庶子爲後.

**集說** 『의례』「상복喪服」 전傳에 "첩이 아들이 없는 경우와 첩자妾子에게 어머니가 없는 경우, 아버지가 명하여 모자가 되게 한다"라고 하였다. 이것은 자모慈母의 후사가 되는 것을 말한다. 만약 서모庶母에게 일찍이 아들이 있었는데 그 아들이 이미 죽었으면, 다른 첩의 아들에게 명하여 그 후사가 되게 한다. 그러므로 '서모의 후사가 되는 것이 가능하다'(爲庶母可也)고 한 것이다. 만약 아버지의 첩에게 아들이 있었는데 그 아들이 죽었다면 자기의 첩자妾子에게 명하여 후사가 되게 할 수 있다. 그러므로 ' 조서모의 후사가 되는 것이 가능하다'(爲祖庶母可也)고 한 것이다. ○ 석량왕씨石梁王氏는 말한다. "'첩자가 자모慈母의 후사가 됨을 미루어 볼 때, 서모庶母의 후사가 되고 조서모祖庶母의 후사가 되는 것이 모두 가능하다'고 한 것은 이미 첩의 아들이고 이 세 모친이 모두 첩인 경우, 모두 첩이 낳은 아들로 후사로 삼을 수 있음을 말한다." 傳曰: "妾之無子者・妾子之無母者, 父命之爲子母." 此謂爲慈母後者也. 若庶母嘗有子而子已死, 命他妾之子爲其後. 故云'爲庶母可也'. 若父之妾有子而子死, 已命己之妾子, 後之亦可. 故云'爲祖庶母可也'. ○ 石梁王氏曰: "'爲慈母後者, 爲庶母爲祖庶母後皆可', 謂旣是妾子, 此三母皆妾, 皆可以妾生之子爲後."

**【상복소기 59】**

아버지・어머니・아내・장자長子의 상에는 담제禫祭를 지낸다.

爲父·母·妻·長子禫.

**鄭注** 담제를 하는 경우를 가리켜 말한 것이다. 目所爲禫者也.

**集說** 이 경문은 마땅히 담제禫祭를 지내는 경우가 이 네 가지임을 말한 것이다. 그러나 아내가 남편에게 또한 담제를 지내고, 또 자모慈母의 상喪에 아버지가 살아 계시지 않으면 또한 담제를 지내는데 기록한 자가 생략하였다. 此言當禫之喪, 有此四者. 然妻爲夫亦禫, 又慈母之喪, 無父在亦禫, 記者略耳.

**【상복소기 60】**

자모慈母와 첩모妾母에 대해서는 대대로 제사지내지는 않는다.

慈母與妾母, 不世祭也.

**鄭注** 정통이 아니기 때문이다. 『춘추전』에 "아들에게서 제사를 받고 손자에게서 그친다"[35]고 하였다. 以其非正. 『春秋傳』曰: "於子祭, 於孫止."

**集說** '대대로 제사지내지는 않는다'(不世祭)는 것은 아들은 제사를 지내고 손자는 제사를 지내지 않는 것을 말한다. 위 장([상복소기 54])에서 "첩妾은 첩조고妾祖姑에게 부祔한다"고 말했는데, 소疏에 "첩妾은 사당이 없다. 이제 곧 고조高祖에게 부祔한다고 하였으니, 응당 단壇을 만들어 부제祔祭를 지내는 것이다"라고 하였다. '不世祭'者, 謂子祭之而孫不祭也. 上章言, "妾祔於妾祖姑者", 疏云: "妾無廟. 今乃云祔及高祖, 當是爲壇以祔之耳."

【상복소기 61】

장부丈夫가 관례를 행하고 죽었으면 상殤이 되지 않고, 부인婦人이 계례笄禮를 행하고 죽었으면 상殤이 되지 않는다. 상殤의 후사가 된 자는 그 본래의 복으로 상복을 한다.

丈夫冠而不爲殤, 婦人笄而不爲殤.① 爲殤後者, 以其服服之.②

**鄭注** ① 성인을 말한다. 부인婦人은 시집가는 것을 허가 하였으면 계례笄禮를 한다. 시집가는 것이 허락되지 않았으면 장부丈夫(장가들지 않은 성인 남자)의 경우와 같다. 言成人也. 婦人許嫁而笄. 未許嫁, 與丈夫同.

② 후사가 되었다고 말한 것은 그 위치를 계승한 것에 의거해서 말한 것이다. 상殤(미성년으로 죽은 사람)에게는 남의 아버지 되는 도리가 없으므로 본래의 친족 관계에 따른 복服으로 상복을 한다. 言爲後者, 據承之也. 殤無爲人父之道, 以本親之服服之.

**集說** 남자가 상殤에 해당하는 나이에 죽으면 아버지가 되는 도리가 없다. 그러나 또한 20살이 되기를 기다리지 않고 관례冠禮를 하는 경우가 있는데, 관례를 하였으면 성인이다. 이 장에서는 상殤이 되지 않은 경우를 들어 말했으니, 여기서 자신의 후사를 세워야 하는 이는 이미 관례를 한 아들이다. 그러므로 상殤의 예禮로 처리할 수 없다. 족인族人으로서 그의 후사가 된 자는 곧 그에게 아들이 된다. '그 본래의 복服으로 상복을 한다'(以其服服之)는 것은 아들이 아버지를 위해 하는 복服이다. 구설舊說은 상殤이 된 자가 아버지의 아들이어서 형제의 복服에 의거하여 이 상殤에게 복服을 한다고 하였는데, 틀린 것이다. 여자가 이미 계례笄禮를 하고 죽었으면 또한 시집가기 전의 복服에 의거하여 상복을 하고, 낮추어서 상殤으로 상복을 하지 않는다. 男子死在殤年, 則無爲父之道. 然亦有不俟二十而冠者, 冠則成人也. 此章擧不

爲殤者言之, 則此當立後者, 乃是已冠之子, 不可以殤禮處之. 其族人爲之後者, 卽爲之子也. '以其服服之'者, 子爲父之服也. 舊說, 爲殤者父之子, 而依兄弟之服服此殤, 非也. 其女子已笄而死, 則亦依在室之服服之, 不降而從殤服也.

**【상복소기 62】**

기간이 지나도 장례를 행하지 못한 경우 오직 상喪을 주관하는 자만 상복을 벗지 않는다. 그 나머지 마麻(상복)를 입고 상복을 하는 달수를 채운 방친旁親은 상복을 벗는다.

久而不葬者, 唯主喪者不除. 其餘以麻終月數者, 除喪則已.

**鄭注** '그 나머지'(其餘)는 방친旁親을 일컫는데 마麻를 입고 달수를 채운다. 장례葬禮를 행하지 않았으면 상복은 바뀌지 않는다. '其餘', 謂旁親也, 以麻終月數. 不葬者, 喪不變也.

**集說** '상喪을 주관하는 자만 상복을 벗지 않는다'(主喪者不除)는 것은 아들이 아버지 상에, 아내가 남편의 상에, 손자가 조부모의 상에, 신하가 군주의 상에 아직 장례葬禮를 행하기 이전이면, 상복(衰絰)을 벗을 수 없음을 말한다. '마麻를 입고 상복을 하는 달수를 채운다'(麻終月數)는 것은 기년복 이하 시마緦麻의 친족까지는 주인이 장례를 행하기 전에는 갈葛로 바꿀 수 없으므로 마麻를 입고 달수를 채우고 벗으며 주인이 장례葬禮를 마치기를 기다려 벗지 않음을 가리킨다. 그러나 입었던 상복은 반드시 장례를 마칠 때까지 간직해두어야 한다. '主喪者不除', 謂子於父・妻於夫・孤孫於祖父母・臣於君, 未葬, 不得除衰絰也. '麻終月數'者, 期以下至緦之親, 以主人未葬, 不得變葛, 故服麻以至月數足而除, 不待主人葬後之除也. 然其服猶必收藏以俟送葬也.

**【상복소기 63】**

전계箭笄를 하고 삼년의 상喪을 마친다. 자최삼월복齊衰三月服에서 대공복大功服이 똑같이 하는 것은 승구繩屨(마 끈으로 만든 상복용 신발)이다.

箭笄終喪三年.① 齊衰三月, 與大功同者, 繩屨.②

**鄭注** ① 또한 상喪에서 자신을 묶거나 부지하는 것은 벗는 의절은 있지만 바꾸는 의절은 없다는 것이다. 亦於喪所以自卷持者, 有除無變.

② 비록 신분의 높고 낮음은 다르지만, 은혜에서는 같을 수가 있다. 雖尊卑異, 於恩有可同也.

**集說** 앞의 장에서 "자최의 상에 부인은 악계(조악한 비녀)를 하고 대(요대)를 하여 (중간에 바꾸지 않고) 상을 마친다"[36]고 말한 것은 어머니의 상에 대해서이다. 이 경문에서 말한 '전계를 하고 삼년의 상을 마친다'(箭笄三年)는 것은 시집가지 않은 여자가 아버지를 위해 상복을 하는 경우이다. '전箭'은 가는 대나무(篠)이다. 자최복齊衰服은 높고 대공복大功服은 낮다. 그러나 삼월복三月服은 은혜가 가볍고, 구월복九月服은 은혜가 조금 무겁다. 그러므로 똑같이 승구繩屨를 사용할 수 있다고 한 것이다. 이것은 예를 제정하는데 얕고 깊음을 합당하게 한 것이다. '승구繩屨'는 마麻를 꼬아 만든 끈으로 구屨(상복에 입는 신발)를 만든 것이다. 前章言, "齊衰, 惡笄以終喪", 爲母也. 此言'箭笄三年', 女子在室爲父也. '箭', 篠也. 齊衰爲尊, 大功爲卑. 然三月者恩之輕, 九月者恩稍重. 故可以同用繩屨. 此制禮者淺深之宜也. '繩屨', 麻繩爲屨也.

**【상복소기 64】**

소상제小祥祭에서 날짜를 점치고 시尸를 점치며 제기祭器의 상태를 살피는 의절은 모두 요질要絰과 장杖과 승구繩屨를 착용하고 행한다. 유사有司가 갖추어졌음을 고한 다음에 장杖을 놓아둔다. 소상제의 날짜를 점치고 시尸를 점칠 때, 유사가 일이 끝났음을 고한 뒤에는 장杖을 도로 잡고, 빈賓에게 배례하고 전송한다. 대상大祥에는 길복吉服을 하고 시尸를 점친다.

練, 筮日·筮尸·視濯, 皆要絰·杖·繩屨. 有司告具而后去杖. 筮日·筮尸, 有司告事畢而后杖, 拜送賓.① 大祥吉服而筮尸.②

**鄭注** ① 일에 임해서 장杖을 제거하는 것은 공경함의 표현이다. '탁濯'은 제기祭器를 씻는 것이다. 臨事去杖, 敬也. '濯', 謂漑祭器也.

② 무릇 상복을 바꾸고 벗을 때는 반드시 길복吉服을 입고 제사지내는 일에 나아간다. 흉凶으로써 길吉에 임할 수 없기 때문이다. 「간전間傳」(11)에 "소상 뒤에 또 1년 만에 대상제를 지내는데, 누이지 않은 흰 비단의 관(縞冠)에 흰색의 누인 비단으로 가선을 둘러쓰고 마의麻衣를 입는다"고 하였다. 凡變除者, 必服其吉服以卽祭事. 不以凶臨吉也. 「間傳」曰: "大祥, 素縞麻衣."

**集說** '연練'은 소상제小祥祭이다. '서일筮日'은 소상제의 날짜를 점치는 것이다. '서시筮尸'는 시尸가 될 사람을 점치는 것이다. '시탁視濯'은 제기祭器의 세척상태를 살피는 것이다. 소상小祥에 수질首絰을 벗지만 허리의 갈질葛絰은 벗지 않는다. 소상제를 행하고자 할 때 이 소상小祥의 상복을 미리 입고 이 세 가지 일에 임한다. 최복衰服과 관冠을 말하지 않은 것은 또한 반드시 소상小祥의 제도와 같이 하기 때문이다. '유사有司'는 일을 맡은 사

람이다. 전에 상복喪服을 바꾸어 입었음에도 여전히 장杖을 하고 있다가, 이제 집사가 세 가지 일이 할 수 있도록 갖추어졌다고 고하여 장차 일에 임하고자 하므로 효자는 장杖(상복용 지팡이)을 놓아두고 공경함을 바친다. 이 세 가지 일에서 오직 소상제 날짜를 점칠 때와 시尸를 점칠 때에 빈賓이 온다. 지금 집사가 점치는 일이 끝났음을 고하면, 효자는 다시 장杖을 잡고 배례하여 빈賓을 전송한다. 제기의 상태를 살필 때는 빈賓이 없으므로 거론하지 않았다. 대상大祥 때에 이르면 길복吉服으로 일을 행한다. '길복吉服'은 조복朝服이다. 대상제의 날짜를 점치는 것과 제기의 상태를 살피는 것은 언급하지 않았으니, 소상小祥과 마찬가지임을 알 수 있다. '練', 小祥也. '筮日', 筮祥祭之日也. '筮尸', 筮爲尸之人也. '視濯', 視祭器之滌濯也. 小祥除首絰, 而要之葛絰未除. 將欲小祥, 則預著此小祥之服, 以臨此三事. 不言衰與冠者, 則亦必同小祥之制矣. '有司', 謂執事者. 向者變服猶杖, 今執事者, 告三事辦具, 將欲臨事, 故孝子卽去杖而致敬. 此三事者, 惟筮日・筮尸, 有賓來. 今執事者, 告筮占之事畢, 則孝子復執杖, 以拜送於賓. 視濯無賓, 故不言. 至大祥時, 則吉服行事矣. '吉服', 朝服也. 不言筮日・視濯, 與小祥同可知也.

**【상복소기 65】**

서자庶子는 아버지의 집에 살고 있으면 어머니를 위해 담제禫祭를 행하지 못한다.

庶子在父之室, 則爲其母不禫.

**鄭注** 첩자妾子는 아버지가 살아 계시면 존尊에 눌린다. 妾子父在厭也.

**集說** 이 경문은 작명(命)을 받지 못한 사士의 경우로 아버지와 아들이 한 집에 살고 있는 자를 말한다. 此言不命之士, 父子同宮者.

**【상복소기 66】**

서자庶子는 장杖을 잡고 곡위哭位에 나아가지 못한다.

庶子不以杖卽位.

**鄭注** 적자適子보다 낮추는 것이다. '곡위'(位)는 아침과 저녁으로 곡哭하는 자리다. 下適子也. '位', 朝夕哭位也.

**集說** 이 경문은 적서適庶가 함께 부모의 상喪에 임할 경우, 적자適子는 장杖을 잡고 조계阼階의 곡위哭位로 나아갈 수 있으나, 서자庶子는 중문中門의 밖에 이르면 장杖을 놓아두는 것을 말한다. 此言適庶俱有父母之喪者, 適子得執杖進阼階哭位, 庶子至中門外則去之矣.

**【상복소기 67】**

아버지가 서자庶子의 상喪에 상주를 하지 않으면, 손자는 장杖을 잡고 곡위哭位에 나아가도 된다.

父不主庶子之喪, 則孫以杖卽位可也.

**鄭注** 할아버지는 손자에 대하여 존尊으로 누르지 않으므로, 손자는 자신의 정情을 편다. 祖不厭孫, 孫得伸也.

集說 아버지가 적자適子의 상喪에 상주가 되어 장杖을 잡고 있으므로, 적자適子의 아들은 장杖을 잡고 곡위哭位에 나아갈 수 없는데, 할아버지의 존귀함을 피하는 까닭에 그러한 것이지 존귀함에 눌려서 그렇게 하는 것이 아니다. 지금 아버지가 서자庶子의 상喪에 상주를 하지 않으므로 서자庶子의 아들은 장杖을 잡고 곡위哭位에 나아갈 수 있는데, 할아버지는 손자를 자신의 존尊으로 누르지 않으므로 손자는 자신의 정情을 펼 수 있다. 아버지는 모두 아들을 존尊으로 누른다. 그러므로 시아버지가 적부適婦의 상喪에 상주가 되면 적자適子는 장杖을 잡지 못한다. 대부는 천한 첩妾에게 복을 하지 않는다. 그러므로 첩자妾子는 또한 대부의 존尊에 눌린 강복降服으로 어머니를 위해 상복을 한다. 할아버지는 비록 존귀할지라도 손자를 누르지 않는다. 그러므로 대부가 서자庶子에게 강복降服하더라도, 손자는 그 아버지에게 강복하지 않는다. 父主適子喪而有杖, 故適子之子不得以杖卽位, 避祖之尊故然, 非厭之也. 今父旣不主庶子之喪, 故庶子之子得以杖卽位, 祖不厭孫, 孫得伸也. 父皆厭子. 故舅主適婦喪, 而適子不杖. 大夫不服賤妾. 故妾子亦以厭而降服以服其母. 祖雖尊貴, 不厭其孫. 故大夫降庶子, 而孫不降其父也.

**【상복소기 68】**

아버지가 살아 계실 때에도 서자庶子는 아내를 위해 장杖을 잡고 곡위哭位에 나아가는 것이 가능하다.

父在, 庶子爲妻, 以杖卽位可也.

鄭注 시아버지가 첩妾의 상喪에 상주를 하지 않으면, 첩의 아들은 어머니에 대한 자신의 정情을 펼 수 있다. 舅不主妾之喪, 子得伸也.

**集說** 시아버지가 적부適婦의 상喪에 상주가 되므로 적자適子는 장杖을 잡을 수 없다. 시아버지가 서부庶婦의 상에 상주를 하지 않으므로 서자庶子는 아내를 위해 장杖을 잡고 곡위哭位에 나아갈 수 있다. 이 경문에서 '곡위哭位에 나아간다'(卽位)라고 말한 것은 대개 서자庶子는 부모에게 눌려 비록 장杖이 있어도 그것을 잡고 곡위哭位에 나아갈 수 없으므로 밝혀서 말한 것이다. 舅主適婦, 故適子不得杖. 舅不主庶婦, 故庶子爲妻可以杖卽位. 此以'卽位'言者, 蓋庶子厭於父母, 雖有杖, 不得持以卽位, 故明言之也.

**【상복소기 69】**

제후가 다른 나라의 신하에게 조문을 하면 그 신하의 군주가 상주가 된다.

諸侯弔於異國之臣, 則其君爲主.

**鄭注** 군주가 상주가 되는 것은 (타국의 군주가 자신의) 신하를 조문하는 은혜가 자기를 위한 것이기 때문이다. 아들은 감히 상주를 하지 못하고 가운데 뜰에서 북쪽을 향하여 곡哭을 하되 배례하지 않는다. 君爲之主, 弔臣, 恩爲己也. 子不敢當主, 中庭北面哭, 不拜.

**集說** 군주는 외국의 신하에게 조문하는 예가 없다. 만약 이 나라에 와 있다가 마침 경대부의 상喪을 만나면 조문하는데 경대부의 주군主君 때문이다. 그러므로 그 주군主君이 신하의 아들을 대신하여 상주가 되는 것이다. 君無弔外臣之禮. 若來在此國, 而適遇其卿大夫之喪, 則弔之, 以主君之故耳. 故主君代其臣之子爲主.

**【상복소기 70】**

제후가 다른 나라의 신하의 상喪에 조문을 할 때는 반드시 피변皮弁과 석최錫衰를 한다. 조문 받는 대상이 이미 장례葬禮를 행한 이후라도 상주는 반드시 문免을 착용한다. 상주가 아직 성복成服하지 않았으면, 조문하는 군주도 또한 석최錫衰를 하지 않는다.

諸侯弔, 必皮弁·錫衰. 所弔雖已葬, 主人必免. 主人未喪服, 則君亦不錫衰.

**鄭注** '반드시 문免을 착용한다'(必免)는 것은 인군人君을 높이는 것으로 그를 위해 변례變禮를 한 것이다. '미상복未喪服'은 성복成服을 하지 않은 것이다. 빈殯을 마치면 성복成服을 한다. '必免'者, 尊人君, 爲之變也. '未喪服', 未成服也. 旣殯成服.

**集說** '석錫'은 포布를 다듬어 부드럽게 한 것이다. 국군國君이 스스로 신하를 조문할 때는 소변素弁, 환질環絰 그리고 석최錫衰[37]를 하고, 다른 나라의 신하를 조문할 때는 피변皮弁과 석최錫衰를 한다. 무릇 문免의 절도節度는 대공大功 이상으로 무거운 복服일 경우는 처음 죽었을 때부터 장례葬禮를 지낼 때까지 하고 졸곡卒哭 뒤에는 다시 문免을 착용하지 않는다. 소공小功 이하로 가벼운 복服일 경우는 처음 죽었을 때부터 빈殯을 할 때까지 하고 빈殯을 한 뒤에는 장례葬禮를 지낼 때까지 다시 문免을 착용하지 않다가 계빈啓殯 뒤에 문免을 착용하는데 졸곡卒哭에 이르기까지 처음 죽었을 때처럼 한다. 지금 인군人君이 와서 조문할 경우 비록 문免을 착용하고 있을 때가 아닐지라도 상주는 반드시 문免을 해야 하는데 인군人君을 존중하기 때문이다. 예禮에 의하면, 빈殯을 마친 후에 성복成服을 한다. 여기서 '미상복未

喪服이라고 말한 것은 아직 성복成服하지 않았음을 뜻한다. '錫'者, 治其布使之滑易也. 國君自弔其臣, 則素弁・環絰・錫衰, 弔異國臣, 則皮弁・錫衰也. 凡免之節, 大功以上爲重服, 自始死至葬, 卒哭後乃不復免. 小功以下爲輕服, 自始死至殯, 殯後不復免至葬, 啓殯之後而免, 以至卒哭如始死. 今人君來弔, 雖非服免之時, 必爲之免, 以尊重人君故也. 禮旣殯而成服. 此言'未喪服', 謂未成服也.

**【상복소기 71】**

위독한 자를 봉양하는 이는 상복을 입지 않고 봉양하며, (위독한 이가 죽으면) 곧 그 상喪에 상주가 된다. 봉양하던 이가 아닌 사람이 와서 남의 상喪에 상주가 될 경우, 자신의 상복을 바꾸지 않는다. 존귀한 자를 봉양할 때는 반드시 입고 있는 상복을 길복으로 바꾸어 입지만, 비천한 자를 봉양할 때는 바꾸어 입지 않는다.

養有疾者不喪服, 遂以主其喪.① 非養者入主人之喪, 則不易己之喪服.② 養尊者必易服, 養卑者否.③

**鄭注** ① '상복을 입지 않는다'(不喪服)는 것은 살아나기를 추구할 때는 길吉을 위주로 하므로 흉凶함을 꺼린 것이다. '곧 그 상喪에 상주가 된다'(遂以主其喪)는 것은 봉양한 자가 죽은 자와 친親이 있어 죽으면 당연히 상주가 되는 것을 말한다. 상주가 된 자의 복장은 본래 상복을 하고 있지 않은 이가 상주가 되어 하는 복장과 같이 한다. '不喪服', 求生主吉, 惡其凶也. '遂以主其喪', 謂養者有親也, 死則當爲之主. 其爲主之服, 如素無喪服.

② '입入'은 온다는 뜻과 같다. 봉양한 자가 죽은 자와 친족 관계가 없으면 상주가 될 수 없고, 친족 관계가 있어 와서 상주가 되는 이는 본래 상복을

하고 있다가 와서 상주가 되었기 때문에 본래 상복이 없던 이와 다름을 말한다. 본래 상복을 하고 있지 않았거나 또는 본래 상복을 하고 있었거나, 이번에 죽은 자를 위해 상복을 해야 하는데, 모두 3일 만에 성복한다. '入', 猶來也. 謂養者無親於死者, 不得爲主, 其有親來爲主者, 素有喪服而來爲主, 與素無服者異. 素無服, 素有服, 爲今死者當服, 則皆三日成也.

③ '존尊'은 부형父兄을 말하고, '비卑'는 자제子弟 등을 말한다. '尊', 謂父兄, '卑', 謂子弟之屬.

**集說** 친속親屬으로 가까운 친족이 없이 위독한 상황이 되었을 경우, 자신이 가서 그를 봉양하는데, 자신이 상복을 하고 있었던 중이라면 그 상복을 벗고 봉양하니 흉함을 꺼리기 때문이다. 그러므로 '위독한 자를 봉양하는 이는 상복을 입지 않는다'(養有疾者, 不喪服)고 한 것이다. 만약 이 위독한 자가 드디어 죽으면, 상주가 될 후사가 없는데다 자신이 그를 봉양하였으므로 당연히 그 상喪에 상주가 되는데, 대개 봉양하는 사람은 죽은 자에게 친親이 있기 때문이다. 그러나 또한 자신의 상복을 입고 있지 않았으므로 '(상복을 바꾸어 입지 않고) 곧 그 상喪에 상주가 된다'(遂以主其喪)고 한 것이다. '봉양하던 이가 아닌 사람이 와서 남의 상喪에 상주가 된다'(非養者入主人之喪)는 것은 위독할 때 상복을 벗고 와서 봉양한 적이 없다가 이제 위독한 이가 죽자 곧 들어와 그 상喪의 상주가 되는 경우, 또한 자신의 상복을 바꾸지 않음을 말한다. '존尊'은 부형父兄을 가리키고, '비卑'는 자제子弟를 가리킨다. 親屬無近親而遇疾者, 己往養之, 而身有喪服, 則釋去其服, 惡其凶也. 故云'養有疾者, 不喪服'. 若此疾者遂死, 旣無主後, 己旣養之, 當遂主其喪, 蓋養者於死者有親也. 然亦不著己之喪服, 故云'遂以主其喪'. '非養者入主人之喪', 謂疾時, 不曾釋服來致其養, 今死乃入來, 主其喪, 則亦不易去己之喪服也. '尊', 謂父兄, '卑', 謂子弟.

**【상복소기 72】**

첩妾으로서 첩조고妾祖姑(조부의 첩)가 없는 자는 희생犧牲을 바꾸어 여군女君에게 부祔하는 것도 가능하다.

妾無妾祖姑者, 易牲而祔於女君可也.

鄭注 '여군女君'은 적조고適祖姑(조부의 정처)이다. 희생犧牲을 바꾸어 부祔할 경우 무릇 첩은 희생을 여군女君보다 한 등급 낮추어 쓴다. '女君', 適祖姑也. 易牲而祔, 則凡妾下女君一等.

集說 첩妾은 마땅히 첩조고妾祖姑(조부의 첩)에게 부祔한다. 위 장(【상복소기 54】) "첩조고가 없으면 한 세대를 건너뛰어 위로 올려서 부祔한다"고 말하였는데 이것은 고조의 첩에게 부한다는 것이다. 지금 다시 고조의 첩이 없으면 첩의 희생犧牲을 바꾸어 적조고適祖姑에게 부祔한다. '여군女君'은 적조고適祖姑(조부의 정처)이다. 妾當祔於妾祖姑. 上章言, "亡則中一以上而祔", 是祔高祖之妾. 今又無高祖妾, 則當易妾之牲, 而祔於適祖姑. '女君', 謂適祖姑也.

**【상복소기 73】**

며느리의 상喪에서 우제虞祭와 졸곡제卒哭祭는 남편과 아들이 주관하고, 부제祔祭는 시아버지가 주관한다.

婦之喪, 虞·卒哭, 其夫若子主之, 祔則舅主之.

鄭注 '며느리'(婦)는 모든 적부適婦(적장자의 아내)와 서부庶婦(중자의 아내)를 가리킨다. 우제와 졸곡제卒哭祭에서 며느리(婦)에게 제사하는 것은 시아버지

가 할 일이 아니다. 조상의 사당에 부祔할 때는 존귀한 자가 주관하는 것이 마땅하다. '婦', 謂凡適婦·庶婦也. 虞·卒哭祭婦, 非舅事也. 祔於祖廟, 尊者宜主焉.

**集說** 며느리의 상에서, 우제虞祭와 졸곡제卒哭祭 때에는 정침正寢에서 며느리(婦)에게 제사한다. 부祔할 때에는 사당에서 시아버지의 어머니에게 제사한다. 지위의 높고 낮음이 다르기 때문에 주관하는 자가 같지 않다. 虞·卒哭, 在寢祭婦也. 祔, 於廟祭舅之母也. 尊卑異, 故所主不同.

**【상복소기 74】**

사士의 상喪에 대부에게 상주를 섭행하게 할 수 없다. 사士의 상喪에 대부에게 상주를 섭행하게 하는 것은 사士가 종자宗子일 때만 가능하다.

士不攝大夫. 士攝大夫, 唯宗子.

**鄭注** 사士의 상喪에 상주가 없을지라도 감히 대부를 데려와 상주로 삼을 수 없다. 종자宗子는 존귀하므로 대부에게 섭행하게 할 수 있다. 士之喪雖無主, 不敢攝大夫以爲主. 宗子尊, 可以攝之.

**集說** 사士의 상喪에 상주가 없어도 감히 대부에게 겸해서 대신 상주 노릇을 하게 할 수 없다. 만약 사士가 종자宗子라면 상喪을 주관하는 임무를 대부에게 섭행하게 할 수 있는데, 종자는 존귀하기 때문이다. 일설一說에는 대부의 상喪에 상주가 없으면 사士가 감히 섭행하여 상주가 될 수 없으나, 만약 사士가 종자宗子라면 대부의 상에 상주를 섭행할 수 있다고 한다. 士喪無主, 不敢使大夫兼攝爲主. 若士是宗子, 則主喪之任, 可使大夫攝之, 以宗子尊故也. 一

說, 大夫之喪無主, 士不敢攝而主之, 若士是宗子則可.

**【상복소기 75】**

상주가 아직 상복을 벗지 않았는데, 친속(兄弟)이 다른 나라로부터 오면 상주는 문免을 착용하지 않고 상주의 일을 한다.

主人未除喪, 有兄弟自他國至, 則主人不免而爲主.

**鄭注** 친親은 질質(친애하는 정)을 위주로 하고 공경함을 높이지 않는다. 親質, 不崇敬也.

**集說** 장례를 행한 후에 군주가 조문을 오면, 때가 지났을지라도 또한 문免을 착용한다. 임금을 존경하기 때문에 그 일을 새로 하는 것이다. '형제兄弟'는 친속親屬이다. 친親은 질質(친애하는 정)을 높인다. 그러므로 문免을 착용하지 않고 상주의 일을 하는 것이다. 葬後而君弔之, 則非時亦免. 以敬君, 故新其事也. '兄弟', 親屬也. 親則尙質. 故不免而爲主也.

**【상복소기 76】**

명기明器를 진열하는 도리는 붕우와 빈객이 보내온 명기는 많이 진열하되 줄여서 광壙에 넣어도 되며, 상주가 마련한 명기는 줄여서 진열하되 모두 광에 넣어도 된다.

陳器之道, 多陳之而省納之可也, 省陳之而盡納之可也.

鄭注 '많이 진열한다'(多陳之)는 것은 빈객이 보내온 명기明器는 많은 것을 영광으로 생각한다는 말이다. '줄여서 진열한다'(省陳之)는 것은 상주가 마련한 명기明器는 절제함을 예禮로 삼는다는 말이다. '多陳之', 謂賓客之就器也, 以多爲榮. '省陳之', 謂主人之明器也, 以節爲禮.

集說 '진기陳器'는 장례葬禮 때 함께 묻을 명기明器를 진열하는 것이다. 무릇 붕우와 빈객이 증정한 명기明器는 모두 마땅히 진열하는데 이른바 '많이 진열한다'(多陳之)는 것이다. 광壙에 넣을 것은 정해진 개수가 있다. 그러므로 '줄여서 광에 넣어도 된다'(省納之可也)고 한 것이다. '생省'은 줄인다는 뜻이다. 상주가 마련한 명기의 경우는 예에 의해 정해진 한도가 있다. 그러므로 '줄여서 진열하되 모두 광에 넣어도 된다'(省陳之而盡納之可也)고 한 것이다. '陳器', 陳列從葬之明器也. 凡朋友・賓客, 所贈遺之明器, 皆當陳列, 所謂'多陳之'也. 而所納於壙者, 有定數. 故云'省納之可也'. '省', 減殺也. 若主人所作者, 依禮有限. 故云'省陳之而盡納之可也'.

**【상복소기 77】**

형제의 상喪에 분상할 때는 먼저 묘墓로 가고 뒤에 상가喪家로 가서 곡위에 나아가 곡哭을 한다. 아는 사람의 상喪에는 이전의 빈궁殯宮에서 곡哭을 한 다음에 묘墓로 간다.

奔兄弟之喪, 先之墓而後之家, 爲位而哭. 所知之喪, 則哭於宮而後之墓.

鄭注 형제兄弟의 상喪에 먼저 묘墓로 가는 것은 골육骨肉의 친족은 상주를 경유하지 않기 때문이다. '궁宮'은 옛날의 빈궁殯宮이다. 兄弟先之墓, 骨肉之

親, 不由主人也. '宮', 故殯宮也.

集說 형제兄弟는 천륜天倫의 관계이고, 아는 사람은 인정人情에 따른 관계이다. 천륜으로 관계된 자는 정情이 예禮보다 급하고, 인정人情에 말미암은 자는 예禮가 정情에 우선한다. '궁宮'은 옛날의 빈궁殯宮이다. 兄弟, 天倫也, 所知, 人情也. 係於天者, 情急於禮, 由於人者, 禮勝於情. '宮', 故殯宮也.

**【상복소기 78】**

아버지는 중자衆子를 위해서는 중문中門 밖에 여차廬次를 만들어 거상居喪하지 않는다.

父不爲衆子次於外.

鄭注 서자庶子에 대해서는 소략하게 하여, 본래 그대로 정침正寢에서 거상居喪한다. 於庶子略, 自若居寢.

集說 적장자適長子가 죽으면 아버지는 그를 위해 거상居喪하는데 중문中門 밖에 여차廬次를 만들어 하고, 서자庶子에 대해서는 그렇게 하지 않는다. 適長子死, 父爲之居喪, 次於中門外, 庶子否.

**【상복소기 79】**

제후와 형제가 되는 자는 본국에 돌아와 제후를 위해 참최복斬衰服을 한다.

與諸侯爲兄弟者服斬.

**鄭注** 경대부 이하를 가리킨다. 존귀한 자와 친족이 되므로 감히 가벼운 복服으로 상복을 하지 않는다. 제후라고 말한 것은 비록 다른 나라에 있더라도, 오히려 와서 삼년복을 하여야 함을 밝힌 것이다. 謂卿大夫以下也. 與尊者爲親, 不敢以輕服服之. 言諸侯者, 明雖在異國, 猶來爲三年也.

**集說** 경대부는 군주에 대해 본래 참최복斬衰服을 해야 한다. 만약 경대부가 되지 못하였지만 오속五屬의 친족에 해당하는 자도 또한 참최복斬衰服을 한다. 이 경문은 기록한 자가 아마도 본래의 친親에 따른 형제의 복服을 입을까 의심하여 특별히 밝힌 것이다. 대개 국군國君의 형제로서 앞서 본국에서 경대부가 되었다가 지금 타국에 살면서 아직 벼슬을 하지 않고 있는데, 본국의 군주가 죽으면 형제의 친親이 있고 또 옛 군주이므로 반드시 돌아와 참최복을 해야 한다. 군주와 형제가 된다고 말하지 않고 제후와 형제가 된다고 말한 것은 다른 나라에 있음을 밝힌 것이다. 卿大夫於君, 自應服斬. 若不爲卿大夫, 而有五屬之親者, 亦皆服斬衰. 此記者恐疑服本親兄弟之服, 故特明之. 蓋謂國君之兄弟, 先爲本國卿大夫, 今居他國未仕, 而本國君卒, 以有兄弟之親, 又是舊君, 必當反而服斬也. 不言與君爲兄弟, 而言與諸侯爲兄弟, 明在異國也.

**【상복소기 80】**

하상下殤의 소공복小功服에서 요대要帶는 마麻를 씻어 만들고 뿌리를 잘라내지 않으며, 구부려 반대로 향하게 하고 합하여 꼰다.

下殤小功, 帶澡麻不絶本[38], 詘而反以報之.

**鄭注** '보報'는 합한다는 뜻이다. 하상下殤의 소공복小功服은 본래는 차최복齊衰服의 친족이다. 그 수질首絰과 요대要帶는 마麻를 씻고 두들겨 다듬어서 만든다. 요대는 마麻의 뿌리를 잘라내지 않고 구부려 위로 허리에 이르게 하고, 가운데에서 (두 가닥을) 합하여 꼬는데, 친親이 무거움을 밝힌 것이다. 무릇 상복殤服에서는 마麻를 흩뜨려 요대를 늘어뜨린다. '報', 猶合也. 下殤小功, 本齊衰之親. 其絰帶, 澡率治麻爲之[39]. 帶不絶其本, 屈而上至要, 中合而糾之, 明親重也. 凡殤散帶[40]垂.

**集說** 본래 기년복期年服의 친족인데 사망한 것이 하상下殤에 해당하므로 강복降服하여 소공복小功服이 된 것이다. 그러므로 '하상의 소공복'(下殤小功)이라 한 것이다. '그 요대要帶는 마麻를 씻어서 만든다'고 한 것은 마麻를 두드려 다듬어 희고 깨끗하게 함을 말한다. '부절본不絶本'은 뿌리를 잘라 제거하지 않는 것이다. '보報'는 합한다는 뜻이다. 마麻를 늘어뜨려 아래로 향하게 하고, 다시 구부려 반대로 위로 향하게 하여 합해서 꼰다. 그러므로 '구부려 반대로 향하게 하고 합하여 꼰다'(詘而反以報之)고 한 것이다. 무릇 상복殤服에서의 마麻는 모두 흩뜨려 늘어뜨리는데 여기서는 흩뜨리지 않는다. 수질首絰의 마麻는 뿌리가 없고 요대는 뿌리를 잘라내지 않는데, 모두 무거움을 표시하는 것이다. 本是期服之親, 以死在下殤, 降爲小功. 故云'下殤小功'也. 其帶以澡麻爲之, 謂戛治其麻, 使之潔白也. '不絶本', 不斷去其根也. '報', 猶合也. 垂麻向下, 又屈之而反向上, 以合而糾之. 故云'詘而反以報之'也. 凡殤服之麻, 皆散垂, 此則不散. 首絰麻無根, 而要帶猶有根, 皆示其重也.

**【상복소기 81】**

며느리는 조고祖姑에게 부祔한다. 조고祖姑가 세 사람이면 시아버지의 생모(親者)에게 부祔한다.

婦祔於祖姑. 祖姑有三人, 則祔於親者.

**鄭注** 시아버지의 어머니가 죽고 다시 계모繼母 두 사람이 있었던 것을 말한다. '친자親者'는 시아버지를 낳은 사람을 말한다. 謂舅之41)母死, 而又有繼母二人也. '親者', 謂舅所生.

**集說** 이 경문은 부묘祔廟의 예禮를 말한 것이다. '세 사람'(三人)은 혹 두 계모繼母가 있었음을 말한다. '친자親者'는 시아버지의 생모를 가리킨다. 此言祔廟之禮. '三人', 或有二繼也. '親者', 謂舅所生母也.

**【상복소기 82】**

아내가 남편이 대부였을 때 죽었는데, 아내가 죽은 후 남편이 대부에서 물러났다가 죽어 아내에게 부祔하면 대부였을 때의 희생犧牲으로 바꾸어 사용할 수 없다. 아내가 죽은 후 남편이 대부가 되어 죽어 아내에게 부祔하면 대부의 희생을 사용한다.

其妻爲大夫而卒, 而后其夫不爲大夫, 而祔於其妻, 則不易牲. 妻卒而后夫爲大夫, 而祔於其妻, 則以大夫牲.

**鄭注** '처위대부妻爲大夫'는 아내가 남편이 대부였을 때 죽은 것이다. '불역생不易牲'은 사士의 희생犧牲을 사용하는 것이다. 이것은 처음으로 이 나라

에 와 벼슬을 하였기에 사당이 없는 자를 말한다. 사당이 없는 자는 부祔를 하지 못한다. 종자宗子가 나라를 떠날 때는 사당도 뒤따르게 한다. '妻爲大夫', 夫爲大夫時卒. '不易牲', 以士牲也. 此謂始來仕無廟者. 無廟者不祔, 宗子去國, 乃以廟從.

集說 아내가 죽었을 때 남편이 대부였는데 아내가 죽은 후 남편이 대부에서 쫓겨나 물러나 있다가 결국 죽은 경우, 조묘祖廟가 없기 때문에 아내에게 부祔하는 예는 다만 남편이 지금 사용할 수 있는 희생犧牲에 의거할 수 있고, 옛날 대부였을 때의 희생으로 바꾸어 사용할 수 없다. 만약 아내가 죽었을 때 남편이 대부가 되지 못했다가 아내가 죽은 후 남편이 대부가 되어 죽었을 경우 지금 그 아내에게 부제祔祭를 지낼 때는 대부의 희생을 사용한다. ○ 소疏에서 말한다. "이것은 처음으로 이 나라에 와서 벼슬을 하였기에 사당이 없는 경우를 말한다. 만약 사당이 있으면 죽은 자는 할아버지에게 부祔해야 하고 아내에게 부祔할 수 없다. 오직 종자宗子가 다른 나라로 떠나면 사당도 뒤따르게 한다." 妻卒時, 夫爲大夫, 卒後, 夫黜退遂死, 以無祖廟, 故祔於妻之禮, 止得依夫今所得用之牲, 不得易用昔大夫之牲也. 若妻死時, 夫未爲大夫, 死後, 夫乃爲大夫而死, 今祔祭其妻, 則得用大夫牲矣. ○ 疏曰: "此謂始來仕而無廟者. 若有廟, 則死者當祔於祖, 不得祔於妻也. 惟宗子去他國, 以廟從."

**【상복소기 83】**

아버지의 후사가 된 자는 출모出母(쫓겨난 어머니)를 위해서 상복喪服을 하지 않는다. 상복이 없는 것은 거상居喪을 하고 있는 이는 종묘에 제사를 지내지 못하기 때문이다.

爲父後者, 爲出母無服. 無服也者, 喪者不祭故也.

**鄭注** 적자適子는 위로 정체正體이므로 제사를 지내야 한다. 適子正體於上, 當祭祀也.

**集說** '출모出母'는 아버지에 의해 내쳐지고 친親을 끊겨 다른 성姓의 어머니가 된 자인데, 죽으면 다른 성姓의 아들이 복服을 한다. 대개 거상居喪하고 있는 자는 제사를 지내지 않는 것이니 만약 다른 성姓의 어머니 상喪을 당하여 자기 종묘의 제사를 폐하면 어찌 예禮이겠는가? 그러므로 아버지의 후사가 된 자는 출모出母를 위하여 거상居喪하지 않으니, 종묘의 제사를 중시하는 것이다. 그러나 비록 복服을 하지 않더라도 심상心喪으로써 스스로 거居하니 은혜 때문이다. 후사가 아닌 자는 기년복을 하지만 담제禫祭를 지내지 않는다. ○ 주자朱子는 말한다. "출모出母에 대하여 아버지의 후사가 된 자는 복服이 없다. 이것은 조상을 높이고 종宗을 존경하며 집에는 두 주인이 없다는 뜻이다. 선왕이 예악을 제정함에 정미하고 구차하지 않음이 대개 이와 같다." '出母', 父所棄絶, 爲他姓之母, 以死則有他姓之子服之. 蓋居喪者不祭, 若喪他姓之母, 而廢己宗廟之祭, 豈禮也哉? 故爲父後者, 不喪出母, 重宗祀也. 然雖不服, 猶以心喪自居, 爲恩也. 非爲後者, 期而不禫. ○ 朱子曰: "出母, 爲父後者無服. 此尊祖敬宗, 家無二主之意. 先王制作, 精微不苟, 蓋如此."

**【상복소기 84】**

부인婦人이 상주가 되지 않았는데 장杖을 잡는 것은 시어머니가 살아 계실 때 남편을 위해 장杖을 잡는 것이다. 어머니는 장자長子를 위해 삭장削杖[42]을 잡는다. 여자가 시집가지 않고 그 부모를 위해 상복을 할 때, 상례를 주관하는 자가 장杖을 잡지 않으면 딸들 중에 한 사람이 장杖을 잡는다.

婦人不爲主而杖者, 姑在爲夫杖.① 母爲長子削杖.② 女子子在室爲父母, 其主喪者不杖, 則子一人杖.③

**鄭注** ① 시어머니는 며느리를 누르지 않는다. 姑不厭婦.

② 남자에게 상복을 할 때 마땅히 장杖을 대나무로 해야 할 것이라고 생각하기 때문이다. 어머니가 장자長子를 위해 하는 상복은 아들이 자신에게 하는 것보다 무겁게 할 수 없다. 嫌服男子當杖竹也. 母爲長子服, 不可以重於子爲己也.

③ '여자가 집에 있다'는 것은 또한 시집가지 않은 어린 아이다. 남자 형제가 없어 동성同姓의 친족에게 상주를 섭행하게 하였고 섭주가 장杖을 잡지 않으면 '딸들 중에 한 사람이 장杖을 잡는데' 장녀長女를 말한다. 결혼을 허락하였거나 20살이 되어 계笄를 한 경우, 계笄를 하면 성인이고, 성인은 정장正杖을 잡는다. '女子子在室', 亦童子也. 無男昆弟, 使同姓爲攝主, 不杖, 則'子一人杖', 謂長女也. 許嫁及二十而笄, 笄爲成人, 成人正杖也.

**集說** 이 경문은 며느리와 딸이 마땅히 장杖을 잡아야 하는 예를 밝힌 것이다. 여자로서 시집가지 않은 자가 부모를 위해 장杖을 잡는 것은 남자 형제가 없어 동성同姓의 친족에게 상주를 섭행하게 하였기 때문이다. 此明婦與女當杖之禮. 女子在室而爲父母杖者, 以無男昆弟, 而使同姓爲攝主也.

【상복소기 85】

시마緦麻와 소공小功의 상喪에서 우제虞祭와 졸곡卒哭을 할 때는 문免을 착용한다.

緦·小功, 虞·卒哭則免.

鄭注 관棺을 매장한 뒤에는 은의恩誼가 가벼워 문免을 착용하지 않아도 될 것으로 생각하기 때문이다. '즉문則免'이라고 말한 것은 이미 빈殯을 행한 뒤부터 그것을 열기 전까지의 사이에 비록 일이 있어도 문免을 착용하지 않는다는 것이다. 棺柩已藏, 嫌恩輕可以不免也. 言'則免'者, 則旣殯先啓之間, 雖有事不免.

集說 시마緦麻와 소공小功은 상복 중에 가벼운 것이다. 빈殯을 행한 후부터 계빈啓殯 전까지 비록 일이 있어도 문免을 착용하지 않는다. 우제虞祭와 졸곡卒哭 때가 되면 반드시 문免을 착용하는데, 은의가 가볍다고 뒤에 가서 소략하게 하지 않는 것이다. 緦與小功, 服之輕者也. 殯之後啓之前, 雖有事, 不免. 及虞與卒哭則必免, 不以恩輕而略於後也.

【상복소기 86】

장례葬禮를 마쳤는데 우제虞祭를 빨리 거행하지 못하였으면 비록 상주일지라도 모두 관冠을 쓰고, 우제를 지낼 때에 이르러 모두 문免을 착용한다.

旣葬而不報虞, 則雖主人皆冠, 及虞則皆免.

**鄭注** 사정이 있어 우제虞祭를 빨리 거행하지 못하면 비록 상주일지라도 모두 관冠을 쓰는데 오랫동안 문식함이 없어서는 안 되기 때문이다. '모두 문免을 착용한다'(皆免)는 상주로부터 시마緦麻까지를 말한다. 有故不得疾虞, 雖主人皆冠, 不可久無飾也. '皆免', 自主人至緦麻.

**集說** 앞 장([상복소기 44])에서 "빨리 장례葬禮를 행할 경우에는 우제虞祭도 빨리 지낸다"고 말하였는데, 이제 '우제를 빨리 지내지 못하였다'고 말한 것은 사정이 있어 지체된 것을 말한다. 우제를 지내지 못했으므로 또 관冠으로 머리를 문식하고, 우제에 이르면 상주부터 시마緦麻·소공小功까지 모두 문免을 착용한다. 前章言, "赴葬者赴虞", 今言'不赴虞', 謂以事故阻之也. 既未得虞, 故且冠以飾首, 及虞, 則主人至緦·小功者, 皆免也.

**【상복소기 87】**

형제를 위한 상복에서 이미 상복을 벗었는데, (장례가 늦어져) 장례葬禮를 행하는 때에 이르면 되돌려서 그 상복을 입고, 우제虞祭와 졸곡卒哭을 거행할 때에 이르면 문免을 착용하고, 우제를 거행하지 않으면 상복을 벗는다.

爲兄弟, 既除喪已, 及其葬也, 反服其服, 報虞·卒哭則免, 如不報虞則除之.

**鄭注** 소공小功 이하이다. 小功以下.

**集說** 이 경문은 형제를 위하여 복服을 벗는 것과 문免을 착용해야 하는 의절을 말한 것이다. 此言爲兄弟除服及當免之節.

【상복소기 88】

먼 곳에서 장례葬禮를 행한 경우, 반곡反哭하기 위해 따르는 자는 모두 관冠을 쓴다. 교郊에 이른 후에 문免을 착용하고, 사당에 이르러 반곡한다.

遠葬者, 比反哭者皆冠. 及郊而后免, 反哭.

**鄭注** 묘墓가 사교四郊의 밖에 있는 것이다. 墓在四郊之外.

**集說** '원장遠葬'은 장지葬地가 사교四郊의 밖에 있는 것이다. 장례葬禮가 끝나고 반곡을 할 때 상주 이하 모두 관冠을 쓰는 것은 도로에서 문식이 없으면 안 되기 때문이다. 교郊에 이르러 관冠을 벗고 문免을 착용하고, 사당에 이르러 반곡反哭한다. '遠葬', 謂葬地在四郊之外也. 葬訖而反, 主人以下皆冠, 道路不可無飾也. 及至郊, 乃去冠著免, 而反哭于廟焉.

【상복소기 89】

군주가 조문을 오면 비록 문免을 착용하고 있을 때가 아니라도 상주는 반드시 문免을 착용하며, 마대麻帶의 늘어뜨린 부분을 흩뜨리지 않는다. 비록 다른 나라의 군주가 조문을 와도 문免을 착용하는데[43], 친親이 있는 자는 모두 문免을 착용한다.

君弔, 雖不當免時也, 主人必免, 不散麻. 雖異國之君, 免也, 親者皆免.

鄭注 '불산마不散麻'는 (대렴 뒤에) 마대麻帶의 늘어뜨린 부분을 묶어놓은 것을 그대로 유지한다는 뜻이다. 인군人君 때문에 변례變禮를 한 것으로, 대렴大斂의 이전과 계빈啓殯 이후 보다 낮춘 것이다. '친親이 있는 자'는 대공大功 이상이다. '다른 나라의 군주가 와도 문免을 착용한다'는 어떤 본에는 '면免'이 '조弔'로 되어 있다. '不散麻'者, 自若絞垂. 爲人君變, 貶於大斂之前・既啓之後也. '親者', 大功以上也. '異國之君免'或爲'弔'.

集說 '군조君弔'는 본국의 군주가 와서 조문하는 것이다. '불산마不散麻'는 요질要絰(요대)을 묶어 늘어뜨리는 부분을 흩뜨려지지 않게 하는 것이다. '친이 있는 자는 모두 문을 착용한다'(親者皆免)는 것은 대공大功 이상의 친親은 모두 상주를 따라 문免을 착용하는 것으로 다른 나라의 군주를 존경하기 위함이다. 나머지는 앞 장(69, 70)의 '제후가 조문할 때'(諸侯弔)의 아래에 나와 있다. '君弔', 本國之君來弔也. '不散麻', 謂糾其要絰, 不使散垂也. '親者皆免', 謂大功以上之親, 皆從主人而免, 所以敬異國之君也. 餘見前章'諸侯弔'下.

**【상복소기 90】**

상殤의 상喪에서 상복을 벗는 이는 그 담제 때 반드시 현관玄冠에 현단玄端과 황상黃裳의 복장을 한다. 성인의 상喪에서 상복을 벗는 이는 그 대상제大祥祭에서 조복朝服을 입고 호관縞冠을 쓴다.

除殤之喪者, 其祭也必玄.① 除成喪者, 其祭也朝服縞冠.②

鄭注 ① 상殤에는 변복變服(상복을 바꾸어 입는 것)이 없고 문식이 화려하지 않으며, 현관玄冠・현단玄端・황상黃裳의 복장으로 제사하고 조복朝服을 입

지 않는데, 순수하게 길吉한 일이 아니기 때문이다. 성인의 상喪에서 석담釋禫[44]의 복服에 해당한다. 殤無變, 文不縟, 玄[45]冠・玄端・黃裳而祭, 不朝服, 未純吉也. 於成人爲釋禫之服.

② '성成'은 성인이다. '호관縞冠'은 순수하게 길吉할 때의 제복祭服이 아직은 아니다. 상제祥祭를 지낸 후에는 누이지 않은 흰 비단의 관(縞冠)에 흰색의 누인 비단으로 가선을 둘러쓰고 마의를 입는다.[46] '成', 成人也. '縞冠', 未純吉祭服也. 旣祥祭, 乃素縞麻衣.

集說 '현玄'은 현관玄冠과 현단玄端을 말한다. 상殤에는 우虞・졸곡卒哭・연練의 변복變服 의절이 없고, 복服을 벗을 때의 제사에는 현관玄冠・현단玄端・황상黃裳을 사용한다. 이것은 성인의 상喪에서 석담釋禫의 복장을 하는 것에 해당하는 것으로, 성인의 상喪과 달리하기 위함이다. 만약 성인의 상喪에 상복을 벗는다면 대상제를 지낼 때 조복朝服을 입고 호관縞冠을 쓴다. 조복朝服은 현관玄冠에 치의緇衣와 소상素裳을 입는 복장이다. 이제 현관玄冠을 사용하지 않고 호관縞冠을 사용하는 것은 아직 순수하게 길吉한 제복祭服이 아니기 때문이다. 또 살피건대, 현단玄端과 황상黃裳을 사용하는 것은 만약 소상素裳을 사용하면 조복朝服의 순수하게 길한 것과 같아지고, 만약 현상玄裳을 사용하면 또 상사上士의 길복吉服인 현단玄端과 같아지기 때문이다. 그러므로 이것이 황상黃裳임을 알 수 있다. '玄', 謂玄冠・玄端也. 殤無虞・卒哭及練之變服, 其除服之祭, 用玄冠・玄端・黃裳. 此於成人爲釋禫之服, 所以異於成人之喪也. 若除成人之喪, 則祥祭用朝服縞冠. 朝服, 玄冠・緇衣・素裳. 今不用玄冠而用縞冠, 是未純吉之祭服也. 又按, 玄端・黃裳者, 若素裳, 則與朝服純吉同, 若玄裳, 又與上士吉服玄端同. 故知此爲黃裳也.

**【상복소기 91】**

아버지의 상喪에 분상할 때는 당堂 위에서 머리를 묶고 단袒을 하고, 당을 내려와 용踊을 하고, 동쪽 건물의 동편에서 단을 했던 것을 가리고 질絰을 착용한다. 어머니의 상喪에 분상할 때는 머리를 묶지 않고, 당堂 위에서 단袒을 하고, 당을 내려와 용踊을 하고, 동쪽 건물의 동편에서 단을 했던 것을 가리고 문免을 착용한다. 요질腰絰을 하고 곡위哭位에 나아가고, 용踊을 하고, 빈궁殯宮의 문을 나오고, 곡哭을 멈춘다. 3일 간 다섯 번 곡哭을 하고 세 번 단袒을 한다.

奔父之喪, 括髮於堂上, 袒, 降·踊, 襲絰于東方. 奔母之喪, 不括髮, 袒於堂上, 降·踊, 襲免于東方. 絰卽位, 成踊, 出門, 哭止. 三日而五哭, 三袒.

鄭注 무릇 분상奔喪은 길이 멀어 이미 빈례殯禮를 행한 뒤에 온 것을 말한다. 어머니의 상에는 머리를 묶지 않고 성복成服에 이르는데, (머리를 묶지 않는 것) 한 가지만 차이가 나니 아버지 상보다 낮춘 것이다. '곡위에 나아간다'(卽位) 이하 의절은 아버지와 어머니의 상에 대해 똑같이 한다. '3일 간 다섯 번 곡哭을 한다'(三日五哭)는 것은 처음 도착하여 저녁에 하는 곡이 끝났는데도 곡위哭位로 되돌아가 곡을 하고 나와서 여차廬次로 가는 것이 한 번 곡한 것이고, 다음날과 또 그 다음날 아침저녁으로 곡한 것을 합하여 다섯 번의 곡을 하는 것이 된다. '세 번 단袒을 한다'(三袒)는 것은 처음 도착하여 단을 하고, 다음날과 또 다음날 아침 단을 하는 것을 합하여 세 번이 된다. 凡奔喪, 謂道遠, 已殯乃來也. 爲母不括髮, 以至成服, 一而已, 貶於父也. '卽位'以下, 於父母同也. '三日五哭'者, 始至, 訖夕反位哭, 乃出就次, 一哭也, 與明日又明日之

朝・夕而五哭. '三袒'者, 始至袒, 與明日又明日之朝而三也.

**集說** 계笄로 묶는 것을 말하지 않은 것은 처음 죽었을 때와 다르기 때문이다. 도착하면 곧 마麻로 빈궁殯宮의 당堂 위에서 머리를 묶고, 단袒을 하여 상의上衣를 벗으며, 조계阼階의 동편으로 내려와 용踊을 하고, 용踊을 한 다음 당堂에 오르며, 동방東方에서 단袒을 했던 옷을 가리고 요질要絰을 착용한다. '동방東方'은 동쪽 건물의 동편이다. 이것은 아버지 상喪에 분상奔喪하는 예가 이와 같이 한다는 것이다. 만약 어머니 상喪에 분상할 때는 처음 죽었을 때 도착하였으면 머리를 묶고, 도착한 것이 또 곡哭을 한 뒤로 성복成服에 이르기까지 사이이면 모두 머리를 묶지 않는다. 당堂 위에서 단袒을 하고 내려와 용踊을 하는 것은 아버지 상喪에서와 같다. 아버지 상에서는 머리를 묶고 질絰을 착용하며 어머니 상에서는 머리를 묶지 않고 문免을 착용하는데, 이것이 다른 것이다. 문免을 착용하고 요질要絰을 착용하고, 조계阼階의 동쪽 곡위哭位에 나아가 다시 용踊을 한다. 그러므로 '질絰을 하고 곡위에 나아가 용踊을 한다'고 한 것이다. 곡위에 나아가 용을 하는 것은 아버지와 어머니 상에 모두 그렇게 한다. '출문出門'은 빈궁殯宮의 문을 나가서 여차廬次로 가는 것이다. 그러므로 곡哭을 하는 자는 곡을 멈춘다. 처음 도착했을 때 한 번 곡하고, 다음날 아침저녁에 곡하며, 다시 다음날 아침저녁에 곡을 하니 이른바 '3일 간 다섯 번 곡을 한다'(三日而五哭)는 것이다. '세 번 단袒을 한다'(三袒)는 것은 처음 도착했을 때 단袒을 하고 다음날 아침 단을 하며 다시 다음날 아침 단을 하는 것이다. 不言笄纚者, 異於始死時也. 至卽以麻括髮于殯宮之堂上, 袒去上衣, 降阼階之東而踊, 踊而升堂, 襲掩所袒之衣, 而著要絰于東方. '東方'者, 東序之東也. 此奔父喪之禮如此. 若奔母喪, 初時括髮, 至又哭以後, 至於成服, 皆不括髮. 其袒於堂上, 降踊者, 與父同. 父則括髮而加絰, 母則不括髮而加免, 此所異也. 著免加要絰, 而卽位於阼階之東而更踊. 故云'絰卽位, 成踊'也. 其

卽位成踊, 父母皆然. '出門', 出殯宮之門, 而就廬次也. 故哭者止. 初至一哭, 明日朝夕哭, 又明日朝夕哭, 所謂'三日而五哭'也. '三袒'者, 初至袒, 明日朝袒, 又明日朝袒也.

**【상복소기 92】**

적부適婦(적장자의 아내)가 시부모의 후사가 되지 못하면, 시어머니는 그를 위해 소공복小功服을 한다.

適婦不爲舅姑47)後者, 則姑爲之小功.

**鄭注** 남편이 폐질廢疾 혹은 다른 사정이 있거나, 또는 죽었는데 아들이 없어, 중重을 받지 못한 경우를 말한다. 소공小功은 서부庶婦에게 입는 복服이다. 무릇 부모가 아들에 대하여 그리고 시부모가 며느리에 대하여 장차 적장자에게 중重을 전하지 못하거나, 장차 중重을 전해 받을 대상이 적장자가 아니면, 상복을 하는 것은 모두 서자庶子, 서부庶婦에게 하는 복과 같이 한다. 謂夫有廢疾他故, 若死而無子, 不受重者. 小功, 庶婦之服也. 凡父母於子, 舅姑於婦, 將不傳重於適, 及將所傳重者非適, 服之皆如庶子・庶婦也.

**集說** 『예禮』에 시부모는 적부適婦에게 대공복大功服을 하고 서부庶婦에게 소공복小功服을 한다. 지금 이 경문에서 후사가 되지 못하였다고 한 것은 그 남편이 폐질廢疾 혹은 다른 사정이 있어 중重을 전하지 못했거나, 혹 죽었는데 아들이 없어 중重을 이어받지 못한 경우이기 때문이다. 그러므로 시부모는 서부庶婦에게 하는 복服으로 상복을 하는 것이다. 『禮』, 舅姑爲適婦大功, 爲庶婦小功. 今此言不爲後者, 以其夫有廢疾或他故, 不可傳重, 或死而無子, 不受重者. 故舅姑以庶婦之服服之也.

## 역주

1) 帶 : 『예기주소』에는 악계 다음에 '대' 자가 있다. 『예기훈찬』에는 악계 앞에 '대' 자가 있다. 『예기집설대전』에는 '대' 자가 없다. 주소에 '대' 자가 나오므로 '대' 자를 넣었다. 안원과 단옥재 교감본에도 '대' 자가 있어야 한다고 했다.

2) 예를 펼치고 : 원문의 '伸'이 '中'인 경우에는 '예가 합당하고'의 뜻이 된다.

3) 伸 : 『禮記正義』에는 '中'으로 되어 있다.

4) 바깥으로부터 ~ 않는다 : 이 말은 『춘추공양전』, 宣公 3年 조 傳에 나온다. 疏에 바깥에서 이른 자는 天神을, 主는 人祖를 뜻한다고 하였다.

5) 위나라 제후 원 : 衛靈公을 가리킨다.

6) 조 : 禰 · 祖 · 曾祖 · 高祖를 가리킨다.

7) 적사 : 고대 관직의 직급 중 하나로 上士에 해당한다. 그 지위는 下大夫보다 아래고 中士보다 높다. 보통 大宗의 계승자가 맡는다. 「祭法」(9)에 "適士는 2묘와 1단을 세운다"(適士二廟一壇)라고 하였다. 정현 주에서 "適士는 上士이다"(適士, 上士也)라고 하였다.

8) 무릇 ~ 말한다 : 선친이 조부의 서자인 경우 자신이 선친의 적자라 하더라도 자신은 조부에 대하여 서자가 됨을 말한다.

9) 질제 : 姪은 형제의 딸을, 娣는 여동생을 뜻하며, 여군이 시집을 올 때 媵妾으로 따라온 이들을 가리킨다.

10) 대부의 ~ 같다 : 정현은 대부의 적자가 자신의 처에 대하여 하는 상복으로 풀이하였다.

11) 喪 : 원래 '喪' 자가 없으나 『儀禮經傳通解續』에 의거하여 보충하였다. 『예기정의』, 968쪽 참고.

12) 굽혀서 ~ 있다 : 이 말은 「禮器」(45)에 나온다.

13) 정월이 ~ 존문한다 : 『춘추공양전』, 莊公 元年 조에 『춘추공양전』, 襄公 29년 조의 "어째서 공이 楚에 있다고 말하였는가? 정월에는 군주에게 존문하기 때문이다"(何言乎公在楚? 正月以存君也)에 대한 注에서 "正月은 한 해가 끝나고 다시 시작한다. 신하와 자식이 된 이들은 군주와 어버이가 한 해가 끝나고 다시 시작하는 것에 함께하는 것을 기뻐하여 예물을 갖추어서 존문한다"(正月歲終而復始, 臣子喜其君父與歲終而復始, 執贄存之)라고 하였다. 정현은 정월에 부모에게 문안을 드리는 것처럼, 練祭를 지내는 것 역시 돌아가신 뒤 1주년이 될 때 살아 계신 것처럼 생각하여 제수를 갖추어 제사하는 의미를 담고 있다고 말한 것이다.

14) 소상제 : 돌아가신 지 만 1년째(기년상의 경우는 11개월째)에 지내는 喪祭이다. 練은 잿물에 담가 말려 누인다는 뜻으로 소상제에는 누인 大功布로 만든 中衣와 누인 대공포로 만든 冠을 착용하고 喪祭를 지내므로 소상제를 練祭 또는 練이라고 한다. 소상제를 지낸 뒤에야 야채와 과일을 먹을 수 있다. 아버지의 생존 중에 어머니가 사망한

기년상의 경우에는 11개월째에 소상제를 지낸다. 「단궁상」(131) 참조.

15) 已 : 어떤 본에는 者로 되어 있다.

16) 상제 : 大祥祭로 사망한 지 만 2년째(기년상의 경우는 13개월째)에 지내는 喪禮의 제사이다. 삼년상의 경우 만 2년째인 25개월에, 특별히 아버지가 생존 중인 상태에서 돌아가신 어머니를 위해 하는 기년상의 경우에는 13개월째에 지내는 제사로, 상주가 喪服을 벗고 吉服을 입은 채 제사를 지낸다. 그러나 아직 완전한 吉로 나아간 것이 아니므로 縞冠만은 착용하고 아침저녁의 정해진 곡을 하지는 않지만 슬픔이 북받칠 때는 곡을 하며 고기도 먹을 수 있다.

17) 練 : 어떤 본에는 再로 되어 있다.

18) 우제 : 매장을 한 뒤 혼령이 방황하지 않도록 안정시키기 위하여 지내는 喪祭로, 虞라고도 한다. 體魄을 떠난 魂靈을 안정시키기 위해 매장 당일부터 지내는데, 신분에 따라 9번, 7번, 5번, 3번 지낸다.

19) 부제 : 졸곡제를 지낸 다음날 祖父의 묘에는 다른 묘로 옮겨야 함을 고하고 이번에 죽은 이에게는 조부의 묘에 들어가야 함을 알리는 제사이다. 祖廟에서 부제를 마친 후 새로 죽은 사람의 神主는 祫祭를 지낼 때와 마찬가지로 곧바로 正寢으로 되돌려놓는다.

20) 추복 : 상복하는 시일이 지난 뒤에 뒤늦게 상복을 하는 것을 말한다. 본문의 '稅喪'을 집설에 따라 追服의 의미로 해석하였다. '稅'는 '脫'과 같은 뜻으로 소략하다는 뜻인데, 여기서는 소홀하여 시일을 맞추지 못한다는 뜻을 함축하고 있다.

21) 탈 : 『禮記正義』에 음을 '奪'이라고 하였다. 곧 음이 우리말 '탈'에 가깝다.

22) 예가 없으면 경솔하다 : 이 말은 『춘추좌씨전』 僖公 33年 조 傳에 나온다. 『춘추좌씨전』에는 '稅'가 '脫'로 되어 있다. 脫은 경솔하다, 소략하다, 소탈하다, 치밀하지 못하다 등의 뜻이다.

23) 퇴 : 『禮記大全』 小註에 음과 관련하여 "吐와 外의 반절"(吐外反)이라고 하였다. 곧 음이 우리말 '퇴'에 가깝다.

24) 「단궁」 : 정현주의 원문에는 '「曾子問」'으로 되어 있으나 「檀弓」이므로 수정하여 번역하였다.

25) 밤낮에 수시로 하는 곡 : 無時哭이라고 한다. 상례에는 세 번의 무시곡이 있다. 막 돌아가시고 殯을 하기 전까지 곡소리가 끊이지 않게 하는데, 이것이 첫 번째 무시곡이다. 殯을 한 뒤 여막 안에서 추억을 생각하면서 곡을 하는데, 이것이 두 번째 무시곡이다. 졸곡제를 지내고 조석곡만 하는 것은 有時哭이다. 練祭를 지낸 뒤 조석곡을 중지하고 堊室에 머물면서 10일 또는 5일에 한 번 곡을 하는데, 앞에 것과 함께 이것이 세 번째 무시곡이 된다. 『의례』 「旣夕禮」에 "虞祭를 지낸 다음 졸곡제를 지낸다"(卒哭)고 한 것에 대한 賈公彦의 疏 참조.

26) 의려 : 상주가 상중에 거처하는 곳이다. 中門 밖 동쪽 벽에 나무를 걸쳐서(倚木) 만든다. 그러므로 倚廬라고 한다. 堊室은 중문 밖의 지붕 아래에 날벽돌을 쌓아 만들고 벽

을 맥질하지는 않는다. 『三禮辭典』, 610쪽 참조.

27) 두 가지 일 : 앞에서 무거운 상을 당하고, 다시 뒤에 겹쳐서 가벼운 상을 당한 경우 두 상에 대한 상복을 해야 하는 일을 가리킨다.

28) 상복을 ~ 바꾼다 : 이 말은 「喪服小記」(40)에 나온다.

29) 위 장에서 ~ 하였다 : 관련 내용은 「喪服小記」(40)에 나온다.

30) 장례는 ~ 지낸다 : 이 말은 「中庸」(18-3)에 나온다.

31) 첩으로서 ~ 부한다 : 이 말은 「喪服小記」(72)에 나온다.

32) 위에서 ~ 하였지만 : 「喪服小記」(50)의 내용을 가리킨다.

33) 도종 : 死者와 親이 없지만 그와 親이 있는 이가 상복을 하는 것을 따라서 자신도 상복을 하는 경우, 從服이라고 한다. 이 종복 가운데 자신이 따라서 하는 사람이 사망하면 상복을 하지 않는 것을 徒從이라고 하고 사망하더라도 상복을 하는 것을 屬從이라고 한다. 「喪服小記」(18)의 集說에 자세하다.

34) 담제 : 삼년상에서 25개월이 되는 달에 大祥祭를 지낸 뒤 한 달을 건너 27개월째에 지내는 제사이다. 禫은 담담한 듯 평안하다는 뜻으로, 대상제를 통해 실제적인 삼년상의 과정을 마무리함으로써 부모에 대한 親愛의 정감을 다할 수 있었던 孝子의 마음을 표현하는 것이다. 담제를 지내고는 음악을 연주하고 政事에 복귀하며 寢宮으로 돌아가는 등 상례 이전의 일상으로 돌아간다. 일반적으로는 정현의 주장에 따라 27개월째에 지내지만 대상제와 동일하게 25개월이 되는 달에 지낸다는 王肅의 異說도 있다.

35) 아들에게서 ~ 그친다 : 이 말은 『춘추곡량전』, 隱公 5년 조 傳에 나온다.

36) 자최의 ~ 마친다 : 이 말은 「喪服小記」(2)에 나온다.

37) 석최 : 錫衰는 7升半의 麻를 매끄럽게 가공하여 만든 옷으로 천자가 삼공과 육공에 대하여 조문할 때 입는 옷이다. 『三禮辭典』, 317쪽, '皮弁服' 항목; 1142쪽, '錫衰' 항목 참조.

38) 本 : '本' 자가 없는 본도 있다. 『예기정의』의 교감기에 따랐다.

39) 之 : '之' 자가 본에 따라 '經'로 되어 있다. 『예기정의』의 교감기에 따랐다.

40) 帶 : '絶' 자로 된 판본도 있다. 『예기정의』의 교감기에 따랐다.

41) 之 : 어떤 본에는 '姑'로 되어 있으나 잘못인 듯하다.

42) 削杖 : 깎아서 만든 지팡이라는 뜻으로, 어머니에 대하여 자최복을 하는 사람이 잡는다.

43) 비록 ~ 착용하는데 : 정현은 주에서 '雖異國之君, 免也'의 '免'이 다른 판본에서는 '弔'로 되어 있다고 한다. 곧 "다른 나라의 군주가 와서 조문을 할 때에도"(雖異國之君弔也)의 뜻이 된다. 진호의 집설에서는 이와 관련에 별 언급이 없지만, 이 부분을 다른 나라의 제후가 조문 오는 경우를 기술한 「상복소기」(69, 70)의 내용과 같은 것으로 말하였으므로, 대의는 정현의 설로 해석할 때와 같다.

44) 석담 : 상복을 벗는 의절로 줄여서 禫라고도 한다. 釋은 상복을 벗는다는 뜻이고, 禫은 담담하고 평안하다는 뜻과 동시에 상복을 벗는 제사의 뜻을 나타낸다. 곧 담제를 통해

상복을 벗고 평상시 마음으로 되돌아옴으로써 상례가 끝난다. 지내는 시기에 대하여 두 설이 있다. 三年喪에서 25개월이 되는 달에 大祥제사를 지내고 난 다음 한 달을 넘겨서 27개월이 되는 달에 담제를 지낸다는 정현의 설과, 大祥제사와 같이 25개월이 되는 달에 지낸다는 설이 있다. 『의례』「士虞禮」의 記의 "中月而禫"에 대한 정현 주에 "'中'은 사이를 둔다는 뜻과 같다. '禫'은 제사의 명칭이다. 대상제와는 1달의 차이가 있다. 초상으로부터 여기에 이르기까지 모두 27개월이다. 禫이라는 말은 담담하여 평안하다는 뜻이다. 고문에는 '禫'이 '導'로 되어 있기도 하다"('中'猶間也. '禫', 祭名也. 與大祥間一月. 自喪至此, 凡二十七月. 禫之言, 澹澹然平安意也. 古文'禫'或爲'導')라고 하였다. 「檀弓上」(31)의 "孟獻子는 禫祭를 지내고도 악기를 걸어만 둔 채 연주하지 않았다"(孟獻子禫, 縣而不樂)에 대한 공영달의 소에 "王肅은 25개월이 되는 달에 大祥제사를 지내고, 그 달에 담제를 행하고, 26개월이 되는 달에 樂을 행한다고 여겼다. 그 이유는 아래 경문에서 '대상제를 지내는데 호관을 쓰고, 이달에 담제를 지내고, 다음 달에 樂을 행한다'라고 한 말은 위 경문에서 '魯나라 사람이 아침에 대상제를 지내고 저녁에 노래를 하자, 孔子가 '달을 넘겨서 하면 좋다'라고 하였다'는 말과 더불어 모두 대상제를 지낸 다음 달에 樂을 행하는 것이기 때문이다. 또한 「間傳」에서는 '三年喪은 25개월에 마친다'라고 하였다. 또한 『의례』「士虞禮」의 '中月而禫'의 '中'은 대상제를 지내는 달 '안'에서를 뜻하며, 『書』의 '문왕이 천명을 받아 몸 가운데에서 나라를 누렸다'(文王中身享國)의 '中身'이 '몸 가운데에서'의 뜻인 것과 마찬가지다. 『춘추좌씨전』「文公 2年」에 '겨울에 공자가 드디어 제나라로 가서 納幣를 행하였다'라고 하였는데, 僖公의 喪이 이때 이르러 26개월이 되었지만, 左氏는 '납폐를 행한 것은 禮에 맞다'라고 하였다. 그러므로 王肅은 25개월에 담제를 지내 상복을 벗고 상례를 마친다고 여겼다. 그러나 정현은 25개월이 되어 대상제를 지내고, 27개월이 되어 담제를 지내며, 28개월이 되어 樂을 행하고 평상의 생활로 돌아온다고 여겼다. 정현이 기어코 27개월이 되는 달에 담제를 지낸다고 주장하는 것은 이렇다. 「잡기하」(37)에 '아버지가 살아 계실 때 어머니와 처를 위한 상복은 13개월이 되는 달에 대상제를 지내고 15개월이 되는 달에 담제를 지낸다'라고 하였는데, 어머니와 처를 위해 상복을 할 때는 오히려 대상제와 담제를 달을 달리하여 행하면서 어떻게 삼년상에 대상제와 담제를 같은 달에 지내는 것을 허용하겠는가? 만일 아버지가 살아 계심에 어머니를 위한 상복이 굽히고 펴지 못하기 때문에 담제를 지내는 달을 연기한 것이라고 한다면, 처를 위한 상복에서도 응당 펴지 못하여 상제와 담제를 달을 달리하여 지내는 것이겠는가? 만일 '中月而禫'의 '中月'을 달 안에서라고 주장하려면, 응당 '月中而禫'이라고 해야 옳다. 어째서 '中月'이라고 한 것인가? 살피건대, 「喪服小記」(54)에 '妾은 妾祖姑에게 祔하는데, 첩조고가 안계시면 하나를 비워두고 위로 妾高祖姑에 부한다'라고 한 것과, 또 「學記」에서 '한 해를 건너뛴다'는 말에 대하여 考校에서 모두 '中'을 '사이를 둔다'는 뜻으로 풀이하였다. 1年의 사이를 두는 것을 뜻한다. 그러므로 '中月'은 한 달의 사이를 두는 것이다"(王肅以二十五月大祥, 其月爲禫, 二十六月作樂. 所以然者, 以下云"祥而縞, 是月禫, 徙月樂", 又與上文"魯人朝祥而莫

歌, 孔子云'踰月則其善'", 是皆祥之後月作樂也. 又「間傳」云: "三年之喪, 二十五月而畢." 又「士虞禮」"中月而禫", 祥月之中也, 與『尙書』"文王中身享國"謂身之中間, 同. 又「文公二年」"冬, 公子遂如齊納幣", 是僖公之喪至此二十六月, 而左氏云: "納幣, 禮也." 故王肅以二十五月禫除喪畢. 而鄭康成則二十五月大祥, 二十七月而禫, 二十八月而作樂復平常. 鄭必以爲二十七月禫者, 以「雜記」云"父在爲母爲妻, 十三月大祥, 十五月禫", 爲母爲妻尙祥禫異月, 豈容三年之喪乃祥禫同月? 若以父在爲母屈而不伸, 故延禫月, 其爲妻當亦不申, 祥禫異月乎? 若以'中月而禫'爲月之中間, 應云'月中而禫'. 何以言'中月'乎? 案, 「喪服小記」云: "妾祔於妾祖姑, 亡則中一以上而祔", 又「學記」云: "中年", 考校皆以中爲間. 謂間隔一年. 故以中月爲間隔一月也)라고 하였다.

45) 玄 : 어떤 본에는 '玄' 자가 없다.

46) 호관에 ~ 입는다 : 이 말은 「間傳」(11)에 나온다.

47) 姑 : 다른 본에는 없는데, 진호의 집설에는 '姑' 자가 있다.

예기역주 권16

# 대전 제16
## 大傳

정현鄭玄의 『예기목록禮記目錄』에서 말한다. "「대전大傳」이라고 제목을 붙인 것은 조종祖宗(돌아가신 선조)과 인친人親(살아 있는 친속)의 대의를 기록하였기 때문이다. 이 편은 유향劉向의 『별록別祿』에서는 「통론通論」에 속해 있다." 鄭『目錄』云: "名曰「大傳」者, 以其記祖宗人親之大義. 此於『別錄』屬「通論」."

정씨鄭氏(정현鄭玄)는 말한다. "조종祖宗과 인친人親의 대의大義를 기록한 것이다." 鄭氏曰: "記祖宗人親之大義."

**【대전 1】**

예禮에 의하면, 왕이 되지 않으면 체제禘祭를 지내지 못한다고 하였는데, 왕이 된 자는 시조가 말미암아 나온 바(所自出)에 체제禘祭를 지내고 그 시조를 배향한다.

禮, 不王不禘, 王者禘其祖之所自出, 以其祖配之.

鄭注 무릇 크게 제사하는 것을 '체禘'라 한다. '자自'는 말미암는다(由)는

뜻이다. 선조先祖가 말미암아 나온 바에 크게 제사하는 것으로, '교郊에서 하늘에 제사하는 것'을 가리킨다. 왕이 된 자의 시조는 모두 태미성大微星의 오제五帝의 정精에 감응하여 태어나는데, 창제蒼帝는 영위앙靈威仰이고, 적제赤帝는 적표노赤熛怒이고, 황제黃帝는 함추뉴含樞紐이고, 백제白帝는 백초거白招拒이고, 흑제黑帝는 협광기汁光紀다.[1] 모두 정세正歲의 정월正月[2]에 교제郊祭를 지낸다. 대개 단독으로 높이는 것이다. 『효경孝經』에 "교郊에서 후직后稷에게 제사하여 하늘에 배향하였다"고 하였는데, 영위앙靈威仰에게 배향한 것이다. "문왕文王을 높여서 명당明堂에서 제사하여 상제上帝에게 배향하였다"[3]고 하였는데, (특정한 제帝에게 배향하지 않고) 널리 오제五帝에게 배향한 것이다. 凡大祭曰'禘'. '自', 由也. 大祭其先祖所由生, 謂'郊祀天'也. 王者之先祖, 皆感大微五帝之精以生, 蒼則靈威仰, 赤則赤熛怒, 黃則含樞紐, 白則白招拒, 黑則汁光紀. 皆用正歲之正月郊祭之. 蓋特尊焉. 『孝經』曰: "郊祀后稷以配天", 配靈威仰也. "宗祀文王於明堂, 以配上帝", 汎配五帝也.

集說 방씨方氏(방각方慤)는 말한다. "이 체제禘祭는 네 계절의 정기적인 제사가 아니기 때문에 간사間祀(사계절 정식 제사들 사이에 지내는 제사)라고 하고, 선조가 말미암아 나온 바에까지 미치기 때문에 추향追享(천묘한 조상에게까지 지냄)이라 하고, 정기적인 제사보다 매우 성대하기 때문에 대제大祭(성대한 제사)라고 하고, 살아 있는 이를 섬기는 듯 제사를 드리므로 사헌관肆獻祼[4]이라 한다. 명칭은 다르지만 통틀어 체禘라고 한다." 方氏曰: "此禘也, 以其非四時之常祀, 故謂之間祀, 以其及祖之所自出, 故謂之追享, 以其比常祭爲特大, 故謂之大祭, 以其猶事生之有享焉, 故謂之肆獻祼, 名雖不同, 通謂之禘也."

【대전 2】

제후의 협제祫祭는 태조에까지 미친다. 대부와 사士도 협제祫祭가 있는데, 반드시 군주에게 묻고 허락을 얻어 시행하며, 신분을 넘는 협제(干祫)는 고조에게까지 미친다.

諸侯及其太[5]祖.① 大夫·士有大事, 省於其君, 干祫及其高祖.②

鄭注 ① '태조大祖'는 처음 분봉 받은 군주이다. '大祖', 受封君也.

② '대사大事'는 왜적이 쳐들어와 전쟁하는 일이다. '성省'은 공을 세운 것(善)을 말한다. '그 임금에게 공을 세웠다'는 것은 커다란 어려움에서 벗어나게 했음을 말한다. '간干'은 비어 있다(空)는 뜻이다. '공협空祫'은 협제祫祭를 지낼 사당이 없어 단壇과 선墠[6]에서 제사를 지내는 것을 말한다. '大事', 寇戎之事也. '省', 善也. '善於其君', 謂免於大難也. '干', 猶空也. '空祫', 謂無廟祫, 祭之於壇墠.

集說 앞 장에서 제후가 체제禘祭의 예를 거행할 수 없음을 말했고, 이 경문에서는 제후 이하에게 협제祫祭의 예가 있음을 말하였다. 이소二昭와 이목二穆에 태조를 합하여 오묘五廟인 것이 제후의 묘제이다. 제후의 협제祫祭는 본디 그 태조에까지 미친다. '대사大事'는 협제를 말한다. 대부는 삼묘三廟이고 사士는 이묘二廟나 일묘一廟인데, 감히 마음대로 협제를 거행할 수 없고, 반드시 임금에게 물어서 임금이 허락하면 거행할 수 있다. 그 협제는 또한 위로 고조高祖에게까지 미친다. '간干'은 아래로부터 위에 간여한다는 뜻으로, 지위가 낮은 자가 높은 자의 예를 행하는 것이기 때문에 '간협례干祫禮'라고 한 것이다. 관련 내용이 「왕제王制」에 보인다.[7] 上文言諸侯不得行禘禮, 此言諸侯以下有祫祭之禮. 二昭二穆, 與太祖而五者, 諸侯之廟也. 諸侯之祫, 固及其太祖矣. '大事', 謂祫祭也. 大夫三廟, 士二廟一廟, 不敢私自擧行, 必省問於君, 而君賜

之, 乃得行焉. 而其祫也, 亦上及於高祖. '干'者, 自下干上之義, 以卑者而行尊者之禮, 故謂之'干祫禮'. 說見「王制」.

**【대전 3】**

목야牧野에서의 전쟁은 무왕의 대사大事였다. 무왕은 전쟁을 끝내고 물러나 번시燔柴의 예를 행하여 상제上帝(천신)에게 고하고, 제물을 진설하여 사社(토지신)에 고하고, 목야의 실室에서 전을 올려 행주行主[8]에게 고하고, 이어서 천하의 제후를 거느리고 두豆와 변籩을 들고서 분주히 권면하여 종묘에 제사를 지냈다. 왕호를 추증하여 단보亶父를 태왕太王으로, 계력季歷을 왕계王季로, 창昌을 문왕文王으로 높였는데, 선조가 제후의 낮은 칭호로 (무왕 자신의) 천자의 존귀한 지위를 대하지 않게 한 것이었다.

牧之野, 武王之大事也. 旣事而退, 柴於上帝, 祈於社, 設奠於牧室,① 遂率天下諸侯, 執豆籩, 逡奔走.② 追王大王亶父・王季歷・文王昌, 不以卑臨尊也.③

**鄭注** ① '시柴'와 '기祈'는 전奠을 올려 천지와 선조에게 고하는 것이다. '목실牧室'은 목야牧野에 있는 방(室)이다. 옛날에는 교외와 관문에는 모두 관館이 있었다. '선조先祖'는 행주行主이다. '柴'・'祈', 奠告天地及先祖也. '牧室', 牧野之室也. 古者郊關皆有館焉. '先祖'者, 行主也.

② '준逡'은 빠르다는 뜻이다. 매우 분주하다는 것은 일을 권면하는 것을 말한다. 「주송周頌」에 "매우 분주함이 사당에 있다"[9]고 하였다. '逡', 疾也. 疾奔走, 言勸事也. 「周頌」曰: "逡[10]奔走在廟."

③ 제후의 칭호를 가지고 천자에게 임할 수 없는 것이다. 문왕文王이 왕으로 칭한 것은 더 이전이었지만, 은殷나라에 대해서 여전히 제후였기 때문에, 이때에 드러낸 것이다. 不用諸侯之號臨天子也. 文王稱王早矣, 於殷猶爲諸侯, 於是著焉.

**集說** '일을 끝낸 후'(旣事)는 주紂를 죽인 후이다. 섶을 태워 하늘에 고하고, 제사를 진설하여 사社에 고하고, 목야牧野의 관실館室에서 행주行主에게 전奠을 올려 고한 뒤에 선조의 사당에 제사를 지내 고하였다. '준逡'은 빠르다는 뜻이다. 선공先公에게 천자의 칭호를 추가한 것은 대개 제후의 낮은 칭호로 천자의 존엄함에 임할 수 없기 때문이다. ○ 석량왕씨石梁王氏는 말한다. "「주송周頌」에 준駿이라 되어 있다. 이 장을 참작해볼 때, 『서書』「무성武城」 및 「중용中庸」은 다른 점이 있다. 선유는 문왕이 이미 고공단보古公亶父와 왕계력王季歷에게 예를 갖추었고, 상나라를 무너뜨린 후에 다만 그 칭호를 높여 불렀을 뿐이며, 천자의 예제는 주공이 성왕을 도울 때에 이르러 갖추어졌다고 하였다." '旣事', 殺紂之後也. 燔柴以告天, 陳祭以告社, 奠告行主於牧野之舘室, 然後率諸侯, 以祭告祖廟. '逡', 疾也. 追加先公以天子之號者, 蓋爲不可以諸侯之卑號, 臨天子之尊也. ○ 石梁王氏曰: "「周頌」作駿. 以此章參之, 『書』「武成」及「中庸」有不同者. 先儒言文王已備禮亶父·季歷, 克商後, 但尊稱其號, 若王者禮制, 至周公相成王而後備也."

**【대전 4】**

위로 조녜祖禰를 바로잡으니, 존귀한 이를 존귀하게 여기는 것(尊尊)이다. 아래로 자손을 바로잡으니, 친한 이를 친하게 여기는 것(親親)

이다. 옆으로 형제를 바로잡고, 음식의 예로 족인을 모이게 하고 소목昭穆으로 차례를 지워 예의禮義로 구별하니, 인륜의 도리(人道)가 다한다.

上治祖禰, 尊尊也. 下治子孫, 親親也. 旁治昆弟, 合族以食, 序以昭繆, 別之以禮義, 人道竭矣.

鄭注 '치治'는 바로잡는다는 뜻이다. '무繆'는 '목穆'으로 읽는다. 발음 때문에 잘못된 것이다. '갈竭'은 다하다는 뜻이다. '治', 猶正也. '繆', 讀爲'穆'. 聲之誤也. '竭', 盡也.

集說 '치治'는 다스려서 바로잡는다는 뜻이다. 은혜의 융숭함과 줄어듦 및 친속의 가깝고 먼 것을 예의禮義로써 다스려서 바로잡음을 말한다. 음식의 예로써 족인들을 모이게 하고, 소목昭穆의 위치로 족인들을 차례 지운다. 위로 바로하고 아래로 바로하고 옆으로 바로하는 도리가 모두 예의로 구별함이 있으면 인륜의 도리가 여기에서 극진하게 된다. '治', 理而正之也. 謂以禮義理正其恩之隆殺·屬之戚疏也. 合會族人以飮食之禮, 次序族人以昭穆之位. 上治·下治·旁治之道, 皆有禮義之別, 則人倫之道竭盡於此矣.

**【대전 5】**

성인聖人이 남면南面하여 천하를 다스림에 무엇보다 먼저 하는 일이 다섯 가지인데 백성을 다스리는 일은 거기에 포함되지 않는다. 첫째는 친족을 다스리는 것이요, 둘째는 공이 있는 사람에게 보답하는 것이요, 셋째는 현덕을 지닌 사람을 등용하는 것이요, 넷째는 재능이 뛰어난 자를 부리는 것이요, 다섯째는 인애仁愛한 이를 자세히 살펴 등용하는 것이다. 다섯 가지가 한결같이 천하에 행하여지면, 백성은 부족함이 없고 구휼되지 않음이 없을 것이다. 다섯 가지 중에서 한 가지라도 어긋나면, 백성들은 제 명에 죽지 못할 것이다. 성인이 임금의 자리에 올라 천하를 다스림에 반드시 인도人道에서 시작하였던 것이다.

聖人南面而聽天下, 所且先者五, 民不與焉.① 一曰治親, 二曰報功, 三曰擧賢, 四曰使能, 五曰存愛.② 五者一得於天下, 民無不足無不贍者. 五者一物紕繆, 民莫得其死.③ 聖人南面而治天下, 必自人道始矣.④

**鄭注** ① '무엇보다 먼저'(且先)는 다른 일을 할 틈이 없음을 말한다. '且先', 言未遑餘事.

② '공功'은 공신功臣이다. '존存'은 자세히 살핀다는 뜻이다. 인애仁愛한 사람을 살펴 등용하는 것이다. '功', 功臣也. '存', 察也. 察有仁愛也.

③ '물物'은 일(事)과 같은 뜻이다. '비무紕繆'는 착오라는 말이다. 다섯 가지 일이 행해지면 백성들은 넉넉할 것이고, 한 가지 일이라도 어긋나면 백성들이 제 수명에 죽지 못한다는 것으로서, 정치의 어려움을 밝힌 것이다. '物', 猶事也. '紕繆', 猶錯也. 五事得, 則民足, 一事失, 則民不得其死, 明政之難.

④ '인도人道'는 이 다섯 가지 일을 말한다. '人道', 謂此五事.

**集說** '백성을 다스리는 일은 거기에 포함되지 않는다'(民不與焉)는 것은 미처 백성을 다스리는 데까지 미치지 않음을 말한다. '친족을 다스린다'(治親)는 것은 곧 '위로 다스리고'(上治), '아래로 다스리며'(下治), '옆으로 다스리는

것'(旁治)이다. 군주는 신하를 예禮로써 일을 시키므로 공功이 있으면 '보답한다'(報)고 말한다. 덕행이 이루어지고 신분이 위이므로 현덕이 있으면 '등용한다'(擧)고 말한다. 기예가 이루어지고 신분이 낮으므로 재능이 있으면 '부린다'(使)고 말한다. '존存'은 살핀다는 뜻이다. 사람은 그가 친애하는 데에서 한쪽으로 치우친다. 그런 점을 자세히 살필 수 있으면, 친애하는 것이 한결같이 공정한 데에서 나오고 네 가지 경우 모두 사사로운 뜻에 연루됨이 없게 된다. '일득一得'은 모두 얻는다는 뜻과 같다. '섬贍'은 진휼하다의 뜻이다. '물物'은 일(事)이라는 뜻과 같다. '비무紕繆'는 어그러졌다(舛戾)는 뜻이다. '백성들은 제 명에 죽지 못할 것이다'(民莫得其死)라는 것은 이 다섯 가지 일의 득실이 국가가 다스려지거나 혼란하게 되는 것과 관계됨을 말한 것이다. '인도人道'는 앞 경문의 뜻을 거듭 말한 것이다. '民不與焉', 謂未及治民也. '治親', 卽'上治'·'下治'·'旁治'也. 君使臣以禮, 故功曰'報'. 行成而上, 故賢曰'擧'. 藝成而下, 故能曰'使'. '存', 察也. 人於其所親愛而辟焉. 有以察之, 則所愛者一出於公, 而四者皆無私意之累矣. '一得', 猶皆得也. '贍', 賙也. '物', 事也. '紕繆', 舛戾也. 民莫得其死, 言此五事之得失, 關國家之治亂也. '人道', 申言上文之意.

**【대전 6】**

도량형을 제정하고, 전적을 상고하고, 정삭正朔을 개정하고, 거마車馬의 색을 바꾸고, 깃발의 명칭을 달리하고, 기물器物을 달리하고, 의복衣服을 구별되게 하는 것, 이것은 백성에 따라 바꿀 수 있는 것들이다.

立權度量, 考文章, 改正朔, 易服色, 殊徽號, 異器械, 別衣服,

> 此其所得與民變革者也.

**鄭注** ‘권權’은 무게의 척도(稱)이다. ‘도度’는 길이의 척도이다. ‘량量’은 부피의 척도(斗斛)이다. ‘문장文章’은 예법禮法이다. ‘복색服色’은 거마車馬이다. ‘휘호徽號’는 깃발의 명칭이다. ‘기계器械’는 예악禮樂의 기물 및 병기다. ‘의복衣服’은 길흉吉凶의 제도이다. ‘휘徽’는 더러 ‘위褘’로 되어 있다. ‘權’, 稱也. ‘度’, 丈尺也. ‘量’, 斗斛也. ‘文章’, 禮法也. ‘服色’, 車馬也. ‘徽號’, 旌旗之名也. ‘器械’, 禮樂之器及兵甲也. ‘衣服’, 吉凶之制也. ‘徽’, 或作‘褘’.

**集說** ‘권權’은 무게의 척도(稱錘)이다. ‘도度’는 길이의 척도(丈尺)이다. ‘량量’은 부피의 척도(斗斛)이다. ‘문장文章’은 전적典籍이다. ‘정正’은 한 해의 시작이며, ‘삭朔’은 한 달의 시작이다. 복服의 색은 숭상하는 바에 따라 변천하였다. ‘휘徽’는 깃발 종류이다. 휘徽의 명칭 또한 숭상하는 바에 따라 달랐는데, 은나라의 태백大白(흰색의 기)과 주나라의 태적大赤(붉은색의 기) 등과 같은 것이다. ‘기器’는 예악에 사용하는 기물이다. ‘계械’는 군대에서 사용하는 기물이다. ‘의복衣服’은 각각 문양과 장식이 있어 당대의 왕이 제도를 계승하고 수정함이 같지 않았다. 이 일곱 가지에 대해 ‘제정한다’(立), ‘상고한다’(考), ‘개정한다’(改), ‘바꾼다’(易), ‘달리한다’(殊), ‘달리한다’(異), ‘구별한다’(别) 등으로 말하였으니, 이것이 백성에 따라 바꾸는 것이다. ‘權’, 稱錘. ‘度’, 丈尺. ‘量’, 斗斛也. ‘文章’, 典籍也. ‘正’者, 年之始, ‘朔’者, 月之初. 服之色, 隨所尙而變易. ‘徽’, 旌旗之屬. 徽之號, 亦隨所尙而殊異, 如殷之大白・周之大赤之類也. ‘器’者, 禮樂之器. ‘械’者, 軍旅之器. ‘衣服’各有章采, 時王因革不同. 此七者以‘立’・‘考’・‘改’・‘易’・‘殊’・‘異’・‘别’爲言, 是與民變革者也.

【대전 7】

바꿀 수 없는 것이 있다. 친한 이를 친하게 여기는 것(親親), 존귀한 이를 높이는 것(尊尊), 어른을 어른으로 대우하는 것(長長), 남녀의 사이에 구별을 두는 것(男女有別), 이것은 백성에 따라 바꿀 수 없는 것이다.

其不可得變革者則有矣. 親親也, 尊尊也, 長長也, 男女有別, 此其不可得與民變革者也.

鄭注 네 가지는 인도人道에서 항상된 것이다. 四者人道之常.

集說 이것은 천지의 항상된 근간(常經)이다. 그러므로 바꿀 수 없다. 此天地之常經, 故不可變革.

【대전 8】

동성同姓의 친족은 종자宗子를 따라 친속을 모이게 한다. 이성異姓은 명칭을 위주로 하여 (그 명칭으로) 혼례시 교제와 회합을 다스린다. 명칭이 드러나면 남녀 사이에 구별이 있게 된다.

同姓從宗, 合族屬. 異姓主名, 治際會. 名著而男女有別.

鄭注 '합合'은 종자宗子의 집에 모이게 하여 소목昭穆으로 차례를 세우는 것이다. '이성異姓'은 시집온 자를 말하며, 어머니(母)와 며느리(婦)의 명칭에 주안점이 있다. '제회際會'는 혼례에서 서로 만나 접촉하는 모임이다. '저著'는 밝다는 뜻이다. 모母와 부婦의 명칭이 분명하지 않으면 인륜이 어지러

워진다. 어지러워진다는 것은 위衛나라 선공宣公과 초나라 평왕平王이 아들을 장가보내면서 (며느리 될 여자를) 자신이 차지한 것[11]과 같은 경우이다. '合', 合之宗子之家, 序昭穆也. '異姓', 謂來嫁者也, 主於母與婦之名耳. '際會', 昏禮交接之會也. '著', 明也. 母·婦之名不明, 則人倫亂也. 亂者, 若衛宣公·楚平王爲子取而自納焉.

**集說** '동성同姓'은 부계의 친족이다. '종종從宗'은 대종과 소종을 따르는 것이다. 그 친속을 모으면 흩어지거나 능멸하고 범하는 일이 없게 된다. '이성異姓'은 다른 성씨의 여자로서 시집온 자이다. 예는 분수보다 큰 것이 없고, 분수는 명칭보다 큰 것이 없다. 낮은 자가 며느리가 되고 존귀한 자가 어머니가 된다. 며느리와 어머니의 명칭을 가지고 혼례시 교제하고 회합하는 일을 다스린다. 명분이 드러나고 존비에 등급이 있은 뒤에 남녀 사이의 구별이 있어 음란하고 반역하는 화란이 없게 된다. '同姓', 父族也. '從宗', 從大宗·小宗也. 合聚其族之親屬, 則無離散陵犯之事. '異姓', 他姓之女來歸者也. 禮莫大於分, 分莫大於名. 卑者爲婦, 尊者爲母. 以婦與母之名, 治昏姻交際會合之事. 名分顯著, 尊卑有等, 然後男女有別, 而無淫亂賊逆之禍也.

**【대전 9】**

남편이 아버지의 항렬에 속하면 아내는 모두 어머니의 항렬이 된다. 남편이 아들의 항렬에 속하면 아내는 모두 며느리 항렬이 된다. 동생의 아내를 부婦라고 부르는 것, 이것은 수嫂 또한 모母라고 부를 수 있다는 것인가? 명칭이란 사람이 다스리는 것(人治) 중에 큰 것이다. 삼가지 않을 수 있겠는가!

其夫屬乎父道者, 妻皆母道也. 其夫屬乎子道者, 妻皆婦道也.① 謂弟之妻婦者, 是嫂亦可謂之母乎?② 名者, 人治之大者也. 可無愼乎!③

**鄭注** ① 어머니와 며느리는 자신의 친족에 대하여 소목昭穆이 없고, 남편을 따라 통섭됨을 말한다. 어머니이면 높인 것이며, 며느리이면 낮춘 것이다. 높이고 낮추는 것은 자신의 윤서倫序에 따른 지위가 아님을 밝혀 분별의 의리를 두텁게 한 것이다. 言母·婦無昭穆於此, 統於夫耳. 母焉則尊之, 婦焉則卑之. 尊之卑之, 明非己倫, 以厚別也.

② 옳지 않음을 말한 것이다. 부婦와 수嫂라고 일컫는 것은 자신의 항렬에 있기 때문에 명칭으로 구별하여 멀리하는 것이다. 다시 수嫂를 모母라 일컫는 것은 소목昭穆을 혼란시키는 것이다. 형제의 처와 남편의 형제는 서로 복服을 입지 않고 그 친함을 이루지 않는다. 남녀가 친親이 아닐 경우 서로 만나는 것을 멀리하는 것이다. 言不可也. 謂之婦與嫂者, 以其在己之列, 以名遠之耳. 復謂嫂爲母, 則令昭穆不明, 昆弟之妻·夫之昆弟, 不相爲服, 不成其親也. 男女無親, 則遠於相見.

③ '사람이 다스리는 것'(人治)은 사람을 바르게 하는 것이다. '人治', 所以正人.

**集說** '속屬'은 이어진다는 뜻이다. 아버지의 형제는 백숙부伯叔父가 되므로 그 아내를 백숙모伯叔母라고 일컬으며, 형제의 아들은 종자從子가 되므로 그의 아내는 부婦라고 일컫는데, 이것이 소목昭穆에서 마땅한 것이 된다. 동생의 아내를 부婦라고 일컫지 못하는 것은 형의 아내를 모母라고 일컫지 못하는 것과 같으니, 소목昭穆을 문란시키기 때문이다. 그러므로 '동생의 아내를 부婦라고 부른다는 것, 이것은 수嫂 또한 모母라고 부를 수 있다는 것인가?'라고 한 것이다. 모두 그렇게 할 수 없다는 말이다. 구설舊說

에 동생의 처를 부婦라고 할 수 있으나 수嫂를 모母라고 할 수 없다고 한 것은 그 취지를 놓친 것이다. '屬', 聯也. 父之兄弟爲伯叔父, 則其妻謂之伯叔母, 兄弟之子爲從子, 則其妻謂之婦, 此於昭穆爲宜. 弟之妻不可謂之爲婦, 猶兄之妻不可謂之爲母, 以紊昭穆也. 故云'謂弟之妻婦者, 是嫂亦可謂之母乎?' 言皆不可也. 舊說弟妻可婦, 嫂不可母, 失其指矣.

**【대전 10】**

사세四世가 되면 시마緦麻복을 하는데, 복服의 끝이다. 오세五世가 되면 단문袒免을 하는데 동성同姓에게 줄인 것이다. 육세六世가 되면 친족 관계가 끝난다. (육세부터) 서성庶姓은 위에서 나누어지고, 친親은 아래에서 다하니, 혼인을 할 수 있는가?

四世而緦, 服之窮也. 五世袒免, 殺同姓也. 六世, 親屬竭矣.① 其庶姓別於上, 而戚單於下, 昏姻可以通乎?②

**鄭注** ① 사세四世는 고조를 함께한다. 오세五世는 고조의 형제의 자손이다. 육세六世를 넘어서면 친親이 다하여 소속 명칭이 없다. 四世共高祖. 五世高祖昆弟. 六世以外, 親盡無屬名.

② 묻는 것이다. 현손玄孫의 아들은 성姓이 고조와 다르다. 오세五世가 되면 복服이 없다. 성姓은 (동일집단의) 세대가 말미암아 생기는 곳이다. 問之也. 玄孫之子, 姓別於高祖. 五世而無服. 姓, 世所由生.

**集說** '사세四世'는 고조이다. 고조를 같이 하는 자손들은 시마緦麻복을 한다. 여기에서 복服이 끝난다. 그러므로 '복服의 끝이다'(服之窮也)라고 한 것이다. 오세五世가 되면 단문袒免을 하는데, 고조의 부父를 함께 이은 자를

말하며, 서로 단문袒免을 할 뿐이니, 이것이 동성同姓에 대하여 감쇄減殺하는 것이다. 육세六世는 고조의 조祖를 함께 이은 자로서 단문袒免조차 하지 않는다. 그러므로 '친족 관계가 끝난다'(親屬竭也)고 한 것이다. '상上'은 고조 이상을 가리킨다. '성姓'은 정성正姓(동일한 시조의 성)이고, '씨氏'는 서성庶姓(친족관계가 아닌 성)이다. 그러므로 노나라가 희성姬姓인데 삼가三家가 각기 스스로 씨가 되었다. 춘추시대 여러 나라가 모두 그러했다. 이것이 '서성庶姓은 위 세대에서 갈라진다는 것'이다. '척戚'은 친親이다. '단單'은 다하다는 뜻이다. 사종四從 형제(8촌 사이)는 은恩과 친親이 이미 다하여 각자 종宗이 되니 이것이 '아래에서 친親이 다했다'(戚單於下)는 뜻이다. 은나라 사람들은 오세五世가 지난 후에는 서로 통혼通昏하였다. 그러므로 기록한 자가 가정하여 묻기를 '지금이 비록 주나라의 세상이지만 혼인을 할 수 있는가?'라고 한 것이다. '四世', 高祖也. 同高祖者, 服緦麻. 服盡於此矣. 故云'服之窮也'. '五世袒免', 謂共承高祖之父者, 相爲袒免而已, 是減殺同姓也. 六世, 則共承高祖之祖者, 幷袒免亦無矣. 故曰'親屬竭也'. '上', 指高祖以上也. '姓'爲正姓, '氏'爲庶姓. 故魯姬姓而三家各自爲氏. 春秋諸國皆然. 是'庶姓別異於上世'也. '戚', 親也. '單', 盡也. 四從兄弟, 恩親已盡, 各自爲宗, 是'戚單於下'也. 殷人五世以後, 則相與通昏. 故記者設問云'今雖周世, 昏姻可以通乎?'

**【대전 11】**

성姓으로 연계시켜 구별하지 않았고, 음식의 예로 모아 다르게 구별하지 않았다. 비록 백세百世가 되어도 혼인을 통하지 않았으니 주나라의 법도가 그러하다.

繫之以姓而弗别, 綴之以食而弗殊. 雖百世而昏姻不通者, 周道然也.

**鄭注** 주나라의 예에서 중심으로 세운 것이 장長이다. '성姓'은 정성正姓(시조가 같은 성)을 말한다. 시조始祖는 정성正姓이 되며, 고조高祖는 서성庶姓이 된다. '연계시켜 구별하지 않았다'(繫之弗别)는 것은 지금 종실속적宗室屬籍(종실소속의 성원명부)과 같은 것이다. 『주례』에 "소사小史가 세대별 보첩譜牒을 확정하고 소목昭穆을 변별하는 것을 관장한다"12)라고 하였다. 周之禮, 所建者長也. '姓', 正姓也. 始祖爲正姓, 高祖爲庶姓. '繫之弗别', 謂若今宗室屬籍也. 『周禮』 "小史掌定13)繫世, 辨昭穆."

**集說** 주나라 예법에 대종大宗은 백세가 지나더라도 옮기지 않아서, 서성庶姓이 비록 나눠지더라도 본성本姓의 세대별 등재가 있어 그로써 연계하여 소속시키니 나누어 구별할 수 없다. 또 족인族人을 음식의 예로써 이어 모아 다르게 구별하지 않았다. 비록 백세의 먼 사이라도 통혼通昏하는 일이 없었으니 이것이 주나라의 법도가 지극하고 사람이 비로소 금수와 다르게 된 까닭이다. 이 경문은 위 경문에서 물은 것에 답한 말이다. 周禮, 大宗百世不遷, 庶姓雖别, 而有本姓世繫以聯繫之, 不可分別也. 又連綴族人以飲食之禮, 不殊異也. 雖百世之遠, 無通昏之事, 此周道所以爲至, 而人始異於禽獸者也. 此是答上文設問之辭.

**【대전 12】**

상복을 입는 원칙에는 여섯 가지가 있다. 첫째는 친친親親(친한 이를 친애함)이고, 둘째는 존존尊尊(존귀한 이를 높임)이며, 셋째는 명名(명칭)이고, 넷째는 출입出入(나가고 들어옴)이고, 다섯째는 장유長幼(성년과 미성년)이고, 여섯째는 종복從服(따라서 상복을 함)이다.
服術有六. 一曰親親, 二曰尊尊, 三曰名, 四曰出入, 五曰長幼, 六曰從服.

**鄭注** '술術'은 원칙(道)이란 뜻이다. '친친親親'(친한 이를 친애함)은 부모가 으뜸이 되고, '존존尊尊'(존귀한 이를 높임)은 군주가 으뜸이 된다. '명名'(명칭)은 세모世母와 숙모叔母 등이다. '출입出入'(나가고 들어옴)은 여자로서 시집간 자 및 집에 있는 자이다. '장유長幼'(성년과 미성년)는 성인과 미성년으로 사망한 경우이다. '종복從服'(따라서 상복을 함)은 남편이 (아내를 따라) 아내의 부모를 위하여 상복을 하거나, 아내가 (남편을 따라) 남편의 친족을 위하여 상복을 하는 것과 같은 것이다. '術', 猶道也. '親親', 父母爲首, '尊尊', 君爲首. '名', 世母・叔母之屬也. '出入', 女子子嫁者及在室者. '長幼', 成人及殤也. '從服', 若夫爲妻之父母, 妻爲夫之黨服.

**集說** 소疏에서 말한다. "'친친親親'(친한 이를 친애함)은 부모가 으뜸이 되고, 그 다음이 아내・자식・백숙부모이다. '존존尊尊'(존귀한 이를 높임)은 군주가 으뜸이 되고, 그 다음이 공경公卿, 대부大夫이다. '명名'(명칭)은 백숙모伯叔母 및 자부子婦・제부弟婦・형수兄嫂 등과 같은 경우이다. '출입出入'(나가고 들어옴)은 여자가 집에 있어 '들어옴'(入)이 되는 것, 다른 사람에게 시집가서 '나감'(出)이 되는 것, 그리고 남의 후사가 되는 것이다. '장유長幼'(성년과 미성년)에서 '장長'은 성인을 일컫고 '유幼'는 여러 미성년의 상(殤)을 일컫는 것이다. '종복從服'(따라서 상복을 함)은 아래 경문의 여섯 가지 등급이 그것이다." 疏曰: "'親親'者, 父母爲首, 次妻・子・伯叔. '尊尊'者, 君爲首, 次公卿・大夫. '名'者,

若伯叔母及子婦·弟婦·兄嫂之屬. '出入'者, 女在室爲'入', 適人爲'出'及爲人後者. '長幼'者, '長'謂成人, '幼'謂諸殤. '從服'者, 下文六等是也."

**【대전 13】**

종복從服(따라서 상복을 함)에는 여섯 가지가 있다. 속종屬從(친속관계가 있어 종복을 하는 것)이 있고, 도종徒從(친속관계가 없는데 종복을 하는 것)이 있고, 복을 하는 사람을 따라 복을 하지 않는 경우가 있고, 복이 없는 사람을 따라 복을 하는 경우가 있고, 무겁게 복을 하는 사람을 따라 가볍게 복을 하는 경우가 있고, 가볍게 복을 하는 사람을 따르면서 무겁게 복을 하는 경우가 있다.

從服有六. 有屬從,① 有徒從,② 有從有服而無服,③ 有從無服而有服,④ 有從重而輕,⑤ 有從輕而重.⑥

鄭注 ① 아들이 어머니의 친족을 위해 상복을 하는 경우이다. 子爲母之黨.

② 신하가 군주의 친족을 위해 상복을 하는 경우이다. 臣爲君之黨.

③ 공자公子(국군國君의 자식)가 아내의 부모를 위해 상복을 하는 경우이다.[14] 公子爲其妻之父母.

④ 공자의 아내가 공자의 외형제外兄弟(내종과 외종 형제)를 위해 상복을 하는 경우이다. 公子之妻爲公子之外兄弟.

⑤ 남편이 아내의 부모를 위해 상복을 하는 경우이다. 夫爲妻之父母.

⑥ 공자의 아내가 시어머니(皇姑)를 위해 상복을 하는 경우이다. 公子之妻爲其皇姑.

集說 '속屬'은 친속이다. 아들이 어머니를 따라 어머니의 친족을 위해 복을 하고, 아내가 남편을 따라 남편의 친족을 위해 복을 하고, 남편이 아내를 따라 아내의 친족을 위해 복을 하는 것, 이것이 '속종屬從'(친속관계가 있어 종복을 하는 것)이다. '도徒'는 비어 있다(空)는 뜻이다. 친속이 아닌데도 그냥 따라서 그의 친족을 위해 복을 하는 것이다. 신하가 군주를 따라 군주의 친족을 위해 복을 하고, 아내가 남편을 따라 남편의 군주를 위해 복을 하고, 첩이 여군女君의 친족을 위해 복을 하고, 서자가 군모君母의 부모를 위해 복을 하고, 아들이 어머니의 군모君母를 위해 복을 하는 경우가 '도종徒從'(친속관계가 없는데 종복을 하는 것)이다. 공자公子(국군의 자식)의 아내는 친부모를 위해 기년복을 하는데, 공자는 군주의 존귀함에 눌려 장인(外舅)과 장모(外姑)에게 상복을 하지 못한다. 이것이 아내는 복을 하지만 공자는 복을 하지 않는 경우이다. 가령, 형에게는 복을 하지만 형수에게는 복을 하지 않는 것, 이것도 '상복이 있는 것을 따르면서 상복을 하지 않는 경우'이다. 공자는 군주의 존귀함에 눌려 처남(外兄弟)에게 복을 하지 못하지만, 공자의 아내는 복을 하고, 아내는 남편의 형제에게 복을 하지 않지만 동서(娣姒)에게는 복을 한다. 이것이 '상복이 없는 것을 따르면서 상복을 하는 경우'이다. 아내가 부모를 위해 기년복을 하는데 무거운 복이다. 남편은 아내를 따라 삼월복을 하니 가벼운 것이다. 어머니가 형제의 아들을 위해 대공복을 하는데 무거운 복이다. 자식은 어머니를 따라 삼월복을 하는데 가벼운 복이다. 이것이 '무거운 상복을 따르면서 가벼운 복을 하는 경우'이다. 공자公子[15]는 군주의 존귀함에 눌려 스스로 생모를 위해 연관練冠을 하는데 가벼운 것이다. 그러나 공자의 아내는 기년복을 한다. 이것이 '가벼운 상복을 따르면서 무거운 상복을 하는 경우'이다. '屬', 親屬也. 子從母而服母黨, 妻從夫而服夫黨, 夫從妻而服妻黨, 是'屬從'也. '徒', 空也. 非親屬而空從之服其黨. 如臣從君

而服君之黨, 妻從夫而服夫之君, 妾服女君之黨, 庶子服君母之父母, 子服母之君母, 是'徒從'也. 如公子之妻爲父母期, 而公子爲君所厭, 不得服外舅外姑. 是妻有服而公子無服. 如兄有服而嫂無服, 是'從有服而無服'也. 公子爲君所厭, 不得爲外兄弟服, 而公子之妻則服之, 妻爲夫之昆弟無服, 而服娣姒. 是'從無服而有服'也. 妻爲其父母期重也. 夫從妻而服之三月則爲輕. 母爲其兄弟之子大功重也. 子從母而服之三月則爲輕. 此'從重而輕'也. 公子爲君所厭, 自爲其母練冠輕矣. 而公子之妻爲之服期. 此'從輕而重'也.

**【대전 14】**

인仁의 측면에 중점을 두어 부모를 따르고 등급을 두어 위로 조祖(조, 증조, 고조 등)에게 이르는데, '가볍다'라고 한다. 의義의 측면에 중점을 두어 조祖를 따르고 순차적으로 내려와 부모에게 이르는데, '무겁다'라고 한다. 한 측면에서는 가벼워지고 한 측면에서는 무거워지는데, 그 뜻이 그러한 것이다.

自仁率親, 等而上之至于祖, 名曰'輕'. 自義率祖, 順而下之至于禰, 名曰'重'. 一輕一重, 其義然也.

**鄭注** '자自'는 사용한다는 뜻과 같다. '솔率'은 따른다는 뜻이다. 은恩을 사용할 경우 부모가 무겁고 조祖(조, 증조, 고조 등)가 가볍다. 의義를 사용할 경우 조祖가 무겁고 부모가 가볍다. 은혜가 무거운 경우 그를 위해 삼년복을 하고 의義가 무거운 경우 그를 위해 자최齊衰복을 한다. '연然'은 그러하다는 뜻이다. '自', 猶用也. '率', 循也. 用恩則父母重而祖輕. 用義則祖重而父母輕. 恩重者爲之三年, 義重者爲之齊衰. '然', 如是也.

**集說** 소疏에서 말한다. "'자自'는 사용한다는 것이다. '인仁'은 은혜이다. '솔率'은 따른다는 것이다. '친親'은 부모이다. '등等'은 차등이다. 자손이 은애恩愛로서 부모에게 의지하여 따르고 등급을 두어 위로 조祖(조, 증조, 고조 등)에 이르면, 친이 멀어질수록 은애恩愛가 점점 가벼워진다. 그러므로 '가볍다라고 한다'. 의義는 잘라내는 것에 주안점을 둔다. 의義로서 조祖를 따르고 순차적으로 아래로 내려와 부모에게 이를수록 그 의義가 점점 가벼워져서, 조는 의義가 무겁다. 그러므로 '무겁다라고 한다'. 의義의 측면에서는 조가 무겁고 부모가 가벼우며, 인仁의 측면에서는 부모가 무겁고 조가 가볍다. 한 측면에서는 가벼워지고 한 측면에서는 무거워지니 마땅하고 합당함이 이와 같다. 그러므로 '그 뜻이 그러하다'고 한 것이다. 살피건대, 『의례』「상복」 조례條例에 최복衰服은 은혜 관계를 표시한다. 고조와 증조에 대한 복은 본래 시마緦麻와 소공小功을 하여야 하는데 올려서 자최를 하는 것은 어찌 존귀함이 무거워 그렇게 한 것이 아니겠는가? 지친至親에 대해서도 기년복으로 끊는데, 부모에게 삼년복을 하는 것은 어찌 은혜가 깊기 때문이 아니겠는가?" 疏曰: "'自', 用也. '仁', 恩也. '率', 循也. '親', 父母也. '等', 差也. 子孫若用恩愛依循於親, 節級而上至於祖, 遠者恩愛漸輕. 故'名曰輕'也. 義主斷割. 用義循祖, 順而下之至於禰, 其義漸輕, 祖則義重. 故'名曰重'也. 義則祖重而父母輕, 仁則父母重而祖輕. 一輕一重, 宜合如是. 故云'其義然也'. 按, 「喪服」條例, 衰服表恩. 若高·曾之服, 本應緦麻·小功而進以齊衰, 豈非爲尊重而然邪? 至親以期斷, 而父母三年, 寧不爲恩深乎?"

**【대전 15】**

군주에게는 족속을 모으는 도리가 있다. 족인族人들이 친족관계를 가지고 군주를 친족으로 대하지 못하는 것은 위차位次(서열에 따라 자리하는 것)이다.

君有合族之道. 族人不得以其戚戚君, 位也.

**鄭注** 군주의 은혜는 아래로 베풀어질 수 있으나, 족인族人은 모두 신하가 되며 부형父兄 자제子弟의 친족 관계를 가지고 군주에게 자신을 친족으로 처신할 수 없다. '위位'는 연치로 자리한다는 뜻이다.16) 군주를 존중하고 혐의를 변별하는 것이다. 君恩可以下施, 而族人皆臣也, 不得以父兄子弟之親自戚於君. '位', 謂齒列也. 所以尊君別嫌也.

**集說** 군주의 은혜는 아래로 베풀어질 수 있다. 그러므로 족인族人에 대하여 모아서 연회를 베풀고 술을 마시는 예가 있다. 그러나 족인은 모두 신하가 되며, 감히 족속의 부형자제父兄子弟라는 친족관계로서 위로 군주를 친족으로 대할 수 없다. 첫째 군주에게는 종족宗族을 끊는 도리가 있고, 둘째 그렇게 하여 상하의 변별을 엄격하게 해서 찬탈의 단서를 막는 것이다. ○ 석량왕씨石梁王氏는 말한다. "정현의 주를 자세히 살펴보면, 아래 문장의 11자를 하나의 구절로 삼았다. 그러나 '위야位也'가 자체로 구절이 되어야 한다. 대개 족인들이 감히 군주를 척속으로 대하지 못한다는 것은 위차位次(서열에 따라 자리하는 것)에 한정된 것이다." 君恩可以下施. 故於族人有合聚燕飮之禮. 而族人則皆臣也, 不敢以族屬父兄子弟之親而上親於君者. 一則君有絶宗之道, 二則以嚴上下之辨而杜篡代之萌也. ○ 石梁王氏曰: "詳註, 下文以十一字爲句. 然'位也'當自爲句. 蓋族人不敢戚君者, 限於位也."

【대전 16】

서자庶子가 제사를 주관하지 못하는 것은 그 종통을 밝히는 것이다. 서자가 자신의 장자에게 삼년복을 하지 못하는 것은, 할아버지를 계승하지 않았기 때문이다.

庶子不祭, 明其宗也. 庶子不得爲長子三年, 不繼祖也.

鄭注 '명明'은 존중한다는 뜻으로, 계통을 하나로 세우는 것이다. 족인族人은 위로 임금을 친족으로 대하지 못하고, 아래로 또 종자宗子를 피하며, 그러고 나서 서로 차서次序를 지을 수 있다. '明', 猶尊也, 一統焉. 族人上不戚君, 下又辟宗, 乃後能相序.

集說 설명은 앞 편[17]에 이미 나왔다. 說見前篇.

【대전 17】

별자別子는 시조가 되고, 별자를 계승한 자는 종宗(대종)이 된다. 아버지를 계승한 자는 소종小宗이 된다. 백세百世가 되어도 옮기지 않는 종宗이 있고, 오세五世가 되면 옮기는 종宗이 있다. 백세가 되어도 옮기지 않는 경우는 별자의 후사이다. 별자[18]를 계승한 자를 종宗으로 삼는 경우가 백세가 되어도 옮기지 않는 경우이다. 고조를 계승한 자를 종宗으로 삼는 경우가 오세가 되면 옮기는 경우이다. 조상을 존중하므로 종宗을 존경하는 것이다. 종을 존경하는 것은 조상을 존중하는 의리다.

別子爲祖,① 繼別爲宗.② 繼禰者爲小宗.③ 有百世不遷之宗, 有五世則遷之宗. 百世不遷者, 別子之後也. 宗其繼別子之所自出者, 百世不遷者也. 宗其繼高祖者, 五世則遷者也. 尊祖故敬宗, 敬宗, 尊祖之義也.④

**鄭注** ① '별자別子'는 공자와 처음으로 이 나라에 온 자로서 후세에 시조로 삼는 자를 말한다. '別子', 謂公子若始來在此國者, 後世以爲祖也.

② 별자의 세적世適(대대로 이어지는 적장자)이다. 족인들이 그를 높여 대종大宗이라고 부르니, 이 사람이 종자宗子이다. 別子之世適也. 族人尊之, 謂之大宗, 是宗子也.

③ 아버지의 적장자이다. 형제들이 그를 높여 '소종小宗'이라 부른다. 父之適也. 兄弟尊之, 謂之'小宗'.

④ '천遷'은 바뀐다는 뜻이다. '계별자繼別子'는 별자의 세적世適이다. '고조를 계승한 자'(繼高祖者)는 또한 소종小宗이다. '아버지를 계승한 자'(繼禰者)를 먼저 말한 것은 별자의 중자衆子와 동생들의 자식에 의거하여 말한 것이다. 고조와 아버지 모두 계승자가 있기 때문에 증조 또한 계승자가 있으니, 소종은 넷이며 대종과 함께 모두 다섯이 된다. '遷', 猶變易也. '繼別子', 別子之世適也. '繼高祖者', 亦小宗也. 先言'繼禰者', 據別子子弟之子也. 以高祖與禰皆有繼者, 則曾祖亦有也, 則小宗四, 與大宗凡五.

**集說** 별자別子를 계승한 자를 종宗으로 삼는 경우가 백세百世가 되어도 옮기지 않는 경우이다. '지소자출之所自出' 네 자에 대해 주자는 "연문衍文(부가된 의미 없는 문장)이다"라고 하였다. 무릇 대종大宗에 대해서 족인들 가운데 그와 친족 관계가 끊어진 자로 5세 이후의 자손들은 모두 그를 위해 자최삼월복齊衰三月服을 한다. 동족의 모母와 처妻도 또한 대종에 대하여 그

렇게 한다. 소종小宗이 된 자에 대해서는 본래의 친족관계에 따라 상복을 한다. 나머지 설명은 앞 편[19]에 모두 나와 있다. 宗其繼別子者, 百世不遷者也. '之所自出'四字, 朱子曰: "衍文也." 凡大宗, 族人與之爲絶族者五世外, 皆爲之齊衰三月. 母・妻亦然. 爲小宗者, 則以本親之服服之. 餘並說見前篇.

**【대전 18】**

소종小宗은 있으나 대종이 없는 경우가 있고, 대종大宗은 있으나 소종이 없는 경우가 있고, 종宗이 없으며 또 종宗으로 받들어줄 이도 없는 경우가 있는데, 공자公子가 그러한 경우이다.

有小宗而無大宗者, 有大宗而無小宗者, 有無宗亦莫之宗者, 公子是也.

**鄭注** 공자에게는 이 세 가지 경우가 있다. '공자公子'는 선군先君의 아들이며 지금 군주의 형제를 말한다. 公子有此三事也. '公子', 謂先君之子, 今君昆弟.

**集說** 군주에게 적곤제適昆弟(정처 소생의 형제)가 없으면, 서형제庶兄弟(정처 소생이 아닌 형제) 한 사람으로 하여금 종宗이 되게 하여 공자들을 통솔하게 한다. 그 예법이 또한 소종小宗과 같다. 이것을 '소종은 있으나 대종이 없는 경우'(有小宗而無大宗)라고 한다. 군주에게 적곤제가 있으면 그를 종宗이 되게 하여 공자들을 통솔하고 다시 서곤제를 세워 종宗으로 삼지 않는다. 이것을 '대종은 있으나 소종이 없는 경우'(有大宗而無小宗)라고 한다. 만약 공자가 단지 한 사람뿐이고 종宗으로 세울 다른 공자가 없을 때가 '종宗이 없는 경우'이다. 그런 경우엔 또한 나를 종으로 삼을 다른 공자도 없는 것이다. 이것을 '종이 없으며 또 종으로 받들어줄 이도 없는 경우'(無宗亦莫之宗)라고 한

다. 앞([대전 17])에서 논한 종법宗法은 경대부의 대종과 소종의 제도를 통틀어 말하였다. 이 경문에서는 국군의 아들에 국한하여 위로 군주를 종으로 삼을 수 없고 아래로 아직 후세의 종이 되지 않았을 때 이 세 가지 경우가 있음을 말하였다. 君無適昆弟, 使庶兄弟一人爲宗, 以領公子. 其禮亦如小宗. 此之謂'有小宗而無大宗'也. 君有適昆弟, 使之爲宗, 以領公子, 更不得立庶昆弟爲宗. 此之謂'有大宗而無小宗'也. 若公子止一人, 無他公子可爲宗, 是'無宗'也. 則亦無他公子宗於己矣, 此之謂'無宗亦莫之宗'也. 前所論宗法, 是通言卿大夫大小宗之制. 此則專言國君之子, 上不得宗君, 下未爲後世之宗, 有此三事也.

**【대전 19】**

공자公子에게는 종도宗道가 있다. 공자로서 공公이 된 자는 사士나 대부大夫가 된 서형제庶兄弟(정처소생이 아닌 형제)를 위해 사나 대부가 된 적형제適兄弟(정처소생의 형제)를 종宗으로 삼게 하니, 그것이 공자의 종도이다.

公子有宗道. 公子之公, 爲其士大夫之庶者, 宗其士大夫之適者, 公子之宗道也.

**鄭注** 공자公子는 군주를 종宗으로 삼을 수 없다. 군주는 적곤제適昆弟(정처소생의 형제)에게 명하여 그들의 종宗으로 삼고, 그에게 종宗으로 거느리게 하는데, 이것이 '공자公子의 종도宗道'이다. 종宗이 된 이가 적장자이면 대종과 같아, 그가 죽으면 그를 위해 자최구월복齊衰九月服을 하고, 그의 어머니는 소군小君이 되고, 그의 아내를 위해서는 자최삼월복齊衰三月服을 한다. 적자가 없어 서자를 종으로 삼으면 소종과 같아, 그가 죽으면 그를 위해

대공구월복大功九月服을 하고, 그의 어머니와 아내에 대해서는 상복을 하지 않는다. 공자가 자신 혼자일 때는 종이 될 곳이 없고 또 종으로 받들 이도 없다. 公子不得宗君. 君命適昆弟爲之宗, 使之宗之, 是'公子之宗道'也. 所宗者適, 則如大宗, 死爲之齊衰九月, 其母則小君也, 爲其妻齊衰三月. 無適而宗庶, 則如小宗, 死爲之大功九月, 其母·妻無服. 公子唯己而已, 則無所宗, 亦莫之宗.

**集說** 이 경문은 또 공자의 종도宗道를 거듭 말한 것이다. '공자의 공'(公子之公)은 공자의 적형제適兄弟(정처 소생의 형제)로서 군주가 된 자를 말한다. 그의 서형제庶兄弟(정처소생이 아닌 형제)로서 사士가 되고 대부大夫가 된 자들을 위해 적공자適公子(정처 소생의 공자)로서 사나 대부가 된 자를 세워 종으로 삼고, 이 서자들에게 그를 종으로 받들게 한다. 그러므로 '사나 대부가 된 적자를 종으로 삼는다'고 한 것이다. 이 적자는 군주의 동모제同母弟(어머니가 같은 아우)로서 적부인適夫人(정처)이 낳은 아들이다. 此又申言公子之宗道. '公子之公', 謂公子之適兄弟爲君者. 爲其庶兄弟之爲士爲大夫者, 立適公子之爲士大夫者爲宗, 使此庶者宗之. 故云'宗其士大夫之適者'. 此適是君之同母弟, 適夫人所生之子也.

**【대전 20】**

친족 관계가 끊어지면 상복을 하지 않는다. 친족 관계가 있는 자는 그 친족 관계에 따라 상복을 한다.

絶族無移服.① 親者屬也.②

**鄭注** ① 족형제族昆弟(사종형제四從兄弟)의 아들은 서로 복服을 하지 않는다. 族昆弟之子, 不相爲服.

② 친족관계가 있는 자는 복服을 하는데 각기 친속의 친소親疎 정도에 따라 한다. 有親者, 服各以其屬親疏.

**集說** 삼종형제는 고조를 함께하므로 시마복緦麻服을 한다. 사종四從에 이르면 친족 관계가 끊어져서 더 입어줄 수 있는 복이 없다. '이移'는 '이施'(미치다)로 읽는다. 곁에 있어서 미치는 것을 '이施'라고 한다. 상복服을 서로 하는 것은 친족 관계가 있기 때문인데, 각기 그 친족 관계에 따라 상복을 한다. 그러므로 '친족 관계가 있는 자는 그 친족 관계에 따라 상복을 한다'고 한 것이다. 三從兄弟同高祖, 故服緦麻. 至四從則族屬絶, 無延及之服矣. '移', 讀爲'施'. 在旁而及之曰'施'. 服之相爲, 以有親, 而各以其屬爲之服耳. 故云'親者屬也'.

**【대전 21】**

인仁을 사용하여 어버이를 따라 차등을 두어 위로 조상에 이르고, 의義를 사용하여 조상을 따라 순차를 두어 아래로 아버지에게까지 이른다. 그러므로 인도人道는 친한 이를 친하게 여기는 것(親親)이다. 친한 이를 친하게 여기므로 조상을 높인다. 조상을 높이므로 종宗을 존경한다. 종을 존경하므로 친족을 거둬들인다. 친족을 거둬들이므로 종묘가 엄숙해진다. 종묘가 엄숙해지므로 사직이 중하게 된다. 사직이 중하게 되므로 백성을 소중히 여긴다. 백성을 소중히 여기므로 형벌이 중도에 맞는다. 형벌이 중도에 맞으므로 서민들이 편안하다. 서민들이 편안하므로 재용이 넉넉하다. 재용이 넉넉하므로 모든 의향들이 성취된다. 모든 의향들이 성취되므로 예속이 이루어진다. 예속이 이루어진 뒤에 즐겁다. 『시詩』에 "드러나지 않겠는가? 존숭받지 않겠는가? 사람들은 싫증냄이 없네"라고 하였으니, 이것을 말한 것이다.

自仁率親, 等而上之至于祖, 自義率祖, 順而下之至于禰. 是故人道親親也.① 親親故尊祖. 尊祖故敬宗. 敬宗故收族. 收族故宗廟嚴. 宗廟嚴故重社稷. 重社稷故愛百姓. 愛百姓故刑罰中. 刑罰中故庶民安. 庶民安故財用足. 財用足故百志成. 百志成故禮俗刑. 禮俗刑然後樂.② 『詩』云: "不顯? 不承? 無斁於人斯", 此之謂也.③

**鄭注** ① 먼저 은恩이 있음을 말한 것이다. 言先有恩.

② '수족收族'은 소목昭穆으로 차례지운 것이다. '엄嚴'은 높인다는 뜻과 같다. 『효경』에 "효孝 가운데 아버지를 높이는 것보다 큰 효는 없다"고 하였다. '백지百志'는 사람의 뜻(志意)이 하고자 하는 바이다. '형刑'은 이루어진다는 뜻과 같다. '收族', 序以昭穆也. '嚴', 猶尊也. 『孝經』曰: "孝莫大於嚴父." '百志', 人之志意所欲也. '刑', 猶成也.

③ '역斁'은 싫증낸다는 뜻이다. '문왕의 덕이 드러나지 않겠는가 선인의 업을 계승하여 이루지 않겠는가'라고 한 것은 드러나고 계승하였으며 사람들이 그것을 즐거워하고 싫증내지 않음을 말한 것이다. '斁', 厭也, 言'文王之德, 不顯乎不承成先人之業乎' 言其顯且承之, 人樂之無厭也.

**集說** 선조로서 체천된 이가 멀어질수록 종宗이 이어지는 것은 무궁하니, 반드시 조상을 높일 줄 알아야 종宗을 존경할 수 있다. '수收'는 흩어지지 않는 것이다. 종도宗道가 이미 높아졌으므로 족인들이 흩어지지 않고 제사의 예법이 엄숙해진다. 안으로 종묘의 일을 엄숙하게 행하므로 밖으로 사

직의 예법을 중시한다. 사직을 가벼이 할 수 없음을 알면, 백관과 족성族姓을 사랑해야 함을 알게 된다. 관직마다 합당한 사람을 얻으면, 형벌이 남용되지 않고 백성들이 그 삶을 편안히 여긴다. 삶을 편안히 여기고 생업을 즐거워하여 식량과 재화가 공급되는 것이 위아래로 모두 넉넉하다. 고정된 생산이 있는 자는 항상된 마음을 갖고, 창고가 가득 차니 예절을 안다. 그러므로 그릇된 마음과 사악한 생각이 싹트지 않고 모든 의향들이 성취되며, 분쟁과 침릉侵陵이 발생하지 않고 예절과 풍속이 통일된다. '형刑'은 이루어진다는 뜻이다. 이렇게 되면 조화로운 기운 좋은 곡물이 나오고 훈도되어 크게 화평함을 이룬다. 어찌 즐겁지 않겠는가? '『시詩』'는 「주송周頌·청묘淸廟」 편이다. '문왕의 덕이여, 어찌 빛나고 드러나지 않겠는가? 어찌 사람들에게 존숭을 받지 않겠는가? 사람들은 싫증냄이 없네'라는 내용을 말한 것이다. 이 시를 인용하여 군주에게 친친의 도리로부터 시작하여 그것을 가家로 국國으로 천하로 미루어 나가 예속이 크게 완성되는데 이르게 하면, 그 즐거운 것이 또한 싫증냄이 없음을 깨닫게 한 것이다. 祖之遷者逾遠, 宗之繼者無窮, 必知尊祖, 乃能敬宗. '收', 不離散也. 宗道旣尊, 故族無離散而祭祀之禮嚴肅. 內嚴宗廟之事, 故外重社稷之禮. 知社稷之不可輕, 則知百官族姓之當愛. 官得其人, 則刑不濫而民安其生. 安生樂業, 而食貨所資上下俱足. 有恒産者有恒心, 倉廩實而知禮節. 故非心邪念不萌而百志以成, 乖爭陵犯不作而禮俗一致. '刑', 猶成也. 如此則協氣嘉生, 薰爲大和矣. 豈不可樂乎? '『詩』', 「周頌·淸廟」之篇. '言文王之德, 豈不光顯乎? 豈不見尊奉於人乎? 無厭斁於人矣'. 引此以喩人君, 自親親之道, 推之而家而國而天下, 至於禮俗大成, 其可樂者, 亦無有厭斁也.

## 역주

1) 창제는 ~ 협광기다. : 이 말은 『春秋緯』 「文耀鉤」에 나온다. 공영달 소 참조.

2) 정세의 정월 : 疏에 『易緯 · 乾鑿度』의 "삼왕의 교제는 하나같이 하력 정월에 지냈다"(三王之郊, 一用夏正)는 말을 인용하였다. 여기서 正歲는 夏曆의 정월을 가리키는 것으로 보인다.

3) 교에서 ~ 배향하였다 : 인용문은 『孝經』 「聖治」에 나온다.

4) 사헌관 : 『주례』 「春官 · 大宗伯」에 "肆獻祼으로 선왕에게 올리고, 饋食로 선왕에게 올린다"(以肆獻祼享先王, 以饋食享先王)라고 하였다. 정현은 주에서 "肆獻祼과 饋食가 사시제를 지내는 사이에 있으면 이는 협제요 체제이다. 肆는 조각낸 희생의 몸체를 올리는 것으로 익힌 음식을 올릴 때를 말한다. 獻은 醴酒를 올리는 것으로 날 것(血腥)을 올릴 때를 말한다. 祼의 뜻은 灌이다. 울창주를 지면에 뿌리는 것으로 처음에 尸에게 술을 올려 귀신을 모실 때를 말한다"(肆獻祼 · 饋食, 在四時之上, 則是祫也禘也. 肆者, 進所解牲體, 謂薦熟時也. 獻, 獻醴, 謂薦血腥也. 祼之言灌. 灌以鬱鬯, 謂始獻尸求神時也)라고 하였다.

5) 太 : 『예기주소』에는 '大'로 되어 있다.

6) 단과 선 : 壇은 흙을 쌓아 만든 제단을, 墠은 지면을 깨끗이 치우고 제사 장소로 이용하는 곳을 말한다. 「祭法」(6) 참조.

7) 관련 ~ 보인다 : 「왕제」(60)에 협제에 관한 내용이 기록되어 있다.

8) 행주 : 전쟁에 출정할 때 신주를 모시고 가는데, 이때 모시고 가는 신주를 '行主'라고 한다.

9) 매우 ~ 있다 : 이 말은 『詩』 「周頌 · 淸廟」에 나온다.

10) 逡 : 『詩』 「周頌 · 淸廟」에는 '駿'으로 되어 있다.

11) 위나라 ~ 차지한 것 : 관련 내용은 『춘추좌씨전』, 桓公 16년 조 및 昭公 19년 조 傳에 나온다.

12) 소사가 ~ 관장한다 : 이 말은 『주례』 「春官 · 小史」에 나온다.

13) 定 : 『주례』에는 '奠'으로 되어 있다.

14) 공자가 ~ 경우이다 : 남편은 아내가 친부모의 상을 당하였을 때 아내가 자신의 친부모를 위해 齊衰期年의 상복을 하는 것을 따라서 상복을 해야 한다. 그러나 國君의 자식은 아버지 國君의 신분(尊)에 눌려서 상복을 하지 못한다. 형수의 상을 당하였을 경우 남편인 형이 아내를 위해 齊衰期年의 복을 한다. 이 경우 동생도 형을 따라서 상복을 해야 하지만, 嫂叔 사이의 혐의를 피하기 위하여 상복을 하지 않는다. 따라서 본래 상복을 해야 하지만, 상복을 하지 않는 경우에 해당한다. 아래 集說 참조.

15) 공자 : 『의례』 「喪服」의 "公子爲其母練冠"에 대한 정현 주에 따르면, 公子는 군주의 妾子를 가리킨다. 妾子는 군주의 존귀함에 눌려 자신의 생모에 대하여 練冠을 하는

것으로 상복을 대신한다. 練冠은 小祥 때 입는 布와 같은 것으로 관을 만든 것이다.

16) 위는 ~ 뜻이다 : 공영달 소에 "감히 자신의 친척관계를 헤아려서 군주와 더불어 연치로 자리하지 못한다. 이것은 군주를 높이는 것이다"(不敢計己親戚, 與君齒列. 是尊君也)라고 하였다. 곧 경문의 표점은 "族人不得以其戚戚君位也"로 되며 "족인들은 자신의 친족관계에 근거하여 군주를 친족으로 대하여 연치로 자리하지 못한다"라는 뜻이 된다. 集說에서는 이 견해를 비판하였다.

17) 앞 편 : 「喪服小記」(13)에 관련 내용이 나온다.

18) 별자 : 원문은 "別子之所自出者", 곧 "별자가 말미암아 나온 자"라는 뜻이 되는데, 집설에서 주자가 "之所自出"을 衍文이라고 한 설을 실었기 때문에 별자로 번역하였다.

19) 앞 편 : 「喪服小記」(12)에 관련 내용이 나온다.

예기역주 권16

# 소의 제17
## 少儀

정현鄭玄의 『예기목록禮記目錄』에서 말한다. "「소의少儀」라고 제목을 붙인 것은 상견례와 선조에게 음식을 올리는 예의 소소한 의절을 기록하였기 때문이다. '소少'(적다)는 '소小'(소소하다)의 뜻과 같다. 이 편은 유향劉向의 『별록別祿』에서는 「제도制度」에 속해 있다." 鄭『目錄』云: "名曰「少儀」者, 以其記相見及薦羞之少威儀. '少'猶'小'也. 此於『別錄』屬「制度」."

주자는 말한다. "이 편은 소학小學의 말단 일부이다." ○ 석량왕씨石梁王氏는 말한다. "'소少'는 '나이가 어리다'(幼少)고 할 때의 '어리다'(少)의 뜻이 아니다. 이 편은 곡례曲禮의 부류이다." 朱子曰: "小學之支流餘裔." ○ 石梁王氏曰: "非'幼少'之'少'. 此篇曲禮之類."

**【소의 1】**

처음 군자를 만나는 사람이 하는 말에 대하여 들었다.

聞始見君子者辭.

鄭注 '군자君子'는 경대부 또는 특출한 덕이 있는 사람이다. '君子', 卿大夫

若有異德者.

集說 석량왕씨石梁王氏는 말한다. "이 구절에서 끊어진다." 石梁王氏曰: "此句絕."

【소의 2】

"아무개는 거듭 명령을 전달하는 사람에게 이름을 알리기를 원합니다"라 하고, 주인을 직접 언급할 수 없다. 지위가 대등한 사람에게는 "아무개가 거듭 만나기를 원합니다"라고 한다. 만난 지 오래된 사이면 "이름을 알리기를 원합니다"라 하고, 자주 만나는 사이면 "아침저녁으로"라고 하며, 소경인 경우에는 "이름을 알리기를 원합니다"라고 말한다.

曰: "某固願聞名於將命者",① 不得階主.② 適者, 曰: "某固願見."③ 罕見, 曰: "聞名",④ 亟見, 曰: "朝夕",⑤ 瞽, 曰: "聞名."⑥

鄭注 ① '고固'는 거듭해서라는 뜻이다. '장將'은 받든다는 뜻과 같다. 군자의 대문에 이르러 '명령을 받드는 사람에게 이름을 알리기를 원합니다'라고 하는 것은 겸손하고 멀리하는 것이다. 거듭하는 것을 '고固'라고 한다. '명을 받든다'는 것은 말을 전하여 오고가는 것이다. '固', 如故也. '將', 猶奉也. 卽君子之門, 而云'願以名聞於奉命者', 謙遠之也. 重則云'固'. '奉命', 傳辭出入.

② '계단'(階)은 위로 올라가는 것으로, 빈賓이 하는 말에 주인을 직접 언급할 수 없음을 말한다. '階', 上進者, 言賓之辭不得指斥主人.

③ '적敵'은 대등하다의 뜻이다. '보이고자 한다'(願見)는 것은 명령을 전달하

는 사람에게 보이고자 한다는 것으로 겸사이다. '敵', 當也. '願見', 願見於將命者, 謙也.

④ '한罕'은 드물다는 뜻이다. 서로 만나는 것이 드문 경우라면 신분이 동등한 사람에게라도 오히려 주인을 높이는 말을 하는데, 군자에게 하는 경우처럼 한다. '罕', 希也. 希相見, 雖於敵者, 猶爲尊主之辭, 如於君子.

⑤ '기亟'는 자주의 뜻이다. 군자에 대해서는 '제가 아침저녁으로 명령을 전달하는 사람에게 이름을 알리기를 원하였습니다'라고 하고, 신분이 동등한 사람에게는 '제가 아침저녁으로 명령을 전달하는 사람을 보기를 원하였습니다'라고 한다. '亟', 數也. 於君子則曰'某願朝夕聞名於將命者', 於敵者則曰'某願朝夕見於將命者'.

⑥ '고瞽'는 소경이다. 눈이 없기 때문에 말에 '본다'고 말하지 않는다. '瞽', 無目也. 以無目, 辭不稱'見'.

**集說** 기록자가 '내가 다른 사람에게 들은 적이 있다'고 겸손하게 말한 것이다. 덕이 있고 지위가 있는 군자를 처음 만날 때, 그 말은 '아무개가 거듭해서 명령을 전하는 사람에게 자신의 이름을 알리기를 원하였습니다'라고 한다. '고固'는 '거듭 사양한다'(固辭)고 할 때의 '거듭'(固)이다. '원한다'(願)고 하지 않고 '거듭 원한다'(固願)고 말한 것은 주인이 곧바로 자기를 만나보지 않을 것을 고려하여 청을 넣을 때 하는 말을 빌려 말하는 것이다. '장명자將命者'는 주인과 빈賓 사이의 말을 전달하여 오가는 사람이다. '계단'(階)은 올라감을 비유한 것이다. '주主'는 주인이다. 빈賓이 만나기를 청하는 말에서 직접 주인을 언급할 수 없음을 말한다. '적適'은 빈賓과 주인이 지위가 대등한 사람인 경우를 뜻한다. 그럴 경우는 '아무개가 거듭 명령을 전달하는 사람을 보기를 원합니다'라고 한다. '한견罕見'은 오래도록 서로 보지 못했음을 말한다. 또한 '명령을 전달하는 사람에게 이름을 알리기를 원합니

다'라고 하는데, 이는 오래도록 소원해서 주인이 기꺼이 만나주지 않을 수도 있다고 생각하기 때문이다. '기견亟見'은 자주 본다는 뜻이다. 군자에 대해서는 '아무개가 아침저녁으로 명령을 전달하는 사람에게 이름을 알리고자 하였습니다'라 하고, 지위가 대등한 사람에게는 '아무개가 아침저녁으로 명령을 전달하는 사람을 뵙기를 원하였습니다'라고 한다. 소경이 만나러 온 경우는 귀천을 불문하고 '아무개가 명령을 전달하는 사람에게 이름을 알리고자 합니다'라고 한다. 눈이 없기 때문에 '만나고 싶다'고 말하지 않는 것이다. 記者謙言'我嘗聞之於人'云. 初見有德有位之君子者, 其辭云'某固願通聞己名於將命之人'. '固', 如'固辭'之'固'. 不曰'願'而曰'固願', 慮主人不卽見己, 而假此荐請之辭也. '將命者', 通客主言語出入之人也. '階'者, 升進之喩. '主', 主人也. 言賓請見之辭, 不得徑指主人也. '適'者, 賓主敵體之人也. 則曰'某固願見於將命者'. '罕見', 謂久不相見也. 亦曰'願聞名於將命者', 蓋疑疎闊之久, 未必主人肯見也. '亟見', 數見也. 於君子則曰'某願朝夕聞名於將命者', 於敵者則曰'某願朝夕見於將命者'. 若瞽者來見, 無問貴賤, 惟曰'某願聞名於將命者'. 以無目故不言'願見'也.

**【소의 3】**

상사가 있는 사람을 만나러 갈 때는 "비견하기를 원합니다"라고 말한다. 동자의 경우는 "일을 듣기를 원합니다"라고 말한다.

適有喪者, 曰: "比."① 童子, 曰: "聽事."②

**鄭注** ① '적適'은 간다는 뜻이다. '아무개는 명령을 전달하는 사람에 비견하기를 원합니다'라고 한다. '비比'는 비견한다는 뜻으로, 함께 일을 한다는 것이다. '適', 之也. 曰'某願比於將命者'. '比', 猶比方, 俱給事.

② '아무개는 명령을 전달하는 사람에게서 일을 듣기를 원합니다'라고 한다. 동자는 성인이 아니어서 감히 상견례를 감당하지 못한다. 曰'某願聽事於將命者'. 童子未成人, 不敢當相見之禮.

**集說** '적適'은 간다는 뜻이다. 그 말에 '아무개는 명령을 전달하는 사람에 비견하기를 원합니다'라고 한다. 상사喪事는 상견례를 위주로 하지 않는다. 찾아온 것은 집사자에 비견하려는 것이다. 동자는 성인이 아니므로 그 말에 '아무개는 명령을 전달하는 사람에게서 일을 듣고자 합니다'라고 한다. 이는 주인이 일을 가지고 부려줄 것을 들으러 왔음을 말한다. '適', 往也. 其辭云'某願比於將命者'. 喪不主相見. 來欲比方於執事之人也. 童子未成人, 其辭則云'某願聽事於將命者'. 謂來聽主人以事見使令也.

**【소의 4】**

공경의 상사에 갔을 때에는 "사도司徒의 부림을 듣기를 원합니다"라고 말한다.

適公卿之喪, 則曰: "聽役於司徒."

**鄭注** 상을 당해 근심하고 슬플 때는 빈賓을 접대하는 예가 없으므로 모두 일을 돕기 위해 오는 것이다. 喪憂戚, 無賓主之禮, 皆爲執事來也.

**集說** "맹헌자孟獻子의 상에 사도司徒가 하사下士를 시켜 사방에서 부의로 들어온 베를 돌려주게 하였다"[1]고 하였으니 공경公卿의 상사에는 사도가 그 일을 관장한다. 따라서 '아무개는 사도의 부림을 듣기를 원합니다'라고 말한다. "孟獻子之喪, 司徒旅歸四布", 則公卿之喪, 司徒掌其事也. 故云'某願聽役於司徒'.

**【소의 5】**

군주가 조회하는 일로 다른 나라에 가려고 하는데, 신하가 금·옥과 재물을 군주에게 바칠 때는 "거마 비용으로 유사有司에게 바칩니다"라고 한다. 지위가 대등할 경우에는 "수행하는 사람에게 드립니다"라고 한다.

君將適他, 臣如致金玉貨貝於君, 則曰: "致馬資於有司." 敵者, 曰: "贈從者."

**鄭注** '다른 곳에 간다'는 것은 조회하러 다른 나라로 간다는 뜻이다. '자資'는 비용과 같다. '증贈'은 보낸다는 뜻이다. '適他', 行朝會也. '資', 猶用也. '贈', 送也.

**集說** '다른 곳에 간다'는 것은 조회의 일로 출국하는 것을 가리킨다. '마자馬資'는 오가는 중의 수레와 말에 필요한 비용을 충당하는 것을 말한다. '適他', 謂以朝會之事而出也. '馬資', 謂資給道路車馬之費也.

**【소의 6】**

신하가 군주에게 수의襚衣를 보낼 때에는 "가인賈人에게 못 쓰는 옷을 보냅니다"라고 말한다. 대등한 사이일 경우에는 ('못 쓰는 옷'이라고 하지 않고) "수의"라고 말한다. 친족으로 형제일 경우에는 명령을 전달하는 사람을 통해 수의를 전하는 예를 하지 않는다.

臣致襚於君, 則曰: "致廢衣於賈人." 敵者, 曰: "襚".① 親者兄弟,

不以襚進.②

**鄭注** ① '못 쓰는 옷'(廢衣)라고 말한 것은 염습을 할 때 꼭 사용된다고 감히 단정하지 않는 것이다. 가인賈人은 물건이 좋고 나쁨을 안다. 『주례』에 "옥부玉府는 무릇 왕이 선물하는 금옥, 병기, 아름다운 직물, 좋은 재화 등을 관장하여, 물품을 받아서 보관한다"[2]고 하였는데, 여덟 명의 가인賈人[3]을 둔다. 言'廢衣', 不敢必用斂也. 賈人知物善惡也. 『周禮』"玉府掌凡王之獻金玉・兵器・文織・良貨賄之物, 受而藏之", 有賈八人.

② 명령을 전달하는 사람을 통해서 전달하는 예를 행하지 않고, 수의를 곧바로 진설한다. 不執將命也, 以即陳而已.

**集說** 옷으로 죽은 이를 전송하는 것을 '수襚'라고 한다. '못 쓰는 옷'(廢衣)이라고 말한 것은 감히 염습을 할 때 꼭 사용하지는 못하고 장차 폐기할 것이라는 뜻이다. '가인賈人'은 물가의 변동을 기록하는데 군주의 의복을 위주로 하는 자이다. 대등한 사이이면 곧바로 수의라고 말한다. 무릇 수의를 보낼 때 상대가 친족이 아니면, 빈擯(전달자)을 통해 말을 전하고 수의를 전하는 것으로 예를 삼는다. 만약 친족으로 형제 사이와 같은 부류라면 직접 가지고 가서 진설하고 명령을 전하고 받는 예로 할 필요가 없다. 그러므로 '수의襚衣를 명령을 전달하는 사람을 통해서 전하는 예를 하지 않는다'라고 하였다. 『의례』「사상례士喪禮」에 "대공大功복 이상의 사이는 재화를 같이 사용하는 친족이다. 수의襚衣를 명령을 전달하는 사람을 통해서 전하지 않고 곧바로 방房 안에 진설한다. 소공小功복 이하의 사이와 동성同姓의 사이 등은 모두 명령을 전달하는 사람을 통해서 수의를 전달한다"라고 하였다. 以衣送死者謂之'襚'. 稱'廢衣'者, 不敢必用之以斂, 將廢棄之也. '賈人', 識物價貴賤, 而主君之衣物者也. 敵者則直以襚言矣. 凡致襚, 若非親者, 則須擯者傳辭將進以爲

禮. 若親者兄弟之類, 但直將進而陳之, 不須執以將命. 故云'不以襚進'也. 「士喪禮」"大功以上, 同財之親. 襚不將命, 卽陳於房中. 小功以下及同姓等, 皆將命."

**【소의 7】**

신하가 군주의 상에 재물을 군주에게 보낼 때는 "밭과 들에서 난 것을 유사에게 보냅니다"라고 한다. (죽은 사람을 위해) 부의로 보내는 말(賵馬)은 사당 문 안으로 들여보내지만, (상주를 위해) 부의로 보내는 말과 폐백·태백기(大白 큰 흰색의 깃발)와 병거는 사당 문 안으로 들여보내지 않는다.

臣爲君喪, 納貨貝於君, 則曰: "納甸於有司."① 賵馬入廟門,② 賻馬與其幣, 大白兵車, 不入廟門.③

鄭注 ① '전甸'은 밭과 들에서 산출한 것을 뜻한다. '甸', 謂田野之物.

② 죽은 이를 위주로 하기 때문이다. 以其主於死者.

③ 살아 있는 사람을 위주로 하기 때문이다. '병거兵車'는 혁로革路[4]이다. 비록 죽은 이를 위해서 보낸 온 것이지만, 사당 문밖에 진설하는데, 전쟁과 사냥에 사용되는 것은 정식의 것이 아니기 때문이다. 『주례』에 "혁로革路는 크고 흰 깃발을 세우고, 전투에 나아간다"[5]고 하였다. 以其主於生人也. '兵車', 革路也. 雖爲死者來, 陳之於外, 戰伐田獵之服, 非盛者也. 『周禮』"革路, 建大白, 以卽戎."

集說 '납納'은 들여보낸다는 뜻이다. '전甸'은 밭을 뜻한다. 신하는 군주의 전읍을 받는데, 이때 보내는 것이 (군주로부터 받은) 전야에서 난 것이므로 '밭과 들에서 난 것을 보낸다'고 한 것이다. 봉마賵馬는 죽은 이를 전송

하기 위한 것이므로 사당 문 안에 들여보낼 수 있다. 부의로 보내는 말과 폐백은 주인이 상사에 쓸 비용을 돕기 위한 것이므로 사당 문 안에 들여보내지 않는다. 큰 흰색의 깃발과 병거는 돌아가신 이를 전송하기 위한 것이기는 하지만, 본래 전쟁에 쓰이는 것이므로 또한 사당 문 안에 들여보내서는 안 된다. 이 경문은 국군의 상에 이웃나라에서 이러한 것들을 부의로 보내는 것이거나, 또는 본국에 본디 있었던 경우를 가리킨다. '納', 入也. '甸', 田也. 臣受君之田邑, 此納者田野所出, 故云'納甸也'. 賵馬, 以送死者, 故可入廟門. 賻馬與幣, 所以助主人喪事之用, 故不入廟門. 大白之旗與兵車, 雖並爲送喪之用, 以其本戰伐之具, 故亦不可入於廟門. 此謂國君之喪, 隣國有以此爲賵者, 亦或本國自有之也.

**【소의 8】**

부의賻儀를 하러 온 사람은 명을 전하면 무릎을 꿇고 물건을 지면에 놓는다. 빈자擯者(주인 측의 전령)가 그것을 들어 옮기고, 주인이 직접 받지 않는다.

賻者旣致命, 坐委之. 擯者擧之, 主人無親受也.

**鄭注** 상喪 중에 있는 사람은 시신을 안치한 관(尸柩)에 관한 일이 아니면 직접 하지 않는다. '든다'(擧之)는 것은 들어서 동쪽으로 옮긴다는 뜻이다. 喪者, 非尸柩之事, 則不親也. '擧之', 擧以東.

**集說** 부의를 하러 온 사람은 자신의 주인의 명을 전하면 곧 무릎을 꿇고 그 물건들을 지면에 놓는다. 그러면 빈자擯者가 그것을 들어서 옮기고 주인이 직접 받지 않는데, 길사吉事의 경우와 달리 하는 것이다. 來賻者旣致其主之命, 卽跪而委置其物於地. 擯者乃擧而取之, 主人不親受, 異於吉事也.

【소의 9】

서서 주는 것을 받을 때나 서있는 사람에게 줄 때는 무릎을 꿇지 않는다. 성품이 직선적인 사람은 무릎을 꿇는 경우도 있다.6)

受立授立, 不坐.① 性之直者, 則有之矣.②

鄭注 ① 편리함을 따르는 것이다. 由便.

② '경우가 있다'(有之)는 것은 무릎을 꿇는 경우도 있다는 것이다. 지위가 높은 사람과 물건을 주고받을 때 높은 사람이 키가 작으면 무릎을 꿇고, 감히 큰 키로 대하지 않는다는 말이다. '有之', 有跪者也. 謂受授於尊者, 而尊者短則跪, 不敢以長臨之.

集說 다른 사람의 물건을 받을 때 상대가 서서 주거나, 서있는 사람에게 물건을 줄 때는 모두 무릎을 꿇지 않는다. 이것은 모두 세세한 부분까지 예의 마땅함을 다하는 것이다. 그러나 자기의 성격대로 성급하게 행하는 사람의 경우에는 또한 무릎을 꿇는 경우도 있다. 그러므로 '성품이 직선적인 사람은 무릎을 꿇는 경우도 있다'(性之直者, 則有之矣)라고 한 것이다. 受人之物而立與, 以物授人之立者皆不跪. 此皆委曲, 以盡禮之當然耳. 然直情徑行之人, 亦或有跪者. 故曰'性之直者, 則有之矣'.

【소의 10】

빈이 처음 문으로 들어올 때 주인이 사양하는데, (주인 측의 전령이 주인에게) "사양하십시오"라고 말한다.

始入而辭, 曰: "辭矣."

集說 빈賓이 처음에 문으로 들어올 때 주인은 사양하고 빈이 먼저 들어오게 해야 한다. 그러므로 빈자擯者(주인 측의 전령)이 주인에게 '사양하십시오'라고 말한다. 이는 말을 전하여 빈에게 양보해야함을 말한다. 계단에 이르러서도 그렇게 하는데, 여기에서 언급하지 않은 것은 예禮를 알 수 있기 때문이다. 賓始入門, 主人當辭讓令賓先入. 故擯者告主人曰'辭矣'. 謂當致辭以讓賓也. 至階亦然, 此不言者, 禮可知也.

【소의 11】

자리에 나아감에 이르면 "괜찮습니다"라고 말한다.

卽席, 曰: "可矣."

鄭注 '가可'는 그만둔다는 뜻과 같다. 빈자擯者(주인 측의 전령)가 빈과 주인 사이의 의절을 행하는 것을 가리킨다. 빈賓이 처음 문에 들어올 때는 사양하는 것을 알리고, (빈과 주인이) 자리에 나아감에 이르러서는, 사양하는 것을 그만둔다. '可', 猶止也. 謂擯者爲賓主之節也. 始入則告之辭, 至就席則止其辭.

集說 빈과 주인이 당에 올라 각자 자리로 나아감에 이르면, 빈자는 빈과 주인이 다시 사양할까 염려하여 "괜찮습니다"라고 하는데, 자리에 나아가 앉으면 되고 다시 사양할 필요가 없음을 뜻한다. 及賓主升堂, 各就席, 擯者恐賓主再辭, 故告之曰"可矣", 言可卽席, 不須再辭也.

**【소의 12】**

문짝을 밀어 열고 들어가 방 안에서 신발을 벗어두는 것은 한 사람뿐이다. 존장尊長이 계시면 그렇게 하지 않는다.

排闔, 說屨於戶內者, 一人而已矣.① 有尊長在, 則否.②

**鄭注** ① 비록 여러 사람이 지위가 동등하더라도, 높일 대상은 있기 마련이다. 雖衆敵, 猶有所尊也.

② '있다'(在)는 것은 방 안에 있다는 것이다. 뒤에 온 사람들은 모두 문 밖에서 신발을 벗는다. '在', 在內也. 後來之衆皆說屨於戶外.

**集說** '합闔'은 문짝이다. '문짝을 밀어 열고 들어가 방 안에 신발을 벗어두는 것은 한 사람뿐이다'라는 것은 가장 연장자인 한 사람만 이와 같이 할 수 있게 허용하고 나머지 사람은 그렇게 할 수 없다는 말이다. 만일 미리 존장尊長이 당 혹은 방에 계시면 뒤에 들어오는 사람들은 모두 문 안에서 신발을 벗어 둘 수 없다. 그러므로 '존장이 계시면 그렇게 하지 않는다'(有尊長在, 則否)라고 말한 것이다. '闔', 門扇也. '推排門扇, 而脫屨於戶內者, 一人而已', 言止許最長者一人如此, 餘人不可也. 若先有尊長在堂或在室, 則後入之人, 皆不得脫屨於戶內. 故云'有尊長在, 則否'也.

**【소의 13】**

음식에 대한 기호를 물을 때는 "그대는 이러한 음식을 자주 드십니까?"라고 말한다. 도예道藝를 물을 때는 "그대는 이러한 일을 익히셨습니까? 그대는 이러한 일을 잘하십니까?"라고 말한다.
問品味, 曰: "子亟食於某乎?" 問道藝, 曰: "子習於某乎? 子善於某乎?"

**鄭注** 직접 가리키지 않는 것은 겸손한 것이다. '도道'는 '삼덕三德'과 '삼행三行[7]'이다. '예藝'는 육예六藝이다. 不斥人, 謙也. '道', '三德''三行'也. '藝', 六藝.

**集說** 방씨方氏(방각方慤)는 말한다. "사람의 본성은 음식의 기호에 편식하는 바가 있고, 도예道藝에 남달리 편향하는 바가 있다. 음식의 기호를 물을 때는 좋아하고 싫어하는 것을 직접 가리켜 상대방의 버릇을 들어내서는 안 된다. 그러므로 '그대는 이러한 음식을 자주 드십니까?'라고 말한다. 도예에 관해 물을 때는 할 수 있는지 없는지를 직접 가리켜 상대방의 단점을 드러내서는 안 된다. 그러므로 '그대는 이러한 일을 익히셨습니까? 그대는 이러한 일을 잘하십니까?'라고 말한다." 方氏曰: "人之情, 品味有偏嗜, 道藝有異尙. 問品味, 不可斥之以好惡, 而昭其癖. 故曰'子亟食於某乎?' 問道藝, 不可斥之以能否, 而暴其短. 故曰'子習於某乎? 子善於某乎?'"

【소의 14】

몸에 있는 것을 의심하지 않고, 주인 측의 민가에 있는 병기를 품평하지 않고, 크게 부유한 집안에 대하여 (자신도 그러하기를) 바라지 않으며, 남의 보물을 폄훼하지 않는다.
不疑在躬,① 不度民械,② 不願於大家,③ 不訾重器.④

**鄭注** ① '궁躬'은 몸(당사자 자신)이다. 알지 못하는 것을 행하지 않는 것은

자신을 의심스런 존재가 되게 하기 때문이다. '躳', 身也. 不服行所不知, 使身疑也.

② '계械'는 병기兵器이다. (주인 측) 민가의 병기(器物)를 헤아리지 않는 것은 자신이 또한 (소유하려는 마음을) 가지게 만들기 때문이다. '械', 兵器也. 不計度民家之器物, 使己亦有.

③ '대大'는 매우 부유함을 말한다. '大', 謂富富之廣也.

④ '자訾'는 생각한다는 뜻이다. '중重'은 보물과 같은 뜻이다. '訾', 思也. '重', 猶寶也.

**集說** 한 마디 말과 한 가지 행동이 모두 몸에 있는 것들이어서, 입에서 나오는 말은 가릴 것이 없고 몸에서 나오는 행동은 가릴 것이 없는 것[8], 이것이 '몸에 있는 것을 의심하지 않는다'(不疑在躳)는 것이다. 병기를 갖추는 것은 우환을 방지하기 위함이다. 그것의 날카로움과 무딤을 헤아리지 않는 것은 사람들이 자기를 나쁜 마음을 가지고 있다고 말할까 염려해서이다. 대가大家의 부유함은 작위에 따른 것이니 자기도 그렇게 되기를 동경해서는 안 된다. 이는 참람된 마음이 싹트기 때문이다. '자訾'는 낮추고 훼손하는 것이다. 중요한 기물을 전하여 보배로 삼은 지 오래되는데, 이에 그 기물을 폄훼한다면 어찌 다른 사람의 노여움을 야기하지 않겠는가? 一言一行, 皆其在躳者也, 口無擇言, 身無擇行, 是'不疑在躳'也. 器械之備, 所以防患. 不可度其利鈍, 恐人以非心議己. 大家之富, 爵位所致, 不可願望於己. 以其有僭竊之萌. '訾', 鄙毁之也. 重器之傳寶之久矣, 乃從而毁之, 豈不起人之怒乎?

**【소의 15】**

두루 넓게 청소하는 것을 '소埽'라 하고, 자리 앞을 청소하는 것을

'분拚'이라 한다. 자리 위를 청소할 때는 비를 사용하지 않으며, 쓰레받기를 잡을 때는 쓰레받기의 (쓸어 담는) 받침 부분이 자신의 가슴 앞쪽으로 향하게 잡는다.

汜埽曰'埽', 埽席前曰'拚'. 拚席不以鬣, 執箕膺擖.

**鄭注** '렵鬣'은 비를 가리킨다. 비는 항상 땅을 쓸어 정결하지 않다. '응膺'은 몸소의 뜻이다. '갈擖'은 쓰레받기의 받침 부분이다. 쓰레받기를 들고 쓰레기를 버릴 때는 받침 부분이 자신을 향하도록 한다. '鬣', 謂帚也. 帚恒埽地, 不潔清也. '膺', 親也. '擖', 舌也. 持箕將去糞者, 以舌自鄉.

**集說** '범소汜埽'는 두루 넓게 청소하는 것이다. '분拚'은 쓰레기를 소제하는 것이다. '렵鬣'은 비인데, 자리 위를 청소할 때는 비를 사용하지 않는다. '응膺'은 가슴이다. '갈擖'은 쓰레받기의 받침 부분이다. 쓰레받기를 잡고 쓰레기를 소제할 때는 쓰레받기의 받침 부분이 자기의 가슴 앞으로 향하게 하고 존자를 향하게 잡아서는 안 된다. '汜埽', 廣埽也. '拚', 除穢也. '鬣', 帚也, 席上不可用帚. '膺', 胸也. '擖', 箕舌也. 執箕而拚, 則以箕舌向己胸前, 不可持向尊者也.

**【소의 16】**

(하나의 사안에 대하여) 점을 두 번 치지 않는다. (점을 치러 온 사람에게) 점을 치고자 하는 일에 대해 물을 때는 "의로운 일인가? 사사로운 일인가?"라고 말한다. 의로운 일이면 점을 쳐도 되지만, 사사로운 일이라면 점을 쳐서는 안 된다.

不貳問.① 問卜筮, 曰: "義與? 志與?" 義則可問, 志則否.②

鄭注 ① 자기의 마음을 바르게 하여 시귀蓍龜에 길흉을 물어야 한다. 올바름을 얻지 못하면 흉하다. 그러면 점괘(卜筮)는 때에 따라 임의로 고해준다. 當正己之心, 以問吉凶於蓍龜. 不得於正, 凶. 則卜筮其權也.

② 태복大卜이 점을 치러 온 사람에게 묻는 것이다. '의義'는 바른 일이다. '지志'는 사사로운 뜻이다. 大卜問來卜筮者也. '義', 正事也. '志', 私意也.

集說 '두 번 묻지 않는다'(不貳問)는 것은 시귀蓍龜[9]에 점을 친 결과, 묻고자 하는 일이 바르지만 점괘가 불길하면, 바르지 못한 것으로 다시 점을 쳐서는 안 된다는 말이다. 사람이 점을 치는 것을 보고, 점치고자 하는 일이 무엇인지 묻고자 할 때는 '바른 일인가? 사사로운 일인가?' 하고 말한다. '의義'란 마땅히 해야 할 일이고, '지志'는 개인적으로 은밀하게 도모하는 일이다. 그 때문에 의로운 일은 그 일을 점을 쳐도 되지만 사사로운 일은 그 일에 대해 점을 쳐서는 안 된다. 일설[10]에는, 점을 치는 사람이 점을 치러 온 사람에게 물어서 옳은 일이면 점을 쳐주고, 사사로운 일이면 점을 쳐주지 않는다고 하였는데, 역시 통한다. '不貳問', 謂謀之龜筮, 事雖正而兆不吉, 則不可以不正者再問之也. 見人卜筮, 欲問其所卜何事, 則曰'義與? 志與?' '義'者, 事之宜爲, '志', 則心之隱謀也. 故義者則可問其事, 志則不可問其事也. 一說, 卜者問求卜之人, 義則爲卜之, 志則不爲之卜, 亦通.

【소의 17】

존장尊長이 자기보다 항렬이 높은 경우에는 감히 나이를 묻지 않는다. 존장을 사사로이 만날 때는 명령을 전달하는 사람을 통해서 만나는 예를 하지 않는다. 길거리에서 존장을 만났을 때 존장이 자신을 보았으면 얼굴을 보이고, 존장이 가는 곳이 어딘지 여쭙지 않는다. 존장의 상사喪事에 조문할 때는, 상주가 아침과 저녁으로 곡할 때를 맞추어 가고, (상주가 곡을 하는 때가 아닌데) 혼자 가서 조문하지 않는다.

尊長於己踰等, 不敢問其年.① 燕見不將命.② 遇於道, 見則面,③ 不請所之.④ 喪, 俟事, 不犆吊.⑤

**鄭注** ① '유등踰等'은 아버지나 형의 항렬에 있는 사람이다. 나이를 물으면 자신의 공경하는 마음이 온전하지 못하게 된다. '踰等', 父兄黨也. 問年, 則己恭孫之心不全.

② 스스로 빈賓과 주인 사이의 만나는 예를 행하지 않고 오면 자식과 제자가 만날 때와 같이 하는 것이다. 自不用賓主之正來, 則若子弟然.

③ 숨을 수 있으면 숨어, 존장의 거동을 번거롭게 하지 않는다. 可以隱則隱, 不敢煩動也.

④ 존장이 가는 곳이 비설卑褻한 곳일 수 있기 때문이다. 尊長所之或卑褻.

⑤ 또한 상대의 거동을 일부러 번거롭게 하지 않는다. '사事'는 아침과 저녁으로 곡哭을 할 때이다. 亦不敢故煩動也. '事', 朝夕哭時.

**集說** '유등踰等'은 할아버지와 아버지의 항렬이다. '감히 나이를 묻지 않는다'(不敢問年)는 것은 나이를 따지는 것 같은 혐의를 사기 때문이다. '사사로이 만날 때는 명령을 전달하는 사람을 통해서 만나는 예를 하지 않는다'(燕見不將命)는 것은 신분이 낮고 어린 사람이 사사로이 만나러 올 경우에는 빈자擯者를 통해 명령을 전하지 않음을 말하니, 빈賓과 주인으로 만나는 예가 아니

다. 길거리에서 존장尊長을 만났을 때, 존장이 자신을 보았으면 얼굴을 보이고 보지 못하였으면 숨어 피하는데, 존장이 번거롭게 거동하는 것을 바라지 않는 것이다. '가는 곳이 어딘지 여쭙지 않는다'(不請所之)는 것은 존장이 가는 곳을 묻지 않는다는 말이다. 존장尊長의 상사喪事에 조문할 경우, 상주가 곡을 할 때를 맞추어 가고, 곡을 할 때가 아닌데 혼자 가서 조문하지 않는다. '踰等', 祖與父之行也. '不敢問年', 嫌若序齒也. '燕見不將命', 謂卑幼者燕私來見, 不使擯者傳命, 非賓主之禮也. 若遇尊長於道路, 尊者見已, 則面見之, 不見, 則隱避, 不欲煩動之也. '不請所之', 不問其所往也. 若於尊者之喪, 則待主人哭之時而往, 不非時特吊.

**【소의 18】**

존장을 모시고 앉았을 때, 존장이 시키지 않으면 금슬琴瑟을 잡지 않는다.

侍坐, 弗使, 不執琴瑟.

**鄭注** 단정하고 성실함이 경敬이 되는 것이다. 존장尊長께서 혹시 금슬을 타게 시키면 그렇게 해도 된다. 端慤所以爲敬也. 尊長或使彈琴瑟, 則爲之可.

**集說** 존장을 모시고 앉아 있을 때, 존장이 금슬을 켜라고 시키지 않으면 마음대로 잡고서 켜지 않는다. 侍坐於尊者, 不使之執琴瑟, 則不得擅執而鼓之.

**【소의 19】**

이무 이유 없이 땅에 끄적거리지 않으며, 손으로 동작을 취하지 않으며, 부채질을 하지 않는다. 어른이 누워계시면, 무릎을 꿇고서 명을 전한다.

不畫地, 手無容, 不翣也. 寢, 則坐而將命.

**鄭注** 명령에 전할 말이 있기 때문이다. '무릎을 꿇는다'(坐)는 것은 감히 내려다보면서 대하지 않는 것이다. 命有所傳辭也. '坐'者, 不敢臨之.

**集說** 아무 이유 없이 지면에 끄적이는 것 또한 공경하지 않는 태도가 된다. 손은 공손하게 동작을 취한다. 만일 손을 들어 동작을 취하면 또한 공손하지 않은 것이 된다. 시절이 비록 더운 날씨라도 부채질을 할 수 없다. 존자가 누워 계실 때 명령을 전달하게 되면, 반드시 무릎을 꿇고 말해야 하고 곧게 서서 내려다보면서 대해서는 안 된다. 無故而畫地, 亦爲不敬. 手容恭. 若擧手以爲容, 亦爲不恭. 時雖暑熱, 不得揮扇. 若當尊者寢卧之時而傳命, 必跪而言之, 不可直立以臨之也.

**【소의 20】**

윗사람을 모시고 활을 쏠 때는 화살을 (한꺼번에) 다발로 취한다.

侍射則約矢.

**鄭注** 감히 윗사람과 번갈아 화살을 취하지 않는다. 不敢與之拾取也.

**集說** 활을 쏠 때는 반드시 두 사람이 짝이 된다. 화살꽂이(楅)[11]는 뜰 중앙에 있고 화살은 화살꽂이에 의지해 있다. 상우上耦가 먼저 화살 하나를 취하고 다음으로 하우下耦가 다시 나아가 화살 하나를 취한다. 이와 같은

식으로 번갈아 나아가 각각 네 개의 화살을 취한다. 만일 신분이 낮은 사람이 존장을 모시고 활쏘기를 할 때는 번갈아 교대로 화살을 취하지 않고 일시에 네 개의 화살을 한꺼번에 취한다. 그 때문에 '화살을 다발로 취한다'(約矢)라고 한 것이다. 凡射必二人爲耦. 楅在中庭, 箭倚於楅. 上耦前取一矢, 次下耦又進取一矢. 如是更進, 各得四矢. 若卑者侍射, 則不敢更迭取之, 但一時幷取四矢. 故謂之'約矢'也.

**【소의 21】**

윗사람을 모시고 투호投壺를 할 때, 화살을 안고 행한다.

侍投則擁矢.

**鄭注** 감히 지면에 놓지 않는다는 것이다. '투投'는 투호投壺이다. 투호는 앉아서 한다. 不敢釋於地也. '投', 投壺也. 投壺坐.

**集說** 투호投壺의 예 또한 빈주가 각각 네 개의 화살을 사용한다. 윗사람은 화살 네 개를 땅에 놓은 뒤 하나씩 취하여 던지지만, 아랫사람은 감히 땅에 놓지 못하므로 네 개 모두를 안고 던진다. 投壺之禮亦賓主各四矢. 尊者則委四矢於地, 一一取而投之, 卑者不敢委於地, 故悉擁抱之也.

**【소의 22】**

아랫사람이 이겼을 경우, 잔을 씻어 벌주를 권하는 예를 행하기를 청한다. 빈賓이 졌을 때도 주인은 마찬가지로 한다. 각角(술잔의 일종)을 쓰지 않으며 말을 가져오지도 않는다.

勝則洗而以請.① 客亦如之.② 不角,③ 不擢馬.④

**鄭注** ① 술잔을 씻어 벌주를 권하는 예를 행하기를 청하며, 감히 곧바로 마시게 하지 않는다. 洗爵請行觴, 不敢直飮之.

② 빈객이 활쏘기나 투호에서 이기지 못하면, 주인이 또한 잔을 씻어 벌주를 권하는 예를 행하기를 청한다. 客射若投壺不勝, 主人亦洗而請之.

③ '각角'은 뿔잔으로, 벌주로 마시는 잔이다. 존장과 객에 대해서는 헌수獻酬를 할 때 사용하는 술잔과 같은 것으로 한다. '角', 謂觥, 罰爵也. 於尊長與客, 如獻酬之爵.

④ '탁擢'은 버린다는 뜻으로 치운다는 말이다. 자기가 말을 치우는 것은 이겨서 마음대로 한다는 혐의를 가지게 한다. '擢', 去也, 謂徹也. 己徹馬, 嫌勝故專之.

**集說** 활쏘기와 투호의 예에서, 이긴 사람의 제자가 술을 따라 풍豐(벌주잔 받침대)[12] 위에 놓으면 진 사람이 무릎을 꿇고 그것을 마신다. 만일 아랫사람이 이기게 되면 곧바로 따르지 않고 앞에서 잔을 씻어 벌주를 권하는 예를 행하기를 청해야 한다. 빈賓이 이기지 못하면 주인 또한 잔을 씻어 청하는데, 빈賓을 우대하기 위함이다. '각角'은 물소 뿔로 만든 잔이다. 이제 윗사람과 빈賓에게 술을 마시게 할 때는 '각角'을 사용하지 않고 평상시 헌수할 때 사용하는 잔을 쓴다. '탁擢'은 나아가 취하는 것이다. '말'(馬)이란 투호에서 승부를 표시하는 도구이다. 한 번 승리를 할 때마다 말 하나를 세워, 말이 셋이 되면 이기는 것이 된다. 만일 한쪽이 말 둘을 얻고 다른 쪽이 말 하나를 얻었다면, 말 둘을 얻은 사람이 다른 쪽의 말 하나를 취하면 자기의 말 셋을 이룰 수 있다. 이제 아랫사람은 말 둘을 얻었다고 해도

감히 윗사람의 말 하나를 가져다가 자기가 이긴 것을 확정하지 못한다. 射與投壺之禮, 勝者之弟子, 酌酒置于豐上, 其不勝者跪而飮之. 若卑者得勝, 則不敢徑酌, 當前洗爵而請行觴也. 客若不勝, 則主人亦洗而請, 所以優賓也. '角', 兕觥也. 今飮尊者及客, 不敢用'角', 但如常獻酬之爵也. '擢', 進而取之也. '馬'者, 投壺之勝筭. 每一勝, 則立一馬, 至三馬而成勝. 若一朋得二馬, 一朋得一馬, 則二馬者取彼之一馬, 足成己之三馬. 今卑者雖得二馬, 不敢取尊者之一馬, 以成己勝也.

**【소의 23】**

군주의 수레를 지킬 때는 앉아 있는다. 마부는 오른쪽에 칼을 차고 주 손잡이 줄을 등지고 앞쪽으로 늘어뜨리는데, 수레덮개 위쪽으로 끌어당긴다. 마부는 보조 손잡이를 이용하여 수레에 오르고 고삐를 잡은 뒤에 움직인다(步13)).

執君之乘車則坐.① 僕者右帶劍, 負良綏, 申之面, 拖諸幦.② 以散綏升, 執轡, 然後步.③

鄭注 ① '집執'은 고삐를 잡는다는 뜻으로 군주의 수레를 지키고 있음을 말한다. 군주가 수레에 타고 있지 않아, 수레가 가지 않음을 보여준다. '執', 執轡, 謂守之也. 君不在中坐, 示不行也.

② '면面'은 앞쪽이다. '멱幦'은 수레의 덮개이다. '양수良綏'는 군주가 사용하는 손잡이 줄이다. '그것을 등진다'는 것은 왼쪽 어깨로 위로부터 둘러 오른쪽 겨드랑이 아래로 보내 앞쪽의 덮개 위에서 펴는 것이다. '面', 前也. '幦', 覆笭也. '良綏', 君綏也. '負之', 由左肩上, 入右腋下, 申之於前覆笭上也.

③ '보步'는 간다는 뜻이다. '步', 行也.

集說 방씨方氏는 말한다. "'집執'은 고삐를 잡음을 말한다. 말을 몰 때는 반드시 서서 모는데, 이제 앉아 있는 것은 군주가 아직 수레에 타지 않아 수레가 아직 가지 않기 때문이다. 칼을 왼쪽에 차는 것은 오른쪽으로 뽑기가 쉽기 때문이다. 그러나 마부가 칼을 오른쪽에 차는 것은 군주가 왼쪽에 있어 군주에게 방해가 될 것을 염려해서이다. '좋은 손잡이 줄'(良綏)은 주 손잡이 줄(正綏)[14]로서 '좋은 수레'(良車)·'좋은 인재'(良材)라고 할 때의 '좋은'(良)의 의미다. '산수散綏'는 보조 손잡이 줄로서 '쓸모없는 재능'(散材)이라고 할 때의 '쓸모없는'(散)과 같은 의미다. 주 손잡이 줄은 군주가 잡고 보조 손잡이 줄은 마부가 잡는다. 마부는 수레 앞에 있고 군주는 뒤로 타므로 '좋은 손잡이를 등지고 있다'고 한 것이다. '앞쪽으로 늘어뜨린다'는 것은 손잡이 끝을 앞으로 드리운다는 말이다. '수레덮개 위쪽으로 끌어당긴다'는 것은 수레 덮개 위로 그것을 끌어당긴다는 말이다. '보조 손잡이를 이용하여 오른다'(以散綏升)는 것은 마부가 처음 탈 때를 다시 말한 것이다. '고삐를 잡은 뒤에 움직인다'(執轡, 然後步)는 것은 말이 내달리는 것을 방지하려는 것이다." ○ 이제 생각건대, '령笭'은 가름대(軾)이다. 方氏曰: "'執', 謂執轡也. 凡御必立, 今坐者, 君未升車, 而車未行也. 劍在左, 以便右抽. 僕則右帶者, 以君在左, 嫌妨君也. '良綏', 正綏也, 猶'良車'·'良材'之'良'. '散綏', 貳綏也, 猶'散材'之'散'. 正綏君所執, 貳綏則僕執之. 僕在車前, 而君自後升, 故曰'負良綏'. '申之面'者, 言垂綏之末於前也. '拖諸幦'者, 引之於車闌覆笭之上也. '以散綏升'者, 復言僕初升時也. '執轡, 然後步'者, 防馬之逸也." ○ 今按, '笭', 卽軾也.

**【소의 24】**

만나는 것은 요청하지만, 물러나오는 것은 요청하지 않는다. 조정에서 물러나올 때는 '물러난다'(退)라고 하고, 연회와 유흥의 경우는 '돌아간다'(歸)라고 하고, 군역軍役의 경우는 '벗는다'(罷)라고 한다.
請見不請退.① 朝廷曰'退',② 燕遊曰'歸',③ 師役曰'罷'.④

**鄭注** ① 가거나 머무르는 것을 감히 자기 생각대로 하지 않는 것이다. 去止不敢自由.

② 군주에 가까이 가는 것이 '나아감'(進)이 된다. 近君爲'進'.

③ 예가 가벼우므로, 집에 돌아가는 것에 주안점을 두는 것이다. 禮褻, 主於家也.

④ '피罷'라는 말은 지치고 힘들다는 뜻이다. 『춘추전』에 "군사가 돌아오는 것을 피疲(피로하다)라 한다"15)라고 하였다. '罷'之言, 罷勞也. 『春秋傳』曰: "師還曰疲."

**集說** 방씨方氏는 말한다. "그리우면 오고 싫증이 나면 가는 것이 사람의 상정이다. '만나는 것은 요청하지만, 물러나오는 것은 요청하지 않는다'는 것은 싫증이 나는 마음이 있다는 혐의를 사기 때문이다. 조정朝廷은 사람들이 나아가는 곳이므로 조정에서 돌아오는 것을 '물러난다'(退)라고 한다. 물러남은 나오는 것이 되기 때문이다. 연회나 유흥은 오래해서는 안 되므로 그곳에서 돌아오는 것을 '돌아간다'(歸)라고 한다. 돌아감에는 머무는 곳이 있기 때문이다. 군역軍役은 노고가 매우 심하므로 군역에서 돌아오는 것을 '벗는다'(罷)라고 하는데, 힘들기 때문이다." ○ 내가 생각건대, '피罷'는 응당 "그만두려고 해도 그럴 수 없다"16)고 할 때의 '그만둔다'(罷)의 뜻으로 읽어야 한다. 方氏曰: "跂慕則來, 厭斁則去, 人之情也. '請見不請退', 嫌有厭斁之心也. 朝廷, 人之所趨, 故於其還曰'退'. 退則爲出故也. 燕遊不可以久, 故於其還曰'歸'. 歸有所止故也. 師役勞苦爲甚, 故於其還曰'罷', 以其疲故也." ○ 愚按, '罷'當讀如"欲罷不能"之'罷'.

**【소의 25】**

군자君子를 모시고 앉았을 때, 군자가 기지개를 편다거나, 홀을 굴린다거나, 칼머리를 문지른다거나, 신발을 돌려 바로 놓는다거나, 시간이 얼마나 되었는지를 묻는다거나 하면, 아랫사람이 물러가겠다고 요청해도 괜찮다.

侍坐於君子, 君子欠伸, 運笏, 澤劍劍首, 還屨, 問日之蚤莫, 雖請退可也.

**鄭注** 이러한 행동들은 모두 풀어지고 권태로운 모습이기 때문이다. '신伸'은 자주 기지개를 편다는 뜻이다. '굴린다'(運)와 '문지른다'(澤)는 만지작거리는 것을 말한다. 쇠로 된 기물을 만지작거리면 쉽게 더러워지고 광택이 난다. 以此皆解倦之狀. '伸', 頻伸也. '運'·'澤', 謂玩弄也. 金器弄之, 易以汙澤.

**集說** '굴린다'(運)는 것은 돌려서 움직인다는 뜻이다. '문지르다'(澤)는 것은 만지작거려 광택이 나게 한다는 뜻이다. '신발을 돌려놓는다'(還屨)는 것은 돌려 바르게 한다는 것으로 신고 싶음을 보이는 것이다. 나머지는 「곡례」(83)에 보인다. '運', 轉動之也. '澤', 玩弄而生光澤也. '還屨', 謂轉而正之, 示欲著也. 餘見「曲禮」.

**【소의 26】**

군주를 섬기는 사람은 섬길 만한 군주인지를 헤아려 본 뒤에 들어가고, 들어간 뒤에 헤아리지 않는다. 무릇 다른 사람에게 요청하거나 물건을 빌리거나 또는 다른 사람을 위해 일에 종사할 경우에도, 마찬가지다. 그렇게 하기 때문에, 위에서는 원망함이 없고 아래에서는 형벌을 받는 것을 멀리하게 된다.

事君者量而后入, 不入而后量. 凡乞假於人, 爲人從事者亦然. 然, 故上無怨而下遠罪也.

**鄭注** '량量'은 그 일의 내용이 (자신이 수행하기에) 적합한지 여부를 헤아린다는 뜻이다. '量', 量其事意合成否.

**集說** 먼저 그 군주가 섬길 만한지를 헤아려 본 뒤에 섬기면, 도를 행할 수 있고 자신은 욕되지 않는다. 들어간 뒤에 헤아리면 경솔하게 나아갔다는 후회를 견디지 못하게 된다. 남에게 요청하거나, 물건을 빌리거나 또는 다른 사람의 일을 맡을 때에도, 반드시 해도 되는지 헤아려 본 뒤에 실행을 해야 한다. '위에서는 원망함이 없고 아래에서는 형벌을 받는 것을 멀리하게 된다'(上無怨, 下遠罪)는 것은 군주를 섬기는 사람을 위해서 한 말이다. ○ 마씨馬氏(마희맹馬晞孟)는 말한다. "옛사람 가운데는 신하의 도리를 잘하였던 이가 있다. 헤아린 뒤에 들어간 사람으로는 이윤과 주공만한 사람이 없고, 들어가서 헤아리는 것을 하지 않은 사람으로는 공자와 맹자만한 사람이 없다." 先度其君之可事而后事之, 則道可行而身不辱. 入而后量, 則有不勝其輕進之悔者矣. 或乞或假或任人之事, 亦必量其可而后行. '上無怨, 下遠罪', 爲事君者言之. ○ 馬氏曰: "古之人有能盡臣道. 量而后入者, 莫如伊周, 不入而后量者, 莫如孔·孟."

【소의 27】

남의 은밀한 곳을 엿보지 않고, 다른 사람과 버릇없이 친숙하게 지내지 않고, 옛 친구의 잘못을 말하지 않고, 표정을 경박하고 우습게 하지 않는다.

不窺密,① 不旁狎,② 不道舊故,③ 不戲色.④

**鄭注** ① 남의 사사로운 곳을 엿본다고 혐의하기 때문이다. '밀密'은 숨겨진 부분이다. 嫌伺人之私也. '密', 隱曲處也.

② 버릇없이 서로 익숙하게 지내면 끝내는 혹 다투게 된다. 妄相服習, 終或爭訟.

③ 알고 지내는 사람의 과실을 말하면, 친구를 잃는다. 공자는 "옛 친구를 버리지 않으면, 백성들이 배반하지 않는다"[17)]라고 하였다. 言知識之過失, 損友也. 孔子曰: "故舊不遺, 則民不偷."

④ 잠시 안색을 바꾸어 평상시와 다르게 행동하면, 사람이 오래 지속하지 못하여, 다른 사람의 공경을 잃는다. 暫變傾顔色爲非常, 則人不長, 失敬也.

**集說** 은밀한 곳을 엿보고 옛 친구의 잘못을 논하는 것은 중후한 사람이 할 바가 아니다. ○ 응씨應氏는 말한다. "다른 사람과 버릇없이 익숙하게 지내는(旁狎) 경우 반드시 대놓고 정면으로 희롱하고 친압하는 것이 아니어도, 친근하게 지내고 익숙한 것을 따르다가 친압하는 데로 빠진다. 표정을 경박하고 우습게 하는(戲色) 경우 반드시 웃음과 말로 드러나는 것은 아니지만 외모가 잠시 공경스럽지 않으면 모습이 곧 장중하지 않게 된다." 窺覘隱密之處, 論說故舊之非, 非重厚者所爲也. ○ 應氏曰: "旁狎, 非必正爲玩狎, 旁近循習, 而流於狎也. 戲色, 非必見諸笑言, 外貌斯須不敬, 則色不莊矣."

【소의 28】

신하가 된 사람은 간쟁하는 일은 있지만 비난하는 일은 없고, 떠나기는 해도 미워하지는 않고, 칭찬하지만 아첨하지 않고, 간쟁하여 받아들여져도 교만하지 않고, 일이 태만해지면 갱장更張하여 돕고, 일이 못쓰게 되면 쓸어버리고 개혁한다. 이것을 가리켜 사직을 위한다고 말한다.

爲人臣下者, 有諫而無訕, 有亡而無疾,① 頌而無讇, 諫而無驕,② 怠則張而相之,③ 廢則埽而更之.④ 謂之社稷之役.⑤

鄭注 ① '망亡'은 떠난다는 뜻이다. '질疾'은 미워한다는 말이다. '亡', 去也. '疾', 惡也.

② '칭찬한다'(頌)는 것은 "그 아름다운 점을 따라서 행하고, 그 나쁜 점을 바로잡아 멈추게 한다"[18]는 것을 뜻한다. '교만하다'(驕)는 자신의 지식을 믿고 자만함을 가리킨다. '頌', 謂"將順其美, 匡救其惡." '驕', 謂恃知而慢也.

③ '태怠'는 게으르다는 뜻이다. '상相'은 돕는다는 뜻이다. '怠', 墮也. '相', 助也.

④ '폐廢'는 정치와 교화가 무너지고 혼란하여 따를 수 없음을 뜻한다. '廢', 政教壞亂, 不可因也.

⑤ '역役'은 위한다는 뜻이다. '役', 爲也.

集說 소疏에서 말한다. "'간쟁하는 일은 있지만 비난하는 일은 없다'(諫而無驕)는 것은 군주가 자기의 간함을 따르더라도 자기의 말이 행해지고 책략이 받아들여진다는 것을 믿고 스스로 교만함을 가져서는 안 됨을 말한다." ○ 방씨方氏(방각方慤)는 말한다. "군주에게 잘못이 있으면 간쟁하여 그만두게 하면 된다. 군주를 비난하면 공손하지 않는 것이다. 간쟁해서 따르지

않으면 피하여 떠나면 된다. 군주를 미워하면, 지나치게 상처를 주는 것이다. '칭찬하지만 아첨하지 않으면' 칭찬한 것이 공정하게 되고, '간쟁하여 받아들여져도 교만하지 않으면' 간한 것이 올바르게 된다. 일이 해이해져 힘쓰지 않는 것이 '태만함'(怠)이고, 일이 폐해져 쓸모없는 것이 '못쓰게 됨'(廢)이다. 돕고 개혁하면 군주가 어찌 덕을 잃겠으며 국가에 어찌 못쓰게 되는 일이 생기겠는가? '이것을 가리켜 사직을 위한다고 말한다'(謂之社稷之役)는 것은 사직에 공로가 있기 때문이다." 疏曰: "'諫而無驕'者, 謂君若從己之諫, 己不得恃己言行謀用, 而生驕慢也." ○ 方氏曰: "君有過, 諫之使止, 可也. 訕之, 則不恭. 諫不從, 逃而去之, 可也. 疾之, 則太傷. '頌而無諂', 則所頌爲公, '諫而無驕', 則所諫爲正. 事弛而不力爲'怠', 事弊而無用爲'廢'. 相之更之, 則君豈有失德, 國豈有廢事哉? '謂之社稷之役', 以其有勞於社稷也."

**【소의 29】**

빨리 달려오지 말고, 빨리 달려가지 말라.

*毋拔來, 毋報往.*

**鄭注** '부報'는 '빠르게 달려간다'(赴疾)고 할 때의 '부赴'(달려간다)로 읽는다. '발拔'과 '부赴'는 모두 빠르다는 뜻이다. 사람이 왕래할 때 다니는 것은 미리 그리고 점진적으로 해야 하고 갑작스럽게 해서는 안 된다. '報', 讀爲'赴疾'之'赴'. '拔''赴', 皆疾也. 人來往所之, 當有宿漸, 不可卒也.

**集說** 주자는 말한다. "'달려온다'(拔)는 이쪽으로 급하게 달려온다는 것이고, '달려간다'(赴)는 저쪽으로 다시 급하게 돌아간다는 뜻으로, 오고 감에 단지 방향이 향하고 등지는 뜻일 뿐이다. 이 두 구절의 뜻은 '의義에 나아

가기를 뜨거운 듯이 하면 의義를 떠나는 것도 목마른 듯이 한다'는 말과 같은 뜻으로, 사람이 좋은 일을 보고 화급하게 기뻐하여 행하면, 이러한 사람은 오래 견디지 못하고 얼마 지나지 않아 마음이 게으르고 뜻이 산란해져서 속히 떠나게 됨을 말한다. 이것이 이른바 '나아감이 빠른 사람은 물러남도 빠르다'[19]는 것이다." 朱子曰: "'拔'是急走倒從這邊來, '赴'是又急再還倒向那邊去, 來往只是向背之意. 此兩句文義, 猶云'其就義若熱, 則其去義若渴', 言人見有箇好事, 火急歡喜去做, 這樣人不耐久, 少間心懶意闌, 則速去之矣. 所謂'其進銳者, 其退速也'."

**【소의 30】**

귀신을 모독하지 말고, 잘못된 언행을 답습하지 말며, 아직 이르지 않은 것에 대하여 억측하지 말라.

*毋瀆神,*① *毋循枉,*② *毋測未至.*③

**鄭注** ① '독瀆'은 자주하여 공경하지 않음을 말한다. '瀆', 謂數而不敬.

② 전날의 바르지 못한 일을 다시 준행하여 키우지 말아야 한다. 前日之不正, 不可復遵行以自伸.

③ '측測'은 생각으로 헤아린다는 뜻이다. '測', 意度也.

**集說** 귀신을 모독해서는 안 되고 반드시 공경하면서도 멀리해야 한다. 말과 행동이 지나쳐 잘못되면 고쳐서 올바름을 따라야 한다. 뒤에 다시 답습하는 것은 "허물을 두 번 되풀이하는 것"[20]이다. 군자는 성실함으로 자신을 처신하고 또한 성실함으로 남을 대하며 장차 그럴 것이라고 미리 억측하지 않는다. 이르지도 않았는데 억측을 한다면 맞더라도 또한 허위다. 神不可瀆, 必敬而遠之. 言行過而邪枉, 當改以從直. 後復循襲, 是'貳過'矣. 君子以誠自

處, 亦以誠待人, 不逆料其將然也. 未至而測之, 雖中亦僞.

【소의 31】

사士는 덕에 의거하고 육예를 즐긴다. 공인은 (측량 등의) 법도에 의거하고 변통의 도리를 논하는 것을 즐긴다.

士依於德, 游於藝.① 工依於法, 游於說.②

鄭注 ① '덕德'은 세 가지 덕으로 첫째는 지덕至德이고 둘째는 민덕敏德이며, 셋째는 효덕孝德이다. '예藝'는 육예六藝로, 첫째는 오례五禮이고, 둘째는 육악六樂이고, 셋째는 오사五射이고, 넷째는 오어五御이고, 다섯째는 육서六書이고, 여섯째는 구수九數이다.[21] '德', 三德也, 一曰至德, 二曰敏德, 三曰孝德. '藝', 六藝也, 一曰五禮, 二曰六樂, 三曰五射, 四曰五御, 五曰六書, 六日九數.

② '법法'은 그림쇠와 곱자의 척과 촌 등 길이 단위다. '설說'은 강약의 의미에 마땅함을 말한다. 『주례』「고공기」에 "얇고 두터운 정도에 따라 소리가 진동하는 것, 맑고 탁한 소리가 말미암아 나오는 것, 주둥이가 크고 작은 소리가 말미암아 나오는 것에 대해서는 논법(說)이 있다"라고 하였다. '설說'은 더러 '신伸'으로 되어 있다. '法', 謂規矩尺寸之數也. '說', 謂鴻殺之意所宜也. 「考工記」曰: "薄厚之所震動, 淸濁之所由出, 侈弇之所由興, 有說." '說'或爲'伸'.

集說 '의依'라는 것은 그것에 의거하여 상도를 삼는다는 뜻이다. '유游'는 들어가고 나감에 고정된 바가 없음을 뜻한다. 공인의 '법도'(法)는 그림쇠와 곱자의 길이 단위 제도이다. '설說'은 변통의 도리를 강론하는 것이다. '依'者, 據以爲常. '游', 則出入無定. 工之'法', 規矩尺寸之制也. '說', 則講論變通之道焉.

【소의 32】

의복과 좋은 기물을 헐뜯지 말아야 하고, 말할 때 자신의 입장에서 단정하지 말아야 한다.

*毋*訾衣服成器,① *毋*身質言語.②

鄭注 ① '자訾'는 사모한다는 뜻이다. '성成'은 좋다는 뜻과 같다. 이러한 것들을 사모하면 가난함을 싫어한다. '訾', 思也. '成', 猶善也. 思此, 則疾貧也. ② '질質'은 단정한다는 뜻이다. 의심스런 말을 들으면 의심스런 대로 전한다. 만일 단정해버리면, 혹 실수하는 것이 생긴다. '質', 成也. 聞疑則傳疑. 若成之, 或有所誤也.

集說 '자訾'는 좋지 못함을 헐뜯는 것이다. 「곡례상」(5)에 "의심스런 사안에 대해서는 단정하지 말아야 한다"라고 하였는데, 이곳의 '단정한다'(質)는 말과 뜻이 같다. 말을 할 때 의심이 가면 보류해두고 자신의 입장에서 단정해서는 안 됨을 뜻하는 것으로, 실수와 잘못이 생길까 염려해서이다. '訾', 毁其不善也. 「曲禮」"疑事, *毋*質", 與此'質'字義同. 謂言語之際, 疑則闕之, 不可自我質正, 恐有失誤也.

【소의 33】

말할 때의 아름다운 용모는 온화하고 정중함이요, 조정에서의 아름다운 용모는 단정하고 장중함이요, 제사에서의 아름다운 용모는 정숙하고 경건함이요, 수레와 말을 탈 때의 아름다운 용모는 세련

되고 씩씩함이요, 선창하고 화답할 때(鸞和[22])의 아름다운 용모는 공손하고 화순함이다.

言語之美, 穆穆皇皇, 朝廷之美, 濟濟翔翔, 祭祀之美, 齊齊皇皇, 車馬之美, 匪匪翼翼, 鸞和之美, 肅肅雍雍.

**鄭注** '비匪'는 "네 마리 숫말 달리고 달리네"[23]라고 할 때의 달린다(騑)의 뜻으로 읽는다. '제제황황齊齊皇皇'의 '황皇' 자는 돌아가다(歸往)의 왕往으로 읽는다. '미美' 자는 모두 '의儀' 자의 잘못이다. 『주례』에 "국자國子에게 여섯 가지 몸가짐을 가리키는데, 첫째는 제사祭祀 때의 용모이고, 둘째는 빈객賓客 사이의 용모이고, 셋째는 조정에서의 용모이고, 넷째는 상사喪事에서의 용모이고, 다섯째는 군대에서의 용모이고, 여섯째는 수레와 말을 탈 때의 용모이다"[24]라고 하였다. '匪', 讀如"四牡騑騑." '齊齊皇皇', 讀如歸往之往. '美', 皆當爲'儀'字之誤也. 『周禮』"敎國子六儀, 一曰祭祀之容, 二曰賓客之容, 三曰朝廷之容, 四曰喪紀之容, 五曰軍旅之容, 六曰車馬之容."

**集說** 방씨方氏(방각方慤)는 말한다. "'온화하다'(穆穆)는 공경하면서 화합하는 모양이다. '단아하다'(皇皇)는 바르면서 아름다운 모양이다. '가지런하다'(濟濟)는 나가고 들어옴이 가지런한 모양이다. '장중하다'(翔翔)는 수렴하고 펼치는 것이 아름다운 모양이다. '정숙하다'(齊齊)는 재계를 극진히 하여 잘 안정된 모양이다. '경건하다'(皇皇)는 구하면서 아직 얻지 못한 모양이다. '세련되다'(匪匪)는 행동에 문채가 있음을 말하고 '씩씩하다'(翼翼)는 수레에서 보필함이 있음을 말한다. '공손하다'(肅肅)는 선창하는 사람이 공경하는 것이고, '화순하다'(雍雍)는 화답하는 사람이 화합하는 것이다. 이것들이 바로 보씨保氏가 가르쳤던 여섯 가지 용모이다." 方氏曰: "'穆穆'者敬以和. '皇皇'者正而美. '濟濟'者出入之齊. '翔翔'者翕張之善. '齊齊', 致齊而能定也. '皇皇', 有求而不

得也. '匪匪', 言行而有文, '翼翼', 言載而有輔. '肅肅', 唱者之敬, '雍雍', 應者之和. 此卽保氏所敎六儀也."

**【소의 34】**

국군國君의 아들의 나이를 물었을 때, 성인이면 "사직에 관한 일에 종사할 수 있습니다"라고 대답하고, 미성년이면 "말을 몰 수 있습니다." 또는 "아직 말을 몰지 못합니다"라고 대답한다. 대부의 아들의 나이를 물었을 때, 성인이라면 "악인樂人의 일을 할 수 있습니다"라고 하고, 어리면 "악인의 가르침을 받을 수 있습니다." 또는 "아직 악인의 가르침을 받을 수 없습니다"라고 대답한다. 사士의 아들의 나이를 물었을 때, 성인이면 "밭을 갈 수 있습니다"라고 대답하고, 어리면 "나무를 할 수 있습니다." 또는 "아직 나무를 할 수 없습니다"라고 대답한다.

問國君之子長幼, 長則曰, "能從社稷之事矣", 幼則曰, "能御, 未能御."① 問大夫之子長幼, 長則曰, "能從樂人之事矣", 幼則曰, "能正於樂人, 未能正於樂人."② 問士之子長幼, 長則曰, "能耕矣", 幼則曰, "能負薪, 未能負薪."③

鄭注 ① '어御'는 말을 모는 일을 말한다. '御', 謂御事.

② '정正'은 악樂의 정사(樂政)이다. 『주례』「대사악大師樂」에 "음악의 덕(樂德)을 국자國子에게 가르치는데, 중中·화和·지祗·용庸·효孝·우友이다. 음악의 언어(樂語)를 국자들에게 가르치는데 흥도興道(일으키고 유도함)·풍송諷誦(암송하고 읊조리는 것)·언어言語(문답하는 것)이다. 음악의 춤(樂舞)으로 국자

들을 가르치는데 「운문雲門」·「대권大卷」·「대함大咸」·「대소大韶」·「대하大夏」·「대호大濩」·「대무大武」이다"라고 하였다. '正', 樂政也. 『周禮』「大司樂」"以樂德敎國子, 中·和·祗·庸·孝·友. 以樂語敎國子, 興道·諷誦·言語. 以樂舞敎國子, 舞「雲門」·「大卷」·「大咸」·「大韶」·「大夏」·「大濩」·「大武」."

③ 사士는 녹봉이 박하므로 자식은 농사를 생업으로 삼는다. 士祿薄, 子以農事爲業.

**集說** '사직社稷에 관한 일'이란 제사와 군사 등이 그것이다. '말몰이'는 육예六藝의 하나이다. 국군은 존귀하므로 사직을 가지고 말한 것이다. '악인樂人의 일'이란 『주례』의 '음악의 덕', '음악의 언어', '음악의 춤' 등으로 대사악大師樂이 국자들을 교육하던 내용이다. '정正'이란 선한지 아닌지를 바로잡는다는 뜻이다. 대부는 군주보다 지위가 낮으므로 자식을 교육하는 것으로 말하였다. 사士는 미천하므로 밭가는 일과 나무하는 일을 가지고 말하였다. 이것은 「곡례하」(74~76)에 기록된 것과 차이가 있는데, 아마도 기록한 사람의 글이 달랐기 때문일 것이다. '社稷之事', 如祭祀·軍旅之類皆是也. '御'者, 六藝之一. 國君尊, 故以社稷言. '樂人之事', 如『周禮』'樂德'·'樂語'·'樂舞'之類, 大司樂以敎國子者. '正'者, 正其善否. 大夫下於君, 故以敎子言. 士賤則以耕與負薪言. 此與「曲禮」所記不同, 蓋記者之辭異耳.

**【소의 35】**

옥을 잡고 있을 때와 귀책龜筴을 잡고 있을 때는 빠른 걸음으로 걷지 않는다. 당堂 위에서 그리고 성城 위에서도 빠른 걸음으로 걷지 않는다. 병거에 탔을 때는 식례式禮를 하지 않고 무장한 군사는 배례를 하지 않는다.

執玉執龜筴不趨. 堂上不趨, 城上不趨.① 武車不式, 介者不拜.②

鄭注 ① 귀중한 기물을 들었을 때, 존귀한 것과 가까이 있을 때, 좁은 곳에서는 공경하는 자세를 취하지 않는다. 걸을 때 보폭을 크게 벌려 걷는 것을 추趨라고 한다. 於重器, 於近尊, 於迫狹, 無容也. 步張足曰趨.

② 병거兵車에 탔을 때는 용모나 예로 남에게 낮추지 않는다. 군중軍中에서 배례를 할 때는 숙배肅拜를 한다. 兵車不以容禮下人也. 軍中之拜肅拜.

集說 「곡례상」(62)에 설명이 보인다. 說見「曲禮」.

**【소의 36】**

부인은 길사에 군주의 하사품을 받을 때에도 숙배肅拜를 하고, 시尸가 되어 앉으면 수배手拜를 하지 않고 숙배를 하고, 상주가 되면 수배를 하지 않는다.

婦人, 吉事, 雖有君賜, 肅拜, 爲尸坐, 則不手拜, 肅拜, 爲喪主, 則不手拜.

鄭注 '숙배肅拜'는 머리를 숙이는 것으로 배례하는 것이다. '수배手拜'는 손이 지면에 닿는 것이다. 부인은 숙배肅拜가 정식의 배례이고 흉사에만 수배를 한다. '시尸가 되었다'(爲尸)는 것은 조고祖姑(시할머니)의 시尸가 되었다는 것이다. 『의례』「사우례士虞禮」에 "남자의 경우에는 남자 시尸를, 여자의 경우에는 여자 시尸를 쓴다"라고 하였다. '상주가 되면 수배를 하지 않는

다'(爲喪主, 不手拜)는 것은 남편과 장자를 위한 상喪에서는 이마가 지면에 닿게(稽顙) 배례해야 하기 때문이다. 그 나머지 경우는 수배手拜를 한다. '수雖'는 더러 '유唯'로 되어 있다. 어떤 이는 "상喪에 주인이 되었다면 수배手拜를 하지 않고 숙배肅拜를 한다"라고 말한다. '肅拜', 拜低頭也. '手拜', 手至地也. 婦人以肅拜爲正, 凶事乃手拜耳. '爲尸', 爲祖姑之尸也. 「士虞禮」曰: "男, 男尸, 女, 女尸." '爲喪主, 不手拜'者, 爲夫與長子, 當稽顙也. 其餘亦手拜而已. '雖'或爲'唯'. 或曰: "喪爲主, 則不手拜, 肅拜也."

**集說** '숙배肅拜'는 지금 부인들이 하는 배례와 같다. 『춘추좌씨전』에 "사자에게 세 번 숙배를 하였다"25)는 것 또한 이 배례이다. '수배手拜'는 손을 땅에 대고 머리를 손 위에 두는 것으로 지금 남자들이 하는 배례와 같다. 부인은 숙배가 정식의 배례이므로 군주가 하사하는 중요한 경우에도 숙배를 하고 받는다. '시尸가 된다'(爲尸)는 것은 우제虞祭 때 조고祖姑(시할머니)의 시尸가 된다는 것이다. '상주가 된다'(爲喪主)는 것은 남편과 장자의 상을 가리킨다. 상주가 되면 이마가 지면에 닿게(稽顙) 배례하므로 수배를 하지 않는다. 상喪을 당해도 주인이 아니면 부인은 수배를 한다. 어떤 이는 "상주가 되어 수배를 하지 않으면 또한 숙배하는 것이다"라고 한다. '肅拜', 如今婦人拜也. 『左傳』"三肅使者", 亦此拜. '手拜', 則手至地而頭在手上, 如今男子拜也. 婦人以肅拜爲正, 故雖君賜之重, 亦肅拜而受. '爲尸', 虞祭爲祖姑之尸也. '爲喪主', 夫與長子之喪也. 爲喪主, 則稽顙, 故不手拜. 若有喪而不爲主, 則手拜矣. 或曰: "爲喪主, 不手拜, 則亦肅拜也."

**【소의 37】**

(졸곡 뒤에) 부인은 머리의 마질麻絰을 갈질葛絰로 바꾸고 허리의

마대麻帶는 그대로 둔다.

葛絰而麻帶.

鄭注 우제와 졸곡을 마친 경우를 말한다. '대帶'(허리띠)는 자신을 졸라매기 위한 것이다. 부인은 질박함을 숭상하여 변화를 적게 한다. 상례 때 착용하는 대의 경우 벗기는 해도 바꾸지는 않는다. 謂既虞·卒哭也. '帶', 所以自結束也. 婦人質, 少變. 於喪之帶, 有除而無變.

集說 부인이 상사喪事를 만나 졸곡卒哭을 한 뒤에는 머리에 했던 마질麻絰을 갈질葛絰로 바꾸지만 허리에 찬 마질麻絰은 바꾸지 않는다. 그러므로 '머리의 마질麻絰을 갈질葛絰로 바꾸고 허리의 마대麻帶는 그대로 둔다'고 한 것이다. 婦人遭喪, 卒哭後以葛絰易首之麻絰, 而要之麻絰不變. 故云'葛絰而麻帶也'.

【소의 38】

조俎에서 고기를 덜어 올 때나 고기를 올릴 때는 무릎을 꿇지 않는다.

取俎·進俎不坐.

鄭注 다리가 있기 때문이니, 또한 1척尺 이상의 손잡이가 있는 기물이다. 以其有足, 亦柄尺之類.

集說 '조俎에서 취한다'(取俎)는 것은 조 위에서 고기를 취한다는 말이다. '조에 나아간다'(進俎)는 것은 고기를 조에 올린다는 뜻이다. 조에는 다리가 있어 서서 취하거나 올리는 것이 편리하므로 무릎을 꿇지 않는다. '取俎', 就俎上取肉也. '進俎', 進肉於俎也. 俎有足, 立而取進爲便, 故不跪.

【소의 39】

빈 그릇을 잡을 때도 가득 찬 것을 잡듯이 하고, 아무도 없는 곳에 들어갈 때도 사람이 있는 것처럼 한다.

執虛如執盈, 入虛如有人.

鄭注 거듭 조심하는 것이다. 重愼.

集說 모두 공경하는 마음을 두는 것이다. 皆敬心之所寓.

【소의 40】

모든 계층의 제사에서, 방 안이거나 당 위거나 신발을 벗지 않는다. 연례宴禮[26]의 경우에는 신발을 벗는 일이 있다.

凡祭, 於室中·堂上無跣, 燕則有之.

鄭注 제사에서 신발을 벗지 않는 것은 공경을 위주로 하기 때문이다. 연례燕禮의 경우 신발을 벗는 것은 즐거움을 위하기 때문이다. 천자와 제후의 제사에는 당에 시尸를 앉히는 예가 있다. 제사의 경우 존귀한 대상은 방에 있고, 연례의 경우 존귀한 대상은 당에 있다. 연례를 할 즈음에 당을 내려가 신발을 벗고 이어서 당에 오른다. 祭不跣者, 主敬也. 燕則有跣, 爲歡也. 天子諸侯祭, 有坐尸於堂之禮. 祭所尊在室, 燕所尊在堂. 將燕, 降說屨, 乃升堂.

集說 '범제凡祭'라는 것은 군신 상하의 제사를 함께 말하는 것이다. '선跣'은 신발을 벗는 것이다. 제례는 경을 위주로 한다. 제사를 방 안에서 지낼

경우에는 방 안에서만 신발을 벗지 않는 것이 아니라 당 위에서도 신발을 벗지 않는다. '연례의 경우에는 신발을 벗는 일이 있다'(燕則有之)는 것은 연례를 행할 때는 당 위에서 신발을 벗을 수 있다는 말이다. 또 살펴보건대, 하대부下大夫와 사士는 음염陰厭과 양염陽厭[27] 및 연시燕尸를 모두 방 안에서 하고, 상대부는 음염陰厭과 제사를 방 안에서 하지만 빈시擯尸[28]는 당에서 한다. '凡祭', 通言君臣上下之祭也. '跣', 脫屨也. 祭禮主敬, 凡祭在室中者, 非惟室中不脫屨, 堂上亦不敢脫屨. '燕則有之'者, 謂行燕禮則堂上可跣也. 又按, 下大夫及士, 陰陽二厭及燕尸, 皆於室中, 上大夫陰厭及祭在室, 若擯尸則于堂.

**【소의 41】**

천신薦新의 예를 행하기 전에는 새로 수확한 것들을 먹지 않는다.
未嘗不食新.

**鄭注** '상嘗'은 새로 수확한 것들을 침묘寢廟에 올리는 것을 말한다. '嘗'謂薦新物於寢廟.

**集說** '상嘗'은 새로 수확한 것들을 침묘寢廟[29]에 올리는 것을 말한다. 올리기 전에는 자손이 차마 먼저 먹지 않는다. 일설에는 "상嘗은 가을제사이다"라고 한다. '嘗'者薦新物於寢廟也. 未薦則孝子不忍先食. 一云: "嘗, 秋祭也."

**【소의 42】**

군자의 말을 몰 때는, 군자가 타거나 내릴 때 손잡이 줄을 건네주고, 처음 탔을 때 식례式禮를 행한다. 군자가 수레에서 내려 걸어간 뒤에 수레로 돌아와 서서 대기한다. 이거貳車에 탈 때는 식례를 하고, 좌거佐車에 탈 때는 식례를 하지 않는다.

僕於君子, 君子升下則授綏, 始乘則式. 君子下行, 然後還立.①
乘貳車則式, 佐車則否.②

**鄭注** ① 수레로 돌아와 그가 떠나기를 기다린다. 還車而立, 以俟其去.
② '이거貳車'와 '좌거佐車'는 모두 호종扈從하는 수레이다. 조회와 제사 때에 호종하는 수레를 '이貳'라고 하고 전투와 수렵에 호종하는 수레를 '좌佐'라 한다. 노나라 장공이 건에서 패배하였을 때 공이 융로戎路(전투용 수레)를 잃자 수레를 바꾸어 타고 돌아왔다.30) '貳車'·'佐車', 皆副車也. 朝祀之副曰'貳', 戎獵之副曰'佐'. 魯莊公敗于乾時, 公喪戎路, 傳乘而歸.

**集說** 군자가 수레에 오르거나 내릴 때 말을 모는 사람은 그에게 손잡이 줄을 준다. 처음 탔을 때 군자가 아직 이르지 않았다면 식례式禮를 행하고 군자가 타기를 기다린다. 말을 모는 예는 탈 때는 군자보다 먼저 타고 내릴 때는 군자보다 뒤에 내리므로 군자가 수레에서 내려 걸어가면 마부도 내려 올 수 있고 다시 수레로 돌아가 서서 군자가 떠나기를 기다린다. '이거貳車'는 조회와 제사 때 호종하는 수레이다. '좌거佐車'는 전투와 수렵 때 호종하는 수레이다. 조회와 제사는 공경함을 숭상하므로 식례를 행하고, 전투와 수렵은 무위武威를 높이므로 식례를 하지 않는다. 君子或升或下, 僕者皆授之綏. 始乘之時, 君子猶未至, 則式以待君子之升. 凡僕之禮, 升在君子之先, 下在君子之後, 故君子下車而步, 僕者乃得下而還車以立, 以待君子之去也. '貳車', 朝祀之副車也. '佐車', 戎獵之副車也. 朝祀尙敬, 故式, 戎獵尙武, 故不式.

**【소의 43】**

이거貳車는, 제후는 7승乘이고, 상대부는 5승이며, 하대부는 3승이다. 이거를 가진 사람들에 대해서는 타고 있는 말과 수레를 품평하지 않는다. 군자의 의복과 차고 있는 칼 그리고 타고 있는 말을 구경해도 가격이 어느 정도인지를 품평하지 않는다.

貳車者, 諸侯七乘, 上大夫五乘, 下大夫三乘.① 有貳車者之乘馬·服車不齒.② 觀君子之衣服·服劍·乘馬弗賈.③

**鄭注** ① 이것은 모두 은나라의 제도이다. 『주례』에 "이거貳車는 공은 9승乘, 후백은 7승, 자남은 5승, 경대부는 각각 작명의 수(命數)와 동일하게 한다"[31] 고 하였다. 此蓋殷制也. 『周禮』"貳車公九乘, 侯伯七乘, 子男五乘, 卿大夫各如其命之數."

② 작위가 있는 사람의 물건을 높이는 것은, 공경함을 확대하는 것이다. '복거服車'는 타고 있는 수레이다. 수레는 새것과 헌것이 있다. 尊有爵者之物, 廣敬也. '服車', 所乘車也. 車有新舊.

③ 윗사람의 물건을 품평하는 것은 공경하는 태도가 아니다. 平尊者之物, 非敬也.

**集說** 『주례』「대행인大行人」에 "이거貳車는, 공은 9승, 후백은 7승, 자남은 5승이다"라고 하였다. 또 『주례』「전명典命」에 "경은 6명命이고, 대부는 4명命인데, 수레와 의복은 각각 명수命數와 동일하다"라고 하였다. 이 경문과 차이가 있는 것은 혹 『주례』는 완성되고 시행되지 않았기 때문이거나 혹은 (이 경문의 내용이) 다른 시대의 제도이기 때문이다. '복거服車'는 타고 있는 수레이다. 말은 늙은 것과 어린 것이 있고 수레는 새것과 헌것이 있는데, 모두 그 연한을 견주어 비교하지 않는다. '복검服劍'은 차고 있는 칼이다. '불가弗賈'는 어느 정도 가격에 해당하는지 품평해서는 안 된다는 뜻이

다. 「곡례상」(227)에 "군주의 말에 대하여 나이를 헤아리면 처벌한다"고 하였는데, 이는 모두 귀한 이를 귀하게 대하는 도리로서 공경함을 확대하는 것이다. 『周禮』"貳車, 公九乘, 侯伯七乘, 子男五乘." 又「典命」云: "卿六命, 大夫四命, 車服各如命數." 與此不同者, 或『周禮』成而未行, 亦或異代之制也. '服車', 所乘之車也. 馬有老少, 車有新舊, 皆不可齒次其年歲. '服劍', 所佩之劍也. '弗賈', 不可評論其所直多少之價. 「曲禮」云: "齒路馬有誅", 此皆貴貴之道, 以廣敬也.

【소의 44】

네 항아리의 술, 1속의 육포, 그리고 개 한 마리를 아랫사람에게 하사하거나 윗사람에게 바칠 때, 술 항아리는 진설하고 육포는 들고 명령을 전하는데, "네 항아리의 술, 1속의 육포, 개 한 마리다"라고 말한다.

其以乘壺酒・束脩・一犬, 賜人若獻人, 則陳酒執脩以將命, 亦曰"乘壺酒・束脩・一犬."

**鄭注** 무거운 것을 진설하고, 가벼운 것을 든 것은 편리하기 때문이다. '승호乘壺'는 네 항아리다. '주酒'는 청주와 탁주를 가리킨다. '개를 진설한다'고 말하지 않은 것은 더러 속수束脩(1속의 육포)가 없는 경우에 개를 끌고가 명령을 전달하는 것이다. 아랫사람에게는 '하사한다'(賜)고 말하고, 윗사람에게는 '바친다'(獻)라고 한다. 陳重者, 執輕者, 便也. '乘壺', 四壺也. '酒', 謂淸也糟也. 不言'陳犬', 或無脩者, 牽犬以致命也. 於卑者曰'賜', 於尊者曰'獻'.

**集說** '승호乘壺'는 네 항아리다. '속수束脩'는 열 묶음(1속)의 육포이다. 아랫사람에게는 '하사한다'(賜)고 말하고, 윗사람에게는 '바친다'(獻)라고 한다.

'乘壺', 四壺也. '束脩', 十脡脯也. 卑者曰'賜', 尊者曰'獻'.

【소의 45】

정鼎에 쓸 고기를 선사할 때에는 고기를 들고서 명령을 전달한다.

其以鼎肉, 則執以將命.

**鄭注** '정육鼎肉'은 희생을 해체하여 정鼎에 올릴 수 있게 한 것을 말한다. '鼎肉', 謂牲體已解, 可升於鼎.

**集說** '정육鼎肉'은 고기를 이미 해체하고 갈라서 정鼎에 올릴 수 있게 한 것이다. 그러므로 들 수 있다. '鼎肉', 謂肉之已解剔而可升鼎者. 故可執也.

【소의 46】

새의 경우 한 쌍 보다 많을 때는 한 쌍만을 들고 명령을 전하고 나머지는 문밖에 진설해둔다.

其禽加於一雙, 則執一雙以將命, 委其餘.

**鄭注** '가加'는 많다는 뜻과 같다. '加', 猶多也.

**集說** '한 쌍보다 많다'(加於一雙)는 것은 한 쌍에 그치지 않는다는 것이다. '나머지는 놓는다'(委其餘)는 것은 문 밖에 진설해둔다는 것이다. '加於一雙', 不止一雙也. '委其餘', 陳列于門外也.

**【소의 47】**

개를 선사할 때에는 줄을 잡고 선사한다. 집을 지키는 개(守犬)와 사냥용 개(田犬)는 빈자擯者(주인 측의 전달자)에게 건네준다. 빈자는 받은 뒤에 개의 이름을 묻는다.

犬則執緤. 守犬·田犬則授擯者. 旣受, 乃問犬名.

**集說** '설緤'은 개를 끄는 줄이다. 개에는 세 종류가 있다. 집을 지키는 것을 '수견守犬'이라 하고, 사냥에 사용하는 것을 '전견田犬'이라 하며, 부엌에서 요리하는 용도에 채우는 것을 '식견食犬'이라 한다. '緤', 牽犬繩也. 犬有三種. 守禦宅舍曰'守犬', 田獵所用曰'田犬', 充庖廚所烹曰'食犬'.

**【소의 48】**

소는 고삐를 잡고 말은 말고삐를 잡는데, 모두 오른손으로 한다.

牛則執紖, 馬則執靮, 皆右之.

**鄭注** '설緤'·'인紖'·'적靮'은 모두 매서 제압하기 위한 것이다. 집을 지키는 개(守犬)와 사냥용 개(田犬)의 이름을 묻는 것은 기르는 자가 응당 불렀을 이름으로, '한로'·'송작' 같은 부류를 말한다. '오른손으로 한다'(右之)는 것은 잡을 때는 편리함을 따라야 하기 때문이다. '緤'·'紖'·'靮', 皆所以繫制之者. 守犬·田犬問名, 畜養者當呼之名, 謂若'韓盧''宋鵲'之屬. '右之'者, 執之宜由便也.

**集說** '인紖'·'적靮'은 모두 잡아서 끄는 것이다. '오른손으로 한다'(右之)는 오른손으로 끈다는 것으로 편리함을 따른 것이다. '紖'·'靮', 皆執之以牽者.

'右之'者, 以右手牽, 由便也.

【소의 49】

평민 포로를 선사할 때 왼손으로 잡고 선사한다.

臣則左之.

鄭注 다른 것들과 달리하는 것이다. '신臣'은 포로를 말한다. 異於衆物. '臣', 謂囚俘.

集說 '신臣'은 정벌에서 포획한 평민 포로이다. 「곡례상曲禮上」(139)에 "평민 포로를 바칠 때는 오른손 소매를 잡고 바친다"라고 하였다. '왼손으로 한다'는 것은 왼손으로 오른손 소매를 잡아 오른손으로 비상 상황에 대비할 수 있게 하는 것이다. '臣', 征伐所獲民虜也. 「曲禮」云: "獻民虜者操右袂." '左之', 以左手操其右袂, 而右手得以制其非常也.

【소의 50】

수레를 선사할 때에는 손잡이 줄을 풀어서 잡고 명령을 전달한다. 갑옷을 선사할 때에는 만일 그것보다 먼저 바칠 것이 있으면, 그 물건을 들고 가서 명령을 전달하지만, 먼저 바칠 것이 없으면 전대를 열어 갑옷을 꺼내놓고 투구를 바친다.

車則說綏, 執以將命. 甲若有以前之, 則執以將命, 無以前之, 則袒櫜奉胄.

鄭注 '갑甲'은 갑옷이다. '그것보다 먼저 바칠 것이 있다'(有以前之)는 것은 다른 폐백을 말한다. '고櫜'는 갑옷을 싸는 주머니다. '주胄'는 투구이다. 갑옷을 벗고 투구를 벗은 뒤 명령을 전달한다. '甲', 鎧也. '有以前之', 謂他摯幣也. '櫜', 弢鎧衣也. '胄', 兜鍪也. 袒其衣, 出兜鍪以致命.

集說 '앞서 한다'는 것은 다른 것을 먼저 선사한다는 말이다. 옛사람이 물건을 바칠 때는 반드시 먼저 올리는 것이 있다. 예를 들면 『좌전』에서 "네 장의 소가죽을 먼저 바치고, 소 12마리를 바쳤다"[32)]라고 한 사례가 그것이다. '단袒'은 열다의 뜻이다. '고櫜'는 갑옷을 싸는 전대이다. '주胄'는 투구이다. 이것은 전대를 열고 갑옷을 꺼내놓고 투구를 들어 바치면서 명령을 전달함을 말한다. '前之', 謂以他物先之也. 古人獻物, 必有先之者. 如『左傳』所云, "乘韋先, 牛十二之類", 是也. '袒', 開也. '櫜', 弢甲之衣也. '胄', 兜鍪也. 謂開櫜出甲而奉胄, 以將命也.

**【소의 51】**

그릇을 선사할 때는 뚜껑을 잡고, 활을 선사할 때는 왼손으로 활집을 접어 줌통과 함께 잡는다.

器則執蓋,① 弓則以左手屈韣執拊.②

鄭注 ① 안과 밖이 있음을 말한다. 謂有表裏.

② '독韣'은 활집이다. 왼손으로 활집을 접어 줌통에 모아 함께 잡고 오른손으로 활고자를 잡는다. '韣', 弓衣也. 左手屈衣, 并於拊執之, 而右手執簫.

**集說** '뚜껑을 잡는다'(執蓋)는 것은 뚜껑은 가벼워 잡기 편리하기 때문이다. '독韣'은 활집이다. '부拊'는 줌통(활 가운데 손으로 잡는 부분)이다. 왼손으로 활집을 접어 줌통에 함께 모아 잡고, 오른손으로 활고자를 잡고 명령을 전달한다. 「곡례상」(143)에 "오른손으로 활고자(簫)를 잡고 왼손으로 줌통(弣)[33]을 받든다"라고 한 말이 그것이다. '執蓋', 蓋輕便於執也. '韣', 弓衣. '拊', 弓把. 左手屈弓衣, 幷於把而執之, 而右手執簫, 以將命. 「曲禮」云: "右手執簫, 左手承弣", 是也.

**【소의 52】**

칼을 선사할 때는 상자를 열고 뚜껑을 (바닥이 위를 보게 상자 아래에 받쳐) 겹쳐놓고 검의劍衣와 칼을 올려놓는다.

劍則啓櫝, 蓋襲之, 加夫襓與劍焉.

**鄭注** '독櫝'은 칼을 넣는 상자이다. '습襲'은 (바닥이) 위를 보게 합친다는 뜻이다. '부요夫襓'는 검의劍衣(검을 넣어두는 것)이다. 검의 위에 칼을 올려놓는 것이다. '부夫'는 '번煩'으로 되어 있기도 하는데, 모두 발어사이다. '櫝', 謂劍函也. '襲', 卻合之. '夫襓', 劍衣也. 加劍於衣上. '夫', 或爲'煩', 皆發聲.

**集說** '계啓'는 연다는 뜻이다. '독櫝'은 칼을 담는 상자이다. '뚜껑'(蓋)은 상자의 뚜껑이다. '습襲'은 (바닥이) 위를 보게 합친다는 뜻이다. '부요夫襓'는 검의劍衣이다. 상자를 열고 그 뚜껑을 상자의 아랫부분에 바닥이 위를 보게 합해놓은(卻合[34]) 뒤에 검의를 상자 속에 깔고 칼을 검의 위에 놓는다. '啓', 開也. '櫝', 劍匣也. '蓋'者, 匣之蓋也. '襲', 卻合也. '夫襓', 劍衣也. 開匣以其蓋卻合於匣之底下, 乃加襓於匣中, 而以劍置襓上也.

**【소의 53】**

홀笏 · 책 · 육포 · 포저苞苴(생선과 고기) · 활 · 요 · 방석 · 베개 · 궤几 · 경침警枕 · 지팡이 · 금琴 · 슬瑟 · 날이 있는 창을 상자에 넣은 것 · 점대 · 피리 등을 잡을 때는 모두 왼손으로 위쪽을 잡고 오른손으로 아래쪽을 받친다. 칼은 칼날을 위쪽으로 향하게 하여 칼고리를 잡을 수 있게 준다. 곡도曲刀의 경우에는 자루(손잡이 부분)를 잡을 수 있게 준다. 칼날이 있는 것을 다른 사람에게 줄 때는 칼날이 상대를 정면으로 향하지 않게 한다.

笏 · 書 · 脩 · 苞苴 · 弓 · 茵 · 席 · 枕 · 几 · 熲[35] · 杖 · 琴 · 瑟 · 戈有刃者櫝 · 筴 · 籥, 其執之, 皆尙左手.① 刀, 卻刃授穎. 削授拊.② 凡有刺刃者, 以授人則辟刃.③

**鄭注** ① '포저苞苴'는 갈대를 엮어 생선과 고기를 싸는 것을 말한다. '균菌'은 깔개이다. '경熲'은 경침警枕이다. '협筴'은 시초(蓍 점대)이다. '약籥'은 피리와 같은 모양으로 구멍이 3개이다. 모두 16개의 물건이다. 왼손으로 윗부분을 잡는데, 이는 양陽을 높이는 것이다. 오른손으로 아랫부분을 받치는데 음을 낮추는 것이다. '苞苴', 謂編束萑葦以裹魚肉也. '茵', 著蓐也. '熲', 警枕也. '筴'[36], 蓍也. '籥', 如笛, 三孔. 皆十六物也. 左手執上, 上陽也. 右手執下, 下陰也.

② 사용할 때의 경우와 달리하는 것이다. '영穎'은 칼고리다. '부拊'는 자루(손잡이 부분)이다. 辟用時. '穎', 鐶也. '拊', 謂把.

③ '칼날을 피한다'(辟刃)는 것은 정면으로 사람을 향하지 않도록 한다는 뜻이다. '辟刃', 不以正鄕人也.

**集說** 홀笏 · 책 · 육포 · 포저苞苴(생선과 고기)[37] 등은 밑에 자리를 깔고 싼

다. 생선과 고기만 아니라 다른 물건도 그렇게 포장해서 다른 사람에게 보낼 수 있다. 활·깔개·자리·베개·궤几·경침警枕[38]·지팡이·금琴·슬瑟·날이 있는 창 등은 집에 넣어서 보낸다. '협筴'은 시초(蓍 점대)이다. '약籥'은 피리와 같은 모양이나 구멍이 3개이다. 전체 16가지의 물건은 왼손으로 윗부분을 잡고 오른손으로 아랫부분을 받치는데 음양의 의리에 따른 것이다. '영穎'은 칼고리다. '삭削'은 곡도曲刀이다. '부拊'는 자루(손잡이 부분)이다. '피辟'는 치우치다의 뜻으로 칼날이 정면으로 사람을 향하지 않게 함을 말한다. 笏也·書也·脯脩也·苞苴也, 苴藉而苞裹之. 非特魚肉, 他物亦可苞苴以遺人也. 弓也·茵褥也·席也·枕也·几也·穎警枕也·杖也·琴也·瑟也·戈有刃者, 櫝而致之也. '筴', 蓍也. '籥', 如笛而三孔也. 凡十六物, 左手執上, 右手捧下, 陰陽之義也. '穎', 刀鐶也. '削', 曲刀也. '拊', 刀把也. '辟', 偏也, 謂不以刃正向人也.

**【소의 54】**

병거兵車를 타고 출정할 때는 칼날이 전방을 향하도록 하고 개선할 때는 칼날이 후방을 향하도록 한다. 장수는 왼쪽을 높이고 군졸은 오른쪽을 높인다.

乘兵車, 出先刃, 入後刃.① 軍尙左,② 卒尙右.③

**鄭注** ① 칼날이 자기 나라를 향하지 않게 하는 것이다. 不以刃鄕國也. ② 왼쪽은 양이고, 양은 생生(살리는 것)을 주관한다. 장군에게는 묘승廟勝[39]의 계책이 있다. 좌장군左將軍을 우장군보다 높이는데 패망하지 않음을 귀하게 여기기 때문이다. 左, 陽也, 陽主生. 將軍有廟勝之策. 左將軍爲上, 貴不敗績. ③ 오른쪽은 음이고, 음은 살殺(죽이는 것)을 주관한다. 병졸들의 행렬은 오

른쪽을 높이는데 죽음을 각오하고 싸울 뜻이 있음을 보이는 것이다. 右, 陰也, 陰主殺. 卒之行伍, 以右爲上, 示有死志.

**集說** '칼날을 앞세운다'(先刃)는 것은 칼날이 전방을 향하게 한다는 것이다. '개선할 때는 칼날이 후방을 향하도록 한다'(入後刃)는 것은 칼날이 자기 나라를 향하지 않게 한다는 것이다. '왼쪽'(左)은 양이고 생도生道이다. '오른쪽'(右)은 음이고 사도死道이다. 좌장군이 높은 지위가 되고 그의 행렬이 모두 왼쪽을 높이는 것은 패배하지 않기를 바라는 것이다. 군졸들의 행렬은 오른쪽을 높이는데, 이는 반드시 죽기를 각오하고 싸우겠다는 의지가 있음을 보이려는 것이다. '先刃', 刃向前也. '入後刃', 不以刃向國也. '左', 陽, 生道也. '右', 陰, 死道也. 左將軍爲尊, 其行伍皆尊尙左方, 欲其無覆敗也. 士卒之行伍尊尙右方, 示有必死之志也.

**【소의 55】**

빈賓을 접대할 때는 공손함을 위주로 하고, 제사를 올릴 때는 공경함을 위주로 하고, 상례의 일을 처리할 때는 슬픔을 위주로 하며, 회동을 할 때는 말을 분명하고 크게 하는 것을 위주로 한다. 군사를 움직일 때는 요새지를 생각하고, 아군의 상황은 숨기면서 적의 동태를 헤아린다.

賓客主恭, 祭祀主敬, 喪事主哀, 會同主詡.① 軍旅思險, 隱情以虞.②

**鄭注** ① 공손함이 외모에 나타나 있고 공경함이 또 마음에 있다. '후詡'는 민첩하면서 용기가 있음을 말하는데, 제나라의 국좌國佐[40]와 같은 경우이

다. 恭在貌也, 而敬又在心. '詡', 謂敏而有勇, 若齊國佐.

② '험險'은 험준하다는 뜻으로 기습과 매복을 할 수 있는 곳이다. '은隱'은 헤아리다, 생각하다의 뜻이다. '우虞'는 헤아린다는 뜻이다. 자기 상황에서 할 수 있는 것들을 생각하여 상대가 어떻게 할지를 헤아려야 한다는 것이다. '險', 阻, 出奇覆謏之處也. '隱', 意也, 思也. '虞', 度也. 當思念己情之所能, 以度彼之將然否.

**集說** 공손함은 몸가짐으로 말한 것이고 공경함은 마음으로 말한 것이다. '후詡'는 말하는 기운이 분명하고 성대한 모양이다. 전편에서 "덕이 발양하여 만물에 두루 미치니"41)라고 한 것이 의미상 서로 근사한다. 군대가 주둔하고 경유하는 곳에서는 반드시 험난한 요새지에서 방어할 것을 생각해야 하고, 또한 자신의 상황을 숨기면서 적의 실정과 책략을 헤아려야 한다. 恭, 以容言, 敬, 以心言. '詡'者, 辭氣明盛之貌. 前篇"德發揚, 詡萬物", 義亦相近. 軍行舍止經由之處, 必思爲險阻之防, 又當隱密己情, 以虞度彼之情計也.

**【소의 56】**

사적인 자리에서 군자를 모시고 식사를 할 때는 음식을 먼저 맛보고, 군자가 식사를 먼저 마친 뒤에 자신도 마친다. 손에 남은 밥을 먹던 그릇에 다시 놓지 말며, 한꺼번에 길게 마시지 말아야 하며, 조금씩 밥을 먹고 빨리 목에 넘긴다. 자주 씹고, 입에 (많은 양을 넣어) 오물거리는 모양을 해서는 안 된다. 빈賓은 스스로 식기를 손수 치우는데, 주인이 사양하면 그만둔다.

燕侍食於君子, 則先飯而後已.① 毋放飯, 毋流歠, 小飯而亟之.②

數嚌, 毋爲口容.③ 客自徹, 辭焉則止.④

**鄭注** ① 권하려는 것이다. 所以勸也.

② '극亟'은 빠르다의 뜻이다. 딸꾹질과 질문에 대비하기 위해서이다. '亟', 疾也. 備噦噎若見問也.

③ '구용口容'은 입을 오물거리는 것이다. '口容', 弄口.

④ 주인이 빈賓이 치우는 것을 사양하는 것이다. 主人辭其徹.

**集說** '음식을 먼저 맛본다'는 것 역시 음식을 미리 검식하는 예이다. '뒤에 자신도 마친다'는 것은 식사를 권하려는 의도에서이다. '방반放飯'과 '유철流歠'에 관해서 「곡례상曲禮上」(119)에 보인다. '조금씩 밥을 먹고' 딸꾹질할 염려가 없다. '빨리 한다'는 것은 빨리 삼킨다는 뜻으로 묻는 말이 있을까 대비하는 것이다. '자주 씹고, 입을 오물거리지 말라'는 것은 자주 씹고, 입에 (많은 양을 넣어) 오물거리는 모습을 나타내서는 안 됨을 말한다. 식사를 마치면 객이 스스로 식기를 치우고자 하며, 주인이 사양하면 그만둔다. '先飯', 亦嘗食之禮也. '後已', 猶勸食之意也. '放飯'·'流歠'見「曲禮」. '小飯', 則無噦噎之患. '亟之', 謂速咽下, 備或有見問之言也. '數嚌, 毋爲口容', 言數數嚼之, 不得弄口以爲容也. 若食訖而客欲自徹食器, 主人辭之, 則止也.

**【소의 57】**

주인이 빈賓에게 따라준 술잔은 포해脯醢의 왼쪽에 놓고, 여수旅酬의 예를 행할 때 빈賓에게 따라준 술잔은 포해의 오른쪽에 놓는다. 개介의 술잔(介爵), 주인에게 되돌리는 술잔(酢爵), 준의 술잔(僎爵)은 모두 포해의 오른쪽에 놓는다.

客爵居左, 其飮居右.① 介爵·酢爵·僎爵皆居右.②

鄭注 ① '객작客爵'은 주인이 빈賓에게 따라 올린 술잔이다. 이는 빈을 우대하기 위해서이다. 빈은 마시지 않고 포해脯醢의 동쪽에 놓는다. '客爵', 謂主人所酬賓之爵也. 以優賓耳. 賓不擧, 奠于薦東.

② 세 '잔'(爵)은 모두 마시는 술잔이다. '개介'는 빈賓의 보좌관이다. '작酢'은 주인에게 술을 따라 주기 위한 것이다. 고문古文『예禮』에는 '준僎'이 '준遵'으로 되어 있다. '준遵'은 향인鄕人으로 경 또는 대부가 되어 예를 참관하러 온 사람이다. '작酢'는 더러 '작作'으로 되어 있고, '준僎'은 더러 '추騶'로 되어 있다. 三'爵', 皆飮爵也. '介', 賓之輔也. '酢', 所以酢主人也. 古文禮'僎'作'遵'. '遵', 謂[42]鄕人爲卿·大夫來觀禮者. '酢'或爲'作', '僎'或爲'騶'.

集說 소疏에서 말한다. "『의례』「향음주례鄕飮酒禮」에 '주인이 빈賓의 잔에 술을 따르면 빈이 받아서 포해脯醢의 동쪽에 잔을 놓는다'라고 하였으니 이것이 '빈에게 따라준 술잔은 왼쪽에 놓는다'는 것이다. 여수旅酬의 예를 행할 때, 한 사람이 빈에게 술잔을 올리면 빈은 술잔을 포해의 서쪽에 놓아두었다가 여수의 예를 행할 때 빈이 포해 서쪽의 술잔을 가져다 주인에게 술을 올리는데 이것이 '빈에게 따라준 술잔은 오른쪽에 놓는다'는 것이다. '개介'는 빈의 부관이다. '작酢'은 빈이 술을 따라 주인에게 돌려주어 화답하는 것이다. '준僎'은 향인으로 예를 관람하러 와서 주인을 돕는 자이다. 향음례에서 개의 술잔과 주인이 빈에게서 다시 받은 술잔, 그리고 준의 술잔 등은 모두 어디에 두어야 하는지가 분명하지 않으므로 기록자가 여기에서 분명히 한 것이다." ○ 이제 살펴보건대, 빈은 남쪽을 향하여 앉아 있으므로 동쪽과 서쪽을 왼쪽과 오른쪽으로 구분한 것이다. 疏曰: "「鄕飮酒禮」'主人

酬賓之爵, 賓受奠觶于薦東', 是'客爵居左'也. 旅酬之時, 一人擧觶于賓, 賓奠觶于薦西, 至旅酬, 賓取薦西之觶, 以酬主人, 是'其飮居右'也. '介', 賓副也. '酢', 客酌還答主人也. '僎', 鄕人來觀禮, 副主人者也. 鄕飮禮, 介爵及主人受酢之爵幷僎爵, 皆不明奠置之所, 故記者於此明之." ○ 今按, 賓坐南向, 故以東西分左右也.

**【소의 58】**

물기 있는 생선을 내놓을 때는 꼬리를 식사하는 사람 앞으로 향하게 하여 내놓는다. 겨울에는 뱃살 부분이 오른쪽에 놓이도록 하고 여름에는 지느러미 부분이 오른쪽에 놓이도록 하며 뱃살 아랫부분을 크게 도려낸 것으로 고수레한다.

羞濡魚者進尾.① 冬右腴,② 夏右鰭,③ 祭膴.④

**鄭注** ① 뒤에서부터 바르면 뼈와 고기가 쉽게 분리되기 때문이다. 마른 생선은 머리를 앞으로 하여 내놓는데 앞에서부터 바르면 결이 쉽게 쪼개지기 때문이다. 擗之由後, 鯁肉易離也. 乾魚進首, 擗之由前, 理易析也.

② (겨울에는) 양기가 아래에 있기 때문이다. '유腴'는 배 아랫부분이다. 氣在下. '腴', 腹下也.

③ (여름에는) 양기가 위에 있기 때문이다. '기鰭'는 등뼈 부분이다. 氣在上. '鰭', 脊也.

④ '무膴'는 크게 덩어리로 베어낸다는 뜻으로, 생선의 배를 도려냄을 말한다. '무膴'는 '후冔'로 읽는다. '膴', 大臠, 謂刳魚腹也. '膴', 讀如'冔'.

**集說** 물기가 있는 생선을 가를 때는 뒤에서부터 가르면 등뼈와 고기가 쉽게 분리된다. 그러므로 꼬리를 식사하는 사람에게 향하도록 놓는다. 마

른 생선은 머리를 식사하는 사람 쪽으로 향하게 놓는다. '유腴'는 배 아래쪽 살찐 부분이다. '기鰭(지느러미)'는 등에 있는 것이다. 겨울에는 양기陽氣가 아래에 있고 여름에 양기가 위에 있다. 양기가 있는 곳은 살찌고 아름답다. '오른쪽으로 놓는다'는 것은 먹기 편하게 하는 것이다. '크게 도려낸 것으로 고수레한다'(祭膴)는 것은 생선의 배 아랫부분을 큰 덩어리로 도려내어 고수레를 한다는 뜻이다. 이것은 평상시 사적으로 식사를 할 때 생선을 이와 같이 내놓는다는 말이다. 제사와 연회에서의 식사 등 정식의 예절에서는 그렇게 하지 않는다. 擘濕魚, 從後起, 則腸肉易離. 故以尾向食者. 若乾魚, 則進首也. '腴', 腹下肥處. '鰭', 在脊. 冬時陽氣在下, 夏則陽在上. 凡陽氣所在之處肥美. '右之'者, 便於食也. '祭膴'者, 刳魚腹下大臠以祭也. 此言尋常燕食, 進魚者如此. 祭祀及饗食, 正禮者不然.

**【소의 59】**

소금과 매실로 조미를 할 때, 오른손으로 그것을 들고 국그릇은 왼쪽에 둔다.

凡齊, 執之以右, 居之以左.

**鄭注** '제齊'는 밥과 국, 장과 음료에 조미調味하는 것을 말한다. 왼손 위에 음식을 올려놓고 오른손으로 조미료를 잡고 간을 맞추는데, 편리함을 따른 것이다. '齊', 謂食·羹·醬·飮有齊和者也. 居於左手之上, 右手執而正之, 由便也.

**集說** 무릇 소금과 매실로 조미를 할 때, 오른손으로 그것을 잡고 국그릇을 왼쪽에 놓는다. 그러면 오른손에 잡은 것을 가지고 조미하기가 편리하

다. 凡調和鹽梅者, 以右手執之, 而居羹器於左. 則以右所執者調之爲便也.

【소의 60】

군주를 대신하여 폐백을 받을 때는 군주의 왼쪽으로부터 받고, 군주의 명령을 다른 사람에게 전달할 때는 군주의 오른쪽으로부터 전달한다.

贊幣自左, 詔辭自右.

**鄭注** '자自'는 말미암다의 뜻이다. 군주를 대신하여 폐백을 주거나 명령을 전달하는 것을 말한다. 서 있을 때는 오른쪽을 높인다. '自', 由也. 謂爲君授幣, 爲君出命也. 立者尊右.

**集說** 이 경문은 예를 돕는 자가 군주를 대신하여 폐백을 받을 때 군주의 왼쪽으로부터 폐백을 받고, 군주의 명령을 다른 사람에게 전달할 때는 군주의 오른쪽으로부터 명령을 전달함을 말한다. 此言相禮者爲君受幣, 則由君之左, 傳君之辭命於人, 則由君之右也.

【소의 61】

시尸의 수레를 모는 마부에게 술잔을 따라줄 때는 군주의 수레를 모는 마부에게 따라줄 때와 똑같이 한다. 수레를 타고 있을 때는 왼손으로 고삐를 잡고 오른손으로 잔을 받아, 굴대의 양쪽과 가름대 앞막이판(軾前)에 제사를 지내고 이어 마신다.

酌尸之僕, 如君之僕.① 其在車, 則左執轡, 右受爵, 祭左右軌·范, 乃飮.②

**鄭注** ① 시尸의 역할을 하는 것에 해당하므로 높은 것이다. 當其爲尸則尊. ② 『주례』 「대어大御」에 "양쪽 굴대에 제사하고, 수레의 축에 제사한 뒤에 마신다"라고 하였다. '궤軌'와 '지軹'는 수레에서는 동일하다. 차축머리를 가리킨다. '범軓'과 '범范'은 발음이 동일하며, 가름대 앞막이판(軾前)을 가리킨다. 『周禮』 「大御」 "祭兩軹, 祭軌, 乃飮." '軌'與'軹'於車同. 謂轊頭也. '軓'與'范'聲同, 謂軾前也.

**集說** '시尸의 마부'(尸之僕)는 시거尸車를 모는 사람이다. '궤軌'는 바퀴의 끝부분이다. '범范'은 가름대 앞막이판(軾前)[43]이다. 시복尸僕 또는 군복君僕이 수레에 있을 때는 왼손으로 고삐를 잡고 오른손으로 술잔을 받는다. 굴대 양쪽과 가름대 앞막이판에 길 제사를 지내고 이어 마신다. '尸之僕', 御尸車者. '軌', 轂末也. '范', 軾前也. 尸僕君僕之在車, 以左手執轡, 右手受爵. 祭軌之左右及范, 乃飮之也.

**【소의 62】**

조俎에 담겨 있는 음식은 조俎에 고수레를 한다.

凡羞有俎者, 則於俎內祭.

**鄭注** 조俎는 사람 앞에 가로로 놓여 있어 조와 조 사이에 고수레를 할 수 없다. 俎於人爲橫, 不得祭於間也.

**集說** 음식이 두豆에 담겨 있으면 두와 두 사이에 고수레를 한다. 조俎가 길게 사람 앞에 가로로 놓여 있으면 조俎 안에 고수레를 한다. 羞在豆則祭之豆間之地. 俎長而橫於人之前, 則祭之俎內也.

**【소의 63】**

군자는 개와 돼지의 창자를 먹지 않는다.

君子不食圂腴.

**鄭注** 『주례』에는 '환圂'이 '환豢'으로 되어 있는데, 개와 돼지 등 쌀과 곡식을 먹는 가축을 가리킨다. '유腴'는 인분과 유사한 바가 있다. 『周禮』'圂'作'豢', 謂犬豕之屬, 食米穀者也. '腴', 有似於人穢.

**集說** '환圂'(돼지우리)은 '환豢'(곡식으로 사육하는 가축)과 같다. 개와 돼지를 가리킨다. '유腴'는 창자이다. 개와 돼지도 쌀과 곡식을 먹고 그 창자가 사람과 유사하기 때문에 그 창자를 먹지 않는 것이다. '圂', 與'豢'同. 謂犬豕也. '腴', 腸也. 犬豕亦食米穀, 其腹與人相似, 故不食其腸也.

**【소의 64】**

아이들은 달려가고 예에 따른 빠른 걸음으로 걷지 않으며, 잔을 들어 마실 때는 무릎을 꿇고 앉아서 고수레를 한 다음 일어서서 마신다.

小子走而不趨, 擧爵則坐祭立飮.

鄭注 '소자小子'는 자제이다. 신분이 낮아 빈賓과 개介와 함께 예용禮容을 갖출 수가 없다. '小子', 弟子也. 卑不得與賓・介具備禮容也.

集說 소자는 윗사람과 예를 동등하게 하지 않으므로 움직이고 걷고 술잔을 드는 것 등 모두가 성인成人과는 다르다. 小子不敢與尊者並禮, 故行步擧爵, 皆異於成人也.

【소의 65】

잔을 씻을 때는 반드시 손을 씻는다.

凡洗必盥.

鄭注 먼저 손을 씻고 난 뒤 잔을 씻는 것은 우선 자신을 정결하게 하는 것이다. 손은 씻고 잔은 씻지 않는 경우도 있다. 先盥乃洗爵, 先自絜也. 盥有不洗也.

集說 '세洗'는 잔을 씻는 것이다. '관盥'은 손을 씻는 것이다. 잔을 씻을 때는 반드시 먼저 손을 씻는데 이는 정결함을 보이는 것이다. '洗', 洗爵也. '盥', 洗手也. 凡洗爵, 必先洗手, 示潔也.

【소의 66】

소와 양의 폐는 자르면서 가운데는 끊지 않는다.

牛羊之肺, 離而不提心.

鄭注 '제提'는 끊는다는 뜻과 같다. 자르는데 가운데 조금은 남겨두고 끊

지 않는 것은 끊어서 고수레하기에 쉽게 하는 것이다. '提', 猶絶也. 刲離之, 不絶中央少者, 使易絶以祭耳.

**集說** '제提'는 끊는다는 뜻과 같다. '심心'은 가운데를 뜻한다. 소와 양의 폐는 갈라서 잘라 놓지만 가운데 약간은 끊어놓지 않아 손으로 끊어서 고수레를 할 수 있게 한다. 돼지의 경우는 말하지 않았으니, 동일함을 알 수 있다. '提', 猶絶也. '心', 中央也. 牛羊之肺, 雖割離之, 而不絶中央少許, 使可手絶之以祭也. 不言豕事, 同可知.

**【소의 67】**

무릇 음식 가운데 대갱大羹(조미를 하지 않은 순수한 고깃국)이 있는 것은 조미하지 않는다.

凡羞有湇者, 不以齊.

**鄭注** '제齊'는 조미하는 것이다. '齊', 和也.

**集說** '읍湇'은 대갱大羹(조미를 하지 않은 순수한 고깃국)이다. 대갱은 조미를 하지 않으므로 소금과 매실의 조미를 하지 않는다. '湇', 大羹也. 大羹不和, 故不用鹽梅之齊也.

**【소의 68】**

군자를 위해 파나 염교를 선택할 때는 뿌리와 끝을 자른다. 머리가 있는 음식은 입 부분이 높은 분을 향하도록 하고, 귀를 가지고 고수레를 한다.
爲君子擇蔥薤, 則絶其本末.① 羞首者, 進喙, 祭耳.②

鄭注 ① 시들고 마른 부분이 있기 때문이다. 爲有萎乾.
② 귀는 드러나 있기 때문이다. 耳出見也.

集說 '훼喙'는 주둥이다. 주둥이가 윗사람을 향하게 하고 윗사람은 먼저 귀를 가져다 고수레를 한다. '喙', 口也. 以口向尊者, 而尊者先取耳以祭也.

【소의 69】
술동이를 진설하는 사람은 술 따르는 사람의 왼쪽을 상준上尊(존귀한 술동이)을 놓는 자리로 삼는다.
尊者以酌者之左爲上尊.

鄭注 '준자尊者'는 술동이를 진설하는 사람이다. 술 따르는 사람이 술동이를 향하고 있을 때 왼쪽이 상준上尊(존귀한 술동이)이 놓이는 자리다. '尊者', 設尊者也. 酌者鄕尊, 其左則上尊也.

集說 '준자尊者'는 술동이를 진설하는 사람을 말한다. '작자酌者'는 술 따르는 사람이다. 인군이 술동이를 진설할 때는 동쪽 기둥의 서쪽에 남북으로 진설한다. 술동이를 진설하는 자는 술동이의 서쪽에서 동쪽을 향하고 있어 오른쪽이 위가 된다. 술 따르는 사람은 술동이의 동쪽에 서쪽을 향하고 있어 왼쪽이 위가 된다. 두 사람은 모두 남쪽을 위로 삼는다. 존귀한 술동이

가 남쪽에 있으므로 '술 따르는 사람의 왼쪽을 상준上尊(존귀한 술동이)을 놓는 자리로 삼는다'라고 하였다. '尊者', 謂設尊之人也. '酌者', 酌酒之人也. 人君陳尊, 在東楹之西, 南北列之. 設尊者在尊西而向東, 以右爲上. 酌人在尊東而向西, 以左爲上. 二人俱以南爲上也. 上尊在南, 故云'以酌者之左爲上尊'.

**【소의 70】**

술동이와 항아리를 진설하는 사람은 그 코가 윗사람을 향하게 진설한다.

尊壺者面其鼻.

**鄭注** 코는 표면 가운데 있다. 곧 다른 사람을 향하게 함을 말한다. 鼻在面中. 言鄕人也.

**集說** 술동이와 항아리에는 표면(面)이 있고 표면에는 코가 있는데, 코는 윗사람을 향해 있어야 한다. 그러므로 '술동이와 항아리를 진설하는 사람은 그 코가 윗사람을 향하게 진설한다'라고 한 것이다. 술동이를 진설하고 항아리를 진설할 때는 모두 그 코가 윗사람을 향하게 진설한다는 말이다. 尊與壺皆有面, 面有鼻, 鼻宜向尊者. 故云'尊壺者面其鼻'. 言設尊設壺, 皆面其鼻也.

**【소의 71】**

술을 마실 때,[44] 즉 머리를 감은 뒤에 술을 마시거나 관례를 한 뒤에 마시는 경우 절조折俎의 예를 행하고 있으면, 앉지 않는다. 술을 권하여 마시게 하는 의절을 행하기 이전이면, 음식을 맛보지 않는다.

飮酒者, 禨者·醮者, 有折俎不坐.① 未步爵, 不嘗羞.②

鄭注 ① 절조折俎(조에서 고기를 자르는 일)의 예는 위상이 높으므로 철수한 뒤에 앉는다. 머리를 감고 술 마시는 것을 '기禨'라 하고 처음 관례를 한 사람에게 술을 따라 주는 것을 '초醮'라 한다. 折俎尊, 徹之乃坐也. 已沐飮曰'禨', 酌始冠曰'醮'.

② '보步'는 술을 권하여 마시게 하는 의절을 행한다는 뜻이다. '步', 行也.

集說 '기禨'는 머리를 감고 술을 마시는 것이다. '초醮'는 관례를 하고 술을 마시는 것이다. '절조折俎'는 뼈와 고기를 잘라 조俎에 담는 것이다. 기禨와 초醮는 작은 일로 비근한 것이지만 절조折俎의 예는 성대한 것이므로 머리를 감거나 관례를 하고 술을 마실 때 절조의 예를 행하고 있으면 앉지 않는다. 절조를 하지 않으면 앉아도 된다. '보步'는 술을 권하여 마시게 하는 의절을 행한다는 뜻이다. 술잔을 세지 않고 마시는 예는 술을 권하여 마시게 하는 의절을 행한 뒤에나 할 수 있다. '음식을 맛본다'(嘗羞)는 것은 서수庶羞(여러 맛있는 음식)를 말한다. 정수正羞(정찬의 기본 음식)인 포와 젓갈의 경우는 술을 마시기 전에 맛볼 수 있다. '禨', 沐而飮酒也. '醮', 冠而飮酒也. '折俎', 折骨體於俎也. 禨·醮小事爲卑, 折俎禮盛, 故禨·醮而有折俎, 則不坐. 無俎則可坐也. '步', '行'也. 無算爵之禮, 行爵之後乃得. '嘗羞', 謂庶羞也. 若正羞脯醢, 則飮酒之前, 得嘗之.

【소의 72】

소와 양과 생선의 날고기는 납작하게 조각을 내고 가늘게 저며 잘라서 회를 만든다. 순록이나 사슴의 고기로 저菹(절임)를 만들고 멧돼지로 헌軒을 만들 때, 모두 납작하게 조각을 내고 저며 자르지는 않는다. 노루로 벽계辟雞를 만들고 토끼로 완비宛脾를 만들 때, 모두 납작하게 조각을 내고 다시 가늘게 저며 자른다. 파와 염교를 잘라서 채우고 식초로 부드럽게 한다.

牛與羊魚之腥, 聶而切之爲膾.① 麋鹿爲菹, 野豕爲軒, 皆聶而不切. 麕爲辟雞, 兎爲宛脾, 皆聶而切之. 切葱若薤實之, 醯以柔之.②

**鄭注** ① '섭聶'이라는 말은 납작한 조각(牒)이라는 뜻이다. 먼저 콩잎 모양으로 납작하게 자르고 뒤에 다시 가늘게 저며 자르면 회가 된다. '聶'之言牒也. 先藿葉切之, 復報切之, 則成膾.

② 여기에서 '헌軒'·'벽계辟雞'·'완비宛脾'[45]는 모두 절임류이다. 그것을 만드는 방식은 식초와 훈채葷菜로 덮어서 고기기운과 비린내를 죽이는 것이다. 此'軒'·'辟雞'·'宛脾'皆菹類也. 其作之狀, 以醯與葷菜淹之, 殺肉及腥氣也.

**集說** '섭이절지聶而切之'는 먼저 납작하게 조각을 내서 큰 고기 편을 만든 뒤에 다시 가늘게 저며 자르면 회가 됨을 말한다. 나머지는 「내칙」(68)에 보인다. '聶而切之'者, 謂先聶爲大臠, 而後報切之爲膾也. 餘見「內則」.

**【소의 73】**

희생의 뼈와 고기를 잘라 담은 조俎가 있으면, 폐를 취하여 고수레를 하고 도로 담을 때 모두 앉아서 하지 않는다. 구운 고기의 경우도 이와 같이 한다. 시尸는 그럴 때라도 앉아서 한다.

其有折俎者, 取祭[46], 反之, 不坐. 燔亦如之.① 尸則坐.②

**鄭注** ① 또한 (1척尺 이상의) 손잡이가 있는 기물이기 때문이다. '번燔'은 굽는다는 뜻이다. 『의례』 「향사례鄕射禮」에 "빈이 술잔을 포해脯醢의 서쪽에 놓고, 일어나 폐를 취하고 앉아 잘라서 고수레를 하고, 왼손으로 맛을 보고 일어나 조俎에 더해 놓고, 앉아서 손을 씻는다"라고 하였다. 亦爲柄尺之類也. '燔', 炙也. 「鄕射」曰: "賓奠爵于薦西, 興, 取肺, 坐, 絶祭, 左手嚌之, 興, 加于俎, 坐帨手."

② 시尸는 존귀하기 때문이다. 「소뢰궤사례少牢饋食禮」에 "시尸는 왼손으로 술잔을 잡고 오른손으로 간과 폐를 취하여 조俎 위에 있는 소금에 묻히고, 털어 고수레를 하고, 맛을 보고 절임 음식이 담긴 제기(菹豆)에 더해 놓는다"라고 하였다. 尸尊也. 「少牢饋食禮」曰: "尸左執爵, 右兼取肝肺, 擩于俎鹽, 振祭, 嚌之, 加于菹豆."

**集說** 희생의 뼈와 고기를 잘라 담은 조俎가 있는 경우라면, 조俎에 나아가 폐를 취하여 고수레를 하고 고수레를 마치고서 이 고수레한 것을 조俎에 도로 담을 때 모두 서서 한다. '번燔'은 구운 고기다. 이 고기 역시 조俎에 담겨 있어 취해서 고수레하고 도로 담을 때 역시 모두 앉지 않는다. 그러므로 '구운 고기의 경우도 이와 같이 한다'(燔亦如之)라고 말한 것이다. '시尸는 그럴 때라도 앉아서 한다'(尸則坐)는 것은 앉지 않는 것은 빈객의 예임을 말한다. 시尸는 존귀하므로 제사를 할 때나 돌려 담을 때 모두 앉아서 한다. 有折骨體之俎者, 若就俎取肺而祭之, 及祭竟而反此所祭之物於俎, 皆立而爲之. '燔', 燒肉也. 此肉亦在俎, 其取祭與反, 亦皆不坐. 故云'燔亦如之'. '尸則坐'者, 言不坐者, 賓客之禮耳. 尸尊, 祭·反皆坐也.

【소의 74】

의복을 몸에 착용하고도 그 이름을 알지 못하면 무지한 것이다.
衣服在躬, 而不知其名爲罔.

**鄭注** '망罔'은 망망罔罔과 같은 뜻으로 무지한 모양이다. '罔', 猶'罔罔', 無知貌.

**集說** 의상의 제도는 건곤에서 취해 온 것으로 이름이 있으면 그것의 의미가 있다. 그것을 입으면서 이름과 의미를 살피지 않는 것은 무지한 사람이다. ○ 석량왕씨石梁王氏는 말한다. "'배우기만 하고 생각하지 않으면 혼몽하다'(罔)[47]라고 할 때의 망罔자는 응당 이 망자와 같은 뜻이다." 衣裳之制, 取諸乾坤, 有其名, 則有其義. 服之而不審名義, 是無知之人矣. ○ 石梁王氏曰: "'學而不思, 則罔', 當如此罔字."

【소의 75】

아직 횃불을 밝히지 않았는데 뒤에 도착한 사람이 있으면 앉아 있는 사람을 소개한다. 맹인을 안내할 때도 같다. 무릇 술을 마실 때, 술을 빈에게 따라 올리는 주인 노릇을 하는 사람이 횃불을 들고 쵀(燋)를 안고 있으면, 빈賓은 일어나 사양하고, 그런 뒤에 다른 사람에게 준다. 횃불을 들고 있으면, 사양하지 않고 서로 말로 사례하지 않으며 시를 노래하지 않는다.
其未有燭, 而後至者, 則以在者告. 道瞽亦然.① 凡飮酒, 爲獻主者, 執燭抱燋, 客作而辭, 然後以授人.② 執燭, 不讓, 不辭, 不歌.③

**鄭注** ① 보지 못하기 때문에 알게 해주려고 하는 것이다. "악사樂師인 면冕이 찾아왔을 때, 계단에 이르자 공자가 '계단입니다'라고 말하고, 자리에 이르자 '자리입니다'라고 하고, 모두 앉자 공자가 '누구는 이쪽에 누구는 저쪽에 있습니다'라고 하였다."48) 爲其不見, 意欲知之也. "師冕見, 及階, 子曰, '階也', 及席, 子曰, '席也', 皆坐, 子告之曰, '某在斯, 某在斯.'"

② 밤인 경우를 위해서 말한 것이다. 주인측이 몸소 횃불을 들고 빈賓을 공경하는 것은 소홀히 하지 않음을 보이는 것이다. '헌주자獻主者'(빈에게 술을 따라 올리는 주인)라고 말한 것은 군주가 재부에게 시키는 것을 용인하는 것이다. 아직 불을 사르지 않은 것을 '초焳'(홰)라고 한다. 爲宵言也. 主人親執燭敬賓, 示不倦也. 言'獻主者', 容君使宰夫也. 未爇曰'焳'.

③ 횃불을 밝혀 낮을 이어 계속하므로 예가 줄어든다. 以燭繼晝, 禮殺.

**集說** '헌주獻主'는 주인이다. 주인이 군주인 경우 재부宰夫에게 시킨다. '초焳'는 아직 불을 붙이지 않은 홰이다. 술을 마시는 예에는 빈객과 주인이 양보를 하고, 서로 말로 사례를 하며, 각각 시를 노래하여 자기의 뜻을 보이는 의절이 있다. 이제 저물어 밤이 되었으므로 이 세 가지 일은 생략하는 것이다. 일설에는 횃불을 손에 들고 있으므로 겸해서 할 수 없기 때문이라고 한다. '獻主', 主人也. 人君則使宰夫. '焳', 未爇之炬也. 飮酒之禮, 賓主有讓及更相辭謝, 又各歌詩以見意. 今以暮夜, 略此三事. 一說, 執燭在手, 故不得兼爲之.

**【소의 76】**

윗사람에게 손 씻을 물과 음식을 올릴 때는 구기口氣(숨기)가 윗사람에게 직접 닿지 않게 한다. 질문을 받으면 입을 옆으로 돌리고 대답한다.

洗盥·執食飮者勿氣. 有問焉, 則辟咡而對.

鄭注 감히 냄새를 맡지 않음을 보이는 것이다. 입의 주변을 '이咡'(입가)라고 한다. 示不敢歆臭也. 口旁曰'咡'.

集說 존장에게 손 씻을 물을 올릴 때와 음식을 들고 나아갈 때, 모두 구기口氣(숨기)가 직접 존자尊者에게 닫지 않도록 해야 한다. 이때 윗사람이 질문을 하면 입의 방향을 한 쪽으로 돌려 대답한다. '이咡'는 입가이다. 奉進洗盥之水於尊長及執食飮以進之時, 皆不可使口氣直衝尊者. 若此時, 尊者有問, 則偏其口之所向而對. '咡', 口旁也.

**【소의 77】**

다른 사람을 위해 제사를 대신 지낸 경우 (제사 음식을 돌릴 때) "복을 드립니다"라고 말하고, 자신의 제사를 지내고 음식을 군자에게 올릴 때는 "선膳입니다"라고 한다.

爲人祭曰: "致福", 爲己祭而致膳於君子曰: "膳."

鄭注 이것은 제사의 남은 음식을 군자에게 올리는 의절이다. 섭행하는 주인인 경우 '복을 드립니다'라고 함은 그 말을 드러내 표현하는 것이다. 자신이 제사를 지낸 경우 '선膳입니다'라고 하는 것은 겸손함이다. 此皆致祭祀之餘於君子也. 攝主言'致福', 申其辭也. 自祭言'膳', 謙也.

集說 '다른 사람을 위해 제사를 대신 지낸다'(爲人祭)는 것은 섭행하는 주인(攝主)을 말한다. 제사 고기를 돌리면서 명령을 전하는 말에 '복을 드립니

다'라고 말함은 그 제사의 복을 드린다는 말이다. '선膳'이라고 말하면 맛있는 음식일 뿐이다. '爲人祭', 攝主也. 其歸胙, 將命之辭'致福', 謂致其祭祀之福也. 曰'膳', 則善味而已.

【소의 78】

부제祔祭와 연제練祭를 지내고 음식을 돌릴 때는 "알립니다"(告)라고 말한다.

祔·練曰, "告."

鄭注 부제祔祭와 연제練祭의 경우 '알립니다'라고 말하는 것은 감히 '복福'이나 '선膳'(맛있는 음식)이라고 여기지 않는 것이다. 祔練言'告', 不敢以爲'福''膳'也.

集說 그 일을 알림을 말한다. 안연顔淵의 상에서도 공자에게 대상제(祥祭)의 고기를 보냈다.[49] 言告其事也. 顔淵之喪亦饋孔子祥肉.

【소의 79】

무릇 자신의 제사를 지내거나 상제喪祭를 지내고 제사 음식을 군자에게 돌릴 때에는 주인이 음식이 갖추어졌는지 살펴보고, 사자使者에게 동쪽 계단의 남쪽에서 사자에게 건네주는데, 남쪽을 향해 머리를 지면에 대고(稽首) 두 번 배례한 뒤에 보낸다. 돌아와 보고를 하면 주인이 다시 머리를 지면에 대고 두 번 배례한다. 그 예는, 태뢰

太牢의 경우 소의 왼쪽 다리를 아홉 부분으로 자르고, 소뢰少牢의 경우 양의 왼쪽 어깨 부분을 일곱 부분으로, 특생特牲의 경우 돼지의 왼쪽 어깨 부분을 다섯 부분으로 나눈다.

凡膳・告於君子, 主人展之, 以授使者于阼階之南, 南面,[50] 再拜稽首送. 反命, 主人又再拜稽首.① 其禮, 大牢則以牛左肩・臂・臑折九箇, 少牢則以羊左肩七箇, 犆豕則以豕左肩五箇.②

鄭注 ① '전展'은 갖추어졌는지 살핀다는 뜻이다. '展', 省具也.

② '절折'은 쪼개고 나누는 것이다. 모두 왼쪽을 쓰는 것은 오른쪽으로는 제사를 지내기 때문이다. 양과 돼지의 경우 비臂(앞발 부위)와 노臑(앞다리 부위)를 언급하지 않았으니 소의 경우를 따라서 차례로 함을 알 수 있다. '折', 斷分之也. 皆用左者, 右以祭也. 羊豕不言臂臑, 因牛序之可知.

集說 '선膳'과 '고告'는 위 문장을 이어서 말한 것이다. 비臂(앞발 부위), 노臑(앞다리 부위), '견肩'(앞다리 뼈의 위쪽부위)은 다리다. '아홉 부분'(九箇)이란 어깨로부터 발톱까지를 아홉 부분으로 자른 것이다. 주나라 사람은 희생의 몸체을 사용할 때 오른쪽을 숭상하였다. 오른쪽은 이미 제사에 사용하였으므로 왼쪽 부분을 올린 것이다. '膳'・'告', 承上文而言. '臂'・'臑'・'肩', 脚也. '九箇', 自肩上至蹄, 折爲九段也. 周人牲體尙右. 右邊已祭, 故獻其左.

**【소의 80】**

국가가 쇠미하고 피폐해졌을 때는,

國家靡敝,

**集說** 전쟁과 기근의 여파로 재력이 약해지고 백성들이 피폐해진 것을 말한다. 謂師旅饑饉之餘, 財力靡散, 民庶彫敝也.

**【소의 81】**

수레에 아로새기거나 옻칠한 가선을 장식하지 않고, 갑옷을 끈으로 장식하거나 혁대를 엮어 매서 장식하지 않고, 식기食器에 장식을 새기지 않고, 군자는 비단신을 신지 않고, 말에게 곡식을 고정적으로 먹이지 않는다.

則車不雕幾, 甲不組縢, 食器不刻鏤, 君子不履絲屨, 馬不常秣.

**鄭注** '미폐靡敝'는 부세賦稅가 번잡하고 급박한 것이다. '조탁한다'(雕)는 그린다는 뜻이다. '기幾'는 부착하고 얽어서 기沂(凹 문양)와 악鄂(凸 문양)을 만드는 것이다. '조등組縢'은 끈으로 장식하는 것과 혁대를 엮어 매는 것이다. 『시詩』에 이르기를: "공公의 군사는 삼만, 자개 박은 투구에 붉은 실 엮은 갑옷이로다"51)라고 하였으니, 또한 갑옷의 장식이다. '靡敝', 賦稅亟也. '雕', 畫也. '幾', 附纏爲沂鄂也. '組縢', 以組飾之及紟帶也. 『詩』云: "公徒三萬, 貝冑朱綅", 亦鎧飾也.

**集說** '조雕'는 새긴다는 뜻이다. '기幾'는 칠기 장식의 가선(畿限)이다. '등縢'은 묶는 것의 명칭이다. 끈을 사용하여 갑옷을 묶는 것과 혁대를 엮어 매는 것을 하지 않는 것이다. 곡식으로 말을 먹이는 것을 '말秣'이라 한다. '雕', 刻鏤之也. '幾', 漆飾之畿限也. '縢'者, 縛約之名. 不用組以連甲及爲紟帶也. 以穀食馬曰'秣'.

## 역주

1) 맹헌자의 ~ 하였다 : 이 말은 「檀弓上」(110)에 나온다.

2) 옥부는 ~ 보관한다 : 이 말은 『주례』「天官·玉府」에 나온다.

3) 가인 : 고대에 물가와 구매를 담당한 관원이다. 『의례』「聘禮」에 "賈人이 서쪽을 향해 앉아 櫝을 열어 取圭를 취해서 繅를 늘어뜨리고, 일어나지 않은 채로 宰에게 준다"(賈人西面坐, 啓櫝取圭垂繅, 不起而授宰)라고 한 것에 대하여 정현은 주에서 "가인은 관부에서 물가를 담당하는 자이다"(賈人, 在官知物賈者)라고 하였고, 위 경문에 대한 공영달 소에 "가인은 물가의 변동을 기록하는데 군주의 의복을 위주로 하는 자이다"(賈人者, 識物賈貴賤而主君之衣物者也)라고 하였다.

4) 혁로 : 五路 가운데 하나로 옛날 帝王이 타던 兵車의 일종이다. 가죽으로 덮을 뿐 다른 장식을 하지 않는데, 作戰이나 제후국 또는 변경을 순시할 때 사용한다. 『주례』「春官·巾車」에 "革路는 재갈을 흑색과 백색으로 하고, 끈은 5번 꼰 것으로 하고 태백기를 세우는데, 전쟁에 나아가고, 사방 국경을 지키는 제후를 봉한다"(革路, 龍勒, 條纓五就, 建大白, 以卽戎, 以封四衛)라고 되어 있고, 이에 대해 정현은 "革路는 가죽으로 수레를 끄는 뱃줄을 만들고 옻칠을 하되 다른 장식은 하지 않는다"(鞔之以革而漆之, 無他飾)라고 하였다.

5) 혁로는 ~ 나아간다 : 이 말은 『주례』「春官·巾車」에 나온다.

6) 성품이 ~ 있다 : 정현은 상대가 신분은 높은데 키가 작은 경우 자신의 큰 키로 상대에게 대하지 않기 위해 무릎을 꿇고 주는 경우가 있다는 취지로 해석하였다.

7) '삼덕'과 '삼행' : 「樂記」(49)의 주석 참조.

8) 입에서 ~ 없는 것 : 이 말은 『孝經』「卿大夫章」에 나온다. "입에서 나오는 말이 가릴 것이 없고 몸에서 나오는 행동이 가릴 것이 없으면, 말이 천하에 가득하여도 잘못한 말이 없을 것이고, 행동이 천하에 가득하여도 원망과 증오가 없을 것이다"(口無擇言, 身無擇行, 言滿天下, 無口過, 行滿天下, 無怨惡)라고 하였고, 그 註釋에 의하면 "말과 행실을 모두 선왕의 법과 도를 좇아서 하기 때문에 가릴 바가 없는 것이다"(言行皆遵法道, 所以無可擇也)라고 하였다.

9) 시귀 : 蓍는 시초점을 칠 때 사용하는 蓍草를, 龜는 거북점을 칠 때 사용하는 거북 종류의 껍질을 가리킨다. 시초점 또는 거북점을 치는 것을 통상 시초 또는 거북에게 묻는다고 말한다.

10) 일설 : 공영달의 소에 보인다.

11) 화살꽂이 : 화살을 나란히 꽂아두거나 활을 기대 놓는 기구이다. 양 끝에는 용의 머리 모양을 조각하고 중앙에는 두 마리 뱀의 몸통이 서로 교차하는 형상을 하고 있다. 용과 뱀은 군자를 상징한다.

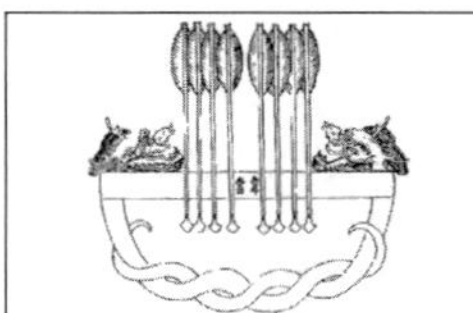

楅

『欽定儀禮義疏』(淸)

12) 풍 : 술동이 또는 술잔을 받치는 받침대로, 제기인 豆와 형태가 유사하지만 크고 높이는 낮다. 射禮에서는 벌주 잔을 올려놓는 받침대의 용도로 사용된다. 풍은 본래 나라 이름인데 그 나라의 군주가 술로 나라를 멸망시켰기 때문에 풍으로 술잔을 받쳐서 경계로 삼았다.

13) 步 : 공영달 소에 따르면, 이것은 아직 군주가 타기 전에 시험적으로 몇 보 움직이는 것이다. 공영달은 "수레를 다섯 보 가서 서서 군주를 기다린다. 군주가 나와 타면, 주 손잡이 줄을 주어 군주를 올라타게 한다"(行車五步而立待君. 君出上, 則授良綏而升君也)라고 하였다.

14) 주 손잡이 줄 : 수레의 손잡이는 주 손잡이 줄과 보조 손잡이 줄이 함께 있다. 전자를 正綏라고 하고 후자를 副綏라고 한다. 주 손잡이 줄은 주인이 잡고 수레에 오르고, 보조 손잡이 줄은 마부(僕)와 右士(군주의 오른쪽에서 호위하는 사람)가 잡고 수레에 오른다. 관련 내용은 「曲禮上」(209) 참조.

15) 군사가 ~ 한다 : 관련 내용은 『춘추공양전』, 莊公 8年 조 傳에 나온다.

16) 그만두려고 ~ 없다 : 이 말은 『논어』 「子罕」에 나온다.

17) 옛 친구를 ~ 않는다 : 이 말은 『논어』 「泰伯」에 나온다.

18) 그 아름다운 ~ 한다 : 이 말은 『孝經』 「事君」에 나온다.

19) 나아감이 ~ 빠르다 : 이 말은 『맹자』 「盡心上」에 나온다.

20) 허물을 ~ 되풀이하는 것 : 이 말은 『논어』 「雍也」에 나온다.

21) '예'는 ~ 구수이다 : 관련 내용은 『주례』 「地官·保氏」의 경문과 주에 나온다. 정현 주에 따르면, 五禮는 吉·凶·賓·軍·嘉의 五禮를 뜻하고, 六樂은 「雲門」·「大咸」·「大韶」·「大夏」·「大濩」·「大武」 등의 여섯 악곡을, 五射는 白矢·參連·剡注·襄尺·井儀 등 다섯 가지 활 쏘는 법을, 五御는 鳴和鸞·逐水曲·過君表·舞交衢·逐禽左 등 수레를 운전하는 다섯 가지 방법을, 六書는 象形·會意·轉注·指事·假借·諧聲 등 글자를 조합하는 여섯 가지 방법을, 九數는 方田·粟米·差分·少廣·商功·均輸·方程·贏不足·旁要 등 아홉 가지 계산법을 뜻한다.

22) 鸞和 : 楊天宇는 「玉藻」(81)의 "군자는 수레를 타고 있을 때에는 鸞과 和의 방울소리를 듣는다"(君子在車, 則聞鸞·和之聲)는 구절에 의거하여 수레의 방울소리로 설명한다. 楊天宇, 『禮記譯注』(下), 597쪽 참조.

23) 네 마리 ~ 달리네 : 이 말은 『詩』 「小雅·四牡」에 나온다.

24) 국자에게 ~ 용모이다 : 이 말은 『주례』 「地官·保氏」에 나온다.

25) 사자에게 ~ 하였다 : 이 말은 『춘추좌씨전』, 成公 16년 조 傳에 나온다.

26) 연례 : 여기서는 제사를 지내고 尸를 초대하여 접대하는 예를 가리킨다.

27) 음염과 양염 : 자세한 내용은 「曾子問」(51, 56)의 정현 주와 진호 집설 참조.

28) 연시와 빈시 : 擯尸는 賓尸라고도 한다. 모두 제사가 끝난 뒤에 尸를 초대하여 제사에 수고해준 것을 위로하여 접대하는 예이다. 천자와 제후의 경우 燕尸라고 하며, 대부의

경우 賓尸라고 한다. 『六家詩名物疏』 권49, 「公尸」 조목 참조.

29) 침묘 : 宗廟의 正殿을 廟라고 하고, 後殿을 寢이라고 한다. 정전에는 신주를 모시고 후전에는 의복 등 기물을 보관해둔다. 후대에는 祠堂의 대칭으로 사용되었다. 「月令」(35) 정현 주와 진호 집설 참조.

30) 노나라 ~ 돌아왔다 : 관련 내용은 『춘추좌씨전』, 莊公 9年 조 傳에 나온다.

31) 이거는 ~ 한다 : 관련 내용은 『주례』 「秋官 · 大行人」에 나온다.

32) 네 장의 ~ 바쳤다 : 이 말은 『춘추좌씨전』, 僖公 33년 조 傳에 나온다.

33) 줌통 : 활의 한 가운데 손으로는 잡는 부분을 가리킨다.

34) 극합 : 공영달 소에 '卻'은 仰의 뜻으로 풀이하였다. '卻合'은 곧 바닥이 위를 쳐다보게 합쳐놓는다는 뜻이다.

35) 熲 : 『예기집설대전』에는 '潁'으로 되어 있으나 오기이므로 바로잡는다.

36) 筴 : 『예기정의』에는 '莢'으로 되어 있으나 경문에 따라 바로잡는다.

37) 포저 : 생선과 고기를 선사할 때는 갈대 등으로 밑에 깔고 싸서 선사한다. 이때 깔고 싸는 것을 苞苴라고 하며, 이렇게 포장하여 주는 물건으로 곧 생선과 고기를 의미한다.

38) 경침 : 베개의 일종으로 둥근 나무로 만들어 잠이 깊이 들면 기울어 움직여 깨어나기 쉽게 된 것이다.

39) 묘승 : 군사를 동원하여 전쟁까지 벌이지 않고 외교적 방법 등으로 미리 제압하여 이기는 것이다. 용례는 『尉繚子』 「戰威」 등에 보인다.

40) 국좌 : ?~BC 573. 國差라고도 한다. 春秋 시기 齊나라의 上卿이다. 시호는 武로 후대에 國武子 또는 賓媚人(賓은 성씨이고, 媚人은 媚邑의 大夫라는 뜻)으로 불리었다. 齊頃公 10년(BC 589) 鞍의 전투에서 제나라가 晋나라에 대패하자 국좌가 사신으로 가서 화친을 성립시켰다. 齊靈公 8년(BC 574) 慶克이 반란을 일으키자 그를 살해하고 반란을 진압하였다가 靈公이 파견한 자객에 의해 피살되었다.

41) 덕이 ~ 미치니 : 이 말은 「禮器」(32)에 나온다.

42) 謂 : 『예기정의』에는 '爲'로 되어 있으나 사고전서본 및 공영달의 소에 근거하여 바로잡는다.

43) 가름대 앞막이판 : 楊天宇는 『說文解字』의 "수레의 軾前이다"에 대하여 段玉裁가 注에서 "이것은 수레 가름대 앞의 가리는 판을 가리킨다. 漢人은 '揜軓'이라고 불렀다"(是指車軾前揜板. 漢人呼之爲'揜軓')라고 한 것에 근거하여 가름대 앞막이판으로 해석하였다. 『禮記譯注』(下), 605쪽 참조.

44) 술을 마실 때 : 공영달 소에서는 "'飮酒者'는 이어지는 구절의 '禨者'와 '醮者'가 그 경우이다. 총괄해서 술을 마시는 것으로 가리킨 것이다"('飮酒者', 則下文'禨者' · '醮者'是也. 摠以飮酒目之)라고 하였다.

45) '헌' · '벽계' · '완비' : 「內則」(68)에 관련 내용이 나온다. 정현 주에 따르면 軒은 납작하

게 조각만 내고 자르지 않은 형태로 젓갈을 담근 것이고, 辟雞와 宛脾는 납작하게 조각 낸 것을 다시 가늘게 잘라서 젓갈로 담근 것이다.

46) 取祭 : 『예기정의』에는 '取祭肺'로 되어 있다.

47) 배우기만 ~ 혼몽하다 : 이 말은 『논어』 「爲政」에 나온다.

48) 악사인 ~ 하였다 : 이 말은 『논어』 「衛靈公」에 나온다.

49) 안연의 ~ 보냈다 : 관련 내용은 「檀弓上」(55)에 보인다.

50) 南, 南面 : 『예기집설대전』에는 '南, 面'으로 되어 있으나 『예기정의』에 따라 바로잡는다.

51) 공의 ~ 갑옷이로다 : 이 말은 『詩』 「魯頌 · 閟宮」에 나온다.

예기역주 권17

# 학기 제18
## 學記

정현鄭玄의 『예기목록禮記目錄』에서 말한다. “「학기學記」라고 제목을 붙인 것은 사람이 배우고 가르치는 뜻에 대하여 기록하였기 때문이다. 이 편은 유향劉向의 『별록別錄』에서는 「통론通論」에 속해 있다.” 鄭『目錄』云: “名曰「學記」者, 以其記人學教之義. 此於『別錄』屬「通論」.”

석량왕씨는 말한다. “육경에서 학學자를 언급한 것 가운데 「열명說命」보다 앞서는 것은 없다. 이 편에서는 선왕先王의 학교 제도, 가르치는 것과 배우는 것의 방법에 대해 상세하게 언급하지 않고 대략적으로 논한 것이 많다. 이 점은 「대학」에서 가르치는 것은 어떠어떠한 것을 가르치는 것이고, 배우는 것은 무엇무엇을 배우는 것이라고 말한 것만 못하다.” 石梁王氏曰: “六經言學字, 莫先於「說命」. 此篇不詳言先王學制與教者學者之法, 多是泛論. 不如「大學」篇教是教箇甚學是學箇甚.”

**【학기 1】**

사려를 가하여 법도에 부합하고 선량한 이를 구하는 것은 명성을 조금 이룰 수는 있지만 대중을 감동시키기에는 부족하다.

發慮憲, 求善良, 足以謏聞, 不足以動衆.

**鄭注** '헌憲'은 법식이라는 뜻이다. 계획을 제시함이 법식에 비추어 헤아리는 것에 합당함을 말한다. '구求'는 초빙한다는 뜻이다. '소謏'는 작다는 뜻이다. '동중動衆'은 군역軍役의 일을 말한다. '憲', 法也. 言發計慮當擬度於法式也. '求', 謂招來也. '謏'之言小也. '動衆', 謂師役之事.

**集說** '발려헌發慮憲'은 사려를 가하여 법도에 부합하려고 노력함을 말한다. '선량한 이를 구한다'(求善良)는 현자를 가까이 한다는 뜻이다. 이 두 가지는 명성을 조금 이룰 수는 있어도 사람들을 감동시킬 수는 없다. '發慮憲', 謂致其思慮, 以求合乎法則也. '求善良', 親賢也. 此二者可以小致聲譽, 不能感動衆人.

**【학기 2】**

현자에게 나아가고 소원한 신하를 자기 몸처럼 여기면, 대중을 감동시킬 수는 있지만 백성을 교화하기에는 아직 부족하다.
就賢體遠, 足以動衆, 未足以化民.

**鄭注** '나아간다'(就)는 것은 몸소 상대에게 낮추는 것을 말한다. '체體'는 몸소라는 뜻과 같다. '就', 謂躬下之. '體', 猶親也.

**集說** '현자에게 나아간다'(就賢)는 것은 예로써 현능하고 유덕한 선비에게 자신을 낮추는 것이다. 예를 들면 "왕이 나아가서 맹자를 만났다"[1]고 할 때의 나아간다(就)와 같다. '체體'는 「중용」의 "여러 신하들을 자기 몸처럼 여겼다"[2]의 체體로서, 자신을 상대의 처지에 두고서 그 마음을 살피는 것

을 말한다. '원遠'은 소원한 신하이다. 이 두 가지는 대중들을 감동시킬 수는 있지만, 아직 백성들을 교화시킬 수는 없다. '就賢', 禮下賢德之士也. 如"王就見孟子"之就. '體', 如「中庸」"體群臣"之體, 謂設以身處其地而察其心也. '遠', 疎遠之臣也. 此二者可以感動衆人, 未能化民也.

**【학기 3】**

군자가 백성을 교화하고 풍속으로 이루고자 한다면 반드시 학문을 통해야만 한다!

君子如欲化民成俗, 其必由學乎!

**鄭注** 배우는 대상은 성인의 도로서 전적典籍에 기록되어 있다. 所學者, 聖人之道在方策.

**集說** '백성을 교화하고 풍속으로 이룬다'(化民成俗)는 것은 반드시 요堯와 순舜이 이루었던 "오호라, 백성들이 교화되어 이에 화합하도다"[3]라고 하는 것과 같이 되어야 지극한 바가 된다. 그러니 학문을 놔두고 무엇으로 하겠는가? 여기서의 학문은 '대학의 도'로서 '덕을 밝히고' '백성을 새롭게 하는' 일이다.[4] '化民成俗', 必如唐虞之"於變時雍", 乃爲至耳. 然則舍學, 何以哉? 此學乃'大學之道', '明德'·'新民'之事也.

**【학기 4】**

옥은 다듬지 않으면 기물이 되지 못하고 사람은 배우지 않으면 도를 알지 못한다. 그러므로 옛날에 왕이 된 자는 나라를 세워 백성들의 군장君長이 되면 가르치고 배우는 것(教學)을 급선무로 삼았다. 「열명」에서 "생각의 처음부터 끝까지 항상 배움에 있다"고 하였으니, 이것을 말한 것이다.

玉不琢不成器, 人不學不知道. 是故古之王者建國君民, 教學爲先.① 「兌命」曰: "念終始典于學", 其此之謂乎.②

**鄭注** ① 안으로는 사보師保를 설치하여 국자國子들이 배우게 하고, 밖으로는 태학太學과 상서庠序 등의 학관을 설치함을 말한다. 謂內則設師保以教使國子學焉, 外則有大學庠序之官.

② '전典'은 경전이다. 배움에 있어 주업主業으로 하는 것을 쉬지 않음을 말한다. '태兌'는 '열說'이 되어야 옳다. 글자상의 잘못이다. 고종高宗이 부열傅說의 꿈을 꾸고 그를 찾아 얻은 뒤에 「열명說命」 세 편을 지었다. 『서書』에 수록되어 있었으나, 현재는 망실되었다. '典', 經也. 言學之不舍業也. '兌', 當爲'說'. 字之誤也. 高宗夢傅說, 求而得之, 作「說命」三篇. 在『尙書』, 今亡.

**集說** '건국군민建國君民'은 나라를 세워서 백성들의 군장君長이 된다는 말이다. '교학위선教學爲先'은 교육을 수립하고 학교를 세우는 것을 급선무로 한다는 것이다. '「열명說命」'은 『서書』의 편이다. '전典'은 항상됨(常)을 뜻한다. '建國君民', 謂建立邦國, 以君長其民也. '教學爲先', 以立教立學爲先務也. '「兌命」', 『商書』. '典', 常也.

**【학기 5】**

비록 좋은 안주가 있어도 먹지 않으면 그 뛰어난 맛을 알지 못한다. 비록 지극한 도가 있어도 배우지 않으면 그 훌륭함을 알지 못한다. 그러므로 배운 뒤에야 부족함을 알게 되고, 가르쳐본 뒤에야 자신의 곤궁함을 알게 된다. 부족함을 안 뒤에야 자신을 되돌아볼 수 있고, 자신의 곤궁함을 안 뒤에야 자신을 강하게 할 수 있다. 그러므로 "가르치는 것과 배우는 것은 서로 길러준다"고 하였다. 「열명說命」에서 "가르치는 것이 배우는 것의 반이다"라고 한 말은 이것을 두고 한 말이다.

雖有嘉肴, 弗食不知其旨也. 雖有至道, 弗學不知其善也.① 是故學然後知不足, 敎然後知困.② 知不足, 然後能自反也, 知困, 然後能自强也. 故曰, "敎學相長"也.③ 兌命曰: "學學半", 其此之謂乎.④

**鄭注** ① '지旨'는 뛰어나다는 뜻이다. '旨', 美也.

② 배우면 자기 행위의 단점을 보게 되고, 가르치면 자기의 도가 도달하지 못한 것을 알게 된다. 學則睹己行之所短, 敎則見己道之所未達.

③ '자신을 되돌아본다'(自反)는 것은 자기 자신에게서 구하는 것이고, '자신을 강하게 한다'(自强)는 것은 배우고 익히기를 게을리하지 않는 것이다. '自反', 求諸己也, '自强', 脩業不敢倦.

④ 사람을 가르치는 것이 바로 자기가 배우는 것의 절반을 증진시켜줌을 말한다. 言學人乃益己之學半.

**集說** '배운 뒤에야 부족함을 알게 된다'(學然後知不足)는 것은 다른 사람을 스승으로 삼아 자뢰하면 바야흐로 자기가 이르지 못한 것을 알게 됨을 말

한다. '가르쳐본 뒤에야 자신의 곤궁함을 알게 된다'(敎然後知困)는 것은 다른 사람의 요구에 응답할 수 없으면, 곤란하고 욕됨을 스스로 알게 됨을 말한다. '자신을 되돌아본다'(自反)는 것은 돌이켜 자신에게 구할 줄을 알 뿐이지만, '자신을 강하게 한다'(自强)는 것에는 부지런히 노력하여 진보해 나아간다는 의미가 있다. '가르치는 것과 배우는 것은 서로를 길러준다'(敎學相長)는 것은 내가 남을 가르치는 것과 남에게 도움을 받는 것은 두 가지가 서로 도움이 된다는 말이다. 「열명說命」의 "가르침이 배움의 반"이라는 말을 인용한 것에 대해 유씨劉氏는 다음과 같이 말하였다. "다른 사람을 가르치는 일은 내 자신에게 묻고 배우는 공부의 반이다. 왜냐하면 처음에 자기를 닦는 것은 체體를 세우려는 것으로 이것이 반이고, 나중에 다른 사람을 가르치는 것은 용用을 이루는 것으로 이것이 또 반이다. 이것이 '처음부터 끝까지 (생각을) 항상 배움에 두어', '자기를 완성하고 남을 완성시키며', '안과 밖의 도리를 합치시킨' 뒤에야 배움이 결과를 온전하게 이루는 것이 되는 이유이다." '學然後知不足', 謂師資於人, 方知己所未至也. '敎然後知困', 謂無以應人之求, 則自知困辱也. '自反', 知反求而已, '自强', 則有黽勉倍進之意. '敎學相長', 謂我之敎人與資人, 皆相爲長益也. 引「說命」"斆學半"者, 劉氏曰: "敎人之功, 居吾身學問之半. 蓋始之脩己, 所以立其體, 是一半, 終之敎人, 所以致其用, 又是一半. 此所以'終始典于學', '成己成物', '合內外之道', 然後爲學問之全功也."

**【학기 6】**

옛날의 교육은 가家에는 숙塾이 있고, 당黨에는 상庠이 있고, 수遂에는 서序가 있고, 국國에 학學이 있었다. 해마다 입학하여 격년으로 시험을 치렀다. 1년이 되면 구절을 끊는 것과 뜻을 분별하는 것을 평가하고, 3년이 되면 학업을 공경히 수행하고 벗들과 화락하는 것을 평가하고, 5년이 되면 널리 배우고 스승을 친애하는 것을 평가하고, 7년이 되면 학문을 논하고 벗을 택하는 것을 평가하는데, 이를 '학문을 조금 이루었다'(小成)라고 일컫는다. 9년이 되어 부류마다 분별할 줄 알고 일마다 통달하여, 일에 임해서는 굳건히 자립하여 스승의 도를 어기지 않으면, '크게 이루었다'(大成)라고 일컫는다.
古之教者, 家有塾, 黨有庠, 術有序, 國有學.① 比年入學,② 中年考校.③ 一年視離經辨志, 三年視敬業樂群, 五年視博習親師, 七年視論學取友, 謂之'小成'. 九年知類通達, 强立而不反, 謂之'大成'.④

鄭注 ① '술術'은 '수遂' 자여야 한다. 발음 때문에 잘못된 것이다. 옛날 벼슬에서 퇴직한 사람은 향리로 돌아가 학생들을 가르치면서 아침저녁으로 문에 앉아 있었다. 문 옆의 당을 '숙塾'이라 한다. 『주례』에 "500가구가 당黨이 되고 12500가구가 수遂가 된다. 당은 향鄕에 속하고, 수遂는 원교遠郊 밖에 있다"고 하였다. '術', 當爲'遂'. 聲之誤也. 古者仕焉而已者, 歸教於閭里, 朝夕坐於門. 門側之堂謂之'塾'. 『周禮』"五百家爲黨, 萬二千五百家爲遂. 黨屬於鄕, 遂在遠郊之外."

② 학생들이 매년 와서 입학한다. 學者每歲來入也.

③ '중中'은 사이를 둔다는 뜻이다. 향鄕과 수遂의 대부들은 격년으로 학자들의 덕행과 도예를 고적考績(평가)하였다. 『주례』에 "삼년마다 정기 시험(大比)을 행하여 고적考績을 한다"고 하였다. '中', 猶間也. 鄕·遂大夫間歲則考學者之德行·道藝. 『周禮』"三歲大比, 乃考焉."

④ '이경離經'은 구두를 끊는다는 뜻이다. '변지辨志'는 그 마음이 지향하는

바를 변별하는 것을 말한다. '지류知類'는 일과 내용을 비교하고 분류한다는 뜻이다. '굳건히 자립한다'(强立)는 것은 일에 임해서 미혹되지 않는다는 뜻이다. '어기지 않는다'(不反)는 것은 스승의 도를 어기고 실추시키지 않는다는 것이다. '離經', 斷句絶也. '辨志', 謂別其心意所趣鄕也. '知類', 知事義之比也. '强立', 臨事不惑也. '不反', 不違失師道.

**集說** 옛날에는 25가구(家)가 여閭가 되어 한 마을(巷)에 살았다. 마을 초입에 문이 있고 문 옆에 숙塾이 있어, 백성 가운데 집에 있는 이는 아침저녁으로 숙塾에서 교육을 받았다. 500가구가 당黨이 되는데 당에 설치된 학교를 상庠이라 하고, 여숙閭塾에서 선발되어 올라온 이들을 가르쳤다. 술術은 주州자여야 한다. 12,500가구가 주州가 되는데, 주에 설치된 학교를 서序라 한다. 『주례』「지관 · 주장州長」에 "향대부鄕大夫는 봄가을에 (향음주鄕飮酒의) 예禮로서 백성들을 모이게 하고 주서州序에서 활쏘기를 한다"고 한 것이 그것이다. 서序에서는 당黨의 학교에서 선발되어 올라온 사람들을 가르친다. 천자의 도성과 제후의 도성에 있는 학교를 국학國學이라고 하는데, 원자元子와 중자衆子 및 경대부사의 자식 그리고 선발되어 올라온 준사俊士와 선사選士를 가르쳤다. '비년比年'은 매년每年이다. 매년 입학하는 사람이 있었다. '중년中年'은 격년隔年이다. 「상복소기喪服小記」(54)에서 '한 세대를 건너뛰어 위로 올려서'(中一以上)라고 할 때의 '건너뛴다'(中)와 의미가 같다. 격년마다 기예가 진보했는지를 평가하는 것이다. '이경離經'은 경서經書의 구두를 끊는 것이다. '변지辨志'는 그 지향이 삿되고 올바른 것을 변별하는 것이다. '학업을 공경히 수행한다'(敬業)는 것은 익히는 일에 태만함이 없다는 뜻이다. '벗들과 화락한다'(樂群)는 것은 벗들과 반목함이 없다는 것이다. '널리 배운다'(博習)는 것은 공부를 교과과정에 국한하지 않는다는 뜻이다. '스승을 친애한다'(親師)는 것은 스승의 가르침에 대하여 좋아할 줄 안다는

것이다. '학문을 논한다'(論學)는 것은 학문의 깊은 뜻을 강구한다는 뜻이다. '벗을 택한다'(取友)는 것은 자신에게 도움이 될 사람을 선택하여 교우관계를 맺는다는 것이다. 이렇게 할 수 있으면, 그것이 학문의 '작은 성취'이다. 9년이 되면 도리에 밝고 의리에 정밀하여, 부딪치는 일마다 진보하고 통하지 못하는 바가 없어서, 우뚝하게 자립하는 행실이 생겨 외물外物이 그를 강제로 빼앗지 못한다. 이것이 '큰 성취'(大成)이다. ○ 주자는 말한다. "이 몇 구절 모두 위의 두 글자는 배움을 말하고 아래의 두 글자는 얻은 곳을 말한 것이다. 가령 '이경離經'은 배움이고 '변지辨志'는 얻은 경지로, 다른 구절들도 이와 같다." 古者二十五家爲閭, 同在一巷. 巷首有門, 門側有塾, 民在家者朝夕受敎於塾也. 五百家爲黨, 黨之學曰庠, 敎閭塾所升之人也. 術, 當爲州. 萬二千五百家爲州, 州之學曰序. 『周禮』"鄕大夫春秋以禮會民, 而射于州序", 是也. 序則敎黨學所升之人. 天子所都及諸侯國中之學, 謂之國學, 以敎元子·衆子及卿大夫士之子, 與所升俊選之士焉. '比年', 每歲也. 每歲皆有入學之人. '中年', 間一年也. 與「小記」'中一以上'之'中'同. 每間一年, 而考校其藝之進否也. '離經', 離絶經書之句讀也. '辨志', 辨別其趨向之邪正也. '敬業', 則於所習無怠忽. '樂群', 則於朋徒無睽貳. '博習', 則不以程度爲限制. '親師', 則於訓誨知嗜好. '論學', 講求學問之縕奧也. '取友', 擇取益者而友之也. 能如此, 是學之'小成'地. 至於九年, 則理明義精, 觸類而長, 無所不通, 有卓然自立之行, 而外物不得以奪之矣. 是'大成'也. ○ 朱子曰: "這幾句都是上兩字說學, 下兩字說所得處. 如'離經'便是學, '辨志'是所得處, 他倣此."

**【학기 7】**

그런 뒤에야 백성을 교화하고 풍속을 변화시켜 가까운 곳에 있는 사람들은 기꺼이 복종하고, 먼 곳에 있는 사람들은 사모하게 할 수 있다. 이것이 대학의 도이다. 『기記』에서 "왕개미 새끼도 때마다 (흙을 물어와 개미 둑을 쌓는 것을) 익힌다"고 하였으니, 이것을 말한 것이다!

夫然後足以化民易俗, 近者說服而遠者懷之. 此大學之道也.① 『記』曰: "蛾子時術之", 其此之謂乎!②

**鄭注** ① '사모한다'(懷)는 온다, 편안하게 여긴다는 뜻이다. '懷', 來也, 安也. ② '아蛾'는 왕개미다. 왕개미 새끼는 미미한 곤충이지만, 때마다 왕개미가 하는 것을 익혀, 그 성취가 마침내 다시 큰 개미둑을 완성한다. '蛾', 蚍蜉也. 蚍蜉之子, 微蟲耳, 時術蚍蜉之所爲, 其功乃復成大垤.

**集說** 앞(3장)에서 '풍속을 이룬다'(成俗)고 한 말은 아름다운 풍속을 이룬다는 것이고, 여기에서 '풍속을 변화시킨다'(易俗)고 한 말은 더러운 풍속을 바꾼다는 것이다. 크게 성취한 이 선비들을 관리로 등용하여 일을 시키니 그 효과가 이와 같다. 이것이 "대학에서 사람들을 가르치는 도"라는 것이다. 왕개미 새끼는 미미한 곤충인데도 때때로 흙을 물어 옮기는 일을 익혀 큰 개미둑을 완성한다. 이것을 통해 배우는 사람이 배움을 쌓아 나가면 대도大道를 이룰 수 있음을 비유하였다. 이 말은 고기古記의 기록이므로 그것을 인용하여 그 설을 증명하였다. 前言'成俗', 成其美俗也, 此言'易俗', 變其汙俗也. 以此大成之士而官使之, 其功效如此. 是所謂"大學敎人之道"也. 蛾子, 蟲之微者, 亦時時述學銜土之事, 而成大垤. 以喩學者, 由積學而成大道也. 此古記之言, 故引以證其說.

**【학기 8】**

대학[5]에서 교육을 시작할 때 유사有司(담당 관원)가 피변의 복장을 하고 선사先師에게 제사를 지내는데, 학문(道)에 대하여 공경함을 보이는 것이다.

大學始敎, 皮弁祭菜, 示敬道也.

**鄭注** '피변皮弁'은 천자가 조회할 때 입는 복장이다. '제채祭菜'는 선성先聖과 선사先師에게 예를 올리는 것이다. '나물'(菜)은 미나리와 마름 종류이다. '皮弁', 天子之朝朝服也. '祭菜', 禮先聖先師. '菜', 謂芹藻之屬.

**集說** '교육을 시작한다'(始敎)는 것은 학생들이 입학한 초기를 말한다. 유사有司가 피변皮弁의 복장을 하고 선사先師에게 미나리와 마름 등의 나물을 올려 제사하는 것은 학문과 기예에 대하여 존경함을 보이는 것이다. '始敎', 學者入學之初也. 有司衣皮弁之服, 祭先師以蘋藻之菜, 示之以尊敬道藝也.

**【학기 9】**

「소아小雅」의 「녹명鹿鳴」·「사모四牡」·「황황자화皇皇者華」 세 편을 노래하면서 익히는데, 그 학업의 시작에 관직으로 권면하는 것이다.

「宵雅」肄三, 官其始也.

**鄭注** '소宵'의 뜻은 '소小'(작다)이다. '이肄'는 익힌다는 뜻이다. 「소아」의 세 가지를 익힌다는 것은 「녹명鹿鳴」·「사모四牡」·「황황자화皇皇者華」를 가리킨다. 이는 모두 군주와 신하가 연향으로 즐거워하며 서로 노고를 위로

하는 시다. 처음 학문을 하는 자가 익히게 하는 것은 관직으로 권면하는 것이자 아울러 상하가 서로 화합하고 도탑게 지내는 의미를 취하는 것이다. '宵'之言'小'也. '肄', 習也. 習「小雅」之三, 謂「鹿鳴」·「四牡」·「皇皇者華」也. 此皆君臣宴樂相勞苦之詩. 爲始學者習之, 所以勸之以官, 且取上下相和厚.

**集說** 선사에게 나물로 제사를 올리는 예를 행할 때, 「소아小雅」 가운데 「녹명」·「사모」·「황황자화」를 노래하게 하면서 익히게 한다. 이 세 시는 모두 군주와 신하가 연회로 즐거워하면서 서로 노고를 위로하는 내용이다. 관직에 있으면서 임무를 맡는 아름다운 일로써 그 처음의 의지를 권유하는 것이다. 그 때문에 '그 학업의 시작에 관직으로 권면한다'(官其始也)고 한 것이다. ○ 주자는 말한다. "성인이 사람들을 가르칠 때는 본래 그를 등용하기 위함이다. 곧 현자를 등용하여 현명하지 못한 자를 다스리며 능력 있는 자를 들어 써 능력 없는 자를 가르치려는 것이다. 따라서 공경대부들이 아래에서 각자 자기의 직분을 다할 것을 생각한다." 當祭菜之時, 使歌「小雅」中「鹿鳴」「四牡」「皇皇者華」之三篇, 而肄習之. 此三詩, 皆君臣燕樂相勞苦之辭. 蓋以居官受任之美, 誘諭其初志. 故曰'官其始也'. ○ 朱子曰: "聖人教人, 合下便要他用. 便要用賢以治不賢, 擧能以教不能. 所以公卿大夫在下, 思各擧其職."

**【학기 10】**

수업에 들어가면 북을 쳐서 학생들을 경계시키고 상자를 열어 책을 꺼내는데, 그 수업에 공순한 마음으로 나아가게 하는 것이다.
入學鼓篋, 孫其業也.

**鄭注** '북을 치고 상자를 연다'(鼓篋)는 것은 북을 쳐서 대중들을 경계시키고 책 상자를 열어서 공부할 경전을 꺼내는 것이다. '손孫'은 공순하다는 뜻과 같다. '鼓篋', 擊鼓警衆, 乃發篋, 出所治經業也. '孫', 猶恭順也.

**集說** 입학할 때 대서大胥[6]가 북을 쳐서 학사들을 소집한다. 학사들은 도착하면 상자를 열어 서적 등을 꺼낸다. 북소리로 경계시키는 것은 공순한 마음으로 수업에 나아가게 하는 것이다. 『서書』「열명하說命下」에서는 "배움은 공순한 마음으로 한다"고 하였다. 入學時, 大胥之官擊鼓, 以召學士. 學士至, 則發篋, 以出其書籍等物. 警之以鼓聲, 使以遜順之心, 進其業也. 『書』言, "惟學遜志."

**【학기 11】**

개오동나무와 가시나무 이 두 가지는 (회초리로 사용하여) 학생이 몸가짐을 수렴하게 한다.

夏楚二物, 收其威也.

**鄭注** '하夏'는 개오동나무이고, '초楚'는 가시나무이다. 두 가지는 예를 위반한 사람에게 매를 가할 때 사용하는 것이다. '수收'는 수렴하여 가지런히 정돈함을 가리킨다. '위威'는 몸가짐이다. '夏', 槄也, '楚', 荊也. 二者所以撲撻犯禮者. '收', 謂收斂整齊之. '威', 威儀也.

**集說** '하夏'는 개오동나무이고, '초楚'는 가시나무이다. 개오동나무는 원형이고 가시나무는 사각형이다. 이 두 가지를 회초리로 삼아 나태하고 소홀한 자를 경계시켜 몸가짐을 수렴하게 한다. '夏', 榎也, '楚', 荊也. 榎形圓, 楚形方. 以二物爲朴, 以警其怠忽者, 使之收斂威儀也.

**【학기 12】**

(천자와 제후는) 체제禘祭를 올리지 않으면 학업에 대해 평가하지 않는데, 학생들의 마음을 여유 있게 해주려는 것이다. (봄과 가을 학업을 평가하는 예에서) 때에 따라 살펴보고 말로 설명해주지 않는데, 그 (자득하는) 마음을 견지하게 하는 것이다. 어린 사람은 (윗사람의 해설을) 듣기만 하고 묻지 않는데, 단계를 건너뛰지 않음을 가르치는 것이다. 이 일곱 가지는 교육의 기본 원칙(大倫)이다. 『기記』에서 "무릇 학업에 있어, 벼슬하고 있는 학생은 일을 먼저 가르치고, 아직 벼슬하지 않는 사士는 지향할 바를 먼저 가르친다"라고 하였는데, 이것을 말한 것이다.

未卜禘, 不視學, 游其志也.① 時觀而弗語, 存其心也.② 幼者聽而弗問, 學不躐等也.③ 此七者, 教之大倫也.④ 『記』曰: "凡學, 官先事, 士先志", 其此之謂乎.⑤

鄭注 ① '체禘'는 큰 제사이다. 천자와 제후는 제사를 지낸 뒤에 학업을 시찰하고 고과를 치르는데, 배우는 사람들의 마음을 느긋하고 여유롭게 하는 것이다. '禘', 大祭也. 天子諸侯既祭, 乃視學考校, 以游暇學者之志意.

② 학생 스스로 밝히고자 하고 알고자 하는 마음을 내게 한 뒤에 계발시켜 주는 것이다. 使之悱悱憤憤, 然後啓發也.

③ '교육'(學)은 가르친다는 뜻이다. 그를 가르쳐 어린상태로부터 자라나게 하는 것이다. '學', 教也. 教之長穉稚.

④ '윤倫'은 조리라는 뜻이다. '대학에서 교육을 시작한다'([학기 8])로부터 여기까지 의미가 7가지다. '倫', 理也. 自'大學始教'至此, 其義七也.

⑤ '관官'은 관직에 있는 사람이고, '사士'는 학사學士이다. '官', 居官者也, '士', 學士也.

**集說** '체禘'는 5년에 한 번 지내는 큰 제사이다. 5년이 되지 않으면 학업에 대한 시험을 보지 않는 것은 배우는 사람들의 마음을 여유롭게 하려는 것이다. 이것은 또한 중춘과 중추에 학업을 평가하는 예禮에서, 사람을 시켜 살펴보고 속으로 파악하면서 말로 그 예禮를 다 드러내 설명해주지 않고 자득하기를 바라는 경우와 다르다. 그러므로 '그 (자득하려는) 마음을 견지하게 한다'고 하였다. 어린이는 질문을 반드시 잘 할 수 있는 것이 아니요, 질문을 하더라도 또한 요체를 반드시 잘 아는 것도 아니다. 그러므로 스승의 설명을 듣기만 하고 질문하지 않는다. 또한 장유의 구별이 이와 같아야 하고, 단계를 건너뛰어서는 안 된다. ○ 유씨劉氏는 말한다. "'피변복의 복장을 하고 선사先師에게 나물로 제사를 지낸다'고 한 곳에서부터 '듣기만 하고 질문하지 않는다'는 것까지 7가지 일은 모두 대학에서 가르치는 기본 원칙(大倫)이다. '대륜大倫'은 기본 원칙(大節)이라는 뜻과 같다. '관선사사선지官先事士先志'는 내가 생각건대, '관원'(官)은 이미 벼슬하고 있는 사람이고 '사士'는 아직 벼슬하지 않는 사람이다. 이미 벼슬하고 있으면서 학업에 종사하는 경우엔 그가 담당한 직무의 시급한 바를 먼저 교육시키지만, 아직 벼슬하지 않으면서 학업에 종사하는 경우엔 구체적 사업으로 드러내지 않았기 때문에 그 뜻이 지향할 바를 먼저 교육시킨다. 자하子夏가 '벼슬하면서 여유가 있으면 공부한다'[7]라고 하였는데 이것은 관직에 있으면서 학업에 종사하는 것이다. 왕자 점墊이 '사士는 무엇을 중시합니까?'라고 묻자 맹자는 '뜻을 중시한다'라고 대답하였다.[8] 이것은 아직 벼슬하지 않으면서 학업에 종사할 때 뜻을 중시하는 사례이다. 그러나 대학의 도는 덕을 밝히고 백성을 일신시키는 것이다. 뜻을 먼저 교육하는 것은 덕을 밝히기

위함이요, 일을 먼저 교육하는 것은 백성을 일신시키기 위함이다." '일곱 가지 일'(七事)에서 위 구절은 모두 가르치는 사람의 일이고 아래 구절은 모두 배우는 사람의 지향이다. '禘', 五年之大祭也. 不五年, 不視學, 所以優游學者之心志也. 此又非仲春・仲秋視學之禮, 使觀而感於心, 不言以盡其禮[9]), 欲其自得之也. 故曰'存其心'. 幼者未必能問, 問亦未必知要. 故但聽受師說, 而無所請. 亦長幼之等當如是, 不可踰躐也. ○ 劉氏曰: "自'皮弁祭菜', 至'聽而弗問', 凡七事, 皆大學爲教之大倫. '大倫', 猶言大節耳. 官先事士先志, 竊意'官'是已仕者, '士'是未仕者. 謂已仕而爲學, 則先其職事之所急, 未仕而爲學, 則未得見諸行事, 故先其志之所尙也. 子夏曰, '仕而優則學', 是已居官而爲學也. 王子墊問, '士何事?', 孟子曰, '尙志.' 是未仕而學, 則先尙志也. 然大學之道, 明德新民而已. 先志者所以明德, 先事者所以新民." '七事', 上句皆敎者之事, 下句皆學者之志.

**【학기 13】**

대학의 교육에서, 사계절에 따라 교육할 할 때 반드시 정규 학업이 있고, 물러나 쉴 때에도 일정하게 학습하는 것이 있다. 줄 고르는 것을 학습하지 않으면 연주를 편하게 할 수 없다. 의탁하는 비유들을 널리 탐구하는 과정을 학습하지 않으면 『시詩』에 편안할 수 없다. 잡다한 복식에 대하여 공부하지 않으면 예禮에 편안할 수 없다. (줄을 고르고, 비유를 널리 탐구하고, 잡다한 복식을 공부하는 것 등의) 학업을 공부하고자 하는 마음을 일으키지 않으면 공부를 즐길 수 없다. 그러므로 군자는 학업에 대하여, 학업을 마음에 품고, 학업을 익히고, 학업에서 쉬고, 학업에서 노닌다.

大學之敎也, 時敎必有正業, 退息必有居學.① 不學操縵, 不能安弦.② 不學博依, 不能安『詩』.③ 不學雜服, 不能安禮.④ 不興其藝, 不能樂學.⑤ 故君子之於學也, 藏焉, 脩焉, 息焉, 遊焉.⑥

**鄭注** ① '유거有居'는 것은 일정한 거처가 있다는 말이다. '有居', 有常居也.

② '조만操縵'은 곡을 조율하는 것이다. 操縵, 雜弄.

③ '박의博依'는 비유를 풍부하게 가진다는 뜻이다. '의依'는 더러 '의衣'로 되어 있다. '博依', 廣譬喻也. '依', 或爲'衣'.

④ '잡복雜服'은 면복冕服과 피변皮弁의 종류이다. '잡雜'은 더러 '아雅'로 되어 있다. '雜服', 冕服·皮弁之屬. '雜'或爲'雅'.

⑤ '흥興'은 기뻐하다, 흥겨워하다의 뜻이다. '예藝'는 예禮·악樂·활쏘기·말몰이·글쓰기·셈하기를 가리킨다. '興'之言, 喜也, 歆也. '藝', 謂禮·樂·射·御·書·數.

⑥ '장藏'은 가슴에 품는다는 뜻이다. '수脩'는 익힌다는 뜻이다. '식息'은 힘든 일을 하다 쉬는 것을 '휴식'(息)이라고 할 때의 뜻을 가리킨다. '유遊'는 한가로이 일이 없는 것을 '노닌다'(遊)라고 할 때의 뜻을 가리킨다. '藏', 謂懷抱之. '脩', 習也. '息', 謂作勞休止之爲'息'. '遊', 謂閒暇無事之爲'遊'.

**集說** 구설에 '대학지교야시大學之敎也時'에서 구두를 끊고 '퇴식필유거退息必有居'에서 구두를 끊었지만, 이제 '시時' 자를 아래 구절에 잇고 '학學' 자를 위 구절에 이어 읽는다. 이는 다음과 같은 뜻이다. 네 계절의 가르침에는 각각 정규 학업이 있으니 "봄과 가을에는 예악禮樂으로 가르치고, 겨울과 여름에는 『시詩』와 『서書』를 가르치며"10) "봄에 악장을 입으로 외우고, 여름에 악곡을 연주한다"11)는 부류 같은 것이 그것이다. 물러나 쉴 때에도 반드시 한가롭게 쉴 때의 공부가 있는데 "물러나서 그가 홀로 있을 때를

살펴보면, 또한 충분히 의미를 발명하고 있었다"[12]고 한 것이 그것이다. '악기를 연주하는 것', '『시詩』를 읊는 것' '예禮를 배우는 것' 이것은 사계절에 따른 교육의 정규 학업내용이다. '줄 고르는 것', '비유를 널리 탐구하는 것', '다양한 의복' 이것은 물러나 쉴 때의 학업이다. 학문을 하는 도는 편안할 수 있는 것을 귀하게 여긴다. 편안할 수 있으면 마음과 이치가 융회되어 숙성하게 된다. 그러나 아직 편안함에 이르지 않았다면, 행함을 싫증내지 않는 데 있으니 하다말다 해서는 안 된다. '조만操縵'은 금슬琴瑟의 줄을 고르는 것이다. 초학자의 경우 손과 줄이 잘 맞을 수 없으므로 물러나 쉴 때도 반드시 줄을 고르는 것을 그만두어서는 안 된다. 그렇게 해야만 학습한 것이 익숙해져서 연주를 편안히 하게 된다. 시인이 비比와 흥興[13]으로 표현하는 말에는 사물의 정리情理에 의탁하는 것이 많고 사물의 정리情理 또한 매우 광대하다. 그러므로 『시詩』를 배우는 사람이 학교에서만 공부하고, 물러나 쉴 때 사물의 정리情理가 의탁된 것들을 널리 탐구하지 않으면 그 실상을 징험할 수 없고, 시의 언어들에 대해 반드시 의심하고 모호하게 여기는 점이 있게 되어 편안할 수가 없다. '잡복雜服'은 면冕과 변弁 그리고 의상衣裳 등의 종류이다. 선왕이 예악을 제작할 때, 예마다 복장이 있어 매우 복잡하다. 배우는 사람이 학교에서만 공부하고 물러나 쉴 때 예를 행하는 사람의 여러 가지 복식을 관찰하지 않으면 그 제도를 다 알 수 없고 예문禮文에 대해 모호하게 여기는 점이 있게 되어 편안할 수가 없다. '흥興'이란 뜻이 흥기하여 스스로 멈출 수가 없는 것이다. '예藝'는 바로 세 가지를 배우는 것이 거기에 해당한다. 이는 물러나 쉴 때 이 세 가지를 배우려는 마음이 일어나지 않는다면, 학문을 좋아하지 못한다고 말하는 것을 가리킨다. 따라서 군자는 배움에 있어 마음에 품고 익힐 때 반드시 정규 학업이 있어 익히는 것이 전일하고 뜻이 분산되지 않고, 쉬고 노니는 때에 반드시 일정하게 공부하는 바가 있어 기르는 것은 순일해지고 기예는 더욱 숙달하게 된다. 그러므로 그의 학문은 쉽게 이루어진다. ○ 주자는 말한다. "고인의 의복제도는 각각 강쇄降殺하는 것이 있어, 만일 잡다한 복식을 이해하게 되면, 예에 관해서 반 이상 알게 된다." 舊說'大學之教也時'句絶, '退息必有居'句絶, 今讀'時'字連下句, '學'字連上句. 謂四時之教, 各有正業, 如"春秋教以禮樂, 冬夏教以『詩』『書』", "春誦夏絃"之類, 是也. 退而燕息, 必有燕居之學, 如"退而省其私, 亦足以發", 是也. '弦'也·'『詩』'也·'禮'也, 此時教之正業也. '操縵'·'博依'·'雜服', 此退息之居學也. 凡爲學之道, 貴於能安. 安則心與理融而成熟矣. 然未至於安, 則在乎爲之不厭, 而不可有作輟也. '操縵', 操弄琴瑟之絃也. 初學者手與絃未相得, 故雖退息時, 亦必操弄之不廢. 乃能習熟而安於絃也. 詩人比興之辭, 多依託於物理, 而物理至博也. 故學『詩』者, 但講之於學校, 而不能於退息之際, 廣求物理之所依附者, 則無以驗其實, 而於詩之辭, 必有疑殆, 而不能安者矣. '雜服', 冕弁衣裳之類. 先王制作, 禮各有服, 極爲繁雜. 學者但講之於學, 而不於退息時游觀行禮者之雜服, 則無以盡識其制, 而於禮之文, 必有彷彿而不能安者矣. '興'者, 意之興起而不能自已者. '藝', 卽三者之學, 是也. 言退息時, 若不興此三者之藝, 則謂之不能好學矣. 故君子之於學也, 藏焉脩焉之時, 必有正業, 則所習者專而志不分, 息焉遊焉之際, 必有居學, 則所養者純而藝愈熟. 故其學易成也. ○ 朱子曰: "古人服各有等降, 若理會得雜服, 則於禮思過半矣."

**【학기 14】**

그러하기 때문에, 학업을 편안히 여기고 스승을 친애하며 벗들과 화락하고 도를 신뢰한다. 그러므로 스승과 벗을 떠나게 되더라도 도에서 어긋나지 않는다. 「열명說命」에서 "도를 공경하고 학업을 공순히 행하며 힘써 노력하여 항상 민첩하게 실천하면 그 학업을 익힌 성과가 이를 것이다"라고 하였는데, 이것을 말한 것이다.
夫然, 故安其學而親其師, 樂其友而信其道. 是以雖離師輔而不反也. 兌命曰: "敬孫務時敏, 厥脩乃來", 其此之謂乎.

**鄭注** '경손敬孫'은 도를 공경하고 학업을 공순히 수행하는 것이다. '민敏'은 빠르다는 뜻이다. '궐厥'은 그것이라는 뜻이다. 배우는 사람이 때에 맞게 하기를 힘쓰고 민첩하게 실천하면, 학업을 익힌 성과가 이른다. '敬孫', 敬道孫業也. '敏', 疾也. '厥', 其也. 學者務及時而疾, 其所脩之業乃來.

**集說** 윗글을 받아서 품고, 익히고, 노닐며, 쉬는 모든 때에 학업에 뜻을 두지 않음이 없으므로 학업을 편안하게 여기고 친애하고 즐기고 신뢰하여 스승과 동학들을 떠나도 도에서 어긋나지 않음을 말한 것이다. '시민時敏'은 민첩하지 않은 때가 없다는 말이다. '그 학업을 익힌 성과가 이를 것이다'(厥脩乃來)는 것은 정진하여 닦아서 진보함이 마치 샘물이 끊임없이 흘러나오는 것과 같음을 말한다. 承上文而言藏脩遊息, 無不在於學, 是以安親樂信, 雖離師友, 亦不畔於道也. '時敏', 無時而不敏也. '厥脩乃來', 言其進脩之益, 如水之源源而來也.

**【학기 15】**

오늘날 가르치는 자는 자신이 책에서 본 것을 (의미도 모르면서) 읊을 뿐이고, (학생에게) 질문하는 말을 많이 하여 말하는 것이 다단한 데 이른다. 수업을 진행하면서 학생들이 편안히 여기는지 살피지 않고 학생에게 시키고 설명해줌에 성심으로 하지 않으며 학생을 가르침에 자신의 재주를 다 발휘하지 않는다. 스승이 시행하는 것은 어긋나고 학생이 희구하는 것은 꺾인다. 그러하기 때문에 학생은 자신이 배운 것을 숨기고 그 스승을 미워하며 학업의 어려움에 고통스러워하고 학문이 도움이 되는 것을 경험하지 못한다. 비록 그 학업을 마치더라도 배운 것을 버리는 것이 반드시 빠를 것이니, 교육이 성취되지 않는 것은 아마도 이 때문이다.

今之教者, 呻其佔畢, 多其訊,① 言及于數.② 進而不顧其安,③ 使人不由其誠,④ 教人不盡其材.⑤ 其施之也悖, 其求之也佛.⑥ 夫然, 故隱其學而疾其師, 苦其難而不知其益也.⑦ 雖終其業, 其去之必速.⑧ 教之不刑, 其此之由乎.⑨

**鄭注** ① '신呻'은 읊조리다는 뜻이다. '점佔'은 본다는 뜻이다. 죽간(簡)을 '필畢'이라고 한다. '신訊'은 묻는다는 뜻이다. 지금의 스승들은 스스로는 경전의 뜻을 이해하지도 못하면서 자신이 본 죽간(簡 책)의 글만을 읊조리고, 비평만 많이 함을 말한다. '신呻'은 더러 '모慕'로 되어 있고, '신訊'은 더러 '자訾'로 되어 있다. '呻', 吟也. '佔', 視也. 簡謂之'畢'. '訊', 猶問也. 言今之師自不曉經之義, 但吟誦其所視簡之文, 多其難問也. '呻'或爲'慕', '訊'或爲'訾'.

② 발언하여 설명하는 것이 그 뜻을 위주로 하지 않고, 걸핏하면 근거하는 바(法象)[14]가 있다고 말할 뿐이다. 其發言出說, 不首其義, 動云有所法象而已.

③ 암송하는 것이 많기에만 힘쓰고 이해하지 못하는 것은 생각하지 않는다. 務其所誦多, 不惟其未曉.

④ '유由'는 쓴다는 말이다. 학생들에게 암송하게 시키고 선생이 뜻을 설명해줌에 성실한 마음을 가지고 하지 않는 것이다. '由', 用也. 使學者誦之而爲之說, 不用其誠.

⑤ 재材는 '도道'이다. 스승이 감추는 것이 있음을 의미한다. 『역易』에 "하늘

과 땅 그리고 사람의 도를 아우르면서 둘로 하였다"고 하였는데, 이는 하늘과 땅 그리고 사람의 도를 말한다. 材, '道'也. 謂師有所隱也. 『易』曰: "兼三材而兩之", 謂天地人之道.

⑥ 가르치는 사람이 말하는 것이 틀리면, 배우는 자는 질문을 옳게 하지 못한다. 教者言非, 則學者失問.

⑦ '은隱'은 드러내 칭찬하지 않는 것이다. '학문이 도움이 되는 것을 경험하지 못한다'(不知其益)는 것은 유익함이 없는 것 같다는 뜻이다. '隱', 不稱揚也. '不知其益', 若無益然.

⑧ '속速'은 빠르다는 뜻이다. 배운 것을 마음으로 이해하지 않으면, 잊어버리는 것이 빠르게 된다. '速', 疾也. 學不心解, 則亡之易.

⑨ '형刑'은 이룬다는 뜻과 같다. '刑', 猶成也.

**集說** '신呻'은 읊조리는 소리다. '점佔'은 본다는 뜻이다. '필畢'은 간독簡牘(책)이라는 뜻이다. '신訊'은 묻는다는 뜻이다. 지금 남을 가르치는 사람들은 그 자신이 본 책을 읊조리기만 할 뿐 그 깊은 의미를 알지 못하면서 질문하는 말을 많이 하여 학생에게 질문하는데, 말한 바가 한두 마디가 아니어서 '말하는 것이 다단한 데 이른다'(言及于數)라고 한 것이다. '불고기안不顧其安'은 배우는 사람이 편안히 여기는지 여부를 살피지 않는다는 뜻이다. '불유기성不由其誠'은 자기의 힘을 실제로 쓰려고 하지 않는다는 뜻이다. '부진기재不盡其材'는 그 재주가 뛰어난 점을 다 발휘하지 못한다는 것이다. 질문을 많이 하고, 말하는 것이 다단한 데 이른다면 "사계절에 따른 가르침에 반드시 정규 학업이 있다"([학기 13])는 것과 다르다. 남에게 시키고 설명해줌에 자신의 성심을 가지고 하지 않고, 남을 가르침에 자신의 재주가 뛰어난 점을 다 발휘하지 않는다면 "물러나 쉴 때에도 반드시 일정하게 학습하는 것이 있다"([학기 13])는 것과 다르다. 이와 같기 때문에 스승이

시행하는 것이 항상 어긋나고 거스르는 데 이르고, 학생이 희구하는 것은 매양 꺾이고 빗나가게 된다. '자신이 배운 것을 숨긴다'(隱其學)는 배운 것을 스스로 드러내 보이지 않는다는 뜻이다. 학업을 마치고 곧바로 속히 버리는 것은 노력하는 것이 이어지지 못하고 지리멸렬하여 편안하고 즐겁지 않기 때문이다. '형刑'은 이룬다는 뜻이다. ○ 주자는 말한다. "횡거橫渠가 편지를 써서 다른 사람에게 말하기를, '그의 아들이 최근에 책을 암송하는데 익숙하지 못하여, 일단 그에게 익숙하게 암송하게 시키면서 성심과 재주를 다하게 하였다'고 말하였다. 횡거는 이 두 구절을 하나의 의미로 풀이하였는데, 재주가 무언가를 하기에 충분하지만 성심으로 하지 않기 때문에 자기의 재능을 다 발휘하지 못하는 것을 말한다." '呻', 吟諷之聲也. '佔', 視也. '畢', 簡也. '訊', 問也. 言今之敎人者, 但吟諷其所佔視之簡牘, 不能通其緼奥, 乃多發問辭, 以訊問學者, 而所言又不止一端, 故云'言及于數'也. '不顧其安', 不恤學者之安否也. '不由其誠', 不肯實用其力也. '不盡其材', 不能盡其材之所長也. 夫多其訊而言及于數, 則與"時敎必有正業"者異矣. 使人不由其誠, 敎人不盡其材, 則與"退息必有居學"者異矣. 惟其如此, 是以師之所施者, 常至於悖逆, 學者之所求, 每見其拂戾也. '隱其學', 不以所學自表見也. 終業而又速去之, 以其用工間斷, 鹵莽滅裂, 而不安不樂故也. '刑', 成也. ○ 朱子曰: "橫渠作簡, 與人言, '其子日來, 誦書不熟, 且敎他熟誦, 以盡其誠與材.' 他解此兩句, 只作一意解, 言人之材, 足以有爲, 但以不由於誠, 則不盡其材."

**【학기 16】**

대학의 법도는 일이 발생하기 전에 예방하는 것을 '미리 예방한다'(豫)라고 하고, 가르침을 받아들일 수 있을 때 가르치는 것을 '때에 맞게 한다'(時)라고 하고, 분한을 넘어서 시행하지 않는 것을 '순조롭게 한다'(孫)라고 하고, 서로 살펴보며 향상시켜 가는 것을 '연마한다'(磨)라고 한다. 이 네 가지는 교육이 흥성하는 원인이다.
大學之法, 禁於未發之謂'豫',① 當其可之謂'時',② 不陵節而施之謂'孫',③ 相觀而善之謂'摩'.④ 此四者, 教之所由興也.⑤

**鄭注** ① '아직 생기지 않았을 때'(未發)는 정욕情慾이 아직 생기기 전으로 15세 나이를 가리킨다. '未發', 情慾未生, 謂年十五時.
② '가可'는 20세 나이인 성인을 가리킨다. '可', 謂年二十時, 成人.
③ '불능절不陵節'은 어른과 재주 있는 사람에게는 작은 것을 가르치지 않고, 아이와 둔한 자에게는 큰 것을 가르치지 않음을 말한다. '시施'는 가르친다는 뜻과 같다. '손孫'은 순종한다는 뜻이다. '不陵節', 謂不教長者才者以小, 教幼者鈍者以大也. '施', 猶教也. '孫', 順也.
④ 여러 사람이 한꺼번에 묻지 않으면 가르치는 사람이 전일하게 생각할 수 있다. '마摩'는 서로 연마한다는 뜻이다. 不並問, 則教者思專也. '摩', 相切磋也.
⑤ '흥興'은 흥기한다는 뜻이다. '興', 起也.

**集說** '예豫'는 일이 발생하기 전을 말한다. '시時'는 이르지도 늦지도 않은 때이다. '능陵'은 분한을 넘어 범한다는 뜻이다. '절節'은 '절후를 안다'고 할 때의 '절節'이다. 예禮에는 예의 절도가 있고, 악樂에는 악의 절도가 있으며, 사람에게는 장유長幼의 절도가 있으니, 모두 분한分限이 있음을 말한다. '분한을 넘어서 시행하지 않는다'(不陵節而施)는 것은 어린이에게 어른이 하는 일로 가르치지 않음을 말한다. '서로 살펴보며 향상시킨다'(相觀而善)는 것은 가령 갑甲이 잘한 일을 칭찬하면 을이 그것을 보고 본받으며, 을에게 칭찬할 만한 잘한 일이 있으면 갑도 역시 그렇게 하는 것이다. '손孫'은 순종의

의미로 말한 것이고, '마摩'는 서로 격려하여 나아가는 것으로 말한 것이다. ○ 방씨方氏는 말한다. "'남자와 여자는 일곱 살이 되면 자리를 함께하지 않고 밥을 함께 먹지 않으며, 어린 아이에게는 항상 속이지 않음을 보여주는 것' 등은 '미리 예방하는 것'(豫)이라고 할 만하다. 열 살에 글쓰기와 셈하기를 배우고 13살에 작勺 춤을 배우고 20살에 상象 춤을 배우는 것은 '때에 맞는 것'(時)이라 할 만하다." ○ 석량왕씨石梁王氏는 말한다. "정현의 주註에서는 '시時'를 나이 20세가 된 때로 여겼는데 잘못이다." '豫'者, 先事之謂. '時'者, 不先不後之期也. '陵', 踰犯也. '節', 知節候之'節'. 禮有禮節, 樂有樂節, 人有長幼之節, 皆言分限所在. '不陵節而施', 謂不敎幼者以長者之業也. '相觀而善', 如稱甲之善, 則乙者觀而效之, 乙有善可稱, 甲亦如之. '孫'以順言, '摩'以相厲而進爲言也. ○ 方氏曰: "'若七年, 男女不同席, 不共食, 幼子常視毋誑', 則可謂之'豫'矣. 若十年學書計, 十三年舞勺, 成童舞象, 可謂之'時'矣." ○ 石梁王氏曰: "註專以'時'爲年二十之時, 非也."

**【학기 17】**

일이 발생한 뒤에 금지시키면, 저항이 굳세 이길 수 없다. 배울 때가 지난 뒤에 배우면, 힘들고 괴롭기만 하고 성취하기는 어렵다. 단계를 건너뛰어 뒤섞어 가르쳐 순조롭게 하지 않으면, 가르침이 무너지고 무질서하여 학생들이 익히지 못한다. 홀로 배워서 벗이 없으면, 고루하고 견문이 적게 된다. 벗들과 설만하게 지내면, 그 스승을 소홀히 여기게 된다. 설만하게 놀면서 나쁜 짓을 하면, 그 학업을 폐하게 된다. 이 여섯 가지는 가르침이 폐하게 되는 원인이다. 發然後禁, 則扞格而不勝.① 時過然後學, 則勤苦而難成.② 雜施

而不孫, 則壞亂而不脩.③ 獨學而無友, 則孤陋而寡聞.④ 燕朋逆其師.⑤ 燕辟廢其學.⑥ 此六者, 敎之所由廢也.⑦

**鄭注** ① 가르침이 정욕을 이길 수 없다. '학格'은 '동학凍洛'(얼어붙고 말라 단단하다)의 '학洛'(말라서 단단하다)으로 읽는다. '한학扞格'은 단단하여 뚫고 들어갈 수 없는 모양이다. 敎不能勝其情慾. '格', 讀如'凍洛'之'洛'. '扞格', 堅不可入之貌.

② 때가 지나면 생각이 방일하게 된다. 時過則思放也.

③ 작은 것에 통달하지 못하고 큰 것을 잘 인식하지 못함은 배우는 자가 미혹된 것이다. 小者不達, 大者難識, 學者所惑也.

④ 서로 살펴보지 않는 것이다. 不相觀也.

⑤ '연燕'은 설만하다는 뜻과 같다. 붕우들을 설만하게 대한다는 말이다. '燕', 猶褻也. 褻其朋友.

⑥ 스승이 비유를 들어 가르쳐준 것들을 설만하게 여기는 것이다. 褻師之譬喩.

⑦ '폐廢'는 멸절된다는 뜻이다. '廢', 滅.

**集說** '한扞'은 거부한다는 뜻이다. '학格'은 '동학凍洛'(얼어붙고 말라 단단하다)의 '학洛'(말라서 단단하다)으로 읽는데, 땅이 얼어 딱딱해서 뚫기 어려운 것과 같음을 말한다. '불승不勝'은 스승의 가르침을 이어받아 감당하지 못함을 뜻한다. 일설에는 거성去聲으로 읽는데, 교육이 잘못을 행하는 마음을 이기지 못함을 말한다. 또한 의미에 통한다. '잡시雜施'는 단계를 건너뛰고 절도를 무시함을 말한다. 격의 없이 설만하게 대하는 친구는 틀림없이 선으로 권면하지 않아 더러 서로 함께 지내면서 스승을 업신여기게 된다. 설만하게 절도 없이 놀면서 나쁜 짓을 하면 반드시 외부의 유혹에 현혹될 것이니 학업을 폐하지 않을 수 있겠는가? 이 설만하게 대하는 친구와 설만하게 놀

면서 행하는 나쁜 짓의 폐해는 모두 '일이 발생한 뒤에 금지시킨다'(發然後禁)는 아래의 4가지 잘못에서 비롯되는 것으로, 모두 위 경문(16장)의 4가지와 상반된다. ○ 정씨鄭氏(정현鄭玄)는 말한다. "연燕은 설만하다는 뜻과 같다. 붕우들을 설만하게 대하고, 스승이 비유를 들어 가르쳐준 것을 설만하게 여기는 것이다." '扞', 拒扞也. '格', 讀如'凍洛'之'洛', 謂如地之凍, 堅强難入也. '不勝', 不能承當其敎也. 一讀爲去聲, 謂敎不能勝其爲非之心. 亦通. '雜施', 謂躐等陵節也. 燕私之朋, 必不責善, 或相與以慢其師. 燕遊邪僻, 必惑外誘, 得不廢其業乎? 此燕朋·燕僻之害, 皆由於'發然後禁'以下四者之失, 皆與上文四者相反也. ○ 鄭氏曰: "燕, 猶褻也. 褻其朋友, 褻師之譬喩."

**【학기 18】**

군자는 교육이 홍성하게 되는 이유를 알고, 또 교육이 폐하게 되는 이유도 안 뒤에 남의 스승이 될 수 있다. 그러므로 군자는 가르치고 깨우쳐줄 때 인도해주지만 강제로 이끌지 않고, 격려하지만 억지로 떠밀지 않고, 실마리를 열어주지만 완전히 통하는 단계까지 일러주지 않는다. 인도해주면서 억지로 이끌지 않으면 스승과 제자가 화친하고, 격려하면서 억지로 떠밀지 않으면 쉽게 받아들이고, 실마리를 열어주면서 완전히 통하는 단계까지 다 일러주지 않으면 사색을 하게 된다. 화친하면서 쉽게 받아들여 사색하게 한다면, '잘 가르친다'고 할 수 있다.

君子旣知敎之所由興, 又知敎之所由廢, 然後可以爲人師也. 故君子之敎喩也, 道而弗牽, 强而弗抑, 開而弗達.① 道而弗牽則

和, 强而弗抑則易, 開而弗達則思. 和易以思, 可謂'善喻'矣.②

鄭注 ① '도道'(인도한다)는 길을 보여준다는 뜻이다. '억抑'은 떠민다는 뜻과 같다. '개開'는 단서를 열어줌을 말한다. '道', 示之以道塗也. '抑', 猶推也. '開', 謂[15]發頭角.

② 생각해서 자득하면 깊어진다. 思而得之則深.

集說 도로 들어가는 방법을 보여주지만, 억지로 이끌어서 반드시 나아가 행하게 하지 않고, 배우는 이의 생각이 지향하는 것을 부추겨주면서 막고 억제하여 물러나게 하지 않고, 도에 들어갈 단서만을 열어주고 통하는 단계까지 다하지 않는다. 이와 같이 하면 저촉되지 않고 화친하게 되고, 힘들여 괴롭게 고생하지 않아도 쉽게 도달하게 된다. 단계를 건너뛰어 무질서하게 가르침으로써 그 마음을 어지럽히지 않고, 서로 살펴보며 그 의지를 북돋우면서, 생각하면 얻게 된다. 示之以入道之所由, 而不牽率其必進作, 興其志氣之所尙, 而不沮抑之使退, 開其從入之端, 而不竟其所通之地. 如此則不扞格而和, 不勤苦而易. 不雜施以亂其心, 有相觀以輔其志, 而思則得之矣.

**【학기 19】**

배우는 자에게 네 가지 유형의 잘못이 있으니 가르치는 자가 반드시 알아야 한다. 사람이 배울 때, 어떤 사람은 많이 배우려는 데에서 잘못을 범하고, 어떤 사람은 조금 배우려는 데에서 잘못을 범하고, 어떤 사람은 쉽게 배우려는 데에서 잘못을 범하고, 어떤 사람은 배우지 않으려는 데에서 잘못을 범한다. 이 네 가지는 사람의 마음이 다 다르기 때문이다. 배우는 이의 마음을 안 뒤에 그 잘못을 구제하여 줄 수 있다. 교육은 잘하는 것을 길러주고 잘못하는 것을 구제하여 주는 것이다.

學者有四失, 敎者必知之. 人之學也, 或失則多, 或失則寡, 或失則易, 或失則止. 此四者, 心之莫同也.① 知其心, 然後能救其失也.② 敎也者, 長善而救其失者也.

**鄭注** ① 많이 배우려는 데에서 잘못을 범하는 것은 재주가 모자란 사람을 가리킨다. 조금 배우려는 데에서 잘못을 범하는 것은 재주가 많은 사람을 가리킨다. 쉽게 배우려는 데에서 잘못을 범하는 것은 묻기만 좋아하고 기억해두지 않는 사람을 가리킨다. 배우지 않으려는 데에서 잘못을 범하는 것은 생각하기만 좋아하고 묻지 않는 사람을 말한다. 失於多謂才少者. 失於寡謂才多者. 失於易謂好問不識者. 失於止謂好思不問者.

② 그 잘못을 구제하는 방법은, 많이 배우려는 경우와 쉽게 배우려는 경우는 억제시키는 것이요, 조금만 배우려는 경우와 배우지 않으려는 경우는 진작시키는 것이다. 救其失者, 多與易, 則抑之, 寡與止則進之.

**集說** 방씨方氏는 말한다. "'어떤 이는 많이 배우려는 데에서 잘못을 범한다'는 것은 지혜로운 자가 지나치게 되는 원인이다. '어떤 이는 조금만 배우려는 데에서 잘못을 범한다'는 것은 어리석은 사람이 미치지 못하게 되는 원인이다. '어떤 이는 쉽게 배우려는 데에서 잘못을 범한다'는 것은 현명한 자가 지나치게 되는 원인이다. '어떤 이는 배우지 않으려는 데에서 잘못을 범한다'는 것은 모자란 사람이 미치지 못하게 되는 원인이다. 보고 듣기를 많이 하여 사도邪道에까지 나아가는 것이 많이 배우려는 경우의 잘못이다. 보고 듣기를 적게 하여 검속하는 것도 세우는 것도 없는 것이 조

금 배우려는 경우의 잘못이다. '자로가 용기를 좋아함은 나보다 낫지만 쓸 만한 재주가 없다'[16]고 한 것은 쉽게 배우려는 잘못이다. 염구에게 '지금 너는 미리 한정하는구나'[17]라고 한 것은 안 배우려는 잘못이다. '예로써 나를 검속한다'는 말은 많이 배우려는 잘못을 구제하기 위함이고, '글로써 나를 넓혀주시네'라고 한 말은 적게 배우려는 잘못을 구제하기 위함이다. '너무 진취적인 사람은 물러나게 한다'라고 한 말은 쉽게 배우려는 잘못을 구제하기 위함이고, '너무 소극적인 사람은 나아가게 한다'[18]라는 말은 안 배우려는 잘못을 구제하기 위함이다." 方氏曰: "'或失則多'者, 知之所以過. '或失則寡'者, 愚之所以不及. '或失則易', 賢者之所以過. '或失則止', 不肖者之所以不及. 多聞見而適乎邪道, 多之失也. 寡聞見而無約無卓, 寡之失也. '子路好勇過我, 無所取材', 易之失也. 冉求之'今女畫', 止之失也. '約我以禮', 所以救其失之多, '博我以文', 所以救其失之寡. '兼人則退之', 所以救其失之易, '退則進之', 所以救其失之止也."

**【학기 20】**

노래 잘하는 이는 듣는 사람이 그 소리를 이어 부르게 하고, 잘 가르치는 이는 배우는 사람이 그 뜻을 계승하게 한다. 그 말이 간략하면서도 꿰뚫고 있고, 은미하면서도 선하고, 드물게 비유하면서도 깨닫게 한다면 '뜻을 계승한다'고 할 만하다.

善歌者使人繼其聲, 善教者使人繼其志.① 其言也, 約而達, 微而臧, 罕譬而喻, 可謂'繼志'矣.②

**鄭注** ① 행하는 것이 뛰어난 사람은 뒷사람이 즐거이 본받음을 말한다.

言爲之善者, 則後人樂放傚.

② 스승의 설이 분명하면 제자들이 조술하기를 좋아하고, 스승의 말이 적더라도 이해된다. '장臧'은 뛰어나다는 뜻이다. 師說之明, 則弟子好述之, 其言少而解. '臧', 善也.

集說 '간략하면서도 꿰뚫고 있다'(約而達)는 말은 간략하지만 의미는 명철하다는 뜻이다. '은미하면서도 선하다'(微而臧)는 말이 준엄하지 않지만 선함은 분명하다는 뜻이다. '드물게 비유하면서도 깨닫게 한다'(罕譬而喩)는 비견하여 설명하는 말이 적지만 감동시키는 의미는 깊다는 것이다. '뜻을 계승한다'(繼志)는 것은 배우는 사람들의 지향이 스승과 간격이 없게 할 수 있다는 말이다. '約而達', 辭簡而意明也. '微而臧', 言不峻而善則明也. '罕譬而喻', 比方之辭少而感動之意深也. '繼志', 謂能使學者之志, 與師無間也.

【학기 21】

군자는 학생이 학문에 이르는 것의 어렵고 쉬움을 알고 학생의 자질이 뛰어나고 뛰어나지 못함을 안 뒤에 널리 깨우쳐줄 수 있다. 널리 깨우쳐 줄 수 있은 뒤에 스승이 될 수 있다. 스승이 될 수 있은 뒤에 관서의 장長이 될 수 있다. 장이 될 수 있은 뒤에 군주가 될 수 있다. 그러므로 스승이란 군주가 되는 것을 배울 수 있는 사람이다. 그러므로 스승을 택하는 것을 신중하지 않을 수 없다. 『기記』에서 "삼왕三王[19]과 사대四代는 오직 그 스승을 신중히 택했던 것이다"라고 하였으니, 이것을 말한 것이다!

君子知至學之難易, 而知其美惡, 然後能博喩. 能博喩然後能爲師. 能爲師然後能爲長. 能爲長然後能爲君.① 故師也者所以學爲君也.② 是故擇師不可不愼也.③ 『記』曰: "三王四代, 唯其師", 其此之謂乎!④

**鄭注** ① '뛰어나고 뛰어나지 못함'(美惡)은 주장의 옳고 그름을 가리킨다. '장長'은 고위직의 우두머리다. '美惡', 說之是非也. '長', 達官之長.

② 제자가 스승에게 배움에, 군주의 일을 행하는 것을 배운다. 弟子學於師, 學爲君.

③ 스승이 훌륭하면, 결과도 좋게 된다. 師善則善.

④ '사대四代'는 우虞·하夏·은殷·주周를 말한다. '四代', 虞·夏·殷·周.

**集說** '지학至學'은 학문에 이른다는 것이다. 둔한 사람은 학문에 이르기 어렵고 영민한 사람은 이르기 쉽다. 자질이 좋은 사람은 도를 향하고 좋지 못한 사람은 도를 배반한다. '이것을 안 뒤에 널리 깨우쳐줄 수 있다'(知乎此, 然後能博喩)는 것은 조리 있게 잘 유도하고 하나의 방법에 구애되지 않음을 말한다. 『주례』「천관·태재太宰」에 "관장官長은 신분의 지위에 따라 백성을 얻고, 스승은 지식의 능력에 따라 백성을 얻는다"고 하였다. '장長'은 관직의 우두머리이고, '군君'은 한 나라의 군주이다. (이 경문은) 군주의 직분을 행하는 도가 모두 학문에 힘쓰는 것으로부터 확충해가는 것으로, 삼왕三王과 사대四代의 시대가 잘 다스려졌던 이유는 군주를 잘 세우고 스승을 잘 세웠기 때문임을 말한 것이다. 주자周子(주렴계周濂溪)는 말한다. "스승의 도가 세워지면 선한 사람이 많아지고 선한 사람이 많아지면 조정이 바르게 되고 천하가 다스려진다." '至學', 至於學也. 鈍者至之難, 敏者至之易. 質美者向道, 不美者叛道. '知乎此, 然後能博喩', 謂循循善誘, 不拘一塗也. 『周官』「太宰」"長以貴得民, 師以賢得民." '長'者一官之長, '君'則一國之君也. 言爲君之道, 皆自務學充

之, 三王四代之所以治, 以能作之君作之師爾. 周子曰: "師道立則善人多, 善人多則朝廷正, 而天下治矣."

**【학기 22】**

무릇 학문의 도는 스승을 높이고 공경하는 것이 어렵다. 스승에게 위엄이 있은 뒤에 도가 존중된다. 도가 존중된 뒤에 백성들이 학문을 공경할 줄 안다. 그러므로 군주가 자기의 신하에 대해서 신하로 대할 수 없는 경우가 두 가지가 있으니, 제사의 시尸가 된 자에 대해서 신하로 대우하지 못하며, 스승이 된 자에 대해서 신하로 대우하지 못한다. 대학大學의 예법에서 비록 천자에게 고할 때에도 (스승 된 자가) 북면을 하는 일이 없는 것은 스승을 높이기 위함이다.

凡學之道, 嚴師爲難.① 師嚴然後道尊. 道尊然後民知敬學. 是故君之所不臣於其臣者二, 當其爲尸, 則弗臣也, 當其爲師, 則弗臣也.② 大學之禮, 雖詔於天子, 無北面, 所以尊師也.③

**鄭注** ① '엄嚴'은 높이고 공경한다는 뜻이다. '嚴', 尊敬也.

② '시尸'는 주인의 뜻이다. 제사의 주인이 된다. '尸', 主也. 爲祭主也.

③ 스승을 존중하고 도를 높이기 때문에 신하의 자리에 머물게 하지 않는다. 무왕이 천자의 자리에 오르자, 사상보師尙父를 불러 "예전에 황제와 전욱의 도를 마음에 두었었다. 또한 희미해져 볼 수 없겠지?"라고 물었다. 사상보가 "서책에 남아 있습니다. 왕께서 듣기를 원하신다면 재계를 하십시오"라고 말하였다. 왕이 삼 일 동안 재계를 하고 현단복 차림을 하였다. 사상보도 현단복 차림을 하고 책을 받들고 들어와 병풍을 등지고 섰다. 왕

은 당에서 내려가 남면을 하고 섰다. 사상보가 "선왕의 도는 북면을 하지 않습니다"라고 하자 왕이 서쪽으로 갔다가 꺾어서 남쪽으로 가서 동면을 하고 섰다. 사상보는 서면을 하고 책의 내용을 말하였다.[20] 尊師重道焉, 不使處臣位也. 武王踐阼, 召師尙父而問焉曰: "昔黃帝・顓頊之道存乎. 意亦忽不可得見與?" 師尙父曰: "在丹書. 王欲聞之, 則齊矣." 王齊三日, 端冕. 師尙父亦端冕, 奉書而入, 負屛而立. 王下堂, 南面而立. 師尙父曰: "先王之道不北面", 王行西, 折而南, 東面而立. 師尙父西面道書之言.

集說 '엄사嚴師'는 『효경』의 "아버지를 높이고 공경한다"는 뜻과 같다. 높여서 예우하고 깍듯하게 중시함을 말한다. '북면을 하는 일은 없다'(無北面)는 것은 신하의 자리에 머무르지 않는다는 뜻이다. ○ 석량왕씨石梁王氏는 말한다. "'천자에게 고할 때에도 (스승 된 자가) 북면을 하는 일이 없다'고 한 것에 대해 정현의 주에서는 무왕武王이 천자의 자리에 오른 것을 인용하였는데, 이는 『대대례기』에 나온다." '嚴師', 如『孝經』'嚴父'之義. 謂尊禮嚴重之也. '無北面', 不處之以臣位也. ○ 石梁王氏曰: "'詔於天子, 無北面', 註引武王踐阼, 出『大戴禮』."

**【학기 23】**

잘 배우는 자는 스승이 편하면서도 효과는 배가 되며, 또한 거기에다 스승을 공로가 있다고 여긴다. 잘 배우지 못하는 자는 스승이 힘들면서도 효과는 반감하며, 또한 거기에다 스승을 원망한다. 질문을 잘 하는 이는 단단한 나무를 공략하듯이 하니, 쉬운 부분을 먼저 공략하고 그 절목이 되는 부분에 대해서는 뒤에 공략하여 시간이 오래되면 서로 증험을 해주면서 이해가 된다. 질문을 잘 하지 못하는 자는 이와 반대이다. 질문에 잘 대답하는 자는 종을 칠 때 작은 것으로 두드리면 작게 울리고 큰 것으로 두드리면 크게 울리면서 넉넉하고 여유롭게 한 뒤에 그 소리를 다하는 것과 같이 한다. 질문에 잘 대답하지 못하는 자는 이와 반대이다. 이는 모두 학문을 진전시키는 방법이다.

善學者師逸而功倍, 又從而庸之. 不善學者師勤而功半, 又從而怨之.① 善問者如攻堅木, 先其易者, 後其節目, 及其久也, 相說以解. 不善問者反此.② 善待問者如撞鍾, 叩之以小者則小鳴, 叩之以大者則大鳴, 待其從容, 然後盡其聲. 不善答問者反此.③ 此皆進學之道也.④

鄭注 ① '종從'은 뒤이어의 뜻이다. '용庸'은 공로의 뜻이다. 공로로 여긴다는 것은 스승의 도를 받음에 스승이 자신에게 공로가 있다는 뜻이다. '從', 隨也. '庸', 功也. 功之, 受其道, 有功於己.

② 쉬운 것을 먼저 하고 어려운 것을 뒤에 하여 점진적으로 들어감을 말한다. 言先易後難, 以漸入.

③ '종從'은 "부보富父가 창으로 쳤다"21)고 할 때의 '용舂'으로 읽는다. 용용舂容은 거듭해서 치고 두드리는 것을 의미한다. 처음에는 한 번의 소리지만 배우는 자가 실마리를 풀어 나아가 다시 물으면 극진히 설명해주는 것이 종을 쳤을 때 소리가 울리는 것과 같다. '종從'은 더러 '송松'으로 되어 있다. '從', 讀如"富父舂戈"之'舂'. 舂容謂重撞擊也. 始者一聲而已, 學者旣開其端意, 進而復問, 乃極說之, 如撞鐘之成聲矣. '從'或爲'松'.

④ 이는 모두 질문을 잘하고 답변을 잘 하는 것이다. 此皆善問善答也.

**集說** '용庸'은 공로의 뜻이다. 스승이 자기에게 공로가 있음을 감사하는 것이다. '상설이해相說以解'에 대해 구주舊註에서는 '설說'을 '열悅'의 의미로 보았으나 지금은 주자의 설을 따라 본래 글자의 의미로 읽는다. ○ 소疏에서 말한다. "'종從은 용舂으로 읽는다'는 것에서 '용舂'은 친다는 뜻으로, 이 글자로 (쳐서 나는) 소리를 형용하는 말로 삼는다. 종이란 것은 반드시 치기를 기다린다. 한 번 칠 때마다 하나의 소리가 된 뒤에 그 소리를 다한다. 대답을 잘하는 사람도 한 번 질문이 있기를 기다린 뒤에 한 번 대답을 하여, 이에 그 내용을 다 설명한다." 나의 생각으로는 '종용從容'은 넉넉하고 여유로워 급박하지 않다는 듯이다. 급하고 빠르게 치지 않으면, 종소리의 크고 작음과 길고 짧음이 다 발휘될 수 있기 때문에 대답을 잘하는 것의 비유로 삼은 것이다. ○ 주자는 말한다. "'설說'을 사람들은 '열悅'(기뻐하다)의 뜻이라고 말하는데, 아마도 설說(설명하다) 글자 그대로의 뜻이다. 쉬운 부분을 먼저 가르치고, 어려운 부분은 잠시 보류해두면, 본 것이 많아지면서 자연스럽게 서로 논증이 되어 이해된다. 타자를 이해시키는 것도 이해이고 스스로 이해하여 풀어내는 것도 이해로서 아마도 (이 두 가지가) 서로를 증험해주면서 깨닫고 이해한다."[22] '庸', 功也. 感師之有功於己也. '相說以解', 舊讀'說'爲'悅', 今從朱子說, 讀如字. ○ 疏曰: "'從'讀爲'舂'者, '舂'謂擊也, 以爲聲之形容. 言鍾之爲體, 必待其擊. 每一舂而爲一容, 然後盡其聲. 善答者亦待其一問, 然後一答, 乃盡說義理也." 愚謂'從容'言優游不迫之意. 不急疾擊之, 則鍾聲之小大長短, 得以自盡, 故以爲善答之喩. ○ 朱子曰: "'說'字人以爲'悅', 恐只是說字. 先其易者, 難處且放下少間, 見多了自然相證而解. 解物爲解, 自解釋爲解, 恐是相證而曉解也."

**【학기 24】**

암송하는 수준의 학문으로는 다른 사람의 스승이 되기에 부족하다. 반드시 질문하는 말을 듣고 나서 설명해준다. 능력상 질문을 잘하지 못하는 경우라야 말해주고, 말해주었는데도 이해하지 못하면 그대로 두어도 괜찮다.

記問之學不足以爲人師.① 必也其聽語乎.② 力不能問, 然後語之, 語之而不知, 雖舍之可也.③

**鄭注** ① '기문記問'은 미리 잡다한 비판과 잡다한 설을 암송하였다가 강의를 할 때 이르러 학생들을 위해 논하는 것이다. 이것은 때로 스승이 마음으로 이해하지 못한 경우도 있고, 때로 배우는 사람이 미처 잘 질문하지 못한 경우도 있다. '記問', 謂豫誦雜難·雜說, 至講時爲學者論之. 此或時師不心解, 或學者所未能問.

② 반드시 질문하기를 기다려 설명해준다. 必待其問乃說之.

③ 그대로 두고 후일을 기다린다. 舍之須後.

**集說** '기문記問'은 고서古書를 기억하고 암송하여 배우는 사람들이 질문하는 것에 대비함을 말한다. 이것을 학문으로 삼으면 마음에 얻는 것이 없고 아는 것도 한계가 있으므로 다른 사람의 스승이 되기에 부족하다. '청어聽語'는 학생이 질문하는 말을 듣는다는 것이다. 질문을 잘 하지 못하면 알려주고, 이해하지 못하면 그대로 두는 것은 학생이 끝내 덕에 들어갈 수 없기 때문이다. "세 모서리로 반응하지 않으면 다시 반복하지 않는다"[23]고 한 것도 이러한 뜻이다. '記問', 謂記誦古書, 以待學者之問也. 以此爲學, 無得於心, 而所知有限, 故不足以爲人師. '聽語', 聽學者所問之語也. 不能問則告之, 不知而舍之, 以其終不可入德也. "不以三隅反, 則不復", 亦此意.

【학기 25】

훌륭한 대장장이의 자식은 반드시 갖옷 꿰매는 것을 배운다. 활을 잘 만드는 장인의 자식은 반드시 키 만드는 것을 배운다. 처음 말에 고삐를 맬 때, 새끼 말을 반대로 수레 뒤에 매어두어 수레가 말의 앞에 있다. 군자가 이 세 가지 일에서 잘 살피면 학문에 뜻을 둘 수 있다.

良冶之子必學爲裘.① 良弓之子必學爲箕.② 始駕馬者, 反之, 車在馬前.③ 君子察於此三者, 可以有志於學矣.④

**鄭注** ① 집에서 때우고 깁고 구멍 뚫는 기계를 자주 보았기 때문이다. 그릇을 땜질하는 일은 그 쇠가 부드러워져야 합치게 되는데, 갖옷을 만드는 것과 유사함이 있다. 仍見其家錮補穿鑿之器也. 補器者, 其金柔乃合, 有似於爲裘.

② 집에서 뿔과 뼈대를 휘는 것을 자주 보았기 때문이다. 뿔과 뼈대를 휘는 일은 그 재료를 잘 조절해야 삼체三體가 감당할 수 있는데, 버드나무로 키를 만드는 것과 유사함이 있다. 仍見其家撓角幹也. 撓角幹者, 其材宜調調, 乃三體相勝, 有似於爲楊柳之箕.

③ 자주 보면 익숙해져 일에 임해서도 쉽다는 말이다. 以言仍見則貫, 卽事易也.

④ 선왕의 도를 자주 읽으면, 다가오는 일에 미혹되지 않는다. 仍讀先王之道, 則爲來事不惑.

**集說** 소疏에서 말한다. "쇠를 잘 다루는 집안에서 그 자제들은 그들의 부모가 쇠를 용해하여 부드럽게 붙을 수 있게 한 뒤 파손된 기물을 땜질하는 것을 보았으므로 이 자제들은 도포와 갖옷을 만드는 일을 배워 짐승의 가죽을 조각조각 서로 합하여 완전하게 하는 데 이를 수 있다. '기箕'는 버

드나무로 만든 키이다. 활을 잘 만드는 집안은 뼈와 뿔을 굽히거나 조절하여 활을 만든다. 그러므로 그 자제들 역시 부모와 형제들이 대대로 해온 일을 보았기 때문에 버드나무 줄기를 부드럽게 하여 굽혀서 키를 만드는 일을 배워낸다. 새끼 말이 처음 수레 매는 것을 배울 때, 큰 말은 수레 앞에서 고삐를 매고 새끼 말은 수레 뒤에서 따라가게 매어놓는다. 그러므로 '(어미 말과) 반대로 한다'고 하였다. 그렇게 하는 이유는 새끼 말은 수레를 매본 적이 없어서 갑자기 매게 되면 반드시 놀라 달아나기 때문이다. 이제 큰 말은 앞에서 수레를 끌게 하고 새끼 말을 뒤에 매어놓아 날마다 수레가 가는 것을 보도록 하여, 습관이 된 뒤에 수레고삐를 매면 더 이상 놀라지 않는다. 이는 배우는 사람 역시 작은 일인 현을 고르는 등의 일을 먼저 가르친 뒤에 그 과업을 보여주면 쉽게 성취할 수 있음을 말한다." ○ 응씨應氏(응용應鏞)는 말한다. "광물을 제련하는 것은 정밀하기 어렵지만 갖옷은 부드러워 깁기가 쉽다. 활을 굽히는 것은 조절하기 어렵지만 키를 굽히는 것은 쉽게 할 수 있다. 수레는 무거워 고삐를 매기가 어렵지만 새끼 말을 거꾸로 수레 뒤에 매어놓으면 길들이기 쉽다. 이들은 모두 쉬운 것으로부터 시작하여 어려운 것에 이르고, 거친 것으로부터 시작하여 정밀한 것에 이르는 것으로, 점진적으로 익혀 나아가게 하고 갑자기 진전시켜서는 안 되며, 유형에 따라 배우게 하고 범범하게 탐구시켜서는 안 된다. 이렇게 하면 배움에 뜻을 두었다고 할 만하다." 疏曰: "善冶之家, 其子弟見其父兄陶鎔金鐵, 使之柔合, 以補治破器, 故此子弟能學爲袍裘, 補續獸皮, 片片相合, 以至完全也. '箕', 柳箕也. 善爲弓之家, 使幹[24]角橈屈調和成弓. 故其子弟亦觀其父兄世業, 學取柳條和軟橈屈成箕也. 馬子始學駕車之時, 大馬駕在車前, 將馬子繫隨車後而行. 故云'反之'. 所以然者, 此駒未曾駕車, 若忽駕之, 必驚奔. 今以大馬牽車於前, 而繫駒於後, 使日日見車之行, 慣習而後駕之, 不復驚矣. 言學者亦須先教小事操縵之屬, 然後乃示其業, 則易成也." ○ 應氏曰: "冶鑛難精, 而裘軟易紉. 弓勁難調, 而箕曲易製. 車重難駕, 而馬反

則易馴. 皆自易而至於難, 自粗而至於精, 習之有漸而不可驟進, 學之以類而不可泛求. 是之謂有志矣."

**【학기 26】**

옛날에 공부하는 이는 사물로 비교하고 유형으로 비교하였다. 북(鼓)은 오성五聲의 어느 것도 위주로 함이 없지만, 오성은 북이 없으면 조화를 이루지 못한다. 물은 오색五色의 어느 것도 위주로 함이 없지만, 오색은 물이 없으면 문채를 이루지 못한다. 학문은 오관五官의 어느 것도 위주로 함이 없지만, 오관은 학문이 없으면 다스려지지 못한다. 스승은 오복五服의 친속 어느 것도 위주로 하지 않지만, 오복의 친속은 스승이 없으면 화친하지 못한다.

古之學者, 比物醜類.① 鼓無當於五聲, 五聲弗得不和. 水無當於五色, 五色弗得不章. 學無當於五官, 五官弗得不治. 師無當於五服, 五服弗得不親.②

**鄭注** ① 일을 서로 비교하여 처리하는 것이다. '추醜'는 비교한다는 뜻과 같다. '추醜'는 더러 '계計' 자로 되어 있기도 하다. 以事相況而爲之. '醜', 猶比也. '醜'或爲'計'.

② '당當'은 위주로 한다는 뜻과 같다. '오복五服'은 참최복으로부터 시마복에 이르기까지의 친속을 뜻한다. '當', 猶主也. '五服', 斬衰至緦麻之親.

**集說** '사물로 비교하고 유형으로 비교한다'(比物醜類)는 것은 같은 종류의 일로 서로 비교하는 것을 말한다. '당當'은 위주로 한다는 뜻과 같다. 북소리는 오성五聲 가운데 궁의 소리도 아니고 상의 소리도 아니어서 본래 위

주로 하는 소리가 없다. 그러나 오성은 북이 없으면 조화로운 절도를 가지지 못한다. 물은 색이 없어 오색五色의 반열에 있지 않지만, 그림은 물이 없으면 색이 밝게 문채를 이룰 수 없다. 오관五官은 몸·입·귀·눈·마음의 담당한 일로 「홍범」의 오사五事가 바로 그것이다. 학문은 나의 몸의 다섯 가지 기관 가운데 본래 위주로 하는 것이 없지만, 오관은 학문이 아니면 다스릴 수가 없다. 스승은 제자에게 오복의 친속 가운데 어디에도 해당하지 않지만, 제자는 스승의 가르침이 없으면 오복의 친속이 서로 화합하고 친애하지 못한다. ○ 진씨陳氏(진양陳暘)는 말한다. "'류類'는 사물이 함께하는 부분이다. '추醜'라는 말은 무리라는 뜻이다. 이치 가운데 분명하지 않은 곳이 있으면 사물로 견주어서 밝히고, 사물 사이에 일치하지 않는 부분이 있으면 유형으로 무리를 지어 다 밝힌다. 그런 뒤에 이치를 통해 도를 밝혀서 학문을 잘하게 된다. 총괄해서 말하면, 북은 오성五聲에 속하는 것이 아니지만 오성은 북소리를 통해서 조화를 이루고, 물은 오색五色에 속하는 것이 아니지만 오색은 물을 통해서 문채를 이루고, 학문은 오관五官에 속하는 것이 아니지만 오관은 학문을 통해서 다스려지고, 스승은 오복五服의 친에 속하는 것은 아니지만 오복의 친속은 스승을 통해서 친애하게 된다. 이는 오성·오색·오관·오복이 비록 서로 다르지만 '있는 것이 이로움이 된다'는 점에서는 동일하다. 북·물·배움·스승은 비록 하나가 아니지만 '없는 것이 쓰임새가 된다'[25]는 점에서는 일치한다. 따라서 옛날 공부하는 이가 사물로 비교하고 유형으로 무리를 나누면서 정밀한 뜻을 여기에 담았던 것이니, 궁구함이 지극한 이가 아니면, 누가 여기에 참여할 수 있겠는가!"[26]

'比物醜類', 謂以同類之事, 相比方也. '當', 猶主也. 鼓聲不宮不商於五聲, 本無所主. 然而五聲不得鼓, 則無諧和之節. 水無色, 不在五色之列, 而績畫者不得水, 則不章明. 五官, 身·口·耳·目·心之所職, 卽「洪範」之五事也. 學於吾身五者之官, 本無所當, 而五官不得學, 則不能治. 師於弟子, 不當五服之一, 而弟子若無師之敎誨, 則五服之屬不相和親. ○ 陳氏曰: "'類'者, 物之所同. '醜'之爲言, 衆也. 理有所不顯, 則比物以明之, 物有所不一, 則醜類以盡之. 然後因理以明道, 而善乎學矣. 總而論之, 鼓非與乎五聲, 而五聲待之而和, 水非與乎五色, 而五色待之而章, 學非與乎五官, 而五官待之而治, 師非與乎五服, 而五服待之而親. 是五聲・五色・五官・五服, 雖不同, 而同於'有之以爲利'. 鼓也・水也・學也・師也, 雖不一, 而一於'無之以爲用'. 然則古之學者, 比物醜類, 而精微[27]之意, 有寓於是, 非窮理之至者, 孰能與此!"

**【학기 27】**

군자는 말한다. "큰 덕(大德)은 한 가지 직임에 국한되지 않고, 큰 도(大道)는 한 가지 일에만 시행되는 것이 아니며, 큰 믿음(大信)은 약속을 지키는 말단에 있지 않으며, 대시(大時)는 일률적이지 않다." 이 네 가지 일에서 잘 살핀다면 근본에 뜻을 둘 수 있다.

君子曰: "大德不官,① 大道不器,② 大信不約,③ 大時不齊."④ 察於此四者, 可以有志於本矣.⑤

**鄭注** ① 군주를 말한다. 謂君也.

② 성인의 도는 그릇이 한 가지에만 쓰이는 것과는 다름을 말한다. 謂聖人之道不如器施於一物.

③ '포 땅에서 서로 명령을 한 것'(胥命于蒲)[28]처럼 맹약이 없음을 말한다. 謂若'胥命于蒲', 無盟約.

④ 어떤 경우는 때에 따라 살고, 어떤 경우는 때에 따라 죽는다. 或時以生, 或時以死.

⑤ 근본이 서면 도가 생긴다. 학문을 근본으로 삼으면, 그 덕이 백성들에

대해서는 교화시키지 못함이 없고, 시속에 대해서는 이루지 못함이 없음을 말한다. 本立而道生. 言以學爲本, 則其德於民無不化, 於無不成.

**集說** '큰 덕'(大德), '큰 도'(大道), '큰 믿음'(大信)은 모두 성인을 가리켜 말한 것이다. '대시大時'는 천시天時다. '불관不官'은 하나의 직임에 국한되지 않는다는 것이다. '불기不器'는 어디에 시행해도 불가함이 없다는 뜻이다. '불약不約'은 약속을 지키는 말단의 일에 있지 않다는 뜻이다. 본원의 조화(元化)가 두루 유행하고 일기一氣가 소장함은 확연히 경계를 구분하는 것으로 구할 수가 없다. 그러므로 한창 번성할 때도 시드는 것이 있고, 아무런 조짐이 없는 때에도 발산하는 것이 있어, 오직 한결같지 않으므로 다 궁구할 수가 없다. 이 네 가지는 모두 본원本源이 성대하고 체體가 갖추지 않음이 없어서 변통함에 있어 구애되지 않고 용用이 두루 행해지지 않음이 없는 것이다. 군자가 여기에서 잘 살피면 학문에 뜻을 두고 그 근본을 성대하게 할 수 있다. '大德'·'大道'·'大信', 皆指聖人而言. '大時', 天時也. '不官', 不拘一職之任也. '不器', 無施而不可也. '不約', 不在期約之末也. 元化周流, 一氣屈伸, 不可以截然分限求之. 故方榮之時而有枯者焉, 寂之時而有萼者焉, 惟其不齊, 是以不可窮. 凡此四者, 皆以本原盛大, 而體無不具, 故變通不拘, 而用無不周也. 君子察於此, 可以有志於學, 而洪其本矣.

**【학기 28】**

삼왕이 강에 제사지낼 때, 모두 황하(河)에 먼저 제사지내고 바다는 나중에 제사지내니, 어떤 것은 강이 시작되는 근원이요, 어떤 것은 강이 흘러 모여든 곳이다. 이것을 근본에 힘쓴다고 한다.

三王之祭川也, 皆先河而後海, 或源也, 或委也. 此之謂務本.

鄭注 '원源'은 샘이 나오는 곳이다. '위委'는 천류川流가 모이는 곳이다. 처음에는 조금씩 흘러나오지만 마침내 헤아릴 수 없는 성대함을 이룬다. '源', 泉所出也. '委', 流所聚也. 始出一勺, 卒成不測.

集說 황하(河)는 바다의 근원이고, 바다(海)는 황하(河)가 돌아가는 곳이다. 위 "근본에 뜻을 둔다"는 문장을 이어받아서 말한 것이다. 물이라는 것은 웅덩이를 다 채운 뒤에 흘러 사해에 이르는데, 근본을 지닌 이도 이와 같다. 군자가 학문에 종사할 때 기본을 이루지 못하면 목표에 도달하지 못한다. 그러므로 먼저 근본에 힘쓰는 것이다. 河爲海之源, 海乃河之委. 承上文"志於本"而言. 水之爲物, 盈科而後進, 放乎四海, 有本者如是也. 君子之於學, 不成章不達. 故先務本.

## 역주

1) 왕이 ~ 만났다 : 이 말은 『맹자』 「公孫丑下」에 나온다.

2) 여러 ~ 여겼다 : 이 말은 「中庸」(20-12)에 나온다.

3) 오호라 ~ 화합하도다 : 이 말은 『書』 「堯典」에 나온다.

4) 대학의 ~ 일이다 : 관련 내용은 「大學」에 나온다.

5) 대학 : 공영달의 소에서 "대학은 천자 제후가 학생들로 하여금 대학에 들어와 선왕의 도를 익히도록 하는 것이다"(大學, 謂天子諸侯使學者入大學, 習先王之道矣)라고 하였고, 『禮記正義』에서는 "이 한 구절은 천자와 제후가 가르치고 배우는 큰 이치를 밝힌 것이다"(此一節明天子諸侯教學大理)고 하였다. 이렇게 보면 「학기」에서 '大學'은 학문을 가르치는 장소 또는 학문의 단계를 뜻하고, 동시에 선왕의 도라는 학문 내용을 뜻하기도 한다.

6) 대서 : 樂官에 속한 관직이다. 관련 내용은 「王制」(90)에 나온다.

7) 벼슬하면서 ~ 공부한다 : 이 말은 『논어』 「子張」에 나온다.

8) 왕자 점이 ~ 대답하였다 : 이 말은 『맹자』 「盡心上」에 나온다.

9) 禮 : 『禮記大全』에 '理'로 되어 있으나 『陳氏禮記集說』에 따라 '禮'로 고친다.

10) 봄과 ~ 가르치며 : 이 말은 「王制」(88)에 나온다.

11) 봄에 ~ 연주한다 : 이 말은 「文王世子」(8)에 나온다.

12) 물러나서 ~ 있었다 : 이 말은 『논어』 「爲政」에 나온다.

13) 비와 흥 : 『詩』의 문체이다. '比'는 다른 사물을 가져와 이 사물을 표현하는 방식이고, '興'은 다른 사물을 표현한 뒤에 이 사물을 표현하는 방식이다.

14) 근거하는 바 : 法과 象은 모두 '본받는다'는 뜻을 지니고 있다. 法象은 기준이나 근거로 삼는 행위나 대상을 가리킨다. 공영달은 "義理를 이해하지 못하고 걸핏하면 말하기를 이 뜻은 근거하는 바가 있다고 하는 식이다. 가령 '一'이 나오면 太一에 해당한다고 말하고, '二'가 나오면 兩儀에 해당한다고 말하여, 본래 뜻이 그렇지 않은데도 멋대로 배당하는 것과 같다"(既不解義理, 擧動所云, 則言此義有所法象. 猶若'一'則稱配大一, '二'則稱配二儀, 但本義不然, 浪爲配當)라고 하였다.

15) 謂 : '爲'로 된 판본들도 많이 있다. 여기서는 衛湜의 『禮記集說』에 인용된 것에 따라 '謂'를 택하였다.

16) 자로가 ~ 없다 : 이 말은 『논어』 「公冶長」에 나온다.

17) 지금 ~ 한정하는구나 : 이 말은 『논어』 「雍也」에 나온다.

18) 너무 ~ 한다 : 『논어』 「先進」에 "염구는 너무 소극적이기 때문에 나아가게 하였고, 자로는 너무 진취적이기 때문에 물러나게 하였다"(求也退, 故進之, 由也兼人, 故退之)라고 하였다.

19) 삼왕 : 공영달의 소에 夏·殷·周 三代의 임금을 가리킨다고 하였다.

20) 무왕이 천자의 ~ 말하였다 : 이 내용은 『대대례기』 「武王踐阼」에 나오는 말이다.

21) 부보가 ~ 쳤다 : 『춘추좌씨전』, 文公 11年 조 傳에 "富父終甥이 창으로 그의 목을 쳐서 죽였다"(富父終甥摏其喉以戈, 殺之)라고 하였다.

22) 설을 ~ 이해한다 : 이 말은 『朱子語類』 卷八十七, 「禮4·小戴禮」에 나온다.

23) 세 모서리로 ~ 않는다 : 이 말은 『논어』 「述而」에 나온다.

24) 榦 : 『예기집설대전』과 『陳氏禮記集說』에 '榦'으로 되어 있으나, 『禮記正義』엔 '幹'으로 되어 있다. 뼈대를 뜻한다.

25) 있는 것이 ~ 된다 : 이 말은 『老子』(왕필본) 11장에 나온다.

26) 류는 ~ 있겠는가! : 이 말은 陳暘의 『樂書』 권8, 「禮記訓義」에 나온다.

27) 微 : 『예기집설대전』에는 '徵'으로 되어 있으나 오기이므로 바로잡는다.

28) 포 땅에서 ~ 한 것 : 『춘추좌전』, 환공 3년 조에 나온다.

◆ ㄱ ◆

◆ ㄴ ◆



◆ ㄷ ◆

◆ ㅇ ◆

◈ ㅊ ◈

◆ ㅌ ◆



◆ ㅍ ◆